DIE SCHÖNSTEN
SCHLÖSSER UND HERRENSITZE IN OSTEUROPA

Tschechoslowakei · Ungarn · Polen

COLLECTION
ROLF HEYNE

DIE SCHÖNSTEN
SCHLÖSSER UND HERRENSITZE IN OSTEUROPA

Tschechoslowakei · Ungarn · Polen

Text Michael Pratt

Photos Gerhard Trumler

WILHELM HEYNE VERLAG
MÜNCHEN

Titel der amerikanischen Originalausgabe:
The Great Country Houses Of Central Europe

Ins Deutsche übertragen von Marielore Calice
Redaktionelle Bearbeitung von Matthias Wolf

Frontispiz: Die frühere Bibliothek von Pécel, Ungarn
Seite 6: Blick aus der Ferne auf Friedland, Tschechoslowakei
Seite 7: Detail des Turms von Friedland.

In liebevoller Erinnerung an Josef und Gina Liechtenstein, die mich anregten, dieses Buch zu schreiben, und an Ian Moncreisse, dessen historische Gelehrsamkeit ich sehr vermißt habe.

Copyright © 1991 der Originalausgabe by Abbeville Press, New York
Copyright © 1991 der deutschen Ausgabe
by Wilhelm Heyne Verlag GmbH & Co. KG, München
Umschlaggestaltung: Norbert Härtl, München
Satz: Gloor Satz Repro GmbH, München
Printed in Italy
ISBN 3-453-05184-X

INHALT

VORWORT
8

DANKSAGUNG
10

TSCHECHOSLOWAKEI
Einleitung

12

Krásna Hôrka & Betliar
54

Böhmisch Sternberg (Český Šternberk)
65

Friedland (Frýdlant)
73

Krumau (Český-Krumlov) & Frauenburg (Hluboká)
82

Opotschno (Opočno) & Dobrschisch (Dobříš)
96

Buchlau (Buchlov) & Buchlowitz (Buchlovice)
104

Weltrus (Veltrusy)
114

Eisgrub (Lednice) & Feldsberg (Valtice)
122

UNGARN
Einleitung

136

Sárvař
164

Sárospatak
172

Pécel
186

Esterháza
199

Noszvaj
213

Fót
222

Seregélyes
235

Keszthely
243

POLEN
Einleitung

254

Pieskowa Skała
292

Łańcut
300

Baranów
313

Wilanów
321

Nieborów & Arkadia
330

Puławy & Gołuchow
343

Łazienki
352

Kozłowka
363

AUSGEWÄHLTE BIBLIOGRAPHIE
372

REGISTER
373

VORWORT

Verfall und Untergang der großen Herrensitze Osteuropas geben einen Stoff ab, der Parallelen zur Thematik der von Edward Gibbon aufgezeichneten Monumentalgeschichte des Römischen Reichs anklingen läßt – ein Vergleich, der sich mir bei meinen Reisen zu diesem Projekt immer wieder aufdrängte. Aufgrund der neueren Ereignisse in den Ländern hinter dem ehemaligen Eisernen Vorhang haben sich die dortigen politischen und gesellschaftlichen Verhältnisse jedoch in einer Weise verändert, welche hoffen läßt, daß es nach Verfall und Untergang zu einer neuen Renaissance kommen wird. Die Aussichten dazu haben sich jedenfalls in den letzten Jahren entscheidend verbessert.

Für die großen Herrensitze und ihre Eigentümer hatte ich mich schon seit langem interessiert, doch als ich Mitte der achtziger Jahre – also zu einem Zeitpunkt, als man von all den Veränderungen in Osteuropa noch nicht das geringste ahnen konnte – mit den Recherchen zu diesem Buch begann, mußte ich feststellen, daß erstaunlich wenig Material über dieses Thema – sei es auf englisch, französisch, italienisch oder deutsch – vorhanden war. Es gab höchstens mittelmäßige Schwarzweißaufnahmen von den Gebäuden, aber kaum etwas über die Familien, die sie in Auftrag gegeben, finanziert und in ihnen gelebt hatten, bis sie in den vierziger Jahren enteignet worden waren. Dennoch hatte ich das Glück, eine ganze Reihe von Personen ausfindig zu machen, die in der Lage waren, mir Informationen aus erster Hand zu liefern.

Das vorliegende Buch trägt zwar den Haupttitel *Die schönsten Schlösser und Herrensitze in Osteuropa*, doch habe ich ihre Auswahl bewußt auf die Tschechoslowakei, Ungarn und Polen beschränkt; unter allen Ländern hinter dem ehemaligen Eisernen Vorhang – vielleicht mit Ausnahme von Rumänien, das immer noch unzugänglich ist – sind sie nämlich die einzigen mit einer nach wie vor relevanten Zahl an Bauwerken, die sich in einem einigermaßen ordentlichen Zustand befinden und deren Beschreibung sich lohnt. Seit einer Reihe von Jahren haben die Regierungen dieser drei Länder Anstrengungen unternommen, ihr architektonisches Erbe nach Jahren der Vernachlässigung wieder zu pflegen, weil sie sich bewußt geworden sind, welchen Anreiz dies auch für den Tourismus bedeutet.

Es war ein höchst faszinierendes Unternehmen, die Entwicklung der Baustile quer durch Osteuropa zu verfolgen – festzustellen, auf welche Weise sie sich in der Tschechoslowakei, in Ungarn und Polen voneinander unterschieden bzw. einander ähnelten und wie jeder Stil sich von der künstlerischen Entwicklung in Westeuropa herleitete bzw. diese seinerseits beeinflußt hatte. Was dabei freilich immer wieder besonders überraschte, ist die hohe Qualität der künstlerischen Gestaltung, wie sie sich sowohl an den Bauwerken selbst als auch bei den Inneneinrichtungen manifestiert. Mehr als vierzig Jahre nach den kommunistischen Revolutionen vergißt man nur allzu leicht, welchen Reichtum und welche Pracht die Eigentümer vieler dieser riesigen Besitzungen einst entfaltet hatten, und auch, welche herausragende Rolle viele dieser Adelsfamilien in der Geschichte ihrer Nationen gespielt haben.

Mit den Veränderungen, die in den letzten Jahren in der Tschechoslowakei, in Ungarn und Polen stattgefunden haben, sind Nationalstolz und Hoffnungen aufs

Kapelle auf dem Anwesen von Gödöllő, Ungarn.

neue erblüht, ungeachtet der enormen politischen und wirtschaftlichen Probleme. Was das für die Zukunft der in diesem Band beschriebenen Baudenkmäler bedeutet, ist noch unklar. Man hat immer wieder davon gesprochen, daß sie ihren rechtmäßigen Besitzern zurückerstattet würden, von denen einige – vor allem im Falle Polens – ihre Heimat ja nie verlassen hatten. Bis zum gegenwärtigen Zeitpunkt, wo ich dieses niederschreibe, ist in dieser Hinsicht allerdings noch nicht viel Konkretes geschehen, denn die heikle Frage der Entschädigung für verlorenes oder eingezogenes Vermögen (in manchen Fällen von riesigem Umfang) läßt sich in einer Zeit wirtschaftlicher Härten nur äußerst schwierig regeln. Solange man ihnen keine zusätzlichen Geldmittel, wie sie für die Instandhaltung eines großen Besitzes erforderlich sind, zur Verfügung stellt, werden viele ehemalige Eigentümer begreiflicherweise zögern, die Belastung auf sich zu nehmen, selbst wenn ihnen ihre Häuser mitsamt Einrichtung gratis angeboten werden. Und natürlich lassen sie sich auch nicht alle in Hotels oder Konferenzzentren umwandeln, wie manche Optimisten es sich gerne vorstellen.

Allein die Zeit wird über das Schicksal dieser Bauwerke entscheiden. Eines allerdings scheint schon heute sicher, daß nämlich die alte Ordnung nie wieder wird völlig hergestellt werden können – dafür haben die vergangenen fünfzig Jahre zu viele Veränderungen mit sich gebracht. Doch sowohl für die Gebäude als auch für ihre ehemaligen Besitzer sehen die Perspektiven heute günstiger aus als vor einem halben Jahrhundert.

M. P.
Mai 1991

DANKSAGUNG

Beim Zustandekommen dieses Buchs haben mir so viele Personen auf die eine oder andere Art geholfen, daß ich befürchte, einige von ihnen in dieser Dankesliste versehentlich unerwähnt zu lassen. Ihnen möchte ich hiermit meine Entschuldigung aussprechen, allen anderen aber, die im folgenden aufgelistet sind, meinen herzlichsten Dank, vor allem jenen, die uns freundlicherweise gestattet haben, Bilder, alte Photographien oder Familienandenken aus ihrem Besitz zu reproduzieren.

Für ihre Unterstützung bei meiner Arbeit in der Tschechoslowakei möchte ich folgenden Personen danken: Graf Géza Andrássy, Gräfin Eva Berchtold, László Berényi, Graf Georg Clam-Martinic, Fürst Honome Colloredo-Mansfeld, Graf Karl Desfours, Baroneß Marie-Sophie Doblhoff, Graf und Gräfin Josef Kinsky, Dr. Zdeněk Kudelka, Graf Friedrich Ledebur (†), Graf František Lobkowicz, Gräfin Sophie Nostitz-Rieneck (†), Paul Prokop, Professor Hugo Rokyta, Fürst Franz zu Schwarzenberg, Fürstin Antoinette zu Schwarzenberg (†), Fürstin Eleanore zu Schwarzenberg, Ronald Scrivener, Graf Zdenko Šternberg, Gräfin Myna Strachwitz, Gräfin Eleanore Thun-Hohenstein sowie Christopher Wentworth-Stanley.

Mein Dank für ihre Unterstützung beim ungarischen Teil geht an Prinz Rasso von Bayern, Dr. Géza Entz, Fürstin Melinda Esterházy, Fürst Alexander Esterházy, Fürst György Festetics, Rudi Fischer, Teri Fitzherbert, Fürst Tassilo von Fürstenberg (†), Zsuzsanna Gonda, Andrew Hadik, Graf John Hadik, Gräfin Fruzsina Jankovich, Gräfin Borbála Károlyi, Graf László Károlyi, Nicholas Meinertzhagen, Professor Miklós Moyzer, Dr. Endre Nagy, Fürst Paul Odescalchi, Marquis Karl Pallavicini, Graf Mark Pejacsevich, Professor Georges Rozsa, Gräfin Szapary (†), Fürst Vincenz Windischgrätz, Fürstin Natalie Windischgrätz sowie Professor Anna Zador.

Für die Hilfe, die mir bei meinen Recherchen in Polen zuteil wurde, möchte ich folgenden Personen danken: Arthur Baggs, Graf Bniński, Anna Branicka Wolska, Graf Andrew Ciechanowiecki, Fürst Adam Czartoryski, Fürst und Fürstin Paul Czartoryski, Fürst Stanisław Czartoryski, Amelie Dunin, Dr. Wojciech Fijałkowski, Professor Aleksander Gleysztor, Graf und Gräfin Stanisław Krasiński, Dr. Henryk Kondzicla, Fürst Stanisław Lubomirski, Professor Stanisław Mossakowski, Gräfin Zofia Potocka (†), Graf Andrzej Potocki, Graf Edward Raczyński, Fürstin Izabela Radziwiłł, Fürstin Mary Radziwiłł, Fürst Krzysztof Radziwiłł, Graf und Gräfin Stanisław Rey, Michael Ronikier, Professor Marek Rostworowski, Dr. Andrzej Rottermund, Fürstin Mary Sapieha, Fürst Paul Sapieha (†), Lala Wilbraham, Graf Adam Zamoyski, Graf Jan Zamoyski, Gräfin Priscilla Zamoyska sowie Krista Żółkowska.

Sehr viel Hilfe und Rat gewährte mir darüber hinaus das regierende Fürstenpaar von Liechtenstein, Franz Josef (†) und seine Gemahlin Gina; mein Dank gilt gleichermaßen dem gegenwärtig regierenden Fürsten Hans Adam sowie dem Direktor der Fürstlichen Sammlungen in Vaduz, Herrn Dr. Reinhold Baumstark. Dank für die Ermutigung und Gastfreundschaft schulde ich Amia und Billy von Bredow, Elmer und Annina von Haxthausen, Jean Georges und Helga Hoyos, Martin und Ita Hoyos, Norbert Kinsky, Hubi von Perfall, Rüdiger und Sissi von Pezold, Nico und

Stefanie Schmidt-Chiari, Karly und Tese zu Schwarzenberg sowie Cyrille Toumanoff. Mein herzlichster Dank gilt – last but hardly least – Rachel Montagu-Douglas-Scott, die mir ihr Haus so häufig als Refugium für meine schriftstellerische Arbeit zur Verfügung stellte.

Für die Übersetzungen aus dem Tschechischen, Ungarischen bzw. Polnischen habe ich Graf Joseph Czernin, Elżbieta Łubieńska, John Pomian, John Renyi, Katharine Tylko-Hill sowie Katya Willig-Frodl zu danken.

Unschätzbare Hilfe erhielt ich in den vergangenen vier Jahren vom Personal der London Library, der School of Slavonic and Eastern European Studies, der Sikorsky Library (beide in London), sowie der Société Historique Polonaise in Paris. Auch diesmal bin ich wieder meinen alten Geschichtstutoren vom Balliol College in Oxford, Richard Cobb und Maurice Keen, sowie Dr. Tim Blanning und Professor Norman Stone zu Dank verpflichtet. Als äußerst hilfreich erwiesen sich in Wien Frau Dr. Brigitta Zessner-Spitzenberg von der Österreichischen Nationalbibliothek, Herr Christian Beaufort-Spontin vom Kunsthistorischen Museum sowie Herr Christian Brandstätter.

Bei der Vorbereitung meiner Reisen nach Osteuropa waren mir die Angestellten der Londoner Filialen der jeweiligen nationalen Fremdenverkehrsbüros – IBUSZ, ORBIS und ČEDOK – sowie mein Travel Agent, Bill Williams von Sotheby's, behilflich; organisiert wurden sie mit Unterstützung der Tschechoslowakischen, Ungarischen bzw. Polnischen Botschaft in London. Fast alle Leiter der Häuser, die wir besuchten und photographierten, zeigten sich kooperativ, dasselbe gilt für viele Beamte der Kulturministerien in allen drei Ländern. Von den zahlreichen Führern und Dolmetschern, die uns in den verschiedenen Ländern begleiteten, möchte ich insbesondere Robert Morawski in Polen, Romana Továrková in der Tschechoslowakei und István Varga in Ungarn erwähnen.

Zu danken habe ich vor allem aber meinem Verleger Mark Magowan, meiner Lektorin Constance Herndon sowie den Mitarbeitern von Abbeville Press – Molly Shielda, Philip Reynolds und Hope Koturo – dafür, daß sie dieses in jeder Hinsicht komplizierte Projekt nicht nur in Auftrag gegeben, sondern auch bis zu seinem Abschluß betreut haben. Ohne die fachliche Kompetenz und die Geduld von Professor Gerhard Trumler, dem Photographen des Buchs und meinem Begleiter auf diesen Reisen, wäre es uns nie gelungen, ein derart reichhaltiges Bildmaterial aus solch vielfältigen Quellen zusammenzutragen. Und ohne Jane Manley, die jedes von mir geschriebene Wort gewissenhaft abgetippt hat, hätte der Text nie entziffert werden können.

Die Treppe des Tempels der Diana, die zum See von Arkadia, Polen, führt.

TSCHECHOSLOWAKEI

Einleitung

»Though de latitude's rather uncertain
And the longitude also is vague,
The person I pity who knows not the city,
The beautiful city of Prague.«
(»Obwohl der Breitengrad eher ungewiß
Und der Längengrad ebenfalls vage ist,
Bedaure ich doch jeden, der die Stadt nicht kennt,
Die wunderschöne Stadt Prag.«)

Dies schrieb der englische Dichter William Jeffrey Prowse in der Mitte des 19. Jahrhunderts. Sein kleines Gedicht war natürlich kein ernst zu nehmender Kommentar, aber die darin ausgedrückte Stimmung wird allgemein geteilt, denn Prag ist aufgrund seiner Architektur eine der schönsten Städte Europas. Doch beschränken sich die bedeutenden Bauten nicht ausschließlich auf die Hauptstadt: Im ganzen Land – in Böhmen und Mähren allerdings häufiger als in der Slowakei – findet man unzählige prachtvolle Schlösser, Palais, Landsitze, öffentliche Gebäude und Kirchen. In der Tschechoslowakei haben – einschließlich der Ruinen – etwa 2500 Baudenkmäler die Zeiten überdauert, und hiervon können heute mehr als 150 besichtigt werden. Verhältnismäßig wenige dieser Schlösser weisen eine stilistische Reinheit auf, denn sowohl die Geschichte als auch die geographische Lage des Landes haben zur Assimilation vieler kultureller Strömungen geführt. Obwohl die künstlerische Entwicklung stark von den Stilrichtungen aus dem Ausland abhängig war, hat sich manchmal, wie beispielsweise in der Spätgotik, der Renaissance und dem Barock, doch ein nationaler Stil herausgebildet. Das kulturelle und architektonische Leben der Tschechoslowakei ist ebenso kompliziert wie ihre politische Geschichte – beide sind untrennbar miteinander verflochten.

Man weiß nur sehr wenig über die Frühgeschichte der Gebiete, die den heutigen Staat bilden. Erst im späten sechsten Jahrhundert ist die Besiedelung dieser Region durch verschiedene slawische Stämme nachgewiesen: Damals wurde die Slowakei von bulgarischen Slawen, Böhmen und Mähren von den Tschechen – benannt nach ihrem legendären Gründer Čech – besiedelt. Alle Gebiete wurden von einem Awarenstamm beherrscht, bis Samo, ein fränkischer Abenteurer und die erste historisch belegte Persönlichkeit, die Einheimischen in einer Reihe erfolgreicher Feldzüge gegen ihre Unterdrücker anführte und sie schließlich in einem lockeren Bund vereinte. Nach seinem Tod um 660 versank das Land erneut 150 Jahre lang im Dunkel der Geschichte, bis die als fast mythisch geltende Prinzessin Libussa, Herrscherin über einen Großteil Böhmens, Přemysl, einen einfachen Bauern, zum Gemahl nahm, der gemeinsam mit ihr erfolgreich über das Land herrschte. Zusammen begründeten sie die einzige tschechische Dynastie.

In der Zwischenzeit war in Südmähren ein mächtiger, früher Feudalstaat entstanden: das sogenannte Große Mährische Reich unter Mojmir I. Dieser wandte sich jedoch eher dem Osten als dem Westen zu, und er annektierte die benachbarte Slowakei. Als er 846 starb, folgte ihm sein Neffe Rastislav nach. Damals bereits war Böhmen dem deutschen Kaiser tributpflichtig, aber da Rastislav die Unabhängigkeit Mährens wollte, beschloß er, zum Christentum überzutreten. Er bat den byzantinischen Kaiser um Missionare, anstatt zu warten, bis diese Mähren eroberten und mit Gewalt christianisierten. Die beiden Brüder Kyrillios und Methodios wurden daraufhin aus Saloniki entsandt und hatten binnen kürzester Zeit Mähren und Schlesien bekehrt. Kyrillios starb früh, aber Methodios wurde vom Papst zum Erzbischof von Groß-Mähren geweiht. Es begann ein Kampf zwischen den Priestern der rivalisierenden römischen und orthodoxen Kirche, der die gegenseitigen Intrigen zwischen den einheimischen Fürsten widerspiegelte.

Schon bald nach dem Jahre 900 brach das Große Mährische Reich unter dem magyarischen Ansturm zusammen, und die Slowakei wurde von den böhmischen Ländern getrennt – und so sollte es bis 1918 bleiben. Zu dieser Zeit verlagerte sich das politische Schwergewicht nach Böhmen, das dank seiner natürlichen Grenzen aus Wäldern und Bergketten geographisch günstiger gelegen war als Mähren, das aus einer offenen Ebene bestand, deren Grenzen hauptsächlich von Flüssen mar-

Karte der heutigen Tschechoslowakei mit den Standorten der wichtigsten Schlösser und Herrensitze.

TSCHECHOSLOWAKEI

EINLEITUNG

Ansicht von Konopischt (Konopiště), Mittelböhmen.

kiert wurden. Die größte Stadt Mährens war zu dieser Zeit Mikultschitz (Mikulčice). Jede Zunft bewohnte in ebenerdigen Holzhäusern ein eigenes Viertel, das durch einen Friedhof vom nächsten getrennt war. Die Fundamente einer Rotunde sind freigelegt worden, wobei es sich vermutlich um die Kapelle eines Magnaten und seiner Familie handelte; wie etliche andere Kirchen dieser Gegend war sie unter dem Einfluß der byzantinischen Kirchenarchitektur gebaut worden. Der kulturelle Schwerpunkt verlagerte sich jedoch immer mehr gen Westen, nach Sachsen und Bayern. Kirchliche Bauten aus dieser Zeit, insbesondere unter Boleslav II., weisen den starken Einfluß sächsischer und böhmischer Architektur auf. Von den frühen Nachkommen der Přemysliden, die Böhmen regierten, war Wenzel (der gute König Wenzeslaus) der berühmteste. Obwohl er ein wahrhaft frommer Mann war, galten seine Nachfolger doch als fähigere Herrscher, die – wenn auch nur vorübergehend – sogar Schlesien und Krakau erwarben. Die ungeregelten Erbfolgerechte in Böhmen riefen jedoch chaotische Zustände hervor und schwächten das Land. Um die Mitte des elften Jahrhunderts verpflichtete das Heilige Römische Reich Böhmen auf Dauer zu Tributzahlungen. Etwa hundert Jahre später verlieh Kaiser Friedrich I. Barbarossa der Přemyslidendynastie die Krone auf Dauer, aber das Erbfolgeproblem wurde erst durch den großen Ottokar I. Přemysl endgültig gelöst. Durch seine geschickte Politik wurde ihm das böhmische Königreich sowohl vom Papst als auch vom Kaiser zuerkannt; er war es, der die erbliche Thronfolge einführte, indem er seinen ältesten Sohn noch zu seinen Lebzeiten wählen ließ. Außerdem wurde Mähren, das wegen der jüngeren Söhne der Dynastie in mehrere kleine Herzogtümer geteilt war, jetzt zu einer kaiserlichen Markgrafschaft erhoben und auf Dauer mit Böhmen verbunden.

Unter dem großen Ottokar II. Přemysl erreichte das Königreich Böhmen durch Eroberungen und Heiraten seine größte Ausdehnung: von Schlesien im Norden bis zur Adria im Süden. Der ruhelose Geist Ottokars hinderte ihn jedoch daran, seine Herrschaftsgebiete festzulegen, und die eifersüchtigen deutschen Fürsten durchkreuzten seine Bemühungen, zum Kaiser gewählt zu werden, indem sie an seiner Stelle Rudolf von Habsburg wählten, den er nicht anerkannte. Allgemeine Unruhen begleiteten diese übertriebene Expansionspolitik, und der Versuch des Königs, den einheimischen Adel gegen die großteils deutschen Siedler der königlichen Städte auszuspielen, schlug fehl. Ottokar mußte die Eroberung seiner ausländischen Provinzen mit ansehen und Rudolfs Maßnahmen akzeptieren, Böhmen und Mähren zu kaiserlichen Lehen zu machen. Von Rache besessen, versammelte er ein Heer und stieß 1278 im Marchfeld auf seine Feinde. Die Tschechen wurden jedoch geschlagen und der König getötet. Dies war das Ende der Přemyslidendynastie.

Die Geschichte der Přemysliden war die Geschichte der tschechischen Nation. Sie hinterließen ein wohlgeordnetes Land mit einem effizienten königlichen Offizierskorps, das sich jedoch noch nicht zu einem erblichen feudalen Adelsstand entwickelt hatte. Die Bauern, vom Sklavenstand befreit, bildeten das Rückgrat des Wirtschaftssystems. Für den Adel und die Kirche wurden eigene Gerichtsbarkeiten errichtet, obwohl die Kirche weitgehend Unabhängigkeit genoß. Im vorangegangenen Jahrhundert waren sowohl in Böhmen als auch in Mähren Städte gegründet und ihre Bewohner mit königlichen Stadtrechten ausgestattet worden. Dies hatte wiederum zur Bildung eines Landtages geführt, in dem die drei Stände – Adel, Klerus und Bürgertum – vertreten waren und dessen Stimme so gewichtig wurde, daß sie auch von der Krone gehört werden mußte.

Als Friede, Wohlstand und die enger gewordenen Beziehungen zum restlichen Europa das kulturelle Niveau des Hochadels und der besitzenden Stände erweitert hatten, entwickelte sich im zwölften Jahrhundert die romanische Kunst. Das Netz der Prämonstratenser- und Benediktiner-Klöster wurde immer dichter und ihre Kirchen immer prächtiger, obwohl sie später durch Umbauten weitgehend ihr ursprüngliches Aussehen verloren. Im frühen dreizehnten Jahrhundert wurde der Höhepunkt dieses Stils mit dem Bau zahlreicher kirchlicher Gebäude erreicht, insbesondere im Norden Böhmens. In Mähren entwickelte sich die romanische Architektur wesentlich langsamer, denn mit dem Kirchenbau begann man dort erst im zwölften Jahrhundert. Reste von weltlichen Gebäuden aus dieser Zeit gibt es nur von der bischöflichen Residenz in Olmütz (Olomouc), ein zweistöckiges Gebäude

TSCHECHOSLOWAKEI

mit großen Räumen. Die kunstvollen Säulenkapitelle der Doppelfenster und der Arkaden zeigen den Einfluß der rheinischen Architektur. Nach 1135 zierte den Hradschin in Prag ein steinerner Königspalast und eine Bischofsresidenz mit Kirche, Basilika und Kloster im deutschen Stil, dagegen wurde der bischöfliche Landsitz in Raudnitz (Roudnice) im französischen Stil erbaut. Leider gibt es nur noch bruchstückhafte Spuren von anderen Burgen aus dieser Zeit, von denen einige später in andere Bauwerke einbezogen wurden, wie in Buchlau (Buchlov), Neutra (Nitra) oder Zips (Spiš).

Die Gotik wurde in Böhmen schon bald nach 1200 durch die Zisterzienser eingeführt, die bereits in Schwaben, Franken und im Donaubecken in diesem Stil gebaut hatten; die Kapelle der Burg von Eger (Cheb) an der böhmischen Westgrenze ist zum Beispiel ganz im Stil der Frühgotik erbaut worden. Nach Mähren hingegen kam die Gotik erst um 1230. Sie war in beiden Ländern mit bedeutenden sozialen Änderungen verbunden, mit der immer größeren Unabhängigkeit des Hochadels und der Kirche sowie mit der Gründung von deutschbesiedelten Städten. Etwas später findet man auch Spuren der nordfranzösischen Hochgotik, besonders in königlichen Bauten und in der Kirche von Písek. Die in Mitteldeutschland bereits geläufige Hallenkirche wurde jetzt auch in Böhmen eingeführt. Die 1230 begonnene und 1270 vollendete königliche Burg von Klingenberg (Zvíkov), errichtet auf einem Felsvorsprung zwischen zwei Flüssen, stellt ein großartiges Beispiel dieser neuartigen Burgenarchitektur dar. Der fünfeckige Hof besitzt einen imposanten zweistöckigen, gewölbten Arkadengang in der Art eines Kreuzganges, und die Kapelle ist mit reichen Ornamenten höchster Qualität versehen.

Blick vom unteren Burghof auf Schloß Pernstein (Pernštejn), Mittelmähren.

EINLEITUNG

Nach dem Aussterben der Dynastie der Přemysliden in der männlichen Linie um 1306 folgte ein Interregnum. Der vorgesehene Thronfolger wäre der Sohn von Rudolf von Habsburg gewesen, der jedoch früh starb. Es brach ein Krieg zwischen den deutschen Bürgern und dem böhmischen Adel aus. Der Thron wurde dann dem soeben gewählten Kaiser des Heiligen Römischen Reiches, Heinrich von Luxemburg, angeboten. Sein Sohn Johann, der mit der Přemyslidenprinzessin Elisabeth verheiratet war, gewann sehr schnell wieder Kontrolle über das Königreich. Es erwies sich jedoch als zu schwierig, den böhmischen Adel zu unterwerfen, daher übergab ihm König Johann 1318 schließlich die Macht. »Der fahrende Ritter«, wie er genannt wurde, konnte es nicht lassen, sich in fremde Kriege einzumischen, zuerst in Italien und dann in Frankreich, wo er seinem Schwager gegen die Engländer zu Hilfe kam. Inzwischen erblindet, fiel er schließlich 1346 in der Schlacht von Crécy. Seine Außenpolitik war erstaunlich erfolgreich gewesen: Während seiner Regierungszeit erwarb das Königreich Eger (Cheb) mit dem dazugehörigen Gebiet, die Lausitz, und beinahe wieder ganz Schlesien von Polen.

Johanns Sohn, Karl IV., bestieg den Thron unter keineswegs günstigen Umständen, aber er erwies sich als ein großer Herrscher. Er erwarb großes Prestige und wurde zum König des Heiligen Römischen Reiches gekrönt. Die Verwaltung wurde modernisiert, die Nachfolge geregelt und die Stellung des Königreichs Böhmen im Reich gefestigt: Die Böhmen erhielten das Recht, eine neue Dynastie wählen zu können, wenn die bestehende aussterben sollte. Das offene Land wurde befriedet und Landgerichte eingerichtet, um unparteiisch zwischen den sozialen Gruppen Recht zu sprechen. Durch das Ausbleiben kriegerischer Auseinandersetzungen und durch die Entwicklung der kaiserlichen Hauptstadt Prag zu einer Großstadt wurde der nationale Wohlstand beträchtlich angehoben. Die vielleicht größte Leistung Karls war die Gründung der Karls-Universität oder des Carolinums im Jahre 1348. Die erste Universität in Mitteleuropa war gleichermaßen für die Tschechen, Polen und Deutschen bestimmt; dennoch gab es später Konflikte und Streitereien, als tschechische Professoren aus nationalistischen Gründen versuchten, die vollständige Kontrolle über die Universität zu erlangen. Auch die gutgemeinten Versuche Karls, Mißstände des Klerus zu beseitigen, führten zum Anwachsen von Predigersekten, die eine nationale Agitation betrieben.

Das 14. Jahrhundert war der Höhepunkt des Rittertums in Europa und die Hochblüte der Gotik, und es wurde auch eine neue Form der befestigten Wohnsiedlung eingeführt – die mittelalterliche Burg. Im Süden war der Baustil hauptsächlich von der zisterziensischen Gotik geprägt, die von den Donauländern übernommen wurde, im Norden aber herrschte die französische Hochgotik, die aus Schlesien und Sachsen importiert worden war, während sich in der Slowakei beide Stile miteinander vermischten. Der zisterziensische Stil, wie der Orden selbst, war einfach und asketisch und stellt einen sanften Übergang vom früheren romanischen Stil zur Gotik dar. Im Gegensatz dazu neigte die Hochgotik des nördlichen Frankreich manchmal zur Theatralik; ihre unbefangenen, nach oben drängenden Linien von kühner Konzeption waren mit großer Klarheit im Detail verbunden. Die böhmische mittelalterliche Burg, charakterisiert durch große, viereckige, bewohnbare Türme, war streng vertikal gegliedert und hatte symmetrisch umschlossene Höfe, wie die Beispiele Konopischt (Konopiště), Altsohl (Zvolen) und die rekonstruierte alte Burg in Preßburg (Bratislava) zeigen. Viele bedeutende adelige Familien verwendeten ähnliche Grundrisse und architektonische Details für ihre neuen Burgen, darunter Rosenbergs Böhmisch Krumau (Český Krumlov) im Süden sowie Markwarts Waldstein und Michalowitz (Michalovice) im Norden, wie auch Friedland (Frýdlant), Náchod und Mährisch Sternberg (Moravský Šternberk).

Allmählich begann die reiche Ausdruckskraft und die vertikale Komposition dem Prinzip der Horizontalität und dem Streben nach einer größeren Einheit des Ganzen zu weichen, und auch der Charakter der Bauten als Verteidigungsanlagen wurde zugunsten bequemerer Lebensbedingungen aufgegeben. Die großen Familien des Landes, die Kirche und die Krone wurden die großen Förderer der Künste. Bischof Jan IV. Drazize von Prag holte sich französische Baumeister für seine Bauvorhaben, und 1333 begann Wilhelm von Avignon mit dem Bau einer Steinbrücke, einer Festung und eines Augustinerklosters in Raudnitz (Roudnice). Karl IV. beauf-

TSCHECHOSLOWAKEI

tragte Matthias von Arras, der am päpstlichen Hof zu Avignon tätig gewesen war, im Jahre 1344 mit dem Bau des Veitsdoms am Hradschin in Prag, woran Matthias bis zu seinem Tod acht Jahre später arbeitete. Wahrscheinlich entwarf er im Auftrag des Königs auch die Pläne für die Burg Karlstein.

Karl war entschlossen, Prag zum Rom des Nordens zu machen, und zu diesem Zweck holte er Peter Parler zu sich – den vielleicht bedeutendsten Baumeister seiner Zeit. Parler, der um 1330 in Köln geboren worden war, hatte die französische und englische Technik der Baukunst studiert, aber sein Talent befähigte ihn zu einer neuen architektonischen Gestaltung in einer bislang noch nie dagewesenen Art. Nach seiner Ankunft in Prag übernahm er die Bauarbeiten am Dom und an der Burg auf dem Hradschin, und er vollendete die Burg Karlstein bis zum Jahre 1367. Dieses bemerkenswerte Gebäude war sowohl als Ort der Erholung für den König als auch als ein sicherer Ort für die Kronjuwelen gedacht. Der Burgturm beherbergte auch die Kapelle des Heiligen Kreuzes, das mit Halbedelsteinen und einem Zyklus von 128 thematisch verbundenen Porträts von Heiligen, wenn auch in einer manirierten Ausführung, geschmückt war. Mit seinem Neffen Heinrich, der in Mähren arbeitete, und zahllosen anderen Steinmetzen, die mit ihm ins Land gekommen waren, wurden Parlers Raumgestaltungen, charakterisiert durch das Zusammenspiel von Mauern und Gewölben, einheimisch. Dank seines inspirierten Genius erreichte die böhmische Gotik ihren Höhepunkt, eine Leistung, wodurch das Land das höchste kulturelle Niveau in Europa erreichte.

Dieses Goldene Zeitalter dauerte jedoch nicht lange. Der Tod Karls IV. im Jahre 1378 nahm dem Land die starke Hand, und unter dem schwachen und unentschlossenen Wenzel IV. geriet das Land in erneute Instabilität. Etwa zehn Jahre lang herrschte eine trügerische Ruhe, doch als Judenpogrome die öffentliche Ordnung gefährdeten, setzte ihn der Adel, dessen Ratschläge der König zurückgewiesen hatte, mit Zustimmung seines eigenen Bruders gefangen (Sigismund war König von Ungarn, Markgraf von Brandenburg und später Kaiser). Wenzel brachte nicht nur die Kirche und die Universität gegen sich auf, indem er die Simonie zuließ und dem Papst gestattete, das Land mit seinen Bullen und seinem Ablaßhandel zu überschwemmen. Die unrühmliche Lage der katholischen Kirche mit drei sich einander bekämpfenden Päpsten fand ihren Niederschlag auch in der böhmischen Kirche, die die Reformer, die Wycliffs Lehren folgten, als Häretiker brandmarkte. Der König reagierte etwas seltsam, da er die Radikalen gegen den Erzbischof unterstützte, aber auch die Charta der Universität änderte, um den immer nationalistischer werdenden Tschechen die Vormacht zu geben. Die Reformer, angeführt von dem Professor Jan Hus, predigten immer stärker gegen die kirchlichen Mißstände. Hus wurde aufgefordert, im Jahre 1414 vor dem Konzil von Konstanz zu erscheinen; trotz des von Kaiser Sigismund erlassenen sicheren Geleits, wurde er jedoch eingesperrt, wegen Ketzerei vor Gericht gestellt und auf dem Scheiterhaufen verbrannt. Die aufgebrachten Tschechen schlossen sich gegen diese nationale Beleidigung zusammen und führten trotz des Verbotes durch das Konzil das Abendmahl in beiderlei Gestalt ein. Als der wankelmütige König 1419 die Wiederzulassung der loyalen Pfarrer in ihren Pfarreien anordnete, feierten die hussitischen Aufständischen die Messe im Freien. Wenzels Tod im August dieses Jahres war das Vorspiel zu Anarchie und Bürgerkrieg.

Natürlich lag der Grund für die folgenden Wirrnisse tiefer als nur in den unterschiedlichen theologischen Auffassungen. Der Zusammenbruch der königlichen Macht brachte bereits vorhandene ethnische und soziale Widersprüche zum Ausbruch. Aber der Hussismus war trotzdem ein außerordentliches Phänomen, denn er vereinte die gesamte tschechische Nation gegen den Druck von außen. Aufgrund der Einsicht, daß seine Nachfolge auf den böhmischen Thron auf Widerstand stoßen würde, gestattete Sigismund nach Wenzels Tod dem Papst die Verkündigung eines Kreuzzuges und erhielt von ihm Gelder für eine große Armee, mit welcher er 1420 in Prag erschien, um sich dort krönen zu lassen. Aber die Tschechen erhoben sich und vertrieben unter dem genialen Jan Zizka die königlichen Truppen. Als sich der Landtag weigerte, Sigismund anzuerkennen, geriet das Land unter die Kontrolle militärischer Brüderschaften, insbesondere der grausamen Orebiten und Taboriten. Klöster und Städte, die sich ihnen entgegenstellten, wurden zerstört.

EINLEITUNG

Ansicht des südlich von Prag am Ufer der Moldau gelegenen Schlosses Orlik.

Erst nach Zizkas Tod und der Zurückschlagung des päpstlichen Kreuzzuges im Jahre 1431 waren die Tschechen zu Verhandlungen bereit. Eine Abordnung, angeführt von Jan von Rokyzan, nahm im Jahre 1433 am Konzil von Basel teil. Nach einjährigen Beratungen wurde das Abendmal in beiderlei Gestalt jedoch nur den hussitischen Gemeinschaften erlaubt. Die Bruderschaften der radikalen Reformer kämpften gegen diese Regelung, aber sie wurden in der Schlacht von Lipan (Lipany) vernichtet. Sigismund erkannte die Kompaktate, wie diese Vereinbarung genannt wurde, an und kehrte 1436 nach Prag zurück, wo er jedoch ein Jahr später starb.

Zwar wurde Ladislaus von Habsburg, der noch ein Kind war, schließlich als sein Nachfolger anerkannt, tatsächlich herrschten aber die siegreichen Utraquisten (wie die gemäßigten Reformer genannt wurden) unter der Führung von Georg von Poděbrad über das Königreich. Obwohl der Papst sich weigerte, die Kompaktate anzuerkennen, hatte Poděbrad 1452 als Regent das Land unter seine volle Kontrolle gebracht, und der Kindkönig beschwor die »böhmischen Privilegien«. Als der junge Herrscher fünf Jahre später an der Pest starb, wählte man Poděbrad auf den verwaisten Thron, und er wurde vom Kaiser anerkannt. Der Papst blieb jedoch unnachgiebig und wiegelte den katholischen Adel und den Schwiegersohn des Königs, Matthias Corvinus von Ungarn, zu einem bewaffneten Widerstand auf. Obwohl er einen leichten Sieg gegen sie erringen konnte, starb der brillante Poděbrad 1471, ohne daß es ihm gelungen war, die Katholiken mit den Utraquisten zu versöhnen. Die Krone wurde Wladislaw Jagiello von Polen angeboten, der in den folgenden sieben Jahren für seine Rechte gegen Matthias Corvinus kämpfte. Als der ungarische Herrscher 1490 starb, gelangte Wladislaw sowohl in den Besitz Mährens, das Corvinus besetzt hatte, als auch in den Besitz des ungarischen Thrones. Nach langen Jahren der Isolation, die bis zu den Hussitenkriegen zurückgingen, wurden die Tschechen wieder in die Völkergemeinschaft aufgenommen. Wladislaw residierte in Ofen (Buda) und überließ dem Adel die Regierungsgeschäfte des Landes. Sein junger Nachfolger Ludwig besuchte sein Reich nur einmal vor seinem Tod in der Schlacht bei Mohács gegen die Türken im Jahre 1526. Die Kirchenspaltung wurde immer schlimmer, obwohl sich die Katholiken und Utraquisten im Kampf

TSCHECHOSLOWAKEI

Ansicht von Schloß Neuhaus (Jindřichův Hradec), Südböhmen.

gegen eine Gruppe extremer Protestanten, die Einheit der böhmischen Brüder (Unitas fratrum) genannt, zusammenfanden. Mit Beginn der Reformation splitterten sich die Utraquisten in zahllose Parteien auf, während sich die Deutschen in großen Massen dem Protestantismus zuwandten. Das Königreich, regiert von abwesenden Herrschern, zerfiel mehr und mehr, ganz im Gegensatz zu den umliegenden Ländern, die sich zu starken Nationalstaaten entwickelten. Während die hussitische Ära als Goldenes Zeitalter galt, in dem die Tschechen sich erfolgreich gegen ausländische Eindringlinge zu verteidigen wußten, waren sie tatsächlich für die nächsten fünfzig Jahre in eine kulturelle und politische Isolation geraten, von der sie sich jahrzehntelang nicht erholten. Die Universität zum Beispiel, die zu Zeiten Karls IV. über 4000 Studenten hatte, wies hundert Jahre später nur noch einen Bruchteil davon auf.

EINLEITUNG

Während dieser turbulenten hundertfünfzig Jahre blieb die architektonische Entwicklung jedoch nicht stehen. Die Hussitenkriege beendeten die Blütezeit der städtischen Entwicklung mit ihren schönen Bürgerhäusern und prachtvollen öffentlichen Bauten – außer in den Gegenden, die von den Kämpfen nicht berührt wurden, wie die Besitzungen der Rosenbergs in Südböhmen. In Kuttenberg (Kutná Hora), einer Stadt, die durch ihren Silberbergbau reich geworden war, fuhr man mit dem immer wieder unterbrochenen Bau großer Kirchen fort. Hier zeigte sich auch, wie sich der vorherrschende Stil von einer einfachen und einheitlichen Raumgestaltung zu größerer Beachtung architektonischer Details, vor allem in den Netz- und Sterngewölben, gewandelt hatte.

In Mähren entwickelte sich inzwischen die Hochgotik weiter. Anton Pilgrams Hauptportal des Rathauses von Brünn (Brno) ist ein besonders gutes Beispiel dafür, ebenso die Umgestaltung der frühgotischen Burg von Pernstein. Ursprünglich war diese ein anspruchsloser Bau rund um einen Wehrturm, Báborka genannt; Mitte des dreizehnten Jahrhunderts wurde Pernstein dann zur eindrucksvollsten Burg Mährens. Das bemerkenswerte Bauwerk wurde von Johann von Pernstein und später von seinen Söhnen Wenzel I. und Wilhelm II. – beide waren Hofmarschälle am böhmischen Hof und nach dem König die ersten Männer im Staate – errichtet. Nach einem Brand im Jahre 1457 bauten sie das ursprüngliche Gebäude zu einer grandiosen Residenz aus – ein kompliziertes Nebeneinander von Gebäuden mit fünf bewohnbaren Türmen auf einem großen Felsen. Der innere Wehrturm steht in einem Hof, der wiederum von tief in das Tal abfallenden Befestigungsmauern geschützt ist. Mit ihren Türmen, Zinnen, Wehrgängen und der Holzbrücke, die zu einem weiteren Turm führt, wäre die Burg für einen Auftritt Tannhäusers wie geschaffen.

Pernstein war sehr stark vom Stil des Benedikt Ried beeinflußt, dem innovativsten und – während der Übergangsjahre von der Gotik zur Renaissance – wichtigsten Baumeister des Landes. Ried, dessen Herkunft nicht bekannt ist, kam um 1480 nach Prag, wo er im großen Rahmen von den Jagiellonen beschäftigt wurde. Der von ihm errichtete Vladislav-Saal im Hradschin ist – auch wenn er vielleicht nicht ganz überzeugend gelungen ist – einer der monumentalsten Räume dieser Zeit in Europa, und ebenso beeindruckend ist die in der Nähe gelegene Reitertreppe. Aber Ried war auch außerhalb Prags tätig, und zwar als Berater beim Bau der großen Burg von Švihov, die allerdings später großteils wieder abgerissen wurde, und in Platten (Blatná), wo er die große mittelalterliche Wasserburg vollendete, mit deren Bau die Familie Rožmitál schon vor einem Jahrhundert begonnen hatte. Inzwischen tauchten in Prag die ersten Spuren der Renaissance auf, die ebenfalls von Ried stammten. Die Gotik und die Renaissance sollten aber noch weit in das 16. Jahrhundert hinein nebeneinander bestehen; der Renaissancestil kam erstmals in Mähren auf, als das Land für kurze Zeit von Ungarn besetzt war. Erst mit dem Tod von Ried im Jahre 1534 kann das lange Kapitel der gotischen Architektur als abgeschlossen gelten.

Das Ende der Gotik fiel mehr oder weniger mit dem Beginn einer neuen Epoche in der tschechischen Geschichte zusammen. Da der Thron wieder einmal verwaist war, wurde Ferdinand von Habsburg, der Schwager des verstorbenen Ludwig und dessen Nachfolger in Ungarn, 1526 von den böhmischen Ständen gewählt. Auf diese Weise fielen den Habsburgern die Länder der böhmischen Krone zu, welche sie bis 1918 zusammen mit der Slowakei, damals Oberungarn, behielten. Das Land brauchte in erster Linie politische Stabilität und eine Verbesserung der Lebensverhältnisse, weshalb man bereit war, einen fremden Herrscher zu akzeptieren, wenn er nur entsprechend stark war. Das traf auf Ferdinand mit Sicherheit zu. Es gelang ihm mit Geschick, die böhmischen Stände davon zu überzeugen, daß jeweils sein ältester Nachkomme einen erblichen Anspruch auf den böhmischen Thron haben sollte. Er reorganisierte die bestehenden Verwaltungsstrukturen, und alle Provinzlandtage, die bis dahin eine gewisse Unabhängigkeit gehabt hatten, mußten nun Delegierte in den Landtag nach Prag entsenden; die Verordnungen der Böhmischen Hofkanzlei galten jetzt für das gesamte Königreich.

Obwohl Ferdinand bei seiner Krönung versprochen hatte, die Katholiken und die Utraquisten zu respektieren, ging er zu einer Politik der Unterdrückung über, als die Utraquisten sich spalteten und die »Neoutraquisten« sich ganz offen als Pro-

TSCHECHOSLOWAKEI

testanten bekannten. Ein neuer Kirchenrat mit einem neuen Erzbischof von Prag an der Spitze der beiden Kirchen wurde ernannt. Nach dem Sieg seines Bruders, Kaiser Karl V., über die Protestanten in der Schlacht von Mühlberg im Jahre 1547, verschärfte Ferdinand die Verfolgung der unerlaubten Sekten, obwohl eine starke einheimische Opposition die meisten seiner kirchlichen Reformpläne vereiteln konnte. Trotzdem wurden 1556 die Jesuiten ins Land gerufen. Sie gründeten eine neue Universität, das Clementinum, das bald ein sehr hohes Niveau erreichte, und sie erzogen und bekehrten viele Söhne des utraquistisch orientierten Adels wieder zum Katholizismus. Den Jesuiten gelang es auch sehr schnell, einen Nationalheiligen wiederzuentdecken, um den sie die katholische Bevölkerung scharten; es war dies der hl. Johannes Nepomuk, ein obskurer Geistlicher, den Wenzel IV. in die Moldau geworfen hatte und dessen Leichnam dann mit einem Kranz von Blumen um sein Haupt den Fluß hinabgeschwommen war.

Als Ferdinand im Jahre 1564 starb, herrschte wieder Recht und Ordnung. Sein Nachfolger, Maximilian II., war entschlossen, das Werk seines Vetters fortzusetzen. Leider nahmen ihn die Probleme seines ungarischen Königreiches, das inzwischen zum Großteil von den Türken besetzt war, fast zur Gänze in Anspruch, so daß er seinen bigotten Bruder, Erzherzog Ferdinand, als Regenten einsetzen mußte. Der König war jedoch im Grunde ein toleranter Mensch, der die Böhmische Konfession von 1575 akzeptierte, wodurch eine friedliche Koexistenz der Katholiken mit allen anderen Konfessionen – die extremen protestantischen Sekten ausgenommen – möglich war. Dies galt zwar nur für Böhmen – in Mähren hatten Nichtkatholiken offiziell keine Rechte –, aber faktisch gab es in beiden Ländern Religionsfreiheit. Unter der Oberfläche bestanden die Spannungen allerdings weiter fort.

Die wachsende königliche Macht im 16. Jahrhundert führte auch zu einer Blüte der Künste. Zu Beginn des Jahrhunderts hatte sich der Einfluß der italienischen Renaissance in den böhmischen Ländern nur langsam verbreitet, aber nach Ferdinands Thronbesteigung nahm er stark zu. Die Verwendung stilistischer Elemente italienischer Herkunft zeigen das königliche Interesse an der Ästhetik der Renaissance, wie zum Beispiel die flachen Reliefs in Letohrádek oder im Belvedere am Hradschin. Der König bestimmte auch die neue Stilrichtung mit dem Schloß in Kosteletz mit seinen viereckigen Türmen (1549), während einer seiner Söhne, ebenfalls ein Ferdinand, sogar selbst die Pläne für das Schloß Hvězda in der Nähe von Brevnov entwarf.

Maximilians ältester Sohn, Rudolf II., folgte seinem Vater 1577 nach. Auch er war ein eifriger Bauherr, der, abgeschieden von der Welt, in einem von dem italienischen Baumeister Gargioli neu errichteten Flügel im Hradschin lebte. Er hatte Prag als seine Residenz auserwählt, und acht Jahre später, nach seiner Wahl zum Kaiser und der Verlegung des kaiserlichen Hofes dorthin, wurde Prag wieder zu einer kosmopolitischen Stadt. Rudolf war ein großer Förderer der Künste und auch ausländischer Baumeister sowie ein außergewöhnlicher Sammler von allerlei Kuriositäten und Kunstwerken. Er war auch ein Förderer der böhmischen Musik, die schon eine bedeutende Tradition hatte, und er gründete auch ein königliches Orchester, was im Adel viele Nachfolger fand. Sein Hof mit einer bemerkenswerten Anzahl von Gelehrten aller Richtungen, wie z. B. dem dänischen Astronomen Tycho Brahe oder dem irischen Alchimisten Edward Kelly, wurde der intellektuelle Mittelpunkt des Reiches.

Die Wegbereiter des Renaissancestils im Lande waren italienische Baumeister und Stukkateure. Viele kamen aus der Gegend des Comer Sees oder aus den Gegenden südlich der Alpen. Sie ließen sich in den größeren Städten nieder, wo sie oft ihre eigenen Zünfte bildeten, wie etwa in Böhmisch Krumau (Český Krumlov) oder in Neuhaus (Jindřichův Hradec). Ihr Geschick lag vor allem in der Verschmelzung verschiedener Baustile. Sie betonten die Horizontalität und Einheitlichkeit der Bauten, lockerten aber die Monotonie der Fassaden durch Stuck sowie ornamentale und figurative Sgraffiti auf. Anstelle eines Dachgeschosses haben ihre Schlösser oft Giebel, die der italienischen Kirchenarchitektur entlehnt waren. Im Inneren errichteten sie Höfe mit Arkaden, unterschiedlichen Gewölben und meist bemalten Kassettendecken. Die Renaissance bewirkte einen Bruch in der charakteristischen böhmischen Ausgestaltung des gotischen Stils, denn sie war eine bewußte Wieder-

Flußfassade von Schloß Nelahozeves, Mittelböhmen, verziert mit Sgraffito-Arbeiten aus dem späten 16. Jahrhundert.

EINLEITUNG

TSCHECHOSLOWAKEI

Ansicht von Teltsch (Telč), Südmähren.

belebung der Ideen und der Kunst der Antike und hatte daher ihren Ursprung verständlicherweise auch in Italien. Der neue Stil fand durch die Nachahmung des Hofes schnell Eingang beim Adel; der niedere Adel und das Bürgertum verwendeten ihn weniger – viele Bürgerhäuser wiesen noch durch Jahrzehnte gotische Stilelemente auf –, während die Kirche ihn nur sehr langsam übernahm.

Die Herren von Pernstein gehörten zu den größten Renaissancebauherren. In Böhmen wurde ihre gotische Burg in Pardubitz (Pardubice) so geschickt zu einem Renaissancepalast umgebaut, daß in der Folgezeit sogar der König die gleichen Baumeister engagierte. Zwischen 1568 und 1573 wurde in Leitomischl (Litomyšl) für den »prachtliebenden« Kanzler Wratislaw von Pernstein vom Baumeister Jan Avostalis de Sala ein Schloß mit einem prachtvoll verzierten Hof erbaut. Die blinden Mauern sind mit Sgraffiti mit einer Scheinarchitektur bemalt, und über dem Hauptportal befindet sich eine Loggia mit Blick in den Hof, der mit phantastischen Fresken geschmückt ist. In Pernstein, seiner Hauptresidenz, ließ Wratislaw auch Gärten anlegen und eine Kapelle erbauen.

Auch Zacharias von Hradec aus der Familie der Rosenbergs, den großen Rivalen der Pernsteiner, beschloß nach seinen Reisen in Italien, sein Schloß in Teltsch (Telč) im Renaissancestil umzubauen. Da seine Silberbergwerke ihm gestatteten, jeder Laune nachzukommen, ließ er durch Baltasar Maio da Vomio einen neuen Südflügel bauen, an den eine polygonale Apsis angefügt wurde. In einer Kapelle darunter, von Antonio Melana mit prachtvollem vergoldeten Stuck ausgestattet, liegen die Statuen von Zacharias und seiner Gemahlin Katherina.

Kaiser Ferdinands Lieblingsbaumeister, Florian Gryspeck, begann 1553 mit dem Bau des prächtigen Schlosses Serlian in Nelahozeves an der Elbe, das später in den Besitz der Familie Lobkowitz gelangte. Wegen seiner übermäßig langen Bauzeit – nämlich siebzig Jahre – weist das Bauwerk sowohl Elemente des Manierismus als auch der Renaissance auf. Nelahozeves erlangte drei Jahrhunderte später wahre Berühmtheit, als Anton Dvořák, der wohl berühmteste tschechische Komponist, dort am Fuße des Schloßberges geboren wurde. In Nordböhmen war andererseits der sächsische Einfluß dominierend, bei Neubauten wie Mělník und auch bei Umbauten wie in Friedland (Frýdlant). Aber trotz all dieser regionalen Unterschiede hatte sich um die Mitte des Jahrhunderts schließlich doch ein nationaler Stil entwickelt.

EINLEITUNG

Das vermutlich eleganteste aller böhmischen Renaissancebauwerke ist Butschowitz (Bučovice), ein Schloß ganz im humanistischen Geist von Florenz und zu einer Zeit erbaut, als der mährische Adel noch voller Selbstvertrauen war. Butschowitz (Bučovice) wurde für den Gelehrten Jan Šembera Černohorský von Boskovice erbaut. Er war reich genug, um die Pläne hierfür von dem Baumeister Pietro Ferrabosco di Lagno entwerfen zu lassen, der in kaiserlichen Diensten in Wien stand. Zwischen 1566 und 1582 wurde von einem lokalen Baumeister, Pietro Gabri aus Brünn, ein wohlproportionierter, dreistöckiger, von Mauern und einem Graben umgebener Bau errichtet, mit einem reizvollen Hof mit dreigeschossigen Laubengängen mit Säulen im ionischen, korinthischen und gemischten Stil. Auch andere Mitglieder der bemerkenswerten Familie Boskovice bauten weiter an dem Schloß. Einer von ihnen, Prothas' Neffe, der Bischof von Olmütz (Olomouc), kaufte die gesamte Stadt Mährisch Trübau (Moravská Třeborá), baute die Stadt und ihr Schloß um und siedelte dort zahlreiche Künstler und Gelehrte an. Seine Verwandten und Nachfolger, die Žerotíns, lebten dort auf ähnliche Weise. Jan Žerotín war ein unermüdlicher Bauherr; 1573 begann er, ein Schloß bei Namiescht an der Oslawa (Náměšť nad Oslavou) zu planen; gleichzeitig baute er seine anderen Schlösser, sowohl in Rosice als auch weiter oben im Norden in Groß Ullersdorf (Velké Losiny), um. Namiescht bietet mit seiner langen Terrassenfassade über der Oslau und seiner mit Statuen flankierten Brücke zwar einen schönen Anblick, doch wirken seine Arkaden im Vergleich zu Butschowitz (Bučovice) schwerfällig.

Die Renaissance ist für die böhmischen Länder ein Zeitalter großer Errungenschaften gewesen. Der Adel baute nicht nur auf dem Land, sondern auch in den Städten prachtvolle Schlösser und Palais. Giovanni Gialdis Palais für die Familie der Pernsteins in Brünn (1589) zum Beispiel fand sowohl bei privaten als auch öffentlichen Auftraggebern aus anderen Gesellschaftsschichten Nachahmung. Die Stadttore von Pilsen (Plzeň) oder Tábor wurden den Portalen von Renaissanceschlössern nachgebaut. Rathäuser wie etwa jenes von Olmütz (Olomouc), die den Stolz der wohlhabenden Bürgerschaft ausdrücken, wurden auf ähnliche Weise umgebaut. Es ist kein Zufall, daß gerade dort, wo die Bautätigkeit des Adels am größten war, wie beispielsweise in Teltsch (Telč) oder in Leitomischl (Litomyšl), die Bürger ebenfalls ihre Häuser umbauten. In der Slowakei baute man mächtige Schlösser mit Ecktürmen, wie in Markusovce, allerdings mit einem eindeutigen polnischen Einfluß. Weiter im Süden, im Donauraum, herrschte wiederum der Renaissancestil vor, wie zum Beispiel in Krásna Hôrka und Topolčianky. Gegen Ende des sechzehnten Jahrhunderts begann der Einfluß der Hochrenaissance langsam zu schwinden und der italienische Manierismus trat an seine Stelle, mit Bauten wie das Matthias-Tor am Hradschin in Prag, das Vincenzo Scamozzi zugeschrieben wird.

Eine dauerhafte Blüte von Kunst und Architektur war aufgrund der unsicheren politischen Verhältnisse nicht möglich. Viele der wichtigsten adeligen Förderer der Kunst waren Protestanten wie Jan Žerotín und sein Sohn Karl. Letzterer hielt in seiner Jugend einen kosmopolitischen und intellektuellen Hof in Namiescht, wohin adelige Jünglinge zur Vervollständigung ihrer Erziehung als Pagen gesandt wurden. Er war nicht nur ein großer Bücherfreund, sondern auch ein visionärer Staatsmann, der Mähren trotz der Auseinandersetzungen zwischen Rudolf II. und Erzherzog Matthias und trotz der religiösen Streitigkeiten den Frieden bewahrte und dabei einen nichtfeudalistischen Staat mit einer allgemeinen Steuerpflicht anstrebte. Aber auch er konnte, wie die meisten seiner Standesgenossen, die anstehenden religiösen und politischen Probleme nicht meistern und emigrierte schließlich mit seiner Bibliothek nach Polen, wo er vereinsamt im Exil starb.

Obwohl die Regierungszeit Rudolfs einen Höhepunkt in der kulturellen Entwicklung Böhmens darstellte, war sie auch der Anfang eines politischen Zerfalls. Rudolf hatte kein Interesse an den Regierungsgeschäften und überließ sie mehr und mehr der Böhmischen Hofkanzlei, vor allem deren Kanzler Zdenek von Lobkowitz, der dieses Amt ab 1599 innehatte und der dafür sorgte, daß alle wichtigen Ämter von Katholiken besetzt wurden. In Absprache mit dem Rat schlug er die Besteuerung des böhmischen Adels vor, eine völlig neue Maßnahme. Auch verlor der Landtag das Recht zur Festsetzung der Höhe der Steuern und zur Zustimmung des Heeresaufgebotes. Viele nationalistische und fremdenfeindliche Mitglieder des

TSCHECHOSLOWAKEI

EINLEITUNG

Innenraum der Schloßkapelle von Teltsch (Telč), Südmähren, mit den Grabmalen von Zacharias von Hradce und seiner Gemahlin Katharina Waldstein.

Arkadenhof in Bucovice, in der Nähe von Brünn (Brno).

Adels waren, zusammen mit den Protestanten, zum Widerstand bereit und fanden in Wenzel Budovec von Budov einen fähigen Führer.

Als die Gemeinschaft der Böhmischen Brüder 1602 wiederum verboten wurde, schlug die protestantische Opposition den deutschen protestantischen Fürsten ein Bündnis vor, um den Kaiser zu Verhandlungen zu zwingen. Dies wiederum brachte die böhmischen Katholiken auf, obwohl sie in Mähren zu einem Einverständnis mit der Regierung gelangt waren. Konzessionen wurden dort von Erzherzog Matthias gemacht, der nach einer erfolgreichen Rebellion gegen seinen Bruder im Jahre 1608 Mähren, die österreichischen Erblande und Ungarn erhalten hatte. In Böhmen aber blieb der Adel gespalten. Als der bedrängte Rudolf den Majestätsbrief von 1609 erließ, mit dem er die Religionsfreiheit zusicherte, wurde diese Maßnahme von den gemäßigten Katholiken unter Adam von Sternberg begrüßt, von den Gegnern des Kaisers aber scharf verurteilt.

1611 mußte der unglückselige Kaiser, der kurz darauf starb, abdanken, und im Mai dieses Jahres wurde Matthias zum König von Böhmen gekrönt. Der kluge neue Herrscher war hauptsächlich mit den kriegerischen Auseinandersetzungen gegen die Türken befaßt und rührte nicht an den religiösen Konzessionen. Trotzdem galt oft der Grundsatz *cuius regio, eius religio*, und vielerorts wurden den protestantischen Bauern vom katholischen Adel Priester aufgezwungen. Die politischen und religiösen Spannungen blieben weiterhin bestehen, besonders als deutlich wurde, daß der König, bedacht auf die Aufrechterhaltung der königlichen Macht, nicht dagegen einschritt. Dieser spannungsgeladene Zustand im Inneren des Landes fiel mit der Spaltung Europas zwischen Katholiken und Protestanten zusammen und wurde noch weiter durch den Machtkampf zwischen den Habsburgern und den Bourbonen verschärft. Europa glich einem Pulverfaß, für das Böhmen die Lunte liefern sollte. Die daraus folgende Explosion veränderte nicht nur die Geschichte Böhmens und Mährens, sondern auch die des europäischen Kontinents auf dramatische Weise.

Der Vorfall, der die Katastrophe und damit den Dreißigjährigen Krieg auslöste, ereignete sich im Jahre 1618. Am 21. Mai dieses Jahres trat der protestantische Adel Böhmens zusammen. Einige wollten lediglich ihre Beschwerden vorbringen, andere aber einen antihabsburgischen Aufstand anfachen. Zwei Tage später stürmte der Pöbel den Hradschin, und drei katholische Beamte wurden festgenommen. Sie wurden beschuldigt, den Majestätsbrief verletzt zu haben, und wurden aus dem Fenster geworfen. Da sie jedoch auf einem Misthaufen landeten, blieben sie unverletzt. Eine regelrechte Rebellion brach aus. Der Landtag wählte dreißig Direktoren als Regierung für das Königreich, und ein Berufsheer von sechzehntausend Mann wurde aufgestellt. Die Mehrzahl der böhmischen Katholiken weigerte sich aber, den Aufstand zu unterstützen, auch Mähren blieb ebenfalls abseits. Trotzdem besiegten die Aufständischen die kaiserlichen Generäle zweimal und besetzten Pilsen, die Hauptstadt Westböhmens. Friedensbemühungen wurden durch den Tod von Matthias im März 1619 zunichte gemacht. Auf ihn folgte der junge, energische Ferdinand II., den die Landstände im August wieder absetzten. Der Kurfürst Friedrich von der Pfalz wurde nun zum König gewählt; er wurde im November gekrönt und bezog seine Residenz in Prag. Er hatte aber kein Heer mitgebracht, und auch seine ausländischen Ratgeber und seine englische Frau wurden bald unbeliebt.

Friedrichs Versuche, Wien einzunehmen, schlugen fehl, während Kaiser Ferdinands diplomatische Bemühungen ihn zum Mittelpunkt der katholischen Sache machten. Zu Beginn des Jahres 1620 vereinigte sich ein großes bayrisches Heer mit den kaiserlichen Truppen und marschierte in Südböhmen ein. Am 8. November trafen beide Heere am Weißen Berg aufeinander. Die Katholiken waren gut geführt und auch gut ausgebildet, die böhmischen Aufständischen hingegen demoralisiert und unter ausländischem Kommando. Die Mehrzahl der Aufständischen, vor allem die Ungarn und die Söldner, flohen, nur das mährische Kontingent kämpfte und ließ sein Leben auf dem Schlachtfeld. Friedrich selbst erschien dort erst, nachdem die Schlacht bereits verloren war, und verließ unmittelbar danach mit seiner Familie Prag. Die Aufständischen hingegen blieben zurück und mußten nun den Zorn des Kaisers über sich ergehen lassen. Prag wurde besetzt und die Anführer der Aufständischen festgenommen und vor Gericht gestellt. Man zeigte keine Gnade: 27 Menschen wurden öffentlich hingerichtet, viele andere erhielten Kerkerstrafen oder Geldbußen und ihr Besitz wurde konfisziert. Auf diese Weise wurde der tschechische Adel wirkungsvoll zerstört. Deutsche Beamte übernahmen die Verwaltung des Landes, und der vormals abgesetzte Ferdinand löste sein Versprechen ein und belohnte seine Verbündeten Sachsen und Polen mit der Lausitz und Schlesien. So wurde die Macht Habsburgs wiederhergestellt, allerdings um einen schrecklichen Preis.

Europa war nun in zwei bewaffnete Lager geteilt; die Protestanten standen den Katholiken gegenüber, und der Konflikt wurde später durch den Kampf zwischen Frankreich und den Habsburgern noch komplizierter. Der Kaiser war vorübergehend siegreich und stellte seine Macht über Böhmen mit einem rücksichtslosen autokratischen Regime wieder her. Auch die katholische Kirche ergriff die Gelegenheit, verlorenen Grund zurückzugewinnen, und entfesselte unter der Führung der Kardinäle Dietrichstein von Olmütz (Olomouc) und Harrach von Prag im ganzen Land eine Gegenreformation. Ein Großteil des katholischen Adels schloß sich den Habsburgern an, die Protestanten wurden enteignet oder ins Exil verbannt. Zahlreiche ausländische Aristokraten deutscher, spanischer, italienischer, französischer und sogar irischer Herkunft wurden vom Kaiser mit Besitzen belehnt. Deutsche, dänische, schwedische und ungarische protestantische Truppen verwüsteten in regelmäßigen Abständen die böhmischen Lande. 1631 nahmen die Sachsen unter der Führung des deutschen Generals Thurn Prag ein, und viele Emigranten und Pastoren tauchten wieder auf. Albrecht von Waldsteins (Wallenstein) Truppen eroberten jedoch die Stadt im darauffolgenden Jahr wieder zurück und zwangen Thurn, sich mitsamt seiner gesamten Besatzung zu ergeben. Wallenstein selbst wurde einige Jahre später von seinen eigenen Offizieren im Lager bei Eger (Cheb) ermordet. Ferdinands Sohn übernahm das Kommando über die kaiserlichen Truppen und folgte 1637 auf den Thron. Doch der Dreißigjährige Krieg ging weiter, denn inzwischen waren auch die Franzosen in den Krieg eingetreten. Schwedische Truppen verwüsteten immer wieder Böhmen und Mähren, wobei es ihnen aber nicht gelang, Prag zu erobern. 1648 wurde schließlich der Westfälische Frieden unterzeichnet, und 1650 zogen die letzten Schweden endlich ab. Aber die böhmischen Lande waren völlig ausgeblutet: 80 Städte und 813 Dörfer waren in Böhmen zerstört worden, 22 Städte und 333 Dörfer in Mähren und insgesamt etwa 300 Schlösser. Die Führungsschicht und etwa ein Viertel der Bevölkerung waren dem Krieg zum Opfer gefallen. Über tausend Herrschaften hatten den Besitz gewechselt, und viele davon wurden von den neuen Eigentümern nicht wirtschaftlich geführt, sondern dienten hauptsächlich als Sicherstellung für Schulden oder Hypotheken.

Die wichtigste Konsequenz für Böhmen war, daß es von nun an für die nächsten 270 Jahre dem Reich der Habsburger einverleibt wurde. Die kaiserlichen Steuern schnellten in die Höhe: Die in Böhmen und Mähren eingetriebenen Steuern in Höhe von 3,2 Millionen Gulden waren etwa doppelt so hoch wie die von Ober- und Niederösterreich, deren Gebiete von den Kämpfen relativ verschont geblieben waren. König Ferdinand war ein absoluter Monarch mit eigenen Rechten für die Thronfolge. Der Reichstag wurde von drei auf vier Stände erweitert: Hochadel, niederer Adel, Bürger und Klerus – doch wegen der Rebellion verloren sie ihre Rechte und Privilegien. Ferdinand widerrief auch den Majestätsbrief, womit die religiöse Toleranz beendet und die Gegenreformation eingeleitet wurde. Die tschechischen Protestanten konnten zwischen Emigration oder Konvertierung wählen; wählten sie letztere, so wurden sie von den Jesuiten streng überwacht. Der Priestermangel, vor allem auf dem Lande, ermöglichte es aber den protestantischen Pastoren, ihre Gemeinden heimlich zu betreuen. Ein großer Teil der Landbevölkerung verfiel in Gleichgültigkeit und in einen seltsamen Aberglauben. Die mit dem habsburgischen Zentralismus und später mit den Germanisierungstendenzen unwiderruflich verbundene katholische Kirche brachte dennoch im achtzehnten Jahrhundert einige führende Persönlichkeiten aus der tschechischen Bevölkerung hervor. In einigen Städten sorgten auch die Jesuiten für intellektuellen Aufbruch.

1657 folgte Leopold I. seinem Vater, Ferdinand III., auf den Thron, aber trotz seiner böhmischen Freunde, wie die Grafen Vratislav Černín und Wenzel Eusebius von

Bemalte Gipsdecke im Kaiser-Saal von Bucovice.

Bemalte Gipsdecke im Hasen-Saal von Bucovice.

EINLEITUNG

TSCHECHOSLOWAKEI

Lobkowitz, war seine Politik gegenüber Böhmen nicht aufgeschlossener. Er besuchte sein Königreich selten und betrachtete es hauptsächlich als Steuerquelle – der ihm völlig ergebene Landtag bewilligte automatisch alle Steuern. Nach der Niederlage der Türken bei Wien im Jahre 1683 richtete Leopold seine Energien auf die Rückeroberung Ungarns und auf den Kampf gegen die wachsende Macht Frankreichs, wofür er zum Teil böhmische Truppen und böhmisches Geld verwendete. Sein Sohn Joseph I. wollte diese Politik offenbar ändern, aber er reagierte nur von 1705 bis 1711 und starb dann an Pocken. Sein Nachfolger war sein unbedeutender Sohn Karl VI.

Die tschechische Nation erlebte ihren Tiefpunkt. Das 17. Jahrhundert hatte tiefgreifende politische und soziale Veränderungen mit sich gebracht, aber es gab eine kulturelle Stagnation, und alle traditionellen Institutionen der politischen Macht waren beseitigt worden. Als ausländischer, nicht im Lande residierender Monarch verkörperte der König nicht mehr die nationale Souveränität. Der böhmische Adel als eine politische Führungskraft existierte nicht mehr, und die Kirche war dem Volk endgültig entfremdet. Die Karls-Universität in Prag wurde mit dem Clementinum vereinigt und von den Jesuiten mit Theologie als Hauptfach geführt. Die entvölkerten Städte wurden substantiell germanisiert, nur noch die bedeutungslose Bauernschaft sprach Tschechisch. Ihre Lebensbedingungen waren tatsächlich elend, die Fronarbeit stieg auf das Zehn- bis Zwanzigfache, die Steuerlasten waren unerträglich, und eine Auswanderung war nicht möglich. 1680 brachen auf 260 Herrschaften Bauernaufstände aus, die erbarmungslos niedergeschlagen und deren Anführer gehängt wurden.

Obwohl führende Intellektuelle wie Jan Amos Komenský (Comenius), der letzte Bischof der Gemeinschaft der böhmischen Brüder, während dieser Jahre im Ausland lebten, wuchs eine neue Generation von Intellektuellen heran, zu der zum Beispiel der Mönch Šimon Kapihorský und der Jesuit Bohuslav Balbín, die beide patriotische Geschichtswerke verfaßten, gehörten. Von den Künstlern starb Václav Hollar in London, während der Porträtmaler Karel Škréta 1638 wieder zurückkehrte. Lieder und Gedichte wurden noch auf Tschechisch geschrieben, der einzige einheimische Komponist von Bedeutung war Adam Michna.

Von allen Habsburgern vernachlässigte Karl VI. das Königreich am meisten. Die Einwohner Böhmens mußten nicht nur die höchsten Steuern zahlen, sondern auch noch die Soldaten für die Kriege des Kaisers in Italien und Ungarn stellen. Manche der adeligen Familien waren auch in kaiserlichen Diensten verarmt – als Vizekönige von Neapel mußten zum Beispiel die Grafen Martinic und Gallas und der Kardinal Schrattenbach tief in die eigenen Taschen greifen; sie kehrten dann nach Hause zurück, um sich ihren wirtschaftlichen Interessen zu widmen. Dort wenigstens war das Leben relativ ruhig, einzig gestört durch die Bestätigung des Verbannungsbeschlusses von 1725 gegen die Protestanten. Das Hauptanliegen Karls VI. galt der Anerkennung der Pragmatischen Sanktion, die seiner Tochter Maria Theresia die Thronfolge sichern sollte. Im übrigen zeigte die Regierung sonst keinerlei Interesse an dem Königreich.

Ein hoffnungsvolles Zeichen war das neuerwachte Interesse des Adels an wirtschaftlichen Investitionen. Die Waldsteins gründeten Textilfabriken auf ihren böhmischen Gütern, die Familie Kaunitz tat das gleiche in Mähren, und andere wiederum investierten in Seide, Leinen oder Wolle. Um 1735 waren die Exporte doppelt so hoch wie die Importe. Wohlstand kehrte wieder ein, und der Zuwachs der Bevölkerung konzentrierte sich in den neuen Produktionszentren. Es sollte jedoch bis zum Ende des achtzehnten Jahrhunderts dauern, bis der wirtschaftliche Niedergang Böhmens aufgehalten werden konnte und die nationale Vitalität wiederhergestellt war.

Das Zeitalter des Barock kennzeichnet den Baustil des siebzehnten und frühen achtzehnten Jahrhunderts sowohl in Böhmen als auch anderswo. Die ersten Anzeichen dieses Stils findet man in Prag schon um 1600. Der Barockstil wurde zu dieser Zeit an Rudolfs Hof zu einer Mode, die das unstillbare Verlangen des Hofes nach Raffinement und Exklusivität und nicht nach einem ideologischen Programm widerspiegelte. In der Gegenreformation war der Barockstil die architektonische Vision der Erhöhung einer aufgezwungenen Frömmigkeit. Die bedeutendsten

Ansicht von Námest nad Oslavou, in der Nähe von Brünn (Brno).

EINLEITUNG

TSCHECHOSLOWAKEI

Zusammenkunft der Adelskammer des Reichstags unter Vorsitz von Kaiser Rudolf, 1593. Die Inschrift lautet: »Dies sind die neuen Richter des Königs und Würdenträger der Länder der Böhmischen Krone.« (Sammlung Opočno)

Manifestationen der barocken Architektur waren an kirchlichen Gebäuden zu finden, an Jesuitenkollegien und Wallfahrtskirchen und dort, wo friedlichere Gegebenheiten vorherrschten, wie in wiedererrichteten Pfarrkirchen und Kapellen. Aber auch die weltliche Architektur war mit der kirchlichen eng verbunden und symbolisierte die unverzichtbare Verbindung zwischen Kirche und Adel in der Rekatholisierung des Landes. Wie die Wallfahrtskirchen oder Klöster, zum Beispiel Braunau (Broumov) oder Komotau (Chomutov), wurden die mächtigen Schlösser der neuen Landbesitzer, die nach dem Dreißigjährigen Krieg kamen, als sichtbares Zeichen ihres Reichtums und ihrer Macht in besonders schönen Lagen errichtet.

Während der Barockstil ursprünglich nach Böhmen als Teil des natürlichen Fortschritts der europäischen Architektur und Kunst gelangte, wurde er später dem Volk gegen dessen politische und kulturelle Überzeugung aufgezwungen. Mit der Einkehr des Friedens und dem Triumph des Katholizismus erfuhren besonders die Städte eine schmerzvolle Veränderung. Nicht nur einzelne Häuser, sondern ganze mittelalterliche Stadtteile wurden zerstört, um Platz für neue Gebäude zu schaffen. Alle Arten ästhetischer Importe aus Südeuropa breiteten sich aus: Befestigungsanlagen aus Ziegeln nach italienischem Vorbild wurden anstelle mittelalterlicher Mauern errichtet, die Rathäuser erhielten italienische Verzierungen, und sogar die Form der Bauernhäuser änderte sich mit der Zeit. Die herrschenden Klassen förderten diese Änderungen bewußt, um ihre eigene Stellung und Legitimität im Lande zu festigen und um starke Zentren des katholischen Glaubens zu schaffen. Die Beschlagnahmung protestantischen Eigentums als Kriegsbeute und die willkürliche Politik der Regierung trugen gleichermaßen zur Verwirklichung dieses Zieles bei.

Während des Dreißigjährigen Krieges waren die bedeutendsten nichtkirchlichen Bauherren der kaiserliche Generalissimus Albrecht von Waldstein und der Statthalter von Böhmen, Karl von Liechtenstein. Der Jesuitenorden, der sich in Böhmen im Jahre 1623 formell niedergelassen hatte, war der bedeutendste aller Orden. Aber die Kriegsgeschicke führten dazu, daß ihre Vorhaben entweder unvollendet blieben oder dauernd durch feindliche Invasionen und Besetzungen unterbrochen wurden. Erst nach der Rückkehr des Friedens im Jahre 1648, als das zerstörte Land wieder aufatmen konnte, entwickelte sich die Architektur weiter. Am Ende des siebzehnten Jahrhunderts war eine neue Generation von Bauherren herangewachsen, die bereit war, ihren Reichtum in Bauvorhaben hoher Qualität zu investieren. Häufig waren diese neuen Bauherren weit gereist, verfügten über einen breiten kulturellen Horizont und waren der italienischen und später auch der französi-

EINLEITUNG

schen Entwicklung gegenüber aufgeschlossen. Das Resultat war eine böhmische Variante des Hochbarock. Der erste Meister dieses Stils der Baukunst war Francesco Caratti, der um 1652 das Schloß in Raudnitz (Roudnice) für Wenzel Eusebius Lobkowitz neu entworfen hatte. Sein großartiger Stil war der Familie, die Herzöge von Raudnitz geworden waren, würdig. Lobkowitz, Leopolds engster Berater und Präsident des kaiserlichen Kriegshofrates, verlor allerdings im Jahre 1674 plötzlich des Kaisers Gunst, ein Schicksal, das unter denen, die Habsburg dienten, nicht vereinzelt war. Er zog sich nach Raudnitz zurück und verfaßte dort bittere Tiraden in Prosa und Versen gegen seine Feinde am Hof und erfreute sich an seiner herrlichen Bibliothek, die sein Verwandter Bohuslav Lobkowitz von Hassenstein gesammelt hatte. »Der böhmische Odysseus«, wie letzterer genannt wurde, war Protestant und schon seit langem emigriert.

Carattis Projekt in Raudnitz wurde von seinem Schüler Antonio della Porta vollendet. Dieser verwendete im wesentlichen dieselben Stilelemente, hinzu kamen aber noch Säulen wie zum Beispiel bei dem geschmackvollen Schloß, das er im nahen Libochowitz für die Familie Dietrichstein baute und das ein bedeutend gefälligeres architektonisches Ensemble darstellt. In seinem Festsaal befindet sich ein monumentaler Kamin, Saturn darstellend, eines der Prachtstücke barocker Bildhauerkunst. Am Hradschin entwarf Caratti auch ein riesiges Palais für Jan Humprecht Černín, der 1664 mit einer großen Kunstsammlung aus Venedig zurückgekehrt war, wo er als Botschafter gedient hatte. Obwohl die Pläne später zahlreiche Änderungen erfuhren und dadurch die Proportionen verloren, sind sie doch das erste Beispiel für einen kolossalen Baustil in Böhmen, und zwar zur gleichen Zeit, als die Bauten der Liechtensteins in Mähren errichtet wurden.

Der Einfluß des römischen Barock des Gian Lorenzo Bernini und des Carlo Fontana wurde noch vor der Jahrhundertwende spürbar, und der Franzose Jean Baptiste Mathey war der bedeutendste Gestalter dieser Einflüsse in Böhmen. In Troja, einem Schloß am Rande von Prag, das er um 1685 für die Familie Sternberg vollendete, betonte er den Mitteltrakt des Gebäudes und setzte Türme an die Ecken des Baus. Das Prinzip eines dominanten Saales in der Mitte des Gebäudes führte er weiter aus in Schloß Dux (Duchcov), das der Familie Waldstein in Nordböhmen gehörte. Die Silhouette eines Gebäudes war für Mathey von wesentlicher Bedeutung, und als Vorbild seiner steilen Dächer dienten ihm die römischen Villen. Das gleiche gilt für Giovanni Battista Alliprandi, dessen Bauten, die vor allem in Prag entstanden, alle den gleichen fröhlichen Charakter und die gleichen hervorragenden Proportionen besitzen. Ein weiterer böhmischer Zeitgenosse, der mehr dem Wiener Stil folgte, war Paul Ignaz Bayer, der hauptsächlich für die Familie Schwarzenberg arbeitete und dessen Meisterwerk das Jagdschloß Ohrada ist.

Die größten böhmischen Barockarchitekten waren Johann Santini-Aichel, 1677 in Prag geboren und von italienischer Abstammung, und Christoph Dientzenhofer und sein Sohn Kilian Ignaz aus Bayern. Die Dientzenhofers errichteten hauptsächlich kirchliche Bauten, Santini hingegen auch andere Gebäudearten. Alle folgten sie aber den Vorbildern Francesco Borromini und Guarino Guarini, die den Räumen Einheit und Bewegung durch Gewölbe und krummlinige Wände gaben. Diese Elemente, bestimmend für das Zusammenspiel konkaver und konvexer Linien, gaben der Architektur eine verstärkte Räumlichkeit. Obwohl ein emotionaler Effekt erzielt wird, ist das Konzept dieser Architektur, wie auch in der Malerei und Bildhauerei, auf komplizierte mathematische Formeln aufgebaut.

Santini, dessen Arbeiten sich auf die letzten zwanzig Jahre seines Lebens konzentrierten (als er starb, waren noch ein Dutzend bedeutender Bauvorhaben unvollendet), fand in den Klöstern seine verschwenderischsten Auftraggeber. Er verlieh dem gotischen Stil neues Leben, aber nicht als Rekonstruktion mittelalterlicher Formen, sondern auf eine durchaus originelle und oftmals exzentrische Weise. Er besaß ein außerordentliches Talent. Während die Dientzenhofer sich auf kompakte, geschlossene Formen stützten und trotz mangelnder Phantasie immer eine dekorative Lösung fanden, schuf Santini stets neue Raumeinteilungen und experimentierte mit neuen Formen. Für die Kinskýs, eine berühmte böhmische Familie und notorische Rebellen im Dreißigjährigen Krieg, baute Santini 1721 das Jagdschloß Karlskron (Karlova Koruna) zur Erinnerung an einen Besuch Karls VI. Zwei konzentri-

Ansicht von Duchcov, Nordböhmen.

Ansicht von Libochovice, nordöstlich von Prag.

sche, kreisförmige Säle bilden den Mittelpunkt dieses Prachtbaues; sechs Säulen tragen eine flache Decke, über der sich ein mit Galerien versehener Ballraum erhebt. Das Schloß hat drei sternförmige Flügel mit Gästeräumen, ein großartiges Treppenhaus und über seinen Giebeln ein steiles Dach in Form einer Krone. In Reichenau an der Knezna (Rychnov nad Kněžnou) gab Santini der Kirche des Kolowratschlosses eine neue Fassade, die er in genialer Weise etwas drehte, so daß sie durch das Schloß nicht verdeckt wurde, denn sie stand direkt hinter dem Schloß und auf seiner Hauptachse. Möglicherweise hat er auch das Schloß selbst fertiggestellt. Sein Mitarbeiter, František Maximilián Kaňka, der selbst ein talentierter Baumeister war, legte die Gärten an und entwarf die Schlösser von Weltrus (Veltrusy) und Jemnischt (Jemniště), beides barocke Meisterwerke. Hier kann auch ein Einfluß von einem der künstlerischen Genies aus Wien, nämlich von Johann Bernhard Fischer von Erlach, entdeckt werden.

Obwohl Mähren 1628 mit Böhmen politisch vereint wurde, lag es natürlich geographisch viel näher zu Wien und dem Donaubecken und wurde daher von den dortigen Entwicklungen stärker beeinflußt. Außerdem fehlte ihm eine wirkliche Hauptstadt, und die Rivalität zwischen Brünn (Brno) und Olmütz (Olomouc) verstärkte diese Abhängigkeit. Im Dreißigjährigen Krieg waren die einzigen nichtkirchlichen Förderer der Künste in Mähren die Liechtensteins und Kardinal Franz Dietrichstein. Dieser beauftragte Giovanni Giacomo Tencala mit dem Bau eines Palais in Brünn. Dieser Baumeister, dessen Werk vom italienischen Manierismus beeinflußt war, arbeitete auch viel für die Liechtensteins. 1625 erbaute er eine Kirche für Kardinal Dietrichstein in Nikolsburg (Mikulov). Im Schloß von Nikolsburg, das Kaiser Maximilian seinem Vater geschenkt hatte und in dem er üblicherweise

EINLEITUNG

residierte, fertigte Kardinal Dietrichstein für den Kaiser 1621 den Friedensvertrag mit Bethlen an.

Mit dem Anbruch der Friedenszeit nahm die Bautätigkeit wieder zu, und die meisten Aufträge kamen von der Kirche. Als der energische Karl von Liechtenstein-Kastelkorn Bischof von Olmütz (Olomouc) wurde, beauftragte er Filiberto Lucchese, der den Leopoldinischen Trakt der Hofburg in Wien gebaut hatte, mit der Errichtung eines neuen bischöflichen Palais. Sodann begann er mit dem Wiederaufbau seiner Sommerresidenz in Kremsier (Kroměříž), die in den Kriegen zerstört worden war, und beschäftigte zuerst Lucchese und dann für die Fertigstellung Giovanni Pietro Tencala, einen Vetter des Giovanni Giacomo. Das Ergebnis war ein gigantischer Bau mit vier Trakten und einem 23 Meter hohen Sims, der den mittelalterlichen Turm und die Eckbastionen des früheren Gebäudes umfaßte. Obwohl der Bau schon 1679 begonnen wurde, konnte er erst im nächsten Jahrhundert vollendet werden; er enthält eine hervorragende Bibliothek samt Archiv und eine Bildergalerie, deren Exponate zum Großteil aus Gemälden des entthronten englischen Königs Karl I. bestehen, die vom englischen Staat gekauft wurden.

Nach einem Feuer im Jahre 1752 wurde das Interieur im Rokokostil mit riesigen Fresken von Franz Anton Maulpertsch erneuert. Inzwischen ließ Bischof Liechtenstein-Kastelkorn gleichzeitig einen barocken Modellpark am anderen Ende der Stadt anlegen. »Der Garten von Flora«, wie er heißt, ist ein wirkliches Kleinod. Die Wege führen sternförmig von einer mit einer Kuppel überdachten Rotunde weg, und das Gelände ist übersät mit Brunnen, Grotten, Statuen, Pavillons und kilometerlangen geschnittenen Hecken. Die nördliche Seite wird von einer 250 Meter langen dorischen Kolonnade mit 46 Büsten römischer Kaiser umschlossen.

Schon vor 1700 wurden die mährischen Verbindungen zu Wien enger. Fischer von Erlach wurde gerufen, um die Reitschule und die Stallungen in Eisgrub (Lednice) für die Liechtensteins zu errichten und 1688 die mittelalterliche Burg von Frain (Vranov nad Dyjí) für die Althans wiederaufzubauen. Die Burg stand in einer unvergleichlichen Lage und war nur über eine steinerne Brücke zu erreichen. Gegen alle Konventionen fügte Fischer von Erlach einen hohen, ovalen Bau mit einem emphatischen Säulengebälk hinzu, das er dramatisch an den Rand eines Felsens setzte. Genannt »der Ahnensaal«, erinnert das Gebäude an antike römische Bäder. Die Silhouette muß vor 1740 noch eindrucksvoller ausgesehen haben, bevor man das mit einer Balustrade versehene und mit schweren Urnen geschmückte Dachgeschoß durch ein Mansardendach ersetzen ließ. Das Innere ist ein lichtdurchflutetes Pantheon der Familie Althan. In den Nischen stehen zehn Statuen der berühmtesten Vorfahren des Erbauers, während die Kuppel Michael Rottmayers Apotheose der Familie darstellt – eine großartige Eitelkeit. Fischer von Erlachs endgültige Arbeit für die Althans war hier eine kleine, runde Schloßkapelle, die im Jahre 1700 geweiht wurde. Die Zeremonienstiege wird von zwei bombastischen Gruppen von Skulpturen flankiert, ein Geschenk Kaiser Karls V. für die Witwe des Erbauers, eine geborene Maria Anna Pignatelli.

Fischer von Erlachs großer Rivale, Lucas von Hildebrandt, war auch in Mähren tätig, obwohl er hauptsächlich in Österreich arbeitete. Zwischen 1700 und 1737 beauftragte ihn Graf Johann Anton von Questenberg mit dem Umbau von Jarmeritz (Jaroměřice nad Rokytnou). Eine Ansicht des Modells des unvollendet gebliebenen Schlosses zeigt einen langen Block, der von zwei kürzeren gekreuzt wird, aber der Entwurf wurde niemals fertiggestellt. Die Fundamente des Gebäudes in der Gartenfront stammen aus der Renaissance. Nur die Kapelle, ein Oval mit acht Pfeilern, über die sich eine Kuppel auf einer hohen Säulentrommel erhebt, befriedigt wirklich. In Austerlitz (Slavkov) entwarf der italienische Baumeister Domenico Martinelli zwischen 1698 und 1705 für die Familie Kaunitz ein Schloß im römischen Barockstil, und in Buchlau (Buchlovice) wurde für die Petrvald-Familie ein entzückendes Schloß errichtet, wahrscheinlich auch von Martinelli selbst. Mähren hatte keinen Mangel an adeligen Bauherren, und ihre Anzahl stieg mit dem wachsenden Wohlstand des achtzehnten Jahrhunderts.

Die nationale Erholung des Landes verzögerte sich allerdings nach der Thronbesteigung Maria Theresias im Jahre 1740 durch den preußischen Überfall auf Schlesien und die folgenden zwei Jahrzehnte kriegerischer Auseinandersetzungen. 1741

Folgende Seite:
Die sala terrena *in Libochovice.*

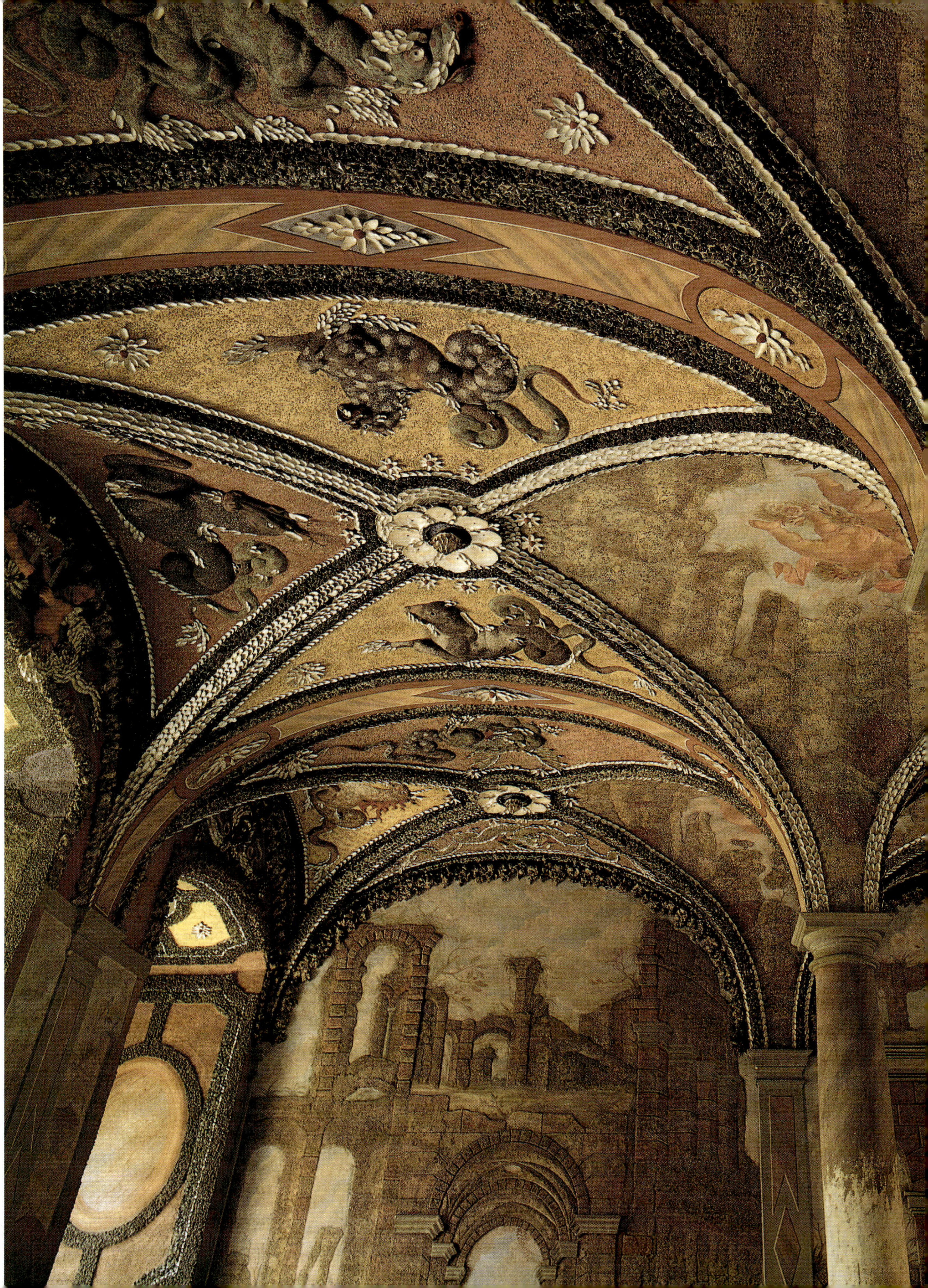

EINLEITUNG

drang eine französisch-bayrische Armee in Böhmen ein und besetzte Prag, bis sie von den kaiserlichen Truppen wieder vertrieben wurde. Fast ganz Schlesien wurde zu dieser Zeit ein Teil Preußens, bis es 1945 Polen einverleibt wurde. Obwohl der Verlust dieser reichen Provinz die Deutschen auf Dauer zu einer zahlenmäßigen Minderheit machte, erwies er sich paradoxerweise als Vorteil für den Rest des Landes, denn seine Industrialisierung wurde dadurch gefördert.

Unter Maria Theresia erfolgten zahlreiche administrative und politische Reformen, die zur Zentralisierung des Landes beitrugen. Böhmen und Mähren wurden wieder in zwei Kronländer geteilt und direkt von Wien aus regiert, wo sich die Böhmische Hofkanzlei befand. Nur der Statthalter Böhmens mußte aus den Reihen des böhmischen Adels bestellt werden, alle anderen politischen Institutionen, mit Ausnahme des glücklosen Landtages, wurden abgeschafft. Diese Modernisierung rief einen nationalen Protest hervor, obwohl der Adel, der bereits die letzten Reste seiner politischen Macht verloren hatte, wenig tat, um die Führungsrolle zu übernehmen. Statt dessen konzentrierte er sich auf wirtschaftliche Tätigkeiten: die Produktion von Glas, Kohle und Eisen ergänzte die Textilmanufaktur. 1779 wurde die Böhmische Akademie der Wissenschaften gegründet, und eine Böhmische Ökonomische Gesellschaft wurde zur Koordinierung von Investitionen gebildet. Nach dem Tod der Kaiserin vertrieb ihr Nachfolger Joseph II. die Jesuiten und errichtete ein staatliches Erziehungssystem, das eine neue Elite von Bürokraten und Technikern hervorbrachte, die für die wirtschaftlichen Vorhaben benötigt wurden. Im Jahre 1780 erreichte die Bevölkerung von Böhmen rund vier Millionen Menschen, was fast eine vierfache Erhöhung der Bevölkerungszahl innerhalb eines Jahrhunderts bedeutet; ähnlich war es in Mähren. Mit dem Zuzug vieler Bauern in die Städte – ausgelöst durch die Zurücknahme des Frondienstes – wurde die Wirtschaft durch die wachsende Mobilität der Arbeitskräfte weiter belebt.

Josephs selbstherrliches Dekret, daß der Landtag nur zur Beratung seiner Forderungen tagen könne, brachte aber sogar den böhmischen Adel auf, und ein Teil von ihm begann, die zahllosen nationalen Organisationen, die überall entstanden, zu unterstützen. Die Abschaffung der letzten Spuren der Leibeigenschaft und die Einführung der Religionsfreiheit durch den Kaiser erleichterte den Tschechen den Zutritt zu den gewerblichen Berufen. Die offizielle Politik der Germanisierung wurde fallengelassen, und die Schüler wurden in die staatlichen Schulen auf einer wesentlich demokratischeren Basis aufgenommen, als die Kirche dies jemals zugelassen hatte.

Ab 1790 förderten verschiedene Umstände die tschechische Wiedergeburt. Verbesserungen im Post- und Verkehrswesen erleichterten die Verbreitung von Ideen, und deutsche nationale Intellektuelle unterstützten aktiv ihre tschechischen Kollegen. Die Errichtung eines Lehrstuhls für Tschechisch und Polnisch durch Kaiser Joseph sollte die Effizienz seiner Beamten steigern, aber sie förderte auch den Nationalismus. Die Verbesserung der Kenntnisse im Lesen und Schreiben führte dazu, daß die Menschen mehr lasen, und es entstand ein großer Markt für Bücher und Zeitungen in tschechischer Sprache. Graf F. J. Kinský förderte die Herausgabe einer ersten umfassenden tschechischen Grammatik, die von dem Exjesuiten Pater Joseph Dobrovský 1809 herausgegeben wurde. Auch Predigten und Gedichte wurden veröffentlicht, und die Königliche Tschechische Gesellschaft der Wissenschaften (wie sie nunmehr hieß) begann, ihre Berichte in der Volkssprache zu veröffentlichen. Die historischen und literarischen Wissenschaften blühten auf, und die wissenschaftlichen Studien der häufig germanisierten tschechischen bzw. der deutsch-böhmischen Wissenschaftler wurden in beiden Sprachen publiziert. Im Gegensatz zu den Ungarn waren die Tschechen dank der Wiederbelebung ihrer Kultur und ihres Unterrichtswesens zwar kulturelle, aber keine politischen Nationalisten. Die tschechischen Nationalisten waren überwiegend feindlich gegen die Französische Revolution eingestellt, blieben aber den Habsburgern gegenüber loyal, die klug genug waren, an ihren kulturellen Stolz zu appellieren. Die enge Verbindung zu den anderen slawischen Völkern in der Monarchie entwickelte sich schrittweise zu einer panslawischen Bewegung. Viele Soldaten kämpften tapfer für den Kaiser, und der Feldmarschall Karl von Schwarzenberg war sehr stolz auf seine böhmische Herkunft.

TSCHECHOSLOWAKEI

EINLEITUNG

Der bemerkenswerte Kaminsims im Saturn-Saal von Libochovice mit der Darstellung eines von Putten umrahmten Gottes.

Wappen der Dietrichsteins in Libochovice.

Dem schlauen Kanzler Fürst Klemens Metternich gelang es während der Jahre nach Waterloo mit bemerkenswertem Erfolg, die nationale Agitation in den habsburgischen Ländern im Zaum zu halten. Er selbst stammte von einer Familie aus dem Rheinland, die die Herrschaft Königswart (Kynžvart) in Westböhmen im 17. Jahrhundert übernommen hatte. Er erwarb auch einen weiteren Besitz in Plass (Plasy) in der Nähe von Pilsen (Plzeň), wodurch auch sein Verständnis des Landes zunahm. Politisch stellte er sicher, daß seine Standesgenossen weiterhin ohne Macht blieben, so daß die Adligen sich weiter unternehmerischen Tätigkeiten widmeten. Die Textil- und Wollindustrie litt unter ausländischer Konkurrenz, aber die Eisen-, Kohle- und Glasindustrie prosperierte. Als Graf Karl Chotek 1826 Statthalter von Böhmen wurde, überführte er das Land innerhalb der nächsten zwanzig Jahre in eine industrielle Gesellschaft. Landwirtschafts- und Handelsmessen wurden veranstaltet, Straßen gebaut und die Flüsse Moldau (Vltava) und Elbe (Labe) schiffbar gemacht. Die Landwirtschaft konnte damit nicht ganz Schritt halten. Auch der Frondienst wurde erst 1848 völlig abgeschafft, obwohl sich die Bauern bereits vorher davon freikaufen konnten. Eine Finanzkrise im Jahre 1811 führte zu einem starken Preisanstieg und einem wirtschaftlichen Rückschlag sowie zu periodisch wiederkehrenden landwirtschaftlichen Krisen.

Da keine politischen Reformen möglich schienen, entfaltete sich der Nationalismus auf kulturellem Gebiet. Literarisches Tschechisch wurde jetzt in den Schulen gelehrt, und um 1830 gab es auch zwei tschechische Zeitungen mit einer gesicherten Auflage. Eine Reihe guter Schriftsteller fanden ein enthusiastisches Publikum, wie beispielsweise die Dramatiker J. K. Tyl und V. K. Klicpera, die von den lokalen Theatern, die ihre Stücke aufführten, profitierten. Unter der Leitung von František Palacký, einem mährischen Protestanten und hervorragenden Historiker, wurde das Tschechische Museum ein kulturelles Zentrum. Das Museum, finanziell unterstützt durch den Adel, veröffentlichte eine Unzahl literarischer und wissenschaftlicher Arbeiten. Als die politischen Auseinandersetzungen in den Jahren nach 1848 hitziger wurden, war es Palacký, der versuchte, den Adel zu überreden, die Führung der nationalen Sache zu übernehmen, bevor es zu spät wäre.

TSCHECHOSLOWAKEI

Die zweite Hälfte des 18. Jahrhunderts brachte einen Richtungswechsel in der Entwicklung der Architektur in Böhmen. Nach dem Tode von Kilian Ignaz Dientzenhofer, der sich in seinen letzten Jahren zunehmend dem Neoklassizismus zugewandt hatte, gab es keine hervorstechenden Architekten mehr, und die technisch begabten unter ihnen befaßten sich mehr mit den Wünschen ihrer Bauherren als mit künstlerischen Experimenten. Die Verarmung der Kirche durch die Säkularisierung ihres Besitzes im Zuge der Reformen Kaiser Josephs II. führte zu einem Rückgang der kirchlichen Aufträge. Der Adel wiederum folgte dem Vorbild des Hofes und zog sich von großen Bauaufträgen zurück. Natürlich gab es einige Ausnahmen, wie zum Beispiel das elegante neoklassizistische Dobříš, das im französischen Stil von Jules Robert de Cotte und seinem Mitarbeiter, Giovanni Nicolo Servandoni, erbaut wurde. Aber die meisten Bauvorhaben waren von kleinerem Umfang, wie etwa der Gartenpavillon in Krumau (Český Krumlov), der im barocken Stil, aber ohne Säulen und Stuckverzierungen errichtet wurde.

Mit der Stabilisierung der wirtschaftlichen Lage wurde die neureiche Bourgeoisie zu den hauptsächlichen Bauherren des späten 18. Jahrhunderts. Die barockgestalteten Giebel, Einfahrten und Fenster in ihren Stadtpalais zeigen den starken Einfluß der städtischen Architektur Wiens. Straßen und Plätze waren nicht nur Verkehrsflächen, sondern komplexe architektonische Ensembles, und die schön angelegten Gärten dieser Mittelklasse erstreckten sich bis zu den Weinlagen am Rande der Städte. Es fehlte ihnen jedoch die Selbstsicherheit, eine eigene Kultur zu entwickeln, und sie zogen es vor, die des Adels nachzuahmen.

Eine Reihe bedeutender Schlösser wurden aber dennoch in Mähren errichtet. Raitz (Rájee nad Svítavou) wurde zwischen 1763 und 1769 von Isidor Canevale für die Familie Salm erbaut. Dieses dreiflügelige, zweigeschossige Schloß, in dessen Mitte sich ein viereckiger Ehrenhof befindet, ist im reinen Louis-XVI.-Stil gebaut. Hugo Franz Salm war einer der Pioniere der Industrialisierung Mährens und Mitbegründer des Landesmuseums in Brünn. Er war mit internationalen Wissenschaftlern, mit Dobrovský und dem Wiener Dichter Ferdinand von Saar befreundet. Wisowitz (Vizovice), ein bequemes, hübsches Schloß aus den Jahren um 1750, wurde von dem Brünner Architekten Franz Anton Grimm für den zukünftigen Bischof von Königgrätz (Hradec Králové) erbaut. Obwohl es nicht von großer Originalität ist, gilt sein vorstehender, ovaler Saal auf der Gartenseite als ein attraktives Merkmal dieses Schlosses im Empirestil. In Nikolsburg (Mikulov) wurde das Schloß nach einem katastrophalen Feuer von 1719 möglicherweise nach Plänen von Hildebrandt wiederaufgebaut, doch die monströse Gedächtniskirche der Dietrichsteins blieb unvollendet. Und in Austerlitz ließ Maria Theresias berühmter Staatskanzler Fürst W. A. Kaunitz sein Schloß umbauen, das seit 1531 im Besitz der Familie war. Seine jetzige hufeisenförmige Form wurde von Fischer von Erlachs Sohn, Josef Emanuel, entworfen. Leider wirkt es nicht gelungen, da es zu schwer und unproportioniert strukturiert ist. In der Slowakei fand das späte Hochbarock seinen Niederschlag in Diviaky, Vel'ky Biel und den Umbauten in Markusovce.

Um 1780 fand der Klassizismus Eingang in Böhmen, zunächst in militärischen Bauwerken, die von Joseph II. in Auftrag gegeben worden waren. Die folgende Bautätigkeit brachte nur schlichte Gebäude hervor, entweder Einfamilienhäuser oder auch Mietshäuser, die von den Baumeistern ihrer unmittelbaren Umgebung angepaßt werden mußten und keine innovativen Ideen verkörperten. Dennoch sind einige von ihnen von hoher Qualität. Viele Bauten aus dieser Zeit finden sich in Böhmen in den Kurbädern: Teplitz (Teplice), Marienbad (Mariánské) und Karlsbad (Karlovy Vary). Prag sollte indessen keine großartigen Monumente wie Paris oder Berlin erhalten, denn der Adel zog es vor, seinen jüngst vermehrten Reichtum in seine Palais in Wien zu investieren.

Ein besonders entzückendes Schloß errichtete Wenzel Haberditz zwischen 1784 bis 1789. In den Räumen von Kozel, wie dieses Schloß heißt, sind die ursprüngliche Rokokoeinrichtung und die Fresken noch erhalten. Sein Ensemble niedriger, klassizistischer Gebäude fügt sich vollkommen in die umgebende Waldlandschaft ein und läßt schon die Manie nach naturbelassener Umgebung erkennen, die um 1800 alles zu beherrschen begann und den Adel veranlaßte, seine Parks und Gärten im englischen Stil anzulegen. Dies war der Anfang der Romantik, die bald die Vereh-

EINLEITUNG

rung der Antike durch das Mittelalter verdrängen sollte. Ein früher Anhänger dieser Bewegung war Johann Rudolf Graf Chotek, der seinen Park in Weltrus (Veltrusy) umplante und in Kürze mit dem Bau des Schlosses in Katschina (Kačina), dem reinsten Ausdruck des Empire im Lande, beginnen sollte. In Mähren waren es die Liechtensteins, die mit der ehrgeizigen Gestaltung einer Parklandschaft zwischen ihren Schlössern in Eisgrub und Feldsberg (Lednice und Valtice) begannen. In der Sommerresidenz des Bischofs von Kremsier (Kroměříž) wurde der Garten unterhalb des Schlosses, der an die barocken Gartenrabatten anschloß, im neuen Stil umgestaltet. Als eine Einheit von Kunst und Natur errichtete Peter von Nobile zwischen 1833 und 1839 für den Kanzler Metternich in Königswart (Kynzvart) an Stelle des Barockschlosses ein Schloß im Empirestil. Ein Jahrzehnt früher hatte er für die Dietrichsteins Boskowitz (Boskovice) umgebaut, ein Beispiel gepflegter Eleganz des Empire auf den Fundamenten eines säkularisierten Klosters.

In den Schlössern war das Leben ständig kultivierter geworden, wobei vor allem die Musik eine große Rolle spielte. Bereits im frühen 18. Jahrhundert hatte Graf Questenberg eine Reihe von Festlichkeiten mit dem talentierten Giuseppe Galli Bibiena als Impresario und dem Komponisten František Václav Mica als Musikdirektor arrangiert. Wie es scheint, hatte er sogar seine Dienerschaft mehr nach ihren choralen oder orchestralen Fähigkeiten als nach ihren praktischen Kenntnissen eingestellt. Er war seiner Liebe zur Kunst so verbunden, daß er sich sogar als glücklichen Musiker porträtieren ließ. Der Vater von Christoph Willibald Gluck stand in Diensten der Familie Lobkowitz, und Carl von Dittersdorf war fünfundzwanzig Jahre lang musikalischer Direktor auf einem Schloß in Nordmähren. Nicht weit

Ansicht von Karlova Koruňa, Mittelböhmen.

TSCHECHOSLOWAKEI

Ansicht eines Springbrunnens im Flora-Garten von Kremsier (Kroměříž), Mittelböhmen.

von dort hielt sich Ludwig van Beethoven bei den Lichnowskýs auf, die auch Gastgeber von Niccolò Paganini und Franz Liszt waren. In Prag wurde 1786 »Don Giovanni« und 1791 »La Clemenza di Tito« von Mozart zum ersten Mal aufgeführt. Viele führenden böhmischen Komponisten wie J. Bend, J. V. Stamitz und J. Mysliveček waren im Ausland tätig. Die Musik und das Theater hatten eine große Tradition, wie die Errichtung privater Theater in Leitomischl (Litomyšl) und Böhmisch Krumau (Český Krumlov) zeigen. Das letztere besitzt eine Reihe von Räumen mit Fresken der Figuren der Commedia dell' Arte, die bei den Vertretern der Courtoisie des Ancien régime so beliebt waren.

Auch die Exzentrizität fand ihren Nährboden. Zwölf Jahre lang, bis zu seinem Tod im Jahre 1798, war Giovanni Giacomo Casanova Bibliothekar in Dux (Duchcov), wo er seine skandalumwitterten Memoiren schrieb. Wenn die Clarys, die Besitzer des nahe gelegenen Schlosses in Teplitz (Teplice), Feste gaben, konnten Besucher den alten Mann die Straße entlanglaufen sehen – in seinem goldverzierten Überrock aus roter Seide und mit einem Dreispitz mit Feder auf seinem kahlen Kopf, neben ihm ein barfüßiger Knabe mit seiner Perücke in einer Schachtel; der stets eitle Casanova befürchtete nämlich, daß sie vom Winde zerzaust werden könnte. »Da er nicht mehr ein Gott im Garten oder ein Satyr im Wald zu sein wünschte, wurde er nun zu einem Wolf bei Tisch«, bemerkte der Prinz de Ligne in seinen Memoiren. In Königswart (Kynzvart) richtete Metternich in seiner Sammel-

EINLEITUNG

wut ein Kuriositätenkabinett ein, das den ersten Chronometer, Napoleons Waschschüssel und Königin Hortenses Nachthaube umfaßte. »Die Gegend ist reich an künstlerischer Szenerie«, schrieb er. »Unendliche Wälder, hohe Berge, weite Täler, rauschende Bäche umgeben ein wohlausgestattetes Schloß... mit vielen alten Familienporträts, einschließlich meines eigenen im Alter von fünf Jahren. Entweder war ich ein wirklich häßlicher Knabe, oder der Maler war schlecht.« Die Lebensweise des Adels hatte einen Anflug des Märchenhaften, abgeschirmt von politischen Tumulten und Revolutionen – aber dennoch nahte die Revolution mit raschen Schritten. Zu Beginn des Jahres 1848, »dem Jahr der Revolution«, gelang es dem rasch einberufenen Landtag nicht, die Beschwerden der Radikalen, die die böhmische Autonomie betrafen, zu befriedigen, und eine spontane Versammlung in den öffentlichen Bädern Prags wählte an seiner Stelle ein Nationalkomitee. Eine Liste mit gemäßigten Forderungen wurde aufgestellt, und am 20. März reiste eine Delegation nach Wien, um sie dem Kaiser vorzulegen. Sie wurden von dem neuen Ministerpräsidenten, Graf Kolowrat, der selbst ein kluger böhmischer Politiker war, empfangen, und er versprach eine sprachliche Gleichberechtigung der deutschen Sprache in den Schulen und der Landesverwaltung, lehnte aber den Wunsch der Wiedererrichtung des historischen Königreichs Böhmen ab. Eine weitere separatistische Petition wurde an die bevorstehende Sitzung des Reichsrates weitergeleitet, der die Probleme der gesamten Monarchie erörtern sollte. Im Juni fand in Prag ein panslawischer Kongreß statt, um den Druck auf die Regierung zu koordinieren. Schon am ersten Tag brachen Unruhen aus, und eine Woche hindurch herrschte in der Stadt das Chaos, bis kaiserliche Truppen Prag beschossen, das sich nach einigen Stunden bedingungslos ergab. Man löste den Kongreß auf, weitere Sitzungen des Landtages wurden untersagt.

Die tschechischen Delegierten nahmen an den Sitzungen des Reichsrates teil. Im Oktober mußte dieser allerdings, ebenso wie der Kaiser, vor dem Pöbel in Wien fliehen und tagte in Kremsier (Kroměříž). Dort legte František Palacký ein konservatives Reformprogramm vor, das von der liberalen Mehrheit abgelehnt wurde, die statt dessen aber für die Abschaffung des Adels und der Kirche stimmte. Im März 1849 wurde der Reichsrat aufgelöst, und dem schwachen Ferdinand folgte sein entschlossener Neffe Franz Joseph nach. Zunächst wurde den nichtungarischen Provinzen eine Verfassung offeriert, aber sobald die russischen Truppen den Aufstand niedergeschlagen hatten, wurde das Angebot zurückgenommen und die Rückkehr zum Status quo angeordnet. Dies führte in Böhmen überraschenderweise zu wenig Aufregung. Einige wenige Radikale wurden des Landes verwiesen oder eingesperrt, während die anderen Nationalisten ihre bisherigen kulturellen Aktivitäten wiederaufnahmen. Tatsächlich waren sie aus den revolutionären Zeiten mit gestärktem Selbstvertrauen hervorgegangen. Nach Jahrhunderten der Trennung erkannten die Tschechen in den anderen slawischen Völkern potentielle Verbündete, besonders in den Slowaken, bei denen sie trotz der wachsenden sprachlichen Verschiedenheiten gleiche Interessen feststellten. Dies schloß natürlich jegliche Allianz mit den magyarischen Unterdrückern der Slowaken gegen die deutsche Vorherrschaft aus. Außerdem standen die Tschechen vor einem politischen Dilemma. Da das deutsche Bürgertum für Modernisierung wie auch für politische Reformen war, wurde es für die Nationalisten unannehmbar. Statt dessen traten sie für die Schaffung des historischen Königreiches Böhmen ein und suchten am rechten Flügel Allianzen mit anderen aristokratischen und klerikalen politischen Gruppierungen.

In diesen Jahren gab es einen bedeutenden wirtschaftlichen und sozialen Fortschritt, obwohl sich in dieser Zeit politisch nicht viel änderte. Die Bevölkerung explodierte, sie verdoppelte sich im 19. Jahrhundert und überschritt um 1920 die 10-Millionen-Grenze. Prag wuchs um das Fünffache, Brünn um das Vierfache. Brennereien, Brauereien und Zuckerfabriken entstanden überall im Land, in Prag wurden vier Unternehmen der Schwerindustrie gegründet, und die Fabrik der Waldsteins in Pilsen entwickelte sich zu den riesigen Skodawerken, einem Rüstungs- und Schwerindustrieunternehmen. Um 1900 war Böhmen das am höchsten industrialisierte Kronland der Habsburgmonarchie. Auch die Landwirtschaft begann sich zu entwickeln, und obwohl die Hälfte der Bevölkerung auf dem Land lebte, verdoppelten sich die Erträge pro Hektar. Die bemerkenswerte kulturelle Entwicklung

TSCHECHOSLOWAKEI

drückte sich auch in dem Sprachengesetz von 1849 aus, das den Tschechischunterricht in den Schulen gestattete; um 1880 hatten die Nationalisten das Erziehungssystem praktisch in ihren Händen. In Antonín Dvořák und Bedřich Smetana besaß das Land zwei Komponisten von Weltruhm; ebenso erlangte Alphons Mucha als einer der Begründer des Art Nouveau in Paris weltweite Beachtung. Die Tschechen hatten in der Monarchie eine bedeutende Stellung erlangt, sowohl wirtschaftlich als auch zahlenmäßig waren sie die wichtigste beziehungsweise größte Gruppierung in der nichtungarischen Reichshälfte.

Die politische Lage war jedoch weiterhin düster. Als politische und finanzielle Schwierigkeiten Kaiser Franz Joseph zwangen, seinen Untertanen eine Verfassung zu gewähren, hielten sich die Tschechen zurück. Als kleine Minorität zogen sie sich vom Reichsrat innerhalb von zwei Jahren zurück. Im Gegensatz zu den Ungarn unterließen sie es, Österreichs Niederlage durch die Preußen im Jahre 1866 auszunützen. Palackýs Nachfolger und Schwiegersohn, Franz L. Rieger, führte die sogenannten Alt-Tschechen an, die 1879 in den Reichsrat zurückkehrten. Die Regierung, die die Notwendigkeit größerer Konzessionen an ihre slawischen Untertanen erkannte, ließ eine Mehrheit der Tschechen im Landtag zu. Die Prager Universität wurde wiederum in einen deutschen und tschechischen Zweig geteilt, im Gegenzug stimmten die Alt-Tschechen dem Weiterbestand der Rechtskoalition zu.

Es wurde aber nur beschämend wenig erreicht. Die Deutschen behinderten die Gesetzgebung und paralysierten den Landtag, die Tschechen hingegen stellten im Reichsrat nur eine unbedeutende Minderheit dar. Versuche, Tschechisch zur zweiten Gerichts- und Verwaltungssprache im Lande zu machen, führten zu umfangreichen deutschen Protestaktionen. In den allgemeinen Wahlen von 1891 kam der progressive Flügel der Partei, bekannt als die Jung-Tschechen, an die Macht. Zunächst konnten sie eine Reihe von Erfolgen verzeichnen; sie brachten die Regierung zu Fall und wurden von den nachfolgenden Regierungschefs umworben. Eine Allianz mit den Deutsch-Liberalen war nicht möglich, da diese im Sprachenstreit nicht nachgaben. Die Partei der Jung-Tschechen zerfiel wieder, da sie ihre Ziele nicht erreichen konnte, wobei ein Teil ihrer Mitglieder für eine Zusammenarbeit mit der Regierung war, andere, wie der junge Tomas G. Masaryk, neue Parteien gründeten. Es entstand ein Machtgleichgewicht, obwohl die Tschechen um 1900 in der Monarchie viele einflußreiche Stellungen im Gerichtswesen, unter den Beamten und an den Universitäten, unter den Architekten, Ingenieuren und im Bankwesen innehatten. Das System war aber durch die Rivalität der Nationalisten, die sich immer wieder in spontanen Aufständen äußerte, gelähmt. Die Einführung des allgemeinen Wahlrechts erwies sich für die böhmischen Länder nicht als Allheilmittel, und sowohl die Agrarier als auch die Sozialdemokraten erwiesen sich bald durch und durch als Nationalisten. Eine Lösung der Probleme war nicht in Sicht, denn niemand glaubte an die Zweckmäßigkeit einer Unabhängigkeit. Auch wenn der Panslawismus auf den ersten Blick attraktiv war, so bedeutete er doch die Unterwerfung unter Rußland, und das war kaum verlockender als ein Aufgehen in der Hegemonie der Deutschen. Erst der Erste Weltkrieg führte zu einer grundlegenden Änderung der hergebrachten Strukturen.

Schon lange vor den Umwälzungen von 1848 fand der neugotische Stil Eingang in Böhmen. Seit etwa 1830 begannen die Schloßbesitzer, angespornt durch den Geist des romantischen Historizismus, ihre Schlösser in dem neuen Stil umzubauen, wobei sie sowohl großartige Anlagen als auch jeglichen modernen Komfort im Auge hatten. In Böhmen bauten die Schwarzenbergs im Jahre 1839 Frauenberg (Hluboká) auf eine Art um, die an Windsor Castle erinnert; und über die nächsten fünfzehn Jahre wurde nach den Plänen des Engländers Edward Lamb Schloß Hradek/Nechanitz in Anlehnung an den Tudorstil für die Familie Harrach gebaut. In Sichrow (Sychrov) im Norden wurde für Camille Rohan, einen Sproß der berühmten französischen Familie, das kleine Barockschloß, das er von den Waldsteins 1820 erworben hatte, zwischen 1848 und 1863 im neugotischen Stil umgebaut. Besondere Aufmerksamkeit widmete man dem Park, zu dem vom Schloß aus eine ein Kilometer lange, prachtvolle Allee mit pyramidenförmig geschnittenen Eichen führt. Besonders wertvoll war die botanische Sammlung der Bibliothek, und über 240 Gemälde bedeckten die Wände des Schlosses.

EINLEITUNG

In Mähren waren die Liechtensteins an erster Stelle unter den Förderern der Künste. Durch den Umbau von Eisgrub (Lednice), 1845 von Georg Wingelmüller begonnen, entstand ein Monument im neugotischen Stil, der in Mähren länger vorherrschte als anderswo. Gegen Ende des 19. Jahrhunderts ließ das Oberhaupt des Deutschen Ordens, der Nachfolger des Deutschen Kreuzritterordens, seine Residenz Busau (Bouzov) im neugotischen Stil umbauen. Der Orden, der von Napoleon aus Deutschland vertrieben worden war, schlug in der Habsburgermonarchie neue Wurzeln, nachdem er ausgedehnten Grundbesitz in Österreichisch-Schlesien erhalten hatte. In der Slowakei, wo noch Budapest den Ton angab, ist dieser Stil weniger verbreitet, obwohl es einige Beispiele hierfür gibt, wie zum Beispiel Bojnitz (Bojnice) oder die neuen Bauten im Stil des Historiszimus wie zum Beispiel in Budmeritz (Budměřice).

Um 1860 war der neugotische Stil unmodern geworden. Der Sentimentalismus der Mitte des 19. Jahrhunderts wurde von einem neuen Realismus verdrängt, der im Zusammenhang mit der Blütezeit des Industrialismus und dem Anwachsen des nationalen Bewußtseins nach neuen Stilen und neuen Wegen verlangte. Die Neorenaissance, die die frühkapitalistische Kultur des 16. Jahrhunderts in Italien wieder in Erinnerung rief, schien dem Geschmack des auf ihren Status bedachten, neureichen Bürgertums zu entsprechen. Die Kirche war dagegen hauptsächlich mit der

Blick vom Fluß auf Schloß Frain (Vranov nad Dyjí), Westmähren.

Folgende Seite: *Ansicht von Schloß Jarmeritz (Jaroměřice), Westmähren.*

TSCHECHOSLOWAKEI

Bewahrung und Restaurierung ihrer romanischen und gotischen Monumente beschäftigt. Die Restaurierungen in diesen Jahren wurden mit großer wissenschaftlicher Akribie und unter Beachtung der stilistischen Reinheit betrieben, wie es die sorgfältigen Arbeiten von Josef Mocker in Karlstein zeigen. Einige andere Arbeiten dieses Architekten, wie zum Beispiel im Veitsdom am Hradschin, sind dagegen weniger gelungen. Es gab nicht viele Schlösser, die umgebaut wurden, allerdings darf man die Veränderungen in Konopischt (auch von Mocker zwischen 1889 und 1895 ausgeführt) und den Umbau von Betliar in der Slowakei für die Familie Andrássy nicht vergessen. Viele Schloßparks wurden durch die Kombination der klassischen französischen oder italienischen Gärten mit Neupflanzungen exotischer Bäume und Sträucher, dem Ergebnis des wissenschaftlichen Interesses an der Botanik, umgestaltet; Sichrow (Sychrov) und Konopischt (Konopiště) sind hervorragende Beispiele dafür, ebenso wie Buchlau (Buchlovice).

Um die Jahrhundertwende hatte sich der Historizismus in seinen architektonischen und dekorativen Möglichkeiten erschöpft. In diesem Umfeld hatte die sezessionistische Bewegung, die ihrem Wiener Vorbild folgte, eine kurze Blütezeit, und eine jüngere Generation von Architekten, angeführt von Jan Kotěra und Josef Gočár, befreite die Kunst von historischem Ballast. Sie entwickelten eine naturalistische Ornamentik und erzielten originelle Effekte durch die Verwendung neuer Materialien wie Keramik, Glas und Metall. Die glatten Oberflächen, die sie bewußt gestalteten, wurden nur leicht durch Reliefs, Wandmalereien oder asymmetrische Muster modifiziert, die absichtlich kahle Architektur mit Skulpturen verschönert. Obwohl dieser Stil die Städte durchdrang, manchmal mit lokalen Modifikationen, dauerte er nicht lange, und um 1900 gerieten Kotěra und seine Kollegen unter den Einfluß von Otto Wagners funktionaler Ästhetik. Doch hatte dieser Stil wenig mit der Neugestaltung oder mit dem Umbau der Schlösser und Landsitze zu tun, da die überwiegende Mehrzahl des Adels sich für diese modernen Trends nicht interessierte.

Das hieß allerdings nicht, daß der Adel aufgehört hatte, ein lebhaftes Interesse an anderen sozialen Aktivitäten zu zeigen. Eine Kur in einem der Badeorte zu nehmen war ein beliebter aristokratischer Zeitvertreib des 19. Jahrhunderts. Karlsbad (Karlovy Vary) war schon lange das bekannteste Bad, sein Ursprung ging zurück auf Karl IV. Unter der geschickten Führung der Clarys kam Teplitz (Teplice), das älteste Thermalbad Böhmens, während der Napoleonischen Kriege sehr in Mode, ebenso wie Marienbad (Marianské Lázně). Um 1900 zählten diese Badeorte zu den vornehmsten Europas und wurden vom Prince of Wales und von zahlreichen Angehörigen ausländischer Königshäuser und des Adels besucht.

Jagd und Pferderennen waren ein beliebter Zeitvertreib. Octavian Josef Graf Kinský, bekannt als Taffy, gründete 1846 die berühmte Steeplechase bei Pardubitz (Pardubice); er gewann das erste Rennen mit Leichtigkeit, obwohl er ohne Zügel ritt. Er war der Besitzer von Karlskron (Karlova Koruna) und in der ganzen Monarchie berühmt für sein Kutschieren, seine Reitkünste und seine wilden Streiche. Seinen Gästen riet man, vor ihrer Ankunft im Schloß ihr Testament zu machen. Einer von ihnen notierte: »Am Abend wurden wir glänzend unterhalten, schließlich fuhr Graf Taffy mit seinem Vierergespann in den zweiten Stock des Schlosses, machte eine Wende im Ballsaal und fuhr wieder hinaus.« Einige Jahrzehnte später wurde die Familientradition von Karl, einem anderen Kinský, der auch ein brillanter Reiter war, fortgesetzt; er gewann das »Englische Grand National« und wurde der Liebhaber von Lady Randolph Churchill.

Das Leben des Adels auf den Landsitzen behielt viel Vitalität und Stil. Die Lust des späten 19. Jahrhunderts auf riesige private Feste und Jagden wurde in Böhmen großzügig befriedigt. Einer ihrer bedeutendsten Exponenten war der Thronfolger Erzherzog Franz Ferdinand, der das zum Großteil in einem eklektizistischen Stil umgebaute Schloß Konopischt (Konopiste) gekauft hatte und es mit den Sammlungen, die er von der Familie Este geerbt hatte, anfüllte und dort auch einen großen Rosengarten anlegte. Konopischt wurde sein Lieblingsaufenthaltsort. Hier veranstaltete er, der selbst ein hervorragender Schütze war, endlose Treibjagden, zu denen häufig der deutsche Kaiser eingeladen war, und er erholte sich hier mit seiner Familie. Man erzählt, daß er dem Bürgermeister des nahen Beneschau (Benesov) gesagt habe, er werde diese kleine Provinzstadt, sobald er Kaiser sei, zum kaiserli-

EINLEITUNG

TSCHECHOSLOWAKEI

chen Verwaltungssitz machen. Zusammen mit dem Kaiser plante er angeblich hinter den düsteren Mauern von Konopischt den Krieg gegen Serbien; jedenfalls ist es eine unbestrittene Tatsache, daß er sich von dort direkt nach Sarajevo begab, wo sich dann der Vorhang zum Ersten Weltkrieg hob.

Die meisten Tschechen wurden vom Ersten Weltkrieg überrascht, und viele waren nicht begeistert darüber, zusammen mit Deutschland gegen ihre slawischen Brüder, die Serben und Russen, zu kämpfen. Niemand konnte sich vorstellen, was eine Niederlage bedeuten könnte, aber die anfänglichen Rückschläge führten zu einer großen Niedergeschlagenheit, denn die Armee ging schlecht vorbereitet in den Krieg, und es fehlte ihr die unerschöpfliche Menschenreserve ihrer Gegner. Anfangs hatten nur wenige diesen Krieg als Anlaß für die Zerschlagung der k. u. k. Monarchie angesehen, doch als sich die Stimmung zu Hause verschlechterte, unterstützten exilierte Nationalistenführer, wie Masaryk, die Alliierten.

1916 schien ein allgemeiner Zusammenbruch bevorzustehen, als weitverbreitete Meutereien ausbrachen und die innere Unterdrückung wuchs. Aber der Tod Kaiser Franz Josephs in diesem Jahr brachte viele Veränderungen. Sein Großneffe Karl änderte die Politik seines Vorgängers, denn er ließ politische Häftlinge frei und berief das Parlament ein. Er verkündete: »Österreich ist nicht mehr länger ein deutscher oder slawischer Staat; es ist zwar richtig, daß die Deutschen die Gründer der Monarchie waren... aber sie können sich nur als Anführer einer neuen Kultur behaupten, wenn sie selbst ein Beispiel des höchsten kulturellen Standards setzen und den neuen, selbständigen Völkern Liebe, Respekt und Großzügigkeit entgegenbringen.«

Die Nationalisten waren aber zu einer Versöhnung nicht mehr bereit. Masaryks Geschick, eine tschechische Legion aus Kriegsgefangenen in Rußland aufzustellen, führte zu deren Anerkennung als Truppe der Alliierten, und 1917 wurde die tschechische Unabhängigkeitsbewegung erstmals auf internationaler Ebene anerkannt. Im März 1918 gewährte der Friede von Brest-Litovsk der Monarchie eine Verschnaufpause. Der Kaiser unterstützte föderalistische Ideen und ernannte zwei Böhmen, nämlich die Grafen Ottokar Černín und J. Clam-Martinic, jeweils zum Außenminister und Ministerpräsidenten; aber die Reformen, die sie vorschlugen, entfachten den Zorn der Deutschen und der Ungarn, und so brach im Oktober die Monarchie zusammen. Die Alliierten erkannten daraufhin Eduard Beneš und Masaryk als die Vertreter der Tschechen an. Am 28. Oktober verkündete das Nationalkomitee die Unabhängigkeit von Österreich, was die Alliierten sofort begrüßten, und drei Tage später verkündeten die Slowaken ihrerseits die Unabhängigkeit von Ungarn und erklärten sich bereit, mit Böhmen und Mähren einen Staat zu bilden. Eine Regierung mit Masaryk als Präsidenten und Beneš und Milan Štefánik als Kriegs- bzw. Außenminister wurde anerkannt. Nachdem sich auch die Ruthenen der neuen Republik angeschlossen hatten, gehörten zu den insgesamt 13,6 Millionen Einwohnern etwa 8,8 Millionen Tschechen und über 3,1 Millionen Deutsche (die Tschechen bestanden darauf, getrennt gezählt zu werden). Zwei deutsche Bezirke, Deutsch-Böhmen und das Sudetenland, erklärten ebenfalls ihre Unabhängigkeit und verlangten ihren Verbleib bei Österreich, aber sie wurden gewaltsam daran gehindert. Die Slowakei schlug noch einen Einmarsch der Revolutionäre Béla Kuns zurück, und erst um 1920 waren die Grenzen der Tschechoslowakei endgültig festgelegt und wurden schließlich auch anerkannt.

Ohne Zweifel war die Haltung des Adels diesem neuen Land gegenüber zwiespältig. Die meisten Familien waren in dem vergangenen Jahrhundert mehr oder weniger germanisiert worden und hatten der Dynastie der Habsburger über lange Zeiten gedient. Wenn auch wenige an der nationalistischen Bewegung des 19. Jahrhunderts teilgenommen hatten, so liebten die meisten doch das Land, in dem sie geboren worden waren, und obwohl viele Familien ausländischen Ursprungs waren, wurden sie doch nach jahrhundertelangem Aufenthalt in den böhmischen Ländern nun als Einheimische angesehen. Die Liechtensteins zum Beispiel besaßen seit dem 13. Jahrhundert Land in Böhmen und die Schwarzenbergs, Colloredos und Clarys waren seit 300 Jahren in Böhmen ansässig. Einige Zweige der Adelsfamilien, wie die Kinskýs und die Schwarzenbergs, identifizierten sich stärker mit den Tschechen als ihre Vettern, aber eine ganze Reihe unter ihnen, wie die Lobkowitz, Kins-

EINLEITUNG

Blick aus dem Schloßpark von Austerlitz (Slavkov) bei Brünn (Brno).

kýs, Sternbergs, Černíns und Waldsteins, waren ohnehin ethnisch gesehen Tschechen. Ihr Problem lag nicht darin, daß sie sich einem ausländischen Staat verpflichtet fühlten, sondern vielmehr in ihrer Entfremdung von der neuen Regierung; die Folge war, daß sich fast alle von der Politik fernhielten.

Zur Politik der neuen Regierung gehörte eine Landreform, die den Reichtum und Lebensstil des Adels bedrohte. Im vergangenen Jahrhundert waren ihre Besitzungen erhalten geblieben und hatten sich sogar in einigen Fällen vergrößert. Im Jahre 1918 wurden nicht weniger als 56 Besitze mit über 10 000 Hektar, einschließlich der der katholischen Kirche, in Böhmen, Mähren und Österreichisch-Schlesien gezählt. Diese Besitzungen umfaßten 18 Prozent der Fläche Böhmens und 13 Prozent der Fläche Mährens. Der größte Grundbesitzer in der Monarchie war Fürst Esterházy mit 243 500 Hektar, aber die Schwarzenbergs mit 207 000 Hektar und die Liechtensteins mit 192 000 Hektar folgten knapp dahinter; jeder von ihnen besaß mehr als dreimal soviel wie die dann folgenden.

Im großen und ganzen wurde die Landreform der Regierung auf vernünftige Weise durchgeführt. Theoretisch gestattete sie jedem Grundbesitzer 500 Hektar, davon 250 Hektar Ackerland, aber die praktische Umsetzung blieb weitgehend aus. Einige Fälle von Ungerechtigkeit ereigneten sich, insbesondere gegen die früheren habsburgischen Minister Clam-Martinic und Černín. Aber die großen Güter verloren höchstens ein Drittel ihres Landbesitzes, vor allem dort, wo die Eigentümer als

TSCHECHOSLOWAKEI

deutschfreundlich angesehen wurden. Die Familie der Schwarzenbergs zum Beispiel verlor kaum ein Zehntel ihres Grundbesitzes.

Im Zuge der langen unternehmerischen Tradition in den böhmischen Ländern betrieben die großen Herrschaften neben anderen industriellen Aktivitäten 475 Brauereien; im Vergleich dazu gab es in Österreich weniger als 100 Brauereien. Nur wenige Betriebe wurden von der neuen Regierung verstaatlicht. Die Tschechoslowakische Republik erstaunte ihre Kritiker mit einer überraschenden Stabilität. Der Präsident Masaryk verfügte zwar über große Macht, aber er setzte sie im großen und ganzen behutsam ein. In der Zwischenkriegszeit war das Land zu einem industriellen Giganten geworden, mit dem höchsten Lebensstandard in Mitteleuropa und einem fortschrittlichen System sozialer Sicherheit.

Die nationalen Minderheiten stellten jedoch ein schwer lösbares Problem dar. Die Slowaken zeigten sich besonders halsstarrig, indem sie fortwährend auf ihre verschiedenartige nationale Identität pochten und noch mehr Autonomie forderten, obwohl ihnen die innere Selbstverwaltung zugestanden worden war. Auch viele Deutsche konnten sich nicht mit der tschechischen Herrschaft anfreunden.

Der Empfangssaal von Schloß Kozel, Westböhmen.

EINLEITUNG

Detail eines Wandgemäldes in Kozel.

Gerechterweise muß man den Sudetendeutschen zugestehen, daß ihr Anliegen nicht unberechtigt war, denn die deutsche Minorität war wirtschaftlich und zahlenmäßig bedeutsam und hatte berechtigte Angst, daß ihre Interessen und ihre nationale Identität in der Nachkriegsära mißachtet werden würden; die Schwierigkeit lag darin, ihr Anliegen mit der territorialen Integrität des Staates in Übereinstimmung zu bringen.

Die internationale Position der Tschechoslowakei wurde 1924 durch einen Bündnisvertrag mit Frankreich gestärkt, dem die Gründung der Kleinen Entente mit Jugoslawien und Rumänien folgte. Die Schwäche dieser Bündnisse lag in der geographischen Trennung der Verbündeten, die es ihnen unmöglich machte, ein ernsthaftes Gegengewicht zu der erstarkten Macht sowohl der Sowjetrussen als auch Nazideutschlands zu bilden. Nach der Machtergreifung Hitlers im Jahre 1933 konnte dieser die Sudetendeutschen schnell für seine eigenen Ziele einspannen. Präsident Beneš, seit 1934 Nachfolger von Masaryk, versuchte mehrmals, mit Hitler zu verhandeln, jedoch ohne Erfolg. Ein Vertrag mit den Russen erwies sich als reine Formsache, da die Sowjets der Ansicht waren, daß keine ihrer vitalen Interessen in Mitteleuropa auf dem Spiel standen. Im März 1938 kam es zum Anschluß Österreichs, und Hitler versprach den Sudetendeutschen öffentlich seine Hilfe. Die Reaktion darauf war ein hysterischer Enthusiasmus, obwohl die alarmierte tschechische Regierung schnell eine Änderung des Nationalitätengesetzes zur Beruhigung der Sudetendeutschen im Parlament einbrachte. Die Krise eskalierte während des ganzen Sommers, und schließlich wurden auch die Westmächte mit hineingezogen. Im September lud Hitler die britischen und französischen Regierungschefs nach München ein, wo es zu einem Abkommen kam. Die Bezirke der Sudetendeutschen wurden von der Tschechoslowakei abgetrennt und als Gegenleistung die Grenzen der verstümmelten Tschechoslowakei garantiert. Die Polen und Ungarn annektierten jedoch prompt die von ihnen beanspruchten Gebiete. Die tschechische Regierung mußte zurücktreten und Beneš ins Exil gehen. Das tschechische Rumpfparlament wählte Emil Hácha zum Präsidenten. Die nur als Farce zu bezeichnende tschechische Unabhängigkeit dauerte noch bis März 1939; zu diesem Zeitpunkt wurde der betagte Hácha nach Berlin befohlen, wo er allen Naziforderungen zustimmen mußte. Deutsche Truppen besetzten den Hradschin, und bald erfolgte

TSCHECHOSLOWAKEI

die Bekanntgabe, die böhmischen Provinzen wären dem Dritten Reich als »Protektorat von Böhmen und Mähren« beigetreten.

Während der zwei Jahrzehnte zwischen den Kriegen gab es sowohl in den Städten als auch auf dem Land nur eine geringe Bautätigkeit. Der Adel führte weiterhin seine Häuser und verwaltete seine Güter, wobei ein gut geführter Forstbetrieb profitabler als die Landwirtschaft war. Ein Großteil des Landes wurde in 200 bis 300 Hektar großen Flächen verpachtet, wodurch auch die Mißgunst gemildert wurde. Die Menagen wurden eingeschränkt, aber das Leben auf den Schlössern nahm seinen gewohnten Lauf, besonders im Sommer und Herbst, wenn die Jagden stattfanden. Gelegentlich gab es noch große Bälle in Prag, aber obwohl einige deutsche Industrielle eingeladen waren, gab es doch nur wenig Austausch zwischen den Gesellschaftsschichten, denn das Großbürgertum war hauptsächlich tschechisch oder jüdisch, und nur wenige Aristokraten sprachen ein gutes Tschechisch.

In der Slowakei wurde 1916 ein seltsames Art-Nouveau-Gebäude namens Kunerad gebaut, das einzige größere Landschloß seit der Jahrhundertwende, wenn man von der eher traditionellen Sommerresidenz für die Familie Lobkowitz und zwei Jagdschlössern für die Familie Clam-Gallas einmal absieht. Trotzdem brachte die Republik einige gute Architekten wie Bohuslav Fuchs und Adolf Loos hervor. Letzterer entwarf eine Reihe modernistischer Villen für die Reichen in den Vororten von Prag und Pilsen, von denen die beste, die Villa Miler, noch die von Loos entworfene Einrichtung enthält. Bedeutender war die Villa, die Mies van der Rohe 1930 für die Familie Tugendhat am Rande von Brünn erbaute. Sie war eines der großen Meisterwerke der frühen modernistischen Architektur und ist ein brillantes Beispiel für seine Bauweise und seine Faszination durch die Kontinuität des Raumes. Die jüdischen Eigentümer dieser Villa emigrierten im Jahre 1938 und kamen nicht mehr zurück. Heute, ihrer Einrichtung und Ausstattung beraubt, ist diese Villa ein eher armseliges Monument einer vergangenen Epoche.

Der Zweite Weltkrieg war ein besonderer Alptraum für die Tschechen. Als der nationale Widerstand gegen die Deutschen zunahm, übernahm der brutale Naziführer Reinhard Heydrich 1941 das Amt des Reichsprotektors. Das Kriegsrecht wurde erklärt, und massenhafte Hinrichtungen und Deportationen der Juden begannen. Die Ermordung Heydrichs durch ein Spezialkommando führte zu einer neuen Terrorwelle. Die tschechische Exilregierung in London war von den Alliierten anerkannt worden, und Beneš unterzeichnete einen weiteren Vertrag mit Rußland. 1944 betraten russische Truppen die Slowakei, die sich dann gegen die Deutschen erhob, doch die Absichten Stalins wurden schon ersichtlich, als er Ruthenien trotz tschechischer Proteste annektierte. Er stimmte bereitwillig der Deportation aller Volksdeutschen in das besiegte Reich zu, und Beneš mußte das Verbot aller rechten politischen Parteien nach dem Krieg akzeptieren. Im Mai 1945 kehrte die tschechische Regierung nach Prag zurück, das von den Russen befreit worden war. Im Oktober wurde Beneš erneut zum Präsidenten gewählt. Nachdem die Regierung den Übergang vom Kapitalismus zum Sozialismus beschlossen hatte, wurden alle Banken und Unternehmen, die sich im ausländischen Besitz befanden, verstaatlicht, ebenso wie 60 Prozent der gesamten Industrie.

Aus den Wahlen von 1946 gingen die Kommunisten unter der Führung des skrupellosen Klement Gottwald als stärkste Partei hervor, die nun die Nationalversammlung und alle Schlüsselministerien kontrollierte. In der Slowakei führte 1947 ein Staatsstreich zur Regierungsübernahme durch die Kommunisten, im Februar 1948 hatte Gottwald den Rücktritt der Koalitionsminister erzwungen, und im Juni trat er als Präsident an die Stelle von Beneš. Die sowjetische Herrschaft über die Tschechoslowakei verstärkte sich zunehmend. Die historischen Länder Böhmen und Mähren wurden abgeschafft, das Gerichtswesen und die Verwaltung gesäubert, und eine Reihe von Schauprozessen begleitete die Verfolgung der katholischen Kirche. 1949 herrschten die Kommunisten über das ganze Land. Als Gottwald 1953 starb, wurde Antonin Zápotocký, der bisherige Ministerpräsident, zum Staatspräsidenten gewählt, nach dessen Tod Antonin Nóvotný, der sich bis zum Prager Frühling von 1968 an der Macht hielt, als Alexander Dubčeks Reformregime für kurze Zeit eine Rückkehr zur Demokratie versprach, bevor es von der russischen Intervention zermalmt wurde.

Kinderkutsche aus dem frühen 19. Jahrhundert in Schloß Kozel.

EINLEITUNG

Empire-Stuhl, einst im Besitz von Clemens Fürst Metternich.

Die Deportation der deutschen Minderheit von über vier Millionen Menschen wurde im Jahre 1946 systematisch begonnen, und zwei Jahre später gab es praktisch keine Deutschen mehr im Land. Viele Grundbesitzer wurden oft aus fadenscheinigen Gründen vertrieben, um soziale oder rassische Vorurteile zu befriedigen; andere, die die Zeichen an der Wand sahen, waren schon 1945 vor dem russischen Vormarsch geflohen. Nahezu drei Millionen Hektar wurden als »Feindesland« enteignet, zusammen mit den Besitzungen der »tschechoslowakischen Verräter«, ein sehr dehnbar angewandter Begriff. In fast jedem Fall wurden die Häuser praktisch mit ihrem gesamten Mobiliar zurückgelassen. Einige Eigentümer blieben und zogen ein unsicheres Leben in ihrer Heimat vor, aber mit der Zeit mußten auch sie das Land verlassen. Die meisten flohen im Jahre 1948, als sie nach der kommunistischen Machtergreifung zu einer parasitären Klasse erklärt worden waren und ihr Eigentum ohne Entschädigung verstaatlicht wurde. Durch eine bittere Ironie der Geschichte mußten sie nach den Leiden unter der Nazibesetzung die Enteignung ihres Eigentums und die Trennung ihrer Bindungen zu ihrer Heimat durch eine Regierung mit ansehen, die von ihren angeblichen Befreiern eingesetzt worden war. Der allmächtige Staat befand sich plötzlich im Besitz zahlloser schöner, vollständig eingerichteter Schlösser und Burgen, von Monumenten aus jeder Epoche und jedem Baustil, wofür ihm allerdings sowohl das Interesse als auch die Mittel für deren Erhaltung fehlten. Die Jahre der daraus folgenden Vernachlässigung wurden erst in allerjüngster Zeit durch Restaurierungen, die aus der Einsicht erfolgten, daß diese Bauten nicht nur Teil des kulturellen Erbes der Nation, sondern auch eine beträchtliche touristische Attraktion darstellen, wieder wettgemacht. Das Rad der Geschichte hat sich nun möglicherweise wieder gedreht. Zur Zeit der Niederschrift dieser Zeilen wurde das Oberhaupt der Familie Schwarzenberg zum Chef des privaten Kabinetts des neuen tschechischen Präsidenten Václav Havel ernannt. All diejenigen, denen ihre Besitzungen und ihre Staatsbürgerschaft genommen wurden, können sie vielleicht in nicht allzu ferner Zukunft wiedererlangen. Die Zukunft der Tschechoslowakei sieht unendlich viel positiver aus als noch vor einigen Jahren.

53

KRÁSNA HÔRKA & BETLIAR

Die Ostslowakei ist eine schöne, unberührte, einsame, von hohen Bergen umschlossene Gegend. Geographisch liegt sie mehr in der Nähe von Budapest oder Krakau als von Prag, und ihre Verbindung zu den fruchtbaren, zivilisierten Landstrichen Böhmens oder Mährens ist bestenfalls marginal. Tausend Jahre lang fristete die Slowakei ein Dasein als Hinterhof Ungarns; mit ihren slawischen Nachbarn im Westen wurde sie erst nach dem Ersten Weltkrieg wiedervereint. So ist es kaum verwunderlich, daß die meisten der großen Landsitze, die in der heutigen Slowakei liegen, von Familien ungarischer Abstammung gebaut wurden bzw. sich in ihrem Besitz befanden. Eine der berühmtesten unter diesen aristokratischen Dynastien waren die Andrássys, deren beider Sitze, Betliar und Krásna Hôrka, nur wenige Kilometer voneinander entfernt in der Nähe der kleinen Stadt Rožňava liegen. Bei allem Unterschied in ihrer äußeren Erscheinung sind beide gleichwohl von außergewöhnlicher Bedeutung.

Der Name Krásna Hôrka – das heißt »schöner Berg« – taucht erstmals 1243 auf. Damals gab der ungarische König Béla IV. Angehörigen des Akos-Clans Latifundien in der Landschaft Gömer zum Lehen, darunter eine Besitzung mit diesem Namen. Nachdem er zwei Jahre zuvor von den Mongolen an der Slaná geschlagen worden war, hatte er hier in der Nähe, möglicherweise in einem alten Fort oberhalb des Dorfs Drnava, Zuflucht gesucht. Der Patriarch des Clans, Benedikt Akos, hatte fünf Söhne, die nach seinem Tod im Jahre 1318 die Besitzung unter sich aufzuteilen beschlossen. Dabei bekam Dominik, dessen Beiname Bebek auf alle seine Nachfahren überging, jenen Teil zugesprochen, zu dem auch Krásna Hôrka und Betliar gehören. Allerdings mußte er seine Besitzansprüche erst in einem über dreißig Jahre währenden Streit gegen die Familie Mariássy durchsetzen, die ein königliches Patent zur Gewinnung von Edelmetallen in dieser Gegend besaß. Nachdem man mit legalen wie illegalen Mitteln gearbeitet hatte, wurde der Streit schließlich 1352 durch brutale Gewalt zugunsten Bebeks entschieden.

Krásna Hôrka erhebt sich auf einem felsigen Bergkegel im Zentrum eines ovalen, von Bergen umschlossenen Tals. Dieser Standort hatte ganz offensichtlich eine strategische Bedeutung, denn von hier aus dominierte die Burg die Straße, die westlich von Košice ins Erzbergbaugebiet der Mittelslowakei führt. Der Kern eines Forts entstand im frühen dreizehnten Jahrhundert: ein hoher eckiger, von Wehrmauern umgebener Turm, der am höchsten Hang des nach Osten orientierten Hügels errichtet wurde. Nachdem die Bebeks das Anwesen in ihren Besitz gebracht hatten, trieben sie den Ausbau der Befestigungsanlagen zügig voran und fügten dem Turm ein zweistöckiges Gebäude hinzu. Im Erdgeschoß des rechteckigen Baus, der dem unebenen felsigen Untergrund angepaßt wurde, befanden sich zum größten Teil Lagerräume für Nahrungsmittel und Waffen, allerdings enthielt es im Mittelteil auch einen großen erhöhten Saal, der durch vier nach Süden gehende Fenster erhellt wurde; in einem Nebenraum auf derselben Ebene befand sich ein großer Kamin. Von hier aus führte ein schmaler Verbindungsgang zum Turm, in dem es Wohnräume gab, was für die Burgarchitektur der damaligen Zeit ziemlich ungewöhnlich war. Der völlig geschlossene Innenhof mit seiner Zisterne wurde von

Die Burg Krásna Hôrka aus der Ferne gesehen.

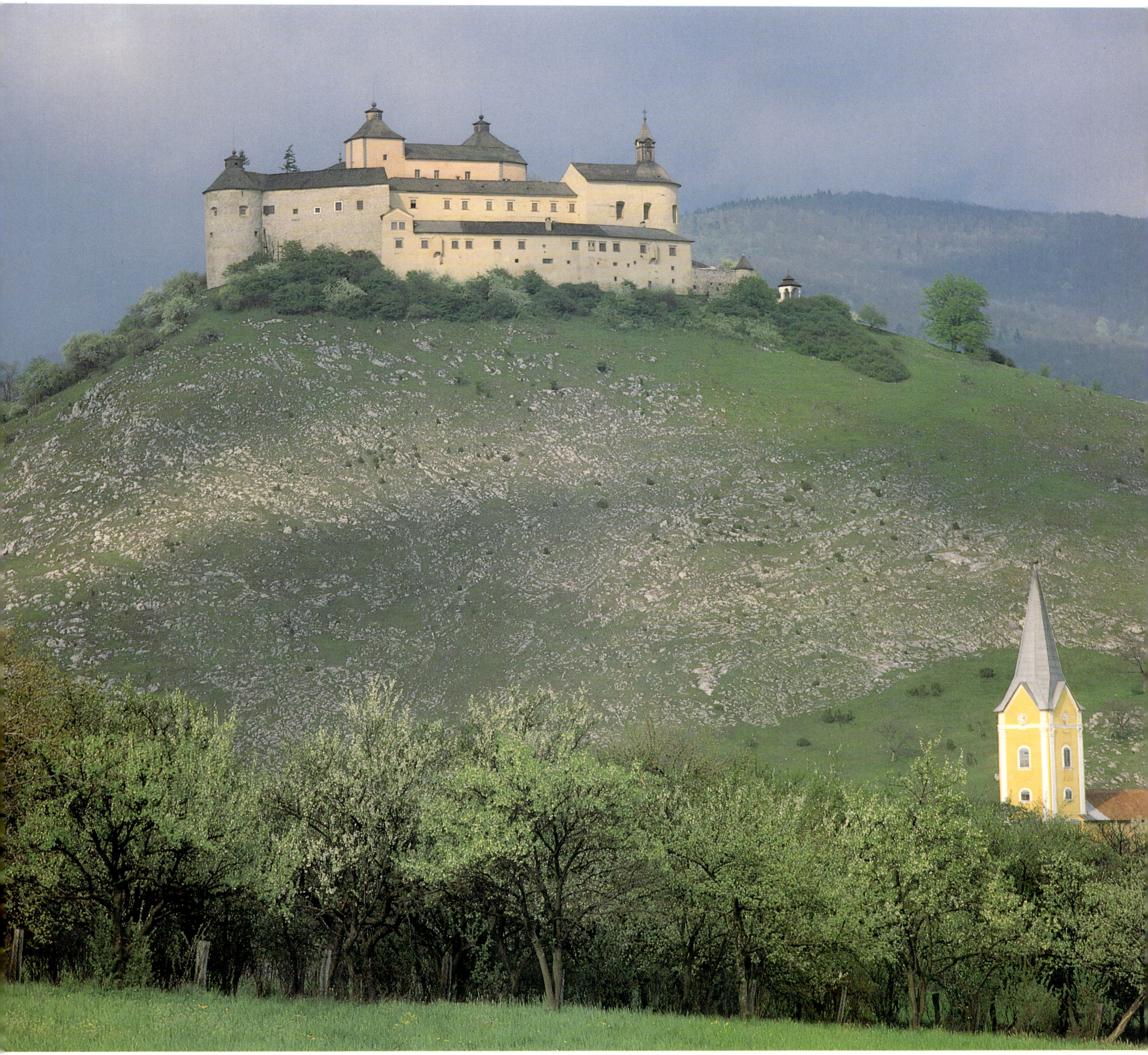

TSCHECHOSLOWAKEI

Alte Ansicht von Krásna Hôrka von D. Kunicke (Österreichische Nationalbibliothek, Wien).

Eingang zum Innenhof von Krásna Hôrka.

Das Schlafgemach der Gräfin Francesca Audrássy in Krásna Hôrka.

einem gewölbten Torturm geschützt. Die Festung galt als so sicher, daß in den folgenden zweihundert Jahren kaum Veränderungen an ihr vorgenommen wurden. Während dieser ganzen Zeit hatten die Bebeks das Anwesen fest unter Kontrolle – mit Ausnahme der beiden Jahrzehnte nach 1441, als Krásna Hôrka von einem Raubritter namens Jiskra besetzt gehalten wurde. Danach ließ István Bebek einen weiteren Flügel als Quartier für eine größere Garnison errichten.

Die Bebeks blieben auf lange Zeit eine der einflußreichsten Familien in Ungarn. Ihre Machtstellung wurde jedoch 1526 ernsthaft gefährdet, als Jánoš Bebek im Kampf gegen die Türken bei Mohács fiel. Unter seinen Erben entspann sich in der Folgezeit ein erbitterter Kampf um die riesigen Besitzungen. Sieger blieb schließlich ein Cousin namens Ferenc, ein heimtückischer, bösartiger Mann, der die verworrene politische Situation rücksichtslos für sich ausnutzte, indem er die rivalisierenden Prätendenten auf den ungarischen Thron, Ferdinand von Habsburg und Jan Zápolya, gegeneinander ausspielte, wobei er häufig die Seite wechselte. Seine marodierenden Soldaten kontrollierten verschiedene örtliche Handelsrouten, indem sie von durchreisenden Kaufleuten enorme Wegegelder erpreßten und die einheimische Bevölkerung terrorisierten. Schließlich ging er sogar so weit, benachbarte Grundbesitzer anzugreifen und in Krásna Hôrka eine Falschmünzerwerkstatt einzurichten. Daraufhin wurden die Bebeks für vogelfrei erklärt, und eine bewaffnete Streitmacht wurde gegen sie ausgesandt. Ferenc rief die Türken zu Hilfe, deren Truppen im September 1556 einen Angriff auf die königlichen Soldaten unternahmen und diese zwangen, sich nach Rožňava zurückzuziehen. Doch die Stellung der Bebeks ließ sich inzwischen nicht mehr halten, denn der Kaiser war fest entschlossen, sie zu vertreiben. Zusammen mit seinem Sohn György floh Ferenc nach Siebenbürgen, wo er kurze Zeit später ermordet wurde. György indes bat den Kaiser um Gnade mit dem Versprechen, Soldaten für den Krieg gegen die Türken auszuheben, und bekam seine Besitzungen zurück. Doch die Annäherung war nicht von langer Dauer, und schon bald begann er wieder zu intrigieren. Die kaiserlichen Truppen schlugen zurück und eroberten nach 1565 eine seiner Burgen nach der anderen. György starb schließlich völlig verarmt im siebenbürgischen Exil.

Die Burg Krásna Hôrka war inzwischen sehr stark erweitert worden. 1544 hatte Ferenc Bebek die alte Burganlage durch neue Befestigungen umschließen lassen, denn angesichts der sich immer weiter entwickelnden Belagerungsartillerie war Krásna Hôrka nicht mehr uneinnehmbar. Die Zufahrtsstraße blieb dieselbe, aber der Eingang zur Burg wurde von Südosten her durch eine massive neue Bastion geschützt. Diese war durch dicke Stützmauern mit einer weiteren im Südwesten und einer dritten im Norden verbunden. Außerdem wurde eine breite Terrasse angelegt, auf der schwere Kanonen standen. Zur gleichen Zeit wurden auch sämtliche Gebäude im Innern umgebaut.

Trotz aller dieser Arbeiten befand sich Krásna Hôrka gegen Ende des Jahrhunderts in einem desolaten, baufälligen Zustand. Mit dem Aussterben der Bebeks fielen ihre riesigen Ländereien wieder an die Krone, und es wurden Verwalter eingesetzt, die vom Kriegsrat in Wien ernannt wurden. Sowohl die Besoldung der Verwalter als auch die Mittel zur Instandhaltung der Befestigungen wurden durch die Erträge aufgebracht, welche die Ländereien abwarfen, doch die Verwalter wechselten einander so schnell ab, daß es keinerlei Anreiz gab, das Geld klug zu verwenden. Schließlich wurde einer ernannt, der seine Pflichten gewissenhaft erfüllte. Peter Andrássy aus Szent-Kiraly in Siebenbürgen war ein ergebener Diener der Habsburger, dessen Familie von den Seklers abstammte, einem Geschlecht von Kriegern, die von alters her mit der Verteidigung der Reichsgrenzen beauftragt gewesen waren. Nachdem er gegen die Herrschaft Zápolyas in Siebenbürgen opponiert hatte, war Andrássy zur Flucht gezwungen worden und hatte sich in den Dienst des Kaisers gestellt. 1578 wurde er zum Verwalter von Krásna Hôrka berufen, und für seine Besoldung sollten die zwanzig Dörfer aufkommen, die zu dem Besitz gehörten.

TSCHECHOSLOWAKEI

Porträt eines Trommlers aus der Armee von Ferenc Rákóczy, 1747 in Krásna Hôrka gemalt.

Porträt des Dorftrottels von Krásna Hôrka, 1744.

Angesichts des allgemeinen Verfalls, den er vorfand, begann Andrássy unverzüglich und sehr energisch mit der Restaurierung des Anwesens. Bis zum Jahre 1585 wandte er dafür 85 000 Forint aus eigener Tasche auf, und da der Kriegsrat nicht in der Lage war, ihm die Summe in bar zurückzuerstatten, verpfändete er die Burg und den Grundbesitz auf zehn Jahre an ihn. Tatsächlich gab Andrássy sein gesamtes Vermögen für diese Aufgabe hin und starb schließlich als enttäuschter Mann. In Anerkennung seiner Dienste gestattete die kaiserliche Regierung seiner Witwe Zsofia, einer furchteinflößenden Frau, Krásna Hôrka zu übernehmen, und es gelang ihr, diese Erbschaft auch für ihren noch minderjährigen Enkel Mátyás zu erhalten. Als dieser erwachsen war und geheiratet hatte, übereignete der Kaiser im Jahre 1642 ihm und seiner Familie den Besitz auf Lebenszeit.

Endgültig gefestigt wurde die Stellung der Andrássys in der Slowakei durch Mátyás' Sohn Miklós, der Mitglied der Magnatenkammer und Baron wurde. Von Geburt Lutheraner, konvertierte er später zum Katholizismus, und die Glaubensspaltung zog sich auch quer durch seine eigene Familie. Drei seiner sieben Söhne schlossen sich 1703 bei der Revolte des großen Protestantenführers Ferenc Rákóczi gegen die Habsburger den Rebellen an. Der Aufstand endete mit einer Niederlage der Reformierten, doch gelang es den Andrássy-Söhnen nach der Kapitulation, ihr Leben und ihren Besitz zu retten.

Im siebzehnten und achtzehnten Jahrhundert nahmen die Andrássys umfangreiche Veränderungen an der Burg vor, die jetzt eine Mischung aus Barock- und Renaissancestil darstellte. Man ließ ein unteres Schloß errichten, das durch einen inneren Gang mit dem mittelalterlichen Burgkern verbunden war, und an die Westmauern der Feste wurde eine Bäckerei mit Küche angebaut. In den dreißiger Jahren des 18. Jahrhunderts entstand ein barockes Haupttor, und später wurde die Südost-Bastion zu einer schönen Kapelle umgebaut. In dieser befand sich die sogenannte Andrássy-Madonna: ein Bildnis der Jungfrau mit dem Kind, das für die Leute aus der Umgebung zu einem regelrechten Wallfahrtsziel wurde. Krásna Hôrka entwickelte sich jetzt zu einer komfortablen und attraktiven Residenz. Zu Lebzeiten von István Andrássy, dem Verfasser einer *Triplex Philosophia*, wurde die Familie in den Grafenstand erhoben und erhielt das Recht, die Stephanskrone über den aufsteigenden Löwen in ihrem Wappen zu führen. Mehrere Generationen hatten sich als erfolgrei-

KRÁSNA HÔRKA & BETLIAR

che Militärführer hervorgetan, und in einem Saal in Betliar hingen die Porträts der Offiziere der Nádasdy-Husaren, eines der von ihnen befehligten Regimenter.

Während der ganzen Renovierungsarbeiten in Krásna Hôrka blieb Betliar ein bescheidenes, mit Türmchen versehenes Schloß; nachdem hier 1712 begrenzte Umbauten vorgenommen worden waren, diente es István Andrássy mit seiner Familie als Alterssitz. Sein Großneffe Leopold, der gegen Ende des Jahrhunderts dort einzog, ließ das Anwesen zwischen 1780 und 1795 in jenem neoklassizistischen Stil umgestalten, wie er für den Bezirk Gömer typisch war. Die dunkle Passage, die von der Eingangstür durch den Ehrenhof auf der Nordseite führte, wurde in eine künstliche Höhle verwandelt, um auf diese Weise das Fehlen einer *Sala terrena* zu kompensieren. Der Landschaftsgärtner Heinrich Nebbien erhielt den Auftrag, den Park in einem romantischen Stil umzugestalten.

Unter den Andrássys war Graf Leopold der bemerkenswerteste Vertreter seiner Generation: ein ehemaliger Kavallerie-Offizier, der viel gereist war und im Ausland gelebt hatte und der überzeugter Freimaurer war. Als passionierter Bücherliebhaber begründete er die einstmals berühmte Bibliothek von Betliar, die sich ursprünglich in einer eigens zu diesem Zweck entworfenen Rotunde im Park befand. Er lebte mit einer aristokratischen Mätresse zusammen, die ihm fünf Töchter gebar, von denen alle mit einer üppigen Mitgift verheiratet wurden. Er war von Zwergen fasziniert und hielt sich eine ganze Liliputanerkolonie, wobei er Häuser von entsprechender Größe im Park für sie errichten ließ – von denen leider kein einziges mehr existiert.

Porträt des Grafen Georg Andrássy als junger Mann in Uniform, frühes 19. Jahrhundert.

TSCHECHOSLOWAKEI

Das Mausoleum in Krásna Hôrka.

Löwenklinke an der Tür des Mausoleums in Krásna Hôrka.

Kuppel des Mausoleums in Krásna Hôrka mit Mosaikarbeiten von Franz Tholl, die zwölf Heiligen mit ihren Symbolen darstellend.

Auch ein Theater wurde unterhalten, und an Sonntagen stand der Schloßpark der einheimischen Bevölkerung zu ihrer Vergnügung offen. Die vielleicht bedeutendste Leistung Leopolds aber resultierte aus seinem Interesse für Bergbau. Unter seiner Verwaltung wurden die bis dahin eher ertragsarmen Minen der Familie von einem Expertenteam zu einem überaus gewinnträchtigen Betrieb entwickelt, aus dem später die großen Gießereien und Stahlwerke der Andrássys hervorgehen sollten.

Leopolds ältester Bruder, der mit seinen Söhnen in Krásna Hôrka lebte, erwies sich als weniger talentiert, und im frühen neunzehnten Jahrhundert geriet das Anwesen immer mehr in Verfall. Die obere Burg wurde 1817 vom Blitz getroffen und brannte bis auf die Mauern nieder; nur dem mutigen Einsatz des dort lebenden Personals war es zu verdanken, daß nicht der gesamte Komplex der Feuersbrunst zum Opfer fiel. Nachdem es der Betliar-Zweig der Andrássys bei einem Familienrat abgelehnt hatte, die Kosten für die Restaurierung zu übernehmen, kam der Besitz für die nächsten hundert Jahre an die unternehmungstüchtigeren Cousins. Der erste von ihnen, der in Krásna Hôrka residierte, war György Andrássy, ein sparsam wirtschaftender, hart arbeitender Mann, der von seiner Mutter, einer Festetics, ein riesiges Vermögen geerbt hatte. 1857 richtete er in der Burg ein Familienmuseum ein, das später auch der Öffentlichkeit zugänglich gemacht wurde. Ein aufmerksamer Beobachter namens John Paget schrieb 1839 in seinem Reisebuch »Travels in Hungary and Transylvania«: »Wir kamen an einem alten Fort vorbei, das sich im Besitz des Grafen Andrássy befindet. Das Fort selbst ist zwar durch Renovierungsarbeiten ein wenig verunstaltet, doch das Dorf unterhalb ist so reinlich, seine Häuser sind so adrett und seine Menschen so glücklich, daß derjenige, der die Verantwortung für all das trägt, sicherlich voll Stolz sagen kann, dieses Glück ist mein Werk. Und hierin läßt sich die Haltung der Familie Andrássy gegenüber ihren Untertanen sehr wohl zusammenfassen.«

Doch schon bald wurde die Familie von einer weiteren Krise erschüttert. Györgys Sohn Dénes lernte, als er im Außenministerium in Wien arbeitete, Franziska Hablawetz, die Tochter eines Komponisten und Dirigenten, kennen und verliebte sich in sie. Gegen den heftigen Widerstand seiner Familie, die diese Beziehung als

KRÁSNA HÔRKA & BETLIAR

TSCHECHOSLOWAKEI

eine Mesalliance betrachtete, heirateten die beiden, woraufhin Dénes von seinem Vater enterbt wurde und sich unter dem Namen Monsieur de Szent-Kiraly in München niederließ. Sein mütterliches Erbteil erlaubte ihm freilich, auch weiterhin ein materiell sorgenfreies Leben zu führen, und er wurde ein kenntnisreicher Sammler zeitgenössischer Kunst. Ungeachtet seiner Enterbung erhielt er beim Tod seines Vaters im Jahre 1872 den gesamten Besitz, inklusive Krásna Hôrka; er nahm jetzt wieder seinen Namen und Titel an, vermied aber jeglichen Kontakt zu den Andrássys. Einen Großteil seines beträchtlichen Einkommens stiftete Dénes für wohltätige Zwecke – so richtete er sogar eine Rentenkasse für seine landwirtschaftlichen Angestellten ein. Als seine geliebte Frau 1902 kinderlos starb, ließ Andrássy ein Jugendstil-Mausoleum für ihre sterblichen Überreste errichten. Der Grabbau wurde hauptsächlich von dem deutschen Architekten Richard Berndl in Zusammenarbeit mit Münchner Architekten und Künstlern entworfen und steht in einem eigenen, ca. 60000 Quadratmeter großen Garten. Als Dénes 1913 starb, fand er ebenfalls in dem Mausoleum seine letzte Ruhestätte. Mit seinem Tod kam auch sein Familienzweig zum Erlöschen.

Die Andrássys in Betliar erfreuten sich inzwischen einer ungebrochenen Prosperität. Während der zweiten Hälfte des neunzehnten Jahrhunderts befand sich das Anwesen im Besitz von Leopolds Großneffen Emanuel, genannt Mano, der es in einen französisch historisierenden Stil umbauen ließ. Sein Architekt, ein gewisser Müller, hatte leider keine sehr klare Vorstellung davon, was von ihm erwartet

Die Parkfassade von Betliar.

Porträt der Gräfin Katerina Károlyi (geb. Andrássy) von John Quincy Adams, frühes 20. Jahrhundert (Privatsammlung).

wurde. So führten die Renovierungsarbeiten von 1880 bis 1886 zu einem fragwürdigen Resultat. Der Renaissancesaal wurde durch eine größere Eingangshalle und einen mächtigen Treppenaufgang ersetzt; die Bibliothek, das Musik-, das Eßzimmer und der Salon wurden umgestaltet und mit einer bunten Mischung von Gegenständen ausgestattet. Große Jagdtrophäen schmückten die Wände, wie es dem Geschmack der damaligen Zeit entsprach. Zwischen 1907 und 1912 fanden in Betliar weitere Umbauten statt.

Der ältere Zweig der Andrássys brachte eine stattliche Anzahl prominenter Politiker hervor. Mano selbst war Geheimer Staatsrat und Mitglied der Akademie der Wissenschaften. Sein jüngerer Bruder Gyula – der als Rebell geächtet wurde, nachdem er an der Revolution von 1848 teilgenommen hatte – brachte es zum ersten Ministerpräsidenten Ungarns und wurde einer der wichtigsten Architekten des Ausgleichs von 1867 zwischen seinem Land und Österreich, der zur Errichtung der Doppelmonarchie führte. Manos eigener Sohn und dann auch sein Enkel folgten ihm als Schloßherren von Betliar und Krásna Hôrka; letzteres Anwesen war nach dem Tode Dénes' im Jahre 1913 an die Familie zurückgefallen. Mit der Abtrennung der Slowakei von Ungarn im Jahre 1919 und ihrer Eingliederung in den neugegründeten tschechoslowakischen Staat wurden die Verhältnisse allerdings schwieriger. Zwar verloren die Andrássys einige ihrer Besitzungen durch die Bodenreform, doch gelang es ihnen, einen Großteil ihrer Ländereien in ihrem Besitz zu behalten. Mit dem Zweiten Weltkrieg und der nachfolgenden kommunistischen Revolution sollte sich dies alles ändern; die Familie verlor ihren gesamten Besitz und wurde ins westliche Exil vertrieben.

Betliar und Krásna Hôrka existieren heute in guterhaltenem Zustand als Museen weiter. Beide Bauten haben viele Wechselfälle miterlebt, und es gibt keinerlei Verbindungen mehr zu der Familie, in deren Besitz sie sich befanden. Doch sowohl in architektonischer wie in historischer Hinsicht zählen sie zu den großartigsten Monumenten dieser abgelegenen und schönen Gegend der Tschechoslowakei.

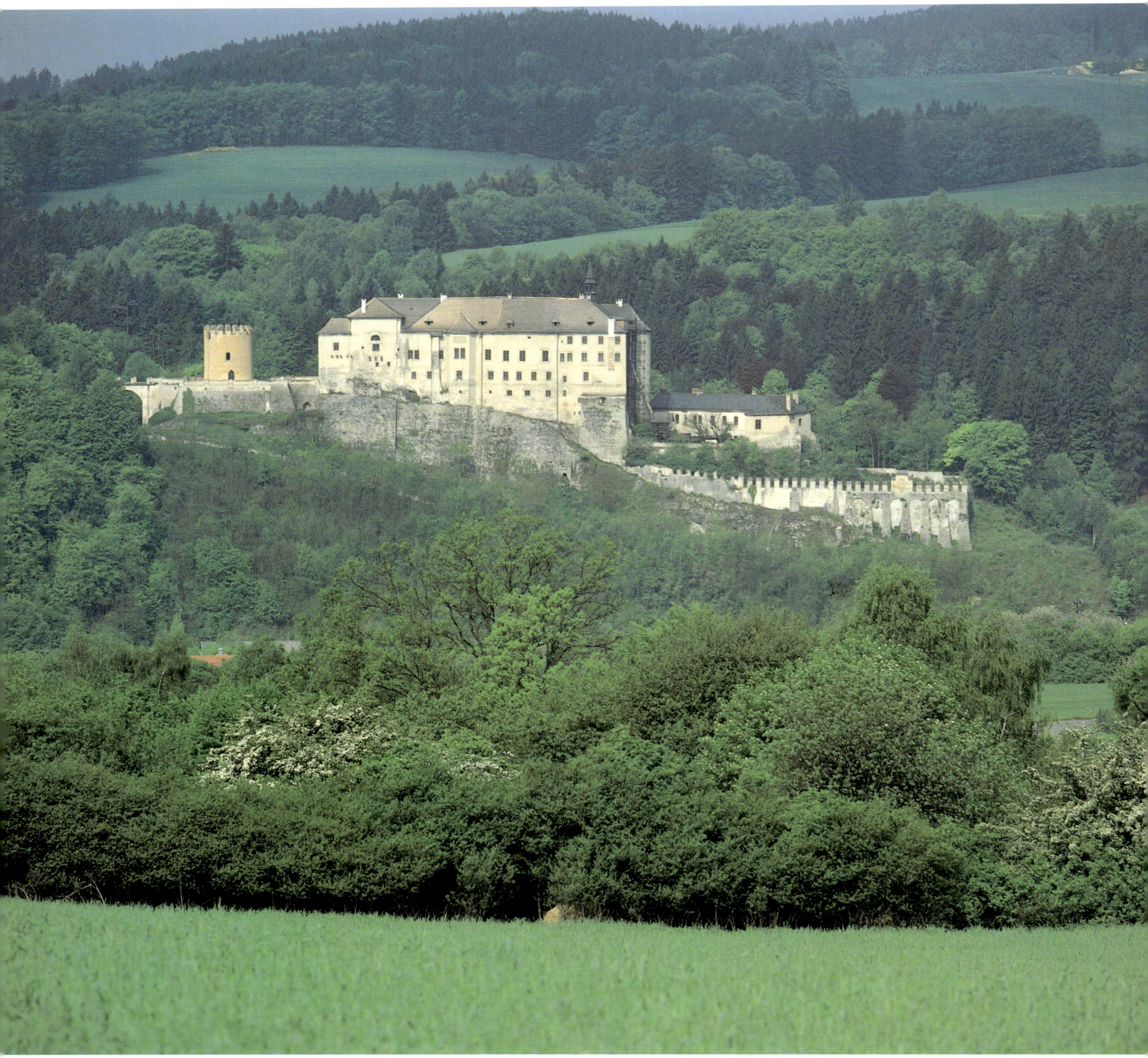

BÖHMISCH STERNBERG (ČESKÝ ŠTERNBERK)

Das Schloß Sternberg (Český Šternberk) aus der Ferne gesehen.

Mittelturm des Schlosses.

Auf einem Felsen, etwa 75 Kilometer südöstlich von Prag, liegt die Burg Sternberg, Sitz der »Helden mit dem Stern«, wie die Familie einst genannt wurde. Heute ist dieser Teil Mittelböhmens eine ländliche Gegend mit dichtbewaldeten Tälern und satten Wiesen. Zur Zeit des Mittelalters waren hier undurchdringliche, dichte Wälder, und menschliche Ansiedlungen glichen Inseln in einem grünen Meer, das nur von einigen alten Handelswegen durchquert wurde. In dieser romantischen Umgebung begann die Geschichte einer der größten mittelalterlichen Burgen Böhmens.

Die Lage Sternbergs hoch über dem Sázavatal hatte schon immer eine wichtige strategische Bedeutung; in früheren Jahrhunderten befanden sich hier befestigte Lager von den Zlíčané und Doudleby. Um die Mitte des 11. Jahrhunderts wurde in der Nähe ein Benediktinerkloster gegründet, doch sind alle Spuren davon längst verschwunden. Die Entdeckung neuer Silbervorkommen zog im 12. Jahrhundert viele Bergleute an, und es entstanden kleinere Dörfer. Einer der größeren lokalen Grundbesitzer war die Familie Divisovici, Nachkommen eines gewissen Diviš, der 1130 als Ratgeber und Freund des Königs urkundlich erwähnt wird. (Die Endsilbe »ovici« bezog sich auf die Ortschaft Divišov, die sie etwas weiter flußabwärts an der Sázava gegründet hatten.)

1242 begann Zdislav, ein Ururenkel von Diviš, mit dem Bau einer Burg über dem Fluß. In diesem Jahr soll er auch den Namen Sternberg, in Anlehnung an sein Wappen, einen achtzackigen goldenen Stern auf blauem Feld, angenommen haben. Zdislav war Ratgeber des letzten Přemysliden-Königs, Ottokar II., der ihn wegen seiner Verdienste um die Verteidigung der Stadt Olmütz (Olomouc) gegen die Ungarn im Jahre 1253 zum Kämmerer ernannte. Weitere militärische Taten brachten ihm ausgedehnte Ländereien in Mähren ein, wo er eine zweite Burg mit dem Namen Mährisch Sternberg baute. Der Zweig seiner Familie, der diesen Besitz erbte, bestand weitere drei Jahrhunderte; die Burg hingegen ging irgendwann in den Besitz der Liechtensteins über, die sie bis 1945 besaßen. Zdislav setzte seine herausragende Karriere fort, bis er 1278 im Kampf gegen die Österreicher in der Schlacht im Marchfeld fiel.

Die Burg über der Sázava war eine von vielen Festungen, die nach den Tatareneinfällen von 1241 im ganzen Land gegen weitere derartige Angriffe erbaut wurden. Auf einem Felsvorsprung über der Mündung der Blanitz in die Sázava errichtet, lagen ihre Fundamente auf einer hohen, spitzen Klippe, die sanft in eine Hügellandschaft übergeht. Die Burgseiten wurden jeweils von mächtigen Türmen beschützt, der nördliche und der südliche Turm erhoben sich zudem über tiefen Gräben. Auf der Ostseite befanden sich die Wohnräume und eine Kapelle, auf der gegenüberliegenden Westseite waren die beiden Türme nur durch eine Mauer verbunden. Im Hinblick auf die zeitgenössische Belagerungstechnik und die Tatsache, daß die einzig mögliche Stellung für Wurfmaschinen oberhalb der Blanitz (Blanice) lag, errichteten die Erbauer der Burg eine besondere Mauer, die alle Geschosse, die aus dieser Richtung abgefeuert wurden, ablenken konnte. Der westlichen Umfassungsmauer wurde ein Bogenschützengang hinzugefügt, der es den Verteidigern erlaubte, von

TSCHECHOSLOWAKEI

Ansicht von Schloß Sternberg aus dem 18. Jahrhundert (Österreichische Nationalbibliothek, Wien).

Der goldene Stern, das Familienemblem der Sternbergs.

Die Schloßkapelle.

verschiedenen Seiten zu schießen, und der mit hölzernen Treppen und Gängen ausgestattet war; weitere kleine Türme ermöglichten auch ein Kreuzfeuer.

Die Ostseite der Festung erhob sich so steil über dem Fluß, daß sie praktisch uneinnehmbar war. Auf der nördlichen Seite befand sich direkt über dem Fluß ein pyramidenförmiger, dreigeschossiger Turm, der als äußere Bastion diente und mit der Burg durch eine Brustwehr verbunden war. Dort befand sich wahrscheinlich auch der ursprüngliche Eingang; der Höhenunterschied zwischen dem äußeren Hof und dem Innenhof wurde durch Treppen, eine Zufahrt über eine Zugbrücke überbrückt. Die südliche und verwundbarste Seite schützte eine befestigte Ziegelmauer, deren Überreste noch in den vorhandenen Außenmauern zu sehen sind; sonst sind nahezu alle Spuren der Gebäude und Wohnquartiere aus dem 13. Jahrhundert verschwunden. Unterhalb der Befestigungsanlage lag die Stadt, die entsprechend einem alten tschechischen Brauch den Namen der Familie trug, die sie gegründet hatte. Viele Familiennamen und Städtenamen aus dieser Zeit sind deutschen Ursprungs, aber die durchgehende Verwendung slawischer Vornamen in diesen Familien zeigt, daß keine Verbindung mit Familien ähnlichen Namens in Deutschland bestand.

1315 erbten die Sternbergs von ihren Vettern, den Herren von Beneschau (Benešov), die nahe gelegene Herrschaft Konopischt (Konopiste). Im Gegensatz zu Böhmisch Sternberg, das nach deutschen Vorbildern erbaut worden war, folgte diese Burg der französischen Bauweise. Die Domänen der Familie in Mittelböhmen waren ausgedehnt und einflußreich, und es erstaunt daher nicht, daß König Karl IV., der allzu mächtige Untertanen nicht liebte, sie 1377 aufteilte und einen Teil zum direkten Lehen der Krone machte. Über ein Jahrhundert blieb Böhmisch Sternberg unverändert, obwohl 1420 sein Weiterbestehen gefährdet war. Peter Sternberg, der damalige Besitzer der Burg, ein überzeugter Katholik und offener Gegner der Hussiten, fiel in diesem Jahr zusammen mit drei Vettern, die alle Kaiser Sigismund treu geblieben waren, in einer der letzten Schlachten gegen die Hussiten. Nur die Erklärung seiner Witwe Perchta, daß sie selbst, ihre zwei Söhne sowie alle ihre Untertanen die vier Prager Artikel anerkennen würden, konnte die Beschlagnahmung der Familienbesitzungen durch die siegreichen Hussiten verhindern.

Ein Vetter namens Aleš Holický Sternberg wurde zum Vormund der jungen Söhne Peter Sternbergs ernannt; mit ihrer Volljährigkeit wurde der Familienbesitz zwischen ihnen geteilt: der eine erhielt Böhmisch Sternberg, der andere Konopischt. Als der ältere Bruder in jungen Jahren kinderlos starb, hinterließ er die Burg aus Dankbarkeit seinem Vormund. Zdeněk, der jüngere Bruder, wurde ein enger

BÖHMISCH STERNBERG

Freund und Ratgeber von König Georg Poděbrad und um 1460 zum Vormund des verwaisten Enkels Peter von Aleš Holický. Zu seinem Unglück brach er mit dem König, schloß sich mit anderen unzufriedenen Adeligen in der Liga von Grünberg zusammen und erhob sich 1466 in offener Rebellion gegen den König. Da seine Leute Böhmisch Sternberg und seine weiteren Besitzungen besetzt hielten, wurde die Burg von königlichen Truppen belagert. Aus Mangel an Trinkwasser und nach intensivem Beschuß mußte die Burg bald aufgegeben werden, und ihre Befestigungsanlagen wurden zerstört. Der Besitz wurde dem königlichen Befehlshaber der Belagerungstruppen, Burian Trčka von Lípa, übertragen, während sich der jugendliche Eigentümer der Burg in Mähren versteckt hielt.

Dreizehn Jahre später, im Jahre 1479, wurden die Besitzungen indessen der Familie wieder zurückgegeben. In diesem Jahr heiratete Peter Holický Katharina von Rosenberg aus der mächtigen südböhmischen Dynastie. Als Günstling der Jagiellonen-Könige wurde er zum Großjustitiar und Kammerherrn ernannt; auch war er einer der Hauptverfasser der neuen Konstitution, die die Erwartungen der Tschechen nach sozialen Veränderungen zügeln sollte. Er wollte seine zerstörte Burg wiederaufbauen, und in Böhmisch Sternberg begannen nun umfassende Bauarbeiten. Zwei neue Basteien wurden errichtet und erhielten die Spitznamen »Hunger« und »Post«. Die eine, ein freistehendes Oval, etwa 200 Meter entfernt von den Hauptbefestigungsanlagen, wurde durch einen tiefen Graben und ein eigenes Bollwerk geschützt. Ein flaschenförmiges Gewölbe diente als Lagerraum; es umfaßte das Erdgeschoß und war durch eine Öffnung im Boden des Mittelraumes zugänglich, wodurch der Besatzung des Turmes ein mehrtägiges Aushalten ermöglicht wurde. Der neue Haupteingang wurde nun von der weniger steilen Westseite erreicht, sein Zugang durch zwei Tore, die durch eine Mauer verbunden waren, geschützt. Der

TSCHECHOSLOWAKEI

Der Gelbe Salon mit dem Porträt Franziska Sternbergs von George Romney, zweite Hälfte des 18. Jahrhunderts.

Porträt von Adam Vratislav Sternberg, spätes 17. Jahrhundert.

Schloß Sternberg (Český Šternberk) in einer Aquarellansicht, um 1800.

obere Eingang wurde ebenfalls durch eine halbkreisförmige Bastei geschützt und führte über ein überdecktes Treppenhaus zum Haupttor. Leichte Kanonen wurden in den Befestigungen aufgestellt, die Hauptmauern mit Zinnen und Pechnasen versehen.

Die aus dem 13. Jahrhundert stammenden Wohnräume waren zwar für diese Zeit ausreichend gewesen; aber in der kultivierteren Ära der Jagiellonen stiegen die Ansprüche. Wegen der Lage der Burg auf den steilen Abhängen konnten weitere Baulichkeiten nur inmitten der schon bestehenden Burg errichtet werden. Deshalb schrumpfte der Burghof aufgrund der neu errichteten Räume zu einem kleinen Hof, und sein Balkon mußte auf Steinkonsolen angebracht werden. Ein Wohntrakt ersetzte die westliche Mauer, und weitere Wohngebäude wurden am Nord- und Südende des Felsvorsprunges errichtet. Die heutige Küche mit ihrem gotischen Fenster und ihren steinernen Bänken datiert aus dieser Zeit, ebenso andere Bauteile wie Türpfosten und Türrahmen. Auch Renaissanceelemente aus späteren Jahrhunderten sind noch vorhanden, zum Beispiel ein Erker an der westlichen Fassade und ein Kamin im italienischen Stil in der Nordwestecke.

Eine umfassende Restaurierung von Böhmisch Sternberg im späten 15. und frühen 16. Jahrhundert war das letzte bedeutende Kapitel in seiner Baugeschichte. Die Baustruktur, wie sie sich heute darstellt, war im wesentlichen zu dieser Zeit schon vorhanden, obwohl viele Türme, Giebel und kleine Überdachungen, die für eine gotische Silhouette charakteristisch sind, seither verschwanden. Peter Holický fuhr bis zu seinem Tode im Jahre 1514 mit den Arbeiten fort, die dann sein Sohn weitere drei Jahrzehnte fortsetzte. Die Folge waren beträchtliche Schulden, aber trotzdem hinterließ Jan einen großen Besitz, der eine Brauerei, zwei Mühlen, drei Herrschaften mit zwei kleineren Städten und achtzehn Dörfer umfaßte. Auch trugen einträgliche Brückenzölle von den Straßen über die Sázava zu den Einnahmen bei, wie auch eine Reihe von Fischteichen, die typisch für viele landwirtschaftliche Besitzungen in Böhmen sind.

Nach dem Tode Jan Holickýs im Jahre 1548 erfolgte eine neuerliche Teilung der Familienbesitzungen. Diesmal erbte Wenzel Holický Böhmisch Sternberg. Er war

BÖHMISCH STERNBERG

ein typischer Zeitgenosse der Renaissancekultur und hatte eine längere Kavalierstour durch Italien gemacht; er empfand es als einen Mangel, daß die Burg nicht über geräumige, mit Arkaden ausgestattete Höfe und über große Hallen verfügte, und verwendete sie zur Unterbringung der herrschaftlichen Verwaltungsämter sowie einiger Wachen, während er selbst hauptsächlich in Prag lebte. Zu dieser Zeit waren die Sternbergs bereits eine der ersten böhmischen Adelsfamilien geworden. Adam, ein Vetter, wurde im Alter von nur 37 Jahren Oberstallmeister von Böhmen. Er war, wie sein Freund Karl Zierotin, ein außerordentlich gebildeter Mann und ein loyaler Diener der Kaiser Rudolf und Matthias. Beim Prager Fenstersturz bewahrten ihn seine würdevolle Haltung und allgemeine Beliebtheit vor dem Schicksal von Martinic und Slavata, obwohl er diese Rebellen vor ihrer Torheit gewarnt hatte. Die darauffolgende Katastrophe des Dreißigjährigen Krieges bedrückte ihn sehr, und er starb einige Jahre später.

Adam Holickýs Geschicke waren nicht glücklicher. Böhmisch Sternberg wurde von seinen Besitzern verlassen und 1627 leichte Beute für aufständische Bauern, die es gründlich plünderten. Kaiserliche Truppen erlangten aber bald wieder die Kontrolle, und die Burg wurde ein militärischer Stützpunkt mit einer ständigen Garnison. Sie war die einzige Festung in kaiserlicher Hand, die den siegreichen Schweden zwischen Prag und Budweis widerstand, als diese die Hauptstadt im Jahre 1648 belagerten. Der jahrzehntelange Krieg forderte einen hohen Preis. Um 1650 zählten vier Städte und dreißig Dörfer der Gegend nur noch 342 Familien; 51 verlassene Gutshöfe und 322 verlassene Bauernhöfe befanden sich auf dem Besitz. Ein unbekannter lokaler Chronist schrieb: »In diesen Jahren fanden sie ihre Nahrung nur in Wurzeln und Blättern, sie starben zuhauf... Viele durchzogen das Land und bettelten um ein Stück Brot und hatten nicht einmal einen schäbigen Fetzen, um ihre Blößen zu bedecken, sie zogen mit ihren unbekleideten Weibern und Kindern umher, zum Herzerbarmen derer, die sie sahen.«

Wenzel Georg Holický, der 40 Jahre zuvor als Minderjähriger Böhmisch Sternberg geerbt hatte, war dennoch entschlossen, die Burg wiederaufzubauen. Weil er in den Grafenstand erhoben worden war, erhielt er bedeutende und ertragreiche Stellungen am Hof. Um mit den Arbeiten an der Burg beginnen zu können, beschäftigte er einen Mailänder Stukkateur mit dem Namen Carlo Brentano, der vor allem die Innenräume wiederherstellen sollte. Eine breite Treppe wurde errichtet, um einen Zugang zum zweiten Stockwerk des Westflügels zu schaffen, wo Wen-

TSCHECHOSLOWAKEI

zel Georg eine Reihe alter Räume zu einem Rittersaal zusammenlegte und eine dem heiligen Sebastian geweihte Kapelle errichtete. Der Stuck in diesem wie in dem angrenzenden Gelben Zimmer sowie im Boudoir enthält noch die Dekorationen Brentanos. Die Gesamtkonzeption ist überaus plastisch. Der weiße Stuck kontrastiert mit dem bunten Hintergrund, wo sich Schnörkel, Obstkörbe, Girlanden von Blättern und Blumen mit Putti und Karyatiden abwechseln. Im Rittersaal bildet ein breites Band von Stuckverzierungen einen festlichen Kranz unterhalb des Simses, und weiß umrahmte Kartuschen enthalten gemalte Wappen. Jedes Element sollte den vergangenen Ruhm der Sternbergs hervorheben, der dem hochintelligenten Wenzel Georg, einem klugen Geschäftsmann, der eine vorteilhafte Partie gemacht hatte, sehr am Herzen lag. Außen wurden die Befestigungstürme abgerissen, aber es wurde kein Versuch unternommen, die ganze Anlage im Barockstil umzubauen, wahrscheinlich auf Grund des tief von der Geschichte geprägten Geschmacks des Besitzers.

Trotz seines Familienbewußtseins und seiner Vorliebe für Prunk und Pracht war es der Linie von Wenzel Jiris nicht vergönnt, länger zu existieren. Er hatte nur einen Sohn, der 1712 starb und eine Tochter, Anna Maria Amabilia, hinterließ. Der Holický-Zweig war damit ausgestorben, doch der Name Sternberg wurde von Verwandten weitergetragen. Einer von ihnen, Adolf Vratislav, wurde der Vertraute von Kaiser Leopold I., der ihn wiederholt auf diplomatische Missionen schickte und ihm sowohl den Grafentitel verlieh als auch zum Oberstallmeister von Böhmen berief. Er baute sich Stadtpalais in Prag und Wien und kaufte 1694 die ostböhmische Herrschaft von Tschastolowitz (Častalovice); seine Nachkommen aber werden später wieder Böhmisch Sternberg erwerben.

Anna Maria Amabilia und ihr Ehemann, Johann Maximilian Graf von Götzen, übernahmen den Besitz und setzten die Verschönerung ihrer Residenz fort; sie errichteten die sogenannte »Neue Burg« an der Mauer des unteren Burghofes, um weitere Räume für die Dienerschaft zu schaffen. Eine breite Terrasse wurde auf dem Abraum der mittelalterlichen Befestigungen errichtet und auf der gegenüberliegenden Flußseite ein Garten mit einem reichhaltig ausgestalteten Sommerhaus angelegt. Die Burg ging dann auf die einzige Tochter von Götzen über, die Franz Anton von Roggendorf heiratete; doch beide erwiesen sich als so verschwenderisch, daß der Bankrott angemeldet werden mußte. Einer Inventarliste aus dem Jahre 1753 zufolge umfaßte ihr Besitz zehn Gutshöfe, fünf Schafherden, 52 Fischteiche, eine Brauerei, eine Glasbläserei, zwei Schnapsbrennereien sowie Wälder und Landwirtschaft mit einer Bevölkerung von über 3000 Seelen. Trotz erfolgter Sparmaßnahmen wurde Böhmisch Sternberg 1760 versteigert. Das Schloß soll damals laut Beschreibung einen großen Saal, zwei Speisesäle, 25 Zimmer, acht kleinere Räume und Gewölbe, eine Küche, zwei Keller und einen Trockenraum für Obst gehabt haben. Die »Neue Burg« umfaßte sieben Räume mit einer Küche im Obergeschoß, eine Wagenremise und Ställe für acht Pferde im Erdgeschoß. Die Gärten enthielten zahlreiche Kastanien- und Obstbäume, ein Sommerhaus und eine Orangerie.

In den nächsten acht Jahren ging Böhmisch Sternberg durch mehrere Hände. 1795 erwarb es ein frisch geadelter Advokat, Ferdinand Hirsch, der sich nach seinem Besitz von Sternfeld nannte. Außer der Errichtung einer breiten Zufahrt an der Südseite, mit einer steinernen Brücke über den tiefen Graben, nahm er wenig Änderungen am Schloß vor. Hirschs Enkel verkaufte es 1814 an Zdeněk Sternberg, von der Tschastolowitzer Linie, der durch seine Kohlegruben in der Nähe von Pilsen ein reicher Mann geworden war. Zdeněk unternahm wenig, um in die große, unmöblierte Burg zu ziehen, der dadurch die neomittelalterlichen Änderungen, die so viele andere Schlösser erleiden mußten, erspart blieben. Er zog es vor, das nahe gelegene Schloß Jemnischt (Jemniště) zu kaufen und darin zu wohnen; es handelte sich um ein elegantes Barockgebäude mit einer wunderschönen Kapelle, das um 1720 nach den Plänen von Franz Maximilian Kanka für die Familie Trautmannsdorf gebaut worden war. Bis zum 20. Jahrhundert wurde nicht viel für die Burg getan, mit Ausnahme einer Verstärkung der Fundamente, eines Anstriches der Fassade des Ostflügels und der Renovierung einiger der barocken Gemächer.

Als Zdeněks Neffe Georg 1907 Böhmisch Sternberg erbte, beschloß er, die Burg wieder in ein bewohnbares Heim zu verwandeln. Der runde Turm auf der oberen

Porträt des Grafen Caspar Maria Sternberg von F. Hirschmann, frühes 19. Jahrhundert.

Eingangsportal des Sternberg-Schlosses in Jemništĕ.

Porträt dreier Sternbergs, von links nach rechts: Philipp, Georg und der junge Zdenko, frühes 20. Jahrhundert.

Seite wurde in eine dem heiligen Georg geweihte Kapelle umgestaltet; ein frühgotisches Giebelfeld mit einer Darstellung der von Zweigen eingerahmten Muttergottes wurde in das neugotische Portal eingefügt. Nach der Installierung von Wasser- und Stromleitungen und nach seiner Heirat im Jahre 1922 zog Georg in das Schloß ein; er verkaufte sein Stadtpalais in Wien und hielt sich nur noch vorübergehend in Jemnischt auf. Die Räumlichkeiten wurden wieder mit Möbeln und Bildern ausgestattet, und es wurden zwei interessante Sammlungen untergebracht, eine über die Familiengeschichte, eine andere, mit mehr als 400 Stichen und Zeichnungen, über den Dreißigjährigen Krieg. Vor der Landreform von 1920 war der Besitz mit über 2800 Hektar und ebenso vielen Hektar in Pilsen noch immer als Großgrundbesitz zu betrachten. Die Familie, darunter nicht weniger als neun Kinder, empfanden sich als echte Tschechen und unterhielten verhältnismäßig gute Beziehungen zu der Regierung von Masaryk. Nach der Besetzung der Tschechoslowakei durch die Nazis wurde Böhmisch Sternberg beschlagnahmt; der Familie überließ man nur einige wenige Räume als Wohnung. Obwohl der Besitz nach 1945 an die Sternbergs zurückgegeben wurde, hatte die Regierung Beneš die Kohlegruben, die wichtigste Quelle des Reichtums der Sternbergs, verstaatlicht. Einige Monate nach der kommunistischen Machtübernahme von 1948 erfolgte die völlige Enteignung. Der alte Georg Sternberg blieb tapfer weiter in der Burg als staatlicher Kurator und hielt für die Touristen in seinem ehemaligen Schloß bis kurz vor seinem Tod um 1965 Führungen ab. Trotz der geänderten Verhältnisse zogen es viele seiner Kinder vor, in ihrer Heimat zu bleiben, und stellten so die Stärke der tschechischen Wurzeln der Sternbergs unter Beweis.

In den siebeneinhalb Jahrhunderten seines Bestehens war Böhmisch Sternberg eine der großartigsten und wichtigsten Burgen in Böhmen; die Familie, der die Burg während fast all dieser Jahre gehörte, hat während dieser Zeit eine Reihe von großen Militärs, Staatsmännern und Diplomaten hervorgebracht.

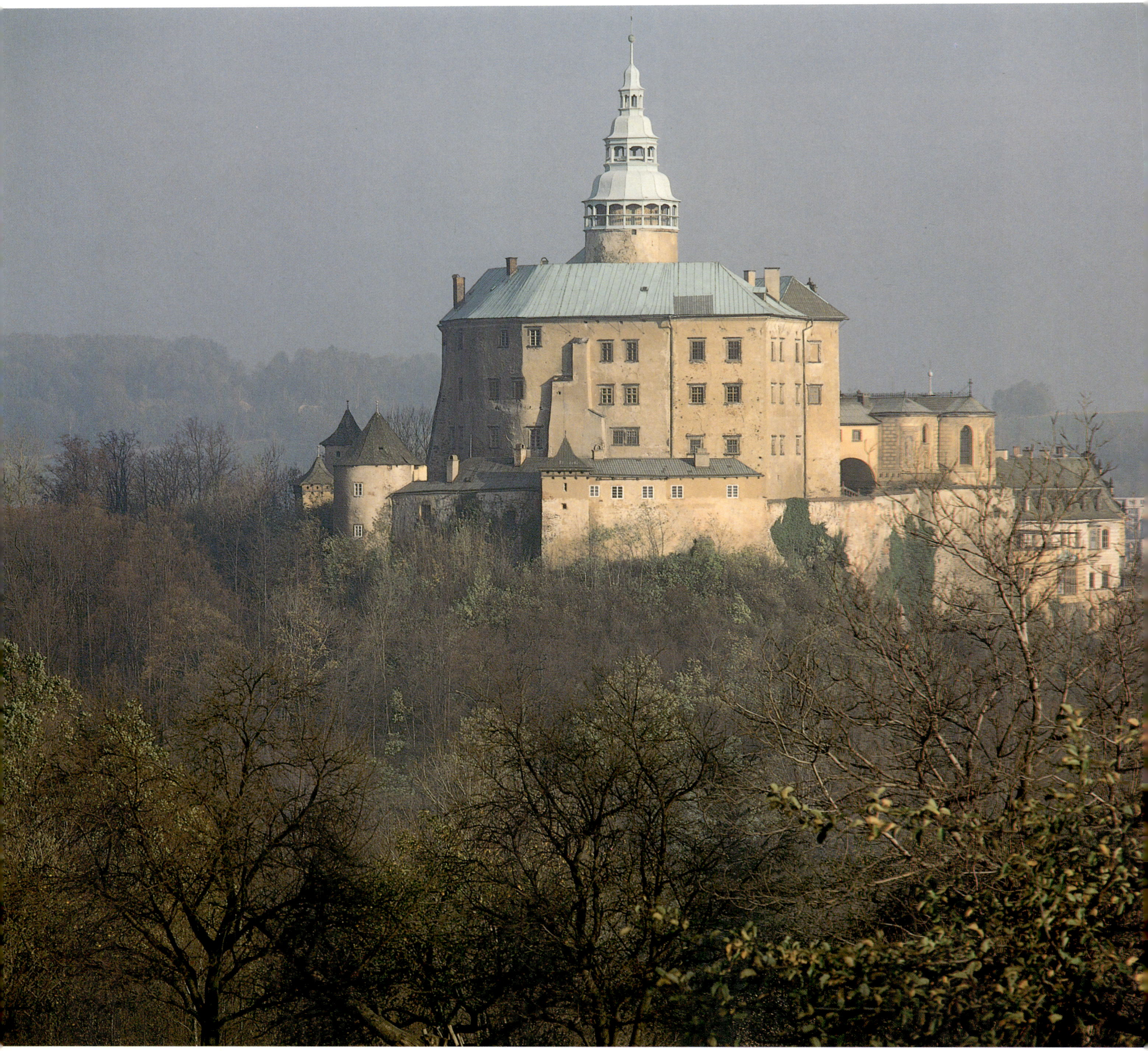

FRIEDLAND (FRÝDLANT)

Die große Grenzfestung Friedland liegt im hohen Norden der Tschechoslowakei, in der Nähe der heutigen Grenzen zu Polen und Deutschland und an den historischen Grenzen Böhmens, die sich durch die Jahrhunderte kaum geändert haben. Die Burg liegt in einer anmutigen Hügellandschaft, die weite Ausblicke zuläßt; am östlichen Horizont erhebt sich das Riesengebirge. Friedland sei »gleichzeitig durch die Natur und durch die Kunst befestigt«, bemerkte der jesuitische Historiker Bohuslav Balbin im 17. Jahrhundert. Wie jede Grenzburg erlebte auch Friedland zahlreiche Kämpfe und kriegerische Auseinandersetzungen. Während der sieben Jahrhunderte ihres Bestehens hatte sie viele verschiedene Besitzer, und stets spielte sie in der Geschichte des Landes eine wichtige Rolle. Die Anfänge Friedlands verlieren sich im Dunkel der Geschichte, aber einer Legende zufolge wurde Friedland im frühen 12. Jahrhundert auf einem hohen Basaltfelsen von einem Ritter des mächtigen böhmischen Clans der Ronovici, den Vorfahren der berühmten Familie Berka von Duba, gegründet. Die Burg könnte Teil einer landesweiten Kette von Befestigungen aus der Zeit des Tatareneinfalls von 1241 gewesen sein; eindeutig beurkundet ist jedoch, daß sie 1278 von Přemysl Ottokar II. für einen Betrag von 800 Silbermark an einen sächsischen Adeligen namens Rulko oder Rudolf von Biberstein verkauft wurde. Rulkos Nachkommen lebten dort bis zur Mitte des 16. Jahrhunderts. Die Bibersteins waren eine mächtige Familie, der Kirche und der Krone stets ergeben, und sie kämpften an der Seite Kaiser Sigismunds gegen die Hussiten, die die nahe gelegenen Städte Reichenberg (Liberec) und Friedland (Frýdlant) niederbrannten, aber die Burg selbst niemals erobern konnten. Sie nahmen auch zwischen 1467 und 1469 am Aufstand der Katholischen Liga gegen König Georg von Poděbrad teil. Nach dem Tode des letzten männlichen Biberstein (Christoph) im Jahre 1551 fiel der Besitz an die Krone zurück. Von der ursprünglichen Burg blieb nur wenig erhalten, mit Ausnahme ihres Hauptmerkmales, einem großen, runden Indica-Turm. Dieses Bauwerk ist 50 Meter hoch und hat einen Durchmesser von zehn Metern mit fünf Meter dicken Mauern als Fundament. Der Turm hat ein kuppelförmiges Dach mit zwei laternenförmigen Türmchen. Der Haupteingang befand sich im zweiten Stock, zwischen den Stockwerken gab es keine Treppen; zwei große Gewölbe im Erdgeschoß dienten als Gefängnis oder Lagerräume. Ein weiterer Turm in der Nordwestecke der Burganlage ist vom Hauptgebäude durch einen Basaltfelsvorsprung getrennt, der aus nicht ersichtlichen Gründen des »Teufels Spieldose« heißt. Das Eingangstor liegt an der Südfront, und zwischen diesem und dem ellipsenförmigen Verlauf der Mauern lag ein enger Hof.

Der Wohntrakt von Friedland war zwischen dem Hauptturm und der nordwestlichen Rundung der Burgmauern eingebunden. Der ursprünglich ziemlich kleine und schräge Trakt wurde im 15. Jahrhundert erweitert. Die Keller der beiden Gebäude mit ihren Tonnengewölben bestehen noch, die Obergeschosse wurden im Zuge baulicher Veränderungen zur Zeit der Renaissance abgerissen. Weitere Befestigungsanlagen wurden während der Hussitenkriege hinzugefügt, einschließlich eines rechteckigen Turmes an der Südfront, der von einer freistehenden Mauer

Das Burgschloß Friedland (Frýdlant), im Norden der Tschechoslowakei, aus der Ferne gesehen.

TSCHECHOSLOWAKEI

und halbkreisförmigen Bastionen umgeben ist, auf denen Kanonen postiert waren. Zur Zeit von Christoph von Biberstein wurde ein weiteres zweigeschossiges Gebäude im Renaissancestil im südlichen Teil des äußeren Burghofes errichtet. In seinem Todesjahr ließ er zwei Tafeln mit folgender lateinischer Inschrift anbringen: »Magnificus et generosus Dominus Christophorus Baro de Biberstein, Dominus Soraviae, Friedlandiae, Boskoviae, Fieri Jussit Anno 1551« (Der mächtige und großzügige Herr, Christoph Baron von Biberstein, Herr von Friedland.., befahl den Bau 1551.)

Aus Geldmangel verkaufte Kaiser Ferdinand I. den Besitz bald an den schlesischen Freiherrn Friedrich von Redern. Obwohl die Familie Redern Friedland nur knapp 70 Jahre lang besaß, sollte sie doch einen überragenden Einfluß auf die architektonische Gestaltung der Burg nehmen. Die bedeutendste Veränderung erfolgte durch Melchior von Redern, einen General in kaiserlichen Diensten, der sich vor allem in den Türkenkriegen auszeichnete und 1582 Katharina Gräfin Schlick heiratete. Unter ihnen begann eine Zeit intensiver Bautätigkeit. Mehrere Dörfer der Herrschaft wurden neu aufgebaut, und die Pfarrkirche von Friedland erhielt eine Kapelle mit einem Marmorepitaph in Erinnerung an die Familie Redern – eine Arbeit des holländischen Bildhauers Christoph Gerhard Heinrich von Amsterdam.

Da die Burg dem luxuriösen Geschmack des Renaissanceadels nicht mehr entsprach, wurde sie weitgehend umgebaut. Die Befestigungsanlagen wurden abgetragen, um einer geräumigeren Burg auf der Kuppe des Hügels Platz zu machen; diese wurde im wesentlichen auf den Fundamenten der äußeren Mauern erbaut. Vier Giebel im schlesischen Stil schmückten das Dach, während der Indica-Turm einen italianisierten Helm mit drei Galerien erhielt – dieses Erscheinungsbild blieb bis zum heutigen Tage erhalten. Eine neue Kapelle wurde gegenüber dem Eingang zur oberen Burg errichtet und mit ihr durch einen gedeckten, viaduktähnlichen Gang verbunden. Der obere, äußere Burghof wurde mit dem niedriger gelegenen Hof durch einen steilen Pfad verbunden, eine Treppe führte in die obere Burg, die von einem

Eckansicht von Schloß Friedland.

Alte Ansicht des Ortes Friedland mit dem Schloß auf dem Hügel (Österreichische Nationalbibliothek, Wien).

engen und unregelmäßigen Hof umgeben wurde. Das neue Schloß wurde vergrößert, die unteren Räumlichkeiten wurden für Ställe und Verwaltungsämter verwendet, die oberen Räume beherbergten ein Oratorium. Die Fassade war mit großartigen schwarzweißen figuralen und floralen Sgraffiti bedeckt, die erst kürzlich wieder bei Restaurierungen freigelegt wurden. Das Schloß hat einen Dachfirst mit einem unterbrochenen Renaissancegiebel über dem Eingangsportal.

Melchior von Redern starb im Jahre 1600, aber die baulichen Veränderungen wurden von seiner unermüdlichen Witwe, die ihn um elf Jahre überlebte, fortgeführt. Ihr Hauptbaumeister war der Italiener Marco Spazzio di Lancio, ein Mann von bemerkenswerter Originalität. Er war es, der die Monotonie der Dächer durch Türmchen, Giebel und Fenster auflockerte; und auf der Nordseite der Burg fügte er eine Loggia hinzu, die aber später wieder abgerissen wurde. Das Innere der Kapelle war aufgrund der Begrenztheit des zur Verfügung stehenden Raumes besonders einfallsreich gestaltet – ein kurzes Schiff und drei Apsiden mit einem Sterngewölbe. Hier feierten die Lutheraner von Redern den Gottesdienst und bekehrten durch ihre Frömmigkeit viele Ortsansässige zu ihrem neuen Glauben; sie alle fanden in dem großartigen Mausoleum in der Pfarrkirche ihre letzte Ruhestätte. Melchiors einziger Sohn Christoph, der 1611 nachfolgte, konnte sein Erbe nicht lange genießen; da er sich den böhmischen Ständen in dem antihabsburgischen Aufstand angeschlossen hatte, mußte er nach der Niederlage in der Schlacht am Weißen Berg überstürzt ins Ausland fliehen. 1620 wurde er in Abwesenheit zum Tode verurteilt, seine Besitzansprüche wurden für verfallen erklärt. Obwohl er noch einige Jahre lebte und mehrere, allerdings wirkungslose Versuche unternahm, Friedland zurückzugewinnen, kehrte kein Redern jemals wieder dorthin zurück.

Der neue Eigentümer, der den Besitz im Juni 1622 von der Krone erwarb, war ein Mann von ganz anderem Kaliber. Albrecht Eusebius Waldstein (später als »Wallenstein« bekannt) war damals kaum 40 Jahre alt und stand auf der Höhe einer bemerkenswerten Karriere als einer der mächtigsten Politiker, Financiers und Militärs seiner Zeit. Er entstammte einer alten nordböhmischen Adelsfamilie, die ursprünglich den Namen Markwart trug und sich wie so viele andere nach den Burgen nannte, die von deutschen Baumeistern erbaut worden waren. Schon früh verwaist, wurde er von seiner Schwester aufgezogen, die mit Karl von Zierotin, dem Anführer der Protestantischen Union, verheiratet war und ihn als Protestanten erziehen ließ. Dennoch konvertierte Wallenstein schon früh zum Katholizismus und begann seine Laufbahn als Soldat; er heiratete bald eine reiche Witwe, deren Besitz er erbte. Nachdem er eine Zeitlang Kammerherr des Erzherzogs Matthias war und sich den

TSCHECHOSLOWAKEI

Sgraffito-Arbeiten im Hof der Schloßkapelle.

Ansicht des »Unteren Schlosses« im Renaissancestil.

Porträt des Albrecht Eusebius Waldstein, von Christian Kaulfersch, frühes 17. Jahrhundert.

ursprünglich neutralen mährischen Truppen angeschlossen hatte, verbündete er sich offen mit der kaiserlichen Armee; nach der Schlacht am Weißen Berg war er einer derjenigen, die von der Wiedereinsetzung der Herrschaft der Habsburger profitierten. Als Gegenleistung für ein Darlehen an den Kaiser, das dieser dringend benötigte, erhielt er als Pfand die Herrschaft der Smiřickýs in Jitschin (Jičín).

Waldstein hatte schon lange sein Auge auf die Besitzungen der Rederns geworfen, und als sich die Gelegenheit ergab, sie zu kaufen, erwarb er die Herrschaften von Friedland und Reichenberg (Liberec) für die bescheidene Summe von 150 000 Gulden (eine neue Währung, die auf einer abgewerteten Version der Mark beruhte). Etwas später kaufte er die Güter der Smiřický für 500 000 Gulden, und sein Ziel war es, diese beiden etwa 30 Meilen voneinander getrennt liegenden Besitzungen miteinander zu verbinden. Eine verwirrende Folge von Käufen, Tauschgeschäften und Verkäufen folgte, und um das Jahr 1624 herrschte Waldstein in Nordböhmen über eine Herrschaft von über 100 Quadratmeilen, die sich fast bis nach Prag erstreckte. Er heiratete auch wieder, und zwar Isabella Harrach, die Tochter eines der engsten Berater Kaiser Ferdinands und Schwester des Kardinals von Prag.

Der dankbare Kaiser erhob Wallenstein zum Herzog von Friedland, und dieser begann mit der Errichtung eines Staates im Staat. Seine Haupt- und Residenzstadt war Jitschin (Jičín), eine Stadt, deren Größe er fast verdoppelte. Dennoch konnte er seine grandiosen Baupläne mit einem Team italienischer Architekten niemals vollenden; nur der Palast, das Jesuitenkolleg und die Kirche am Hauptplatz wurden zusammen mit einer Lindenallee zu der Kartause und den Stallungen mit den angrenzenden Ziergärten fertiggestellt. Wallenstein hielt sich einen fast königlichen Hof mit 60 Pagen und 50 Kavalieren, und er reiste mit einem Gefolge von 60 Kutschen und speiste selten mit weniger als 100 Gästen. Um seine Ruhe nicht zu stören, war Lärm von Rädern in der Nähe seiner Gemächer nicht gestattet, weshalb die Straßen von Jitschin oft mit Ketten versperrt wurden. In Prag errichtete er am Fuße des Hradschin einen großartigen Palast nach dem Vorbild des Palazzo Farnese. Sein Herzogtum wurde gewissenhaft verwaltet – »Bohemia felix« nannten es

FRIEDLAND

die kaiserlichen Beamten, im Gegensatz zum übrigen Teil des Landes, welches »Bohemia deserta« hieß. Jede der vierundzwanzig Herrschaften wurde von einem eigenen Administrator verwaltet, das Herzogtum hatte eigene, unabhängige Gerichte und besaß das Recht der Münzprägung sowie des Silber-, Kupfer- und Zinnbergbaus. Wallenstein konnte Lehen an Freunde und Verwandte vergeben, blieb aber der Lehnsherr. So war es nicht verwunderlich, daß der fast autonome Potentat über ein Einkommen von fast 700 000 Gulden im Jahr verfügte.

Seltsamerweise besuchte Wallenstein Friedland während der elf Jahre, die er es besaß, nur viermal, und er hielt sich dort nie länger als einige Tage auf. Von dort schrieb er 1628 an Kaiser Ferdinand über die dänischen Friedenspläne, und er flehte seinen Herrn an, »nichts außer acht zu lassen, welches dem Frieden und der Einheit der Christenheit dienlich sein könnte«. Sein hektisches Leben stand stets im Mittelpunkt großer Ereignisse, und er fand wenig Zeit und Ruhe für sich selbst. Zweimal wurde er zum kaiserlichen Generalissimus ernannt, zweimal wurde er wieder abgesetzt; er erwarb die Herzogtümer Sagan in Schlesien und Mecklenburg in Norddeutschland, und er war der einzige Stratege, der dem alles erobernden Gustav Adolf von Schweden gewachsen war, den er in der Schlacht von Lützen besiegte und tötete. Er war für den Kaiser ein unverzichtbarer, aber auch ein gefährlich mächtiger Untertan. Sein Ende war deshalb unausweichlich: Hoffnungslos kompromittiert durch seine visionären Verschwörungen zur Neugestaltung Europas, wurde er 1634 von seinen eigenen Offizieren ermordet – ein Ereignis, das in Friedrich von Schillers Drama »Wallensteins Lager« verewigt wurde. Sein geliebtes

Marmorstatue der Familie von Redern in der von Christoph Gerhard Heinrich aus Amsterdam erbauten Pfarrkirche, spätes 16. Jahrhundert.

TSCHECHOSLOWAKEI

Herzogtum, das er lange vor den Schrecken des Dreißigjährigen Krieges bewahrt hatte, wurde mit dem Segen Wiens unter seinen treulosen Generälen aufgeteilt und befand sich bald wieder in dem gleichen miserablen Zustand wie das übrige Land.

Friedlands nächster Besitzer war einer der Glücksritter, die unter Wallenstein zu Ruhm und Geld gelangt waren. Graf Matthias Gallas, der aus dem Trentino stammte, diente zuerst in der bayrischen und dann in der kaiserlichen Armee. Obwohl er auch einst in die Intrigen seines Gönners verwickelt war, hatte er Wallenstein rechtzeitig verlassen und profitierte nun von dessen Sturz, indem er Friedland, Reichenberg (Liberec) und das Prager Palais für nur 500000 abgewertete Gulden kaufen konnte. Gallas war ein mittelmäßiger Heerführer und wurde 1639 frühzeitig pensioniert; trotzdem wurde ihm wieder ein Kommando übertragen, aber er wurde von den Schweden verheerend geschlagen. Seine Trunksucht und zunehmende Korpulenz machten ihn zur Zielscheibe vieler Scherze. Kurz vor seinem Tod im Jahre 1647 war er voll der Reue über seine Verwicklung in Wallensteins Ermordung, und so verbrannte er öffentlich die ihn kompromittierenden Briefe, nachdem der Kaiser ihm eine Audienz verweigert hatte. Gallas hat Friedland nie bewohnt, sondern ließ es von dem alten Kastellan Heinrich Griessel, der noch aus den Zeiten der Rederns stammte, verwalten. Bald nach Gallas' Tod fiel das Anwesen in schwedische Hände, wurde vorübergehend zurückerobert, aber dann wieder verloren. Beide Seiten raubten das Schloß aus, und 1646 belegten es die Schweden mit einer ständigen Garnison. Ihr Hauptmann, Benjamin Nordmann, nahm größere Befestigungen vor, indem er eine neue massive Mauer um die Nordost- und Westseite errichtete sowie ein Vorwerk, das von fünf viereckigen Bastionen geschützt wurde. Im Hof brachte er eine Tafel mit der Inschrift an: »Frieden ist stärker als Krieg. Ich folge meinem vorbestimmten Schicksal.« Trotzdem ließen sich die Schweden auch nach dem Westfälischen Frieden von 1648 noch ein Jahr mit der Räumung der Burg Zeit.

Friedland ging dann auf Matthias Gallas' Sohn und Schwiegertochter, Franz Ferdinand und Johanna Emerentia, über, die das Anwesen restaurieren ließen. Durch ein großes Feuer um 1670 war das Interieur völlig ausgebrannt, und um 1680 hatte ein Aufstand auf den Ländereien unter der Führung des Schmiedes Andreas Stelzig weitere Verwüstungen verursacht. Mit der Neugestaltung des Inneren beauftragte man Marcantonio Canevale; die Fassaden wurden – wo notwendig – neu verputzt und ein achteckiger, barock behelmter Turm an die Fassade des neuen Schlosses angebaut. Da die nächsten beiden Besitzer der Familie Gallas das Schloß nur selten bewohnten, folgten auf diese Restaurierungsarbeiten wieder sechzig Jahre der Vernachlässigung. Bessere Zeiten kamen erst, als die Witwe des letzten männlichen Gallas im Jahre 1759 starb und das Schloß an ihre Neffen überging, die sie von der altösterreichischen Familie Clam adoptiert hatte. Der einzige Neffe, der überlebte, war Christian Philipp, und er übernahm den Besitz im Jahre 1770, obwohl das Anwesen während des Siebenjährigen Krieges erneut verwüstet worden war. Als ein Mann mit hochentwickeltem Geschichtsbewußtsein baute er die Kapelle sowie das Untere als auch das Obere Schloß nach alten Plänen wieder auf. Das Obere Schloß wurde 1801 als eines der ersten Museen in Böhmen für das allgemeine Publikum zugänglich gemacht und war hauptsächlich dem Gedenken Wallensteins gewidmet. Da Christian Philipp die josephinischen Reformen unterstützte, förderte er auch die wirtschaftliche Entwicklung der Leinen- und Textilmanufakturen in Reichenberg (Liberec), wodurch der Wohlstand in dieser Gegend anstieg.

Das Pflichtbewußtsein der Clam-Gallas hielt an. Christian Philipps Sohn und sein Enkel waren Kunstkenner und begeisterte Bewahrer der Vergangenheit des Schlosses. Graf Eduard Clam-Gallas und dessen Frau Clothilde, eine geborene Dietrichstein, bauten das Schloß weitgehend im Neorenaissancestil um, und zwar mit Hilfe des Wiener Baumeisters Wilhelm Heckel, der auch den von Christian Philipp im 18. Jahrhundert errichteten Seitenflügel veränderte. Im Wohntrakt war jetzt neben privaten Räumen auch die gesamte Gutsverwaltung untergebracht. Hier wohnte Graf Eduard bis zu seinem Tode im Jahre 1891, vor allem im Winter, nachdem er frühzeitig aus der Armee entlassen worden war. Nach einer hervorragenden militärischen Karriere, vor allem während der Italienfeldzüge, war er zum General der Kavallerie in der österreichischen Armee aufgestiegen; doch als Anführer eines Korps in dem vernichtenden Krieg gegen Preußen im Jahre 1866 hatte er Pech

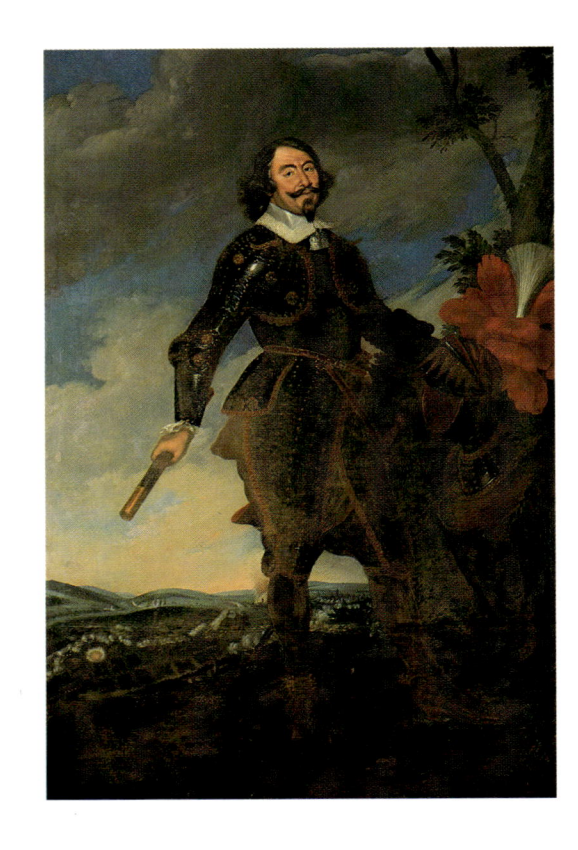

Porträt des Grafen Matthias Gallas von Franz Leux, Mitte des 17. Jahrhunderts.

Der Rittersaal mit den in bemaltem Gips gestalteten Wappen der Familien Gallas und Rosenfeldt, um 1680.

Porträt des Eduard Clam-Gallas, von F. Schrotzberg, 1852.

gehabt. Obwohl er nachträglich von jeglicher Schuld an der Niederlage freigesprochen wurde, zog er es doch vor, sich in das Privatleben zurückzuziehen.

Der Besitz, den sein Sohn Graf Franz Clam-Gallas erbte, war ein blühendes Unternehmen. Jede einzelne der vier Herrschaften – Friedland, Reichenberg (Liberec), Lämberg (Lemberk) und Grafenstein (Grabstejn) – hatte ein eigenes Schloß, obwohl die drei zuletzt genannten Anwesen von der Familie nicht als Wohnsitz genutzt wurden. In Friedland gründeten sie in der Nähe eines Jagdhauses das entzückende Bad Liebwerda (Lazne Libverda). Von dort führte eine Straße talwärts nach Haindorf (Hejnice), dessen beeindruckende Kirche einen gotischen Altar und das Familiengrab der Clam-Gallas enthält. Allerdings waren nicht alle Besucher vom Zustand der Gebäude beeindruckt. In seinem Tagebuch schreibt Franz Kafka 1911 über Friedland: »Überall Efeu, ein großartiger Blick von dem steil abfallenden Platz, eine Stiege hinauf zur Brustwehr hört auf halbem Wege auf, und die Ketten der Zugbrücke hängen verwahrlost in ihren Angeln.«

Vor der Landreform von 1920 besaß die Familie rund 26 000 Hektar Wald und über 4000 Hektar Landwirtschaft; als der alte Graf 1930 starb, waren es insgesamt nur noch rund 11 000 Hektar. Außerdem besaß er noch das kleine Kurbad, zwei Ziegeleien, ein Sägewerk, drei Brauereien, seine vier Schlösser, Palais in Wien und Prag und eine Reihe von Zinshäusern. Franz Clam-Gallas, der allgemein als rechtschaffener und freigebiger Mann respektiert wurde, war der letzte männliche Nachkomme seiner Linie; sein Besitz wurde nach seinem Tod unter seinen fünf Töchtern aufge-

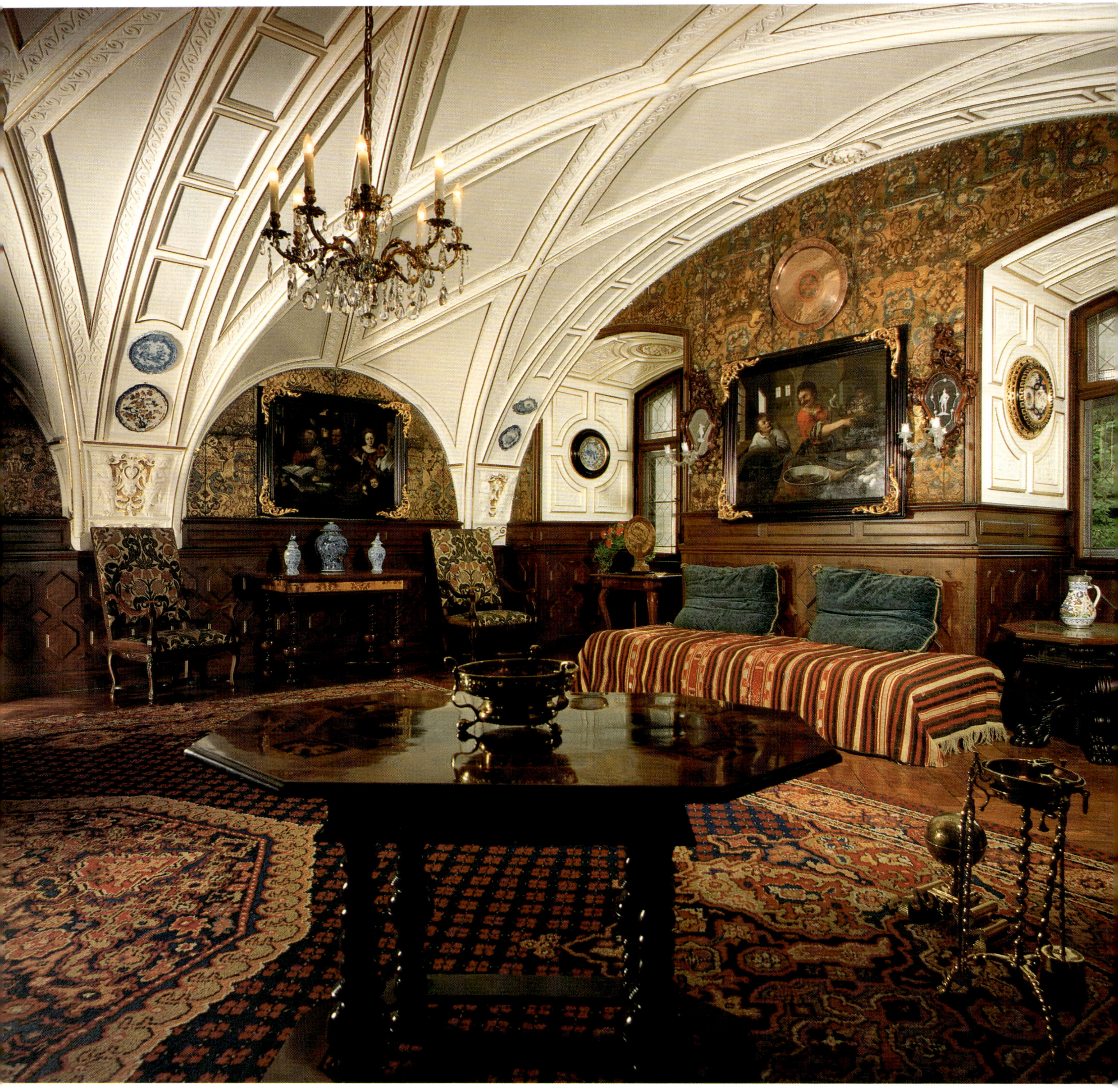

Das im späten 19. Jahrhundert ausgeschmückte Maurische Zimmer.

Oberförster-Livree aus der Mitte des 19. Jahrhunderts.

Familienfeier zum 70. Geburtstag von Franz Graf Clam-Gallas (in der Mitte sitzend); unter den Angehörigen befindet sich auch seine Tochter Clothilde (hinten, zweite von links), die den Besitz erbte; zwanziger Jahre des 20. Jahrhunderts (Baroneß Marie-Sophie Doblhoff).

teilt. Seine Witwe lebte weiter in Friedland. Um 1930 gab es vier Angestellte für das Museum, fünf Bedienstete in den Ställen und Garagen, ein halbes Dutzend Gärtner und zwischen zwanzig und fünfundzwanzig Bedienstete im Schloß, darunter vier in der Küche und drei Kindermädchen. Eine pensionierte englische Gouvernante und ein Bibliothekar, der mit der enthusiastischen Hilfe des alten Grafen die alten Schloßarchive sortiert und katalogisiert hatte, vervollständigten die Menage. Nach dem Tode ihrer Mutter erbte Clothilde Clam-Gallas das Burgschloß. Sie hatte das Glück, 1945, als die Russen nach der Okkupation der Nazis das Schloß besetzten, in Wien zu sein. Das kommunistische Regime enteignete dann das Schloß.

Heute ist Friedland (Frýdlant) ein vielbesuchtes historisches Denkmal in hervorragend erhaltenem Zustand. Es hat in seiner langen Geschichte viel erduldet, Eroberungen, Plünderungen und Brände, aber immer wieder ist es neu auferstanden. Obwohl die Gallas und die Clams das Anwesen über drei Jahrhunderte besaßen, wird es doch immer am engsten mit dem Namen des Besitzers, der von allen am wenigsten Zeit dort verbracht hatte, in Verbindung bleiben, mit Albrecht Eusebius Waldstein, dessen grübelnde, gewalttätige und rätselhafte Persönlichkeit noch immer in diesem Schloß gegenwärtig zu sein scheint. Vielleicht ist es sein ruheloser Geist, der dieses Schloß zu einem der romantischsten, aber auch melancholischsten Orte Böhmens gemacht hat.

KRUMAU (ČESKÝ KRUMLOV) & FRAUENBERG (HLUBOKÁ)

Unter den vielen unterschiedlichen Landschaften der Tschechoslowakei sticht die von Südböhmen besonders hervor. Von dem benachbarten Österreich und Bayern durch den Böhmerwald getrennt, ist es von steilen Hügeln und dichten Wäldern umgeben. Flüsse, vor allem die Moldau (Vltava), schlängeln sich durch enge Täler und Schluchten und bieten herrliche Lagen für die zahlreichen Ruinen der Gegend. Im Vergleich zu dem fruchtbaren Ackerland weiter nördlich scheint Südböhmen landwirtschaftlich wenig ertragreich zu sein. Tatsächlich liegt der Reichtum dieser Landschaft eher in dem im Übermaß vorhandenen Wasser, und es handelt sich hier häufig um Marschland. Diese abgeschlossene, von steilen Hügeln fast abgeschirmte Gegend war im Mittelalter ein praktisch unabhängiges Reich und im Besitz der reichsten aller böhmischen Adelsgeschlechter.

Es ist das Land der Grafen Rosenberg, deren Wappen die fünfblättrige wilde Rose auf silbernem Grund war. Sie sind ein Zweig der mächtigen Familie der Witkowitzer (Vitkovici), die Südböhmen beherrschte und behauptete, vom legendären Witiko abzustammen, der im 12. Jahrhundert König Vladislav II. auf den Thron half und dafür mit großen Ländereien bedacht wurde. Vok, einer seiner Nachkommen, treuer Ratgeber Přemysl Ottokars II. und Kriegsheld, gründete um 1250 die Burg Rosenberg und brachte Zisterzienser-Mönche von Wilhering an der Donau in das von ihm in der Nähe gegründete Kloster Hohenfurth (Vyšší Brod). Zu der gleichen Zeit baute sein Witkowitzer Vetter Záviš eine kleine Festung die Moldau aufwärts, doch starb seine Linie im Jahre 1302 aus. So wurde Záviš von Rosenberg, aus der Linie der roten Rose, ein großer Landbesitzer, als er diesen Besitz erbte. Er war mit Kunigunde, der Witwe von Přemysl Ottokar II., verheiratet und voller Ehrgeiz, ein neues böhmisches Großreich zu errichten – was bei seinem Rivalen, Rudolf von Habsburg, auf wenig Gegenliebe stieß. Rudolf brachte Záviš sehr geschickt bei Wenzel II. in Mißkredit, und der junge König ließ daraufhin seinen Stiefvater festnehmen, seinen Besitz konfiszieren und ihn vor den Augen seiner entsetzten Verwandten auf der Wiese vor Záviš Schloß in Frauenberg (Hluboká) hinrichten. Záviš, genannt »Falkenstein«, war der brillanteste Abkömmling seiner Familie gewesen, aber glücklicherweise wuchs sein Bruder Vítek in seine Rolle hinein, und es gelang ihm, die beschlagnahmten Güter zurückzugewinnen.

Während des gesamten Mittelalters stand das Geschlecht der Rosenbergs in voller Blüte. Ulrich Rosenberg war die Säule der Partei, die Kaiser Sigismund unterstützte, und er bekämpfte unbeugsam die Hussiten. Er war so mächtig, daß es ihm gelang, die Hussiten von Südböhmen, das gegenüber der katholischen Kirche und dem Kaiser stets loyal blieb, fernzuhalten. Seine Tochter Perchta, die unglücklich verheiratet und von ihrem Vater verstoßen worden war, galt als eine berühmte Schönheit, deren Geist als »die Weiße Frau« angeblich in den Rosenberg-Schlössern spukte. Ihre Erscheinung soll große Ereignisse angekündigt haben. Bei glücklichen Anlässen, wie Geburten oder Hochzeiten, trug sie weiße Handschuhe, bei Krankheit, Tod oder Krieg schwarze. Krumau, wie die kleine Festung an der Moldau genannt wurde, war schon seit langem zum Familienbesitz geworden. Nach-

Schloß Krumau (Český Krumlov) von der Stadt aus gesehen.

KRUMAU & FRAUENBERG

TSCHECHOSLOWAKEI

dem die Rosenbergs das Anwesen 1302 geerbt hatten, vergrößerten sie den Turm, um den herum Wohnräume angelegt wurden. In der Mitte des 14. Jahrhunderts errichteten sie die obere Burg, zu der man über eine Zugbrücke vom großen Hof der unteren Burg gelangte. Die Burg war ein riesiges, rechteckiges, steinernes Bauwerk, das über 100 Meter lang war und zwei kleine Innenhöfe besaß; sie lag auf einem Felsvorsprung, dessen Südflanke steil über die Stadt und den Fluß aufragte. Die Rosenbergs förderten das Wachstum der ihnen gehörenden Stadt, die sich unterhalb der Burg mit engen, verwinkelten Gassen und schönen Kirchen und Bürgerhäusern erstreckte und die mit der nahe gelegenen königlichen Stadt Budweis (České Budějovice) rivalisierte.

Im 15. Jahrhundert gestaltete Ulrich Rosenberg Teile von Krumau im spätgotischen Stil um, vor allem die Sankt-Georgs-Kapelle, deren kleine Sakristei ein kunstvolles Rippengewölbe mit dem Emblem der Rose auf seinen Schlußsteinen erhielt. Er versah die obere Burg mit einem dreiflügeligen Gebäude, das sich bis zum Rand des Felsens erstreckte und einen zweiten Hof bildete. Ein größerer Umbau erfolgte zwischen 1506 und 1513 unter der Aufsicht des bayrischen Hofarchitekten Ulrich Pesnitzer, der die mit Mittelpfosten versehenen Fenster des Hofes entwarf. Während der nächsten Jahrzehnte wurden die Arbeiten unter Antonio, dem Italiener, fortgesetzt, der auch einen nicht mehr vorhandenen Renaissancegarten anlegte. 1575 begann Baltasar Maio da Vomio mit zwanzig Jahre währenden Arbeiten, die die Ummantelung des massiven Turmes der Kleinen Burg mit einem offenen Arkadenrundgang und einem Uhrturm umfaßten sowie auch ein bleigedecktes Zeltdach, das mit einer offenen Laterne bekrönt wurde. In dem aufgeschütteten Graben, der vormals die Obere von der Unteren Burg getrennt hatte, wurde im unteren Hof ein dreistöckiges Gebäude errichtet, dessen Mauern Bartholomäus Beranek als Ziegelmauerwerk bemalte. Auch die Höfe in der Oberburg wurden im Renaissancestil mit Fresken von Gabriel de Blonde ausgeschmückt, die die Planeten, die sieben Tugenden und Szenen aus Ovids »Metamorphosen« darstellten. Die Räume wurden im gleichen Stil ausgestattet, allerdings sind nur wenige erhalten (zum Beispiel die Suite der Rosenbergs mit Kassettendecken und Fresken von de Blonde).

Die Vitalität der Rosenbergs ließ im Laufe der Zeit nach. Obwohl Wilhelm von Rosenberg Kanzler von Böhmen geworden war, zog er die Ruhe des Landlebens den Staatsgeschäften vor und zog sich bald auf seine Besitzungen zurück. Bevor er 1592 kinderlos starb, beauftragte er noch Maio da Vomio mit dem Bau eines weiteren Lusthauses. Wilhelms Bruder, Peter Vok, erbte den gesamten Besitz und begann zunächst mit viel Energie, ein Archiv, eine Bibliothek und eine Bildergalerie in Krumau einzurichten. Aber aufgrund seines ausschweifenden Lebens und seiner

Porträt des jungen Peter von Rosenberg, spätes 16. Jahrhundert.

Alte Ansicht von Krumau, 19. Jahrhundert (Österreichische Nationalbibliothek, Wien).

Mit Fresken von Gabriel de Blonde verzierter Innenhof von Schloß Krumau, frühes 16. Jahrhundert.

KRUMAU & FRAUENBERG

Beschäftigung mit der Alchimie versank er bald in Apathie. Wilhelm hinterließ beträchtliche Schulden, und, um diese zu tilgen, verkaufte sein Bruder Krumau 1601 an Kaiser Rudolf II. Er zog sich dann nach Wittingau (Trebon) zurück, wo er 1611 starb. Da er keine Nachkommenschaft hatte, war das Geschlecht der Rosenbergs nun ausgestorben, obwohl die Erinnerung an sie noch lange anhielt. Adalbert Stifter war von dieser Familie fasziniert, und in seinem letzten Werk, »Witiko«, beschreibt er ihren Aufstieg zur Macht in einer Ära, in der trotz aller Unsicherheiten der Traum eines böhmischen Vaterlandes, das sowohl Tschechen als auch Deutsche vereinte, möglich erschien, wie dies auch zu seiner Zeit der Fall war.

Der Kaiser gab Krumau seinem unehelichen Sohn Don Julius, der es allerdings nicht lange behalten sollte. Sein ausschweifendes Leben und die Orgien, die er im Schloß abhielt, waren so berüchtigt, daß der Stadtrat im Jahre 1606 eine Protestnote an den Hof richtete. Don Julius ließ sich davon nicht beeindrucken; er hatte ein Kind mit der Tochter des Stadtbarbiers, die er in betrunkenem Zustand aus einem Fenster der Burg in den darunterliegenden Fluß warf. Schließlich wurde der Kaiser doch tätig und nahm Don Julius den Besitz wieder weg; er starb ein Jahr später in geistiger Verwirrung. 1622 wurde die Burg, wiederum als königliches Geschenk, an den engen Freund und Ratgeber Kaiser Ferdinands II., Johann Ulrich von Eggenberg, gegeben. Der neue Besitzer, ein Steirer aus Graz mit keinerlei böhmischer Verwandtschaft, war darauf erpicht, ein Fürst des Heiligen Römischen Reiches zu werden, und er überredete den Kaiser, Krumau zum Herzogtum zu erheben. Weder er noch sein Sohn verbrachten viel Zeit auf ihren südböhmischen Besit-

TSCHECHOSLOWAKEI

KRUMAU & FRAUENBERG

zungen, die während des Dreißigjährigen Krieges erhebliche Schäden davontrugen. Eggenbergs Enkel, Johann Christian, beschloß als jung verheirateter Erbe, Krumau wieder instand zu setzen und dort zu leben. Die vernachlässigte Burg wurde um 1670 im Barockstil umgestaltet, ein Theater aus Holz wurde gebaut und die Bibliothek mit einer Reihe wertvoller Bücher ausgestattet. Die Höhe der Gebäude wurde vereinheitlicht und die mittelalterlichen Türme abgerissen. Die Gärten der Burg legte Giacomo de Maggi auf einer Terrasse an, versehen mit Statuen und Alleen. Maggi entwarf auch zwischen 1706 und 1708 den Bellaria-Pavillon im Garten, ein entzückender viereckiger Bau mit einem Mansardendach und einer zweigeteilten Außentreppe. So war Krumau wieder zu einer Adelsresidenz geworden. Aber Johann Christian, der seine Eggenberg-Verwandtschaft nicht liebte und voraussahnte, daß seine eigene Linie bald aussterben werde, beschloß vor seinem Tod im Jahre 1710, seine böhmischen Besitzungen dem Neffen seiner Frau, Adam Franz von Schwarzenberg, zu hinterlassen.

Die Schwarzenbergs, Abkömmlinge der alten fränkischen Familie von Seinsheim, erscheinen zwar verhältnismäßig spät in der Geschichte von Krumau, aber ihre Verbindungen zu Böhmen waren sehr alt. Ihr Stammsitz lag in der Nähe von Nürnberg in Nordbayern, und seit dem frühen 15. Jahrhundert dienten sie treu den Habsburgern und erhielten in Böhmen Lehen als Dank für ihre militärischen Dienste während der Hussitenkriege. Einer der zahllosen Offiziere aus ihrer Familie, der als »Türkenadolf« bekannt war, wurde 1598 von seinen eigenen aufständischen Truppen ermordet, nachdem er die Türken bei Raab (Györ) geschlagen hatte – von daher stammt auch das pittoreske Wappen der Familie, das einen Raben zeigt, der einem Türken das Auge auspikst. Johann Adolf, mehr Staatsmann als Soldat, wurde 1670 zum Präsidenten des Reichshofrates ernannt und erhielt gleichzeitig den Fürstentitel. Er hatte schon 1660 den alten Rosenberg-Besitz Wittingau (Třeboň) erhalten. Im folgenden Jahr, fast 60 Jahre bevor Krumau in den Besitz der Schwarzenbergs kam, kaufte er das nahe gelegene Schloß Frauenberg (Hluboká) von den Maradas, einer spanischen Familie, die das Schloß als spanische Gefolgsleute der Habsburger im Dreißigjährigen Krieg erworben hatten.

Ansicht der 1764 vollendeten Mantel-Brücke von Krumau.

Das Wappen der Schwarzenbergs.

Hauptfassade von Schloß Třeboň.

TSCHECHOSLOWAKEI

Das Chinesische Zimmer in Krumau, ausgestattet von Franz Jakob Prokys, 1755.

Türknauf in Frauenberg (Hluboká) mit dem Schwarzenbergschen Symbol eines Raben, der einem Türken ein Auge aushackt.

  Die Geschichte Frauenbergs unterscheidet sich etwas von der Krumaus. Als ein langes, rechteckiges Gebäude, überragt von einem runden Turm, war es ebenfalls von den Wittkowitzern in der Mitte des 13. Jahrhunderts errichtet worden und verblieb im Rosenbergschen Besitz, bis Wenzel II. seinen letzten Eigentümer, Záviš von Rosenberg, hinrichten ließ. Während Krumau an die Familie zurückgegeben wurde, behielt der König Frauenberg (Hluboká). Es wechselte einige Male seine Besitzer und fiel dann an die Krone zurück. Gegen Ende des 15. Jahrhunderts setzte die Familie der Bernsteins die Burg wieder instand, einschließlich ihrer Befestigungsanlagen; außerdem legten sie viele Fischteiche in der Gegend an. Schließlich wurde die Burg 1561 von einem anderen Zweig der Familie Rosenberg, den Herren von Neuhaus (Hradces), erworben, die dann Baltasar Maio da Vomio den Auftrag zum Umbau in ein Renaissanceschloß erteilten. Die Gebäude wurden um zwei Höfe gruppiert, ein Grundriß, der noch heute im wesentlichen existiert. Die nächsten Generationen von Besitzern taten nur wenig, bis Adam Franz Schwarzenberg Frauenberg 1703 im Alter von nur 23 Jahren erbte.

  Der junge Mann war ungeheuer reich, denn er hatte – teils durch Erbschaft, teils durch die kluge Verwaltung seines Großvaters und Vaters – die Schwarzenbergischen Ländereien zu einem bedeutenden Vermögen mit Besitzungen in Österreich, Bayern und Böhmen gemacht. Die erste Tat von Adam Franz war, eine Grenadiergarde in Frauenberg (Hluboká) aufzustellen, die aus einem Leutnant, zwei Korporalen, einem Trommler und 24 Mann bestand. Er gab bei dem berühmten Tiermaler Johann Georg Hamilton Bilder in Auftrag und ließ von dem Familienbaumeister Paul Ignaz Bayer ein Jagdschloß in der Nähe vom Schloß errichten (der Klatsch behauptete, es wäre für seine Geliebte bestimmt gewesen). Als Ergebnis der Arbeiten entstand zwischen 1708 und 1713 ein symmetrisches Barockschloß mit einer gefälligen, leicht von Stuck überladenen Fassade und mit einem prachtvollen zweigeschossigen Saal. Bayer unternahm auch in Frauenberg selbst Veränderungen; er gestaltete das Innere des Schlosses um und entfernte schrittweise die Befestigungsanlagen. Adam Franz hatte noch viele andere Bauvorhaben laufen; Fischer von Erlach und sein Sohn erhielten den Auftrag für den Bau eines Stadtpalais in Wien,

KRUMAU & FRAUENBERG

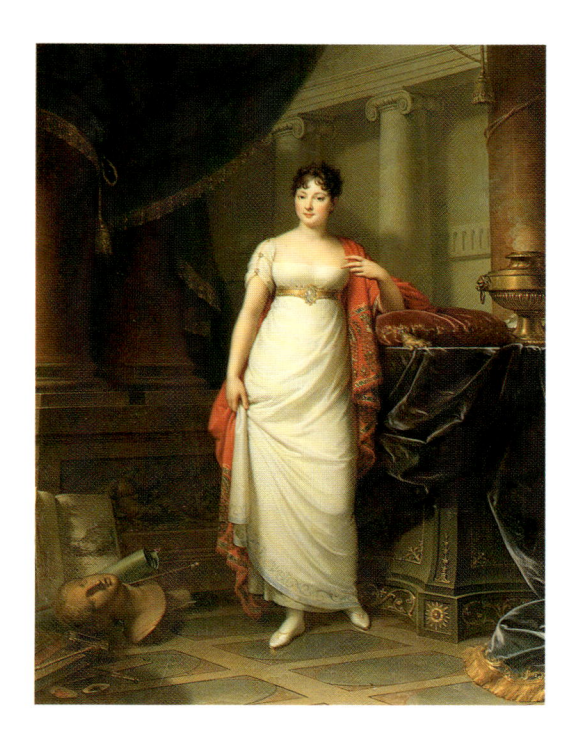

*Porträt der Fürstin Pauline zu Schwarzenberg
von Franz Sales, frühes 19. Jahrhundert.*

*Porträt des Feldmarschalls Karl Philipp zu Schwarzenberg
von François Gérard,
frühes 19. Jahrhundert (Sammlung Orlik).*

während er jenseits der Stadtmauern ein halbfertiges Gebäude, entworfen von Lucas von Hildebrandt, erwarb, das heute das Schwarzenberg-Palais ist.

Trotz dieser vielen Aktivitäten sollte Adam Franz das Erbe seiner Tante nicht sehr lange genießen. Auf einer Jagd mit Kaiser Karl VI. in Brandeis wurde er von einer verirrten Kugel seines Gastgebers getroffen und starb am nächsten Tag. Sein Sohn Josef I. Adam, damals noch ein Kind, wurde später wie sein Vater kaiserlicher Hofstallmeister und hatte auch die Liebe seines Vaters zur Architektur geerbt. Krumau fand jetzt die entsprechende Beachtung. Zuerst errichtete man im Park eine Reitschule und dann einen künstlichen Wasserfall (Neptun-Fontäne), versehen mit prachtvollen Statuen. Nach der Umgestaltung des Bellaria-Pavillons im Rokokostil erhielt dieser noch ein weiteres Stockwerk von Andreas Hohenberg, einem Wiener Baumeister, der sich den italienischen Namen Altomonte gegeben hatte. Dieser baute auch einen Ballsaal im Oberschloß, der als Maskensaal bekannt ist, mit Trompe-l'œil-Fresken, die Szenen des Karnevals in Venedig von dem Wiener Maler Josef Lederer darstellen. Ebenso hübsch war das chinesische Kabinett, das von František Jakob Prokys mit hervorragendem chinesischen Porzellan ausgestattet wurde. Die St.-Georgs-Kapelle erhielt eine goldene Rokokoausstattung aus Stuck und buntem Marmor. Schließlich wurde 1764 eine überdeckte Fahrstraße errichtet, die das Oberschloß mit dem dahinterliegenden Garten verband. Diese Brücke ist mit Statuen verziert und gleicht einem römischen Aquädukt mit dreistöckigen Bögen; sie führt über einen Felseinschnitt zum steinernen Schloßtheater, der Krönung der baulichen Verbesserungen, die im 18. Jahrhundert vorgenommen wurden. Seine blau-goldenen Galerien geben den Blick frei auf eine große Bühne mit zwölf verschiedenen Kulissen, die von den Theatermalern Johann Wetschel und Leo Merkel hergestellt wurden. Dies war ein Meisterwerk, das in ganz Europa seinesgleichen suchte.

Josef Adam, der eine wunderschöne Frau, eine geborene Liechtenstein, hatte, war das Musterbeispiel eines Grandseigneurs; auf seine Bitte machte Kaiserin Maria Theresia die Familienbesitzungen zu einem Majorat, wodurch seinen Nachkommen der Herzogstitel gesichert war. Obwohl der Fürst selbst sehr geachtet war, waren einige seiner Beamten weniger populär. Der Verwalter der Domäne wurde in Flugblättern mit dem Titel »Patriotische Gedanken über den gegenwärtigen Zustand von Schwarzenberg« eines unstillbaren Durstes nach Geld beschuldigt und als ein Mann bezichtigt, »der weder die Fähigkeiten noch die Herkunft und den Geschmack besitzt, die seine Position erfordert«. Josef Adam starb 1782, und sein schon betagter Sohn, dessen hauptsächliche Leistung darin bestanden hatte, 17 Kinder gezeugt zu haben, folgte ihm kaum sieben Jahre später ins Grab. Die große Zeit der Schwarzenbergs in Krumau, wohin sich die Familienmitglieder so oft wie möglich von ihren Pflichten am Hof zurückgezogen hatten, war damit zu Ende gegangen. Ein neues Zeitalter zog herauf, in dem führende Persönlichkeiten mit Ablehnung auf die Frivolitäten des Ancien régime blickten und eine völlig andere Lebensart anstrebten. Von dieser neuen Generation sollten zwei von Josef Adams dreizehn Enkeln, nämlich Josef II. und sein Bruder Karl Philipp, wirkliche Bedeutung erlangen.

Beide Brüder standen in kaiserlichen Diensten. Josef heiratete die talentierte und künstlerisch begabte Prinzessin Pauline Arenberg und vermehrte die Familienbesitzungen durch Landkäufe in Südböhmen und bei Wien. Da seine Truppen vom Fürstentum Schwarzenberg in den österreichischen Armeen kämpften, wurde sein Besitz nach den Napoleonischen Siegen von den Franzosen unter Zwangsverwaltung gestellt. Dennoch wurde Josef 1810 der Botschafter Habsburgs in Paris, wo er der Hochzeit der Erzherzogin Marie Louise mit Napoleon beiwohnte. Am 1. Juli desselben Jahres gab er in der Botschaft ein Fest, bei dem ein Feuer ausbrach. Pauline, die in den in Flammen stehenden Ballsaal lief, um ihre Tochter zu suchen, verbrannte, und nach einer Legende sah das Kindermädchen von Paulines jüngstem Kind, das zu Hause in Krumau schlief, den Geist der Mutter gerade im Augenblick ihres Todes. Glücklicherweise hinterließ Pauline zahlreiche Kinder; ihr Mann überlebte sie um mehr als zwanzig Jahre.

Josefs jüngerer Bruder, Karl Philipp, war ebenfalls Botschafter in Paris und Sankt Petersburg, darüber hinaus aber auch ein brillanter Offizier, der als Feldmar-

TSCHECHOSLOWAKEI

schall und Oberbefehlshaber der alliierten Armeen Napoleon in der Schlacht bei Leipzig 1813 besiegte. Aus Dankbarkeit erhob ihn der Kaiser zum Fürsten, und seitdem gibt es zwei fürstliche Linien der Familie Schwarzenberg. Karl Philipp hatte schon vorher eine mittelalterliche Burg namens Worlik (Orlic) an der Moldau im Norden des Landes geerbt. Nach einem Brand im Jahre 1802 gestaltete er das Innere um, und seine Erben bauten das Schloß um 1850 in dem damals modischen neugotischen Stil um; sie hielten den Besitz, bis er von den Kommunisten 1948 enteignet wurde. Die Worliker Linie, deren Besitzungen gänzlich im tschechischen Sprachraum des Landes lagen, betrachteten sich im Laufe der Zeit mehr als Tschechen als ihre Vettern, obwohl beide Zweige der Familie weiterhin verdiente Träger öffentlicher Ämter hervorbrachten.

Die drei Söhne Josefs zeichneten sich auf sehr verschiedene Weise aus. Der bemerkenswerte Felix war Diplomat, Offizier, Staatsmann und der bekannte Liebhaber von Lady Jane Digby, während er in London auf Posten war. In den Nachwehen der Revolution von 1848 ernannte ihn Kaiser Franz Joseph zum Ministerpräsidenten, und es gelang ihm schnell, die Autorität der Habsburger wiederherzustellen. Er war aber kein gesunder Mensch und fast erblindet; 1852 starb er an Typhus. Sein jünster Bruder Friedrich trat in die Dienste der Kirche, wo er mit 30 Jahren Kardinal und mit nur 40 Jahren Erzbischof von Prag wurde. Er erreichte ein hohes Alter als geachtete Persönlichkeit. Der älteste Bruder, Johann Adolf II., war dagegen ein Geschäftsmann und Landwirt und hatte einen eher bukolischen Charakter. Seine lebenslustige und witzige Frau Eleonore, eine geborene Liechtenstein, genannt »Go«, bemerkte spitz: »Cardinal, général, mais moi, je suis mariée à l'animal.«

Dieser Ausspruch war kaum gerecht, aber Johann Adolf war sicher ein nachsichtiger Ehemann. Mit einem bedeutenden Vermögen im Hintergrund ließ er es gerne zu, daß »Go« Frauenberg (Hluboká) entsprechend ihren romantischen Vorstellungen, die sie von ihren Reisen durch Schottland und von ihrer Lektüre von Sir Walter Scott bezogen hatte, umbaute. Ab 1841 und über drei Jahrzehnte hindurch wurde das Schloß in einem Stil, den man etwa als »Englische Tudor-Gotik« beschreiben könnte, unter der Aufsicht des schöpferischen Architekten Franz Beer umgebaut. Das neue Frauenberg wurde als Nachahmung von Schloß Windsor bezeichnet, und obwohl Teile der früheren Gebäude erhalten blieben, ist sicherlich das weitläufige,

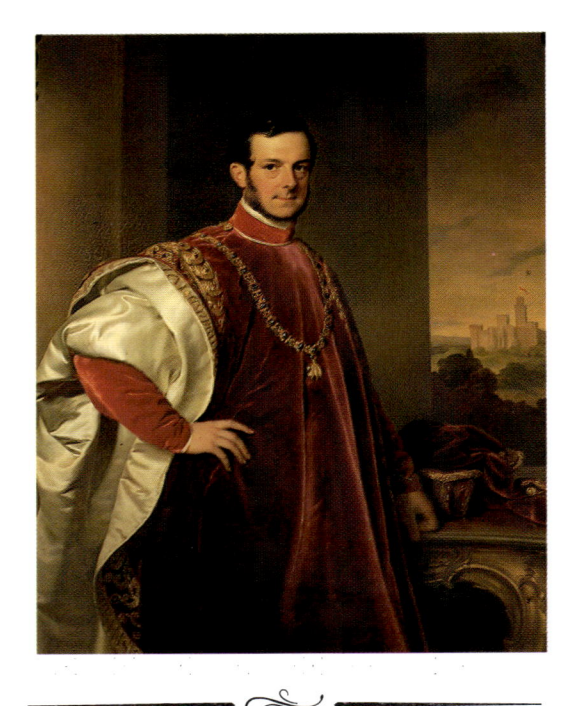

Porträt von Johann Adolf zu Schwarzenberg von J. K. Stieler.

Alte Ansicht von Frauenberg (Hluboká), eingerahmt von Bildern anderer Schwarzenberg-Besitzungen, 1854 (Österreichische Nationalbibliothek, Wien).

Frauenberg (Hluboká) vom Park aus gesehen.

KRUMAU & FRAUENBERG

TSCHECHOSLOWAKEI

KRUMAU & FRAUENBERG

Gesellschaft im Schloßhof von Frauenberg (Hluboká), spätes 19. Jahrhundert (Österreichische Nationalbibliothek, Wien).

Hölzerne Hirschköpfe auf den Mauern des Schloßhofs von Frauenberg (Hluboká).

Eingangsportal an der Südwestfassade von Frauenberg (Hluboká).

mit weißen Türmchen, Zinnen und Erkern versehene Gebäude nicht jedermanns Geschmack. Die Illusion eines Wohnsitzes eines mittelalterlichen Ritters wurde durch Holzböden, Butzenscheiben und Mauergehänge erzielt, alles angeblich aus alter Zeit, obwohl die Reihen hölzerner Hirschhäupter an den Hofmauern typisch für den viktorianischen Geschmack waren. Noch weniger paßte ein riesiger, aus Gußeisen und Glas bestehender Wintergarten links vom Haupteingang dazu. Ein Tiergarten wurde eingerichtet, und eine Reihe von erfahrenen Gärtnern verwandelte den Grund um das Schloß in eine romantische Landschaft des 19. Jahrhunderts. Auch in Krumau wurde mit solchen Arbeiten begonnen, doch die Schwarzenbergs zogen sich schrittweise von dort zurück und bewohnten lieber das romantische Frauenberg, wohin sie auch die besten Möbel, Bilder und Tapisserien brachten.

Die nachfolgenden Generationen zogen sich aus der Politik zurück und konzentrierten sich auf eine kluge Verwaltung ihrer Besitzungen. Vor der Bauernbefreiung von 1848 umfaßten Johann Adolfs riesige Besitzungen 640 000 Hektar Land mit 230 000 Menschen, die darauf lebten. Auch nach der Bauernbefreiung, als der Staat das von den Bauern bestellte Land ablöste und an sie übertrug, besaß Johann Adolf noch immer 178 000 Hektar, und mit der Ablösesumme, die er vom Staat später erhielt, wurde ein Kanal für den Holztransport gebaut. Ende des 19. Jahrhunderts beschäftigte er in seinen Brauereien, Ziegeleien, Steinbrüchen sowie land- und forstwirtschaftlichen Betrieben rund 35 000 Menschen. Fürst Johannes von Schwarzenberg litt sehr unter dem Zusammenbruch der Habsburgmonarchie, und die tschechische Regierung reduzierte seine Besitzungen während der Landreform von 1920 auf 56 000 Hektar. Kleinere Besitzungen wurden verkauft, aber die Herzstücke, Krumau, Frauenberg und Wittingau, blieben unversehrt. Beim Tod des Fürsten 1938 fand ein feierliches Begräbnis statt, bei dem alle Insignien des Herzogs von Krumau gezeigt wurden und die Schwarzenbergische Grenadiergarde ihren letzten Auftritt hatte. Im Zweiten Weltkrieg beschlagnahmten die Deutschen beide Schlösser, doch nach ihrer Niederlage kehrte der damalige Besitzer, Adolf Schwarzenberg, nicht mehr zurück. Der Staat konfiszierte seinen Besitz mit einem zu diesem Zweck speziell beschlossenen Gesetz. Da die Familie aber noch immer Lände-

TSCHECHOSLOWAKEI

KRUMAU & FRAUENBERG

Bibliothek von Frauenberg (Hluboká).

Geburtstagsfeier auf Frauenberg für Fürst Adolf zu Schwarzenberg, um 1930 (Fürst Karl zu Schwarzenberg).

reien in Deutschland und Österreich und das Stadtpalais in Wien besitzt, kann man sie nicht gerade als verarmt bezeichnen.

Besucher der Tschechoslowakei von heute werden Frauenberg (Hluboká) und Krumau (Krumlov) als zwei der beeindruckendsten, wenn auch vielleicht nicht der schönsten Schlösser des Landes ansehen. Leider scheinen der Maskensaal und das Theater von Krumau sich in endloser Restaurierung zu befinden, und im Garten wurde eine häßliche Drehbühne aus Beton errichtet. Dennoch empfindet man diese Besitze als das Erbe einer der größten Familien Böhmens. Der tschechische Autor Karl Čapek schrieb: »Ich weiß nicht, wie oft die Moldau sich in Krumau windet ... überquere sie und staune jedesmal, wie golden-braun und schnell sie fließt ... du kannst nichts sehen als die pittoreske, verehrungswürdige und historische Glorie. Das Schloß beherrscht alles, besonders der Turm ... so einen Turm der Türme hab' ich sonst nie gesehen.«

OPOTSCHNO (OPOČNO) & DOBRSCHISCH (DOBŘÍŠ)

Östlich von Prag erstreckt sich die fruchtbare Ebene Mittelböhmens, die sich etwa 120 Kilometer hinter der Stadt Königgrätz (Hradec Králové) zu sanften Hügeln erhebt, die dann mit der Kette der Grenzberge zu Schlesien verschmelzen. Dieses Herzstück des alten tschechischen Böhmen war immer ein blühender Landstrich, übersät von prachtvollen Schlössern. Am Fuße des Hügellandes gibt es besonders viele davon: Ratiborschitz (Ratibořice), Neustadt an der Mettau (Nové Město nad Metují), Tschastolowitz (Častalovice), Reichenau an der Knezna (Rychnov nad Kněžnou) und Opotschno (Opočno). Sowohl von innen als auch von außen ist Opotschno ebenso beeindruckend wie alle anderen Schlösser auch. Der hohe, dreiflügelige Bau liegt in einer unvergleichlichen Lage auf einem Felsvorsprung über dem tiefen Tal des Goldenen Flusses (Zlaty Potok) mit Blick auf die kleine Stadt Opotschno (Opočno) und das dahinterliegende Adlergebirge (Orlické Hory).

Die Siedlung von Opotschno lag ursprünglich an einer mittelalterlichen Handelsroute von Böhmen nach Schlesien und Polen, und ihr Name stammt von dem kalkhaltigen Mergelgestein dieser Gegend ab, das »opuka« genannt wird. Bereits 1068 wird dort von einem Chronisten eine Grenzfeste erwähnt. Während der Hussitenkriege im 15. Jahrhundert stand ihr Besitzer Jan Městecký zunächst auf der Seite der Rebellen, später bekämpfte er sie dann heftig. 1425 wurde die Burg bei Kämpfen zerstört; ihre jämmerlichen Reste bestanden aus Spuren der Basteien in der Gartenfassade. 1495 wurden die zerstörte Burg und ihre Ländereien von der böhmischen Ritterfamilie Trčka von Lípa erworben. Sie bewirtschaftete vor allem die Fischteiche, eine sichere Einnahmequelle zu dieser Zeit, und so konnten sich die Trčkas bald von ihren bescheidenen Anfängen in die Reihen der wohlhabendsten Adeligen des Landes emporarbeiten.

Bis zur Mitte des nächsten Jahrhunderts wurde dem Besitz von der Familie kein besonderes Interesse entgegengebracht. Um 1550 reiste der damalige Besitzer Wilhelm Trčka von Lípa nach Italien. Dort sah er voll Bewunderung die Renaissancepaläste, die im krassen Gegensatz zu den zugigen, unbequemen Burgen seines Heimatlandes standen. Davon angeregt, beschloß er, Opotschno im Stil der Renaissance umzubauen. Wilhelm engagierte italienische Handwerker und einen italienischen Baumeister, dessen Name leider nicht überliefert ist. Die Bauarbeiten dauerten von 1560 bis 1569. Es ist kaum überraschend, daß das Ergebnis starke Einflüsse der norditalienischen Architektur aufweist. Auf einem rechteckigen Grundriß wurde ein einfaches, symmetrisches Gebäude erbaut. Der von drei Seiten umgebene Hof des Schlosses öffnet sich über dem Tal des Goldenen Flusses und ermöglicht so einen prachtvollen Blick auf das Adlergebirge. Der Hof war auf jeder Seite von dreistöckigen Arkadengängen umgeben, deren beide unteren Bogengewölbe hatten. Der oberste Arkadengang hatte eine flache Decke und wurde von einem Architrav direkt unter dem Ziegeldach gekrönt. Ursprünglich war der Hof an seiner vierten Seite von einem Flügel mit einer niedrigeren Galerie abgeschlossen, aber 1820 wurde dieser abgerissen und durch eine Balustrade mit einer Treppe ersetzt, die in den terrassenförmig angelegten Garten hinabführte. Ein Graben mit

Opotschno (Opočno) vom Park aus gesehen.

OPOTSCHNO & DOBRSCHISCH

TSCHECHOSLOWAKEI

einer Zugbrücke und einer Außenmauer beschützte den Eingang, aber nach und nach entstanden davor Bauernhäuser, Ställe und Wirtschaftsgebäude – kurzfristig sogar eine Münzstätte –, und im 18. Jahrhundert wurde der Graben schließlich zugeschüttet.

Die Einheitlichkeit der Steineinfassungen rund um die Türen und Fenster unterstreicht noch den Purismus des Stils, der im krassen Kontrast zum Inneren stand, wo reichverzierte Räume von einer Galerie zur anderen führten. Von den Interieurs aus den Zeiten der Trčkas ist praktisch nichts erhalten, sieht man einmal von den italianisierenden halbkreisförmigen Gewölben in der Halle des Erdgeschosses ab; die Renaissancesgraffiti auf den Außenmauern verschwanden unter den bunt bemalten Barockfassaden. Eine Hallenkirche, die an das Schloß angebaut worden war, wurde mit einer großartigen Familiengruft errichtet, und 1602 kamen noch eine Spielhalle und ein Sommerpavillon hinzu.

Wilhelms Nachfolger, Johann Rudolf Trčka von Lípa, war im frühen 17. Jahrhundert einer der reichsten Männer Böhmens. Seine Besitzungen wurden geschickt verwaltet, und nach der Schlacht am Weißen Berg vergrößerte seine Frau, Maria Magdalena, ihr Vermögen durch kluge Käufe und Verkäufe von Ländereien, die von der Krone konfisziert worden waren. Sie war eine strenge Herrscherin, und dies führte zusammen mit der unpopulären Rekatholisierung des Landes 1628 zu einem gefährlichen Bauernaufstand in der Gegend von Opotschno. Die Unruhen breiteten sich aus, und der Vormarsch der Rebellen konnte nur von Albrecht Eusebius Waldsteins Truppen aufgehalten werden. Der dankbare Kaiser Ferdinand II. adelte Trčka für seine Mithilfe bei der Wiederherstellung der Ordnung, doch die Familie fiel trotzdem bald in Ungnade. Da sie sich von der neuen habsburgischen Ordnung ausgeschlossen fühlte, begann sie mit Waldstein und anderen, die mehr Unabhängigkeit von Wien wollten, zu intrigieren. Johann Rudolfs Sohn, Adam Erdmann Trčka von Lípa, wurde einer von Waldsteins vertrautesten Stellvertretern und zusammen mit seinem Herrn 1634 in Eger (Cheb) ermordet. Johann Rudolf starb, kurz bevor seine Besitzungen konfisziert wurden, und entkam so dem Henkersbeil.

Opotschno ging dann auf einen der Nutznießer von Trčkas Tod über, auf den kaiserlichen General Rudolf Colloredo. Seine Familie stammte aus dem Friaul, dem nordöstlichen Teil Italiens rund um Udine. Er hatte es als Glücksritter in Habsburgs Diensten weit gebracht. Er war Großprior des Malteserordens und ein tüchtiger, aber auch skrupelloser General, der die kaiserlichen Truppen 1648 im Kampf um Prag gegen die Schweden befehligte. Er kam selten in sein Schloß in Opotschno, wo er praktisch keine Änderungen vornahm, und starb schließlich 1657.

Die Colloredos wurden jedoch durch einen Brand, der gegen Ende des 17. Jahrhunderts Opotschno verwüstete, zu Baumaßnahmen gezwungen. 1709 begann der Wiederaufbau im Barockstil unter der Leitung des italienischen Baumeisters Giovanni Battista Alliprandi. Die Renaissancegiebel und der hohe Turm über dem Haupttrakt wurden entfernt und dafür blaue, geometrische Felder an den Mauern des äußeren Hofes angebracht. Zum Glück blieben die eleganten toskanischen Arkaden des Innenhofes unverändert, aber die beiden Trakte am Ende sowie die Gartenfassade erhielten einen Terrakotta-Farbanstrich mit der im Barock typischen weißen Fensterumrahmung und weißen Feldern. Im Südflügel errichtete Alliprandi die Sankt-Anna-Kapelle mit einer schönen Darstellung der Verkündigung Mariä in der Kuppel. Auf ihn geht auch der zauberhafte Stuck in den Empfangsräumen des Nord- und Westflügels zurück. 1716 wurden zwei Türme an die Westfassade der ebenfalls im Barockstil restaurierten Kirche neben dem Schloß angebaut. In den nächsten hundert Jahren geschah dann wiederum kaum etwas.

Zwischenzeitlich konnten die Colloredos ihr Vermögen beträchtlich vermehren und sich als aristokratische Dynastie durchsetzen – ein Vetter, Hieronymus, wurde Fürsterzbischof von Salzburg und Förderer des jungen Wolfgang Amadeus Mozart. 1711 wurden die Colloredos in den Grafenstand des Heiligen Römischen Reiches erhoben und 1763 zu Fürsten ernannt. 1771 heiratete Franz Gundakar Colloredo, der Erbe aller Besitzungen und von Beruf Diplomat, Maria Isabella Mansfeld, Alleinerbin des herrlichen Schlosses und der Besitzungen von Dobrschisch (Dobříš). Von nun an bis zur Enteignung durch die Kommunisten sollten beide Schlösser unzertrennlich im Besitz dieser Familie verbleiben. Es ist daher für das Verständnis

Porträt von Rudolf Colloredo, um 1635.

Porträt von Adam Erdmann Trčka von Lípa, frühes 17. Jahrhundert.

Arkadengänge im Innenhof von Opotschno.

ihrer späteren Geschichte notwendig, sowohl die Entwicklung Dobrschischs als auch Opotschnos zu verfolgen. In einiger Entfernung von Opotschno, in Mittelböhmen, nur etwa 30 Kilometer südlich von Prag in einem reizenden Tal zwischen der Moldau und dem Berounkafluß gelegen, war die Gegend um Dobrschisch seit dem frühen 13. Jahrhundert ein königliches Jagdrevier, obwohl die Krone das Anwesen im Laufe der Jahrhunderte wiederholt verpfändet hatte und das kleine Schloß mehrere Male zerstört worden war. Schließlich verkaufte Kaiser Ferdinand II., der ständig in Geldnöten war, den gesamten Besitz an einen seiner Ratgeber, den königlichen Jagdaufseher Bruno Mansfeld.

Im Gegensatz zu den Colloredos waren die Mansfelds eine rein deutsche Familie sächsischen Ursprungs. Einer ihrer Vorfahren, Peter Ernst, war ein führender protestantischer General im Dreißigjährigen Krieg gewesen, aber alle anderen waren katholisch. Trotz kaiserlicher Gunst konnte Bruno Mansfeld seinen neuen Besitz nicht wirklich genießen, denn er wurde von der durchziehenden Soldateska – Schweden, Bayern oder kaiserlichen Truppen – wiederholt geplündert und niedergebrannt; Bruno starb 1648, ohne die Möglichkeit gehabt zu haben, seinen Besitz wiederaufzubauen. Sein Sohn, Franz Maximilian, gründete in der Nähe eine Eisenhütte und wandelte die Reste des Renaissancebaus nach und nach in ein barockes Schloß um, vermutlich mit Hilfe eines Baumeisters aus Příbam, namens Aegidius Cesaroni. Der verlängerte neue Bau bestand aus vier Flügeln, die einen Hof umschlossen, mit einer Kapelle im Südflügel, die in den Park führte. Über den Kellern der Schloßbrauerei wurde eine Terrasse angelegt. Der Haupteingang im Nordflügel lag gegenüber der von Franz Maximilian erbauten Kirche. Bei seinem Tode im Jahre 1693 hinterließ Franz Maximilian einen wirtschaftlich florierenden Betrieb, obwohl eine grauenhafte Pestepidemie, ein Waldbrand im Jahre 1720, der

TSCHECHOSLOWAKEI

Gesamtansicht von Dobrschisch (Dobříš).

Porträt von Maria Isabella Mansfeld; das – verlorengegangene – Original stammt aus dem 18. Jahrhundert, hier eine Kopie aus dem frühen 20. Jahrhundert.

Porträt von Franz I. Colloredo, Gemahl von Maria Isabella Mansfeld, im Gewand des Ordens vom Goldenen Vlies; das – verlorengegangene – Original stammt aus dem 18. Jahrhundert, hier eine Kopie aus dem frühen 20. Jahrhundert.

auch das Schloß weitgehend zerstört hatte, und schließlich der frühe Tod seines älteren Sohnes schwere Rückschläge gebracht hatten.

Als der junge Heinrich Paul Mansfeld volljährig wurde, beschloß er, Dobrschisch zu restaurieren und beauftragte damit den königlichen Baumeister und Leiter der Gobelinmanufaktur, Jules Robert de Cotte. Giovanni Nicolo Servandoni, der lange in Paris gelebt hatte, entwarf die Inneneinrichtung. An Stelle des schwerbeschädigten Westflügels sollte ein Ehrenhof entstehen. Durch eine Verlängerung des östlichen Querflügels sollte die Symmetrie des Hauses wiederhergestellt werden, während der nördliche Teil verlängert wurde, um die Länge seines südlichen Gegenstücks zu erhalten. Der erhöhte pilasterförmige Mitteltrakt umfaßte im Erdgeschoß eine *sala terrena* und einen großen Saal im ersten Stock. Der Mitteltrakt war von ähnlichen Seitenflügeln flankiert, durch drei getrennte Mansardendächer wurde jedoch der Eindruck von Monotonie vermieden. Der Gesamteindruck war horizontal und nüchtern, der Balkon über der *sala terrena* und das Pediment vor der Balustrade die einzigen Ornamente.

Aus Kostengründen wurden nicht alle Pläne Cottes ausgeführt; der Westflügel wurde jedoch abgerissen und aus dem Schutt die oberste Gartenterrasse aufgeschüttet und die Orangerie gebaut. Nachdem die Arbeiten 1745 in Angriff genommen worden waren, konnte infolge des raschen Baufortschritts mit dem Innenausbau schon nach einem Jahr begonnen werden; allerdings wurde dieser dann doch nicht vor 1765 beendet. Die Innenausstattung ist von unterschiedlicher Qualität, vor allem die Stuckverzierung des großen Saales. Diese malte Jan Peter Molitor mit Genreszenen spielender Putti und allegorischen Darstellungen der vier Jahreszeiten über den Türen aus; sein Deckenfresko zeigt einen blauen Himmel mit spielenden Kindern zwischen Wolken. Porträts von Mansfeld und seiner Frau Josephine von Pompeo Batoni befanden sich oberhalb der Kamine; durch Mansfeld sind die Originalplätze von Cotte erhalten worden. Die Prager Werkstatt von Ignaz Franz Platzer fertigte zahlreiche Statuen an: Auf dem Hauptgiebel zeigen Mars und Bellona auf das Wappen der Mansfelds, während Statuen der Minerva und Herkules die Gartenfassade schmücken.

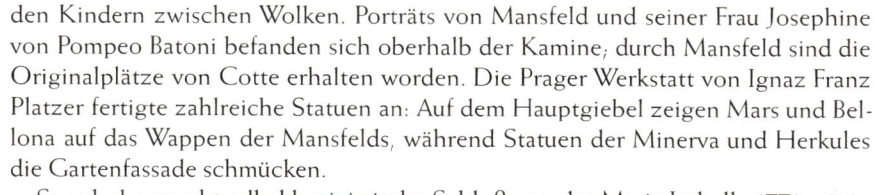

So sah das prachtvolle klassizistische Schloß aus, das Maria Isabella 1771 mit in die Ehe brachte. 1775 erhielten ihre Nachkommen, die zukünftigen Besitzer sowohl von Dobrschisch als auch von Opotschno, die Erlaubnis, den Doppelnamen Colloredo-Mansfeld zu führen. Als Maria Isabellas Vater fünf Jahre später starb, übernahm ihr inzwischen aus dem diplomatischen Dienst ausgeschiedener Mann die Verwaltung der beiden Besitze. Zwischen 1792 und 1797 ließ Franz Gundakar durch einen einheimischen Baumeister, František Moravec, anstelle der alten Kirche eine neue Kapelle nach den Plänen von Josef Jöndl errichten. Franz Gundakars Sohn, Rudolf Josef, setzte die Arbeiten fort, nachdem er 1807 die beiden Besitze geerbt hatte. Innerhalb eines Jahrzehnts hatte er die ehemalige Fasanerie neben dem französischen Garten von Dobrschisch in einen etwa 30 Hektar großen Park umgestaltet. Auf ähnliche Weise verwandelte er in Opotschno das Tal des Goldenen Baches unterhalb des Schlosses in einen großen romantischen Garten mit steil abfallenden Terrassen und verschiedenen kleinen aufgestauten Seen. Von einem Balkon vom Südflügel aus konnte man diese prachtvollen Neuerungen bewundern.

Rudolf Josef, der eine brillante Karriere als Offizier in den Napoleonischen Kriegen vorweisen konnte, unterhielt enge Beziehungen zum Hof in Wien und erhielt 1813 Gelegenheit, in der Politik in Erscheinung zu treten. Im Juni dieses Jahres trafen sich die führenden Staatsmänner der Allianz gegen Napoleon in Opotschno: Metternich und Gentz von Österreich, Hardenberg von Preußen, Nesselrode, der die russische Außenpolitik leitete, der Bruder des Zaren und Zar Alexander I. selbst. Das Ergebnis ihrer Beratungen war die gemeinsame Kriegserklärung gegen Frankreich und in der Folge der spektakuläre Sieg der Alliierten im Oktober dieses Jahres in der Schlacht bei Leipzig.

Im Laufe des 19. Jahrhunderts nahmen die Colloredo-Mansfelds keine größeren Änderungen an ihren beiden Schlössern vor. 1876 kauften sie jedoch einen weiteren Besitz etwa 50 Kilometer westlich von Prag, namens Zbirow (Zbirov oder Zbiroh), der früher zunächst den Lobkowitz und dann den Kolovrats gehört hatte. Das große, unwirtliche Schloß wurde um die Jahrhundertwende für längere Zeit dem Künstler Alphons Mucha vermietet. 1879 wurden die Firstziegel der Dächer in Dobrschisch durch Schieferdächer ersetzt und einige Änderungen im Inneren durchgeführt. Der damalige Besitzer, Josef Franz, verlegte die Brauerei, die Mühle und andere landwirtschaftliche Gebäude an das östliche Ende des Schloßareals, um den Park erweitern zu können. Noch im 19. Jahrhundert errichtete man in Opotschno eine Reitschule mit Wagenremisen, und der Sommerpavillon wurde im Empirestil umgebaut.

Die Colloredo-Mansfelds waren die zweitgrößten privaten Großgrundbesitzer Böhmens mit beinahe 65 000 Hektar Landbesitz unmittelbar vor dem Ersten Weltkrieg. Zu Beginn des 20. Jahrhunderts begann die Familie, ihre Schlösser umzubauen und ihre Parks neu zu gestalten. Der Park von Dobrschisch wurde 1911 von dem Franzosen Touret neu entworfen. Seine Arbeiten veränderten das Konzept des 18. Jahrhunderts durch eine Reduzierung der Symmetrie, indem die Mitteltreppe zwischen der ersten und zweiten Terrasse entfernt und die Aussicht durch die Mitteltür der Orangerie versperrt wurde. Zwischen 1903 und 1912 arbeiteten französische Handwerker in Opotschno an den Interieurs. Das Ergebnis war zwar prunkvoll, aber nicht sehr schön, denn die Gipsverzierungen waren überladen und ein Großteil der damals angeschafften modernen Möbel einfach häßlich. Aber die neu eingerichtete Waffenkammer mit der zur Schau gestellten hervorragenden Waffensammlung der Familie war sehr beeindruckend. Die Gemäldesammlung, die hauptsächlich italienische Maler des 16. bis 18. Jahrhunderts zeigt, wurde 1895 von Mödling bei Wien nach Opotschno gebracht, nachdem sie kurz in dem Prager Stadtpalais der Familie ausgestellt worden war. Die ethnographische Sammlung von Josef II.

TSCHECHOSLOWAKEI

Darstellung der Schlacht von Aspern im Jahre 1809; Erzherzog Karl mit seinem Adjutanten Rudolf Josef Colloredo-Mansfeld (dritter von rechts in der Mittelgruppe); Gemälde von H. Reinhart nach Krafft, frühes 19. Jahrhundert.

Die Waffenkammer von Opotschno (Opočno) mit Mailänder Rüstungen aus dem 16. Jahrhundert.

Die Decke des Ballsaals von Dobrschisch (Dobříš).

Colloredo-Mansfeld umfaßte Großwildtrophäen und bedeutende Exponate afrikanischer und amerikanischer Eingeborenenkunst, die er 1902 von seinen Reisen durch Afrika und zwischen 1904 und 1905 aus Amerika mitgebracht hatte.

Da Josef II. selbst kinderlos blieb, adoptierte er seine Neffen als Erben. Während der beiden Weltkriege paßte sich die Familie den geänderten Umständen an und nahm die tschechische Staatsbürgerschaft an. Durch die Landreform verloren sie dreiviertel ihrer landwirtschaftlichen Besitzungen sowie die Hälfte ihres Forstbesitzes. In den Wintermonaten lebten sie in Dobrschisch, das leichter beheizbar war, und von April bis Oktober in Opotschno. Letzteres wurde dreimal in der Woche der Öffentlichkeit zugänglich gemacht, was damals noch äußerst unüblich war. Während des Zweiten Weltkrieges wurde die Familie aus Dobrschisch vertrieben, das die Residenz des deutschen Reichsverwesers wurde. Das Schloß wurde innen sehr stark verändert, und die Einrichtung verschwand fast vollständig. Opotschno, wo die Colloredos einige Räume behalten durften, hatte mehr Glück und blieb bis auf einige gestohlene Kleinigkeiten praktisch unversehrt. 1945 übernahm die Regierung Beneš, unbekümmert um die Rechtmäßigkeit ihres Vorgehens, Dobrschisch als Feindeseigentum und machte es zum Gästehaus des tschechoslowakischen Schriftstellerverbandes, was es bis heute geblieben ist. Opotschno wurde im Zuge der allgemeinen Enteignung des Adels beschlagnahmt und die Colloredo-Mansfelds zogen sich nach Österreich zurück.

Keines dieser prachtvollen Schlösser gehört zu den bekanntesten der Tschechoslowakei, aber sie verdienen weit größere Popularität. Dobrschisch mit seinem wundervoll proportionierten Schloß und seinem terrassenförmig angelegten Garten auf fünf Ebenen, der sich über einen Teich und einen Brunnen bis hin zu der eleganten Orangerie erstreckt, ist immer noch eine Augenweide. Opotschno, das zeitweise Zeuge der dramatischen und tragischen Geschichte Böhmens war, ist heute ein Denkmal des Höhepunktes der Renaissancekunst im Lande.

BUCHLAU (BUCHLOV) & BUCHLOWITZ (BUCHLOVICE)

Westlich von Brünn (Brno) in Richtung Slowakei liegen einige der interessantesten Orte der Tschechoslowakei, wie zum Beispiel das Schlachtfeld von Austerlitz (Slavkov), wo Napoleon 1805 die alliierten Armeen Rußlands und Österreichs schlug, und einige Kilometer davon entfernt das prachtvolle Renaissanceschloß von Butschowitz (Bučovice). Durch die sanften Hügel Mährens, über die dichtbewaldeten Chřiby-Hügel, führt das Tal der March (Morava) weiter bis an die Grenze der Slowakei. Die höchste Erhebung der Gegend ist etwa 550 Meter hoch. Sie wird, wie auch der nächstliegende Hügel, von einem Bauwerk gekrönt, das nur vom Osten als Burg mit einer kleinen Kirche wahrgenommen werden kann. Außer seiner beherrschenden Lage weist wenig darauf hin, daß Buchlau (Buchlov) »das Schloß der Philanthropen« gewesen ist und daß sein barokkes Pendant Buchlowitz (Buchlovice), einige hundert Meter tiefer in der Ebene gelegen, einen wahrhaft interessanten Querschnitt durch die böhmische Kulturgeschichte und Politik verkörpert.

Niemand weiß genau, wann Buchlau erbaut worden ist, vermutlich aber im frühen 13. Jahrhundert, wie nach den spätromanischen Elementen, dem rundbögigen Portal der jetzigen Schloßküche und den Klauenformen in der Einfassung der Eingangstore, zu schließen ist. Die Burg wurde wahrscheinlich als eine königliche Stiftung auf Anordnung von Vladislav Jindřich, dem Markgrafen von Mähren und Bruder von König Přemysl Ottokars I., gebaut. Zu seiner Zeit wurde auch die nahe gelegene Zisterzienserabtei von Welehrad vollendet, und beide Bauwerke haben Gemeinsamkeiten. Die Burg wird erstmals im Jahre 1300 im Zusammenhang mit ihrem Verwalter, einem königlichen Beamten namens Protiva von Buchlau, urkundlich erwähnt. Sie bleibt bis in das späte 15. Jahrhundert als wichtiges Glied einer Kette von Befestigungsanlagen zum Schutz gegen Einfälle aus Ungarn im Besitz der Krone; hierzu gehörten auch die neu gegründeten Städte Ungarisch Hradisch (Uherské Hradiště) und Ungarisch Brod (Uherský Brod).

1511 scheidet Buchlau endgültig aus königlichem Besitztum aus und wird von den Boskowitz erworben. Diese verkauften die Burg 1520 der Familie Zierotín, die sie wiederum 1544 Jan Zdensky von Zástřižly, einem bekannten Humanisten, verkauften. Er nahm Änderungen im Stile der Renaissance vor; das ursprüngliche Eingangstor unter dem Südanbau wurde vermauert und ein neuer Eingang durch den Uhrenturm von einer Terrasse aus geschaffen. Die Befestigungsanlagen wurden durch weitere Bollwerke und einen zusätzlichen Turm, den sogenannten »Andelka« im Süden der Anlage, verstärkt. Um keine Zielscheibe für feindliches Feuer abzugeben, ummauerte man die gotische Kapelle mit ihren zahlreichen Fenstern. Für die Hochzeit von Jiří Zikmund Praksický von Zástřižly mit Alžběta Gedeonka Kotwodworska von Wolesnicka im Jahre 1602 erhielt das Anwesen einen neuen Speise- und Ballsaal. Das Hochzeitsgeschirr mit allen Initialen (JZPZZAGKZW) des unaussprechlichen Namens dieses Paares existiert noch heute in der Burg; es ist mit dem Hochzeitsdatum und den beiden Wappen des Paares verziert. Gemeinsam gestalteten sie den Nordflügel bequemer und bauten außerdem 1613 einen mächtigen Weinkeller vor dem Schloß.

Buchlowitz (Buchlovice) vom Garten aus gesehen.

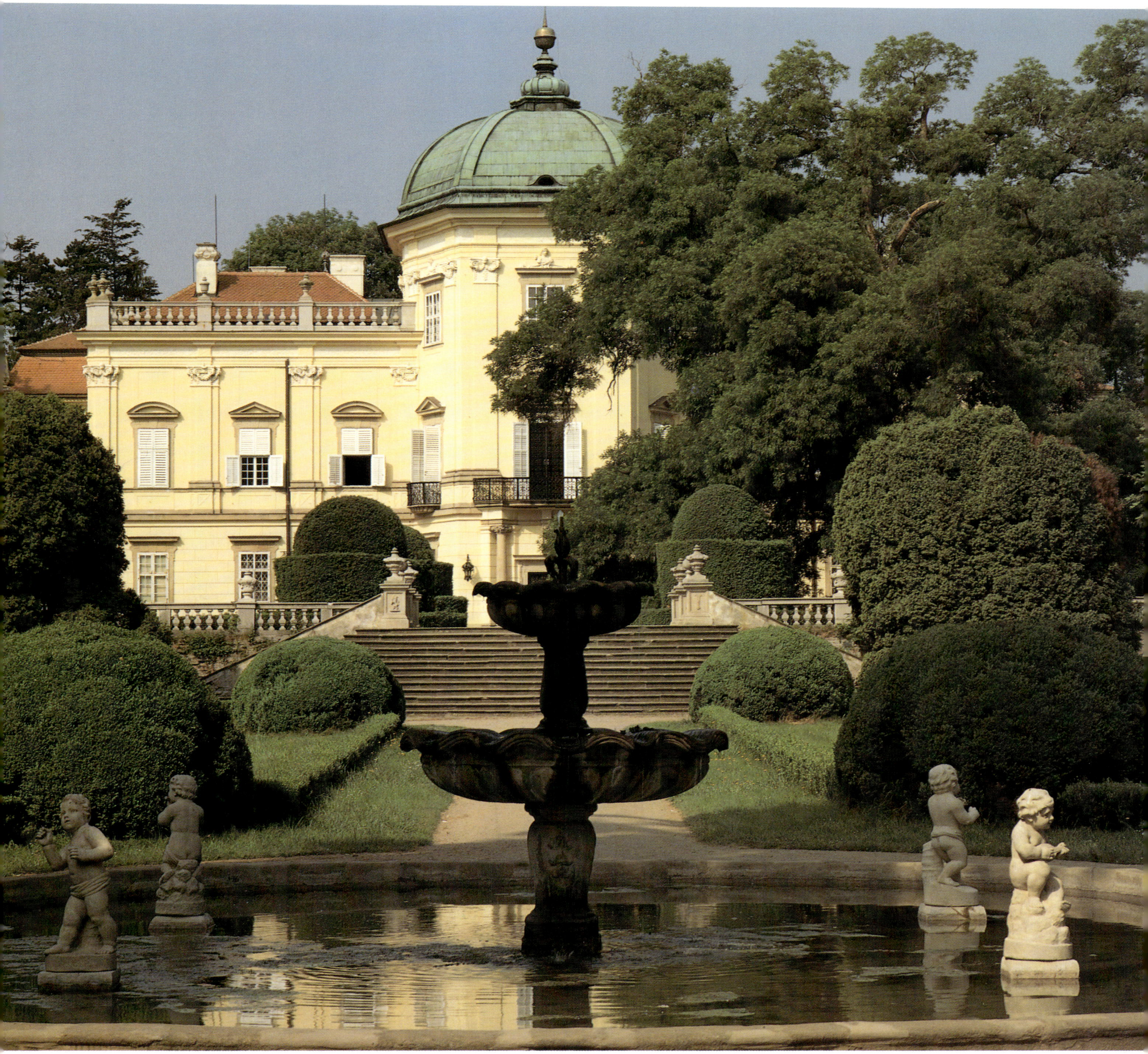

TSCHECHOSLOWAKEI

Ihre Tochter Kunhuta heiratete Bernhard Diviš von Petrvald, und nach dem Tode der Eltern von Kunhuta waren die Petrvalds die erste von vier Generationen der Familie, die von nun an in Buchlau lebte. 1662 wurde das ursprüngliche Burgtor wieder geöffnet und die Befestigungen durch neue Basteien verstärkt. Möglicherweise war Giovanni Pieroni, ein kaiserlicher Befestigungsingenieur, der gerade Befestigungsanlagen des benachbarten Ungarisch Hradisch (Uherské Hradiště) umbaute, an diesem Projekt sowie am Bau eines Arkadengangs zum Nordflügel beteiligt. Diese funktionellen Veränderungen wurden 1691 mit dem Bau eines gedeckten Ganges zwischen dem oberen und dem unteren Schloßhof abgeschlossen. Die architektonische Hauptleistung der Petrvalds waren jedoch eine barocke Kapelle und ein Mausoleum, die sie zwischen 1672 und 1673 auf der Kuppe eines mit dem Schloß verbundenen Hügels erbauten. Die Kapelle war der heiligen Barbara geweiht und wurde daher in der Gegend »Baborka« genannt; sie hatte einen sternförmigen Grundriß und wurde auf einem polygonalen säulenförmigen Unterbau von einer Kuppel gekrönt. Die Innenraumgestaltung ist vom späten italienischen Manierismus und von Giovanni Pietro Tencala beeinflußt.

Später wurden nur noch einige wenige Verbesserungen in Buchlau vorgenommen; die Räume des ersten Stockes wurden allerdings 1737 von Zikmund Karel Petrvald im barocken Stil umgestaltet. Die Besitzer waren dennoch der Meinung, eine mittelalterliche Burg sei eben doch zu unbequem, um darin zu wohnen. Um die Jahrhundertwende kam es zu einer Entscheidung. Der junge Jan Detrich Petrvald hatte sich mit Agnes Eleonora Colonna-Fels vermählt, einer jungen Frau italienischer Herkunft, die sich verständlicherweise über die Unbequemlichkeit Buchlaus beklagte. Ihr zuliebe gab er eines der schönsten Juwele der barocken Architektur in Auftrag.

Ein passender Baugrund bot sich in der Ebene unterhalb Buchlaus, östlich der Chřiby-Hügel an, und im Jahre 1690 wurde hier am Hang des sogenannten Mars-Hügels der Grundstein für ein neues Schloß gelegt. Der Name des Baumeisters ist nicht ausdrücklich festgehalten worden, doch schreiben die meisten Quellen den Bau Domenico Martinelli zu, von dem man weiß, daß er damals in der Nähe in Mähren gearbeitet hat. Das Schloß muß 1701 nahezu fertig gewesen sein, denn dies zeigt ein Datum auf der Wandmalerei im ovalen Saal. Der Haupttrakt des Schlosses ist nordwärts ausgerichtet, der *piano nobile* auf der Gartenseite bildet das Erdgeschoß und der Hof den Vordereingang. Die konkave, mit Säulen versehene, halbrunde Fassade von Buchlowitz (Buchlovice) hatte in der Mitte ein von einer Kuppel gekröntes Obergeschoß und je einen einstöckigen Flügel rechts und links davon. Gegen-

Familienbaum der Petrvald-Schrattenbachs in Pfauenform, Mitte des 18. Jahrhunderts.

Alte Ansicht von Buchlau (Buchlov) mit Pilgerkirche auf dem Berg dahinter (Gräfin Eva Berchtold).

Die Wappenkronen der Petrvalds und Colonnas in Buchlau.

über lagen die ebenerdigen Ställe und Wirtschaftsgebäude, die erst später, zwischen 1710 und 1738, auf der anderen Seite des Hofes, hinter einer breiten Balustrade, hügelaufwärts gebaut wurden. Zu dem auf diese Weise entstandene Ehrenhof gelangte man von der rechten Seite über eine Zufahrt, die durch ein beeindrukkendes schmiedeeisernes Gittertor führte. Die Garten- beziehungsweise Parkfassade wurde vermutlich erst um 1720 vollendet und ist weniger gelungen. Mächtige Säulen erheben sich durch den ersten Stock des zweigeschossigen Gebäudes bis hin zu einer Balustrade unter dem steilen Dach. Von dieser Seite aus wirkt die Mittelkuppel wie das Dach eines achteckigen Turmes. Ein eiserner Balkon umgibt das Mittelfenster des zweiten Stockwerkes, und eine flache Treppe führt von der *sala terrena* hinab in den Garten. Der Park, der erst Mitte des 18. Jahrhunderts vollendet wurde, war als klassischer Barockgarten im italienischen Stil geplant worden; er hatte von Statuen eingesäumte Alleen, die von einem großen, runden Brunnen aus in alle Richtungen führten, und war mit Blumenbeeten, die von geschnittenen Buchsbaumhecken, Lorbeersträuchern und steinernen Urnen umgeben waren, geschmückt. Das Interieur – vor allem der ovale Saal mit seinem beeindruckenden Deckenfresko eines unbekannten Malers – ist mit einem qualitativ hochstehenden, für Baldassare Fontana typischen Stuck ausgestattet. Die Wände werden von allegorischen Darstellungen der Gerechtigkeit, Tugend, Tapferkeit und der Liebe zur Kunst geschmückt, rund um die Innenseite der Kuppel verläuft ein Balkon; darunter befinden sich Medaillons mit der Darstellung der vier Elemente und der vier Jahreszeiten.

Obwohl die Petrvalds von nun an ihre Zeit zwischen den beiden Residenzen aufteilen mußten, vernachlässigten sie Buchlau nicht. Eine kleine Umgestaltung um 1730 war die letzte Leistung von Zikmund Karel, der 1751 starb; auf ihn folgte sein Sohn, der aber bald in noch jungen Jahren starb. Mit ihm endete die männliche Linie der Familie. Da die ältere Schwester unverheiratet blieb, waren die einzigen Erben die Kinder der zweiten Schwester, Maria Theresa, die mit Prosper Anton Berchtold verheiratet war. Obwohl die Berchtolds deutschen Ursprungs waren, hat-

TSCHECHOSLOWAKEI

Alte Ansicht von Buchlau (Buchlov).

Blick über den Hof auf die Stallungen von Buchlowitz (Buchlovice).

ten sie sich bereits vor langer Zeit in Mähren niedergelassen. Seit 1628 besaßen sie das Schloß Ungarschitz (Uherčice), das sie mit prachtvollem, geradezu dreidimensionalem Stuck ausstatteten. Die Habsburger hatten ihnen die Baronie verliehen und sie dann später in den Grafenstand erhoben. Prosper Anton hatte zuerst mit seiner Gemahlin Maria Theresa Petrvald und dann, nach deren Tod, in einer zweiten Ehe, zahlreiche Töchter sowie zwei Söhne, die Halbbrüder Leopold und Friedrich.

Diese beiden sollten sich als ganz bemerkenswerte Nachkommen herausstellen. Leopold war Doktor der Physik und bereiste zwanzig Jahre lang ganz Europa, Asien und Afrika. Von geradezu unerschöpflicher Wißbegierde, korrespondierte er mit zahlreichen international bekannten Wissenschaftlern und Philosophen. 1800 wurde er der alleinige Besitzer von Buchlau und Buchlowitz (die Besitze waren nach dem Tod seiner Mutter auf deren unverheiratete Schwester übergegangen) und ließ sich dort nieder. Leopold unterstützte jegliche Art von Reformen – beim Lehrplan der Schulen, in der Landwirtschaft und im Gesundheitswesen – und gründete und unterstützte großzügig Spitäler und Armenhäuser. Er sandte unzählige Petitionen zu diesem Thema an den Hof in Wien, und daher ist es kein Wunder, daß er in der Gegend sehr beliebt war. Zur Zeit der Napoleonischen Kriege ließ er an den Grenzen seines Besitzes Schilder in tschechischer und deutscher Sprache anbringen, die jedem Verwundeten eine kostenlose Behandlung versprachen. Buchlowitz wurde in ein Spital mit siebzig Betten umgewandelt, mit nach Geschlechtern und Kost getrennten Abteilungen, und die Krankengeschichten wurden genau aufgezeichnet. Bedauerlicherweise steckte Leopold sich bei einer Besichtigung des Notspitals in der Zisterzienserabtei von Welehrad (Velehrad) mit Typhus an und starb 1809 im Alter von fünfzig Jahren.

Auch Friedrich war eine bemerkenswerte Persönlichkeit und hatte zahlreiche Reisen unternommen, doch sein Hauptinteresse lag auf kulturellem Gebiet; er wurde einer der Hauptrepräsentanten des neuerwachten tschechischen Nationalismus. Fünfzehn Jahre hindurch veröffentlichte und redigierte er gemeinsam mit H. S. Prasl die Zeitschrift »Rostlinar« (Das Herbarium), er war Mitverfasser der »Flora Czech« (Böhmische Flora) und veröffentlichte zahlreiche wissenschaftliche Monographien. Als einer der Gründer des Königlichen Böhmischen Museums erwarb er sich auch Anspruch auf die Dankbarkeit seines Vaterlandes. Es ist hauptsächlich sein Verdienst, daß in Buchlau ein Museum mit einer botanischen, einer geologischen und einer Sammlung exotischer Gegenstände eingerichtet wurde. In der Mitte des 19. Jahrhunderts – noch zu Lebzeiten Friedrichs, der 95 Jahre alt geworden ist – wurden Buchlaus Sammlungen und seine hervorragende Bibliothek

BUCHLAU & BUCHLOWITZ

TSCHECHOSLOWAKEI

BUCHLAU & BUCHLOWITZ

Kabinett neben Berchtolds Salon; hier fand 1908 ein Geheimtreffen zwischen den Außenministern Rußlands und Österreichs statt, das dazu beitrug, den Weg zum Ersten Weltkrieg zu ebnen.

Toilette mit Delfter Kacheln in Buchlowitz vom Beginn des 20. Jahrhunderts.

Rauchzimmer in Buchlowitz, frühes 20. Jahrhundert (Österreichische Nationalbibliothek, Wien).

der Öffentlichkeit zugänglich gemacht. Die Bibliothek stammte teilweise von den Zástřižlys, von denen einer mit dem protestantischen Theologen und Genfer Nachfolger Calvins, Theodor Beza, studiert und dessen Bücher gekauft hatte.

Von nun an wohnten die Berchtolds in Buchlowitz, obwohl die Burg am Hügel regelmäßig aufgesucht wurde. Leopolds Sohn Sigismund, ein politisch aktiver junger Mann, nahm an der Revolution von 1848 in Ungarn teil und wurde zum Tode verurteilt, doch dann vom Kaiser unter der Bedingung begnadigt, sich für immer auf seine Besitzungen zurückzuziehen. Mit der Unterstützung seines Onkels begründete er neue Sammlungen für das Familienmuseum. Eine dieser Sammlungen war Ungarn gewidmet, eine andere der Ägyptologie, und eine dritte umfaßte eine prachtvolle Auswahl von Renaissancegläsern; er erwarb auch Bücher verschiedener Sprachen und Sujets, vor allem über Magie und Dämonologie. Das seit seiner Erbauung mehr oder minder unveränderte Interieur des Schlosses wurde in dem vorherrschenden klassizistischen und Ende des 19. Jahrhunderts erneut in einem am besten als Neorokoko zu bezeichnenden eklektizistischen Stil umgebaut. Die Arbeiten wurden um die Jahrhundertwende unter der Oberaufsicht des Architekten Dominik Fey abgeschlossen. 1905 erhielt das Schloß einen Eingangsportikus und eine Balustrade an der Gartenfassade. Fey schuf den Silbernen Salon mit Silbertäfelung sowie alle anderen Wandverkleidungen des Schlosses. Er hatte noch viele andere Ideen, wie zwei weitere Modelle zeigen. Seine Änderungen waren so geschickt, daß sie vom Original praktisch nicht zu unterscheiden waren und jeder Besucher den Eindruck hatte, in einem Schloß aus dem 18. Jahrhundert zu sein.

Der berühmteste aller Berchtoldschen Besitzer von Buchlau und Buchlowitz sollte auch deren letzter sein. Sigismunds Enkel, wieder ein Leopold, wurde 1863 geboren und folgte seinem Vater 1900 nach, nachdem er bereits eine gute Partie mit Nadine Karolyi, die aus einer bekannten ungarischen Familie stammte, eingegangen war. Er war leider nicht nur intelligent und ehrgeizig, sondern auch eitel, ver-

111

TSCHECHOSLOWAKEI

*Hausaltar im Speisesaal von Buchlowitz:
Die Mitteltafel stammt aus dem 17. Jahrhundert,
die Seitenflügel sind spätgotisch.*

*Nandine Berchtold (geb. Karolyi) mit ihrer Mutter Sophia
bei der Krönung Kaiser Karls in Budapest, 1916.*

*Leopold Berchtold in der Uniform eines ungarischen
Magnaten, frühes 20. Jahrhundert.*

Angehörige der Familie Berchtold vor den Toren von Schloß Buchlowitz, 1915.

schlagen und entscheidungsschwach. Nachdem er sich für die diplomatische Karriere entschlossen hatte, durchlief er schnell alle Ränge und wurde 1907 zum österreichischen Botschafter in St. Petersburg ernannt. Im darauffolgenden Jahr gab er eine große Einladung in Buchlowitz, die fatale Folgen haben sollte. Sowohl der russische als auch der österreichische Außenminister waren seine Gäste. Diese beiden Männer kamen bei einem Geheimtreffen in dem kleinen Kabinett neben Berchtolds Salon überein, daß Wien sich nicht der neuerlichen Öffnung der Dardanellen für die Schwarzmeerflotte widersetzen würde, wenn Rußland keinerlei Einwände gegen die Annexion Bosniens und der Herzegowina durch die Österreicher erheben würde. Tatsächlich erklärte Österreich einen Monat später einfach die Annexion und erzielte auf diese Weise einen schlauen diplomatischen Triumph, ohne irgendwelche Konzessionen gemacht zu haben – ein weiterer Schritt auf dem Weg zum Ersten Weltkrieg. Berchtolds Ruf litt jedoch nicht darunter, im Gegenteil, denn er wurde 1912 österreichischer Außenminister. In dieser Funktion unterstützte er auch die Befürworter des Krieges gegen Serbien – es war seine Formulierung des unflexiblen Ultimatums gegen Serbien im Juli des Jahres 1914, die dessen Ablehnung herausforderte und die die ganze Kette der Ereignisse heraufbeschwor, die zum Krieg führen mußten.

Abgesehen von seinen politischen Unzulänglichkeiten, liebte Berchtold seinen Besitz und verwandelte den Park von Buchlowitz in eine prächtige englische Landschaft, voll der schönsten Bäume, darunter viele von hohem botanischen Interesse. Als 1931 die Dächer von Buchlau abbrannten, ließ er sie umgehend wieder erneuern. Nach seinem Rückzug aus dem politischen Leben kurz vor Ende des Krieges lebte Berchtold ausschließlich auf seinen Besitzungen. Die Landreform brachte ihm einige Verluste, aber Berchtold blieb weitgehend vom Masaryk-Regime unberührt. Er starb im Zweiten Weltkrieg, und seine Söhne konnten ihr Erbe nur kurze Zeit genießen, bevor sie von der kommunistischen Regierung enteignet wurden.

Obwohl die ehemaligen Besitzer nicht mehr leben, besteht ihr Erbe noch immer. Buchlau ist ein wunderbares Beispiel für mittelalterliche Burgenarchitektur und enthält eine der vielseitigsten Sammlungen der Tschechoslowakei. Als barockes Meisterwerk bildet Buchlowitz einen Kontrast dazu; es ist ein Monument der Eleganz und des guten Geschmacks, und sein Charme wurde im Laufe der Zeit glücklicherweise kaum verdorben. Diese beiden faszinierenden Bauwerke sind Zeugen einer Reihe äußerst dramatischer Momente in der Geschichte der Tschechoslowakei gewesen, vor allem, weil sie etliche Familien beherbergten, die den Lauf der Geschichte entscheidend mitbestimmt haben.

WELTRUS (VELTRUSY)

Die Straße nach Dresden nordwestlich von Prag verläuft durch Vororte, die bei weitem nicht so schön wie das Stadtzentrum sind. Ziemlich schnell gelangt man auf das offene Land – eine eher flache Landschaft, die von zwei großen Flüssen bewässert wird, der Elbe (Labe) und Moldau (Vltava). Etwa 16 Kilometer von Prag entfernt liegt an dieser Straße ein unauffälliges kleines Dorf namens Veltrusy. Die Mauern eines dichtbewaldeten Parks entlang der Hauptstraße sind deutlich sichtbar, aber nichts weist darauf hin, daß sich hier eines der frühesten und schönsten Beispiele der böhmischen Parklandschaft im romantischen Stil des 18. Jahrhunderts befindet, dazu ein Schloß, das man nur mit Ausdrücken reinsten Entzückens beschreiben kann.

Die ersten urkundlichen Nachweise einer Siedlung in Weltrus (Veltrusy) stammen von 1226, als König Přemysl Ottokar I. dem Kloster Doxan (Doksany) dieses Anwesen schenkte. In den nächsten viereinhalb Jahrhunderten wechselte es öfter seine Besitzer, unter denen sich so bedeutende Familien wie die Smiřickýs, die Lobkowitz und die Waldsteins befanden; die letzten verkauften es 1766 an Ferdinand Christoph von Scheidler, einen Advokaten, der es bis zu einer der obersten Stellen in der Justizverwaltung gebracht hatte. Scheidler war einer der zahlreichen deutsch-böhmischen Beamten, die Böhmen für die abwesenden Habsburger verwalteten. Auf seine Bitte hin wurden seine bedeutenden Besitzungen unter seinen vier Töchtern aufgeteilt, von denen Maria Theresia Weltrus erhielt, bevor sie 1698 Wenzel Anton Chotek heiratete.

Die Choteks waren eine alte böhmische Familie aus dem Ritterstand, Mitglieder des niederen Adels, deren Besitz nach der Schlacht am Weißen Berg beschlagnahmt worden war. Wenzel Anton, damals 24 Jahre alt, war erst nach dem Tode seines Vaters geboren worden, erhielt aber eine gute Erziehung und war fähig, ehrgeizig und entschlossen, die Geschicke seiner Familie wieder in bessere Bahnen zu lenken. Mit Hilfe der Verbindungen seines Schwiegervaters und der bedeutenden Mitgift seiner Frau trat er in die Dienste der Regierung und durchlief eine Reihe von Ämtern, bis er 1731 Statthalter von Böhmen wurde und einen Sitz im Böhmischen Hofrat in Wien erhielt. Zuvor war er bereits zum Grafen ernannt worden, 1745 erhielt er den Titel Reichsgraf. Wenzel Anton wurde über achtzig Jahre alt, hatte aber schon vorher den seltenen Weitblick, seine Besitzungen an seine gleichermaßen ehrgeizigen Söhne zu übertragen.

Seinem Sohn Rudolf hatte er bereits als noch jungen Mann um die Zwanzig die Fertigstellung des Schlosses übertragen, dessen Bau er begonnen hatte. Bisher war an dieser Stelle noch nie ein Schloß errichtet worden, wahrscheinlich aufgrund der geographischen Lage, denn diese Gegend war oft Überschwemmungen ausgesetzt. Rudolfs neues Schloß lag in einem Park, der in einem Waldstück angelegt worden war, das von zwei Nebenflüssen der Moldau umschlossen wurde und als »Insel« oder als »Ostrov« bekannt war. Das genaue Datum, wann Wenzel Anton mit dem Bau seines neuen Schlosses begann, ist unbekannt, aber es war sicherlich in den frühen Jahren des zweiten Jahrzehnts des 18. Jahrhunderts. Auch der Baumeister ist unbekannt. Der Bau wurde František Maximilián Kaňka zugeschrieben, einem fähi-

Schloß Weltrus (Veltrusy) vom Eingangstor aus gesehen.

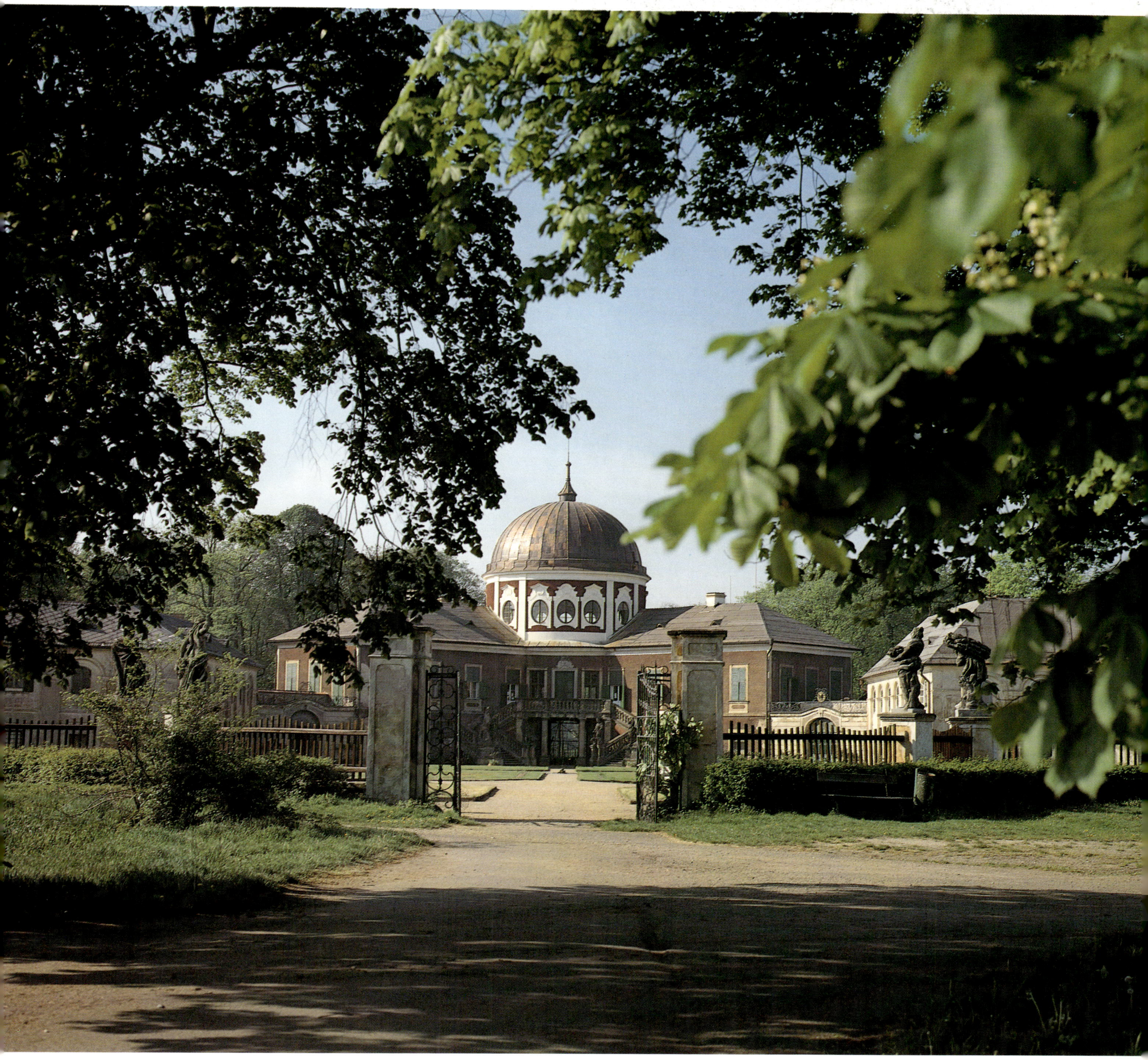

TSCHECHOSLOWAKEI

Weltrus in einer Aquarellansicht, frühes 19. Jahrhundert (Österreichische Nationalbibliothek, Wien).

Porträt des Grafen Rudolf Chotek von L. Farenschön, Mitte des 18. Jahrhunderts.

Das Delfter Zimmer mit seiner Sammlung holländischen Porzellans.

gen Praktiker, aber viele Züge des genialen Grundrisses weisen auf eine bedeutendere Persönlichkeit hin, möglicherweise auf Johann Santini-Aichel, den bedeutendsten Exponenten des böhmischen Barock.

Das Schloß hat einen zylindrischen Kern mit einer offenen *sala terrena* und im ersten Stock einen runden Saal, der über zwei Stockwerke reicht. Vom Kernweg führen im rechten Winkel vier eingeschossige Trakte. Zwischen den beiden nach Norden ausgerichteten Trakten liegt eine außen geführte Treppe, die mit steinernen Vasen geschmückt ist; beiderseits dieser Treppe stehen Statuen, die Franz Anton Kuen zugeschrieben werden – die eine stellt ein sich aufbäumendes, von einem Stallknecht gehaltenes Pferd dar, die andere einen Jäger mit einem Hund. Zwei weitere rechteckige Trakte von verschiedener Höhe sind mit dem Haupttrakt in einer Ost-West-Achse durch kleine Höfe verbunden, deren Brüstungen ehemals von Statuen begrenzt waren. Im östlichen Gebäude waren die Stallungen untergebracht, im westlichen die Verwaltungsräume. Der Ehrenhof wurde von einer Mauer abgeschlossen, die mit Statuen besetzt war. Eine weitere, etwa 200 Meter zurückversetzte Mauer trennte die Gärten vom Park, und auf dieser Mauer befinden sich zwölf allegorische Statuen, die die Monate darstellen, sowie weitere vier Figuren, die die Jahreszeiten verkörpern. Diese wiederum waren flankiert von Statuen der Venus und des Cupido – beide von einem unbekannten Meister –, die auf zwei Säulen am Haupteingang standen. Jenseits dieses Tores verlief eine Allee vom Schloß nach Norden bis hin zum Rand des Waldes, der im Süden, Osten und Westen von einem französischen Barockgarten im Ausmaß von einigen Hektar umschlossen war. Obwohl dieser nicht den großartigen Anlagen vieler seiner französischen Gegenstücke entspricht, enthält er doch einige beeindruckende Merkmale, die über den geometrischen Plan der Bäume und Beete hinausgehen. In seinem östlichen Teil befindet sich beispielsweise ein Brunnen zwischen zwei rechteckigen Pavillons, zusammen mit einer Gruppe von zehn Statuen und Vasen und weiteren sechs auf Säulen in der äußeren Mauer.

Große Empfangsräume, einschließlich Salons, einer Bibliothek und eines Speisesaals, lagen neben dem Mittelsaal, der durch einen Vorraum mit dem Treppenhaus verbunden war. Die Schlafzimmer befanden sich in den Seitenflügeln. Besonders die Decken waren mit viel Stuck dekoriert, der zu der reichen Einrichtung des Schlosses gut paßte. Die Gewölbe und Wände der *sala terrena* waren mit Trompe-l'œil-Malereien – die heute stark verblaßt sind – bedeckt, und an einigen Stellen waren sie durch Stukkaturen zu dreidimensionalen Reliefs verstärkt worden. Die meisten Darstellungen waren Stichen Jacques Callots entnommen, einem Künstler des 17. Jahrhunderts, während die Säulen mit Rokokofiguren geschmückt waren.

WELTRUS

Der Chinesische Salon.

Rudolf Chotek hatte die Leitung der Arbeiten in Weltrus von seinem Vater 1730 übernommen und bezog das Schloß mit seiner Frau Aloisia, einer geborenen Kinsky, nicht viel später. (Urkunden zeigen, daß das Schloß etwa 1744 vollendet wurde.) Wie Wenzel Anton hatte auch Rudolf hohe Ämter inne; 1745 wurde er Geheimer Rat der Kaiserin, vier Jahre später Direktor der Hofkammer, verantwortlich für den Handel, besonders für den Außenhandel; 1760 wurde er zum Kanzler des Reichs ernannt. Als ausgebildeter Ökonom war er natürlich auch ein guter Verwalter seiner Güter. 1754 veranstaltete er zur Ankurbelung der Industrie in Böhmen eine zweitägige Mustermesse in Weltrus, die erste ihrer Art auf der Welt. Die Käufer konnten ihre Order nur nach den ausgestellten Mustern und den ausgelegten Katalogen aufgeben und nichts direkt kaufen.

Bis zu seinem Tode im Jahre 1779 beschäftigte sich Rudolf mit Verbesserungen in Weltrus. Er machte den Besitz zu einem Fideikommiß, das nicht geteilt und nur auf den ältesten Sohn übergehen konnte. Da er selbst kinderlos war, bestellte er seinen Neffen, Johann Rudolf, zum Erben. Um seine Residenz zu vergrößern, verlängerte er um 1764 die vier Flügel des Haupttraktes und verdoppelte damit den Wohnraum. Im Zuge dieser Erweiterungen wurden einige Mauern zwischen dem Hauptgebäude und den Flügeln niedergerissen und das doppelzylindrische Dach über dem Mittelsaal durch eine kupfergedeckte Kuppel, die heute noch existiert, ersetzt. Gleichzeitig ersetzte er in den meisten Räumen den barocken Stuck durch Rokokoverzierungen. 1765 erhielt Josef Pichler den Auftrag, die Kuppel über dem Mittelsaal mit einer Allegorie der vier Jahreszeiten auszumalen; zu dieser Zeit wurden auch der Chinesische Salon und der Maria-Theresia-Saal ausgestaltet.

Als engagierter Landschaftsarchitekt hatte Rudolf Chotek schon den sogenannten türkischen Garten in dem südwestlichen Teil der Insel angelegt. Als die Moldau

Vergoldete Rokoko-Konsole mit einer seltenen Vase.

Porträt des Grafen Johann Rudolf Chotek, spätes 18. Jahrhundert.

1764 über ihre Ufer trat und der französische Garten zerstört wurde, ergriff er die Gelegenheit, den Park auf fast 14 Hektar zu vergrößern, indem er ihn auch auf das rechte Flußufer ausdehnte. Desweiteren legte er Schneisen durch den umliegenden Wald an, um schöne Ausblicke vom Schloß zu schaffen. Obwohl der Garten im wesentlichen dem Stil des französischen Barock nachempfunden war, enthält er auch Spuren einer freieren und weniger formalen Annäherung an die Natur, die in späteren Jahren ihre Vollendung finden sollte.

Johann Rudolf übernahm Weltrus zu einem Zeitpunkt, als die Natur als Quelle ästhetischer Werte und als harmonisches Vorbild der menschlichen Gesellschaft betrachtet wurde. Die Landschaft als Spiegel dieser Vorstellungen neu zu gestalten, wurde beschleunigt, als große Fluten in den Jahren 1784–85 die Insel zerstörten, auf der das Schloß errichtet worden war. Ab jetzt wurde der Wasserstand durch einen Überflutungskanal kontrolliert, der bei Bedarf durch verschiedene Schleusen reguliert werden konnte; auf dem Kanal konnte die Familie außerdem Bootsfahrten unternehmen. Die landwirtschaftlich genutzten Flächen wurden als integraler Bestandteil des Parks behandelt, wobei die Landarbeiter und die Tiere des Bauernhofes lebende Kulissen eines dekorativen Hintergrundes waren. Nach 1785 wurde der Park im englischen Stil umgestaltet, hauptsächlich in Übereinstimmung mit den Ideen Richard van der Schotts, dem Direktor der kaiserlichen Gärten in Wien.

Eine Reihe ornamentaler Gebäude wurde errichtet, darunter eine Grotte mit Ruinen, eine Eremitage, eine dorische Brücke, eine chinesische Fasanerie und ein holländischer blauer Pavillon, der später in ein Jagdhaus umgebaut wurde. Diese Gebäude sind heute im großen und ganzen verschwunden. Viele dieser Projekte wurden für die Choteks von dem Prager Architekten Matthias Hummel entworfen. Er baute zwischen 1811 und 1813 den mit Kolonnaden versehenen Maria-Theresia-Pavillon und einen dorischen Pavillon im südöstlichen Teil des Parks sowie etwas später eine Brücke mit einer Sphinx, genannt das »Ägyptische Kabinett«. Schon um die Jahrhundertwende hatte er nach Vorbildern, die er auf seinen Reisen in England sah, den entzückenden ionischen Tempel der »Freunde des Landlebens und der Gartenbaukunst« (1794) gebaut, und drei Jahre später entwarf er den Laudon-Pavillon, eine Kopie des Prior Parks von Bath in England. Die neugotische Rote Mühle wurde ebenfalls um 1790 errichtet, zusammen mit einer Reihe von Baulichkeiten, die heute nicht mehr existieren (ein Chalet, eine Bauernhütte und eine kunstvolle Veranda). Obwohl sich nicht alle Aktivitäten Johann Rudolfs vorteilhaft auswirkten – er zerstörte den inneren Hof des Schlosses und ersetzte eine zauberhafte Orangerie aus Glas durch ein steinernes Bauwerk –, kann man doch mit Recht behaupten, daß Weltrus eine der schönsten Parkanlagen in Böhmen war.

Johann Rudolfs architektonische Ambitionen beschränkten sich jedoch nicht nur auf Weltrus. Auf einem anderen Besitz östlich von Prag begann er 1802 mit den Arbeiten an einem großen klassizistischen Schloß namens Katschina (Kacina), angeblich einer Nachahmung des Schlosses bei St. Petersburg. Ein Professor der Akademie, Georg Fischer, war sein Architekt, obwohl die ursprünglichen Pläne von Christian Schuricht stammten. In einem ausgedehnten Halbkreis, der von zwei begrenzenden Pavillons abgeschlossen wurde, ließ Chotek ein großes Schloß mit neunzehn Achsen errichten, wahrscheinlich das reinste klassizistische Bauwerk, das jemals in Böhmen erbaut wurde. Über dem ionischen Portico des Haupteingangs ließ er 1822, als der Bau nach zwanzigjähriger Bauzeit seiner Vollendung zuging, die Inschrift anbringen: »Johann Rudolf Chotek für sich, seine Freunde und Nachkommen.«

Als Johann Rudolf 1824 starb, hatte er wie schon seine Vorfahren eine bedeutende Karriere hinter sich. Er hatte den Ehrentitel eines Burggrafen von Böhmen erhalten und war über zwei Jahrzehnte der Präsident der Königlich Böhmischen Gesellschaft der Wissenschaften. Seine ausgedehnte Bautätigkeit hatte die finanziellen Mittel der Familie allerdings ernstlich geschmälert, und so konnte während der nächsten vierzig Jahre sein Enkel Heinrich, der die Chotek-Besitzungen erbte, wenig für Weltrus tun. Um 1831 wurde eine klassische Statue des Mars errichtet und zwischen 1845 und 1846 Eingangstore im Empirestil in die Parkmauer eingebaut. Die Familie lebte jedoch vorwiegend in Katschina, wo die Arbeiten mit Unterbrechungen fortgesetzt wurden. Ein Ballsaal und eine Bibliothek in Gestalt einer zwei-

TSCHECHOSLOWAKEI

geschossigen, mit Säulen versehenen Rotunde wurden hier um 1850 fertiggestellt. Die Besitzungen waren jedoch noch immer bedeutend, um die Jahrhundertmitte gehörten zwanzig Dörfer und Teile von neun weiteren zu Weltrus.

Im 19. Jahrhundert war das Schloß nur wenig bewohnt, was sich als großer Vorteil erwies, denn während dieser Zeit wurde das wertvolle Interieur nicht verändert. Nach einer dreißigjährigen Verwaltung des Besitzes durch Heinrichs ältesten Sohn Rudolf war die Familie jedoch tief verschuldet. Nach dessen Tod im Jahre 1894 übernahm sein Bruder Emmerich Weltrus, während Katschina an seinen Schwager Thun-Hohenstein verkauft wurde. Obwohl man im Park – dem Modetrend der Zeit folgend – sehr interessante Pflanzenkulturen anlegte, wurden der Park, aber auch das Schloß in den Jahren nach 1880 im zunehmenden Maße vernachlässigt. Die Umleitung der Moldau schnitt den Wasserkanal von seinen Zuflüssen ab, und auch die Lebenskraft der Choteks schien erschöpft zu sein. Emmerich beerbte seinen jüngeren Bruder Arnošt, mit dessen Tod 1927 der Hauptzweig der Familie endete. Weltrus ging auf einen Vetter zweiten Grades, Karl, über, der sein letzter Eigentümer sein sollte, da auch dieses Schloß von der kommunistischen Regierung nach dem Zweiten Weltkrieg enteignet wurde. Karl hatte nur eine Schwester, Ada, die einen eigenen Nonnenorden, die »Schwestern der heiligen Eucharistie«, gründete, und so starb mit seinem Tod die Familie der Choteks im Hauptstamm aus.

Weltrus ist nicht eines der bekanntesten oder architektonisch bemerkenswertesten großen Schlösser Böhmens. Aber es ist immer noch in einem ausgezeichneten Zustand und besitzt sowohl außen als auch innen einen Charme, wie ihn nur wenige andere Schlösser haben. Sein Park, einer der bedeutendsten seiner Art im Lande, ist heute nur noch ein matter Abglanz dessen, was er einst um 1800, zu Zeiten seiner Vollendung, gewesen war, aber es finden sich noch immer einige zauberhafte Monumente. Die Familie, die dies alles geschaffen hat, zeichnete sich durch eine Reihe fähiger Staatsbeamter und Förderer der Künste aus. Außer einer entfernten Cousine mit dem Namen Sophie, der morganatischen Gemahlin des unglücklichen Erzherzogs Franz Ferdinand, sind die Choteks der Nachwelt nicht bekannt. Dennoch waren sie eine bemerkenswerte Familie, die eines der attraktivsten aller böhmischen Schlösser geschaffen hat. Rainer Maria Rilke schrieb über Weltrus: »...Wieviel wunderbare Darstellungen seiner Erfahrungen und Selbsterkenntnis hat sich der menschliche Geist doch geschaffen – wie diskret und geständig zugleich übertrug er sich in das Wesen einer solchen Anlage, spannte und rühmte sich in ihr auf eine Art, wie die Welt sich um den Sternenhimmel spannt und rühmt.«

Ansicht des neoklassizistischen Schlosses Kačina, Mittelböhmen.

Der Park von Weltrus vom Schloß aus gesehen.

Der Maria-Theresia-Pavillon im Park von Weltrus.

EISGRUB (LEDNICE) & FELDSBERG (VALTICE)

Der Landstrich südöstlich von Brünn, an der Grenze zu Österreich, Ungarn und der Tschechoslowakei ist typisches Grenzland, und bis vor kurzem lebten hier Slawen, Deutsche und Ungarn zusammen. Es ist daher nicht erstaunlich, daß zwei der bedeutendsten Schlösser Mährens von einer Familie deutschen Ursprungs erbaut wurden, deren engste Bindungen immer Wien galten, dessen Entfernung von dieser Gegend kaum größer ist als die nach Brünn (Brno). Zwischen diesen beiden ehemaligen Liechtensteinschen Familienschlössern, deren äußeres Erscheinungsbild heute so völlig verschieden ist, erstreckt sich eine der schönsten, mit Pavillons und kleinen Monumenten übersäten Parklandschaften Europas.

Die Liechtensteins wurden erstmals um die Mitte des 12. Jahrhunderts urkundlich erwähnt. Ihr Name stammt von der großen Burg, die sie in der Nähe von Maria Enzersdorf bei Wien gebaut hatten. 1249 wird urkundlich erwähnt, daß Heinrich von Liechtenstein von König Wenzel I. Lehen in Mähren erhalten habe, und 1322 erwarb die Familie die kleine gotische Burg in Eisgrub (Lednice). Etwa siebzig Jahre später kamen sie ganz in der Nähe in den Besitz einer weiteren Burg mit dem Namen Feldsberg (Valtice), die sich ehemals im Besitz des Bischofs von Passau befand. Obwohl sie in Niederösterreich lag (bis zur Grenzänderung im Jahre 1919), war sie nur etwa sieben Kilometer von Eisgrub entfernt. Von den mittelalterlichen Bauten blieb in beiden Fällen keine Spur erhalten. Bis zur Vereinigung Österreichs und Mährens unter der Herrschaft der Habsburger nach dem Jahre 1526 mußten die Liechtensteins einen häufig schwierigen Balanceakt durchführen, aber ihre Beziehungen zu Österreich waren immer von größter Bedeutung. Sie dienten loyal den Babenbergern und anschließend ihren Nachfolgern, den Habsburgern, und 1386 wurde Johann I. zum Oberhofmeister, dem damals wichtigsten Mann in der Verwaltung, ernannt.

Im Mittelalter entstanden mehrere Linien der Familie Liechtenstein, schließlich wurde ein Majoratssystem eingeführt (das aber niemals richtig funktionierte), um einen Zerfall der Besitzungen zu vermeiden. Hartmann II. von Liechtenstein, der um 1570 heiratete und den Besitz erbte, ließ die befestigte Burg in Eisgrub (Lednice) niederreißen und durch ein Renaissanceschloß ersetzen. Ihn kann man als den direkten Vorfahren der späteren Generationen bezeichnen, da er drei Söhne hinterließ: Karl, Maximilian und Gundakar. Maximilian starb kinderlos, und Karls Linie starb nach vier Generationen aus. Gundakars Nachkommen hingegen pflanzten sich bis zum heutigen Tage fort. Die drei Brüder, alle mit außergewöhnlichen Fähigkeiten ausgestattet, erbten die zahlreichen Besitzungen ihres Vaters nach dessen Tod im Jahre 1597. Karl, damals 28 Jahre alt, war bei den Mährischen Brüdern erzogen worden, hatte sich aber zum Katholizismus bekehrt und machte Karriere als Hofmarschall in den Diensten Habsburgs, zuerst bei Erzherzog Matthias und dann bei Kaiser Rudolf. Von den drei Brüdern war Karl der Politiker, Maximilian der Soldat und Gundakar der Diplomat. Alle drei absolvierten eine hervorragende Karriere. Karl und Maximilian heirateten die beiden Töchter von Jan Šembera Černohorský von Boskovice und hatten daher Aussicht auf ein beachtliches Erbe. 1606

Der Vorhof des Schlosses Feldsberg (Valtice).

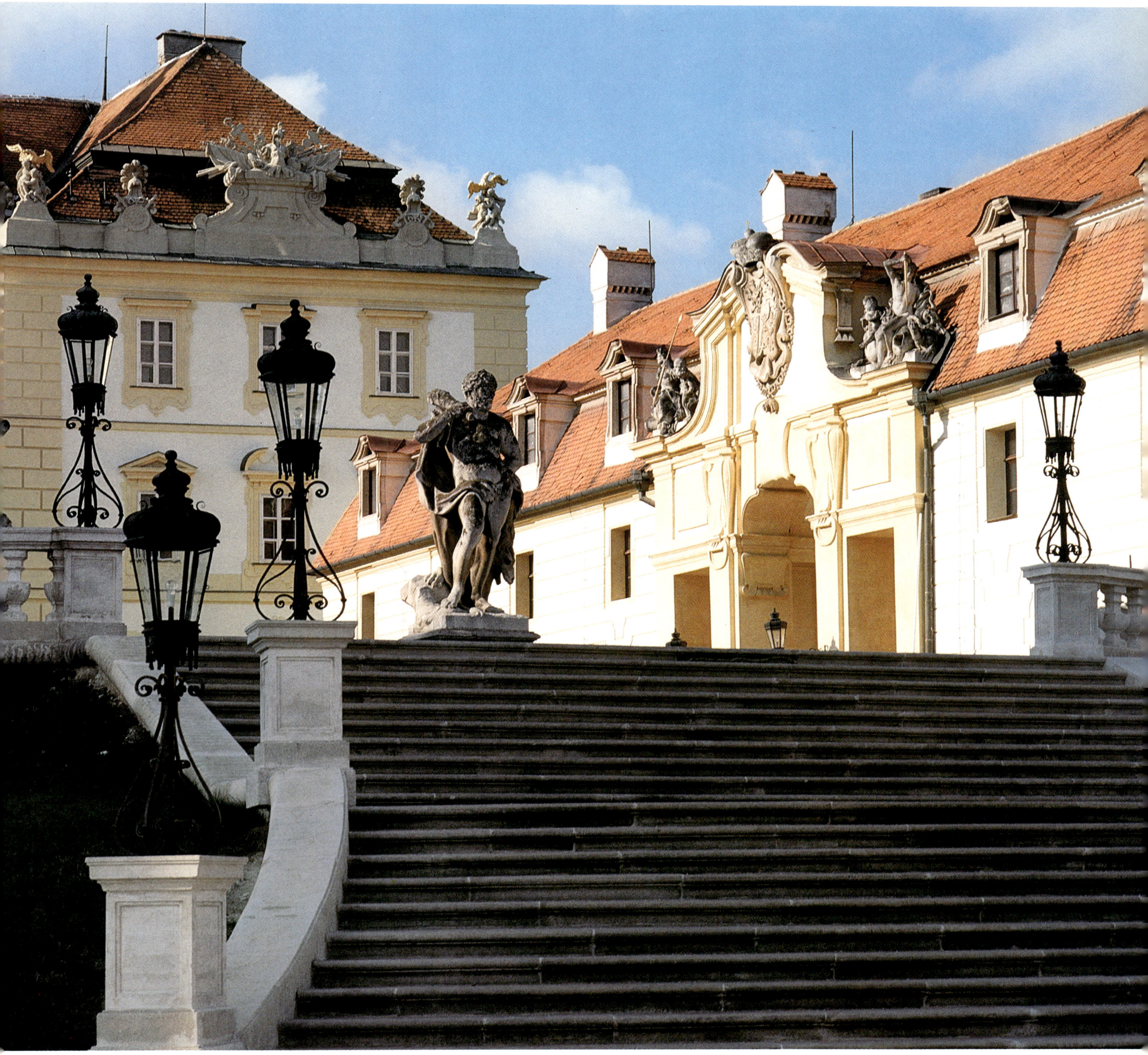

TSCHECHOSLOWAKEI

vereinbarten die Brüder, die Familienbesitzungen in ein unteilbares Erbgut zu verwandeln, mit dem Recht des erstgeborenen männlichen Nachkommen, die Erbfolge anzutreten; diese Abmachung, die für die Erhaltung des enormen Reichtums der Liechtensteins von größter Bedeutung war, hatte bis 1938, als der Besitz der Familie in eine Stiftung eingebracht wurde, Bestand.

Die Liechtensteins spielten 1620 eine entscheidende Rolle bei der Wiederherstellung der Macht der Habsburger in den böhmischen Ländern: Karl drängte die zögernden katholischen Feldherren zur Schlacht am Weißen Berg, und Maximilian führte die entscheidende Kavallerieattacke. 1622 zum Vizekönig Böhmens ernannt, setzte Karl sich für Milde gegenüber den Rebellen ein, obwohl der Kaiser auf unbarmherzige Strafe bestand. Nach dem Aufstand waren die Liechtensteins in einer besonders günstigen Lage, um enteignete Besitze zu erwerben. Durch die verschiedensten Mittel gelang es ihnen, ihren Grundbesitz auf das Fünffache zu vergrößern, und so wurde Karl der größte Grundbesitzer des Landes. Alle drei Brüder erhielten wegen ihrer uneingeschränkten Loyalität zu den Habsburgern den erblichen Prinzentitel. Karl bekam seiner Stellung entsprechend die Herzogtümer von Troppau und Jägerndorf. Er war eifrig bestrebt, seine Residenzen zu verschönern, besonders Feldsberg (Valtice), das zu dieser Zeit eine schmucklose Ansammlung verschiedener Gebäude um einen alten Wehrturm und kaum bewohnbar war. Er holte sich Giovanni Battista Carlone, den kaiserlichen Baumeister, und investierte zwischen 1613 und 1617 viel Geld. Der große Saal des Schlosses erhielt ein neues Dach, doch blieb das geplante Deckenfresko bis zu seinem Tode unvollendet. Ebenso war Carlone vier Jahre lang für Karl in Eisgrub (Lednice) tätig, allerdings ohne besonders viel Erfolg: Karl begann aber mit der Anlage des großen Parks. Sein einziger Sohn, Karl Eusebius, war ganz anders geartet; er war ein umfassend gebildeter Mensch, ohne Interesse an öffentlichen Angelegenheiten, und seine Leidenschaft galt der Kunst und Architektur. In seiner »Abhandlung über Architektur«, die er vor allem für seinen Sohn verfaßte, bezeichnete er die Förderung der Architektur als eine Tradition, die den Ruhm der Familie vermehre und für die Nachkommenschaft erhalte. Ein Teil dieser Abhandlung war den künstlerischen und ästhetischen Erwägungen des Gönners gewidmet, der andere praktischen Ratschlägen für die Bausausführung. »Der einzige Verwendungszweck von Geld ist die Errichtung schöner Monumente, denn es gibt nichts Schöneres und Vornehmeres, als hervorragende Gebäude zu schaffen und zu hinterlassen.«

Karl Eusebius versuchte, diese Theorie in die Praxis umzusetzen. Sein erstes großes Vorhaben war der Neubau der mächtigen Pfarrkirche von Feldsberg (Valtice), wofür er den Baumeister Giovanni Giacomo Tencala hinzuzog. Ihre Zusammenarbeit erwies sich aber als problematisch, da die Arbeiten oft unterbrochen wurden. Der Grundstein zur Kirche wurde 1629 gelegt, aber nachdem die Kuppel neun Jahre später einstürzte, wurde Tencala entlassen, und sein Kollege Andrea Erna übernahm seinen Auftrag. (Allerdings kehrte Tencala 1643, davon unbeeindruckt, wieder zurück.) Die Arbeiten wurden durch Kriegszeiten unterbrochen, und die Kirche, ein kaltes barockes Echo auf den Manierismus des Vignola, wurde erst 1671 eingeweiht. Im Schloß wurden die Innenmalereien fertiggestellt, doch es erfolgten keine wesentlichen Umbauten. Ein zeitgenössisches Bild zeigt einen vieleckigen Turm, flankiert von zwei Renaissancegebäuden mit Höfen, das Ganze von einem Graben umgeben. Der Haupttrakt war von zwei Flügeln, errichtet von Erna und mit Stuckdekorationen von Tencala, flankiert, die in zwei Ecktürmen beiderseits des Eingangstores endeten. Letztlich fand Karl Eusebius aber Eisgrub (Lednice) als Residenz zu klein, aber er investierte viel Geld in den Park. Berichten zufolge gab es eine Orangerie mit 3000 Bäumen und Glashäuser mit den seltensten Orchideen, obwohl es in einer solch flachen Gegend schwierig war, genügend Wasserdruck zu erhalten. Stukkateure und Freskenmaler wurden von ihm zur Verschönerung der Innenräume beschäftigt. Das größte Vermächtnis aber, das er hinterließ, war seine Skulpturen- und Bildersammlung, wobei die Bilder in einer eigens hierfür erbauten Galerie aufgehängt waren. Zur Ausschmückung der Wände in den Gemächern seiner Residenz bevorzugte er hingegen Gobelins.

Karl Eusebius' Theorien über die Baukunst blieben nicht ohne Wirkung auf seinen Erben Johann Adam Andreas. Dieser hatte unter der Aufsicht seines Vaters schon

Das Liechtensteinsche Schloß in Plumlov aus der Ferne gesehen.

Porträt des Fürsten Karl I. von Liechtenstein in der Uniform eines österreichischen Feldmarschalls, um 1625 (Sammlungen des Fürsten von Liechtenstein).

*Aquarellansicht von Schloß Eisgrub (Lednice)
vor der Umgestaltung, von Ferdinand Runk,
um 1820 (Sammlungen des Fürsten von Liechtenstein).*

das Schloß Plumenau gebaut, eine »tour de force«, die Karl Eusebius' Ideal eines langgestreckten Gebäudes widerspiegelte. Auf einem steilen Felsen oberhalb eines Teiches gelegen, hatte Plumenaus einzig fertiggestellter Flügel Reihen über Reihen von freistehenden Säulen im dorischen, ionischen und korinthischen Stil. Die gegen den Felsen gerichtete Fassade hingegen wies eine massive Reihe von Stützpfeilern direkt oberhalb des Felsens auf.

Johann Adam Andreas' finanzielle Situation war nicht ermutigend. Er hatte 1684 Schulden in Höhe von 800 000 Gulden geerbt. Trotzdem begann er mit der Revitalisierung seiner Besitzungen und begründete einen glänzenden Hof. In Wien erwarb er ein Stadtpalais von der Familie Kaunitz, das er fertigstellen ließ, und er baute nach Plänen Domenico Martinellis in der Rossau bei Wien ein Sommerpalais. In Feldsberg wurde bis auf eine *sala terrena*, die Johann Bernhard Fischer von Erlach an den Ostflügel anfügte, nicht weitergebaut.

Anders war es allerdings in Eisgrub. Dort wurde Fischer von Erlach mit dem Entwurf eines Stallgebäudes für Reitpferde beauftragt. Die monumentalen Stallungen, die direkt gegenüber dem Schloß lagen, beherbergten zeitweise bis zu 180 Pferde und stellten alle anderen, verhältnismäßig bescheidenen Gebäude dieses Anwesens in den Schatten. Die Anlage des inneren Hofes war verhältnismäßig einheitlich und ausgeglichen, die Außenfassade dagegen weniger gelungen. Die reiche Ausstattung mit Säulen erinnerte an Plumenau (Plumlov) und an die architektonischen Ideen von Karl Eusebius. Mit den Arbeiten wurde 1688 begonnen, zwei Jahre später war der Südflügel fast fertiggestellt. Dann verließ jedoch Fischer von Erlach aus nicht bekannten Gründen die Dienste des Fürsten; an seine Stelle trat Domenico Martinelli. Mit zehnjähriger Verspätung waren drei der vier geplanten Flügel endlich vollendet und mit Statuen des Bildhauers Giovanni Giuliani geschmückt. Das kleine manieristische Schloß wurde als ein einstöckiger dreiflügeliger Bau mit

TSCHECHOSLOWAKEI

Die Stallungen Johann Bernhard Fischer von Erlachs in Eisgrub (Lednice), Ansicht von Johann Adam Delsenbach, um 1730 (Sammlungen des Fürsten von Liechtenstein).

Porträt des Anton Florian von Liechtenstein mit Feldsberg (Valtice) im Hintergrund, von Peter van Roy, um 1715 (Sammlungen des Fürsten von Liechtenstein).

Innenraum der Schloßkapelle von Feldsberg (Valtice).

einem Mezzaninstockwerk unterhalb des Daches umgebaut, der Park erhielt eine Orangerie und einen Sommerpavillon.

»Der Krösus Österreichs«, wie Johann Adam Andreas genannt wurde, hinterließ bei seinem Tod im Jahre 1712 keine männliche Nachkommenschaft, und so übernahm sein Vetter zweiten Grades, Anton Florian, der Enkel Gundakars, das Majorat. Dieser hatte bereits eine erfolgreiche Karriere als Botschafter beim päpstlichen Hof und als Minister Kaiser Karls VI. hinter sich, doch konnte er sein großartiges Erbe nur zwölf Jahre genießen. Trotzdem wurde in dieser kurzen Zeitspanne in Eisgrub viel fertiggestellt. Martinellis prunkvolle Pläne umfaßten eine Reitschule, ein Preßhaus, den Umbau der Stallungen aus der Mitte des 16. Jahrhunderts und die Errichtung eines Torturmes über den von Erna erbauten Flügeln. Zwei Wagenremisen wurden errichtet, ebenso eine Auffahrt zu dem Tor vom Dorfplatz; die niedrige Mauer zwischen den Türmen wurde abgerissen. In Eisgrub wurde die Fassade restauriert und die Aufstockung des Schlosses diskutiert. Ein zeitgenössischer Stich von Johann Adam Delsenbach, der alle Familienresidenzen abbildet, ist die einzige Darstellung des Schlosses im 18. Jahrhundert: Die Seitenflügel zeigten dasselbe Aussehen wie die Gartenfassade, die Nordostfassade hatte einen zentralen Giebel über einem formalen Parterre im italienischen Stil. Durch den Wald waren Schneisen geschlagen, und zwischen den beiden Schlössern war eine Allee angelegt worden. In der ersten Hälfte des 18. Jahrhunderts waren die künstlerischen Aktivitäten der Liechtensteins ungewöhnlich bescheiden, weil Johann Adam Andreas, der seinen Erben nicht mochte, alles dem Majorat seiner Witwe, ihrer einzigen Tochter und ihren Neffen hinterlassen hatte. Der regierende Fürst, Anton Florian, konnte daher einige Jahre lang nicht über den Hauptteil der Bildergalerie verfügen. Weder sein Sohn noch sein junger Enkel unternahmen wesentliche Änderungen an dem Besitz, außer kleineren Abschlußarbeiten am Südflügel von Eisgrub, die 1729 von dem Baumeister Anton Johann Ospel ausgeführt wurden. Die Schloßkapelle, die damals fertiggestellt wurde, ist ein besonders schönes Beispiel der Barockkunst; sie erhebt sich über zwei Stockwerke, ihre Wände sind mit Marmor ausgekleidet, und in den Seitenkapellen befinden sich großartige Statuen von Giuliani.

1784 übernahm Josef Wenzel das Erbe von seinem Vetter, dem Enkel Anton Florians. Er war sicherlich die herausragendste Persönlichkeit, die die Liechtensteins jemals hervorbrachten, ein vollendeter Diplomat und ein außergewöhnlicher Offizier. Seine Ausbildung erhielt er unter Prinz Eugen, und er stieg bis zum Rang eines Feldmarschalls auf und übernahm die Leitung der kaiserlichen Artillerie, deren Verbesserung sein Lebenswerk war. Er war von zurückhaltendem Temperament und nie ein reiner Höfling, vielmehr vertrat er die Kaiserin bei den wichtigsten Gelegenheiten. Im Familienbesitz gibt es noch eine wunderschöne goldene Kutsche, die als

EISGRUB & FELDSBERG

TSCHECHOSLOWAKEI

Winterlandschaft im Schloßpark mit dem Minarett im Hintergrund.

Porträt des Fürsten Josef Wenzel von Liechtenstein, von Antoine Pesne, 1735 (Sammlungen des Fürsten von Liechtenstein).

Das Wasserschloß im Park zwischen Feldsberg (Valtice) und Eisgrub (Lednice).

einzige ihrer Art die Französische Revolution überlebte und die eine von fünf Kutschen war, die er für seinen formellen Einzug als Botschafter in Paris im Jahre 1738 bauen ließ. Die Kutschen wurden von jeweils sechs bis acht Schecken aus dem Gestüt von Eisgrub gezogen, und zwar in Paaren, die perfekt in Größe und Bewegung aufeinander abgestimmt waren. Diese Nachahmung des Einzuges von Anton Florian in Rom, fast fünfzig Jahre früher, muß ein unvergeßliches Schauspiel gewesen sein. In einem Zeitalter, in dem auf zeremoniellen Glanz so viel Wert gelegt wurde, war dies Gehabe Josef Wenzels von größter Bedeutung. Ein Mann mit so viel öffentlichen Funktionen hatte allerdings wenig Zeit für Architektur, und daher wurde in Eisgrub und Feldsberg in den zwanzig Jahren, die er sie besaß, wenig getan. Allerdings erweiterte der Fürst seine Bildersammlung erheblich durch Erwerbungen in Frankreich und Italien, und seine Bibliothek wurde als eine der besten in Mitteleuropa angesehen.

Die Pause der langen Bautradition der Liechtensteins war nur von kurzer Dauer. Josef Wenzels Neffe und zwei Großneffen lenkten die Familiengeschicke zwischen 1772 und 1836, einer Periode großer Bautätigkeit. Sowohl für Feldsberg als auch für Eisgrub wurden Pläne bei Isidor Canevale in Auftrag gegeben. Zunächst geschah zwar wenig, aber 1790 begann eine umfangreiche Bautätigkeit mit der Zusammenarbeit zwischen Fürst Alois Josef I. und seinem Hofarchitekten Joseph Hardtmuth, der auch durch die Erfindung des Bleistiftes berühmt wurde. Zunächst wurden Maßnahmen ergriffen, um die regelmäßige Überflutung des Geländes in Zukunft zu verhindern; danach konzentrierten sich die Arbeiten auf den etwa sechs Kilometer langen Landstrich entlang der Grenze zwischen Niederösterreich und Mähren, die die beiden Liechtensteinschen Schlösser voneinander trennte.

1790 wurde zunächst der Schwanenteich angelegt, an dessen Ende Hardtmuth ein türkisch inspiriertes Minarett erbaute, das sich auf einem Sockel erhob und mit einer goldenen Sichel gekrönt war, die von verschiedenen Stellen im Park sichtbar war. Ein chinesischer Badepavillon, ein Badehaus und ein Sonnentempel – alle heute nicht mehr vorhanden – wurden ebenfalls errichtet, während Hardtmuth Pläne für eine Pyramide mit klassischen Proportionen entwarf. Als Fürst Johannes I., ein Feldmarschall von großer Genialität, seinem kinderlosen Bruder 1805 folgte,

EISGRUB & FELDSBERG

beschleunigte man die Umgestaltung der Landschaft. Aus dem sumpfigen Grund wurden noch mehr Teiche ausgehoben und aus dem Aushubmaterial kleine Inseln angelegt. Für die Ausführung der verschiedenen Projekte wurden zeitweise bis zu 600 Arbeiter eingesetzt.

Johannes Josef I. beschäftigte Hardtmuth als seinen Hofarchitekten; aus seiner Regierungszeit stammt der römische Aquädukt und auch die pittoreske Hansenburg, eine romantisch-gotische Burgruine. Um 1812 hatten sich die Beziehungen zwischen den beiden Männern abgekühlt, nachdem zwei von Hardtmuths Bauwerken – ein Husarentempel und eine Nachbildung der Trajans-Säule – eingestürzt waren. Im gegenseitigen Einvernehmen verließ Hardtmuth die Dienste bei den Liechtensteins und wurde durch Josef Kornhäusel ersetzt. Zwei wichtige Vorhaben wurden nun vollendet, die Kolonnade auf dem Reistenberg und der Dianatempel in Form eines römischen Triumphbogens mit einem großen Jagdsaal, der für Jagddessen bestimmt war. Kornhäusel erbaute auch das elegante Teichschlößchen, ein kompakter zweigeschossiger Pavillon, der an einer sanft abfallenden Wiese lag. Ferner begann er mit dem Bau des Apollotempels, eines von einer Halbkuppel bedeckten Rundbaus mit Apollo in seinem Sonnenwagen über dem Architrav. Um 1818 verlor auch Kornhäusel die Gunst seines Bauherrn, und Franz Engel trat an seine Stelle. Dieser erbaute den Zirkus der Grazien (so genannt wegen der klassizistischen Gruppe der drei Grazien von Johann Martin Fischer) und das Grenzschloß, dessen eine Hälfte sich in Mähren, die andere in Niederösterreich befand; durch die Mitte des Gebäudes floß der Grenzbach. Engels Karriere endete, als er 1825 wahnsinnig

TSCHECHOSLOWAKEI

wurde und bald darauf starb. Dennoch dauerte die bauliche Tätigkeit weiter an, und das Schloß in Eisgrub wurde von Kornhäusel zwischen 1812 und 1818 mit Ausnahme der Räume im ersten Stock völlig umgebaut. Ein neuer Westflügel mit vier großen Empfangsräumen, der den Haupttrakt mit der Orangerie verband, wurde errichtet. Außerdem erhielt Kornhäusel auch den Auftrag für die Vergrößerung der Liechtensteinschen Familiengruft in der Wallfahrtskirche von Wraunau (Vranov) nördlich von Brünn (Brno), wofür er ein freistehendes Mausoleum in Form einer Pyramide vorschlug, das allerdings nie gebaut wurde. Im Jahre 1821 errichtete Engel unterhalb der Kirche eine Gruft in einem Neoempirestil, ausgestattet mit zahlreichen Särgen und Statuen von dem Wiener Bildhauer Josef Klieber sowie mit Rosenholzbänken mit silbernen Symbolen der Vergänglichkeit. Die Gemäldegalerie der Familie mit mehr als 1000 Bildern war auf den Bruder von Johannes I., Alois Josef I., einen bedeutenden Kunstkenner, übergegangen, der die Werke katalogisieren ließ. Viele Bilder minderer Qualität wurden auf Versteigerungen verkauft und für den Erlös wertvollere Bilder angeschafft. Er hatte auch eine Vorliebe für Musik und Theater und ließ in Feldsberg (Valtice) ein Theater und im Park von Eisgrub (Lednice) eine Freilichtbühne errichten. Er hielt sich eine ständige Schauspielertruppe, die er durch öffentliche Aufführungen finanzierte. Alois Josefs Interessen erstreckten sich auch auf die Botanik und Mineralogie, während die Hauptleidenschaft von Johannes I. die Landwirtschaft war. Für seine Schafe und Rinder, die besten in der Habsburgermonarchie, ließ er von Hardtmuth den Neuhof, einen klassizistischen Meierhof mit einem Rundbau und tempelartigen Seitenflügeln, errichten, in dem er seine berühmten Schweizer Kühe hielt. Die Bautätigkeit endete nicht mit dem Tod von Johannes I. im Jahre 1836, denn sein ältester Sohn, Alois Josef II., besaß wie sein Vater die gleiche Leidenschaft für die Architektur, auch wenn er ein geringeres Interesse für die schönen Künste hatte. Er richtete das Familienpalais in Wien im späten Biedermeierstil ein, zeigte aber in Eisgrub einen ganz anderen Geschmack. Dort entschloß er sich 1845 zu einem völligen Umbau des Schlosses im englischen neugotischen Stil nach den Plänen des Architekten Georg Wingelmüller, den er im darauffolgenden Jahr auf eine Reise durch Westeuropa schickte, um neue Ideen zu sammeln. Mit den Arbeiten wurde sofort begonnen, aber unglücklicherweise starb Wingelmüller im Jahre 1848, und der Umbau wurde in den folgenden Jahren von seinem Stellvertreter Johann Heidrich durchgeführt. Die ursprünglichen Mauern und Fenster wurden zusammen mit dem früheren Grundriß beibehalten, während Stufen, Terrassen und zwei mächtige Türme hinzugefügt wurden. Die Fassade wurde mit Erkern, Zinnen und Ziergiebeln geschmückt, die Fensterrahmen vergrößert und mit kunstvollen Steinmetzarbeiten versehen.

Porträt des Fürsten Johannes I. von Liechtenstein, von Johann Baptiste Lampi, um 1855 (Sammlungen des Fürsten von Liechtenstein).

Der Diana-Tempel oder das Rendezvous in Eisgrub (Lednice), Aquarell von Ferdinand Runk, um 1820 (Sammlungen des Fürsten von Liechtenstein).

Die Bibliothek in Eisgrub (Lednice), Aquarell von Rudolf von Alt, 1852 (Sammlungen des Fürsten von Liechtenstein).

EISGRUB & FELDSBERG

Angrenzend an das Hauptgebäude von Eisgrub erfolgte nach Plänen des Engländers Peter Hubert Desvignes anstelle der Orangerie und des Theaters der Bau eines riesigen gußeisernen Palmenhauses. Die vor kaum 30 Jahren erbaute Suite mit Empfangsräumen wurde mit Holz verkleidet und erhielt eine geschnitzte Kassettendecke. Auch die Küche und der Küchentrakt wurden umgebaut und der Raum zwischen ihnen und dem Haupttrakt durch eine monumentale Freitreppe ausgefüllt. Von der Bibliothek führte eine Wendeltreppe aus Eichenholz, die mit Pflanzen und Tiermotiven verziert war, in das Arbeitszimmer der Fürstin. Gänge, Treppen und viele Räume hatten Netz- oder Kreuzgewölbe, um den Eindruck einer mittelalterlichen Burg zu erwecken, und waren im Gegensatz zu der Fassade aus Marmor oder Kalkstein. Zwei der großen Kandelaber wurden 1690 in Nürnberg hergestellt, sechzehn weitere in der Metallgießerei Hollenstein in Wien. Auch sonst herrschte der neugotische Stil vor, mit Ausnahme der barocken Stallungen, die unverändert blieben.

Alois Josef starb in Eisgrub einige Wochen nach Fertigstellung der Arbeiten. Sein Sohn, Johannes Josef II., sollte noch 71 Jahre leben und wurde ein großzügiger Gönner von Museen und der botanischen Wissenschaft. Er ließ zwar die Schlösser von Mährisch Sternberg (Moravský Šternberk) und Vaduz im Fürstentum Liechtenstein neu einrichten, unternahm aber keine größeren Bauvorhaben. Die Gemäldegalerie, die sein Großvater durch etwas wahllose Ankäufe auf etwa 1650 Bilder vermehrt hatte, wurde erneut auf etwas mehr als die Hälfte reduziert. Der Fürst, ein

TSCHECHOSLOWAKEI

EISGRUB & FELDSBERG

Junggeselle, besaß keine gesellschaftlichen Ambitionen, doch kamen während der Jagdsaison bis zu 80 Gäste auf das Schloß. Die Besitzungen wurden gut geführt, und die durch sie erzielten Einkünfte bildeten einen immer größeren Teil des Gesamteinkommens – sie stiegen von 30 Prozent um 1820 auf 70 Prozent um die Mitte des Jahrhunderts. Die Forstwirtschaft wurde modernisiert, eine Reihe von Industriebeteiligungen erworben und die Landwirtschaft im großen Stil betrieben. Die Familie der Liechtensteins gehörte zu den zwei oder drei größten privaten Grundbesitzern der Monarchie: 1914 besaßen sie 192 000 Hektar Land, überwiegend in Böhmen und Mähren.

Die Gründung der unabhängigen Tschechoslowakei und die Landreform nach dem Ersten Weltkrieg reduzierte die Liechtensteinschen Besitzungen auf mehr als die Hälfte. Auch die Änderung der österreichisch-tschechischen Grenze, die Feldsberg samt Umgebung der Tschechoslowakei zuordneten, war für sie nicht von Vorteil. Die zahllosen Schlösser und die hervorragende Gemäldegalerie verblieben jedoch unverändert im Besitz der Familie, die weiterhin in der neuen Republik bedeutenden Einfluß ausübte. 1929 starb Johannes, und sein Bruder übernahm das Erbe, bis mit der Nachfolge seines Großneffen Franz Josef II. im Jahre 1938 eine neue Generation ans Ruder kam. Es bedurfte dringend einer jungen und kraftvollen Hand, denn die Lage war außerordentlich brisant geworden. Hitlers Annexion der Tschechoslowakei und der Ausbruch des Zweiten Weltkriegs gefährdeten die Zukunft des Liechtensteinschen Erbes wie überhaupt die Zukunft ganz Europas. Glücklicherweise blieb das Fürstentum Liechtenstein, mit der Schweiz in einer Zollunion verbunden, neutral und wurde von den Deutschen nie besetzt. Unter großen Gefahren konnte der Großteil der Kunstsammlungen in den letzten Monaten des Krieges nach Vaduz gebracht und für die Familie gerettet werden. Das kommunistische Regime in Prag beschlagnahmte jedoch alle Liechtensteinschen Besitzungen und Schlösser ohne Entschädigung, wodurch über 85 Prozent des Landbesitzes verlorengingen. Dennoch konnten sie weiterhin angenehm mit ihrem Palais in Wien, ihren österreichischen Besitzungen und ihrer Stellung in dem Fürstentum

Ansicht von Eisgrub (Lednice); der Bau wurde Mitte des 19. Jahrhunderts im neugotischen Stil umgestaltet.

Detail der neugotischen Wasserspeier in Eisgrub (Lednice).

TSCHECHOSLOWAKEI

*Das Palmenhaus von Eisgrub (Lednice),
von Peter Hubert Desvignes.*

*Die Waffenkammer von Eisgrub (Lednice),
Aquarell von Rudolf von Alt, 1845
(Sammlungen des Fürsten von Liechtenstein).*

Liechtenstein leben, wenngleich sie von ihren historischen Wurzeln und Traditionen abgeschnitten waren.

Die jüngsten Veränderungen in der Tschechoslowakei geben Anlaß zur Hoffnung auf eine zukünftige Regelung zwischen der Familie und dem Staat. Obwohl durch Nachkriegsverkäufe beeinträchtigt, gehört die noch immer hervorragende Kunstsammlung rechtmäßigerweise nach Feldsberg und Eisgrub wie die Liechtensteins selbst. Ihr Besitz mit den zwei großartigen, wenn auch ganz verschiedenen Schlössern und mit der zauberhaften Parklandschaft dazwischen wurde von dem Philosophen Rudolf Kassner in seinem Buch »Zweite Reise« als »ein Ort des höchsten Entzückens und der größten Glückseligkeit... mit Kanälen, Schleusen, kleinen Brücken und Pfaden, eingebettet in die von Wein und Weizen bewachsene Hügellandschaft« beschrieben.

UNGARN

Einleitung

Im Jahre 1632 schrieb der englische Reisende William Lithgow in seinem Buch »Außergewöhnliche Abenteuer und schmerzliche Wanderungen«: »Was nun die ungarische Erde und das Königreich selbst betrifft, so kann es die Kornkammer der Ceres, der Garten des Bacchus, die Weiden des Pan und die prächtigste Schönheit des Sylvan genannt werden.« Ungarn ist in der Tat seit langem als reiches und schönes Land von großer Vielfalt bekannt. Westlich der Donau, die das Land in einem großen Bogen durchfließt, liegt die hügelige Landschaft Transdanubiens; östlich des Flusses erstreckt sich die endlose Ebene des Alföd bis hin zum Fuße der Karpaten.

Der beeindruckenden Mannigfaltigkeit der ungarischen Landschaft steht die außerordentliche Vielfalt der politischen und kulturellen Einflüsse gegenüber, die Ungarns Geschichte geprägt haben.

In römischer Zeit wurde Pannonien, der westliche Teil Ungarns, dem Reich einverleibt; die Römer errichteten dort bedeutende Bauten aus Stein, die dann von den nachfolgenden slawischen Stämmen nachgeahmt wurden. Das östliche Gebiet blieb außerhalb der Grenzen des Reiches, wurde aber mehrmals von nomadischen Reiterstämmen besetzt. Diese Teilung wiederholte sich später im 16. Jahrhundert, als der Osten Ungarns dem ottomanischen Ansturm unterlag und der Westen unter die Herrschaft der Habsburger fiel. Heute müssen wir noch eine weitere geopolitische Besonderheit ins Auge fassen: Nach zwei Weltkriegen und zahlreichen Revolutionen umfassen die neueren nationalen Grenzen, innerhalb derer die nachfolgend beschriebenen großen Landsitze liegen, weniger als ein Drittel des Gebietes, das in der Zeit des 19. Jahrhunderts, in den Tagen der Doppelmonarchie, das historische Ungarn darstellte.

Die Anwesenheit der Römer in Pannonien erstreckte sich nur bis zum 4. Jahrhundert. Ihnen folgte eine Reihe von Eroberungen und Besetzungen, deren Höhepunkt um 900 n. Chr. das Auftreten der Magyaren war, die aus dem Osten kamen. Die Magyaren waren ein Turkvolk, das einen Turkdialekt sprach und in Stämme gegliedert war. Nach der Überlieferung wählten die sieben Stammesfürsten Árpád, den mächtigsten unter ihnen, zu ihrem Anführer. Innerhalb eines Jahrzehnts kontrollierten sie das gesamte Gebiet des künftigen Ungarn, und während des nächsten halben Jahrhunderts waren sie die Geißel halb Europas. Es war Árpáds Ururenkel Vajk, der, zum Christentum bekehrt, als István getauft und später als Stephan heiliggesprochen, den Papst im Jahre 1000 um Anerkennung als christlicher König ersuchte. Rom gab dieser Bitte statt und übersandte, wie die Legende berichtet, die Regalien und ein Stück des Heiligen Kreuzes. Am Weihnachtstag wurde Stephan gekrönt. Dies war die Geburtsstunde der ungarischen Nation.

Die Anstrengungen Stephans, das Land zu einigen und Ordnung zu schaffen, wurden nach seinem Tod durch Erbfolgekämpfe zwar beeinträchtigt, aber allmählich wurden doch die Fundamente eines Nationalstaates errichtet. Im Gegensatz zu den Tschechen und Polen hatten die ungarischen Monarchen keine feudalen Bindungen zum Heiligen Römischen Reich, sondern besaßen uneingeschränkte Souveränität. Das Land war nur zum Teil feudal strukturiert, denn die Nachkommen der ursprünglichen Magyaren waren noch immer »Freie« ohne Untertanenpflicht gegenüber einem Herrn. Dennoch bildeten sie eine Oligarchie, sie verfügten über das meiste Land und herrschten über eine große, unfreie Bevölkerung. Im Jahre 1241 aber erlitt das Land einen schrecklichen Rückschlag, als eine mongolische Invasion die Hälfte der Bevölkerung auslöschte und das Gebiet in weniger als zwölf Monaten verwüstete. Nach dem Rückzug der Mongolen im darauffolgenden Jahr begann König Béla IV. energisch mit dem Wiederaufbau, gründete neue Städte und holte ausländische Siedler ins Land – vor allem italienische und deutsche Steinmetze –, um die königlichen Festungen wiederaufzubauen. Nach seinem frühen Tod folgte ein weiteres dynastisches Chaos, das mit dem Tod des letzten männlichen Mitgliedes des Hauses Árpád im Jahre 1301 seinen Höhepunkt fand. Sodann bemächtigte sich Karl Robert von Anjou der Krone; er stellte die zerfallenen königlichen Besitzungen wieder her und förderte das Wachstum der Städte, darunter eine Ansiedlung in der unbewohnten Region der Festung Ofen (Buda). Der italienisch-dalmatinische Einfluß, der die mittelalterliche ungarische Architektur bis etwa 1200 bestimmte, wich der französischen Gotik, die durch die Anjous ins Land

Karte des heutigen Ungarn mit den Standorten der wichtigsten Schlösser und Herrensitze.

UNGARN

gebracht wurde. Der wachsende Reichtum des Landes spiegelte sich in einer großartigen und immer mehr verfeinerten Architektur wider.

Unter den Anjous, besonders unter Ludwig dem Großen, wurde Ungarn eine europäische Macht und erlebte eine Zeit des Friedens und des Wachstums. Großteils befreit von äußeren Bedrohungen, blühte das Land auf, hauptsächlich dank seiner Goldminen, durch deren Ausbeutung der Reichtum des Hofes vermehrt wurde. Eine neue soziale Struktur – ähnlich dem westlichen Feudalismus, mit dem König an der Spitze – bildete sich heraus. Das Land wurde an den sich neu bildenden Stand der Magnaten verteilt, dessen Mitglieder reicher und mächtiger waren als die meisten Mitglieder der alten Oligarchie. So besaßen um 1380 etwa fünfzig dieser Familien ein Drittel des Landes. Die Macht der Magnaten wurde bis zu einem gewissen Grad durch die des kleinen Landadels, den Nachkommen der ursprünglichen Magyaren, ausgeglichen, die von der Krone ermutigt wurden, durch ihre gewählten Vertreter die Macht auf lokaler Ebene auszuüben.

Im Jahre 1351 bestätigte Ludwig die Privilegien des Adels, die ursprünglich 130 Jahre früher in der Goldenen Bulle gewährt worden waren. Der Landbesitz wurde gesichert, indem Grund und Boden in der männlichen Linie vererbt wurden und nur dann an die Krone zurückfielen, wenn alle Erben ausgestorben waren; die Töchter hatten Anspruch auf ein Viertel des Nachlaßwertes, der in bar ausgehändigt wurde. Unter diesen Bedingungen blühten und gediehen die landbesitzenden Stände, vor allem die Magnaten, und in der Folge wurden bedeutsame bauliche Unternehmungen, wie zum Beispiel die Burg von Sárvár in Westungarn, in Angriff genommen.

Nach Ludwigs Tod im Jahre 1382 begann allerdings wieder eine Zeit neuerlicher Instabilität. Sein Schwiegersohn Sigismund, der fünfzig Jahre herrschen sollte, wurde als ausländischer Eindringling abgelehnt, besonders nachdem er sowohl den deutschen als auch den böhmischen Thron bestiegen hatte. Er förderte zwar wirtschaftliche, militärische und administrative Reformen, verbrachte aber dennoch viel Zeit außerhalb des Landes – eine Situation, die zur Schaffung des Amtes des Palatins führte, eines Vertreters des Königs während dessen Abwesenheit.

Seine eigenwillige Außenpolitik hatte Ludwig gezwungen, so viel Land an die Magnaten zu verkaufen, daß der Krone nach seinem Tode nur noch fünf Prozent des Landes gehörten, während sie einst ein Drittel davon besessen hatte. Und Sigismunds Forderung an die Stände nach neuen Steuern erhöhte die Lasten der Bauern zu einer Zeit, in der Ungarn den Übergang zur Geldwirtschaft vollzog.

Noch vor dem Ende von Sigismunds Herrschaft zeichnete sich eine neuerliche Bedrohung durch die ottomanischen Türken ab. Auf den Tod des Königs im Jahre 1437 folgte unmittelbar der Tod seines Schwiegersohnes Albrecht von Habsburg, so daß das Land in dieser kritischen Phase ohne Führung war. Nur der Genius des

Darstellung eines mittelalterlichen Turniers in Ungarn; das 1492 entstandene Gemälde hängt heute im Burgschloß von Sárvár, Westungarn.

Schloß Forchtenstein im heutigen Österreich (Burgenland).

EINLEITUNG

Johann Hunyadi rettete die Lage. Hunyadi, der aus einer Kleinadelsfamilie stammte, fügte der türkischen Armee, die Belgrad belagerte, im Jahre 1456 eine vernichtende Niederlage zu. Als Albrechts Sohn unverheiratet starb, wählte der Adel Hunyadis Sohn, Matthias (Hunyadi) Corvinus, zu seinem Nachfolger.

Unter der Herrschaft dieses großen Monarchen begann für Ungarn wiederum ein Goldenes Zeitalter. Als echter Renaissancefürst förderte er die schönen Künste und die Architektur; Gelehrte von internationalem Ruf versammelten sich an seinem Hof. Er war ein Mann von grenzenloser Energie und konnte nach einem anstrengenden Tag der Regierungsgeschäfte stundenlang mit ausländischen Geistesgrößen diskutieren und die Nacht hindurch Bücher studieren. Er machte Ofen bzw. Buda zu einem geistigen Zentrum Europas. Bereits 1480 wurde hier der Renaissancestil heimisch, einige Jahrzehnte früher als sonst irgendwo nördlich der Alpen. Diese Entwicklung wurde durch die engen Beziehungen zwischen Ungarn und Italien gefördert und zusätzlich verstärkt durch die Heirat des Königs mit Beatrix, einer neapolitanischen Prinzessin. Florentiner Handwerker und Baumeister kamen nach Ofen und vergrößerten eine Bauhütte, die dort seit dem 14. Jahrhundert bestanden hatte; sie schufen einen ornamentalen Stil, der ausgesprochen *all' antica* war, im Gegensatz zu Frankreich oder Deutschland. Diese Architektur, die von Filippo Brunelleschi entwickelt und von Leon Battista Alberti den Theorien Vitruvs angeglichen wurde, konnte in einem Land, in dem einfache Steinmetzarbeit eher zu Hause war als kunstvolle Steinskulpturen, zwanglos angewandt werden. Der rote Marmor zum Beispiel, der nahe Gran (Esztergom) gewonnen wurde und bisher nur bei Grabmälern Verwendung fand, war hierfür bestens geeignet.

Der Palast des Matthias Corvinus in Ofen (Buda) war das bedeutendste Beispiel der ungarischen Renaissancearchitektur, und er wurde auch zum Vorbild für säkulare Bauten in Böhmen und Polen, obwohl er heute leider fast zur Gänze verschwunden ist. Die in Form von Terrassen in der hügeligen Landschaft errichteten Gärten und Springbrunnen des Sommerpalastes in Visegrád waren die ersten bedeutenden Beispiele von Landschaftsarchitektur in diesem Lande. Der Erzbischof von Gran, Miklós Oláh, beschrieb sie als »in der Tat eines Königs würdig; mehr als 350 Räume

UNGARN

besitzt der Palast mit einem Hof von Limonenbäumen, die im Frühling einen wundervollen Duft ausströmen. In seiner Mitte plätschert ein Springbrunnen, eine herrliche Skulptur in rotem Marmor, geschmückt mit den Abbildern der Musen«.

Nach Matthias' Tod erteilten seine Nachfolger der polnischen Dynastie der Jagiellonen weiter Aufträge im gleichen Stil, in dem auch ihre Residenzen in Prag und Krakau gebaut wurden. So hat die Bakócz-Kapelle im Dom von Gran große Ähnlichkeit mit der Sigismund-Kapelle im Wawel in Krakau. Beide wurden möglicherweise vom selben Baumeister, Bartolomeo Berrecci, errichtet. Einige der Schlösser erhielten Renaissanceloggien (die erste in Simontornya stammt aus dem Jahre 1508) und andere Anbauten wie etwa den Roten Turm in Sárospatak in Ostungarn.

In dieser Zeit wurden auch die Festungsbauten anspruchsvoller und dekorativer, eine Entwicklung, die durch die Verbesserung der Feuerwaffen und durch die politischen Umstände in Ungarn notwendig geworden war. Unter Matthias' schwächlichen Nachfolgern verfiel jedoch die Regierungsmacht, die Steuereinnahmen versiegten, und die Lage der Landbevölkerung verschlechterte sich drastisch. Ein grausamer Bauernaufstand brach im Jahre 1514 aus, welcher rücksichtslos unterdrückt wurde. Die äußerst beunruhigten Mitglieder des Landtags verurteilten den Bauernstand zu »wirklicher und ewiger Knechtschaft«, indem sie ihn unwiderruflich an die Scholle banden und die Fron mit zweiundfünfzig Tagen jährlich festlegten. Als die Thronfolge unsicher wurde, beschloß der Landtag ein Gesetz, niemals mehr einen ausländischen König zu akzeptieren, und schlug Johann Zápolya vor, einen ehemaligen Palatin und den größten Grundbesitzer des Landes. Trotz seiner starken nationalen Gefühle versäumte es der Adel jedoch, aus Mangel an Geld für die Verteidigung der Nation zu sorgen. 1520 verlangte der türkische Sultan Süleiman Tributzahlungen, und als diese verweigert wurden, marschierte er in Richtung Belgrad und eroberte die Stadt. Im Jahre 1526 fielen die Türken endgültig in das Land ein. Die kleine ungarische Armee, nur 25000 Mann stark, traf bei Mohács auf die etwa 100000 Mann starke türkische Streitmacht und wurde nach einer schlecht geplanten Attacke so gut wie vernichtet; auch der König fiel bei diesem Angriff.

Diese Katastrophe führte zu zwei Jahrhunderten der Teilung und kriegerischen Auseinandersetzungen. Obwohl die Türken sich vorerst wieder zurückzogen, folgte ein lang andauernder Bürgerkrieg zwischen Ferdinand von Habsburg, der sich zum König ernannt hatte, und Zápolya, der von einigen ungarischen Adeligen gekrönt worden war. Der Tod des letzteren im Jahre 1540 gab dem Sultan wiederum Anlaß einzugreifen und führte zur Besetzung Zentralungarns durch die Türken. Habsburgs Versuche, Siebenbürgen zu beherrschen, blieben ohne Erfolg; Ferdinands Herrschaft war somit auf die westlichen Teile Ungarns, das »Königliche Ungarn«, beschränkt. Als die ehrgeizigen Báthorys, ein ungarisches Adelsgeschlecht, den Zápolyas in Siebenbürgen nachfolgten, war die Dreiteilung des Landes vollendet.

Dem von den Türken belagerten Teil des Landes ging es am schlechtesten. Die Bauern wurden rücksichtslos ausgebeutet, und die Adligen, die nicht geflohen waren, wurden zu einem servilen Status erniedrigt. Das gesamte Land wurde vom Staat konfisziert, der ein Fünftel davon selbst verwaltete und den Rest in kleinen Lehen vergab. Da diese nicht vererblich waren, interessierten sich die Inhaber der Lehen nur dafür, den größten Profit aus dem Land herauszupressen. Angesichts des so unsicheren Lebens verließen viele Menschen ihre Dörfer und zogen in die Städte. Die Türken begnügten sich damit, die bestehenden Gebäude ihren Erfordernissen entsprechend umzugestalten; sie bauten wenig, abgesehen von einigen Moscheen, Minaretts und Bädern.

Wenn auch der Renaissancestil im türkischen Ungarn dahinwelkte, so lebte er doch weiter in Transdanubien bzw. im königlichen Teil und in Siebenbürgen, obgleich in einer mehr funktionalen Art mit eher lokalen als italienischen Einflüssen. In Sárospatak zum Beispiel beschäftigte die Familie Perényi einen Baumeister aus der Lombardei und Steinmetze aus Krakau, die später von örtlichen, leibeigenen Steinmetzen unterstützt wurden. Im Gegensatz hierzu folgten die Entwicklungen in Westungarn mehr denen Österreichs, Böhmens oder Süddeutschlands, obwohl viele italienische Handwerker dort arbeiteten und sie im Jahre 1556 sogar

EINLEITUNG

Renaissanceportal am Roten Turm des Burgschlosses von Sárospatak, Nordostungarn.

vom Kaiserlichen Kriegsrat mit der Erneuerung der veralteten Befestigungsanlagen entlang der Grenze beauftragt wurden. Typisch für diese Burgen sind die Bastionen an den Ecken, die einen eckigen Arkadenhof umschließen.

Während des gesamten 16. Jahrhunderts gab es entlang der Grenze sporadische kriegerische Auseinandersetzungen, und den habsburgischen Grenzen fehlte eine ununterbrochene Verteidigungslinie. Diese Situation bot wenig Anreiz für eine Atmosphäre, in der die friedliebenden Künste aufblühen konnten. Außerdem zeigten Ferdinand und seine Nachfolger Maximilian II. und Rudolf wenig Interesse an ungarischen Problemen und ordneten die nationale Verteidigung den viel größeren Notwendigkeiten der Habsburgischen Erblande unter. Die nationale Unzufriedenheit wurde noch durch die aufkommende Reformation geschürt, die einen kraftvollen Protestantismus ins Leben rief.

Im frühen 17. Jahrhundert gaben Siebenbürgen und der östliche Teil Ungarns den Anstoß für eine neue kulturelle Entwicklung. Unter den unabhängigen Fürsten Gábor Bethlen und später György Rákóczi I., deren glühender Calvinismus sie zu natürlichen Feinden der Habsburger machte, lebten die Architektur und die Künste wieder auf. Der Renaissancestil aus den Zeiten von Matthias Corvinus kehrte von Böhmen und Polen wieder zurück. Florale Motive und volkstümliche Muster erschienen in der dörflichen Architektur und an Landkirchen als regionale Weiterentwicklung dieses Stils, während in kleinen Städten öffentliche Gebäude erbaut

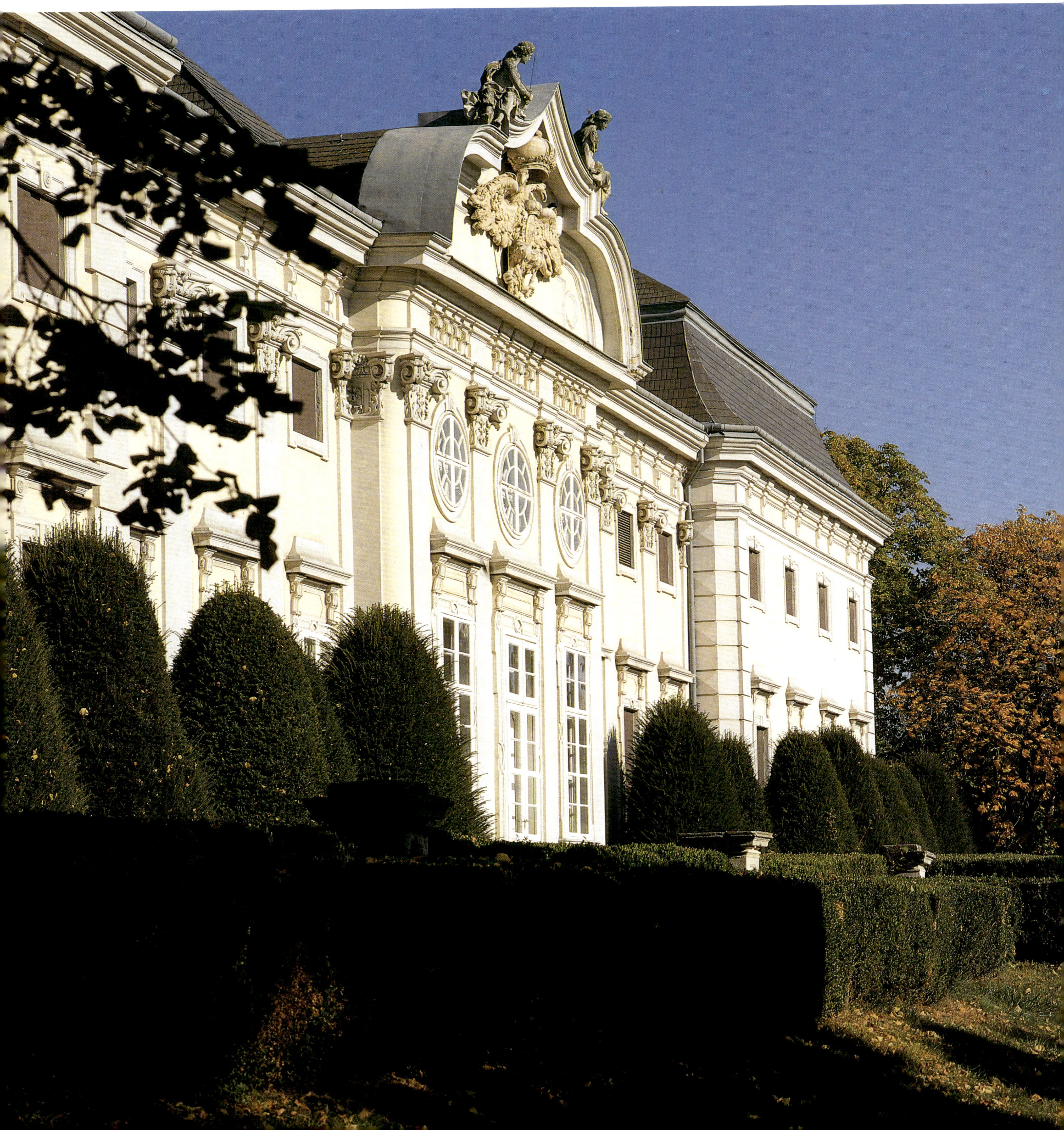

EINLEITUNG

wurden. Auch der Adel fing wieder an, Häuser zu errichten, wie zum Beispiel in Bethlenszentmiklós oder Bonchida in Siebenbürgen.

Leider jedoch übernahmen sich die regionalen Fürsten – nachdem sie einen Großteil des königlichen Ungarn erobert und die protestanischen Gemeinden während des Dreißigjährigen Krieges vor ihren habsburgischen Herren beschützt hatten –, und sie unterlagen schließlich den Türken, ihren letzten Beschützern. Türkische Truppen fielen neuerlich im Jahre 1660 in Ungarn ein und machten einen großen Teil der kulturellen Einrichtungen zunichte.

Zu dieser Zeit waren die habsburgischen Lande jedoch bereits in Bewegung geraten. Da das Osmanische Reich weniger aggressiv und expansionsorientiert geworden war und der Vertrag von Münster den Frieden in Mitteleuropa 1648 wiederherstellte, wurde das Leben in Ungarn etwas ruhiger. Die Gegenreformation hatte hier einigen Erfolg mit der Rückgewinnung von Katholiken gehabt. Großteils formierte sich eine rekatholisierte und dem Hause Habsburg loyal ergebene Magnatenpartei und bildete mit dem Prälatenstand ein eigenes Oberhaus im Reichstag. Angefeindet von dem niederen Adel, der immer noch protestantisch war, wurden sie auch als potentielle Separatisten vom Hof in Wien mit Mißtrauen betrachtet. Die habsburgischen Kaiser mußten sich ihnen nach wie vor zur Wahl stellen und die Privilegien des Reichstages bestätigen.

Einige Mitglieder dieses Magnatenstandes, wie zum Beispiel die Familie Esterházy, waren während dieser Zeit damit beschäftigt, einen enormen Reichtum anzusammeln, und durchaus auch darauf erpicht, einen Teil davon sichtbar auszugeben. Folglich beauftragte Pál Esterházy in den 60er Jahren des 17. Jahrhunderts Carlo Martino Carlone, den Familienbesitz Kismarton (heute besser bekannt unter dem Namen Eisenstadt) im eben aufkommenden Barockstil umzubauen. Das Barock, das über Österreich nach Ungarn gekommen war, stammte aus französischen bzw. norditalienischen Quellen. Dieser Stil war bereits in Westeuropa völlig heimisch geworden, während die kulturelle Entwicklung Ungarns durch seine ewige Zerrissenheit und die andauernden Kämpfe um Jahrzehnte hinterherhinkte. Hinzu kam noch, daß das Barock mit dem Katholizismus und dem Absolutismus der großen Habsburger- und Bourbonenmonarchien identifiziert und daher von vielen Ungarn mit gemischten Gefühlen betrachtet wurde. Nichtsdestotrotz verbreitete sich das Barock im 17. Jahrhundert, und die schönsten Beispiele der Barockarchitektur findet man an Adelssitzen oder kirchlichen Bauten, aber es wurden auch viele neue Stadthäuser in diesem Stil gebaut.

Ungeachtet der kulturellen und künstlerischen Blüte dieser Zeit, litten viele Ungarn unter der harten und strengen Herrschaft der Habsburger. Ironischerweise jedoch begannen die Habsburger, als die Auflehnung und der Haß gegen sie gerade ihren Höhepunkt erreicht hatten, das Land von seinen türkischen Belagerern zu befreien. 1686 wurde Ofen (Buda) der türkischen Kontrolle entzogen, und in wenigen Jahren wurde ganz Ungarn und Siebenbürgen, bis auf eine kleine Enklave im Südosten, zurückerobert. Mit dem Friedensvertrag von Karlowitz im Jahre 1699 verzichtete der Sultan praktisch auf all seine Ansprüche, und die türkische Besetzung nahm ein Ende. Die Wiedervereinigung Ungarns war jedoch mit immensen Kosten verbunden. Die Einsätze der beiden Armeen hatten die Landwirtschaft völlig zerstört, und die Städte waren von den Türken in Ruinen zurückgelassen worden. Unter der österreichischen Herrschaft begannen politische und religiöse Verfolgungen, und obwohl der Kaiser geschworen hatte, die angestammten Rechte Ungarns zu respektieren, wurde der Reichstag nicht einberufen. Die Unzufriedenheit nahm immer mehr zu, bis Ferenc Rákóczi II., Erbe der ehemaligen Prinzen von Siebenbürgen, im Jahre 1703 das Banner der offenen Revolte hißte – wenngleich widerstrebend, denn dieser Edelmann war sich der ungeheueren Ungleichheiten durchaus bewußt. Dieser Aufstand dauerte acht Jahre lang, bis 1711 mit den Habsburgern Frieden geschlossen wurde.

Obwohl der ungarische Aufstand entschieden fehlgeschlagen war, war der neue Kaiser Karl VI. wesentlich gütiger zu seinen Untertanen und respektierte gewissenhafter ihre Rechte. Aus diesem Grunde beschloß das Parlament 1723, die weibliche Thronfolge zugunsten seiner Tochter Maria Theresia zu akzeptieren. Somit gab es auch Ungarns Recht, seinen eigenen Monarchen zu wählen, zugunsten seiner

Hauptfassade von Schloß Halbturn im heutigen Österreich (Burgenland).

UNGARN

untrennbaren Verbindung mit den Habsburgern auf. Gleichzeitig wurde ein stehendes Heer, das zu zwei Dritteln aus Ausländern bestand, geschaffen. Ein neuer Rat, der unter dem Vorsitz des Palatins in Pozsony bzw. Preßburg (dem heutigen tschechoslowakischen Bratislava) tagte, wurde das wichtigste administrative Organ. Seine Unabhängigkeit von Wien sowie von der Hofkanzlei wurde formell bestätigt.

Das 18. Jahrhundert brachte eine Zeit der Erholung für Ungarn. Endlich kam eine lange Periode des Friedens. Die Bevölkerung wuchs in beachtlichem Maße und verdreifachte sich vermutlich in diesem Jahrhundert. Die Dörfer wurden wieder besiedelt und das Land landwirtschaftlich genutzt. Die besteuerbare Landfläche, das heißt, die in den Grundbüchern verzeichneten Bauernlehen, stieg auf das Fünffache, eine Entwicklung, die zu einem enormen Anstieg der Einkünfte der Großgrundbesitzer führte. Diejenigen Familien, die loyal zur Dynastie blieben – Forgách, Esterházy, Pálffy, Rudnyánski oder Grassalkovich –, wurden hierfür mit Ämtern und mit Verträgen durch die Krone belohnt und wurden unermeßlich reich. Es war naheliegend, daß sie ihr Geld auch in großartige neue Residenzen sowohl in den Städten als auch auf dem Land investierten.

Die Geschichte der ungarischen Kultur und Baukunst muß in den eben beschriebenen Zusammenhängen gesehen werden. Wie es sich gebührt, kam der erste größere Auftrag für den Bau eines Schlosses nach der Vertreibung der Türken von Prinz Eugen von Savoyen, dem bedeutendsten Kriegshelden der Türkenfeldzüge. 1698 erwarb er die Herrschaft Ráckeve an der Donau südlich von Ofen und beauftragte den Wiener Baumeister Johann Lucas von Hildebrandt mit dem Bau eines Schlosses auf einer Insel in der Donau. Hildebrandt, erst 30 Jahre alt, war ein unbekannter Offizier der Truppe, die an zwei Feldzügen Prinz Eugens teilgenommen hatte. Dieser Auftrag war der Beginn einer Zusammenarbeit, die das Schloß Belvedere in Wien hervorbrachte und drei Jahrzehnte dauern sollte. Der in Italien ausgebildete Hildebrandt, ein von Andrea Palladio und von Francesco Borromini beeinflußtes Naturtalent, nahm sich teilweise die Pläne von Vaux-le-Vicomte zum Vorbild. Obwohl das Schloß erst in der Mitte des 18. Jahrhunderts vollendet wurde und es sein vielbeschäftigter Besitzer nie wirklich bewohnte, verkörpert Ráckeve das ideale Barockschloß. Elegant und wohlproportioniert, mit einem von einer Kuppel gekrönten Mitteltrakt und zwei vorspringenden Seitenflügeln, wurde dieses bemerkenswert schöne Schloß später vielfach von lokalen Baumeistern kopiert. 1711, neun Jahre nachdem er seine Arbeit in Ráckeve beendigt hatte, begann er mit dem Bau eines anderen Herrensitzes, diesmal für die Familie Harrach an der westlichen Grenze des Landes. Für Féltorony (Halbthurn im heutigen österreichischen Burgenland) wurden seine Vorstellungen von François Mansarts Maison Lafitte bestimmt, denn er entwarf einen Mitteltrakt mit einem großen Saal, umgeben von einem doppelten Korridor, der zu den kleineren angrenzenden Räumen führt.

Mit Hildebrandt als geistigen Mentor führte der Architekt András Mayerhoffer aus Pest zahlreiche bedeutende Aufträge aus. Die Landsitze Pécel, Hatvan und vor allem Gödöllő, die er für die Familie Grassalkovich entwarf, haben alle einen U-förmigen Grundriß, dessen Seitenflügel entweder einen Schloßhof vor dem Haupteingang umrahmen oder aber umgekehrt an der Rückseite eine Terrasse umzäunen, die in den Garten führt. Um den Hauptsaal unterzubringen, ist der Mitteltrakt manchmal erhöht und mit einer Kuppel versehen, während auf beiden Seiten der Hauptachse eine Reihe von wohlproportionierten Empfangsräumen anschließen. Zu den Schlafzimmern in den oberen Geschossen gelangt man über ausladende Treppenhäuser und breite, helle Gänge. Ebenerdig liegen die Küchentrakte und die Unterkünfte der Dienerschaft. Die vielseitige Verwendungsart dieser U-förmigen Grundrisse bot Mayerhoffer die Möglichkeit, diese Schlösser mit der größtmöglichen Vielfalt an persönlichen Details auszustatten; tatsächlich weisen einige von ihnen neue pittoreske Ideen, ja sogar theatralische Vorstellungen auf. Repräsentationsräume, Treppenhäuser und selbst kleine Räume wurden mit reichverzierten, effektvollen Friesen und Stuckleisten geschmückt. Der Gesamteindruck ist einer von Weite und Geräumigkeit, ein Effekt, der auch bei der Gestaltung der großen französischen Gärten beachtet wurde.

Doch nicht alle Bauten wurden so sorgfältig geplant wie diejenigen Mayerhoffers. So baute zum Beispiel in Edelény bei Eger ein unbekannter Architekt ein

Hauptfassade von Schloß Savoyen in Ráckeve an der Donau, südlich von Budapest.

Wappen des Prinzen Eugen von Savoyen an der Fassade des Schlosses in Ráckeve.

EINLEITUNG

Schloß, dessen beide Seitenflügel zu kurz geraten und dessen unproportionierten Ecktürme gleich hoch wie der Hauptflügel sind.

Im Verlaufe des 18. Jahrhunderts wurden die Magnaten und auch die Prälaten reicher. Der Primas, der Erzbischof von Gran (Esztergom), zum Beispiel, hatte ein jährliches Einkommen von 350000 Forint. Dank ihres Wohlstandes begannen er und andere Kirchenfürsten mit einer beachtlichen Bautätigkeit. 1757 wurde die kleine bischöfliche Residenz von Sümeg vom kunstliebenden Bischof von Veszprém, Martin Biró, erbaut. Besonders reizvoll ist die dortige Pfarrkirche aus der gleichen Zeit mit Fresken von Franz Anton Maulpertsch. Ein wesentlich größeres Bauwerk ist der Bischofspalast in Veszprém, der von 1765 bis 1766 von dem unermüdlichen Jakob Fellner erbaut wurde, der auch Kirchen, Kollegien und Schlösser in Mór und Tata errichtete. Die starke Wirkung von Veszprém liegt vor allem in sei-

145

UNGARN

ner beeindruckenden Lage am Fuße des Berges gegenüber der Kathedrale. Die geschwungene Auffahrt, die unter den weitausladenden Balkon führt, deutet sowohl auf weltliche als auch auf kirchliche Einflüsse hin. Die Kirche und somit auch der Bischof waren aber nicht gleicherweise wie der Adel von den Steuern befreit. Sie leisteten vielmehr regelmäßig Zwangssteuern an die staatlich kontrollierten Kirchenstiftungen und gewährten der Krone Darlehen, die selten zurückgezahlt wurden.

Die davon unbelasteten Einkommen der Magnaten stiegen während dieser Zeit beachtlich an. Die jährlichen Einkünfte des Fürsten Esterházy wurden auf 750 000 Forint geschätzt, die des Grafen Batthyány auf 450 000 Forint, zwei Magnaten kamen auf jeweils 350 000, vier weitere auf jeweils über 150 000 Forint jährlich. Ein tüchtiger Handwerker hingegen verdiente zu dieser Zeit etwa ein bis zwei Forint am Tag. Trotz ihrer beachtlichen Einkünfte waren die meisten Magnaten noch junge Adlige. Der alte Adel war bei der Schlacht von Mohács so stark dezimiert worden, daß um 1700 nur noch etwa zehn dieser Familien existierten. So entstand ein neuer Adel, hauptsächlich von den Habsburgern geschaffen, der ihnen auch treu ergeben war. Die Schlösser dienten als Ersatz für den Hof und den abwesenden König, und häufig war der Adel an Stelle des Königs Förderer aufstrebender Künstler oder Baumeister. Im Verlauf des 18. Jahrhunderts wurde diese mächtige Klasse jedoch immer weniger ungarisch in ihrer Sprache, ihren Sitten, ihren Gebräuchen und in ihren Gefühlen. Allzu viele waren Ausländer, denen in erster Generation das Bürgerrecht auf Geheiß der Regierung zuerkannt worden war; überdies wurden nunmehr Adelstitel ohne Rücksicht auf Landbesitz verliehen, wodurch der Adel zahlenmäßig stark anstieg. Um 1778 gab es 20 Fürsten (alle des Heiligen Römi-

Kaiser Franz-Joseph und Kaiserin Elisabeth mit ihrer Familie in Schloß Gödöllő, um 1870 (Ungarisches Nationalmuseum, Budapest).

Wappen des Fürsten Grassalkovich am Giebelfeld des Schlosses Gödöllő.

EINLEITUNG

schen Reiches), 151 Grafen und 184 Barone. Obwohl die Anzahl der neuerbauten Schlösser ständig zunahm, entwickelte sich trotzdem kein eigener nationaler Stil.

Der ungarische Adel bildete zwar gemäß der Verfassung einen einheitlichen Stand, tatsächlich aber war er stark differenziert, mit dem Hochadel an der Spitze und dem armen Landadel, der seine Steuerfreiheit verloren hatte, ganz unten. Dazwischen befand sich die Masse des Landadels, die sogenannten *bene possessionati*, die jetzt häufig Advokaten und Landwirte und nicht mehr Offiziere waren und die die Verwaltungsbezirke kontrollierten. Diese Gruppe des Landadels war ebenfalls sehr zahlreich und machte etwa fünf Prozent der Bevölkerung aus. Mit wachsendem Wohlstand bauten sie sich angemessenere Wohnsitze in den Städten und auch auf dem Land, wo sie früher ihre Lehmhütten mit roten Dächern besessen hatten. Im Gegensatz zum Landadel zog es den Hochadel an den Hof Kaiserin Maria Theresias nach Wien. Durch das kostspielige Leben des Hochadels bei Hof, das unweigerlich zu drückenden Schulden führte, und durch den unwürdigen Kampf um Gunst und Posten wurde der Landadel immer mehr zum eigentlichen Inbegriff der ungarischen Nation und ihrer Kultur und damit zum Vorläufer des im 19. Jahrhundert wiederauflebenden Nationalismus.

Bevor es dazu kam, gab es jedoch noch einige Rückschläge. Maria Theresia starb im Jahre 1780. Ihr Nachfolger war ihr Sohn Joseph, ein aufgeklärter Autokrat, der eine effiziente, zentralisierte Verwaltung anstrebte. Er begann sofort mit weitreichenden Reformen, um die beginnende Stagnation in Ungarns Wirtschaft und Gesellschaft aufzuhalten, und führte einen zentralistischen Absolutismus ein, an den er fest glaubte. Das Toleranzpatent von 1781 gewährte freie Religionsausübung und gleiche Rechte für alle Bekenntnisse. Mit einem weiteren Patent löste er eine Reihe von Orden auf und verwendete deren Vermögen für die Errichtung neuer Pfarreien und ihnen angeschlossener Volksschulen. Mit dem Untertanenpatent hob er die Leibeigenschaft auf und erlaubte den Bauern, ihre Dörfer gegen Zahlung von Abgaben zu verlassen und zu heiraten, und ihren Kindern gestattete er die freie Berufswahl. Der Widerstand des Adels und der katholischen Kirche wuchs jedoch,

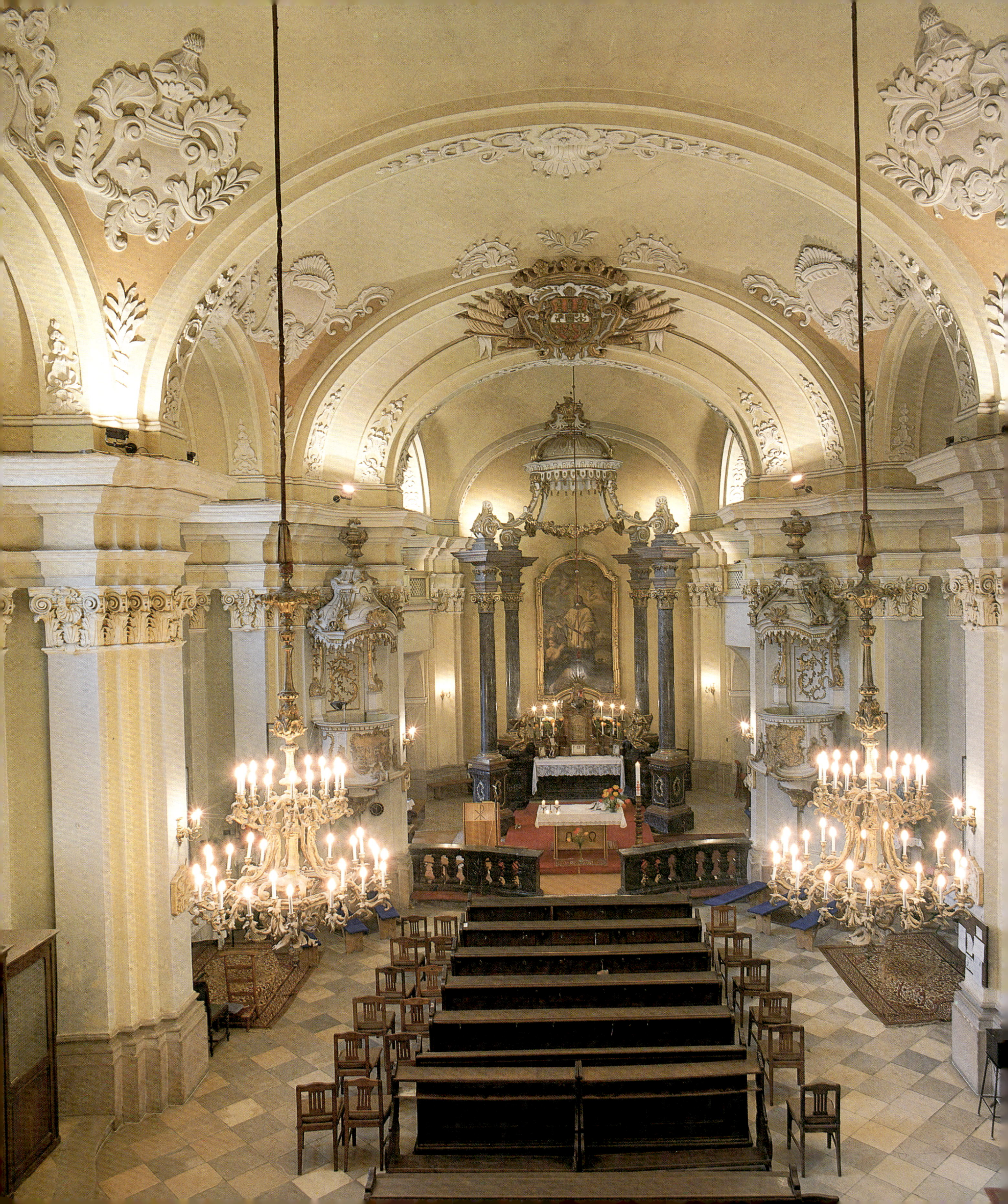

EINLEITUNG

Innenansicht der Schloßkapelle von Gödöllő.

Porträt des Fürsten Antal Grassalkovich, zweite Hälfte des 18. Jahrhunderts, heute in der Schloßkirche von Gödöllő.

als der Kaiser wirtschaftlichen Druck einsetzte, um den Adel zum Verzicht auf seine Steuerprivilegien zu zwingen. Eine allgemeine Grundsteuer wurde angekündigt, alle habsburgischen Länder miteinander vereinigt und Deutsch die ausschließliche Verwaltungssprache. Als im Jahre 1787 ein erfolgloser Krieg gegen die Türken begonnen wurde, brach beinahe ein Aufstand aus; es wurden Verbindungen zu den Feinden Österreichs aufgenommen, und die Grafschaften bemächtigten sich schließlich wieder ihrer alten Rechte. Eine Staatskrise wurde im Jahre 1790 knapp vermieden, als Joseph sterbenskrank den Großteil seiner umstrittenen Maßnahmen widerrief und kurz darauf starb.

Sein Nachfolger, Leopold, schloß einen Kompromiß, indem er Ungarn als unabhängiges Königreich wieder anerkannte und den Ungarischunterricht an den Schulen wieder zuließ. Der drohende feudale Aufstand wurde abgewendet, aber eine Rückkehr zum Status quo ante erwies sich als unmöglich, da inzwischen die Französische Revolution ausgebrochen war und ihre Ideale sich in ganz Europa verbreiteten. Viele der jungen Adeligen, deren kultureller Horizont sich durch Reisen erweitert hatte, befürworteten Veränderungen, auch wenn sie die radikale Herausforderung der herrschenden Klassen durch die französischen Revolutionäre ablehnten. Sie wurden von den wenigen Protestanten unterstützt, die mit ihnen die Position eines entschiedenen Antiklerikalismus und den Gedanken der religiösen Toleranz teilten. In diesem intellektuellen Klima wich der Barockstil und seine Abwandlung, das Rokoko – dessen reiche Ornamentik und oftmals phantastischen Formen zu spät nach Ungarn gekommen waren, um dort noch eine weite Verbreitung zu finden –, allmählich einer neoklassizistischen Architektur. Häufig wurde die barocke Fassade beibehalten, und man nannte diesen Stil »Zopfarchitektur«, gemäß den damals modischen, mit Zöpfen versehenen Perücken. Dieser Stil wurde vor allem von Jakob Fellner propagiert. Auch die Gartenarchitektur hatte sich nicht von den Gärten im Stile des 17. Jahrhunderts entfernt. Sogar in Esterháza wurde die Anlage der Bauten im Park noch in den achtziger Jahren des 18. Jahrhunderts auf diese Weise geplant. Im Vordergrund blieb dabei die Wahrung der Proportionen; das Gebäude wurde harmonisch in seine Umgebung eingefügt und alle inneren und äußeren Merkmale der Anlage auf deren zentrale Achse ausgerichtet.

UNGARN

Zu Beginn des 19. Jahrhunderts war der Neoklassizismus vorherrschend. Von italienischen Vorbildern inspiriert, blieb die Architektur weiterhin dem Stilmittel der Symmetrie verhaftet, und infolge der Wiederbelebung der antiken griechischen und römischen Schönheitsideale wurden Säulen ein wesentliches Element des Entwurfs und der Dekoration. Die vorspringenden Teile der Fassaden wurden weniger betont, die barocken Rundungen verschwanden, und Linien wurden weniger markiert, um die Harmonie der gesamten Fassade hervorzuheben, und nicht nur Einzelheiten derselben. Der neoklassizistische Baustil trat für keine Neuerungen in der Konstruktionstechnik oder der räumlichen Aufteilung ein, sondern war bestrebt, edlere und harmonischere Gebäude zu errichten. Es gab eine Reihe von sehr fähigen Architekten des Neoklassizismus, darunter Franzosen oder Deutsche. Mihály Pollack, das wichtigste Mitglied der Stadtverbesserungskommission von Pest, war ein fähiger und kreativer Ungar, der öffentliche Gebäude (sein Hauptwerk ist das Nationalmuseum), Stadtpalais wie die Palais Zichy und Féstetics sowie Landschlösser wie Gyömrő, Fót, Alcsút und Dég errichtete. Seine Landsleute Mihály Péchy und Jozsef Hild waren gleichermaßen bedeutsam; letzterer, wie auch Pollack, begründete eine Architektendynastie, die zwei Generationen bestand.

Nach 1800 ergänzte das vom Ausland eingeführte akademische Studium die Ausbildung, die das traditionelle ungarische Baumeistergewerbe bot. Auch Baumeister ersten Ranges erhielten ihre Anfangsausbildung immer noch dadurch, daß sie an lokalen Bauvorhaben mitwirkten, aber viele sammelten auch Erfahrungen durch Arbeit und Studium im Ausland. Trotzdem gab es selten eine klare theoretische Grundlage für ihre Entwürfe, und die Mehrzahl der einheimischen Architekten, wie auch Pollack, verließen sich mehr auf ihre persönliche Erfahrung und auf ihre akademischen Vorbilder.

Obwohl der größte Teil der Bautätigkeit noch unter Aufsicht der Baumeisterinnungen erfolgte, wurden auch ausländische Architekten häufig von ihren Auftraggebern ins Land geholt. So erhielt zum Beispiel der französische Architekt Charles de Moreau von den Esterházys den Auftrag zum Umbau von Eisenstadt (Kismar-

Wappen der Coburg-Familie in Edelény.

Schmiedeeiserne Tore von Schloß Edelény, Nordostungarn.

Gesamtansicht von Schloß Edelény.

EINLEITUNG

UNGARN

ton), während deutsche Architekten, wie Heinrich Koch sen., Alois Pichler und Anton Riegl, ihre Tätigkeit ausführen konnten, ohne daß sie hierfür eine behördliche Bewilligung benötigten. (Das königliche Amt für Architektur hatte trotzdem weiterhin großen Einfluß). Die Einschaltung der Bauinnung erfolgte durch die Bestellung eines konzessionierten Baumeisters in eine Aufsichtsposition; so beauftragten die Károlyis zum Beispiel Heinrich Koch mit der Planung ihres Stadtpalais in Budapest, hingegen Pollack und József Hofrichter mit der Bauaufsicht bei der Errichtung des Gebäudes.

Die baulichen Änderungen am Schloß in Eisenstadt (Kismarton) sind ein weiteres Beispiel hierfür. Der französische Baumeister Charles de Moreau entwarf großzügige Pläne, die zwei neue, mit dem Hauptgebäude durch Kolonnaden verbundene Flügel vorsahen. Eine doppelte Reihe korinthischer Säulen, in Höhe der drei Stockwerke des Gebäudes, wurde der Gartenfassade angefügt. Nach Moreaus Plänen sollte der Haupttrakt mit dem Erdgeschoß auf einen Sockel gesetzt werden, der von beiden Seiten durch eine Auffahrtsrampe erreicht werden konnte. Außerdem hatte er vor, die Bibliothek und die Gemäldegalerie an den beiden Enden dieser neuen Flügel jeweils durch einen Turm abzuschließen. Dieser Plan wurde jedoch wegen der Napoleonischen Kriege nie realisiert, aber Johann Ehmann, der Baumeister der Familie Esterházy, nahm Änderungen in beschränktem Ausmaß vor. Die äußere Erscheinung des Gebäudes änderte sich wesentlich: Die vier Türme erhielten identische flache Pyramidendächer, während man der Hauptfront eine Altane mit einem Porticus aus vierzehn toskanischen Säulen vor dem Haupteingang vorlegte. Der Graben wurde zugeschüttet und ein englischer Park angelegt. Später

Gesamtansicht des Bischofspalais in Veszprém, unweit des Balaton.

Ornament über der Fassade des Bischofspalais in Veszprém.

EINLEITUNG

wurde Moreau erneut beauftragt, eine mit Kolonnaden versehene Rotunde zu planen, die er 1819 fertigstellte; sie bekam in Erinnerung an die Gemahlin des Fürsten, Leopoldine Liechtenstein, den Namen Leopoldinentempel, und hier befindet sich auch ihre Statue von Antonio Canova.

Landschlösser waren nicht die einzigen Werke dieser Blüte der Bautätigkeit; Theater, Konzertsäle und öffentliche Bibliotheken, wie Pollacks prachtvoller Lesesaal in dem Reformierten Kollegium von Sárospatak, wurden jetzt zur Befriedigung der kulturellen Bedürfnisse der Gesellschaft errichtet, und diese Blüte der Bautätigkeit, vor allem im öffentlichen Sektor, ist Ausdruck der zunehmenden Urbanisierung des Landes. Die meisten dieser neuen Bauten waren durch eine zurückhaltende Ornamentik gekennzeichnet. Der Neoklassizismus bevorzugte Masken und erhabene Verzierungen sowie gemeißelte Kapitele mit Steinreliefs in zurückgesetzten Feldern unter den Fenstern. Vor allem die Eingangshallen mit ihren Pilastern, Wandmalereien und Statuen waren charakteristisch für den neuen Stil, aber auch die Gestaltung der Innenhöfe zeichnete sich durch vorbildliche Einfachheit aus. Der neue Stil fand beim Volk einen beachtlichen Anklang; in den Städten diente er der Bourgeoisie als Vorbild für ihre Stadthäuser, und sowohl die Gestaltung städtischer Zinshäuser als auch das Aussehen von Gebäuden in eher ländlichen Regionen wurden von ihm beeinflußt. Die rationale und einfache Ausgewogenheit des Neoklassizismus als Lösung einer Reihe von architektonischen Problemen führte später auch dazu, daß dieser Stil vom kommunistischen Regime in der Nachkriegszeit wieder aufgegriffen wurde.

Die kulturelle Wiedergeburt Ungarns, deren wichtiger Bestandteil die neoklassizistische Bautätigkeit bildete, fand keine Parallele auf der politischen Seite. Der Reichstag und natürlich auch der Kaiser wünschten keine revolutionären Umwälzungen wie in Frankreich. 1792 starb Leopold plötzlich, sein Nachfolger war sein ängstlicher Sohn Franz. Für die nächsten fünfundzwanzig Jahre befanden sich die Beziehungen zwischen der habsburgischen Regierung und dem Reichstag auf einem toten Punkt. Der Kaiser weigerte sich, den Reichstag einzuberufen, außer zur Bewilligung von Steuern. Dies wiederum nahm ihm der Reichstag sehr übel, und als er sich einmal sogar verweigerte, führte dies dazu, daß er für die nächsten dreizehn Jahre nicht wieder einberufen wurde. Als Franz schließlich gezwungen war, um Hilfsgelder zu bitten, verlangte der Reichstag als Antwort darauf die Wiederherstellung der alten Freiheiten und eine stärkere Verwendung der magyarischen, der ungarischen Sprache.

Diese Entwicklung war eine wichtige Ursache für das Erstarken eines ungarischen Nationalgefühls. Nachdem zunächst Lexikographen das Magyarisch als Schriftsprache wiederbelebt hatten, begannen nun Dichter, Romanciers und Dramatiker in dieser Sprache zu schreiben. Die Resultate mögen von unterschiedlicher Qualität gewesen sein, ihr Enthusiasmus aber für Trachten, Tänze und alles andere echt Ungarische kam vom Herzen. Zu diesem Zeitpunkt übernahm der Adel wieder die Führung. Der verblassende Reiz des Lebens am Hof, aber auch die positive wirtschaftliche Entwicklung in der Landwirtschaft brachten es mit sich, daß die Grundbesitzer sich öfter auf ihren Landsitzen aufhielten. Das Interesse am magyarischen Erbe war aber nur ein Aspekt ihrer wiedergefundenen Identifikation mit dem Leben der Nation. Auch die Anzahl neuer Schlösser nahm zu, und die traditionellen eingeschossigen Herrenhäuser wurden oft durch ein oder auch mehrere Stockwerke erweitert. Die imponierenden Hof- und Gartenfassaden waren oft von wunderschön gepflegten Gartenlandschaften umgeben. Die Interieurs hingegen blieben häufig architektonisch unauffällig. Am anspruchsvollsten waren noch die Schloßkapellen gestaltet, zusammen mit den von Kolonnaden gebildeten Loggien, die von würdigen Peristylen bis zu ländlichen Veranden reichten und die in jedem neoklassizistischen Herrenhaus zu finden waren. Die Ähnlichkeit des Baustils und der Mangel an jeglichem Prunk machen es oft schwer, eine klare Unterscheidung zwischen den großen, noblen Schlössern und den kleineren Herrenhäusern des Landadels zu treffen.

Auch die politischen Interessen des Hochadels und des Landadels stimmten mehr und mehr überein. Der überwiegende Teil der gebildeten Stände litt unter dem erdrückenden Konservatismus Wiens. Der Reichstag von 1830 blieb noch

153

UNGARN

Hauptfassade des Esterházy-Besitzes in Eisenstadt (Kismarton).

ruhig und zeigte sich bereit, Fürst Metternich in der Eindämmung der revolutionären Bestrebungen zu unterstützen, aber der nachfolgende Reichstag von 1832 änderte sein Verhalten. Einer seiner stimmgewaltigsten Vertreter war István Széchényi, ein Abkömmling einer der bedeutendsten Familien Ungarns und der Sohn von Ferenc, dem Begründer der Nationalen Széchényi-Bibliothek. Seine Vorfahren, Besitzer riesiger Ländereien in Westungarn, waren schon lange für ihren erlesenen Geschmack bekannt. Ein freundliches Herrenhaus aus der Mitte des 18. Jahrhunderts in Nagycenk, dem Familiensitz, war schon um 1800 von Josef Ringer aus dem nahen Ödenburg umgebaut worden, der auch für die Esterházys tätig war. Er hatte auch die anmutige Grabkapelle entworfen, deren schlichte Steinkrypta ein würdevolles Portal trägt, das von zwei dorischen Säulen umrahmt und von einem Fries und einem Giebelfeld gekrönt wird. Széchényi wandte sich vor allem der Literatur zu und ermunterte seine Standesgenossen in einem Buch, auf einige ihrer Privilegien zu verzichten und die notwendigen Modernisierungen zuzulassen, die auch ihnen selbst letztlich zugute kommen würden. 1828 teilte er einen Teil seiner Ländereien unter den besitzlosen Armen auf, und er schrieb dazu: »Wir müssen ein Beispiel dafür geben, daß nicht nur jeder Mensch sein Auskommen finden kann, sondern daß er auch reich werden kann. Wir müssen nach dem allgemeinen Besten streben.«

EINLEITUNG

Noch nie hatte bisher ein Mitglied des Adels derartiges geäußert. Obwohl er der Dynastie treu ergeben war, erkannte er dennoch, wie rückständig sein Land im Vergleich zu Westeuropa war.

Endlich kamen Veränderungen in Gang, und der Reichstag erhob 1836 wesentlich radikalere Forderungen nach Reformen als die Széchényis. Eine Antihabsburgpartei entstand unter der Führung von Lajos Kossuth, und obwohl sie in ihrer Zusammensetzung aristokratisch war, verlangte sie weitreichende Neuerungen: allgemeine Steuern, die Abschaffung des Frondienstes, die Bauernbefreiung, ein erweitertes Wahlrecht und eine Pressereform. Der bescheidene Ferenc Deák führte die Reformen im Reichstag an, und sogar Konservative wie József Eötvös waren für eine wirkungsvolle Zentralregierung, die den stimmberechtigten Bürgern und nicht Wien verantwortlich sein sollte. 1840 wurde Ungarisch schließlich als Amtssprache akzeptiert, was allerdings die nichtungarischen Minoritäten aufbrachte. Der politisch gemäßigte György Apponyi übernahm die Regierung und führte hauptsächlich wirtschaftliche Änderungen durch. Den Reformern genügte dies jedoch nicht, da sie eine wirklich nationale Regierung und die allgemeine Steuerpflicht verlangten. Im Reichstag von 1847 waren beide Reformparteien, die Gemäßigten und die Radikalen, ungefähr gleich stark, und so lag die Wahrscheinlichkeit weitreichender Reformen in der Luft.

Der Sturz Louis Philippes von Frankreich im Februar 1848 entzündete den Revolutionsgedanken in ganz Europa. Metternich und Apponyi traten zurück. Eine Deputation beider Häuser des Reichstages reiste mit einem Forderungskatalog an die Krone nach Wien; dieser war von Kossuth angeregt worden und enthielt die ungarische Forderung nach einer konstitutionellen, nationalen Regierung, der sofort entsprochen wurde. Eine konstitutionelle Monarchie mit einer allgemeinen Steuerpflicht wurde eingeführt, und die Bauern wurden Eigentümer des von ihnen bearbeiteten Grund und Bodens. Ein Gesetz über die Vereinigung mit Siebenbürgen wurde verabschiedet und unabhängige Ministerien für Verteidigung und Finanzen eingerichtet.

Hauptfassade von Schloß Dég, Mittelungarn.

UNGARN

    Obwohl der Kaiser diesen Änderungen zugestimmt hatte, gab es weiterhin eine – wenn auch versteckte – Opposition. Vor allem die nichtmagyarischen Minoritäten – Slowaken, Siebenbürger, Sachsen, Rumänen, Kroaten und Ruthenen (Ukrainer) – äußerten ihre Befürchtungen. Bald schon erwies sich der neue Aufbruch als trügerisch. Kroatische Truppen rebellierten, und im März 1849 besetzte eine österreichische Armee Ofen und proklamierte die Aufteilung des Landes in fünf Regionen. Der Reichstag antwortete mit der Absetzung der Habsburger und bestellte Kossuth zum vorläufigen Staatsoberhaupt. Im Juni sandte Zar Nikolaus dem Kaiser Franz Joseph zwei Armeen zur Hilfe, die den Rebellen zahlenmäßig mehr als doppelt überlegen waren. Kossuth selbst dankte im August ab und mußte fliehen, während sich die ungarischen Truppen zwei Tage später ergaben. Im Verlauf der nachfolgenden Terrorherrschaft wurden zahlreiche Menschen hingerichtet, ein absolutistisches, bürokratisches Regime eingesetzt, das Land in fünf Kronländer aufgeteilt und die Autonomie der Komitate, der Grafschaften und Kommunen abgeschafft. Deutsch wurde wieder Amtssprache, und im folgenden Jahrzehnt wurden die Steuern um mehr als das Zehnfache erhöht. Viele Aristokraten mußten ins Exil gehen oder wurden eingekerkert, während die Bauern, von denen 625000 Eigentümer ihres Grund und Bodens blieben, diesmal am wenigsten Nachteile erlitten.

    Italiens Sieg über Österreich im Jahre 1859 brachte Franz Joseph zur Einsicht in die Notwendigkeit einer Regelung, aber die Verhandlungen dauerten über sechs Jahre. Erst nach der Katastrophe von Königgrätz war Wien schließlich bereit, zu einem Ausgleich zu kommen. Unter dem Ausgleich von 1867 blieben Ungarn und Österreich miteinander verbunden; der Kaiser blieb weiterhin das Oberhaupt des Staates, aber Ungarn wurde das Recht auf eine eigene Außenpolitik verweigert, während es sich im Inneren völlig unabhängig entwickeln konnte. Gemeinsame österreichisch-ungarische Minister für Finanzen, Kriegswesen und Auswärtige Angelegenheiten wurden eingesetzt, die den Abgeordnetenhäusern verantwortlich waren. Die Wiedervereinigung Siebenbürgens mit Ungarn wurde gesetzlich sanktioniert und eine konstitutionelle Regierung unter Deáks Vertreter, Gyula Andrássy, gebildet. In der Folge kam es zum kroatisch-ungarischen Ausgleich, der die Forderungen der Kroaten bis zu einem gewissen Grad berücksichtigte; die Minderheiten verschiedener Sprachen wurden unter Schutz gestellt. Ungarisch blieb allerdings

Eingang und Porticus des Bischofspalais in Sümeg, Westungarn.

EINLEITUNG

Hauptfassade von Schloß Széchenyi in Nagycenk, Nordwestungarn.

weiterhin Amtssprache. Im März nahm der Reichstag den Ausgleich an, und im Juni wurden Franz Joseph und die Kaiserin mit viel Pomp in Budapest gekrönt. Damit begann die Doppelmonarchie.

Die österreichisch-ungarischen Beziehungen besserten sich dank der großen Beliebtheit Kaiserin Elisabeths bei ihren ungarischen Untertanen. 1867 erhielt das kaiserliche Paar durch die persönliche Intervention Andrássys den ehemaligen Besitz Grassalkovich in Gödöllő. Damit ging ein Traum Elisabeths in Erfüllung, die diesen Besitz schon längst gerne gehabt hätte, aber Kaiser Franz Joseph hatte einen Kauf mit der Begründung abgelehnt, er habe dafür kein Geld. Miklós Ybl hatte das Schloß kurz zuvor modernisiert, in dem es 100 Räume gab, einen prachtvollen Ballsaal mit weißgoldenen Stuckverzierungen und eine große Kapelle, die heute als Pfarrkirche dient. Es war umgeben von einem 10 000 Hektar großen Besitz, auf dem die Kaiserin ihre Reitleidenschaft ausleben konnte – eine Leidenschaft, die so weit ging, daß sie ihre Gäste je nach deren Reitkünsten einteilte. Elisabeths häufige Aufenthalte in Gödöllő fanden weite Beachtung und trugen zur Aufrechterhaltung der guten Beziehungen bei, die durch den Ausgleich hergestellt worden waren.

In diesen ereignisreichen Jahren änderte sich nicht nur viel in politischer Hinsicht, sondern auch auf kulturellem und architektonischem Gebiet. Der Neoklassizismus behielt seine dominierende Rolle bis hinein in die 40er Jahre und wurde dann von der Neugotik verdrängt, die viele mittelalterliche Stilelemente in sich aufgenommen hatte. Etwa dreißig Jahre lang dominierte dieser Stil, bis er von einem neuen Eklektizismus abgelöst wurde.

Waren Nüchternheit und die Einhaltung von Proportionen die Hauptmerkmale des ungarischen Neoklassizismus, so betonten die Architekten der Neugotik, unberührt von harmonischen Symmetrien, entgegengesetzte Werte. Obwohl man bestrebt war, eine vernachlässigte mittelalterliche Geisteshaltung zu beleben, wie sie sich in den Lehren von Eugène Viollet-le-Duc findet, machten sie doch wenig Anstrengungen, alle ihre Einzelheiten zu kopieren; dies galt besonders für Ungarn, wo neue Richtungen gewöhnlich spät Eingang fanden und sich meistens ungleich entfalteten. Obwohl diese Architekten der Romanik und Gotik nahestanden, waren sie doch auch vom byzantinischen und islamischen Stil beeinflußt, was in einem Land des Balkans nicht überrascht. In dieser Stilepoche wurden die früher vorherrschenden italienischen und französischen Einflüsse durch andere verdrängt, die vor allem aus Großbritannien und Deutschland kamen.

Der vielleicht bedeutendste Architekt dieser Zeit war Miklós Ybl. Nach Studien in München und Wien wurde er ein Schüler von Mihály Pollack, mit dessen Sohn Ágoston er zusammen ein frühes neugotisches Schloß für die Batthyánys in Ikervár baute. Seine erfolgreiche Karriere begann um 1850, als er die Kirche in Fót für die Károlyis und den Vigadó, eine Wohnhausanlage in Budapest, vollendete – wahrscheinlich die beiden bedeutendsten Gebäude dieser Stilrichtung in Ungarn. Auch eine Reihe weniger bedeutender Architekten, wie die Zitterbarths, Breins und Kasseliks, hatten florierende Architekturkontore zu dieser Zeit. Auch Ausländer, wie Alois Pichl und Franz Beer, erhielten viele Aufträge. Sie waren alle bestrebt, bewußt nationale Komponenten in ihre Architektur einfließen zu lassen. So wurde zum Beispiel Schmiedeeisen durch Gußeisen und Glas ersetzt. In freier Landschaft gestaltete englische Parks traten an die Stelle französischer und italienischer Gärten, ein schon in der neoklassizistischen Zeit erkennbarer Trend. Einige Großgrundbesitzer entwickelten eine wahre »Parkomanie« (um einen Ausdruck des Fürsten Pückler-Muskau zu verwenden) und bezogen ihre landwirtschaftlichen Böden in die ihre Schlösser umgebenden Parklandschaften ein. Zahlreiche Garten-

Innenansicht des Familienmausoleums von Schloß Széchenyi in Nagycenk.

Außenansicht des Familienmausoleums von Schloß Széchenyi in Nagycenk.

EINLEITUNG

architekten, wie zum Beispiel Ignác Erményi, der in Fót arbeitete, fanden ein reiches Betätigungsfeld vor.

Die frühen neugotischen Schlösser Ungarns, wie zum Beispiel das von Franz Beer für die Zichys errichtete Orosvár, waren deutlich erkennbar als »Burgen« konzipiert und in einem englischen mittelalterlichen Stil gebaut. Allmählich wurde für diese Schlösser ein asymmetrischer Turm kennzeichnend, der allerdings nur symbolischen Charakter hatte. Die Anlage der Räume, deren Mittel- und Höhepunkt ein Ahnensaal war, glich oft einem Museum. Dies war ein deutlicher Kontrast zu der stets vorhandenen neoklassizistischen Anlage, nach der ein Ballsaal, der Salon, die Bibliothek und der Speisesaal im Erdgeschoß lagen, während sich die Schlafzimmer und Gästezimmer in den Obergeschossen befanden. Häufig wurde ein neoklassizistisches Schloß im neugotischen Stil umgebaut und enthielt dann Elemente beider Richtungen. Ein malerisches Beispiel hierfür ist das Schloß der Brunszwick in Martonvásár, in dem sich Beethoven um die Wende des 19. Jahrhunderts aufhielt und in dem er auch komponierte. Der große Musiker war nicht nur ein Freund des Grafen Franz Brunszwick, sondern vor allem ein Bewunderer seiner Tochter Josephine. Später, zwischen 1855 und 1875, wurde Martonvásár von einem unbekannten Architekten in ein zweistöckiges Schloß mit einem mit Zinnen versehenen Dachgeschoß umgebaut, und zwar in einem rein englischen, gotischen Stil. Die Anordnung hoher und niedriger Fenster und vorspringender Fassaden bewirkt ein hohes Maß an Symmetrie. Der Portalbereich stammt von dem alten neoklassizistischen Gebäude, wo die mit Halbbögen verbundenen Säulenbündel einen überdeckten Eingang bilden, der einen Balkon aus steinernem Maßwerk stützt, auf den sich das dreiteilige Fenster der Empfangshalle öffnet. Die tief eingekerbten und mit Zinnen versehenen Giebel und Türmchen verstärken noch den malerischen Eindruck.

Es gab auch genug Gelegenheiten für andere, die ihre baulichen Phantasien befriedigen wollten, denn es war eine Zeit des wirtschaftlichen Aufschwungs. Der Ausgleich von 1867 versetzte Ungarn in eine Stabilität, die es seit den Zeiten vor den Mohács nicht mehr gekannt hatte. Das Land war unter einer Regierung vereinigt, die einem neuen Parlament verantwortlich war; die Rechte der Krone gingen nicht über die einer konstitutionellen Monarchie hinaus. Ungarns Stimme in der gemeinsamen Führung der Finanzen, der Außenpolitik und der Verteidigungspolitik war keinesfalls unbedeutend, denn das Land bildete die größte politische Einheit in der Monarchie. Auch die dreißig Prozent der gemeinsamen Ausgaben, die auf Ungarn entfielen, entsprachen seiner Bedeutung. Im Parlament befanden sich die Schüler Kossuths in Opposition zu den Anhängern Deáks, wobei die ersteren noch immer die Unabhängigkeit ersehnten, während das linke Zentrum, das den Ausgleich akzeptierte, noch immer alle Institutionen ablehnte, die mit der Autonomie der Nation nicht vereinbar waren. Viele Gesetze zur Modernisierung des Landes wurden erlassen, und in einer Ära wachsender Prosperität und guter Ernten florierte die Landwirtschaft, und ausländisches Kapital floß nach Ungarn. Die Finanzkrise von 1873 löste eine Schockwelle aus, doch Deáks Nachfolger verbündeten sich mit der linken zentralistischen Splitterpartei von Kalman Tisza, um eine neue liberale Partei zu gründen, und blieben für die nächsten dreißig Jahre an der Macht. Sie konnten sich weiterhin auf die Magnaten und den Kleinadel stützen, obgleich noch viele Bauern und Angehörige des Bürgertums der Politik Kossuths anhingen. Ihre Vorherrschaft behaupteten sie im wesentlichen durch die Manipulation der Wahlbezirksgrenzen und durch eine Einschränkung des Wahlrechts für nichtmagyarische Bürger, indem sie von diesen eine Schulbildung forderten.

Die Landwirtschaft, in der 65 Prozent der Beschäftigten tätig waren, war das Fundament für den Reichtum der Nation. Ungarn war immer schon ein fruchtbares Land gewesen, und dies galt auch jetzt noch – zwischen 1870 und 1890 verdoppelte sich die landwirtschaftliche Produktion. Die großen landwirtschaftlichen Besitzungen standen in voller Blüte. 1895 gehörten fast ein Drittel der gesamten Fläche des Landes, nämlich sieben Millionen Hektar, weniger als 4000 Eigentümern (wovon manche, wie die Kirche zum Beispiel, keine Privatpersonen waren). 128 Eigentümer besaßen beinahe 3,6 Millionen Hektar des Landes – eine Statistik, die 100 Jahre früher nicht viel anders aussah, als 108 Familien etwa ein Drittel der Fläche des Landes besaßen. Die großen Güter hatten die Tendenz, sich kleinere Besitze einzuverlei-

UNGARN

Veranda über dem Eingangsportal des Schlosses in Martonvásár, Mittelungarn.

ben, deren Eigentümer, sofern sie zum Landadel gehörten, sich politisch engagierten – sie stellten die bedeutendsten Revolutionäre von 1848 – oder in den Bauernstand absanken. Viele Probleme standen jedoch noch bevor. Um die Jahrhundertwende verringerten die Importe von Weizen aus Übersee die Gewinne dramatisch, und zahlreiche der lebenslustigen Aristokraten waren bis zum Hals verschuldet.

Ein Teil des Landadels, der sich in Wirklichkeit nie von den Katastrophen nach 1848 erholt hatte, wurde durch die Depression der 80er Jahre ruiniert, wenn er nicht diesem Schicksal durch den Eintritt in öffentliche Dienste gerade noch entkommen konnte. Die wiederholten Erbteilungen unter den Bauern führten dazu, daß dreiviertel der 2,8 Millionen Bauerngüter unter zehn Joch (»hölds«) lagen. Ein »höld« betrug etwa 66 Ar; 75 Prozent umfaßten tatsächlich etwa fünf Joch (»hölds«), obwohl acht als das Minimum angesehen wurden, um eine Familie zu erhalten. Außerdem besaß etwa die Hälfte der Landbevölkerung überhaupt keinen Grund und Boden.

Auf anderen Gebieten waren die Aussichten in Ungarn vor der Jahrhundertwende positiver. In finanzieller Hinsicht gab es eine Konsolidierung – die Etats waren ausgeglichen, und die öffentliche Verschuldung hielt sich in Grenzen. Das Eisenbahnnetz wurde fertiggestellt, die großen Flüsse schiffbar gemacht und die Straßen verbessert. Handel und Industrie expandierten erheblich, und dies führte zu neuen Vermögen bei einem Teil der Bevölkerung. Die großen Städte wuchsen, Budapest zum Beispiel hatte nunmehr etwa 800 000 Einwohner, und sechs Brücken überspannten die Donau. Ein prunkvoller neuer Königspalast krönte den Burghügel, und eine Reihe imponierender öffentlicher Gebäude, darunter insbesondere das neugotische Parlamentsgebäude, dessen Vorbild Westminster war, wurden errichtet. Ungarns Beitrag zur europäischen Kultur hatte weltweit Achtung gefunden. Seine Künstler, Schriftsteller und Musiker erlangten wohlverdienten Ruhm. Die 1000-Jahr-Feier der Nation im Jahre 1896 wurde von einer Welle des Selbstlobs begleitet, die die Tatsache verdeckte, daß viele Probleme noch ungelöst geblieben waren.

EINLEITUNG

In dieser sich wandelnden Gesellschaft trat ein neuer Typus von Landschloßarchitekten auf. Die reiche Bourgeoisie und die Industriellen waren bestrebt, ihre Stellung innerhalb der Gesellschaft durch entsprechende Bauaufträge, die ihrem Status gemäß waren, aufzuwerten. 1883 ließ sich der Großhändler Zsigmond Schlossberger eine Burg bei Tura von Miklós Ybl errichten. Die Architektur erinnerte stark an die Loire-Schlösser, die der Baumeister soeben bereist hatte, doch fügte er dem Bau ein riesiges Konservatorium hinzu. Französische Vorbilder wurden modern, wenngleich das Nádasdy-Schloß in Nádasdladány, das zwischen 1873 und 1884 mit einer massiven Vorhalle, spitzen Türmen und Giebeln sowie mit Fenstern im Tudor-Stil errichtet wurde, den neugotischen Stil früherer Jahre zum Vorbild hatte. Die eklektische Richtung unter den Architekten, deren bedeutendster Vertreter Antal Gottlieb war, bezog ihre Inspirationen von verschiedenen Baustilen und wurde immer bedeutender. Einige der älteren Architekten, wie Jozsef Hild, bevorzugten frühere Stile, andere aber, wie zum Beispiel Ybl, paßten sich der neuen Mode an. Unter dem Einfluß Gottfried Sempers folgten einige jüngere Kollegen sogar dem Neorenaissance-Trend. Die Betonung der Architektur wurde verstärkt auf die Größe gelegt; repräsentative Gebäude bedeuteten aber zwangsweise mehr Personal, vorausgesetzt, die Eigentümer konnten es sich leisten. Eine überaus reiche Familie wie die Festetics vergrößerte in den achtziger Jahren ihr Schloß in Keszthely, stilistisch bildete es aber zumindest noch eine zusammenhängende Einheit. Doch schon um 1890 liefen die Architekten Gefahr, von ihrem Weg abzukommen. Die Fassaden verloren ihre Balance, und ein stark ausgeprägter Individualismus führte häufig zur Aufgabe der normalen Standards der Architektur. Oft sollte nur auf den Reichtum des Schloßbesitzers aufmerksam gemacht werden. Graf János Pálffy ließ sich bei Bajmoc zu dieser Zeit ein phantastisches mittelalterliches Traumschloß bauen. Um 1900 erreichte der eklektizistische Baustil seinen Höhepunkt in Budafok, einem Schloß nahe von Budapest, erbaut für den Champagner-König József Törley; es hatte einen byzantinischen Rauchsalon, ein japanisches Arbeitszimmer, einen Ballsaal aus Marmor im klassizistischen Stil, einen Wintergarten und eine riesige Halle mit einem Stichbalkendach im englischen Stil. Wenngleich der Geschmack häufig fragwürdig war, so wurden diese Schlösser doch in prachtvoller Lage und auch in technisch guter Ausführung errichtet. Ein typisches Merkmal für die Bauweise der Jahrhundertwende war eine weiträumige, einstöckige Eingangshalle, in der Mitte des Gebäudes gelegen, mit einem Treppenhaus, das zu den anderen Räumlichkeiten führte.

Nach 1900 verschlechterten sich die wirtschaftlichen und politischen Verhältnisse in Ungarn. Mit den wirtschaftlichen und militärischen Folgen des Ausgleichs wuchs die Unzufriedenheit, soziale Unruhen breiteten sich aus, und die Gefahr eines allgemeinen Wahlrechtes beunruhigte die Minister ebenso wie das unsichere Gleichgewicht zwischen den Deutschen und den Slawen, dem anderen bedeutenden Bevölkerungsteil der Doppelmonarchie. Die Magyarisierung des Staates und des Erziehungswesens hatte die völkischen Minderheiten rebellisch gemacht, und besonders bei den Kroaten begann sich eine Irredenta zu entwickeln. Die Juden hingegen übernahmen eine wichtige Rolle im Leben Ungarns; ihre Anzahl betrug um 1900 fast eine Million. Erst kurze Zeit voll emanzipiert, kontrollierten sie bereits das Bank- und Finanzwesen, einen Großteil des Handels und der Industrie, und sie besaßen ein Fünftel aller landwirtschaftlichen Güter über 1000 Joch.

Ungarns langjähriger Ministerpräsident István Tisza sah die größte Chance für die Erhaltung der Nation in einer engen Verbindung mit Österreich und in dem Bündnis der Doppelmonarchie mit Deutschland. So wurde Ungarn widerwillig in den Ersten Weltkrieg auf der Seite der Mittelmächte hineingezogen. Da alle Feinde Ungarns – Serbien, Rumänien und die im Entstehen begriffene Tschechoslowakei – auf der Seite der Entente waren, drohte im Falle einer Niederlage eine Zerstückelung des Landes. Als sich die militärische Lage verschlimmerte, schlug Mihály Károlyi, ein prominenter Politiker, vor, die Verbindung mit Österreich zu lösen und einen Separatfrieden abzuschließen. Gleichzeitig führte er Reformen ein und machte Konzessionen an die Minderheiten. Als Károlyi im November 1918 Ministerpräsident wurde, war der Großteil des Landes schon von feindlichen Armeen besetzt, und in Budapest herrschte nahezu Chaos und Hungersnot. Durch den

UNGARN

Gesamtansicht des Schlosses von Martonvásár.

Druck der Alliierten mußte Károlyi aber im März 1919 zurücktreten, und ein kommunistisches Regime unter Béla Kun ergriff die Macht. Kun war aber auch nicht in der Lage, die Probleme der Nation zu lösen. Im August mußte er fliehen, und die Alliierten konnten einem zugrunde gerichteten Ungarn ihre Friedensbedingungen diktieren.

Die Bedingungen des Vertrages von Trianon waren in der Tat hart. Alle von Nichtmagyaren bewohnten Gebiete wurden Ungarn weggenommen. Die Ruthenen im Nordosten kamen zur Tschechoslowakei und die deutschen Siedlungsgebiete im Süden zu Serbien. Sogar Österreichs Anspruch auf die Randgebiete jenseits der Leitha wurde anerkannt. Von den 325 000 Quadratkilometern des historischen Ungarn blieben nur rund 92 000 übrig, von einer Bevölkerung von 20,8 Millionen nur etwa 7,6 Millionen. Über drei Millionen Magyaren wurden auf andere Staaten aufgeteilt. Ungarn mußte vollständig abrüsten und nicht näher festgelegte Reparationen zahlen. Durch die neuen Grenzen wurde das Land von seinen alten Märkten und Versorgungsgebieten abgeschnitten, während ein riesiger Flüchtlingszustrom die bestehenden Ressourcen belastete. Die nationalen Reserven waren auf einen kleinen Teil des Vorkriegszustandes geschrumpft, und die sozialen Spannungen verschärften sich noch durch die Forderungen der Arbeiterklasse, auf die die vormals wohlhabenden Stände mit Verbitterung reagierten.

1920 wurde eine dem Parlament verantwortliche Regierung eingesetzt. Alle Maßnahmen des Károlyi- und des Kun-Regimes wurden annulliert, ebenso der Ausgleich von 1867. Ungarn wurde nominell eine unabhängige Monarchie, obwohl die Rechte der Krone von einem Regenten, Admiral Miklós Horthy, dem vormaligen Oberbefehlshaber der k. u. k. Marine, ausgeübt wurden. Eine neue Regierung unter Pál Teleki versuchte eine bescheidene Landreform durchzuführen, aber die Grundbesitzer, die die Wahl hatten, welche der Grundflächen sie aufgeben mußten, wähl-

EINLEITUNG

ten die am wenigsten fruchtbaren aus; das Versprechen, eine zweite Stufe der Reform durchzuführen, wurde nie eingehalten. Trotzdem konnte in den zwanziger Jahren wieder eine wirtschaftliche Stabilität erreicht werden. Die Höhe der Reparationen wurde festgelegt, eine Völkerbundanleihe ausgehandelt und ausgeglichene Budgets aufgestellt. Auch ausländisches Kapital kehrte wieder zurück, wodurch die Inflation sank und die Industrialisierung voranschritt, obwohl die Landwirtschaft weiterhin das Rückgrat der Wirtschaft bildete.

Der Börsenkrach von 1929 untergrub die beiden Säulen, auf denen Ungarns politische Stabilität ruhte, zum einen die hohen Weizenpreise und zum anderen die Aufrechterhaltung der internationalen Kredite. Als die Wirtschaftskrise Ungarn 1931 erfaßte, kam eine Regierung der radikalen Rechten an die Macht, die grundsätzlich antikapitalistisch, antisemitisch und antimonarchistisch orientiert war. Weil er eine zu enge Verbindung mit Nazideutschland scheute, ernannte Horthy Minister, wie zum Beispiel Teleki, die Verbindung zu den Demokratien des Westens aufrechterhielten. Trotzdem waren viele überzeugt, daß Ungarns einzige Chance, eine Revision des Vertrages von Trianon zu erreichen, in einem Bündnis mit Deutschland liege. Und tatsächlich konnte 1939, nach der Zerstückelung der Tschechoslowakei durch Deutschland, wieder ein Teil der Ukraine zurückgewonnen werden; 1940 kam ein Großteil der Gebiete, die an Rumänien verlorengegangen waren, und 1941 ein Teil des von Jugoslawien einverleibten Territoriums hinzu. Telekis Bemühungen, Ungarn aus dem Krieg herauszuhalten, dauerten 18 Monate, bis er unter unerträglichem Druck Selbstmord beging. Als seine Nachfolger sich am Überfall Hitlers auf Rußland beteiligten, erklärten die Westmächte Ungarn den Krieg, und die Würfel waren gefallen. Horthy, der überzeugt war, daß die Alliierten den Krieg schließlich gewinnen würden, konnte zwar bis 1944 erfolgreich hin und her lavieren, doch mit dem schrittweisen Zusammenbruch der Ostfront wurde er zu einer engen Zusammenarbeit mit den Deutschen gezwungen. In der Folge wurde eine Regierung gebildet, die offen mit den Nazis sympathisierte; die Juden wurden deportiert und Horthy schließlich abgesetzt. Der unaufhaltsame russische Vormarsch führte im April 1945 zum Zusammenbruch jeglichen Widerstandes. Unter sowjetischer Schirmherrschaft schloß eine Übergangsregierung einen Waffenstillstand, verzichtete auf alle territorialen Gewinne Ungarns seit 1938 und erkannte formell die Grenzen von Trianon an. Das Land wurde stärker zerstört als 1918. Obwohl die Kommunisten vorsichtig vorgingen und die Macht nur schrittweise ergriffen, gewannen sie innerhalb von fünf Jahren die totale Kontrolle über einen Einparteienstaat mit einer sowjetisierten Wirtschaft. Das alte Ungarn war für immer verschwunden.

In der Zwischenkriegszeit war klargeworden, daß die Zeit, in der große neue Herrenhäuser gebaut werden konnten, vorbei war. Die meisten Familien hatten kleinere oder größere Teile ihres Landbesitzes, manche sogar alles durch die Teilungen von 1919 verloren. Die Esterházys konnten ihren Lebensstil sowohl in Eszterháza als auch in Eisenstadt (Kismarton), die jetzt durch eine Grenze getrennt waren, weiterhin aufrechterhalten, aber das war eine Ausnahme und bei weitem nicht die Regel. Obwohl Personal noch immer billig war und ein Haus weiterhin geführt werden konnte, erlaubte die unsichere wirtschaftliche Lage nur wenigen, dem Beispiel Horthys zu folgen, der den Familiensitz in Kenderes ausbaute und verschönerte.

Dennoch ist Ungarn eine Nation, die stolz auf ihre Geschichte und ihr nationales Erbe ist. Heute, nach mehr als 40 Jahren einer kommunistischen Einparteienherrschaft, ist das Land zur Demokratie und Freiheit zurückgekehrt. Die persönliche Freiheit und die wirtschaftliche Erneuerung geben Hoffnung auf eine nationale Regeneration. Es ist diese Wiedergeburt, die zur Wiederherstellung vieler vernachlässigter Bereiche des ungarischen nationalen Erbes ermutigt hat, so auch zur Restaurierung der Burgen und Schlösser des Landes, die in einer völlig veränderten politischen Landschaft wieder eine Quelle der Freude für einheimische und ausländische Besucher sein werden.

Ungarische Adlige im Magnaten-Gewand: links ein Angehöriger des Geschlechts der Széchenyi, rechts Lajos Károlyi, frühes 20. Jahrhundert (Privatsammlung).

SÁRVÁR

Die sanfte Hügellandschaft westlich und nördlich des Plattensees (Balaton) ist bekannt als das Dunántúl. Es entging weitgehend der türkischen Besetzung und blieb ein Teil des königlichen Ungarn, das die Habsburger ohne Unterbrechung halten konnten und das daher vielleicht die engsten Beziehungen zu Österreich hat. Nahe dem Schnittpunkt zweier Hauptstraßen durch das Flachland, von denen die eine von Wien zum Plattensee, die andere von Graz nach Budapest führt, liegt die kleine Stadt Sárvár. Der schmucke Ort mit einer schönen Kirche und einem erst kürzlich erschlossenen Thermalbad beherbergt ein nationales Wahrzeichen: ein riesiges Schloß, das durch mehrere Jahrhunderte eine wichtige Rolle in der Geschichte Ungarns gespielt hat.

In Sárvár gibt es nur wenige Spuren einer früheren Siedlung, aber gegen Ende des 13. Jahrhunderts wird die Stadt bereits als königlicher Besitz erwähnt. Kurz danach wurde sie der Familie Németujvári verliehen. 1327 nahm der örtliche Richter, Sándor Köcski, die Stadt im Namen der Krone in Besitz, und 1390 verlieh sie König Sigismund erneut an eine Familie Kanizsai. Zwischenzeitlich war eine einstöckige hölzerne Festung mit einem viereckigen Turm und einer steinernen Befestigungsmauer erbaut worden. Köcski hatte den Bau wesentlich vergrößert, indem er die beiden südlichen und westlichen Flügel der fünfeckigen Festung, die durch Erdwälle verstärkt und mit Holzplanken befestigt worden war, miteinander verband. Die Burg verblieb in den nächsten eineinhalb Jahrhunderten im Besitz der Kanizsais, die wenig an ihr veränderten.

Ein entscheidender Wendepunkt in Sárvárs Geschichte trat 1534 ein, als Orsola Kanizsai, die Erbin des Besitzes, Tamás Nádasdy heiratete. In dem Debakel nach der Schlacht bei Mohács stieg dieser zu einem der führenden ungarischen Adeligen auf, obwohl seine Familie, die sich bis ins 13. Jahrhundert zurückverfolgen läßt, bis dahin von geringer nationaler Bedeutung war. Als ein hochkultivierter Humanist erlangte Tamás bald ein politisches Amt; die Habsburger ernannten ihn zum Pan von Kroatien und 1554 zum Palatin von Ungarn. Unter ihm entwickelte sich Sárvár zu einem kulturellen und akademischen Zentrum. Die Druckerei, die er dort gründete, brachte das erste gedruckte Buch Ungarns heraus, ein ungarisch-lateinisches Wörterbuch von 1539: János Sylvesters »Grammatica Hungarolatina«. Zwei Jahre später wurde hier das erste Buch auf Ungarisch gedruckt, eine Übersetzung des Neuen Testaments. Unter den regelmäßigen Gästen der Burg befand sich unter anderen auch Sebestyén Tinodi, der beste Chronist der Türkenkriege, Mátyás Biró von Deva, eine berühmte Figur in den Kämpfen für die Religionsfreiheit im Habsburgerreich, und Benedek Abadi, ein herausragender protestantischer Pastor. Nádasdy ließ umfassende architektonische Änderungen an Sárvár vornehmen. Zwischen 1550 und 1560 erhielt der Westflügel der Festung sein endgültiges Aussehen; hier wurden Wohnräume mit einer Loggia gebaut, deren Arkaden in pfeilförmigen Bögen aus Stein gemeißelt waren. Der Torturm erhielt ebenfalls ein anderes Aussehen durch ein spitzes Ziegeldach, das in einem kuppeligen Helm endet. Das wunderbare Renaissanceportal, vermutlich von italienischen Künstlern geschaffen, datiert aus der gleichen Zeit. Die Erdwälle wurden an einigen Stellen durch Stein-

Ansicht des zwischen 1550 und 1560 vollendeten Torturms.

Luftansicht des Burgschlosses und Ortes Sárvár (Prinz Rasso von Bayern).

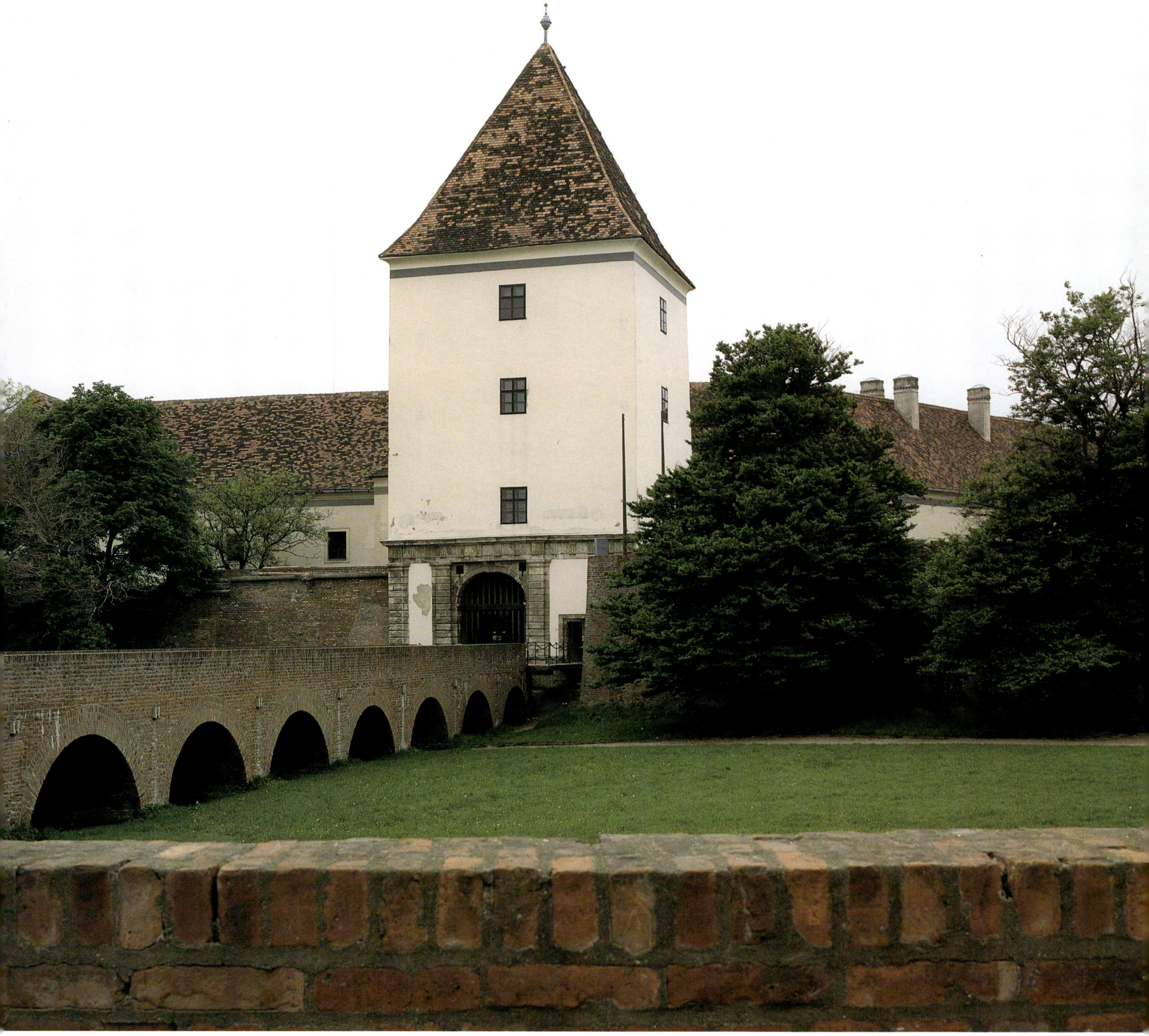

UNGARN

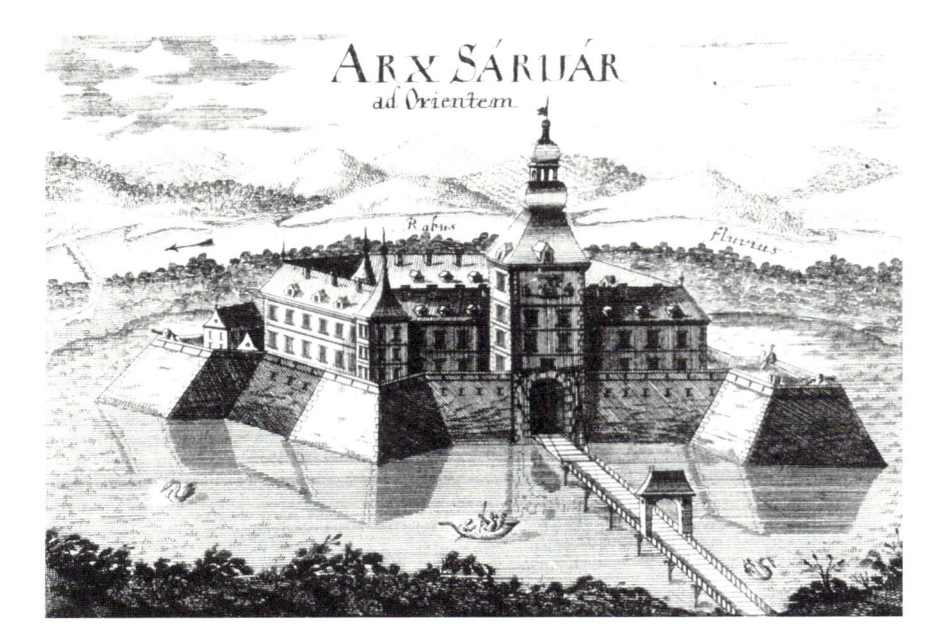

Alte Ansicht der Burganlage von Sárvár von Mátyás Greischer, frühes 16. Jahrhundert (Ungarisches Nationalmuseum, Budapest).

Wappen der Nádasdy im Burghof von Sárvár.

mauern ersetzt, ein Burggraben mit einer Zugbrücke angelegt und ein Teil des nahe gelegenen Waldes abgeholzt und statt dessen Obstgärten angelegt.

Das Interieur wurde prunkvoll möbliert und die Räume mit dekorativen Details wie steinernen Tür- und Fensterumrahmungen im Renaissancestil verziert. Ferenc Nádasdy II. und sein Sohn Pál setzten den Ausbau von Sárvár fort, und zwischen 1588 und 1615 wurden die fünf ehemals hölzernen Eckbasteien der Festung erneuert. Ein äußerer Schutzwall mit Pechnasen machte jede weitere Befestigung der Burg unnötig, und so wirkte sie immer mehr wie ein italienischer Palazzo.

Als Ferenc Nádasdy III. die Burg Mitte des 17. Jahrhunderts erbte, war sie ein Schmuckstück der Renaissancearchitektur, das ein Jahrhundert der Unruhen unbeschädigt überlebt hatte. Auch Ferenc war zu juristischen und politischen Würden aufgestiegen und darauf erpicht, eine standesgemäße Residenz zu bewohnen, weshalb er weitere Änderungen vornehmen ließ. Der Torturm wurde mit den übrigen Gebäuden verbunden und ein ebenerdiger, gewölbter Eingang geschaffen. Die fünf Fassaden erhielten ein einheitliches Aussehen, indem die Höhe der ehemals dreistöckigen Trakte auf zwei Geschoße reduziert wurden, wie dies eine zeitgenössische Ansicht von Mátyás Greischner zeigt. Von nun waren die Gebäude vollständig von äußeren Befestigungswällen umgeben. Ein riesiger Speisesaal und etliche daran anschließende Räume wurden im Barockstil ausgestattet. In der Absicht, die Erinnerung an die Türkenkriege und an seinen Ahnen Scanderbeg, den Helden des albanischen Widerstandes gegen die Türken, festzuhalten, bestellte Ferenc Fresken für die riesige gewölbte Decke des Speisesaals. Sie wurden 1653 in viereckigen, von Stuck umrahmten Feldern von einem unbekannten Künstler ausgeführt, dessen Initialen H.R.M. jedoch auf den eher unbedeutenden Barockmaler Hans Rudolf Müller schließen lassen. Es war das erste Werk dieser Art in Ungarn. Alle Fresken stellen Schlachtenbilder dar mit ungewöhnlichen schnauzbärtigen und turbantragenden Figuren mit galoppierenden Pferden und blitzenden Krummsäbeln.

Dieses martialische Thema paßte zu Nádasdys weiterer Laufbahn. Enttäuscht von der zaghaften Beschwichtigungspolitik der Habsburger gegenüber der Pforte, die ihren Ausdruck in der Unterzeichnung des für die Türken vorteilhaften Friedensvertrages von Vasvár im Jahre 1664 fand, begann Nádasdy gegen die Krone zu konspirieren. Bald schlossen sich Ferenc Wesselényi, der Palatin von Ungarn, und Péter Zrínyi der Verschwörung an — Zrínyi war ein Bruder des Nationalhelden, dessen Aufstand gegen die Türken von den kaiserlichen Truppen nicht unterstützt worden war; hinzu kamen auch noch dessen Schwiegersohn Ferenc Rákóczi und Ferenc Frangipani. Obwohl der Tod des Palatins den Verschwörern ihren am meisten erfahrenen Anführer entriß, planten sie 1674 einen landesweiten Aufstand gegen die Habsburger. Der Plan wurde wahrscheinlich von den Türken verraten, die ebenso-

SÁRVÁR

*Porträt von Tamás Nádasdy, 1560
(Ungarisches Nationalmuseum, Budapest).*

*Porträt von Ferenc Nádasdy, Mitte des 17. Jahrhunderts
(Ungarisches Nationalmuseum, Budapest).*

wenig wie der Kaiser eine Unabhängigkeit Ungarns wünschten, und die meisten Anführer wurden verhaftet, bevor sie ihre Kräfte mobilisieren konnten. Die Magnaten – vor allem Nádasdy, der noch immer die Position des obersten Richters innehatte – konnten auf wenig Gnade aus Wien hoffen. Sie wurden vor Gericht gestellt und 1671 hingerichtet. Sárvár wurde als Eigentum eines verurteilten Rebellen durch die Krone beschlagnahmt und einem Zwangsverwalter unterstellt.

Die vielleicht traurigste Folge dieser Katastrophe war die Auflösung der Nádasdy-Sammlungen von Büchern, Bildern und Möbeln. Schon Tamás war ein eifriger Sammler gewesen, aber Ferenc erwies sich als der bei weitem bedeutendste, fast besessene Sammler seiner Zeit. Die Liste seiner zahllosen beweglichen Güter, die nach seiner Hinrichtung an die Krone übergingen, enthält mehr als zweihundert Gemälde, hundertvierzig Teppiche, einschließlich neununddreißig Gobelins, zahllose Gegenstände aus Silber und Gold in zweiunddreißig Schränken, vor allem schöne Rüstungen, Stiche und Möbel sowie eine Bibliothek von einigen tausend Büchern.

1677 kaufte Graf Miklós Draskovich, der Ehemann von Ferencs Tochter Krisztina, den Besitz von der Krone für den enormen Betrag von 326 520 Forint zurück.

UNGARN

SÁRVÁR

Detail der Turmzimmer-Fresken von Stephan Dorffmeister, Mitte des 18. Jahrhunderts.

Detail der Fresken im Turmzimmer.

Er behielt ihn allerdings nicht lange, und im 18. Jahrhundert wechselte der Besitz häufig seine Eigentümer. Der bemerkenswerteste war Adam Szily, der 1769 Stefan Dorffmeister, einen Modemaler der Zeit, mit der Ausführung von neun weiteren Wandmalereien im Speisesaal beauftragte, die Szenen aus dem Alten Testament darstellten. Sein Auftrag umfaßte ebenso Wandmalereien in den Räumen im zweiten Stockwerk des Torturmes, nach Themen aus François Fénélons »Télémaque«, einem politischen Roman über die Abenteuer des Odysseus. Vermutlich stammen die floralen Malereien in den angrenzenden Räumen aus der heutigen Zeit.

1803 wurde Sárvár, damals Eigentum einer Linie der Familie Pallavicini aus Genua, an den Herzog von Modena verkauft. Der Sohn des Herzogs Franz IV. aus dem Hause Este und der letzte Herrscher vor dem Risorgimento, Franz V., war mit Adelgunde, der Tochter Ludwigs I. von Bayern und der Schwester Luitpolds, des späteren Prinzregenten, verheiratet. Als sie kinderlos starben, erbte sein jüngerer Bruder Ferdinand Sárvár, der Mann der Erzherzogin Elisabeth von Österreich. Ihre Tochter Maria Theresia heiratete wiederum einen Wittelsbacher, nämlich König Ludwig III., so daß der Besitz trotz des genealogischen Hin und Hers in der Familie blieb. Ludwig, der letzte König von Bayern, zog sich nach seiner Abdankung im Jahre 1919 auf das Schloß zurück und starb hier zwei Jahre später. Sein zweiter Sohn Franz, der jüngere Bruder des Kronprinzen Rupprecht, hatte den Besitz bereits 1875 im Alter von nur drei Monaten direkt von den Modenas geerbt, wobei seiner Mutter lebenslängliches Wohnrecht zustand. Da sie sehr alt wurde, konnte er seine Erbschaft erst ziemlich spät antreten; er sollte der letzte private Eigentümer von Sárvár sein.

Die Familie der Modenas gründete um 1820 in Sárvár ein Vollblutgestüt unter der Leitung eines bayrischen Kavallerieoffiziers mit dem Namen Bischl. Auf Grund seiner guten Leitung wurde es eines der besten Gestüte in Ungarn. Vor dem Zweiten Weltkrieg kaufte die ungarische Regierung, die ein Vorkaufsrecht an den Jährlingen

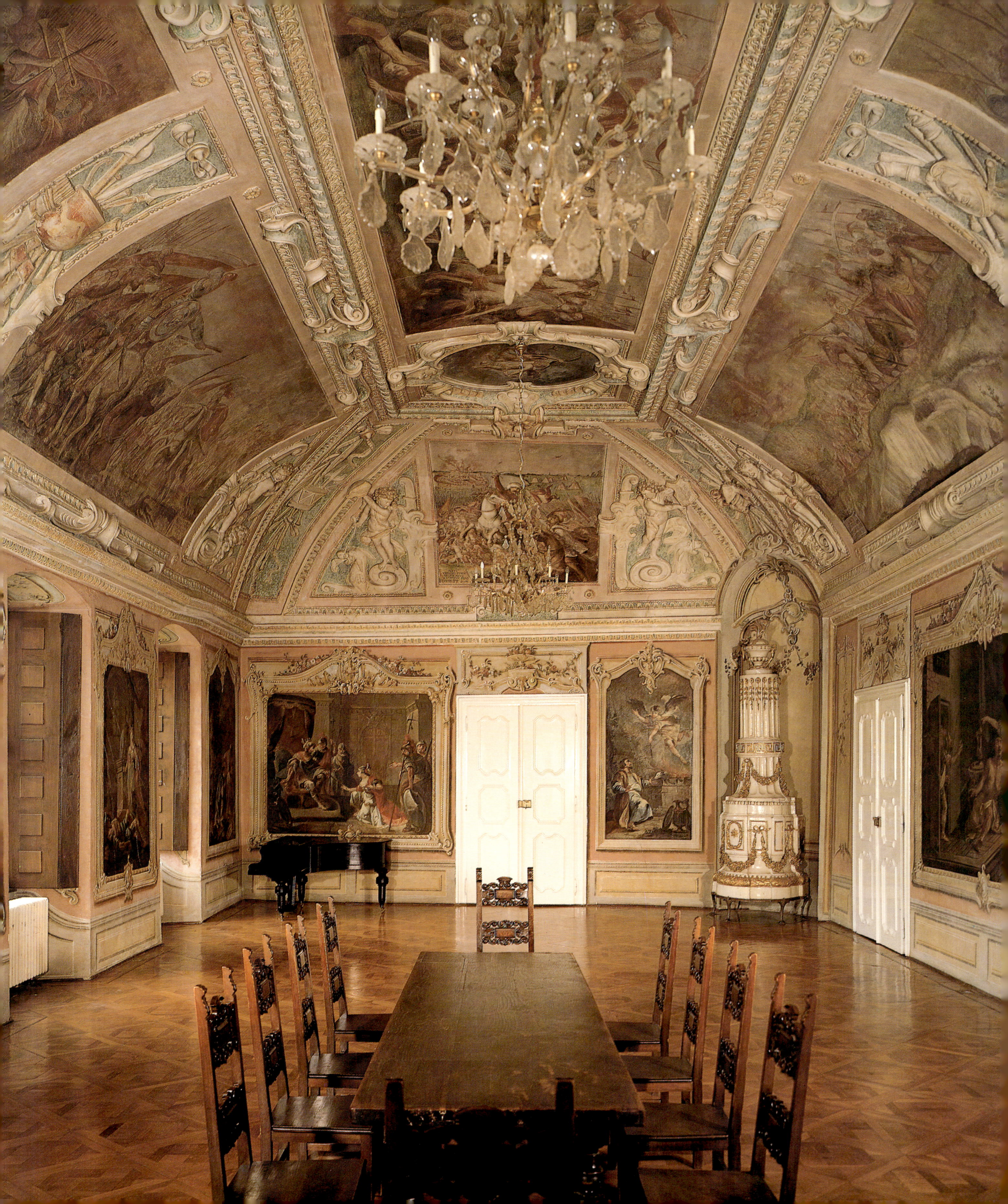

Speisesaal mit Fresken von Hans Rudolf Miller, Mitte des 17. Jahrhunderts.

Korridor im Burgschloß Sárvár mit Jagdtrophäen, Ansicht aus dem frühen 20. Jahrhundert (Prinz Rasso von Bayern).

hatte, mehr Pferde von Sárvár als von irgendeinem anderen Gestüt des Landes. Die Wittelsbacher nahmen auch einige Veränderungen an dem Schloß vor, nachdem es 1875 ihr Eigentum geworden war. Die Arkaden mit den steinernen Pfeilern wurden in die Hauptmauer einbezogen, die Burggräben in einen die Burg umgebenden Park umgewandelt, und die Brücke erhielt die weitgespannten Bögen, die auch heute noch vorhanden sind. Durch die Zerstörung der inneren Befestigungsanlagen konnte man nun alle außerhalb der Burg liegenden Gebäude umschreiten.

In der ersten Hälfte des 20. Jahrhunderts veränderte sich Sárvár wenig. Die wittelsbachschen Eigentümer, eine Familie mit zwei Knaben und zwei Mädchen, wurden in ihrer Lebensweise durch Ungarn geprägt, aber sie blieben doch dem Ursprung ihrer Familie verbunden. Sie besaßen noch einen weiteren Wohnsitz in Leutstetten in Bayern und lebten daher nur einen Teil des Jahres in Sárvár. 1939, nach der Abfuhr, die Kronprinz Rupprecht Hitler erteilt hatte, übersiedelte die Familie nach Ungarn, während ihre Vettern in Deutschland mehr oder weniger unter Hausarrest gestellt wurden. Dank einer persönlichen Intervention Horthys konnten sie das Land 1944 verlassen und ihre wertvollsten Besitztümer mitnehmen. Ihnen gehörten noch 8000 Hektar Land, obwohl sie 3000 Hektar durch die Landreform nach dem Ersten Weltkrieg verloren hatten. Rund die Hälfte war Ackerland, die andere Hälfte Wald, wovon sich ein kleiner Teil im österreichischen Burgenland noch im Besitz ihrer Nachfahren befindet. Ein Großteil der Pferde wurde 1945 nach Deutschland transportiert; als Grundstock für ein neues Gestüt wurden 1980 aber etwa fünfzig Pferde nach Ungarn gebracht.

In den letzten hundert Jahren hat sich Sárvár sehr verändert. Die Wittelsbacher zerstörten einen Teil der Fresken aus dem 18. Jahrhundert in dem Turm, als sie die Höhe der Räume um ein Drittel verringerten, um sie leichter beheizen zu können. Die Befestigungsanlagen des äußeren Ringes wurden abgebaut, so daß das Gebäude in keiner Weise mehr einer befestigten Burg ähnelt. Die Pulverlager am Fuße des Turms wurden zugeschüttet, damit Kutschen oder auch Autos direkt über die Einfahrtsbrücke in den inneren Hof gelangen können. Ein zusätzlicher Eingang wurde an der Rückseite der Burg eingebaut. Trotz eines kurzen russisch-deutschen Gefechts um die Stadt im Jahre 1945 verursachte der Zweite Weltkrieg keine Schäden am Schloß, von den Plünderungen einmal abgesehen. In jüngster Zeit wurden einige neue Häuser am Rande des Schloßgrabens errichtet.

Nach 1945 wurde das Schloß ein bedeutendes nationales Museum und mit Einrichtungsgegenständen von anderen Besitzungen ausgestattet; das Ferenc-Nádasdy-Museum wurde 1951 eröffnet. Den Besuchern wird ein hervorragender Einblick in das Leben von Sárvár geboten, einem Marktflecken mit einer bedeutenden Vergangenheit seit seinen frühesten Ursprüngen. In dem Museum werden Dokumente und Kunstgegenstände aus der Vergangenheit gezeigt; in den Kellerräumen befinden sich Räumlichkeiten eines Jugendklubs, und eine Halle wird als Forum für Diskussionen und für Theatervorstellungen genutzt. Im Keller befindet sich außerdem ein weiteres Museum, das die Entwicklung der Stadt als Badeort und die Geschichte der Mineral- und Thermalbäder Ungarns dokumentiert. Das Schloß beherbergt eine Suite schöner Barockräume und weiterer Räume, die im Stil des 18. und frühen 19. Jahrhunderts eingerichtet sind. Daß sich hier eines der großen Zentren Ungarns des 16. und 17. Jahrhunderts befand, erfordert allerdings einige historische Vorstellungskraft. Dennoch kann der Besucher von Sárvár auch heute noch erkennen, daß es sich hier um ein bedeutendes Monument der Renaissance in Ungarn handelt, das auch die Geschichte einer ihrer bemerkenswertesten Familien repräsentiert.

SÁROSPATAK

Der Name Sárospatak sollte jedem gebildeten, vaterlandsliebenden Ungarn geläufig sein. Nicht nur verbindet sich mit dem Namen der Hauptstützpunkt der Rákóczis, der Helden der nationalen Unabhängigkeit im 17. Jahrhundert, sondern an diesem Ort befand sich auch vier Jahrhunderte lang der Sitz des Reformierten Kollegiums – beides Gründe, hier ein kulturelles und geistiges Zentrum des Landes entstehen zu lassen. Daher ist diese kleine Stadt 250 Kilometer nordöstlich von Budapest, eingebettet in einer Hügellandschaft, aus der der weltberühmte Tokajerwein stammt, wesentlich bekannter, als es ihre Größe vermuten läßt. An der Grenze des heutigen Ungarn zur Tschechoslowakei und zur Sowjetunion gelegen, erinnert ihre Geschichte an bessere und ruhmreichere Zeiten des Landes.

Das Wort »Patak« taucht früh in der Geschichte auf. Fürst Árpád belehnte 896 einen gewissen Ketel mit dem Land; in der Mitte des 11. Jahrhunderts wurde es allerdings wieder königlicher Besitz. Eine mongolische Invasion verwüstete 1295 die Siedlung, aber unter der Herrschaft der Anjous erholte sie sich langsam wieder. Wallonische »hospites«, freie ausländische Siedler, die mit königlichen Privilegien ausgestattet waren, ließen sich in dieser Gegend nieder. In der Stadt wurde ein Kloster errichtet und eine Burg, die als Teil eines königlichen Verteidigungsgürtels zu sehen war. Nach der Überlieferung wurde die hl. Elisabeth hier geboren, eine Tochter des Árpádenkönigs Andreas II. und der Markgräfin von Thüringen, über deren Grab später in Marburg der Dom erbaut wurde. König Sigismund ernannte Patak 1429 zur königlichen Stadt und schenkte sie den drei Brüdern Pálóczi, worunter einer, Georg, Erzbischof von Gran (Esztergom) war. Sie blieb in deren Besitz bis 1526, dem schicksalhaften Jahr der Schlacht bei Mohács, als die Ungarn von den Türken besiegt wurden.

Wann genau mit dem Bau der gegenwärtigen Burg begonnen wurde, ist unbekannt, wahrscheinlich aber noch vor 1500. Eine zeitgenössische Urkunde erwähnt eine »Untere Burg« der Pálóczis nahe einer Brücke über dem Bodrogfluß. Darauf deutet auch die starke Ähnlichkeit des »Roten Turmes«, des Bergfrieds der Burg, hin, der mit den zahlreichen, viereckigen Bergfrieden dieser Zeit in Mitteleuropa vergleichbar ist, ebenso wie die gotischen Türstöcke, die noch in den Grundmauern vorhanden sind. Ein Renaissancetürstock aus dem Jahre 1506 sowie Fragmente von Steinmetzarbeiten aus rotem Marmor, die in der Pfarrkirche freigelegt wurden, bestätigen sowohl die kontinuierliche Bautätigkeit der Familie als auch ihren kosmopolitischen Geschmack.

Antal Pálóczi, der letzte seiner Linie, fiel bei Mohács, und die Besitzungen wurden von Peter Perényi, dem Bewahrer der königlichen Krone und Anhänger sowohl Ferdinands von Habsburg als auch János Zápolyas, rechtswidrig vereinnahmt. Er stellte sie den beiden für ihre Krönungsfeierlichkeiten zur Verfügung. Nach kurzer türkischer Gefangenschaft kehrte er nach Patak mit der Absicht zurück, für die Familie ein sicheres Heim zu schaffen. Um 1530 begann er für die nächsten fünfzehn Jahre mit einer umfangreichen Bautätigkeit. Um den mittelalterlichen Kern der Stadt und im südöstlichen Teil der Befestigungsanlagen wurden Mauern errich-

Ansicht des Roten Turms, Hauptbergfried des Burgschlosses von Sárospatak, Nordostungarn.

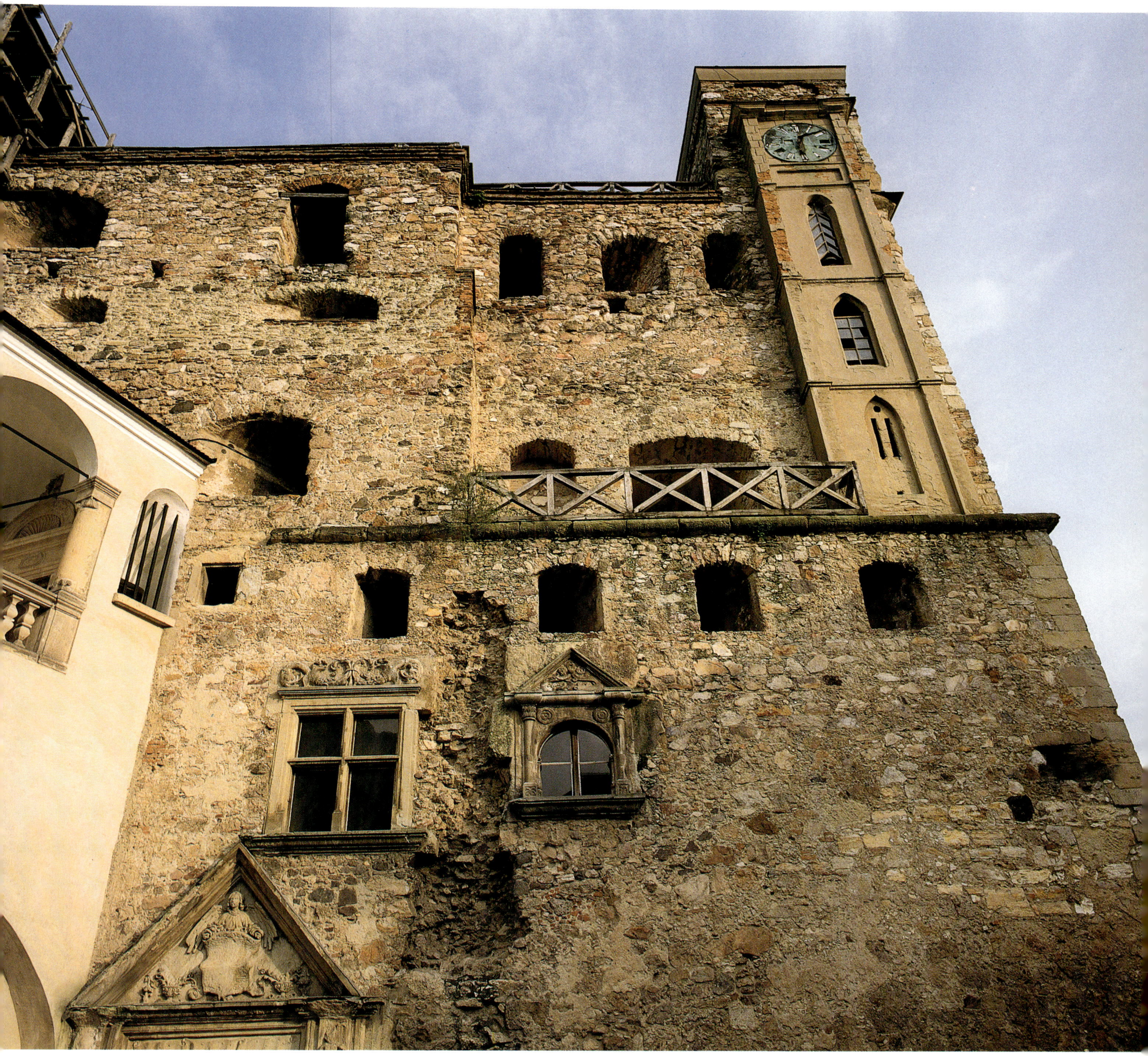

UNGARN

tet, die mit dem Bergfried verbunden waren. Perényi entwarf eine Burg mit einem Graben und Mauern entlang der äußeren Befestigungsanlagen. Der Bergfried selbst befand sich auf einem tieferen Niveau als heute, an seinen vier Seiten nur mit Schießscharten versehen. Sein Inneres war durch hölzerne Decken in vier Geschoße unterteilt. Er baute den Bergfried in Räume um, die mit Gewölben versehen und mit Renaissanceschnitzereien verziert wurden, und fügte eine äußere Treppe hinzu, die an einer gewaltigen Säule direkt neben dem Eingangstor anlehnte, dessen Pediment mit einem Engel, der das Familienwappen hielt, geschmückt war.

Um seine Residenz zu vergrößern, begann Perényi 1540 mit der Errichtung eines Flügels auf der Ostseite des Burghofes, dessen bemerkenswertester und noch heute vorhandener Teil eine dreifache Arkade ist, die später zu einer Fensterreihe umgestaltet wurde. Peter Kmyta, der Palatin von Krakau, teilte in einem Brief, mit Datum des Palmsonntags desselben Jahres, in Beantwortung einer entsprechenden Bitte von Perényi mit, daß der Meistersteinmetz Laurentius mit zwölf Gesellen geschickt würde, um bei den Arbeiten zu helfen. Diese kamen jedoch nur schleppend voran. Da Perényi der Kollaboration mit den Türken beschuldigt wurde, ließen ihn die Habsburger in Haft nehmen; als er 1548 aus der Gefangenschaft entlassen wurde, starb er bald darauf. Er war schon früher zum Protestantismus konvertiert und hatte in der Stadt eine protestantische Schule gegründet, die mit ihren bescheidenen Anfängen die Vorläuferin des berühmten Reformierten Kollegiums werden sollte.

Sein Sohn Gábor durfte das Erbe des Besitzes antreten und vollendete um 1560 den Ostflügel des Schlosses. Dort ließ er folgende Inschrift anbringen: »Regia fundavit quae tecta Perenius heros iam Gabriel decorat, parce Christe precor: 1563« (»Das königliche Haus, von dem Helden Perényi erbaut, wird nun von Gábor ausgestaltet, beschütze mich Gott, darum bitte ich: 1563«). Die Verzierungen, elegant gemeißelte Architrave, Medaillons und kunstvolle Kapitelle, zeigen den italienischen Einfluß im fernen Ungarn. Gábor ließ auch den Gombos-Garten am Südufer des am Bergfried vorbeifließenden Flüßchens anlegen, der wegen seiner »überquellenden Vielfalt an Schönheit« berühmt wurde. Die Arbeiten wurden von dem lombardischen Steinmetz Alessandro da Vedano überwacht, der etwa seit 1530 an der Gestaltung des Schlosses mitwirkte. In Anerkennung seiner hervorragenden Leistungen wurde er mit einem Weingarten belohnt. Patak war in voller Blüte, als Perényi 1567 erkrankte und im Alter von 35 Jahren starb; da er kinderlos war, fiel der Besitz an die Krone. Interessanterweise stammt der älteste Plan des Schlosses, der heute in den Archiven von Karlsruhe liegt, vermutlich aus den Generalstabskarten des »Türkenlouis«, des Markgrafen von Baden; er wurde im Jahre 1573 für den Kaiserlichen Kriegsrat angefertigt.

Als königlicher Besitz wurde Patak schlecht verwaltet, obwohl die Befestigungsanlagen weiter verstärkt wurden. Erneut zog man den alten Alessandro da Vedano zu den Arbeiten heran; und dieser schrieb in einer Petition an den König: »Alles, was in Patak schön und dauerhaft ist, wurde mit der Hilfe Gottes und mit meiner Kunstfertigkeit und meinen beiden Händen geschaffen.« In der Erkenntnis, daß das Schloß unter bürokratischer Verwaltung dem Verfall preisgegeben wäre, übergab man den Besitz der Familie Dobó, loyalen Anhängern der Habsburger, und zwar mit der Verpflichtung, das Schloß instand zu halten. Die Dobós bewohnten das Schloß auch, und zu Weihnachten 1584 wurde Krisztina Dobó heimlich mit Bálint Balassa, ihrem Onkel, vermählt. Balassa war ein berühmter ungarischer Lyriker des 16. Jahrhunderts, der als draufgängerischer Krieger und abenteuerliches Lästermaul beschrieben wird. Unter den Dobós florierte sowohl das Leben in der Stadt als auch die protestantische Schule. Das letzte Glied der Familie Dobó starb 1602, und in den folgenden Jahren wechselte das Schloß häufig den Besitzer. Bevor es in den Besitz entfernter Verwandter der Dobós, den Lorántffys, überging, wurde es sowohl von kaiserlichen als auch von siebenbürgischen Truppen geplündert.

Sárospatak, wie es nun genannt wurde, rückte durch die Heirat einer Tochter, Zsuzsanna, mit György Rákóczi in das nationale Blickfeld. Rákóczis Vater hatte durch seine brillante militärische Karriere den Ruhm der bis dahin unbedeutenden Familie begründet. Als protestantische Adelige unterstützten sie Gábor Bethlen, den neuen Fürsten von Siebenbürgen, und als Sárospatak bei seiner Hochzeit im Jahre 1616 in Györgys Besitz überging, entwickelte es sich zu einem Zentrum des

Porträt Péter Perényis von Augustin Hirschvogel, um 1548 (Albertina, Wien).

Detail einer Steinmeißelarbeit im Hof.

Treppenaufgang und Galerie im Hof.

SÁROSPATAK

antihabsburgischen Widerstandes. 1619 beteiligte sich Bethlen am Dreißigjährigen Krieg und wurde sofort von Rákóczi unterstützt. Der Fürst besuchte das Schloß zweimal, weshalb die oberen Räume des Roten Turmes mit Draperien, einem Thron und einer eigenen Galerie für die Musikanten verschönert wurden. Das Schnitzwerk am Portal zum Speisesaal im Roten Turm ist von besonderer Schönheit, denn eine reich ornamentierte Obstgirlande schmückt das Fries des Säulengebälks. Als die Familie einzog, wurde dem Ostflügel des Schlosses ein Geschoß mit prachtvollen Räumen aufgesetzt; die Befestigungen wurden wiederhergestellt und die Wachen verdoppelt.

Sárospatak blieb der Wohnsitz der Familie, bis Rákóczi nach Bethlens Tod im Jahre 1630 der Thron Siebenbürgens angetragen wurde. Er übergab den Besitz, zusammen mit seinen anderen ungarischen Ländereien, einem Verwalter, der dort auch wohnte. Obwohl die Burg noch das Archiv und alle anderen Schätze beherbergte, wurde nichts hinzugebaut, und der Schloßtrakt selbst blieb unbewohnt.

Alles änderte sich 1840, als Rákóczi, der sich innerhalb seines Fürstentums sicher fühlte, einen Umbau und eine Vergrößerung seines Schlosses veranlaßte. Diesmal wurde dem Südflügel des Schlosses ein Geschoß hinzugefügt, und auch im westlichen Teil wurden eine Reihe von Prunkräumen angebaut, so daß sich ein rautenförmiger Hof ergab. 1644 reiste der Fürst von seiner Hauptstadt Gyulafehérvár, dem heutigen Alba Julia, nach Sárospatak und besichtigte die Neubauten, bevor er weiter nach Westen zog. 1645 ließ seine Frau Zsuzsanna die Außentreppe des Roten

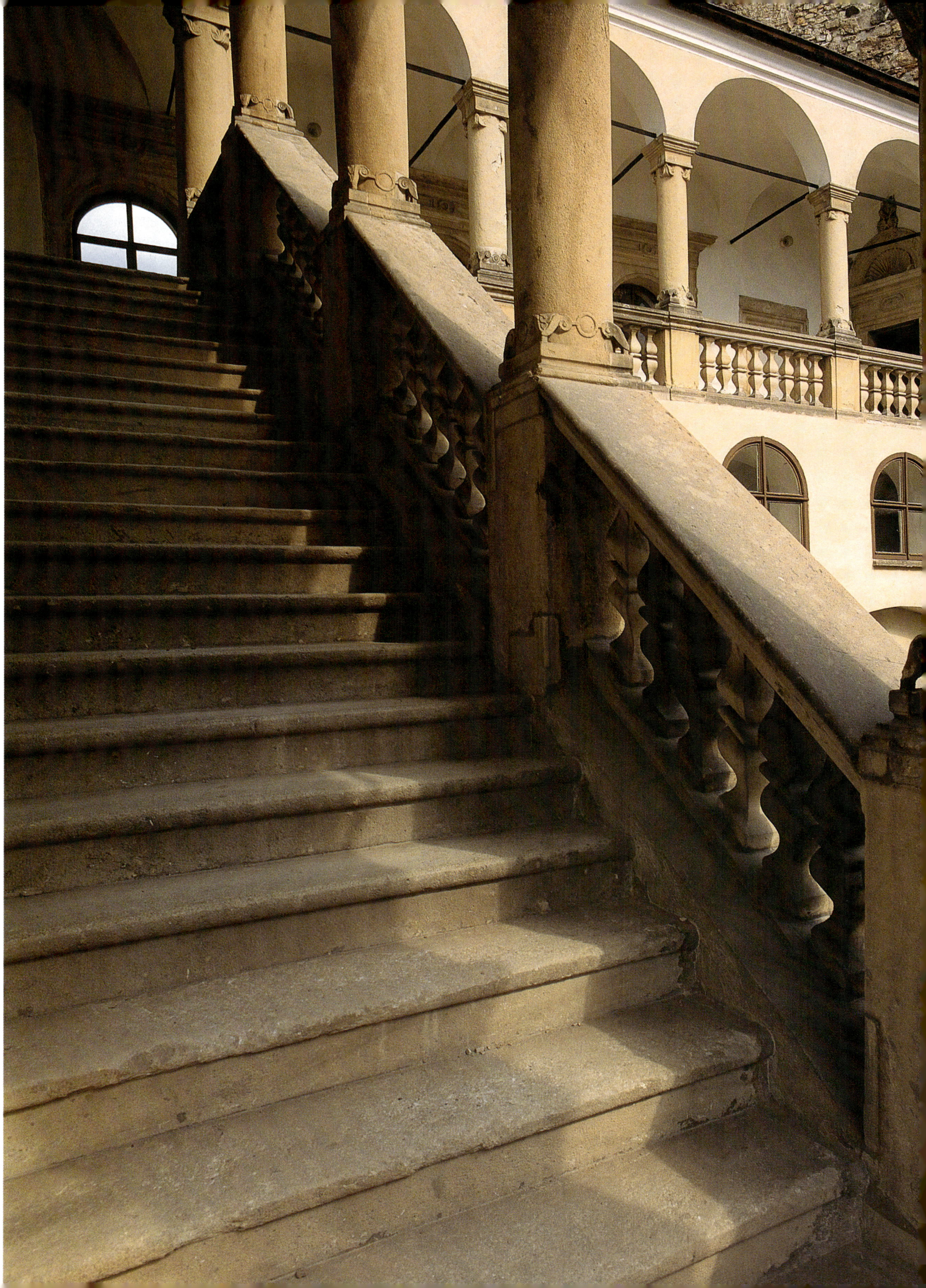

SÁROSPATAK

Treppenaufgang zur Hofgalerie.

Detail von gemeißelten Säulen im Hof.

UNGARN

Turmes beseitigen; statt dessen entstand ein Arkadengang, zu dem man auf einer Stiege zwischen dem Bergfried und dem Ostflügel des Schlosses gelangte, sowie eine weitere Treppe zwischen dem Süd- und dem Westflügel. Die neuen Räume waren innen reich geschmückt und prachtvoll möbliert, ihr Äußeres war jedoch architektonisch uninteressant; ein Beweis dafür, wie sehr der lokale Renaissancestil erstarrt war, seitdem keine Verbindung mehr zu Westeuropa bestand. Zsuzsanna kümmerte sich um die Landwirtschaft und den Weinbau des Besitzes, vor allem aber um ihren geliebten Gombos-Garten mit seinen seltenen Blumen und Früchten. In diesen Jahren wütete die Pest unter der Bevölkerung, und die Stadt wurde zweimal von den kaiserlichen Truppen besetzt. Das Schloß blieb jedoch unversehrt, und als Rákóczi 1648 starb, ging es in den Besitz seiner Witwe über.

Das Reformierte Kollegium in Sárospatak, zu dem es zwischenzeitlich geworden war, erlebte in diesen Jahren ein Goldenes Zeitalter; Rákóczi war ein passionierter Bücherfreund gewesen, und dank seiner Hilfe besaß die Bibliothek, die 1623 über 300 Bände verfügte, nur dreißig Jahre später das Fünfzehnfache. Der berühmte tschechische Pädagoge Johann Amos Comenius zog dort 1650 ein und erstellte einen Plan zur Erneuerung des Unterrichtswesens des Kollegs. Während seines vierjährigen Aufenthaltes gründete er auch eine Druckerei und schrieb eines seiner Hauptwerke: »Orbis Sensualium Pictus«. Die von ihm empfohlenen Lehrbücher blieben noch viele Jahre lang in Verwendung und wurden häufig nachgedruckt. Der Stadt widerfuhr ein ähnlicher Glücksfall durch den Zuzug einer Gruppe von Handwerkern und Wiedertäufern von der mährischen Grenze, die viel zur lokalen und künstlerischen Entwicklung beitrugen.

1651 heiratete Zsigmond, ein Sohn der Zsuzsanna, Henrietta, die Tochter Friedrichs des Pfalzgrafen und unglücklichen Königs von Böhmen und seiner englischen Gemahlin aus dem Hause Stuart. Das junge Paar starb im darauffolgenden Jahr, so daß die tatkräftige Mutter Zsuzsanna weiterhin Schloßherrin blieb. Dem Wunsch ihres verstorbenen Gemahls folgend fügte sie dem Roten Turm ein weiteres Stockwerk über dem großen Saal als Standplatz für Geschütze hinzu; es wurde mit einem hohen, pyramidenförmigen, an allen vier Ecken mit Geschütztürmen versehenen Schindeldach gedeckt. Nach ihrem Tod ihm Jahre 1660 übernahm ihr Enkel Ferenc Rákóczi das Erbe, der, wie schon seine Mutter, Zsófia Báthory, ein katholischer Konvertit war. Da Sárospatak als eine calvinistische Hochburg galt, verbrachten sie selbst sehr wenig Zeit dort; sie forderten aber die Jesuiten auf, die Stadt zu missionieren, und brachten sie hierfür im Schloß unter, wo sie eine Kapelle für die Hausbewohner im großen Saal des Bergfrieds einrichteten.

Die traditionellen Sympathien der Rákóczis änderten sich jedoch nicht so leicht. Ferenc heiratete 1666 Ilona Zrínyi, deren Vater Peter einer der führenden Malkontenten unter den Habsburgern war, die wesentlich mehr daran interessiert waren, die Pforte unter Kontrolle zu halten, als auf die Klagen ihrer ungarischen Untertanen zu hören. Zrínyi zog sehr bald seinen Schwiegersohn auf seine Seite, und die Unzufriedenheit verwandelte sich in eine Verschwörung.

Zahlreiche geheime Besprechungen wurden in dem Schloß abgehalten, und zwar in einem Erker der nordöstlichen Bastei. Zwischen den Rippen des Gewölbes über dem Oktogon befinden sich Fenster, deren Füllungen mit gemalten Blumen übersät sind. Diese Rippen ähnelten sechs Lanzen und dienten den Verschwörern als Mahnung, Stillschweigen zu bewahren (die französische Aussprache von »six lances«, sechs Lanzen, ergibt »silence«, Stillschweigen). Damit war ihr Erfolg aber noch nicht gewährleistet.

In Sárospatak begann ein Aufstand, als der kaiserliche Ortskommandant, Fürst Stahremberg, am 9. April 1670 während eines Besuches gefangengenommen wurde. Die Verschwörer erwiesen sich jedoch als ziemlich unfähig, denn sie hatten versäumt, die nahe gelegenen Garnisonen zu erobern, und so wurde das Schloß am 24. Juni von den habsburgischen Truppen eingenommen. Alle Anführer der Verschwörung wurden hingerichtet, mit Ausnahme von Rákóczi, dessen Mutter seine Begnadigung mit der Bezahlung eines enormen Bußgeldes erreichte. Trotzdem erfolgte eine strenge Besetzung, denn Stahremberg ließ alle Stadttore zumauern, die calvinistische Kirche schließen und zwang das Kollegium, nach Siebenbürgen ins Exil zu gehen. Das Schloß wurde geplündert und der Gombos-Garten völlig

Porträt von Sigismund II. Rákóczi, um 1600.

Decke des Rosa Zimmers.

SÁROSPATAK

zerstört. Durch Zufall vernichtete ein schlimmer Brand zwei Jahre später den Großteil der inneren Stadt.

1676 starb Ferenc als ein gebrochener Mann; er hinterließ einen Sohn und eine Tochter, und seine Witwe heiratete bald Imre Thököly, den Anführer eines weiteren, aber erfolgreicheren Aufstandes. 1683 eroberten seine Rebellen Sárospatak zurück, und Thököly – inzwischen Fürst von Siebenbürgen – zog unter dem Jubel der Bevölkerung in die Stadt ein. Die Jesuiten mußten fliehen, und die Calvinisten übernahmen wieder ihre Kirche und das Kollegium. Diese neu errungene Freiheit dauerte jedoch nur zwei Jahre, denn nach dem Sieg über die Türken (bei der Belagerung Wiens) griffen die habsburgischen Truppen wieder an. Im Herbst 1685 wurde die Stadt belagert und nach wochenlangem tapferen Widerstand schließlich gestürmt. Die Calvinisten wurden erneut vertrieben, die Kinder Rákóczis mit ihrer Mutter nach Wien gebracht, damit sie dort eine ordentliche katholische Erziehung erhielten.

Es dauerte neun Jahre, ehe Ferenc II. nach seiner Vermählung mit Prinzessin Charlotte Amalie von Hessen die Erlaubnis erhielt, in sein Schloß zurückzukehren. Durch die jahrelange Besetzung war das Schloß stark beschädigt worden, und es wurde nun restauriert, um eine würdige Residenz zu werden. Es folgte eine Zeit des Friedens, aber die Auswirkungen eines Bauernaufstandes aus der Zeit der Abwesenheit von Ferenc dauerten noch immer an. Nach einem Jahrhundert sporadischer Kriegshandlungen war das Land arg in Mitleidenschaft gezogen, und das Leben der Bauern war besonders trostlos geworden. Wütend und verzweifelt hatten sie die Stadt eingenommen, aber die Armee eroberte sie schnell zurück und richtete dreißig Rebellen an Ort und Stelle hin. Obwohl Rákóczi keineswegs beteiligt war, wurde er doch von der Regierung mit äußerstem Mißtrauen betrachtet und schließlich 1701 in Haft genommen. Er entkam aus dem Gefängnis und flüchtete nach Polen, während die Habsburger die Zerstörung all seiner Burgen befahlen. Einige Mauern und Bastionen wurden tatsächlich im nächsten Frühjahr gesprengt, und das Dach des Roten Turmes wurde abgetragen, aber zumindest die Kirche blieb dank der Intervention der Jesuiten verschont.

Schließlich wurde zum Aufstand aufgestachelt. Der Fürst war in der Gegend sehr beliebt, und ein geheimer Bote Ludwigs XIV. beschreibt ihn als »rechtschaffen, arbeitsam, reizend und liebenswürdig« – eine beachtliche Anerkennung für einen Menschen, der mit zwölf Jahren von den Österreichern von zu Hause weggebracht und später von ihnen in eine Zelle gesperrt worden war, in der einst sein Großvater gesessen hatte. Als Ferenc 1703 aus dem Exil zurückkehrte, stellte er eine Armee von Freiwilligen auf, die, bekannt unter dem Namen Kuruzen, in diesem Sommer Sárospatak besetzten. Wieder richtete ein Feuer schreckliche Verwüstungen an, von dem sowohl die Stadt als auch das Schloß erfaßt wurden und das einen Großteil der Möbel sowie die Täfelung zerstörte und das Schloß unbewohnbar machte. Rákóczi war so erschüttert über diese Katastrophe, daß er seinen Besitz jahrelang nicht mehr aufsuchte. Da er jetzt Herr über Ostungarn geworden war, beschloß er, den Landtag in Sárospatak einzuberufen, was denn auch im Herbst des Jahres 1708 geschah. Der Landtag versammelte sich in den Resten des großen Saales im vierten Stock des Roten Turmes. Rákóczis Zeit ging aber allmählich ihrem Ende zu, denn in den nächsten zwei Jahren drängten die kaiserlichen Truppen die Kuruzen, die sich aufzulösen begannen, Schritt für Schritt zurück. 1710 kam Ferenc ein letztes Mal nach Sárospatak, um von dort aus in sein Exil am Balkan zu gehen, wo er bis zu seinem Lebensende blieb. Am 10. November drangen die habsburgischen Soldaten, ohne auf den geringsten Widerstand zu stoßen, in das Schloß ein. Der Tod des »heimatlosen Fürsten«, wie er genannt wurde, im Jahre 1735 bedeutete das Aussterben der Rákóczis, ein Name, der heute wegen des berühmten Marsches, den Berlioz nach einer Kuruzenweise komponierte, noch bestens bekannt ist.

Kaiser Joseph I. schenkte den beschlagnahmten Besitz dem österreichischen Fürsten Trautsohn. Das Schloß wurde in seinen ehemaligen Zustand zurückversetzt, doch ohne die bemerkenswerte Inneneinrichtung, und vom Verwalter selbst bewohnt. In den Räumen des Obergeschoßes des Ostflügels und in dem dachlosen Turm wurden Kornspeicher eingerichtet. Von nun an lebten sowohl Calvinisten als auch Jesuiten in der Stadt, wobei die Jesuiten die Kirche erhielten und die Calvini-

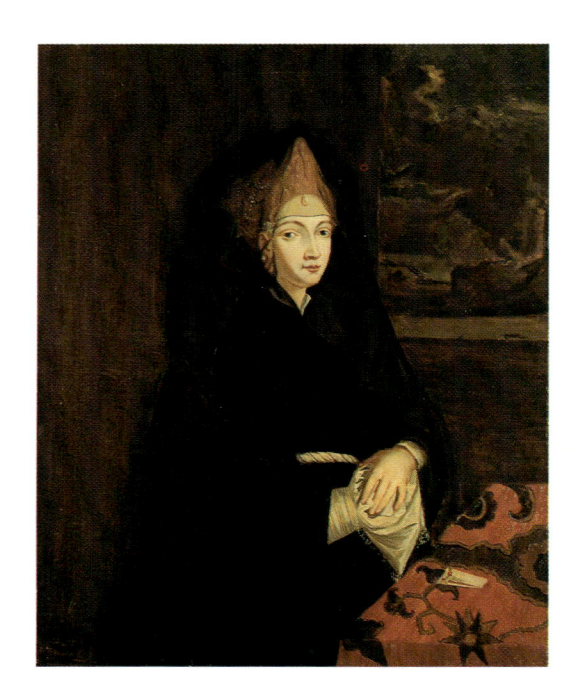

Porträt von Ilona Rákóczi, Mitte des 17. Jahrhunderts.

Porträt des Fürsten Ferenc II. Rákóczi von Ádám Mányoki, um 1700.

Folgende Seite: Gesamtansicht der Bibliothek des Reformierten Kollegiums.

sten in ihrem Kollegium bleiben durften. Im 18. Jahrhundert gab es keine weitere Bautätigkeit, aber Sárospatak erfreute sich wenigstens einer langen Periode des Friedens. Die Stadt entwickelte sich zu einem regen Handelszentrum, vor allem der Weinhandel florierte. Griechische und jüdische Händler siedelten sich an, und schwäbische Handwerker ließen sich in den verlassenen Dörfern der Umgebung nieder. 1737 brach erneut eine Feuersbrunst im Kirchturm aus und erfaßte wiederum sämtliche Dächer des Schlosses. Die Familie der Trautsohns, die das Schloß nie bewohnt hatten, starb 1776 aus, und wieder fiel es an die kaiserliche Hofkammer zurück. Mit der Vertreibung der Jesuiten aus den habsburgischen Ländern im Jahre 1773 wurde ihre Kirche zur Pfarrkirche. Während das Schloß nur notdürftig repariert wurde, setzte man die Gewölbe der Kirche wieder instand, im Zuge der Arbeiten wurden jedoch die Gräber der Perényis und Dobós entweiht.

1806 verkaufte Kaiser Franz I. von Österreich den Besitz an den Fürsten Karl August Bretzenheim, dem Sproß einer morganatischen Linie der bayrischen Dynastie der Wittelsbacher. Im Gegensatz zur Familie der Trautsohns, die keinerlei Familienporträts oder Andenken hinterließ, findet man viele Spuren der neuen Eigentümer. Der Besitz wurde gut verwaltet und eine Porzellanmanufaktur mit dem Namen Regéc gegründet, die den barocken Stil der österreichischen und böhmischen Manufakturen, besonders den von Ellenbogen, einführte. Die Manufaktur bediente nur einen sehr kleinen Markt und überlebte daher nur dreißig Jahre nach ihrer Gründung um 1820. Das Schloß selbst wurde gründlich restauriert; man begann mit dem Ostflügel, wobei die Renaissance-Steinmetzarbeiten von ihrem ursprünglichen Standort entfernt und an verschiedenen Mauerstellen wieder eingefügt wur-

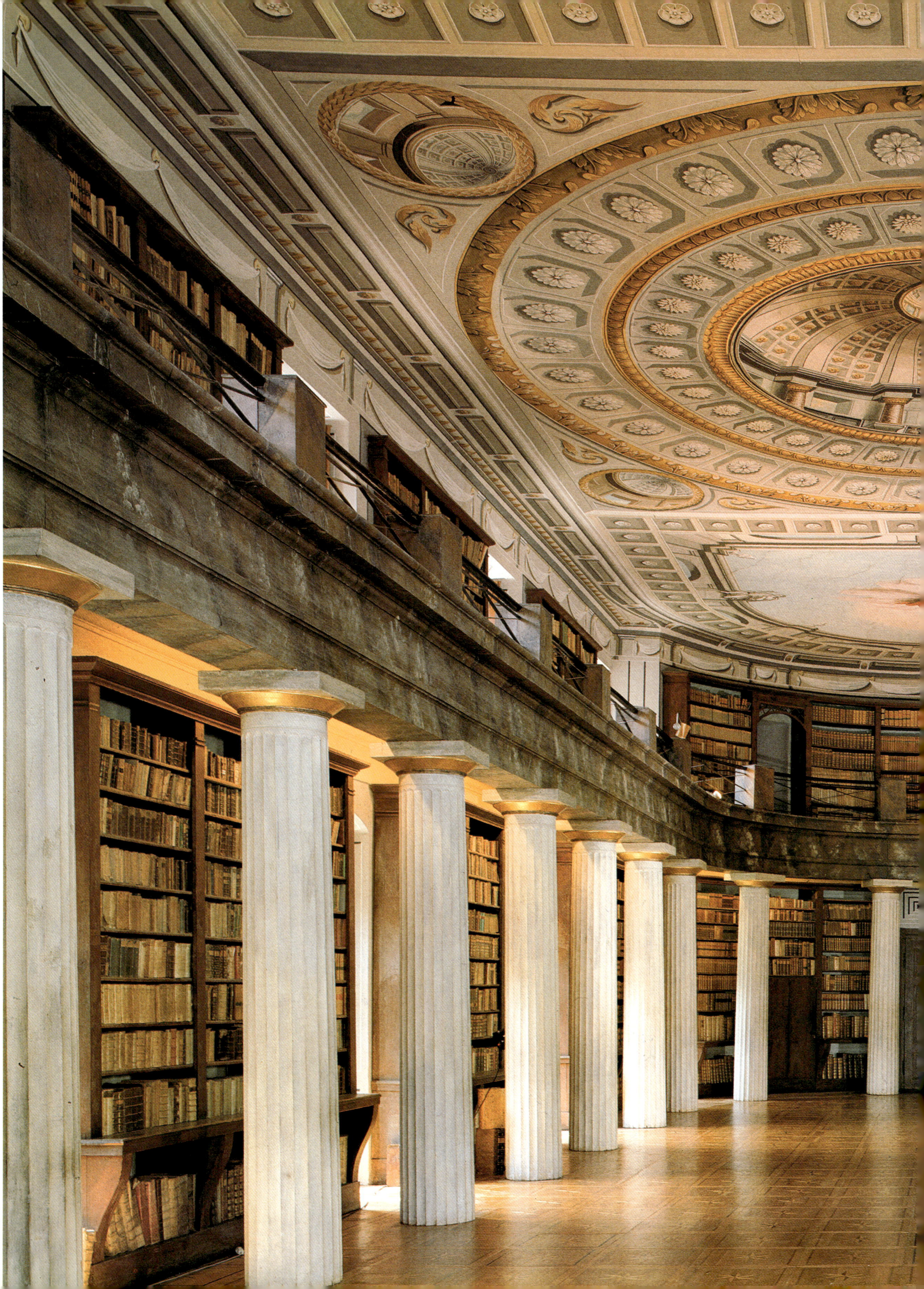

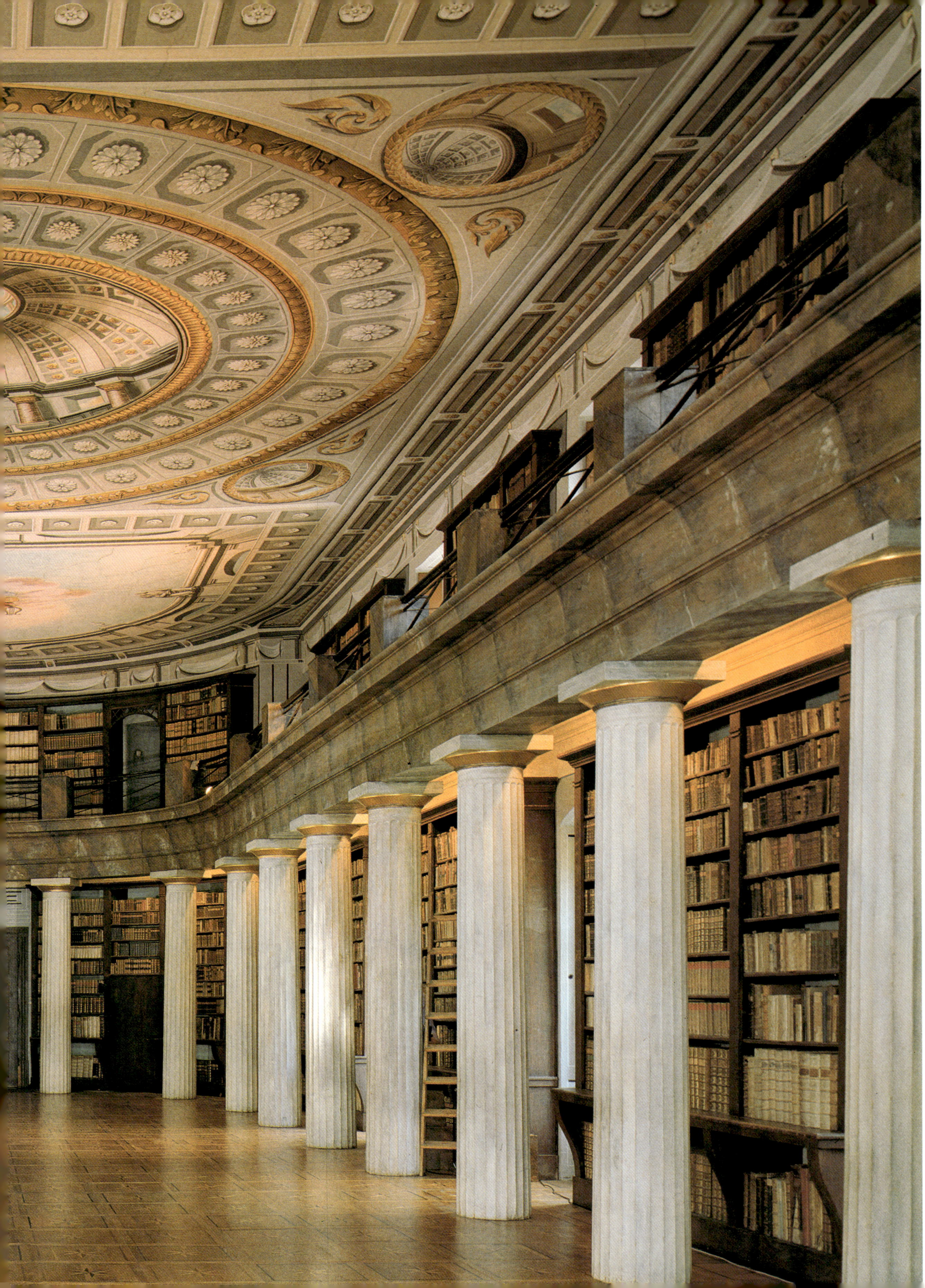

UNGARN

den. Das an den Roten Turm angebaute Ende des Südflügels wurde abgerissen und der geschlossene Innenhof geöffnet; durch die Aufschüttung der Basteien rund um den Bergfried entstand eine Terrasse.

Karl August starb 1823, ihm folgte sein Sohn Ferdinand, der Caroline Schwarzenberg, eine Schwester des berühmten Feldmarschalls Karl Philipp von Schwarzenberg, heiratete. Er setzte den Wiederaufbau des Schlosses fort und ließ eine neugotische Galerie im ersten Stock auf der Seite zum Bodrog-Fluß errichten. Die anderen Flügel wurden mit gewölbten Galerien zum Hof hin versehen, wenn auch ihre hellgelben Stuckfassaden ein uninteressantes Ensemble ergaben. Die Außenfassaden wurden in einem eklektischen Stil wiedererrichtet, während der Ostflügel 1845 nach Plänen von Jean Romano im Neorenaissancestil umgestaltet wurde. Das Ehepaar Bretzenheim blieb kinderlos, und als Ferdinand 1875 starb, schenkte seine Witwe den Besitz ihrem Lieblingsneffen, Ludwig Windischgrätz, dessen Mutter 1848, während der Kämpfe in Prag, am Fenster ihres Palais versehentlich von einer Kugel getötet worden war. Zu dieser Zeit kämpfte Ludwig in der österreichischen Armee in Ungarn, wo er sich mit Gräfin Desewffy verlobte, deren Vater unter Lajos Kossuth gedient hatte. Glücklicherweise stellte dies kein Hindernis für ihre Verlobung dar.

Nach einem langsamen Aufschwung im 18. Jahrhundert kam eine Blütezeit für das Reformierte Kollegium. Unter der Ägide des dynamischen Direktors János Szombathy erreichte die Bibliothek 1823 einen Bestand von 15 000 Bänden. Nach Plänen von Mihály Pollack wurde ein Südflügel mit einer riesigen, zwanzig Meter langen und zehn Meter breiten Halle gebaut, die mit einem wunderschönen Dek-

Goldener Krug und Kerzenleuchter aus der Sammlung des Reformierten Kollegiums.

Porträt des Prinzen Ferdinand Bretzenheim von Friedrich von Amerling, um 1830/40 (Fürst Vincenz Windischgrätz).

Hochzeitsgesellschaft bei der Trauung von Graf István Károlyi mit Fürstin Magdalena Windischgrätz, Juli 1930 (Fürstin Natalie Windischgrätz).

SÁROSPATAK

kenfresko von Josef Lintzbauer verziert wurde. 1828 fertiggestellt, ist die Bibliothek ein wunderbares Kleinod des Klassizismus, mit einer halbkreisförmigen Nische an einem und einer von Holzsäulen getragenen Galerie am anderen Ende. Die Zahl der Absolventen des Kollegiums stieg stetig an, und es spielte eine bedeutende Rolle in der Wiederbelebung der ungarischen Sprache. Die Bibliothek umfaßte immer mehr Bände, im Jahre 1920 etwa 60 000, 1945 bereits 105 000 Bände, und heute umfaßt der Bestand beinahe 300 000 Bücher. Inzwischen hat der Staat das Kollegium übernommen, das sowohl seine Unabhängigkeit als auch seinen protestantischen Charakter verloren hat.

Ludwig Windischgrätz, Korpskommandant und später Generalinspekteur der k. u. k. Armee, blieb bis zu seinem Tode im Jahre 1904 aktiver Soldat und verbrachte nur seinen Urlaub und den Sommer in Sárospatak. Ludwigs zweitgeborener Sohn, wieder Ludwig genannt, erbte den Besitz. Verheiratet mit Maria Széchényi, einer Nachkommin des Gründers der Nationalen Széchényi-Bibliothek in Budapest, war Ludwig sowohl Offizier als auch ausgebildeter Ingenieur. Er kämpfte in Siebenbürgen gegen die Russen und wurde 1917 Landwirtschaftsminister im letzten ungarischen Kabinett vor der Revolution. 1920 wurde er Abgeordneter, aber sein Engagement in der Politik war nicht sehr erfolgreich. Als er Sárospatak erbte, war dieses bereits sehr klein – etwa 12 000 Joch –, wovon ein Teil in der neuen Tschechoslowakei lag. Um 1939 war es nach Verkäufen und durch Hypotheken auf 1500 Joch zusammengeschrumpft, die zum Großteil verpachtet wurden. Obwohl kaum mehr an dem Schloß gebaut wurde, war es gut instand gehalten, und die Familie Windischgrätz verbrachte fast das ganze Jahr dort. Sie waren die letzte Generation ihrer Familie, die Sárospatak besaß, denn 1945 wurde die Familie vom Staat enteignet.

Heute dient das Anwesen als Museum, und es ist hauptsächlich der Familie Rákóczi und dem nationalen Freiheitskampf gewidmet, wobei auch einige Räume im Stil des 19. Jahrhunderts eingerichtet worden sind. Das Schloß wurde einer eingehenden Restaurierung unterzogen, aber am Roten Turm und an den äußeren Befestigungsanlagen wird noch immer gearbeitet. Den mächtigen, fünfgeschossigen Roten Turm sieht man vermutlich am besten vom gegenüberliegenden Ufer des Bodrog-Flusses aus, inmitten eines Durcheinanders von Gebäuden und Befestigungsanlagen aus dem Mittelalter, der Renaissance und dem 19. Jahrhundert – ein Zeugnis für die fortdauernde Bedeutung der Burg durch fünf Jahrhunderte der Geschichte.

PÉCEL

Die Hauptstraße von Budapest nach Südosten führt durch das Alföld bis nach Rumänien. Nicht weit hinter der Stadtgrenze von Budapest zweigt eine kleine Straße links ab, und nach einer kurzen Wegstrecke gelangt man in das Dorf Pécel. Weniger als 16 Kilometer von der Hauptstadt entfernt, ist das Dorf schon fast zu einem ihrer Vororte geworden. Pécel ist eine freundliche Ortschaft, doch der Reisende muß sie aufmerksam durchqueren, um das hinter Bäumen und einer Mauer verborgene Schloß zu finden. Wenig weist heute darauf hin, daß es einst der Sitz einer der bedeutendsten Familien protestantischer Geistesgrößen in Ungarn gewesen ist.

Man nimmt an, daß Pécel seinen Ursprung als Siedlung im frühen Mittelalter hatte, denn Begräbnisstätten mit Urnen aus dieser Zeit wurden dort gefunden. Der Name könnte von Pezil, einem Ratsherrn der Árpáden-Könige, stammen, wahrscheinlich kommt er aber von Pecz, einem häufigen mittelalterlichen Ortsnamen. Jedenfalls war das Dorf schon vor der türkischen Eroberung von einiger Bedeutung, denn bereits vor 1649 ist eine protestantische Kirche urkundlich belegt. Gegen Ende des 17. Jahrhunderts gehörten die Ländereien in dieser Gegend einer Familie namens Fay. Eine Tochter heiratete einen ehrgeizigen Notar mit dem Namen Pál Kajali, der in seiner Kanzlei als Gehilfen einen anderen fähigen, jungen Advokaten namens Pál Ráday beschäftigte. Die Rádays waren Mitglieder des Landadels der Grafschaft Nógrád; sie hießen ursprünglich Ratold, und einer von ihnen, nämlich Balász, ist im 14. Jahrhundert urkundlich erwähnt. Da die Familie ihre Besitzungen während der türkischen Besatzung verloren hatte, bemühte sich Pál, den Wohlstand der Familie wiederherzustellen. Nach Beendigung seiner Studien verlobte er sich mit der Tochter seines Dienstherrn, Klara, die durch ihre Mutter Erbin des Pécel-Besitzes war. Gerade zu diesem Zeitpunkt im Jahre 1703 rief Rákóczi zur Revolte gegen die Habsburger auf, und nach kurzem Zögern schlossen sich Kajali und sein zukünftiger Schwiegersohn dem Aufstand an. Wegen ihrer Bildung und als Protestanten waren sie doppelt willkommen, und beide wurden sie zu Sekretären Rákóczis bestellt. Ráday erwies sich bald als der fähigste Diplomat in seinem Gefolge, und er war auf Seite der Rebellen so intensiv mit Verhandlungen mit der Regierung beschäftigt, daß er erst im Jahre 1705 Zeit fand, seine Verlobte zu heiraten.

Nach dem Zusammenbruch des Aufstandes zog sich Pál Ráday auf seine Güter zurück, um dort ein ruhiges Leben zu führen. 1713 wurde sein Sohn Gedeon geboren. Er wurde zwar für seine Teilnahme am Aufstand nicht bestraft, aber er verbrachte als Abgeordneter des Komitates Nógrád viel Zeit bei den Sitzungen des Reichstages in Preßburg. Pál gab auch eine Zeitung heraus, und er legte die Grundlagen für eine später berühmte Büchersammlung. Zwischen 1722 und 1727 baute er ein eingeschoßiges, U-förmiges Landhaus mit zwei Seitenflügeln und Empfangssälen in Pécel. Er beaufsichtigte den Bau, indem er seine Instruktionen von Preßburg aus über seine Frau weitergab. Daneben besaß er noch einen Besitz in Ludány, doch als das Gebäude dort abbrannte, wurde Pécel der Hauptwohnsitz der Familie, und zwischen 1727 und 1730 wurde ein weiteres Geschoß hinzugefügt.

Hauptfassade von Schloß Pécel, östlich von Budapest.

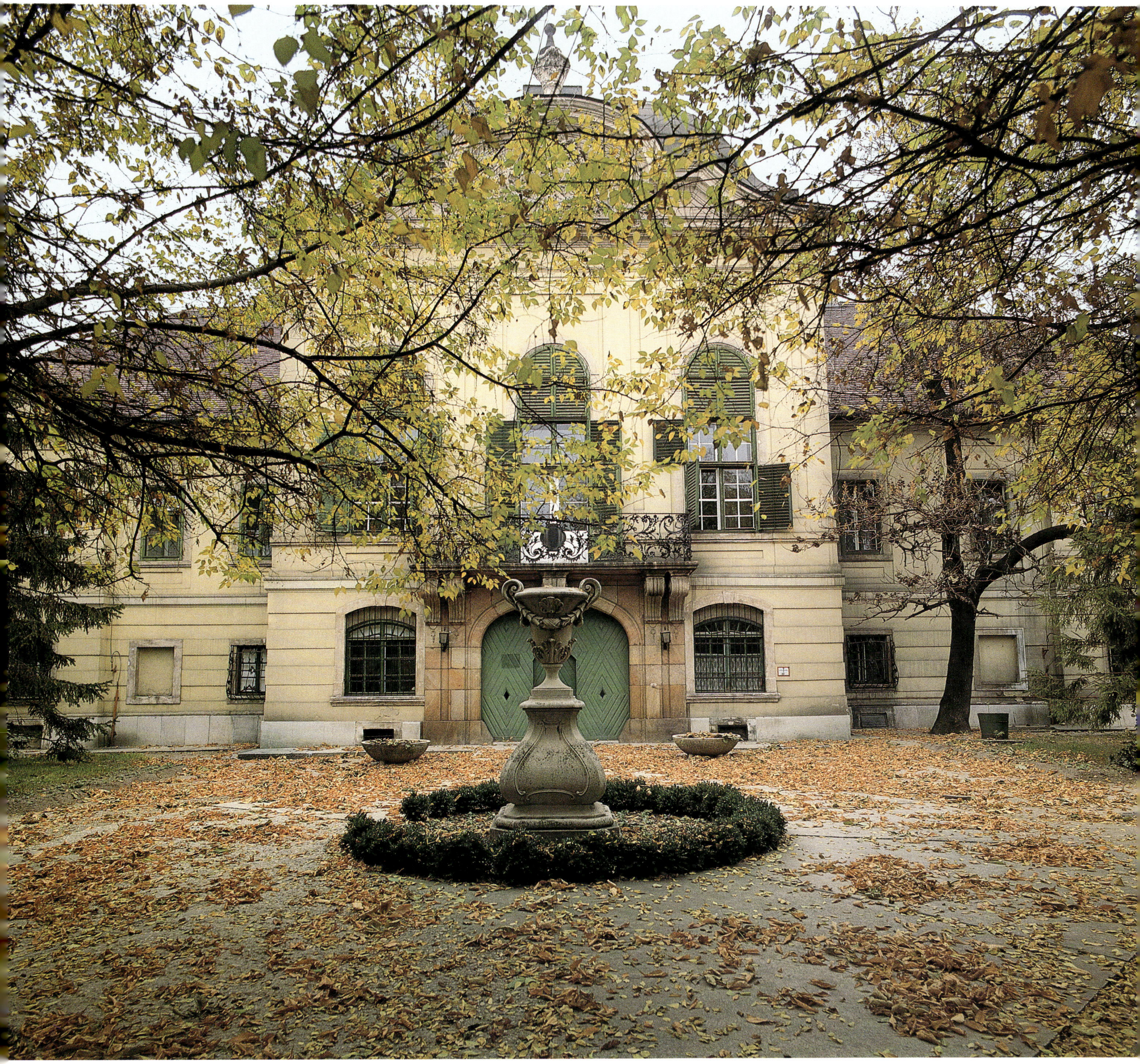

UNGARN

In seinem neuen Schloß empfing Pál den großen ungarischen Künstler Ádám Mányoki als Gast. Der frühere Hofmaler Rákóczis kehrte nach einem kurzen Aufenthalt am sächsischen Hof Augusts des Starken in sein Heimatland zurück und erhielt in Pécel den Auftrag, Porträts der ganzen Familie zu malen. Ráday überredete ihn auch, seinen jungen Sohn Gedeon zu begleiten, der nach Deutschland gehen sollte, um seine Studien zu vollenden. 1733 starb Pál, und auf Wunsch seiner Mutter kehrte Gedeon heim, um den Familienbesitz zu verwalten. Als Oberhaupt der Familie heiratete er ein Mädchen aus der Gegend, Katalina Szentpétery. Er mißachtete den Rat seines Vaters, die Politik zu meiden, ließ sich zum Abgeordneten des Komitates Pest wählen und gelangte bald in den Ruf eines wahren ungarischen Patrioten, denn er vermied alle Beziehungen zu Regierungsstellen und lehnte das Angebot eines Regierungsamtes ab. Dies hatte zur Folge, daß er schlecht angesehen und sogar verdächtigt wurde, einen Aufstand zu planen. Außerdem war Gedeon ein aktiver Protestant und bekannt für seine literarischen und künstlerischen Interessen.

Als Gedeons Mutter 1742 starb, hinterließ sie Pécel seinem jüngeren Bruder. Nach dessen Tod, kaum fünf Jahre später, erbte Ráday aber schließlich doch alles. Schon früher hatte er sich entschlossen, eine viel großartigere Residenz zu bauen, und er wandte sich an den führenden ungarischen Baumeister András Mayerhoffer um Rat. In den relativ ruhigen Zeiten in der Mitte des 18. Jahrhunderts wurden Schlösser nach den barocken Vorbildern Westeuropas, vor allem nach dem Vorbild des von Johann Lukas von Hildebrandt in Rákeve errichteten Schlosses für Prinz Eugen erbaut. Mayerhoffer hatte seinen Stil bereits im benachbarten Anwesen von

Porträt des Grafen Pál Ráday von Ádám Mányoki, frühes 18. Jahrhundert (Ráday-Bibliothek, Budapest).

PÉCEL

Gödöllő, das der Familie Grassalkovich gehörte, perfektioniert, und er wiederholte diesen Entwurf in Hatvan. In seinen Entwürfen bevorzugte er zweigeschossige Gebäude mit einem U-förmigen Grundriß in einem charakteristischen ungarischen Barockstil. Verdichtete Proportionen ergaben einen engen Ehrenhof in einer viel leichteren Form, als sie in ihren deutschen Gegenbeispielen zu finden ist. Weitere charakteristische Merkmale sind der große Empfangssaal in der Mitte des ersten Stocks, in dem sich sonst üblicherweise die Schlaf- und Gästezimmer befinden, und die Unterbringung der Dienerschaft im Erdgeschoß, wo sich außerdem noch weitere Empfangsräume befanden. Die Fassade war mit einem vorspringenden Mitteltrakt gegliedert, mit einem eindrucksvollen schmiedeeisernen Balkon in der Mitte, während die Seitenflügel unter den schweren Giebeldächern zurücktraten.

Mayerhoffer sollte in Pécel die alte Curia in ein größeres Gebäude eingliedern und hierbei die bestehenden Fundamente verwenden. Er übertrug seinem Sohn János die Aufsicht über die Baustelle, doch dies erwies sich nicht als eine leichte Aufgabe. 1756 wurde in Pécel mit den Arbeiten begonnen, die mit Unterbrechungen zwanzig Jahre dauerten. Die Rádays bewohnten das Gebäude weiterhin während aller Phasen seines Umbaus; entsprechend den Baufortschritten zogen sie von einem Teil zum anderen. Gedeon vertrug sich gut mit seinem Baumeister; er schenkte ihm häufig Kisten mit Wein, während Mayerhoffer es gestattete, daß die eigens aus Wien bestellten Gegenstände in seinem Haus gelagert wurden, bis sie zur Baustelle weitertransportiert werden konnten. Diese kongeniale Zusammenarbeit war ein Glück, denn Ráday mischte sich oft genug in die Arbeiten ein, darunter in ganz nebensächliche Dinge: Zum Beispiel war er sehr besorgt, daß die Erdbewe-

Porträt der Gräfin Klara Ráday (geb. Kajali) von Ádám Mányoki, frühes 18. Jahrhundert (Ráday-Bibliothek, Budapest).

UNGARN

gungen vor der Küche einen Graben hinterlassen würden, der später wieder zugeschüttet werden müßte, oder daß die Mauern gestützt werden müßten, um einen Einsturz zu verhindern. Er verlangte sogar, daß Ziegel in doppelter Stärke als Verkleidung der Außenmauern verwendet werden sollten.

Fünfzehn verschiedene Handwerker arbeiteten zeitweise auf der Baustelle. Ráday zahlte großzügig einen wöchentlichen Lohn in Höhe von ¾ eines Forint pro Tag für die Stukkateure, ½ Forint pro Tag für die Maurer und 15 Kreuzer für die Hilfsarbeiter. Den Meistersteinmetz András Conti Lipót holte man von Pest, um die schwierigsten Arbeiten zu verrichten. Obwohl die Ziegel aus der Gegend stammten und der Stein aus benachbarten Steinbrüchen kam, mußte viel importiert werden. Die Einkünfte aus den Besitzungen reichten nicht aus, um die Baukosten zu decken. Allein die Zinsen für das ausgeborgte Kapital betrugen schließlich 40 000 Forint. Gedeons Neider behaupteten, er stünde vor dem Bankrott, worauf er entgegnete: »Ja, ich habe Schulden. Wer nicht in Ungarn? Wenigstens gebe ich das Geld für etwas Schönes und Bleibendes aus!«

Ungeachtet aller Probleme schritten die Arbeiten in Pécel voran. Der Ostflügel mit der Bibliothek wurde als erster vollendet, es folgte der Haupttrakt und schließlich der Westflügel, der bis an die Kirche reichte. János Hepfner errichtete 1763 einen prachtvollen Balkon und verfertigte auch die schönen Fenstergitter. Die Innenausstattung erfolgte zwischen 1760 und 1770. Als das Schloß im wesentlichen

Schmiedeeiserne Fenstergitter in Pécel, angefertigt von János Hepfner.

Eingangstür des Hauses mit monumentaler Urne.

Folgende Seite:
Die ursprüngliche Bibliothek mit gewölbter Decke.

fertig war, wurde mit dem Bau der Nebengebäude begonnen. Gedeon war erleichtert, denn er hatte nicht nur enorme Ausgaben gehabt, auch seine politische Karriere war in Mitleidenschaft gezogen worden. Denn die Arbeiten in Pécel hatten ihn so beansprucht, daß sein ansonsten ausgewogenes Urteilsvermögen darunter zu leiden hatte; 1764 hielt er im Reichstag eine heftige Rede gegen die Regierung – ganz im Gegensatz zu seiner ansonsten vorsichtigen Haltung.

Das Schloß wurde ein Triumph. Ein eindrucksvoller, schmiedeeiserner Balkon öffnete sich über dem Eingangstor; im Erdgeschoß lagen auf der linken Seite, verbunden durch einen Gang, die Küchen, die Weinkeller und die Getreidespeicher, deren Gebäudeteile auf der Seite des Westflügels noch aus dem frühen 18. Jahrhundert stammten. Rechts befand sich die große Bibliothek, deren gewölbte Decke auf vier Marmorsäulen ruhte. In einer Ecke stand ein prachtvoller Ofen, auf dem eine biblische Figur saß, die Moses darstellen sollte. Daran anschließend lag die kleine Bibliothek, denn Gedeon war ein leidenschaftlicher Bücherfreund, der Bücher aus ganz Europa sammelte, besonders solche, die mit dem alten Ungarn zu tun hatten. Seine Büchersammlung mit etwa 12 000 Bänden war in sechs Räumen des Gebäudes untergebracht.

Die Decke in der großen Bibliothek war in neun Fresken unterteilt, die alle neun Musen darstellten; ein Fresko mit Pallas Athene, der Göttin der Weisheit, befand sich in der Mitte. Sie entsprachen alle nicht exakt den klassischen Vorbildern, sondern waren freie Abwandlungen: Die Dichtkunst wurde dargestellt mit einer Harfe, die Redekunst mit dem Stab des Merkur, die Grammatik mit einem Buch, die Theologie mit einer Fackel, die Gerechtigkeit mit einer Waage, die Medizin mit einem Stab mit Schlange, die Geschichte als alter Mann, die Philosophie und Mathematik als zwei nebeneinanderstehende Gefährten. Ráday wählte für dieses Werk den Künstler persönlich aus, nämlich Matthias Schervitz, der den Auftrag für eine nicht unbeträchtliche Summe von 50 Goldstücken dann auch annahm. Matthias Schervitz malte höchstwahrscheinlich auch die Fresken in der kleinen Bibliothek, die Orpheus in der Unterwelt und an der Decke den Ritt Arions auf einem Delphin darstellen.

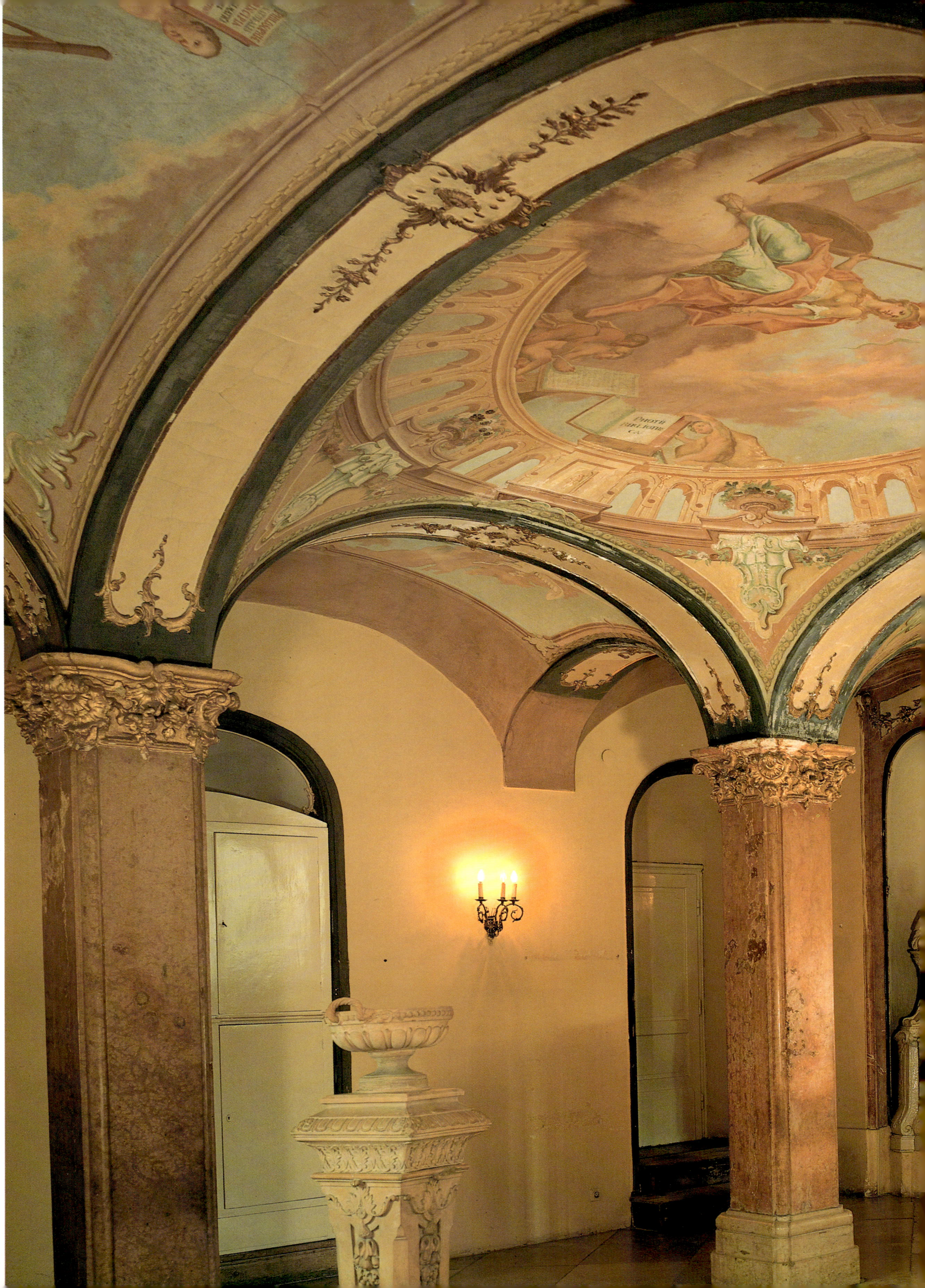

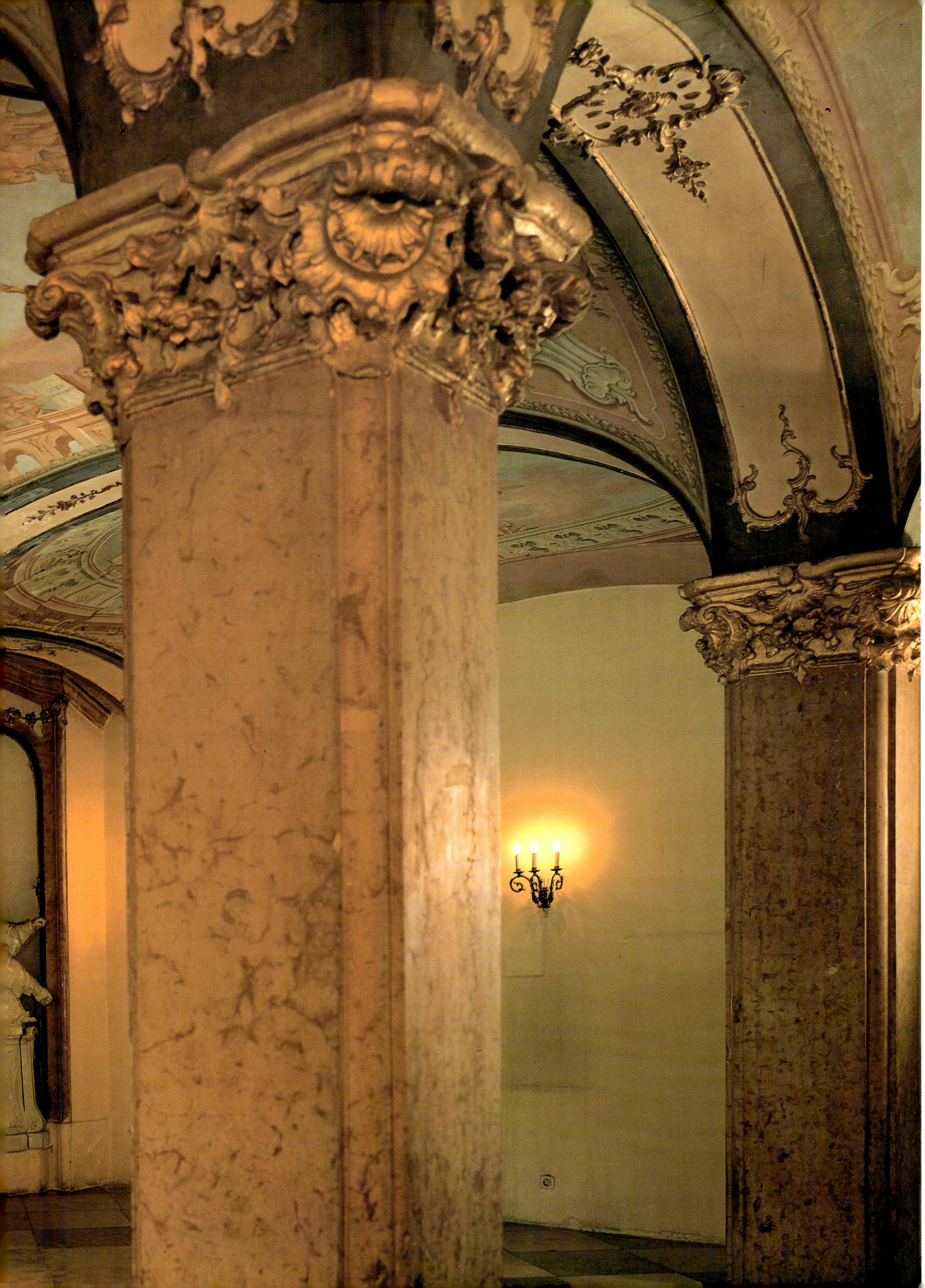

UNGARN

Detail des Deckengemäldes in der früheren Bibliothek.

Arion reitet auf einem Delphin: Freskendetail in der früheren Bibliothek.

Nahe an der Rückseite des Gebäudes führt ein elliptisches Treppenhaus in den gewölbten und mit Säulen versehenen ersten Stock. Doppeltüren geleiten in den großen Empfangssaal, einen geräumigen, hohen Raum in der Mitte des Schlosses, dessen französische Fenster sich zum Balkon hin öffnen. An der Decke zeigten Grisaille-Malereien, die heute leider nicht mehr vorhanden sind, Phaeton in seinem Wagen, während die Wände mit Szenen aus der klassischen Mythologie geschmückt sind: Zu sehen sind der Tod des Phaeton; der betrunkene Diener des Bacchus, Silen; die Belagerung des Olymp durch die Titanen; die verkleideten Merkur und Jupiter bei ihrer Begrüßung durch Philemon und Baucis, die ihr Haus zu deren Ehre in einen Tempel verwandelt haben. Die Fresken sind von einer erfrischenden, naiven Qualität; einige sind besonders reizend: Tantalus, der nach der unerreichbaren Frucht langt; das Goldene Zeitalter, mit Deucalion und Pyrrha, den Stammeltern der Menschheit; die Große Flut mit Menschen, die sich vergeblich an die Zweige der Bäume zu klammern versuchen. In einem Fresko segelt Odysseus davon, ohne die Verlockungen der Sirene zu beachten; in einem anderen bemerkt Ikarus, wie das Wachs, das seine Flügel zusammenhält, schmilzt; in einem dritten betrachtet der eitle Narziß sein Spiegelbild im Wasser. Wer der Künstler war, ist unbekannt, und auch den Fresken läßt sich kein Hinweis auf den Schöpfer entnehmen. Es ist urkundlich belegt, daß Ráday mit ihm 1766 in Preßburg anläßlich einer Sitzung des Reichstages zusammentraf und ihn nach Pécel einlud. Die Arbeit wurde ein Jahr später vollendet. Unter jedes Fresko schrieb Gedeon zweizeilige Gedichte, die er selbst verfaßt hatte und deren Inhalt später in der von Ferenc Kazinczy herausgegebenen Zeitschrift *Orpheus* erläutert wurde.

»Er, der sich selbst so sehr liebte«, schrieb er weise unter das Fresko des Narziß, »beobachtete sich selbst nie genau.«

Im Obergeschoß des Schlosses führt rechts ein Gang zu zwei Gästezimmern mit je drei Betten. Eines hatte Fresken, die die Mühen des Herkules zeigen und die später übermalt und noch nicht wieder restauriert wurden. Als nächstes gelangt man in den Speisesaal, während am Ende des Traktes das Musikzimmer liegt, von wo aus ein Gang auf die Empore der Kapelle führt. Auf der linken Seite des Schlos-

UNGARN

ses befinden sich die vormals von der Familie bewohnten Gemächer, von denen zwei Räume schöne Fresken hatten, darunter ein Fries mit Medaillons der Köpfe römischer Kaiser. Im Eckraum, dem vormaligen Billardzimmer, sind nur noch Reste von Fresken erhalten geblieben, die möglicherweise Herkules zusammen mit Grazien zeigten. Die Darstellungen könnten von Schervitz oder Johann Nepomuk Schöpf stammen. Diese beiden Zimmer waren als »Bilderzimmer« bekannt, denn sie enthielten schöne Gemälde. In einem hingen dreißig goldgerahmte Porträts verschiedener Habsburger – eine gewisse Ironie für den Nachfahren von Rákóczis Adjutanten, der seine Loyalität gegenüber der Dynastie unter Beweis stellen wollte. Schließlich gelangte man zu den Gemächern von Gedeons Schwiegertochter. Öfters gab es Auseinandersetzungen mit ihr über ihre Verschwendungssucht, und als er sie zur Rede stellte, warum sie all diesen Schmuck brauche, soll sie ihm erwidert haben: »Warum braucht Ihr all diese Bücher?«

Ráday erreichte ein hohes Alter und wurde ein bekannter Förderer ungarischer Kunst und Literatur, den junge Männer wie Ferenc Kazinczy und János Batthyany als geistigen Mentor betrachteten. Er finanzierte zwei der führenden Zeitschriften der damaligen Zeit. Zusammen mit seinem Sohn Gedeon und dessen Familie lebte er weiter in Pécel, und obwohl Gedeon immer noch Protestant war, tendierte er mehr denn je zum Hofe und hatte in Wien bedeutende Positionen inne. In Anerkennung ihrer Ämter wurden die Rádays 1782 zu Baronen und 1792 zu Grafen erhoben. In diesem Jahr starb der alte, noch immer aktive Gedeon; sein Sohn folgte ihm 1801 ins Grab, und von da an begann der langsame Abstieg und Verfall der Familie sowie des Anwesens. Im Hinblick auf das geringe Alter des Schlosses war dies besonders traurig. Das Innere der Kirche war erst 1800 vollendet worden, und die schönen barocken Gärten, die 1780 einen Brunnen und einen Pavillon erhalten hatten, kamen erst jetzt zur Geltung. Einen besonders prächtigen Blick auf die Gärten mit ihrer exotischen Fauna und Flora gab es von der großen Bildergalerie aus, die mit bedeutenden Kunstwerken bestückt und an den Osttrakt angebaut war.

1825 ereignete sich eine Tragödie: Ein schreckliches Feuer vernichtete die Gemäldesammlung und fügte dem Schloß schwere Schäden zu. Die Kuppel stürzte durch das Dach, und viele Fresken wurden zerstört. Die durch Schulden stark bela-

Urnen auf den Torpfeilern von Pécel.

Empfangssaal mit Grisaille-Fresken, die Szenen aus der klassischen Mythologie darstellen.

Grisaille-Darstellung der Tantalus-Legende im Empfangssaal.

A Fösvényeknek nem övék, még a' mi övékis.

steten Rádays waren an dem Besitz weniger interessiert als der verstorbene Gedeon, und zu ihrem Schrecken mußten sie erfahren, daß der Schaden auf 60 000 Forint geschätzt wurde. Es erfolgte eine Teilrestaurierung mit einem Aufwand von 18 500 Forint. Die Fresken wurden von einem gewissen Antal Mihályi nur schlecht wiederhergestellt, denn er besaß offensichtlich nur eine beschämend geringe Kenntnis der menschlichen Anatomie. Obwohl Gedeon seinen Erben aufgetragen hatte, die Büchersammlung nicht zu verkaufen, taten sie dies 1861 trotzdem; die calvinistische Kirche hatte sich eingeschaltet und kaufte die Sammlung zusammen mit einigen Familienporträts für 40 000 Forint. Die Bibliothek der Rádays wurde in Budapest nahe dem Nationalmuseum eingerichtet, wo sie noch heute besteht.

1872 wurde das Schloß Pécel samt Inventar versteigert und von einer Familie Kelecsényi erworben, die es allerdings, da sie woanders lebte, kaum nutzte. 1939 befanden sich die Schloßgebäude in einem ruinösen Zustand, und der Zweite Weltkrieg trug das Seine zum weiteren Verfall bei. Nach 1945 kauften die Ungarischen Staatsbahnen Pécel, und mit der Restaurierung des Schlosses konnte begonnen werden. Unter der Ägide von Dr. Lázlo Farkas stellten die zwischen 1953 und 1956 unternommenen Arbeiten den Beginn der Wiederherstellung des Schlosses in seinem alten Glanz dar. Doch dann wurde das Schloß in ein Spital umgewandelt, wozu es heute noch dient, obwohl es hieß, daß es ein Museum werden sollte, sobald das dafür notwendige Geld zur Verfügung stünde. Die Familienporträts gehören heute der Bibliothek, und von den nunmehr ausgestorbenen Rádays gibt es kaum noch Spuren. Dennoch wäre es erstrebenswert, wenn Pécel wieder zu dem werden würde, was es ursprünglich gewesen ist – nicht nur ein Beispiel hervorragender Baukunst, sondern eine Erinnerungsstätte für eine bemerkenswerte ungarische Familie.

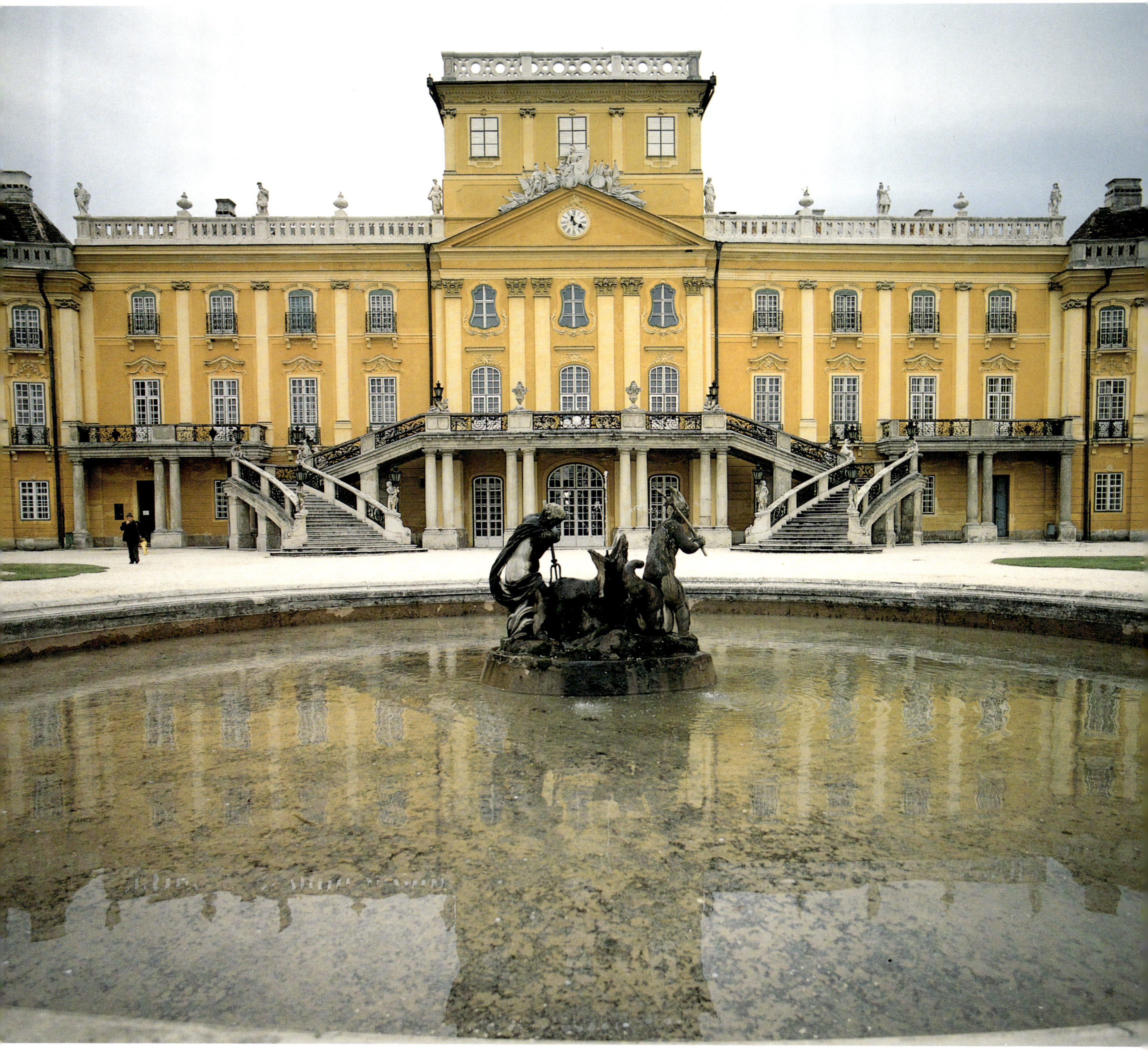

ESZTERHÁZA

Der Neusiedler See ist ein seichter Steppensee an der heutigen Grenze zwischen Ungarn und Österreich. Der größte Teil seiner Ufer ist vom Burgenland umgeben, das seit 1919, als die Landkarte Europas geändert wurde, österreichisches Gebiet ist, das aber historisch gesehen einmal zu Ungarn gehörte, was noch heute in kultureller und volkskundlicher Hinsicht zum Ausdruck kommt. Die bedeutendste Familie dieser Gegend waren ohne Zweifel die Esterházys, die zugleich symbolisch für den Dualismus des alten Habsburgerreiches und für die geteilten österreichischen und ungarischen Loyalitäten standen. Sie waren es, die im späten 18. Jahrhundert in der Nähe des südöstlichen Endes des Sees das grandioseste aller Schlösser der Nation erbauten. Prinz Rohan, der französische Botschafter am Hofe zu Wien, schrieb: »Ich entdeckte ein Versailles in Eszterháza.«

Jegliches Verständnis dieses großartigen Schlosses und seiner kurzen Zeit des Glanzes ist untrennbar verbunden mit der abwechslungsreichen Geschichte seiner früheren Besitzer und dem Charakter der umgebenden Landschaft. Das Burgenland ist seit prähistorischen Zeiten ein Grenzgebiet, dessen natürliche Grenze die Hügel zu der ungarischen Tiefebene bilden. Die wechselnde Grenze führte die Grundbesitzer oft in die schwierige Lage, daß ihre Ländereien beiderseits der Grenze lagen. Den stärksten Einfluß in dieser Gegend hat seit dem Ende des Mittelalters Wien ausgeübt, und in der Regel konnte es als erstes auf die Loyalität der Magnaten zählen.

Theoretisch gehen die Esterházys auf den biblischen Salomon zurück und spalten sich später in zwei Stränge auf, die Illésházys und die Esterházys. Die allgemein übliche Behauptung, von einem der ursprünglichen Stämme Árpáds abzustammen, können wir außer acht lassen – tatsächlich wird die Familie erstmals im späten 12. Jahrhundert erwähnt. Der Name stammt vermutlich von den Dörfern Zerházy und Eztherhas. Der erste, der urkundlich erwähnt wurde, war Ferenc (1533–1604), der Vizestatthalter von Preßburg (Pozsony), der sich »de Galantha« nannte, nach dem Namen seiner Herrschaft in Oberungarn. Sein Sohn Miklós (1583–1645) war jedoch der eigentliche Begründer der glücklichen Geschicke seiner Familie. Er wurde als Protestant geboren, doch konvertierte er nach einer Erziehung durch die Jesuiten mit 19 Jahren zur katholischen Religion, deren treuer Anhänger er sein ganzes Leben lang blieb. Miklós verband seine Loyalität zur Dynastie der Habsburger mit einem scharfen Blick für eigene Chancen. Zwei vorteilhafte Heiraten führten zu einer enormen Vergrößerung seiner Besitzungen. Die Heirat seiner Tochter mit dem großen Ferenc Nádasdy stärkte außerdem seine Position in seinem Heimatland.

Als ein tapferer Soldat machte Miklós Esterházy schnell eine brillante militärische Karriere. Als er 1620 von den Truppen des unabhängigen Fürsten Gábor Bethlen belagert wurde, gelang ihm der Ausbruch und ein Sieg über den feindlichen General Tarrody, obwohl dieser mit seinen Truppen zahlenmäßig weit überlegen war. Der besiegte General wurde mit Roß und Rüstung lebendig begraben, ein Los, das er für Esterházy vorgesehen hatte. 1625 wurde er Palatin von Ungarn und blieb

Hauptfassade von Schloß Eszterháza, Nordwestungarn, unweit der österreichischen Grenze.

UNGARN

dies bis zu seinem Tode; 1628 wurde er Ritter vom Goldenen Vlies. Die zwei kaiserlichen Burgen von Forchtenstein (Frakno) und Eisenstadt (Kismarton) wurden ihm schon früher von Ferdinand II. als Entschädigung für die verlorengegangenen Besitzungen in Oberungarn überlassen. 1652 fiel sein Sohn Lajos, zusammen mit drei seiner Vettern, in der Schlacht von Vezekeny gegen die Türken. Noch vor seinem eigenen Tod zahlte er an den Kaiser den erforderlichen Geldbetrag, damit beide Schlösser erbliche Besitzungen der Esterházys wurden.

Pál, der jüngere Sohn von Miklós, wurde 1635 in Eisenstadt geboren. Er war der erste bedeutende Bauherr unter den Esterházys. Daneben war er ein begabter Musiker – sein Lieblingsinstrument war das Cembalo; er komponierte Sakralmusik und verfaßte unter der Anleitung des unglücklichen Miklós Zrínyi, der später der Anführer des erfolglosen Versuches Ungarns, die Türken zu vertreiben, sein sollte, Gedichte geistlicher Art. Als Liebhaber der Künste bemühte sich Pál, seine unbequeme mittelalterliche Festung in ein Barockschloß umzugestalten, und beauftragte hiermit 1663 einen Baumeister aus Como, Carlo Martino Carlone. Die Umbauten behielten den ursprünglichen viereckigen Grundriß mit seinen vier herausragenden Ecktürmen bei, doch wurde das Gebäude durch einen die gesamte äußere Fassade umgebenden Anbau von der Tiefe eines Raumes vergrößert. Die Türme erhielten ein Kupferdach, Kellergeschosse und doppelte Zwiebeldächer. Alle vier Fassaden wurden gleich ausgeführt und erhielten einen blauen, roten und weißen Anstrich, die Hauptfassade allerdings wurde auf der Höhe des Mezzanins mit einer Reihe von 16 Sandsteinbüsten ungarischer Kriegshelden versehen. Seit 1680 wird das Schloß von einem Wassergraben und einer Balustrade umgeben, das provisorische Schindeldach ersetzte man durch ein Dach mit Ziegeln. Über der Zugbrücke, dem einzigen Zugang zum Schloß, ließ Pál eine hochtrabende Inschrift über die ruhmreichen Taten seiner Vorfahren anbringen. Die toskanischen Säulen im Hoftrakt, die bis in das erste Geschoß reichten, waren von italienischen Stukkateuren reich verziert worden. Wie die Legende berichtet, stellen die grotesken Köpfe Hofbeamte dar, die versucht hatten, ihnen ihren gerechten Lohn vorzuenthalten. Zur Einrichtung gehörte ein großer Ballsaal mit herrlichen Fresken von Carpoforo Tencalla und eine Kapelle mit einer prachtvollen Orgel.

Wie schon sein Vater, wurde auch Pál zum Palatin von Ungarn und Ritter vom Goldenen Vlies ernannt. Als die Türken 1683 Wien angriffen, blieb er dem Kaiser treu und folgte ihm nach Linz, wo er sich dem Entsatzheer anschloß. Zum Dank hierfür erhob ihn Leopold zum Fürsten; alle seine Söhne konnten sich nun Prinzen nennen. Als eine besondere Ehre durften sie die Initiale L (für Leopold) dem Familienwappen hinzufügen. Die Besitzungen der Esterházys umfaßten nun etwa dreißig Herrschaften, denn auch Pál hatte einige nützliche Ehen geschlossen. In den Jahren nach 1690 verlieh der Kaiser den Esterházys außerdem das Recht, ein »Majorat« zu errichten, das ihnen im Erbfall einen steuerfreien und ungeteilten Übergang auf den jeweils ältesten Sohn sicherte. Dieses »Majorat« bestand bis 1945, im Gegensatz zu den vergleichbar großen Ländereien der Thökölys und Rákóczis, die schon im 18. Jahrhundert verschwanden.

Nach Páls Tod im Jahre 1713 entwickelten sich die Geschicke der Familie Esterházy nicht mehr so spektakulär. Seine zwei Söhne überlebten ihn nur um acht Jahre, und die Linie setzte sich durch die Kinder seines jüngeren Sohnes József fort. Pál Anton, einer von ihnen, wurde 1721 bereits mit zehn Jahren zum Fürsten ernannt, und obwohl Graf Erdödy, ein Freund der Familie, sein Vormund war, übte seine Mutter doch erheblichen Einfluß auf ihn aus. Sie berief Gregor Josef Wiener als Kapellmeister an den Hof, und dieser konnte das Niveau des fürstlichen Orchesters entscheidend anheben. Als sein Stellvertreter wurde 1761 ein junger Musiker namens Joseph Haydn angestellt. Während dieser Zeit entstanden keine neuen Bauten, doch wurden die Bauarbeiten an einem Jagdschloß in Süttör, das zwanzig Räume umfaßte, fortgesetzt. Den Bauauftrag hierzu hatte József Esterházy 1720 Anton Erhard Martinelli erteilt. Als erstes wurde der Mitteltrakt, der durch eine Steinmauer mit den beiden Seitenflügeln verbunden und 38 Meter lang und 12 Meter breit war, fertiggestellt, bevor Gottfried Wolf 1754 den Auftrag zum Ausmalen der Gesellschaftsräume erhielt. Mit den Arbeiten am Park und an den Nebengebäuden wurde erst zwei Jahre später begonnen.

Porträt des Palatins Pál Esterházy von Benjamin Block, 1655 (Ungarisches Nationalmuseum, Budapest).

ESTERHÁZA

Als Pál Anton 1762 kinderlos starb und sein Bruder Miklós mit 48 Jahren sein Nachfolger wurde, war alles für die großartigste Leistung der Familie Esterházy vorbereitet. Miklós besaß bereits Süttör und hatte eine erfolgreiche Karriere als Soldat und Diplomat hinter sich. Nachdem er das riesige Erbe erlangt und auch Kinder gezeugt hatte, die den Fortbestand der Familie sicherten, beschloß er, seinen Ruhm für die Nachwelt zu begründen. Viele Jahre zuvor hatte er Versailles besucht und bewundert, jetzt strebte er danach, es nachzuahmen. Als stolzer Besitzer von 570 000 Hektar Land fehlte es ihm nicht an den erforderlichen Mitteln hierzu, und er befolgte die Maxime: »Was der Kaiser kann, das kann ich auch.« Nicht umsonst erhielt er den Beinamen »der Prachtliebende«.

Im Januar 1763 rief Miklós seine leitenden Hofbeamten zusammen, um die Rolle jedes einzelnen für den »bevorstehenden und völlig neuen Bau« in Süttör festzulegen. Erst später nannte er den Besitz »Esterháza« – als Zeichen der Identifizierung mit seiner Familientradition. Die Vorbereitungen für den Bau dauerten zwölf Monate, erst dann konnte mit der Arbeit begonnen werden. Pächter wurden umgesiedelt, das Material herbeigeschafft, und neue Straßen mußten gebaut werden. Etwa 20 000 Menschen wurden bei dem Bau beschäftigt. Die erste Aufgabe beim Umbau des Palastes bestand darin, den Mitteltrakt mit den zwei kleineren Pavillons zu verbinden und eingeschoßige, mit Kolonnaden versehene Flügel an beiden Seiten zu errichten, um einen hufeisenförmigen Hof zu bilden.

Porträt des Nikolaus Esterházy von Joseph Dorffmeister, spätes 18. Jahrhundert (Museum der Bildenden Künste, Budapest).

Folgende Seite: Der Musiksaal mit Deckengemälden des Wiener Hofmalers Johann Basilius Grundemann, Mitte des 18. Jahrhunderts.

UNGARN

Wer der Baumeister dieses bemerkenswerten Gebäudes war, ist bis heute ungeklärt. Traditionsgemäß wird der Entwurf von Kunsthistorikern Karl Jacoby von Eckholm, dem Direktor des Bauamtes in Brünn, zugeschrieben. Diese Annahme beruht vor allem auf Inschriften, die man fand, wie zum Beispiel: »Jacoby del. et aedif«. Die moderne Forschung hat allerdings festgestellt, daß diese Inschriften sich auf einen Baumeister namens Miklós Jacoby beziehen, der in den Diensten des Fürsten stand und Pläne für das Spital in Eisenstadt, ein Jagdschloß und das sogenannte Rote Haus in Wien entworfen hat. Realistisch betrachtet kommt Jacoby aber nicht als der verantwortliche Baumeister in Frage, weil der Qualitätsunterschied zwischen seinen bekannten Werken und dem Haupttrakt von Esterháza zu groß ist. Ebensowenig kommen seine Kollegen Johann Ferdinand Mödlhammer, ein sehr tüchtiger Baumeister, der Eisenstadt und Forchtenstein renovierte, und der Baumeister, von dem die eingeschossigen Flügel in Esterháza stammen, hierfür in Frage.

Läßt man die Theorie außer acht, Miklós habe selbst diese großartigen Pläne verfaßt, dann wäre ein möglicher Kandidat Girolamo Bon, dessen Entwürfe für ein Opernhaus in Esterháza Ähnlichkeiten mit dem Haupttrakt aufweisen. Bon war eher ein Bühnenbildner als ein Architekt, und dies könnte die Mißachtung gewisser praktischer Überlegungen erklären, wie zum Beispiel die Innenwandverbindungen zwischen den verschiedenen Teilen des neuen Schlosses. Am ehesten kommt aber Melchior Hefele, ein früherer Schüler von Balthasar Neumann in Würzburg, in Frage, der in Wien als Zeichenlehrer in der ungarischen Garde tätig war. Dort lernte er den Fürsten kennen, der sein hervorragendes Talent erkannte und ihm die Gesamtplanung anvertraut haben könnte, während die Bauüberwachung vor Ort durch Jacoby und Mödlhammer erfolgt wäre.

Die hauptsächlichen Veränderungen am alten Baukörper umfaßten den Umbau des Dachbodens in ein drittes Geschoß und die Errichtung einer doppelten Freitreppe über zwei Stockwerke sowie schließlich auch die Hervorhebung der Mittelachse des Gebäudes durch die Errichtung eines Belvederes oberhalb des Säulenganges und der Balustrade. Die ungewöhnliche elfachsige Fassade wird durch ein Erdgeschoß charakterisiert, das mit den beiden Obergeschossen zwar durch Säulen miteinander verbunden, aber nicht optisch verknüpft ist. In der Mitte der beiden Seitenflügel in Höhe des ersten Stockwerkes wird ein Balkon von vier toskanischen Säulen gestützt. Darunter befinden sich auffallend schöne Brunnen, die eine mythologische Figur darstellen, die mit Hilfe kleiner Putti ein Meeresungeheuer tötet. Der Mitteltrakt und die Rückseite der anschließenden Flügel sind mit Skulpturen geschmückt, um den Eindruck der Eintönigkeit zu vermeiden. Auf der Gartenseite wird der Mitteltrakt von zwei fünfachsigen Flügeln flankiert, während das Wappen der Esterházys auf dem Giebel des Hauptsimses erkennbar ist. Die Balustraden des Schlosses sind mit teilweise kunstvoll vergoldeten Statuen und Vasen geschmückt, von denen einige noch erhalten sind.

Im *piano nobile* bilden der Ballsaal und das benachbarte Musikzimmer, die zwei Stockwerke einnehmen, den Mittelpunkt des Gebäudes. Darunter befindet sich die Eingangshalle mit einer gewölbten *sala terrena*. Alle 126 Zimmer in Esterháza sind im Rokokostil dekoriert, ein mittelmäßiger Hofmaler namens Johann Basilius Grundemann malte die meisten Fresken. Den Ballsaal schmückt ein Deckenfresko, *Apollo im Sonnenwagen*, und in den vier Ecknischen stehen allegorische Statuen der Jahreszeiten. Die Familienkapelle, in grauem Marmor gehalten, war besonders prunkvoll. Hier und in der *sala terrena* wurden die Fresken von Joseph Ignaz Milldorfer gemalt. Die Besucher des 18. Jahrhunderts bewunderten besonders die Uhrensammlung des Fürsten sowie die Bibliothek mit über 22 000 Bänden. Die Räume des Fürsten und seiner Gemahlin lagen im Erdgeschoß. Im Ostflügel befand sich die berühmte Bildergalerie der Esterházys mit mehr als 300 Gemälden, deren größter Schatz eine Madonna von Raffael war. Der Wintergarten, ein botanisches Schatzkästchen, lag gegenüber, und durch ihn gelangte man in die Küchen.

Die Gärten wurden hauptsächlich in streng symmetrisch ausgerichtetem französischen Stil von Mátyás Pölt entworfen. Ein künstlicher Wasserfall bildete ihre Begrenzung, dahinter erstreckte sich ein riesiger Park, in dem im Laufe der Zeit verschiedene Gebäude errichtet wurden. 1768 wurde das zweigeschossige Opernhaus mit seiner Mansarde vollendet. Es besaß eine große, tiefe Bühne und faßte 400

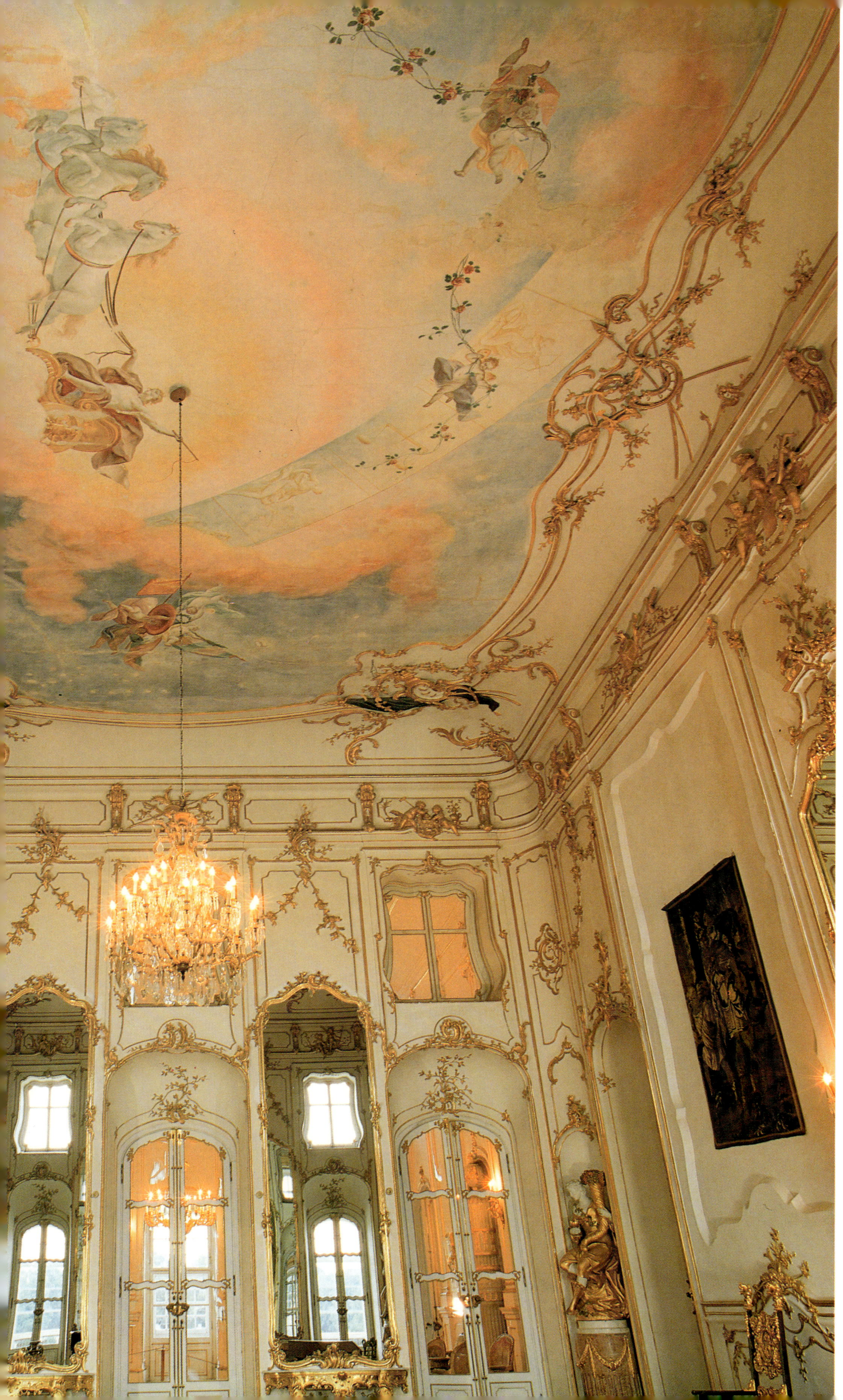

UNGARN

ESTERHÁZA

Zuschauer, die die Aufführungen gratis besuchen konnten. Die fürstliche Familie und deren Gäste saßen in den Logen im zweiten Geschoß. In Symmetrie zum Opernhaus gelegen befand sich das Puppentheater, »vielleicht das einzige seiner Art«, wie es in einem zeitgenössischen Bericht heißt. Dort wurden mit prächtig geschnitzten und gekleideten Puppen Opern und Komödien aufgeführt, und zwar in einem geräumigen, einer Grotte nachgebildeten Saal, dessen Wände mit Rocailledekorationen, Steinen und Schnecken bedeckt waren.

Der größte Pavillon im Park war die »Bagatelle« oder das Chinesische Haus. Das eingeschoßige Gebäude mit fünf Fensternischen war umrahmt von schlanken Säulen und hatte ein grün und rot bemaltes Dach, auf dessen Spitze eine orientalische Figur mit einem Regenschirm saß. Wenn ein Wind wehte, klingelten Glöckchen an jeder Ecke des Hauses. Das Innere war mit Chinoiserien ausgestattet, und für einige ausgewählte Gäste wurden dort intime Bälle abgehalten. Im Park befanden sich auch vier Tempel, die der Diana, der Fortuna, der Venus und der Sonne gewidmet waren, und eine Eremitage, die der in Versailles nachgebaut worden war und im Jahr 1775 vollendet wurde. An der Straße am Rande des französischen Gartens lag schließlich das Musikhaus, in dem die Sänger und Hofmusiker, und durch zwanzig Jahre hindurch zeitweilig auch Joseph Haydn, wohnten.

1766 folgte Haydn als Hofkapellmeister Wiener nach, eine Stelle, die er für die nächsten 24 Jahre innehaben sollte. Seine Pflichten waren vielfältig: Er organisierte und leitete einen Chor und ein Orchester von 28 Musikern, er kümmerte sich um die Instrumente, er kopierte die Noten und verfaßte endlos eigene Kompositionen. Während der Hochsaison führte er jeden Monat eine neue Oper auf. Er erledigte dies neben der Fülle an Orchesterwerken und der Kammermusik, die für die täglichen Konzerte bestimmt waren und die zu einer festgelegten Zeit am Nachmittag, wie dies sein Dienstherr verlangte, stattfanden. Miklós selbst spielte das Baryton, ein Saiteninstrument ähnlich der Viola da gamba, allerdings nur mit mäßiger Fertigkeit. Beide Männer faßten Zuneigung zueinander, und trotz seiner übermäßigen Arbeitslast scheint Haydn sich nie beklagt zu haben.

Während die musikalischen Aufführungen bereits seit vier Jahren stattgefunden hatten, kam das eigentliche gesellschaftliche Leben erst im Jahre 1770 voll in Schwung. In diesem Jahr, nachdem die Hauptgebäude des Schlosses fertiggestellt worden waren, fand im September drei Tage lang ein Fest statt, mit Theatervorstellungen und Opernaufführungen, Volkstänzen, einer Militärparade und einem Ball für vierhundert Gäste, bei dem die Brunnen von zwanzigtausend chinesischen Laternen beleuchtet wurden. Das ständige Kommen und Gehen der Gäste füllte nicht nur die für hundert Pferde Platz bietenden Ställe, sondern auch die prachtvollen Gärten mit ihren Kastanien- und Lindenalleen und den in jedem Monat neugesetzten Blumen. Im September 1773 kam sogar Kaiserin Maria Theresia für zwei Tage, ein Besuch, der mit einem besonders spektakulären Feuerwerk gefeiert wurde. Das erste Bild am nächtlichen Himmel zeigte das ungarische königliche Wappen in einem himmelblauen Feld, umrahmt von zwei Engeln und darüber die drei Initialen V.M.T. (Vivat Maria Theresia). Das Finale beleuchtete mit einem Riesenfeuerwerk, das Wasserfälle imitierte, das Schloß im Hintergrund, während verborgene Mörser und explodierende Bomben die Atmosphäre einer Schlacht vermittelten.

So verging das Leben in Esterháza bis 1790 mit immer neuen Unterhaltungen und musikalischen Aufführungen, wie sie sonst in Europa nicht besser dargeboten wurden. Die Kaiserin war von der Qualität der Musik, die sie dort gehört hatte, tief beeindruckt; nach einer Aufführung von Haydns *L'Infidelà Delusa* bemerkte sie: »Wenn ich eine gute Oper sehen will, werde ich hierherkommen.«

Der offensichtlich von dem feuchten Klima und den nördlichen Winden unbeeindruckte Fürst verbrachte immer mehr Zeit in seinem geliebten Schloß und kam nur kurz im Herbst nach Eisenstadt, bevor er für den Winter nach Wien zog. Im Frühjahr wurde seine Rückkehr durch einen Schwarm von Hofbediensteten und seiner persönlichen Garde von 150 Grenadieren angekündigt, die dunkelblaue Uniformen mit roten Schößen und Aufschlägen und weiße Hosen trugen.

Im September 1790 änderte sich mit dem Tode Miklós' die Welt in Esterháza schlagartig. Sein Sohn Anton, der bereits im vorgerückten Alter war, hatte einen vollkommen anderen Charakter. Sparsam und ohne Liebe für die Musik löste er

---

Die sala terrana *mit Deckengemälden des Wiener Malers Joseph Ignaz Milldorfer, Mitte des 18. Jahrhunderts.*

Porträt von Joseph Haydn, Kapellmeister auf Schloß Esterházy von 1766 bis 1790, Kopie nach Ludwig Guttenbrunn (der pikanterweise auch der Liebhaber von Haydns Frau war), um 1770 (Privatsammlung).

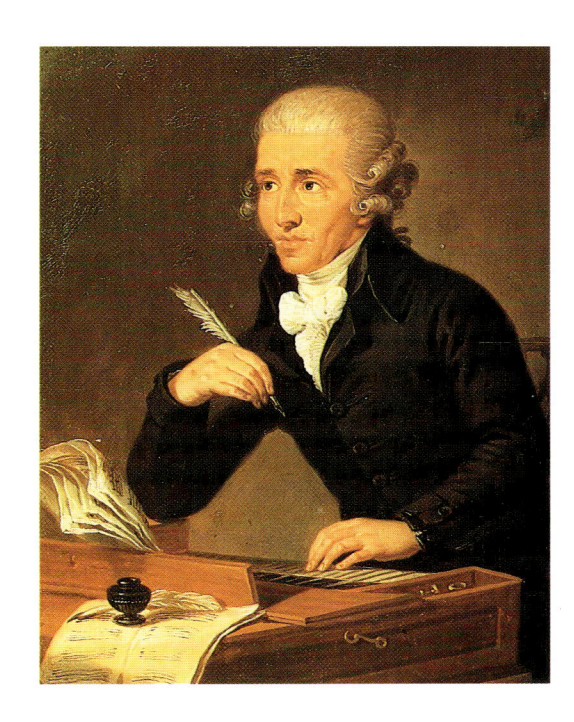

UNGARN

Gartenansicht von Schloß Esterháza mit Eibenallee im Vordergrund.

Alte Ansicht der Esterházy-Villa in Eisenstadt von C. Rorick und L. Rohbock (Fürstin Melinda Esterházy).

umgehend das Orchester auf, schloß das Theater und zahlte Haydn nur noch ein Gehalt von 400 Gulden jährlich, neben der Pension von 1000 Gulden, die ihm sein verstorbener Gönner in seinem Testament ausgesetzt hatte. Der Komponist war aber über diese geänderten Umstände gar nicht unglücklich. Während er noch 1778 in einem seiner Briefe schrieb: »Ich bin Kapellmeister Seiner Durchlaucht, des Fürsten Esterházy, in dessen Diensten ich zu sterben hoffe«, klagte er 1790: »Was ich verliere, weil ich verurteilt bin, hier zu bleiben, darüber sollten Eure Gnaden sich im klaren sein. Es ist fürwahr traurig, für immer ein Sklave zu sein. Doch die Vorsehung will es so, ich bin nur eine arme Kreatur.« Nun war er frei, um sich auf größere Bühnen nach Wien und London zu begeben.

Man kann Anton keinen Vorwurf für notwendige Einsparungen machen, denn schließlich hatte Esterháza seiner Familie angeblich 13 Millionen Goldforint gekostet. 1790 war Kaiserin Maria Theresia bereits zehn Jahre tot, die Reformen ihres Sohnes Joseph hatten zu einer Krise des Reiches geführt, und die ersten Zeichen der Französischen Revolution zogen über Europa. Die Traumwelt des Rokoko war längst vergangen. Im August 1791 fand noch einmal ein Fest im alten Stile in Esterháza statt, zur Feier des ererbten Familienamtes des Gespans von Ödenburg (Sopron).

Anton starb 1794, ihm folgte sein Sohn Miklós nach, der eher seinem Großvater ähnlich war. Der fürstliche Hof wurde in einem verkleinerten Ausmaß endgültig nach Eisenstadt verlegt. Der dortige Besitz war dreißig Jahre lang vernachlässigt worden; sein neuer Eigentümer fand die symmetrisch gestalteten französischen Gärten altmodisch, und er verlangte nach einem Park im englischen Stil. Er entschloß sich zum Umbau des gesamten Schlosses und der Gärten im neoklassizistischen Stil. Doch viele seiner ehrgeizigen Pläne wurden nie ausgeführt, von einigen Änderungen am Gebäude einmal abgesehen. Der Park wurde wieder eher landschaftlich angelegt, ein Palmenhaus und Obelisken kamen später hinzu, ebenso eine mit Dampf betriebene Pumpe, die aus London eingeführt worden war und die den Wasserfall antrieb.

Inzwischen stand Esterháza, kaum mehr als 35 Kilometer von Eisenstadt entfernt, leer. Die Wertgegenstände der Familien, einschließlich der Bildersammlung, waren fortgebracht worden, und bald schon setzte der Verfall ein. Die Pavillons brannten nieder oder verrotteten, in der *sala terrena* wurden Schafe gehalten. Ein Reisender namens John Paget bemerkte in seinem Buch »Ungarn und Siebenbürgen« (1839): »Das Innere ist in einem Zustand, daß es schon morgen wieder bewohnbar gemacht werden könnte. Aber die Gärten sind voll Unkraut und haben ihre ursprüngliche Form fast verloren... während das schöne Theater, in dem vormals eine italienische Operntruppe gehalten wurde, seiner prachtvollen Spiegel beraubt ist und den Fledermäusen als Unterkunft dient, die in Girlanden von der vergoldeten Decke herabhängen.« Der einzige Teil des Schlosses, der noch eine Verwen-

UNGARN

dung fand, waren die Ställe, in denen vor kurzem zwölf Vollblüter aus England untergebracht worden waren. Paget beschrieb auch die enorme Größe der Familienbesitzungen, zu denen angeblich 40 Städte, 130 Dörfer und 34 Schlösser gehörten, und er bemerkte, sie würden zwar nur jährliche Einkünfte von 150 000 Pfund abwerfen, aber »erhebliche Steigerungen« wären möglich.

Die Wahrheit war jedoch, daß der enorme Reichtum der Esterházys durch Jahre der Verschwendung gelitten hatte. Miklós III. war ein ebensolcher Autokrat wie sein Großvater, obwohl ihm, wie Haydn wehmütig feststellte, der Charme und das Musikverständnis seines Großvaters abging. Aber er war ein ebensolcher Verschwender wie dieser. Im Jahr 1803 kaufte er die angrenzende Herrschaft von Pottendorf, danach das Stift Edelstätten in Bayern, womit er gleichzeitig in den Reichsfürstenstand erhoben wurde. Nach einer unverbürgten Geschichte bot Napoleon ihm 1807 die Krone von Ungarn an, aber selbst wenn dies der Wahrheit entspräche, hätte er sie sowohl aus Stolz als auch aufgrund seiner vererbten Loyalität dem Kaiserhaus gegenüber abgelehnt. Bei einem Besuch in Eisenstadt stellte Richard Bright, ein englischer Reisender, 1818 in seinem Buch »Travels from Vienna Through Lower Hungary« fest: »Die Besitzungen dieses Edelmannes sind weit ausgedehnter, als die irgendeines anderen in Ungarn, und sein Lebensstil entspricht den Vorstellungen, die wir mit einer so hohen Stellung verbinden.« Nach einer berühmten Anekdote erklärte der Fürst einem schottischen Grundbesitzer, der sich seiner Herde von 2000 Rasseschafen rühmte, er beschäftige 2500 Hirten, einen für je 100 seiner Merinoschafe.

Nach Miklós' Tod im Jahre 1833 gingen die Besitzungen auf seinen Sohn Pál über, der als ein hervorragender Diplomat Botschafter in Dresden, Rom und London sowie nach seiner Pensionierung im Jahr 1848 sogar für sechs Monate Außenminister gewesen war. Eine größere finanzielle Einschränkung fand 1866 statt, als Páls Sohn und Nachfolger, ein weiterer Miklós, den Hauptteil der riesigen Bildersammlung der Familie an die neuerrichtete Ungarische Nationalgalerie verkaufte – 637 Gemälde, über 3500 Kupferstiche und 51 000 Radierungen. Er übergab ihr außerdem sechs Alte Meister, darunter auch einen Rembrandt. Sparsamkeit war weiterhin dringend geboten, denn eine schlecht geführte Verwaltung sowie die Inflation hatten die Esterházyschen Besitzungen weiter verschuldet. Ein Familienvertrag, wonach Miklós' Sohn Alleinerbe aller Besitzungen wurde, brachte zwar eine Erleichterung der finanziellen Probleme, aber dieser Sohn überlebte seinen Vater nur um vier Jahre.

Porträt des Fürsten Pál Esterházy und seiner Familie, um 1820 (Museum der Bildenden Künste, Budapest).

Springbrunnen im Hof von Schloß Esterháza.

ESTERHÁZA

Admiral Miklós Horthy, Reichsverweser von Ungarn, zu Besuch bei Fürst Pál Esterházy, um 1935 (Wendel Farkas).

Das Hauspersonal von Esterháza in den dreißiger Jahren des 20. Jahrhunderts (Wendel Farkas).

Die Verhältnisse hatten sich um die Jahrhundertwende jedoch so weit gebessert, daß der neue Fürst, Nikolaus IV., beschloß, seine Residenz zurück nach Esterháza zu verlegen, obwohl die zentrale Güterverwaltung in Eisenstadt verblieb. Das Hauptgebäude des Schlosses wurde weitgehend restauriert, teilweise auf fragwürdige Weise, und der Park wurde zu neuem Leben erweckt, ohne allerdings seine frühere Pracht auch nur annähernd wiederzuerlangen. Nach 1918 ging durch den Zusammenbruch der Monarchie viel Land verloren; die zwei Hauptbesitzungen

ESTERHÁZA

Satteldecken in Schloß Forchtenstein, einem weiteren Familienbesitz der Esterházys, der heute in Österreich liegt.

lagen nun beiderseits der neuen Grenze und mußten getrennt verwaltet werden. Fürst Pál, der sein Erbe 1920 antrat, verwaltete dieses jedoch mit Geschick. Er lebte zwar in Budapest, aber er benutzte das Schloß immer wieder für Feste und Jagdveranstaltungen, an denen auch der Reichsverweser, Admiral Horthy, teilnahm.

Zwischen 1944 und 1945 erlitt Esterháza schwere Schäden, und zum Ende des Krieges wurde es von massiven Plünderungen heimgesucht. Pál wurde jahrelang vom kommunistischen Regime eingesperrt, bis es ihm während des Aufstandes von 1956 gelang, in den Westen zu fliehen. In den späten fünfziger Jahren wurde mit der Restaurierung des Palastes begonnen, aber trotz der Wiederherstellung der Fassaden und der wichtigsten Räume bleibt noch viel zu tun. Die Ausstattung mit Bildern und Möbeln ist eher dürftig, der französische Garten, der Park und die übriggebliebenen Gebäude warten noch auf eine Restaurierung. Trotzdem ist Esterháza noch immer der großartigste Landsitz in Ungarn und ein würdiges Denkmal für eine bemerkenswerte Familie. Dank der Fügungen des Schicksals ist sie noch immer Eigentümer des Schlosses in Eisenstadt, der Burg Forchtenstein und eines der größten Grundbesitze in Österreich. Das Erbe von Miklós, des prunkliebenden Fürsten, ist nicht im Dunkel der Geschichte verschwunden.

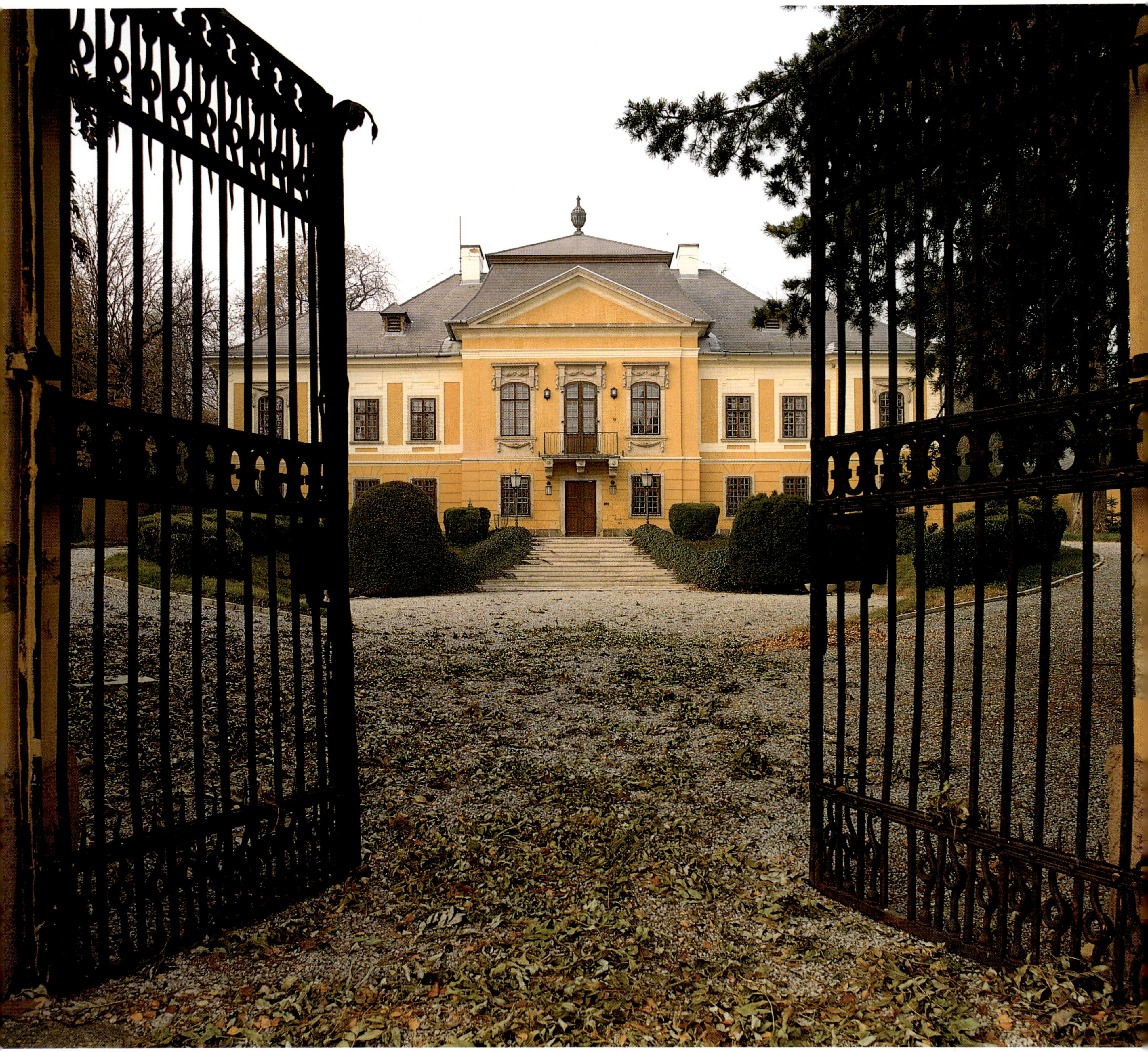

NOSZVAJ

Hinter der entzückenden barocken Stadt Eger erstreckt sich eine Hügellandschaft, die bis zur Grenze der Slowakei und noch weiter reicht. Um die Stadt herum liegen Weinberge, von denen der berühmteste ungarische Rotwein stammt, Egri Bikavér, der in der ganzen Welt als Stierblut bekannt ist. Etwa 12 Kilometer nördlich von Eger liegt inmitten der Hügel eine große Ortschaft namens Noszvaj. Nichts deutet darauf hin, daß dieses Dorf ein Juwel der Schloßarchitektur Ungarns aus dem 18. Jahrhundert beherbergt.

Eine Siedlung, damals mit Namen Nozvey, wird erstmals in einer Urkunde von 1248 erwähnt. Erst später im Mittelalter wurde der Name in seiner jetzigen Form geschrieben. Bis 1457 stand Noszvaj im Besitz der Bischöfe von Eger, obwohl der Name auch in einem anderen Zusammenhang mit einer weiter im Osten gelegenen Herrschaft genannt wird, die einer Familie gehörte, die ihr den Namen gab. 1457 tauschte der Bischof mit den Zisterziensern Noszvaj gegen ein anderes Anwesen, und es verblieb in deren Besitz bis zur türkischen Eroberung. 1552 wurde Eger und seine Umgebung von den Türken belagert, die zwar die Stadt nicht einnehmen konnten, aber dem Besitz schweren Schaden zufügten und die Mönche vertrieben. Durch seine Lage an der Grenze zwischen dem habsburgischen und dem türkischen Ungarn, von wo aus die Hügellandschaft in die ungarische Tiefebene übergeht, war Noszvaj in diesen schwierigen Jahren zwangsläufig von Unsicherheit geprägt.

1615 ist eine Familie Figedy als Eigentümer des Besitzes urkundlich erwähnt, doch diese Familie starb bald aus, und ihr Land fiel an die Krone zurück. Das türkische Ungarn erstreckte sich nie weit nach Norden, und so blieb Eger durchgehend in habsburgischen Händen; trotz gelegentlicher Überfälle konnten sich die Landwirtschaft und der Weinbau in dieser Gegend gut entwickeln. Um 1648 gehörte Noszvaj einem gewissen Ferenc Hanvay – allerdings nur für kurze Zeit, denn er starb bereits 1667 und hinterließ seinen ganzen Besitz seiner Frau, deren weiteres Schicksal unbekannt ist; vermutlich ist sie kinderlos gestorben. Am Ende des 17. Jahrhunderts, als die Türken beinahe aus ganz Ungarn vertrieben worden waren, ging der Besitz an einen reichen Weinhändler aus Eger über, der den Namen Noszvaj annahm. Im 18. Jahrhundert wechselte Noszvaj mehrmals den Besitzer, und um 1770 gelangte es schließlich in die Hände von Baron Sámuel Szepessy.

Szepessy war ein Vertreter einer neuen Klasse von Ungarn, die es – aus bescheidenen Verhältnissen kommend – in den Jahrzehnten des Friedens und des wirtschaftlichen Aufschwungs nach dem Ende der türkischen Besetzung zu Reichtum gebracht hatten. Waren diese Familien bereit, wie Szepessys Vater, vom Calvinismus zum Katholizismus zu konvertieren und sich in religiösen Fragen anzupassen, dann wurden sie häufig angemessen belohnt. Sámuel beschloß jedenfalls, sich eine standesgemäße Residenz zu bauen, und begann um 1774 mit den Arbeiten. Der Baumeister ist nicht mehr mit Sicherheit bekannt, vermutlich handelte es sich jedoch um den talentierten einheimischen János Povolny, der auch das Lyzeum in Eger erbaute. Dieses Gebäude weist französisch inspirierte Verzierungen auf, und man könnte den Baustil etwa dem Rokoko Louis XVI. zuordnen. Seine ausgewogenen

Hauptfassade von Schloß Noszvaj, Nordostungarn.

UNGARN

Proportionen verweisen jedoch auf die geniale Hand von Jakob Fellner von Tata, dem Meister des »Zopfstiles« und Baumeister der calvinistischen Kirche von Debrecen wie zahlreicher anderer Schlösser. Von Geburt war er Österreicher, aber er lebte und starb in Eger. Als er im Stil des späten 18. Jahrhunderts die prachtvolle Fassade von Povolnis Lyzeum, dem heutigen Gymnasium der Stadt, baute, war er Lehrer und oft auch Mitarbeiter des jüngeren Baumeisters; trotzdem bleibt das Ausmaß seiner Mitarbeit in Noszvaj ungeklärt.

In Noszvaj schritten die Arbeiten bis 1778 zügig voran. Im folgenden Jahr wurde erstmals in offiziellen Dokumenten eine neue, noble Residenz in einem Dorf auf Szepessys Besitz erwähnt. In dem offiziellen Verzeichnis aller Grundbesitze, den *Miskolc Judicalia*, wird Noszvaj als schön, bequem, solide gebaut und umgeben von herrlichen Obst- und Blumengärten beschrieben. Die Baukosten fielen leider wesentlich höher als vorgesehen aus, und trotz seines Reichtums mußte Szepessy einen Kredit von 60000 Forint aufnehmen, um sein Projekt beenden zu können. Von diesem Zeitpunkt an wurde nur noch dann gebaut, wenn Geld zur Verfügung stand. 1782 war das Hauptgebäude mehr oder weniger fertiggestellt, sein Besitzer war jedoch in größten finanziellen Nöten. Der Tod seines Vaters bot einen guten Vorwand, in dessen Haus zu ziehen und den neuen Bau unbewohnt zu lassen. Als er beschloß, Noszvaj zu verkaufen, fand er in der Baronin Anna Vécsey schnell eine Käuferin. Sie erwarb das Anwesen am 5. März 1783 für nur 11000 Forint, was in Anbetracht der 4000 bis 6000 Forint, die damals für ein mittleres Landgut gezahlt werden mußten, ein lächerlich geringer Preis war. Szepessy war überzeugt, nahe dem Bankrott zu sein, und deshalb akzeptierte er alle Forderungen der neuen Käuferin – trotz des Protestes seiner drei Schwestern, die behaupteten, er habe unbesonnen und unberechtigterweise gehandelt, ohne sie vorher konsultiert zu haben.

Die Baronin, die häufig ihren Mädchennamen verwendete, war die Witwe des Grafen Antal Almássy. Die Almássys stammten aus dem Komitat Heves in der Nähe von Eger, obwohl die Familientradition besagt, daß sie ursprünglich aus Siebenbürgen stammen. Bis zum Jahre 1677, als sie ihr eigenes Wappen verliehen bekamen, ist

Parkfassade von Schloß Noszvaj.

Haupttore von Noszvaj,
vom Inneren des Anwesens aus gesehen.

NOSZVAJ

wenig bekannt über ihre Ahnherren. Um 1701 wurden sie in den Grafenstand erhoben. Antal war unter Hinterlassung etlicher Kinder jung gestorben, und 1775 heiratete seine Witwe den Grafen Antal de la Motte, der aus Frankreich stammte. Sein Vater war im Gefolge von Franz von Lothringen, dem Gemahl Kaiserin Maria Theresias, in österreichische Dienste getreten.

Als Ingenieuroffizier spielte er bei der Belagerung von Freiburg, während des Siebenjährigen Krieges, eine wichtige Rolle und wurde deswegen von dem dankbaren Monarchen in den Adelsstand erhoben. Sein Sohn, der ihm in die Armee gefolgt war, brachte es zum Oberst und dann zum Befehlshaber der Garnison von Eger. Dort lernte er die zweifellos begehrenswerte Witwe kennen, machte ihr den Hof und heiratete sie schließlich.

In ihrem Ehevertrag wurde ausdrücklich festgehalten, daß die fünf Kinder der Baronin, die aus ihrer Ehe mit Almássy stammten, nach ihrem Tode ihre Erben sein sollten; dies war später der Grund für Streitereien und rechtliche Auseinandersetzungen, da es auch noch Nachkommen aus der Ehe mit dem Grafen Antal de la Motte gab. Doch zunächst zog das glückliche Paar nach Noszvaj und setzte das Bauprogramm fort. Zwei Seitenflügel wurden im rechten Winkel zum Haupttrakt als Vorratskammern und Dienstbotenunterkünfte fertiggestellt, danach wurden der Ehrenhof und die Parks, mit der Gartenfassade in einer Ebene mit dem *piano nobile*, angelegt. Das Schloß war nicht nur prachtvoll möbliert, sondern auch mit zahlreichen Fresken ausgestattet.

Povolni war auch bei der Auswahl geeigneter Künstler aus Eger behilflich: Johann Lukacs Kracker, sein Mitarbeiter Josef Zach sowie deren Schüler György Szikora und Antal Lieb. Dem ehrgeizigen und kunstsinnigen Erzbischof von Eger, Károly Esterházy, der die Gründung einer Universität in der Stadt plante, sind mehrere erstklassige, beeindruckende Barockbauten zu verdanken, insbesondere die Minoritenkirche, die Kilian Ignaz Dientzenhofer zugeschrieben wird. Das Altarbild wurde von seinem böhmischen Künstlerkollegen Kracker gemalt, der auch die Fresken in der Bibliothek des Lyzeums schuf. Das Deckenfresko ist voller Leben und Bewegung und stellt mit 132 Figuren, darunter auch Kaiser Karl V., das Konzil von Trient dar. Das Innere des Lyzeums zeigt interessanterweise ein spätgotisches Phantasiegebäude, das nach 1782 von Krackers treuem Partner Zach fertiggestellt wurde. Beide Künstler hatten auch zusammen an der klassizistischen Kathedrale von Eger und am Palast des ehemaligen Bürgermeisters gearbeitet, die sie ebenfalls mit wunderschönen Fresken schmückten. Zweifellos sind die Fresken die Hauptattraktion von Noszvaj. Sie wurden offenbar besonders schnell fertiggestellt, denn als die Maler ihre Arbeit beendet hatten, waren sämtliche Räume im ersten Stock mit Fresken versehen, ebenso das Treppenhaus mit einem Doppelaufgang, der Empfangssaal in der Mitte des Schlosses und zwei weitere Räume links und rechts, davon einer ein kleiner Ecksalon. Die Themen der Fresken waren weitgehend der Mythologie entnommen. Im Treppenhaus malte Zach sechs lebensgroße Gottheiten auf Säulen in Trompe-l'oeil-Nischen: Venus, Apollo und Mars links vom Eingang, Jupi-

Treppenhaus mit Wandgemälden von Joseph Zach und Deckengemälden von Johann Lukas Kracker aus dem späten 18. Jahrhundert.

Apollo- und Mars-Fresken von Joseph Zach im Treppenhaus.

ter, Hermes und Diana rechts davon, alle eigenartig gekleidet. Die Decke schmückte Kracker mit einer Apotheose des Apoll in dessen Sonnenwagen. Der von Szikora mit Fresken geschmückte Plafond des Prunksaales ist zauberhaft bukolisch – Putti tollen sich in einer Waldlandschaft und ziehen eine Ziege hinter sich her, während auf der anderen Seite ein betrunkener Bauerntölpel, möglicherweise als heidnisches Gegenstück zu der biblischen Darstellung des betrunkenen Noah, seinen Rausch ausschläft.

Die Fresken in den beiden rechten Räumen wurden um 1920 zerstört, und es gibt keinen Hinweis mehr auf ihre Thematik; die restlichen Fresken wurden jedoch in der Nachkriegszeit wunderbar restauriert. Links vom Prunksaal befindet sich das sogenannte Römische Zimmer, dessen Decke ein Fresko von Anton Lieb schmückt, das Jupiter, Juno und Pan darstellt. Die von Zach ausgemalten Wände beider Räume weisen elegant aneinandergereihte Felder mit den verschiedensten Motiven und riesige blumengeschmückte Urnen im Stil der Trompe-l'oeil-Malerei auf. Besonders reizvoll ist der kleine Ecksalon mit Darstellungen von Vögeln in verschiedenen, bezaubernden Phantasielandschaften an den Wänden und der Decke. Möglicherweise stammen sie von Lieb, eine genaue Zuordnung ist aber schwierig, da alle vier Maler häufig zusammenarbeiten. Darüber hinaus vollendeten Krackers Künstlerkollegen nach dessen Tod gemeinsam seine erst zur Hälfte fertiggestellten Arbeiten.

Die spätere Geschichte Noszvajs ist wesentlich weniger harmonisch als seine wundervollen Fresken. Sehr bald nach dem frühen Tod der Baronin strengten die Kinder Almássys 1785 einen Prozeß mit der Behauptung an, ihr Stiefvater wolle das Testament ihrer Mutter umgehen. De la Motte kam mit Gegenargumenten, aber er konnte nicht bestreiten, daß den Almássys beim Kauf des Besitzes durch die Baronin das Rückfallsrecht eingeräumt worden war. Dennoch bewohnte er weiterhin das Schloß, und erst nach jahrelangen Streitigkeiten kam man zu einer Lösung, die ihm ein lebenslängliches Wohnrecht in Noszvaj einräumte, allerdings unter der Bedingung, seine eigenen Kinder von der Erbfolge auszuschließen. Tatsächlich hielt er sich bis zu seinem Tod im Jahre 1800 immer seltener dort auf, und er hatte so gut wie nichts mit der Verwaltung des Besitzes zu tun.

János Almássy, der älteste Sohn, bezog im Jahre 1800 mit seiner Familie das Schloß Noszvaj und nahm weitere Änderungen vor. Die Seitenflügel wurden umge-

UNGARN

Freskendetail im Römischen Saal, mit Wandgemälden von Joseph Zach und Deckengemälden von Anton Lieb.

Gesamtansicht des Römischen Saals, der ursprünglich im späten 18. Jahrhundert ausgestattet wurde.

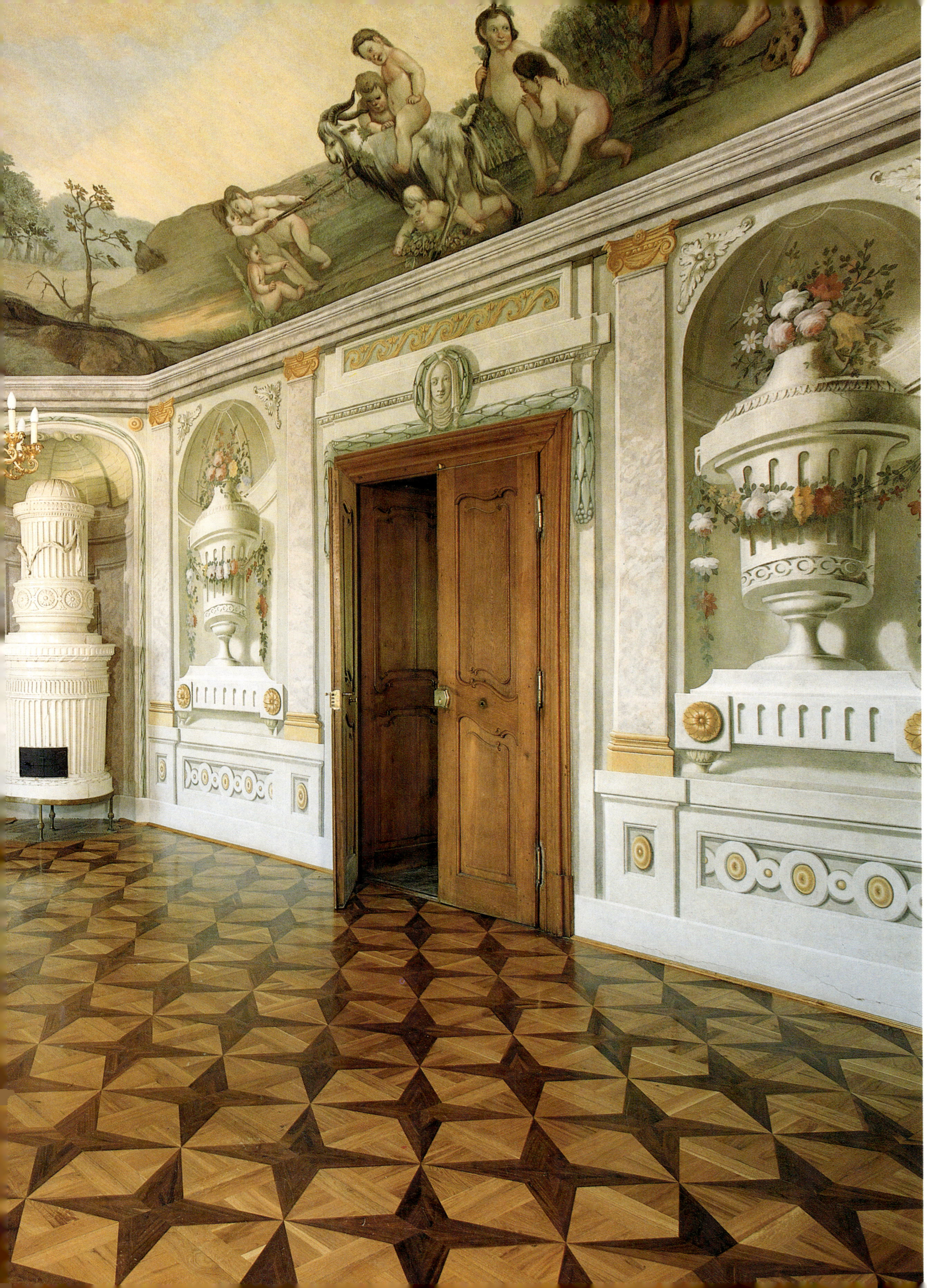

UNGARN

baut und verbessert, und zwei wunderschöne Gittertore, versehen mit dem Familienmonogramm und gekrönt von zwei Einhörnern, wurden aufgestellt. János ließ auch eine Familienkapelle erbauen, zu der man vom Erdgeschoß des Schlosses aus gelangte. Diese Kapelle wurde 1830 durch eine größere ersetzt, die dann aber später abgerissen wurde. Leider führten Schulden und das Fehlen direkter männlicher Erben im Laufe des 19. Jahrhunderts häufig zu Eigentümerwechsel. Eine kurze Zeit gehörte es auch der Familie Telekis.

Der letzte Nachkomme der Almássys verkaufte schließlich 1852 alles an István Steinhauser, einen reichen Kaufmann aus Eger. Dessen Tochter Bertha heiratete 1878 Gyula Gallassy, und Noszvaj blieb bis zum Zweiten Weltkrieg im Besitz dieser Familie. Es muß sich um eine wohlsituierte Familie gehandelt haben, denn Bertha gab ihren Namen auch einem weiteren Schloß, nämlich Berthamajor, das um 1900 erbaut wurde. Auch das Dorf Noszvaj blieb während des ganzen 19. Jahrhunderts wohlhabend; innerhalb seiner Ortsgrenzen gab es zwei Kurien sowie kleine, einstöckige Herrensitze.

Heute liegt Noszvaj inmitten der Hügel als unentdecktes Juwel. Glücklicherweise wurde das Schloß im Zweiten Weltkrieg kaum beschädigt, doch es wurde in der Anarchie des Jahres 1945 so gründlich geplündert, daß heute kaum ein Möbelstück mehr im Schloß vorhanden ist, das ursprünglich einmal dorthin gehörte. Aus diesem Grund war es auch unmöglich, irgendwelche alten Bilder oder Stiche von Noszvaj oder Porträts der Familie, die es erbaut und bewohnt hatte, aufzufinden. Das Gebäude selbst, in der Farbe des unnachahmlichen und in Mitteleuropa so beliebten Schönbrunnergelb, ist in hervorragendem Zustand, und die Gärten sind

Vogelfresken von Anton Lieb im Eckzimmer.

Gesamtansicht des Eckzimmers mit Fresken von Anton Lieb, spätes 18. Jahrhundert.

Imaginäre Landschaft im Eckzimmer des Schlosses von Noszvaj, möglicherweise von Anton Lieb.

wohlerhalten. Ein Jammer ist allerdings, daß der Regionalrat von Heves, der den Besitz jetzt verwaltet, einen häßlichen modernen Anbau an das Schloß mit Sälen und Büros für eine Lehranstalt anbringen ließ. Allerdings sieht man diesen Anbau nicht, wenn man vor einem der beiden Haupttrakte steht. Das Schloß wird heute als Museum genutzt, was auch angemessen ist, denn Noszvaj ist eines der reizendsten und elegantesten Baudenkmäler im Stil des 18. Jahrhunderts in ganz Ungarn.

FÓT

Das Dorf Fót liegt nur wenige Kilometer von der Hauptstadt entfernt und gilt heute beinahe schon als ein Vorort. Es erweckt aber noch einen friedlichen Eindruck, obwohl es an die nördliche und die östliche Ausfallstraße von Budapest angrenzt. Die eine Straße führt über Miskolc durch die Slowakei in die Sowjetunion, während die andere entlang der Donau nach Norden führt, bis der Fluß einen weiten Bogen macht. Obwohl Fót auf den ersten Blick unbedeutend erscheint, steht dort nicht nur ein beeindruckendes klassizistisches Herrenhaus, sicherlich eines der bedeutendsten Ungarns, sondern auch eine Kirche, die zum hervorragendsten Beispiel der Neugotik im Lande zählt.

Fót wird 1383 erstmals unter dem Namen Folth erwähnt. 1405 wurde der Besitz von König Sigismund an Benedek Kalnay gegeben. Im 16. Jahrhundert ging er an die katholische Kirche über und blieb während der türkischen Besetzung unbewohnt. Ende des 17. Jahrhunderts, nach der Rückeroberung durch die Habsburger, wurde der Besitz von der Familie Fekete erworben, deren Oberhaupt György ein bekannter Richter war. Im Laufe des 18. Jahrhunderts baute ein unbekannter Baumeister für die Familie »ein kleines château«, wie man es später nannte. Es liegt auf einem sanften Hügel, der möglicherweise einmal ein Erdwall war, an drei Seiten umgeben von einem Sumpf. Noch heute erscheint die ganze Anlage beinahe wie die eines befestigten Dorfes. Zur türkischen Zeit war die alte romanische Kirche von der protestantischen Gemeinde übernommen worden, so daß die Feketes beschlossen, eine neue katholische Kirche bauen zu lassen, deren Grundstein 1779 gelegt wurde. Die Feketes waren zu einer bedeutenden Familie in Ungarn geworden: Graf János war Dichter und Schriftsteller in vier Sprachen, er korrespondierte mit Voltaire und war ein bedeutender Vertreter der Aufklärung, der in seinen Werken den reaktionären Adel und den Klerus angriff. Jedesmal, wenn er Voltaire eines seiner Gedichte sandte, schickte er hundert Flaschen Tokajer als Geschenk mit, so daß es nicht verwundert, daß die Gedichte immer mit aufmunternden Bemerkungen zurückkamen.

Um 1803, nach dem Tod von János, beschlossen die Feketes, ihren Besitz zu verkaufen; allerdings dauerte es aufgrund der Napoleonischen Kriege eine geraume Zeit, bis sie einen Käufer fanden. Eine Witwe mit einem kleinen Sohn, Gräfin Erzsébet Károlyi, geborene Waldstein-Wartenberg, kaufte das Anwesen. Ihr Mann József war an den Folgen eines Duells gestorben, und sie suchte einen Besitz in der Nähe von Budapest. Die Károlyis, ursprünglich Kaplony genannt, sind eine sehr alte ungarische Familie, die sich bis ins 13. Jahrhundert zurückverfolgen läßt und ihren Namen von einem ihrer östlich von Debrecen gelegenen Besitze namens Nagykároly übernahmen. 1609 wurden sie Barone, nachdem sie schon lange eine der führenden Familien im Lande gewesen waren. Einer ihrer Vorfahren, Sándor, war General in Rákóczis Kuruzenarmee, doch nach dem Frieden von Szatmár im Jahre 1711, den er als sein Bevollmächtigter unterzeichnet hatte, schloß er seinen eigenen Frieden mit den Habsburgern, wofür er in den Grafenstand erhoben wurde und ihm seine Besitzungen bestätigt wurden. Obwohl er dafür angegriffen wurde, erscheint Károlyis Handlungsweise doch gerechtfertigt, denn nachdem 410 000

Hauptfassade von Schloß Fót, nordöstlich von Budapest.

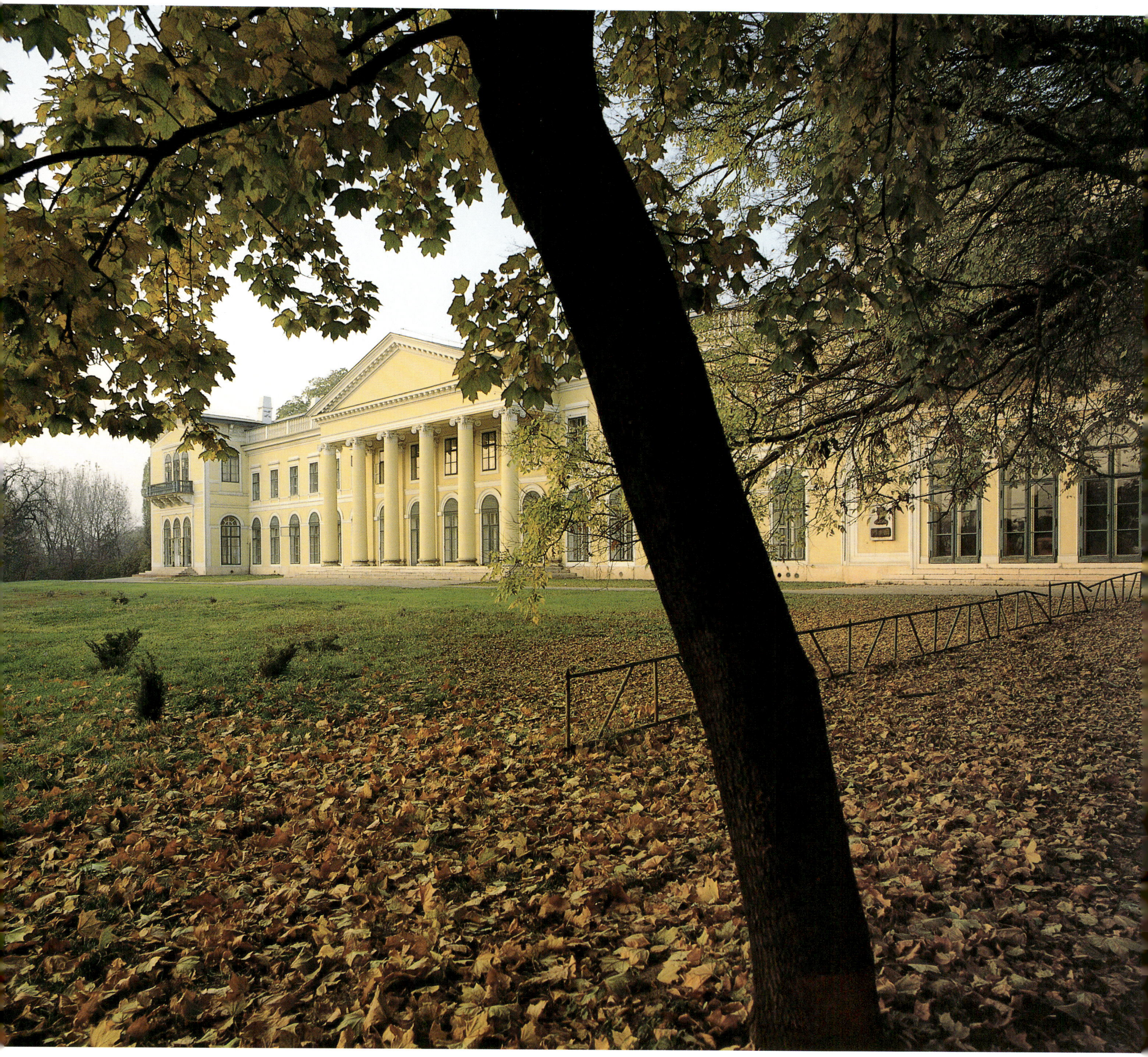

UNGARN

Aquarell des Landsitzes mit Haus und Park von Károly Klette, 1835.

Porträt des Grafen József Károlyi als Kind, spätes 18. Jahrhundert (Ungarisches Nationalmuseum, Budapest).

Die Kirche in Fót, entworfen von Miklós Ybl für Graf István Károlyi, Mitte des 19. Jahrhunderts.

Folgende Seite: Gesamtansicht der Kirchenkrypta; hier liegen sowohl Familienangehörige der Feketes als auch der Károlyis begraben.

Menschen durch die Pest gestorben und weitere 85 000 im Krieg umgekommen waren, wollte er noch mehr Verwüstungen und Leiden in einer verlorenen Sache verhindern.

Da die Gräfin der Meinung war, das Haus sei zu klein, gab sie Pläne für ein zusätzliches Stockwerk und eine Kapelle in Auftrag, doch sie starb 1813 noch vor deren Ausführung. Ihr Sohn István, damals ein sechzehnjähriger Knabe, liebte das Schloß und wollte dort leben. Er heiratete die hübsche Gräfin Georgine Dillon, Tochter des gefeierten Höflings »Le Beau Dillon«, der angeblich die Ehre gehabt haben soll, das Korsett der ohnmächtigen Marie Antoinette bei einem Ball in Versailles zu lockern. 1821 gebar ihm Georgina einen Sohn Edouard, bekannt als Ede, und István nahm den Plan des Schloßausbaus wieder auf. Heinrich Koch sen., der bereits für die Familie in Budapest gearbeitet hatte, entwarf die Pläne, aber Mihály Pollack und József Hofrichter waren mit der Bauaufsicht beauftragt worden. Um 1820 begann man mit den Arbeiten. Ein Aquarell von Károly Klette aus dem Jahre 1825 zeigt bereits einige Veränderungen, obwohl es das Schloß noch mit seinem altmodischen steilen Dach darstellt.

Die hauptsächlichen Änderungen erfolgten ab 1830. Ein eindrucksvoller Säulengang mit sechs ionischen Säulen über beide Stockwerke wurde angebaut. Im Obergeschoß waren die Fenster von kantigen Simsen und im Erdgeschoß von runden Simsen gekrönt. Beidseitig erstreckten sich wohlproportionierte, mit fünf Fensterachsen und Giebeln versehene Seitentrakte. Erlesene Möbel und Bilder wurden für das Schloß gekauft. Das zweite, 1835 von Klette gemalte Aquarell zeigt weitläufige Gärten »à l'anglaise«, die soeben von Ignác Erményi entworfen worden waren. In dem riesigen, beinahe eineinhalb Kilometer breiten und weit über drei Kilometer langen Park lagen zwei in sandiges Erdreich gegrabene künstliche Seen.

Trotz dieser Leistungen und seiner bedeutenden Stellung in der Öffentlichkeit war Istváns Leben von Tragödien überschattet. Seine Frau Georgine starb tragisch in jungen Jahren, zwei seiner Töchter starben noch als Kinder. Zur Erinnerung an sie baute Károlyi einen Turm an die Kirche. Er heiratete aber bald wieder, dieses Mal die zwanzigjährige Franziska Esterházy, die ihm 1831 einen Sohn namens Sándor gebar. 1840 aber starb seine geliebte Tochter Erzebeth in Rom; kaum hatte er sich von diesem Schock erholt, starb Franziska 1844 in Fót. Trotz all dieser Schicksalsschläge blieb Istváns Glaube ungebrochen, und in Erinnerung an die geliebten Verstorbenen ließ er eine neue Kirche bauen – eine Kirche, die eine würdige letzte Ruhestätte für sie sein sollte. Nachdem er hierfür die Erlaubnis des Bischofs erhalten hatte, beauftragte er den jungen, berühmten Miklós Ybl als seinen Architekten. Ursprünglich war dieser ein Schüler Pollacks, und er galt als ein Anhänger der Romantik, obwohl er sich neuerdings durch Gottfried Sempers Einfluß zur Neorenaissance hingezogen fühlte. Als er seine Pläne vorgelegt hatte, wurden die Arbei-

FÓT

UNGARN

ten sofort mit dem Abbruch der von der Familie Fekete errichteten Gebäude aufgenommen. In den Grundmauern wurden einige Wasserquellen entdeckt, die den Fortgang der Arbeiten verzögerten und zunächst umgeleitet werden mußten. Der weitgehend romantische Entwurf mit romanischen und maurischen Elementen sah zwei übereinanderliegende Kirchen vor. Die obere in der Art einer alten, christlichen, dreischiffigen Basilika sollte die Pfarrkirche werden und die untere das Mausoleum der Familie Károlyi. Vier Türme waren vorgesehen, an jeder Ecke des Gebäudes einer, davon die beiden rechts und links von der Hauptfassade merklich größer.

Noch vor Beginn dieser Arbeiten war Ybl bereits mit dem Umbau des Schlosses beschäftigt. István wollte es dem Geschmack der Zeit entsprechend für große gesellschaftliche Ereignisse umgestalten, aber dafür benötigte er größere Küchen und mehr Gästezimmer. Die Seitentrakte gestaltete Ybl zu zwei vorspringenden Pavillons mit je drei hohen Erkerfenstern und einem Balkon um. Das ursprünglich steile Dach wurde durch ein wesentlich flacheres ersetzt, umgeben von einer Balustrade. Der Effekt war eindrucksvoll, denn die Fassade schien nun länger zu sein, obgleich sie eher versachlicht wirkte. Diese Anhäufung verschiedener Stile zerstörte die rein neoklassizistische Linienführung, aber damals bereits hat Fót seine heutige Form erhalten.

Die hektische Bautätigkeit wurde durch die Revolution von 1848 unterbrochen, während der sich Károlyi der nationalen Sache anschloß. Sein Schwager Lajos Batthyány wurde zum Ministerpräsidenten einer liberalen Regierung ernannt. Als offene Feindseligkeiten gegen Österreich entbrannten, stellte István auf eigene Kosten ein Husarenregiment namens »Rote Tschakos« auf, um die Rebellen zu unterstützen, und seine beiden Söhne kämpften in Kossuths Armee. Als die Habsburger schließlich siegten, blieb die Strafe nicht aus: Batthyány wurde zum Tode verurteilt und erschossen, während man Károlyi ins Ausland brachte und dort einsperrte, bis ihn der Kaiser nach zweijähriger Haft begnadigte. Man sagt, ihm sei auch seine Strafe von 150 000 Forint erlassen worden, unter dem Versprechen, sie zur Vollendung der Kirche von Fót zu verwenden. Die beiden aus Ungarn geflohenen Söhne kamen nach der Generalamnestie 1854 anläßlich der Hochzeit des Kaisers nach Ungarn zurück.

Nach all diesen Aufregungen wurden die Arbeiten an der Kirche 1851 wiederaufgenommen. In den vier Jahren bis zur Fertigstellung des Baus und seiner Innenausstattung entwarf Ybl auch ein kleines Kloster und ein Pfarrhaus, in der gleichen Ausführung beiderseits der Kirche. Dahinter befand sich, etwas tiefer gelegen, der Friedhof, umgeben von vierzehn kleinen Kapellen mit den Kreuzwegstationen. Das Innere der Kirche war mit einer prachtvollen hölzernen Kanzel eines römischen Schnitzers üppig ausgestattet, wie auch mit einem vielfarbigen Marmorfußboden und einer hervorragenden Orgel auf der Empore. Die Fresken und Altarbilder stammten alle von Karl Blaas, einem aus Tirol gebürtigen Lehrer der Accademia in Venedig. Im linken Seitenschiff stellt ein Bild den heiligen Georg mit dem Drachen dar, ein Bild im rechten Seitenschiff vermutlich István mit Mitgliedern seiner Familie.

Der Treppenabgang zur Krypta erhielt eine blau-goldene Decke. Auf halbem Weg dorthin befindet sich ein Eingang in der Form eines Triumphbogens mit dem Wappenschild der Károlyis, darunter eine Marmortafel mit der Inschrift: »Non habemus hic manentem civitatem, sed futuram inquirimus« (»Hier haben wir keine ewige Bleibe, aber wir erhoffen uns eine in der Zukunft«). Die Ausmaße der Krypta sind die gleichen wie die der Kirche. Unter dem Altarraum liegt eine Kapelle mit einem schwarzen Marmoraltar und einer Statue des auferstandenen Christus aus weißem Carrara-Marmor. In den zurückversetzten Nischen befinden sich die Grabmäler der Familie, darunter auch zwei Gräber der Familie Fekete. Die beachtenswerten Statuen – eine davon stellt Elisabeth als eine der weisen Jungfrauen des Neuen Testaments dar – sind die Arbeiten des berühmten Bildhauers Pietro Tenerani, eines Schülers sowohl Antonio Canovas, als auch Bertel Thorwaldsens, des Schöpfers des Grabmals von Pius VIII. im Vatikan. Obwohl noch nicht sämtliche Arbeiten beendet waren, wurde die Kirche 1855 mit großem Pomp eingeweiht.

Nur eine kurze Strecke von Budapest entfernt, wurde Fót in den fünfziger Jahren des vergangenen Jahrhunderts als Zentrum für Intellektuelle und Politiker wieder

Statue der Erzsébet Károlyi, dargestellt als weise Jungfrau, von Pietro Tenerani, Mitte des 19. Jahrhunderts.

Folgende Seite: *Treppenaufgang zur Kirche von Fót.*

zum Leben erweckt. Auch der Sport kam nicht zu kurz; István hatte um 1830 mit einer kleinen Jagd begonnen, die er 1856 wiederaufnahm. Einunddreißig Hundepaare wurden für die Fuchsjagd gehalten, etliche Hundezwinger gebaut und ein englischer Jäger namens Thatcher engagiert. Man lud Freunde der Familie zu den Jagden ein, und einer von ihnen, Baron Béla Wenckheim, wurde geradezu lyrisch bei seiner Beschreibung des ungarischen Gegenstücks zu Melton Mowbray, dem englischen Jagdelysium: »Ich kann Graf István Károlyi nur als einen Gentleman des Sports im besten englischen Sinne bezeichnen«, schrieb er. »Da dies meinen Lesern jedoch nicht viel sagt, möchte ich es näher ausführen: Er ist ein wohlhabender, den Großteil des Jahres auf seinen Besitzungen lebender Gentleman, der sich freundlich, wohlwollend und patriarchalisch um die Leute, die hier leben, kümmert. Er tut viel Gutes in der Gegend, aber auch viel für den Sport, ohne jedoch jemals die Umgebung zu schädigen. Er lädt viele Freunde, Bekannte und Nachbarn ein, die seine Begeisterung für das Reiten und Jagen teilen.« Major George Whyte-Melville, ein hervorragender Beobachter, beschrieb einen typischen Jagdtag im Jahre 1859 in Fót, und er lobte vor allem die fachkundige und hingebungsvolle Arbeit des Jagdpersonals.

Leider waren die Jagden so teuer, daß sie 1859 abrupt beendet werden mußten, bis durch die Zusammenlegung mit der benachbarten Meute von Csak eine Lösung gefunden wurde. Im folgenden Jahr wurden die Jagden wiederaufgenommen und während der nächsten sieben Jagdsaisons erfolgreich abgehalten. Für die Hasenjagd wurden aus England Hunde importiert; die Füchse, von denen es in Fót zuwenig gab, mußten von anderswo herbeigeschafft werden. Wieder ging das Geld aus, und die Meute wurde aufgelöst. Ab 1871 wurden die Jagden für die nächsten Jahrzehnte weiterbetrieben, und die Meuten galten sogar als die besten Ungarns. »Der Verein für Budapester Fuchsjagden«, wie man ihn nannte, stand sogar unter königlichem Patronat, denn der Kaiser interessierte sich persönlich dafür. Andere Meuten waren weniger erfolgreich oder kurzlebiger: Die Esterhazys besaßen eine in Eisenstadt (Kismarton), die Festetics verfügten über mehrere, sowohl in Keszthely als auch in Berzence, und auch Kaiserin Elisabeth hielt ihre persönliche Meute in Gödöllő.

Sie unternahm in den siebziger Jahren mehrere Jagdreisen nach England. Die Kaiserin jagte regelmäßig in der Gegend von Fót und im Park selbst, wo übrigens der größte Wassergraben nach ihr benannt worden war. Ihr stand sogar eine Garderobe in den Ställen zur Verfügung, doch man sagt, sie habe niemals das Schloß selbst betreten, da Károlyis Neigungen von Wien aus immer als gefährlich nationalistisch betrachtet wurden.

Diese Einschätzung enthielt zweifellos ein Körnchen Wahrheit. Besonders Ede war ein glühender Patriot, und als ein ungarischer Aufstand 1866 am Vorabend des Österreichisch-Preußischen Krieges geplant wurde, füllte er die Keller von Fót mit zahlreichen Waffen. Als er den Aufständischen in Budapest Gold aus Italien brachte und das kompromittierende Paket einem unbekannten Mitreisenden übergab, wurde er jedoch festgenommen. Man sagt, daß es sich um den Bankier Nathaniel Rotschild gehandelt haben soll, der ihm das Paket in Wien am Schwarzenbergplatz wieder zurückgab. Der Aufstand fand nie statt, aber nach dem Ausgleich von 1867 wurde die Haltung der Károlyis gegenüber der Regierung zunehmend freundlicher. Der Hof ernannte István zum »Föispan«, Gespan des Komitates Pest. Er war in dritter Ehe mit Baronin Maria Orczy verheiratet, aber sie hatten keine Kinder.

1881 starb István im Alter von dreiundachtzig Jahren, nachdem er seinen älteren Sohn um zwei Jahre überlebt hatte; sein jüngerer Sohn Sándor erhielt nun Fót. Er heiratete die Witwe seines Bruders, Clarisse Korniss, um die er als junger Mann ebenfalls angehalten hatte, und er begann die Ideen, die er als Folge von 1848 während seines Exils in Frankreich kennengelernt hatte, in die Tat umzusetzen. Sándor wurde Anführer der Agrarreformer und gründete Genossenschaften, Versicherungsvereine sowie Kreditkassen für Kleinbauern. Das gräfliche Paar war in der Gegend als Wohltäter sehr beliebt. Glücklicherweise konnten sie es sich leisten, denn die károlyischen Besitzungen waren beträchtlich: Sechstausend Joch Land in Fót, der Industrievorort Ujpest, ein Palais in der Stadt und ein großer Besitz namens Felgyö im Alföld – alles zusammen mindestens 27000 Hektar. Sein Neffe László hatte

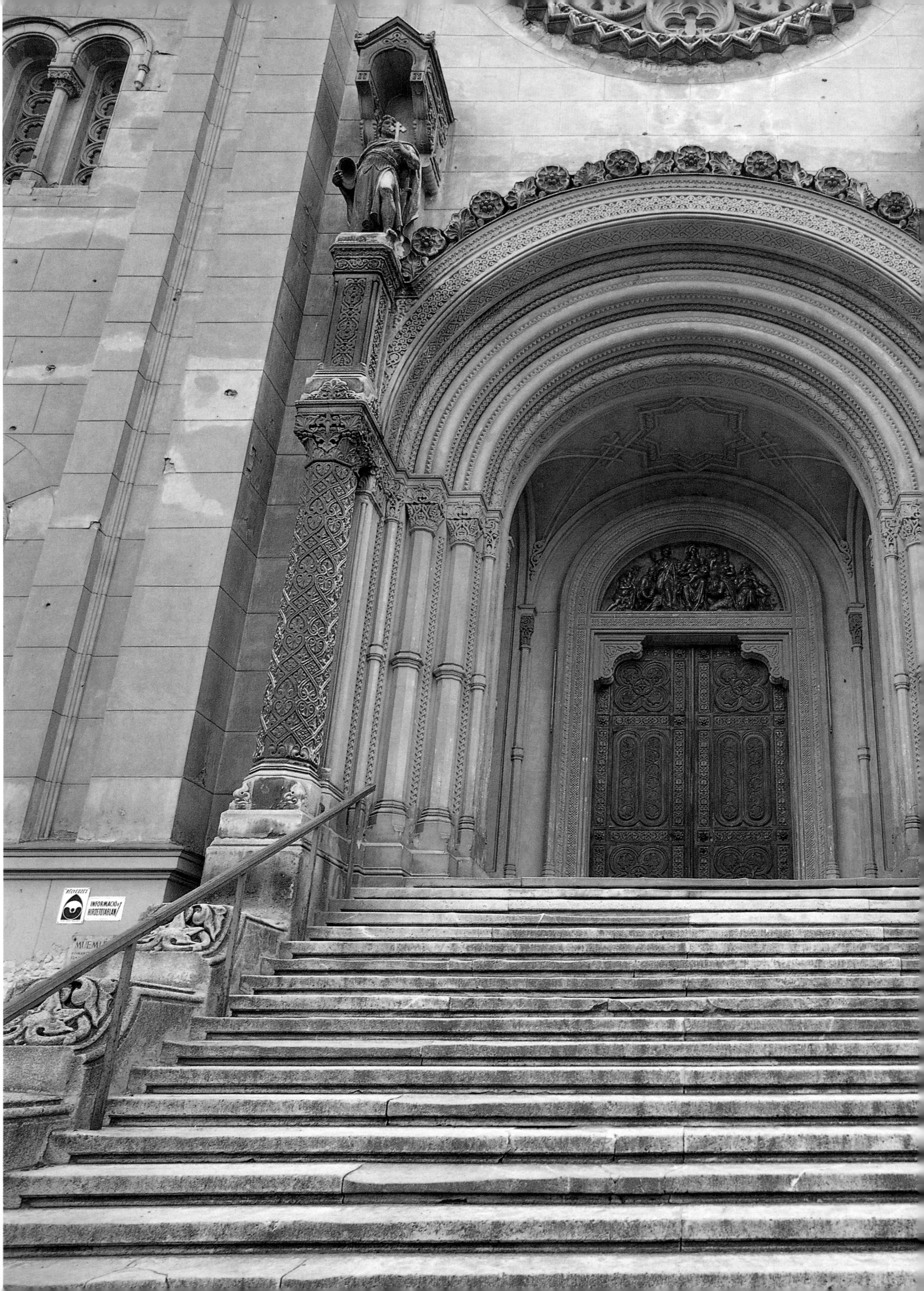
INFORMÁCIÓ
HIRDETŐTÁBLÁN!

FÓT

Nagykároly und einen anderen Besitz, Radvány, im Nordosten in Richtung Slowakei, der schon seit dem 17. Jahrhundert der Familie gehörte, geerbt.

Als Sándor 1906 kinderlos starb, erbten László und seine noch kleinen Kinder alle Besitzungen der Károlyis. Nach Beschreibungen von Fót aus dieser Zeit erreichte man das Schloß durch eine gedeckte Auffahrt, die groß genug für ein Vierergespann und zwischen zwei geräumigen Höfen gelegen war. Von der Halle, in der immer ein alter Husar Wache stand, gelangte man in ein Billardzimmer, und auf der rechten Seite führte ein kleines Vorzimmer in den gelben Salon. Die Empfangsräume entlang der Südfront bildeten eine beeindruckende Zimmerflucht: Das Eßzimmer im Osten, ausgestattet mit Wandmalereien im Louis-Philippe-Stil, das Billardzimmer mit grünen Seidentapeten und lederbezogenen Empiremöbeln, der Salon mit zwei großen dreieckigen Lüstern (wovon einer aus Malmaison stammte). Die Bibliothek mit einem zweiten, kleineren Bibliotheksraum schloß sich an und schließlich – am Ende des Gebäudes – das Arbeitszimmer des Grafen. Im Sommer war es gewöhnlich sehr heiß, und das tiefliegende Fót litt unter der Mückenplage; die Familie neigte daher dazu, den Sommer in den Bergen von Radvány zu verbringen, um im Herbst zur Fasanen- und Rebhuhnjagd zurückzukommen. Obwohl der Mangel an Füchsen zu einem fast völligen Ende der Fuchsjagden geführt hatte, gab es dennoch eine hervorragende Schleppjagd.

Im Frühjahr 1914 zerstörte ein Sturm viele Bäume im Park, vor allem die Kastanien und Pappeln. Der Ausbruch des Ersten Weltkriegs brachte bis zum Zusammenbruch der Mittelmächte wenig Probleme mit sich. Budapest war von den Alliierten besetzt worden, und auf ihren Befehl hin wurde der deutsche Feldmarschall August von Mackensen mit seinem Stab in Fót interniert. Als die Volksrepublik Ungarn im März 1919 ausgerufen wurde, verließ Lászlo Károlyi mit seinen Söhnen das Land, während ihre Frauen im Schloß zurückblieben. Sie überlebten unversehrt, trotz eines Besuches von Kuns blutrünstigem Kommissar Samuely, der den Pfarrer im Dorf öffentlich hinrichten ließ.

Während des Regimes von Horthy kehrte das Leben zu seinem normalen Lauf zurück. Obwohl ein Teil der Ländereien jetzt jenseits der Grenzen in Siebenbürgen lag und an Rumänien abgetreten worden war, blieb doch noch genug auf ungarischem Territorium. Reisen ins Ausland waren nur beschränkt möglich, aber es gab auch zu Hause genügend Abwechslung. Zwischen 1920 und 1925 wurde jedes Jahr, meist im Mai, ein großer Ball in Fót gegeben, und für jeden gab es ein anderes Motto: Einmal wurden die Bäume des Parks mit bunten Lichtern versehen, damit sie wie Christbäume aussahen; ein anderes Mal zogen Shetland-Ponys kleine Karren voller Frühlingsblumen in den Ballsaal. Pferde spielten in Fót eine große Rolle, und es gab zahlreiche Reitturniere und ähnliche Darbietungen. Ab und zu wurden auch wieder Schleppjagden veranstaltet. Die Dienerschaft war noch immer sehr zahlreich, zum Beispiel arbeitete eine ganze Familie von fünf Schwestern und zwei Brüdern auf dem Besitz, und allein in der Wäscherei waren zwölf Leute beschäftigt. Wenn die Familie anwesend war, mußten täglich etwa achtzig Personen verköstigt werden; in ihrer Abwesenheit verringerte sich diese Zahl allerdings erheblich, da die Dienerschaft dann auf andere Besitzungen mitgenommen wurde.

Da um 1930 Einsparungen notwendig wurden, zogen die Károlyis aus dem großen Schloß in die hübschen barocken Pavillons im Park, die aus dem 18. Jahrhundert stammten. Der Pavillon der Gräfin bestand aus einem Salon, einem Eßzimmer und einer Küche. Ihr Sohn István bewohnte das ehemalige Gärtnerhaus, mit zwei Zimmern und einem Keller, während die Wohnräume seiner Schwester im Hof häufig von den Ziegen des Stallmeisters aufgesucht wurden. Das Gestüt der Károlyis war nach Felgyő verlegt worden, nachdem sein Leiter 300 Pferde aus Siebenbürgen herausgeschmuggelt hatte – direkt unter den Augen der Grenzer, die man vorsorglich und freizügig mit Schnaps außer Gefecht gesetzt hatte. Nach Lászlos Tod im Jahre 1936 versuchte sein Erbe den Betrieb zu rationalisieren; Tausende von Obstbäumen wurden in Radvány gepflanzt und das Schloß in ein Hotel umgewandelt. Im Zweiten Weltkrieg wurde Fót als Lazarett genutzt, später auch als Waisenhaus; den Károlyis beließ man zwei Schlafzimmer und die kleine Bibliothek.

1945 kamen die Russen, und die Familie wurde aus Radvány und aus Fót vertrieben und floh in den Westen. Fót wurde konfisziert, die Einrichtungen geplündert

UNGARN

Der Treppenschacht von Fót.

Porträt der Gräfin Clarisse Károlyi (geb. Korniss), spätes 19. Jahrhundert (Graf László Károlyi).

und die Bäume im Park zu Brennholz geschlagen. Heute befindet sich im Schloß eine Schule, und moderne Gebäude wurden hinzugefügt. Die Gartenfassade, neu gestrichen und wiederhergestellt, dürfte aussehen wie im Jahre 1860, aber das Umfeld hat sich zum Schlechteren gewandelt. Um das Interieur des Schlosses ist es traurig bestellt; von 107 Räumen hat nur einer sein ursprüngliches Aussehen behalten, nämlich das vormalige Arbeitszimmer des Grafen, das seine Ausstattung und seine wertvollen Fresken aus dem 19. Jahrhundert bewahren konnte. Auch die Kirche besteht noch im alten Zustand, und es finden dort weiterhin Gottesdienste statt; die Grabmäler der Károlyis in der Krypta sind eindrucksvoll und ehrfurchtgebietend wie eh und je. Lebte István, ihr Erbauer, heute noch, würde er sicher bemerken, daß das große Erbe seiner Familie nicht ganz der Vergessenheit der Geschichte anheimgefallen ist.

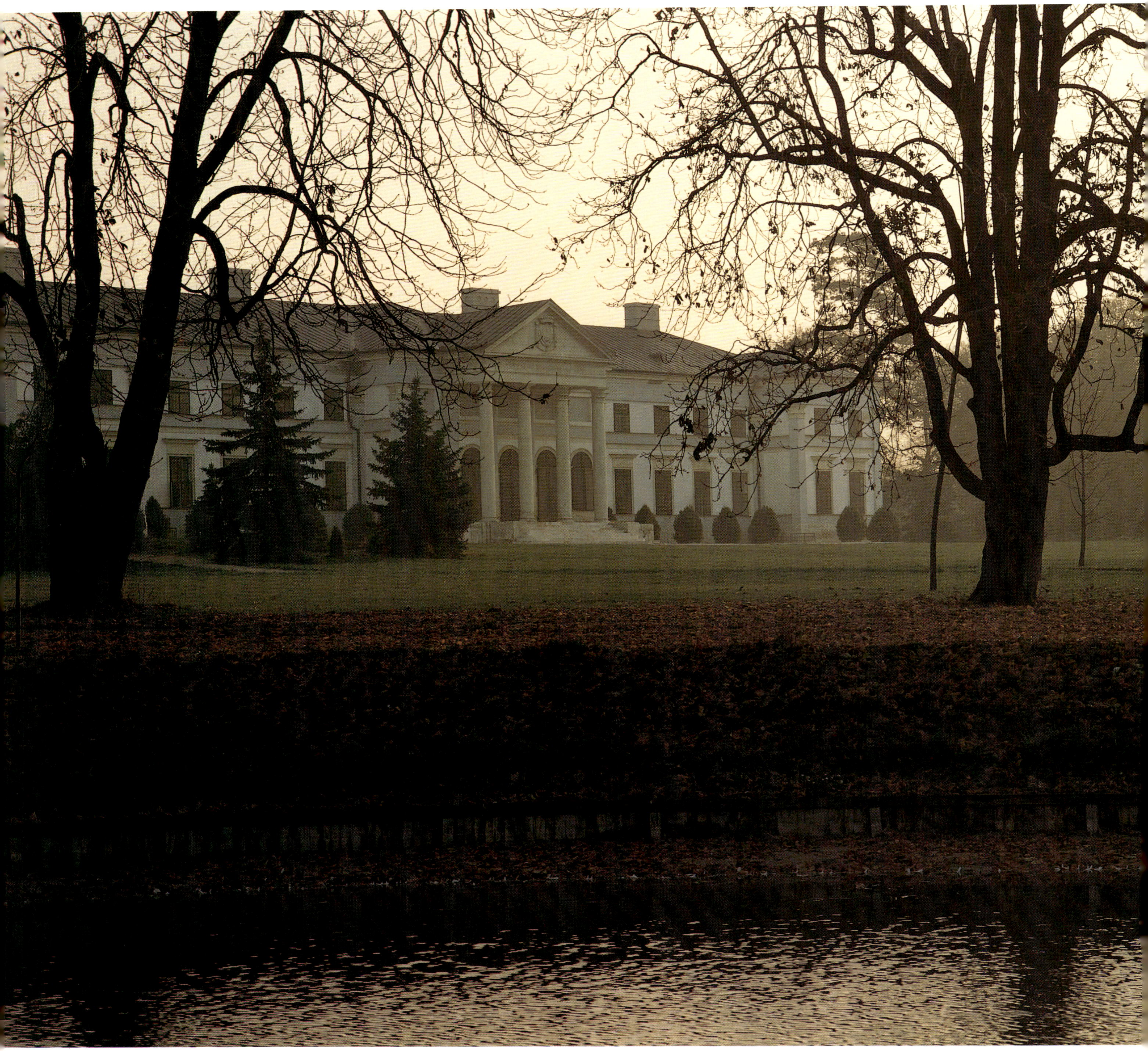

SEREGÉLYES

An den Durchgangsstraßen, die vom Plattensee und von Südwestungarn nach Budapest führen, liegt – nur etwa 50 Kilometer von der Hauptstadt entfernt – die alte Stadt Székesfehérvár. Es überrascht nicht, daß eine Anzahl stattlicher Herrenhäuser und Schlösser mit den dazugehörigen Herrschaften in dieser Gegend zu finden ist. Nicht weit südöstlich von Budapest entfernt, an einer Straße, die zur Donau hinabführt, liegt das kleine Dorf Seregélyes, in dem eines der besten Beispiele heimischer ungarischer, neoklassizistischer Architektur erhalten ist.

Bis zur türkischen Eroberung im 16. Jahrhundert war Seregélyes nirgendwo erwähnt worden. Das erste Mal urkundlich genannt wurde das Dorf 1650 durch die Schenkung der Herrschaft an István Zichy und seine Frau Maria Baranyai durch Kaiser Ferdinand III. Fast könnte man meinen, ein etwas voreiliger Akt, denn das Gebiet war damals immer noch unter türkischer Herrschaft. Zichys Vorfahren hatten schon im 13. Jahrhundert Landbesitz südlich des Plattensees. Damals hießen sie noch Szajki Gál, doch als verdienter Soldat und loyaler Diener der Habsburger wurde Zichy der Grafentitel verliehen, und er wurde das erste bedeutende Mitglied seiner Familie. Es ist allerdings unwahrscheinlich, daß István auf seiner neuen Herrschaft ein Gebäude errichten ließ, denn er starb 1693, nur sieben Jahre nach der Vertreibung der Türken aus Budapest.

Wann mit dem Bau des Schlosses in Seregélyes begonnen wurde, läßt sich nicht mehr feststellen, da keine urkundliche Erwähnung eines Schlosses im Kataster aus dem 18. Jahrhundert existiert; erwähnt wird nur ein kleines Dorf. Möglicherweise gingen die Urkunden verloren. Es gibt eine amüsante Geschichte, warum Seregélyes gebaut wurde: Im Jahre 1821 erkundigte sich angeblich Kaiser Franz I. bei Graf Ferenc Zichy, seinem Finanzminister und dem Eigentümer der Herrschaft, ob es wahr sei, daß er in Seregélyes ein schönes Schloß besitze – falls dies der Fall sein sollte, fuhr seine Majestät fort, würde er gerne eine Einladung als Gast des Grafen für das kommende Jahr annehmen, und zwar zur Zeit der Manöver im benachbarten Komitat Fejér. Tatsächlich stand jedoch kein bewohnbares Schloß auf dem Besitz, aber als erfahrener Höfling erkannte Zichy sofort den Bedarf danach. Da die Geschäfte es ihm nicht gestatteten, Wien für längere Zeit zu verlassen, schickte er seinen Haushofmeister mit dem Auftrag nach Ungarn, innerhalb eines Jahres inmitten eines alten Parks ein Schloß zu errichten. Der Legende nach war der Haushofmeister so beflissen, daß das ganze Projekt innerhalb einer Rekordzeit von acht Monaten vollendet war. Ein historischer Nachweis hierfür ist allerdings nicht vorhanden.

Ob das Schloß nun neu erbaut oder anstelle eines älteren Gebäudes errichtet wurde, der U-förmige Entwurf des Schlosses und sein neoklassizistischer Stil sind jedenfalls typisch für die Zeit. Sein unbekannter Architekt hinterließ allerdings keinen Hinweis auf seine Person, doch ist das Schloß aufgrund seiner vorzüglich gearbeiteten Details und seiner ausgeglichenen Proportionen zweifellos die Arbeit eines erfahrenen Baumeisters. Ein regelmäßiger zweigeschossiger Mitteltrakt mit Blick auf den Park wird von einer Porticus aus vier Säulen, die von einem dreiecki-

Hauptfassade von Schloß Seregélyes, Mittelungarn.

UNGARN

gen Giebel mit dem Wappen der Zichys gekrönt ist, geschmückt. Auf jeder Seite des Porticus gibt es fünf Fensterachsen, und an beide Enden des Schlosses schließt ein Säulengang an. An der nach Osten gerichteten Hauptfassade sind im rechten Winkel zwei eingeschossige Flügel mit einer Länge von über 30 Metern angefügt; sie bilden einen Hof von mehr als 1750 Quadratmetern.

Eines der auffallendsten Merkmale des Schlosses ist der riesige Saal in der Mitte des Gebäudes, der mit vorzüglichen Grisaillefresken von Franz Pich geschmückt ist, auf denen die Schlachten, an denen Zichy teilgenommen hat, dargestellt sind. Spuren von Wandmalereien finden sich auch in den anderen Repräsentationsräumen, die aber leider nicht restauriert worden sind. Bemerkenswert ist der wunderschöne Park von Seregélyes, wenngleich er auch nicht gerade sehr groß ist. Am Ende des Parks liegen ein kleiner See mit einer chinesischen Brücke und einige kleine Pavillons, die zur Zeit nicht sehr geschmackvoll bemalt sind.

Die Einrichtung des Schlosses war zu keiner Zeit von besonderer Qualität, denn es war nur einer von mehreren Familiensitzen. Ferenc Zichys Reichtum wurde durch seine Heirat mit Gräfin Maria Ferraris bedeutend vermehrt; die Gräfin war eine Erbin von solchem Range, daß die Kinder aufgrund besonderer königlicher Dispens den Namen beider Elternteile führen durften. Die Bautätigkeit der Familie setzte sich fort, und Franz Beer wurde mit dem Bau einer Burg im neugotischen Stil, der im 19. Jahrhundert modern war, in Orosvár (Slowakei) beauftragt. Die Zichys hatten gegen Ende des Jahrhunderts so viele Besitzungen, daß sie jeder ihrer Töchter einen Besitz als Mitgift überlassen konnten. Seregélyes erhielt die zwanzigjährige Alexandra Zichy zu ihrer Hochzeit mit Graf János Hadik, dem Nachkommen einer bedeutenden Dynastie, im Jahre 1893.

Der erste bedeutende Hadik war ein früher und hitziger protestantischer Konvertit in der Mitte des 16. Jahrhunderts gewesen. Besagter Balthasar Hadik (auch Hadikius), der möglicherweise böhmischen Ursprungs war, wurde wegen Ketzerei zum Tode verurteilt. Er verteidigte sich in einer leidenschaftlichen öffentlichen Anspra-

Hauptfassade von Schloß Seregélyes bei Nacht.

Wappen des Geschlechts der Zichys.

che, und es gelang ihm, dem Beil des Henkers zu entkommen und in eine Hansestadt zu fliehen. Als Universitätsprofessor vererbte er seine literarischen Talente seinem Sohn János, der mehrere Bücher verfaßte und in der Nähe der slowakischen Stadt Trentschin lebte. János' Sohn, ebenfalls János genannt, beschloß nach Ungarn zurückzukehren, wo er fast sein ganzes Leben lang gegen die Türken kämpfte. Die eigentlichen Begründer des glücklichen Geschicks der Familie Hadik waren zwei berühmte Soldaten des 18. Jahrhunderts, András und sein jüngerer Sohn Karl Josef, die bei den Habsburgern mit Auszeichnung dienten und die es beide bis zum Feldmarschall brachten. Als einer der erfolgreichsten Generäle Kaiserin Maria Theresias im Siebenjährigen Krieg gegen die Preußen wurde András nach seinem Dienst zum Gouverneur der südlichen Provinzen Polens ernannt, die von Österreich in den Jahren nach 1770 annektiert worden waren. Karl Josef diente ebenso wie sein Vater in der Armee und erhielt in den Kriegen gegen das revolutionäre Frankreich ein hohes Kommando. Er war ein tapferer, wenn auch glückloser Soldat und starb mit nur vierundvierzig Jahren im Jahre 1800 an einer Wunde, die er in der Schlacht von Marengo in Italien erhalten hatte. Zu dieser Zeit waren die Hadikhusaren, ein leichtes Kavallerieregiment, bereits eines der gefeiertsten Regimenter der kaiserlichen Armee. Im 19. Jahrhundert setzten die Hadiks die Tradition bedeutender Karrieren in öffentlichen Diensten fort. Béla, ein Enkel von Karl-Josef, war Adjutant und ein enger Freund von Erzherzog Maximilian. 1848 war er für ein Jahr Gefangener der Venezianer und wurde dann als Beobachter zum Krimkrieg entsandt, wo er sich verwundete und eine Blutvergiftung zuzog. Während des Taiping-Aufstandes und der anglo-französischen Intervention befand er sich in China. Béla war ein großer Befürworter des Ausbaus der österreichischen Marine, und er gehörte dem Stab des Erzherzogs in Triest an; schließlich wurde er Kommandant eines österreichischen Kriegsschiffes. Klugerweise begleitete er Maximilian nicht auf einer unglücklichen Expedition nach Mexiko; dennoch trotzdem unterhielt er mit seinem kaiserlichen Gönner weiterhin enge Beziehungen. Nach der Exekution Maximilians in Querétaro erhielt Hadik den Großteil der persönlichen Effekten des Erzherzogs.

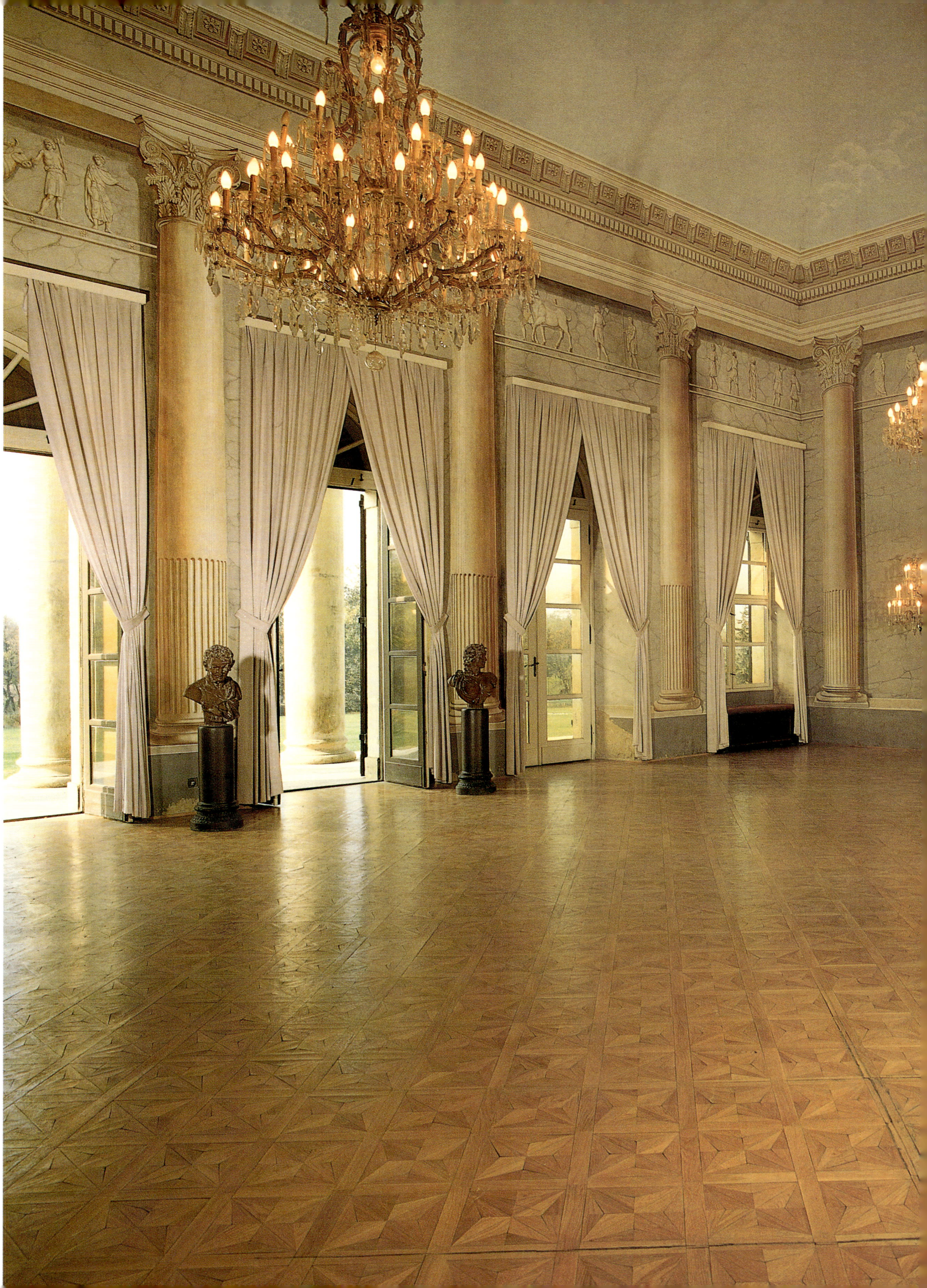

SEREGÉLYES

Ballsaal von Schloß Seregélyes.

Stuckdetail im Ballsaal.

UNGARN

SEREGÉLYES

Hauptfassade.

Porträt des Grafen Ferenc Zichy, frühes 19. Jahrhundert (Ungarisches Nationalmuseum, Budapest).

Die Barkóczys, aus deren Familie Bélas Frau stammte, waren kaum weniger interessant. Ein Barkóczy war im späten 16. Jahrhundert der militärische Berater Stefan Báthorys, des Königs von Polen. Ein anderer zeichnete sich in der Rückeroberung Ofens (Buda) von den Türken aus, als er eine Armee von 7000 Mann befehligte. Mitte des 18. Jahrhunderts wurde ein anderer Barkóczy Leiter des Komitates Pest, während sein Vetter Primas von Ungarn war. Ferenc III. lebte während der Revolution in Frankreich und erweckte so den Verdacht der kaiserlichen Regierung; sein Sohn János erwies sich als Finanzgenie an der Londoner Börse. Mit ihm starb die männliche Linie der seit 1668 gräflichen Barkóczys aus. Seine einzige Tochter heiratete im Jahre 1860 den Konteradmiral Béla Hadik.

Trotz dieser bedeutenden Vorfahren zog ihr Sohn János ein eher privates Leben vor, und er lebte vierzig Jahre lang, bis zu seinem Tod im Alter von siebzig Jahren, im Kreise seiner Familie in Seregélyes. Er war eines von sieben Geschwistern und hatte selbst vier Kinder, darunter zwei Söhne, László und Béla János. Der Besitz und das Schloß blieben unverändert erhalten, ebenso der Park, der im vorangegangenen Jahrhundert im englischen Stil angelegt worden war. Nach dem Tode von János übernahm sein jüngerer Bruder das Schloß. Als ausgebildeter Agraringenieur verwaltete er erfolgreich den Besitz bis zu seinem Eintritt in die ungarische Armee während des Zweiten Weltkriegs. Unglücklicherweise wurde der rechte Flügel des Schlosses 1944 durch eine Bombe zerstört, und die Revolution von 1945 zwang die meisten Familienmitglieder zur Flucht in den Westen; nur die alte Gräfin Alexandra blieb in Budapest zurück. Nach ihrem Tod im Jahre 1949 wurde ihre Urne auf dem Grund ihres ehemaligen Schlosses beigesetzt.

Obwohl Seregélyes vom ungarischen Gesundheitsministerium übernommen wurde, stand es viele Jahre leer und verkam zu einer Ruine. 1985 wurde es von den Taurus-Gummiwerken als Hotel und Konferenzzentrum von Grund auf restauriert, und es können nun bis zu hundert Gäste beherbergt werden. Diese Restaurierung erfolgte auf einem hohen Niveau, und das äußere Erscheinungsbild des alten Schlosses wurde originalgetreu wiederhergestellt; einige Räume, besonders der große Saal, vermitteln zumindest einen Eindruck davon, wie Seregélyes vor dem Kriege ausgesehen haben mag, aber die künstlerische Ausstrahlung von einst ist verlorengegangen. Doch angesichts des Schicksals vieler großer Schlösser in Ungarn bietet Seregélyes von heute keinesfalls einen deprimierenden Anblick.

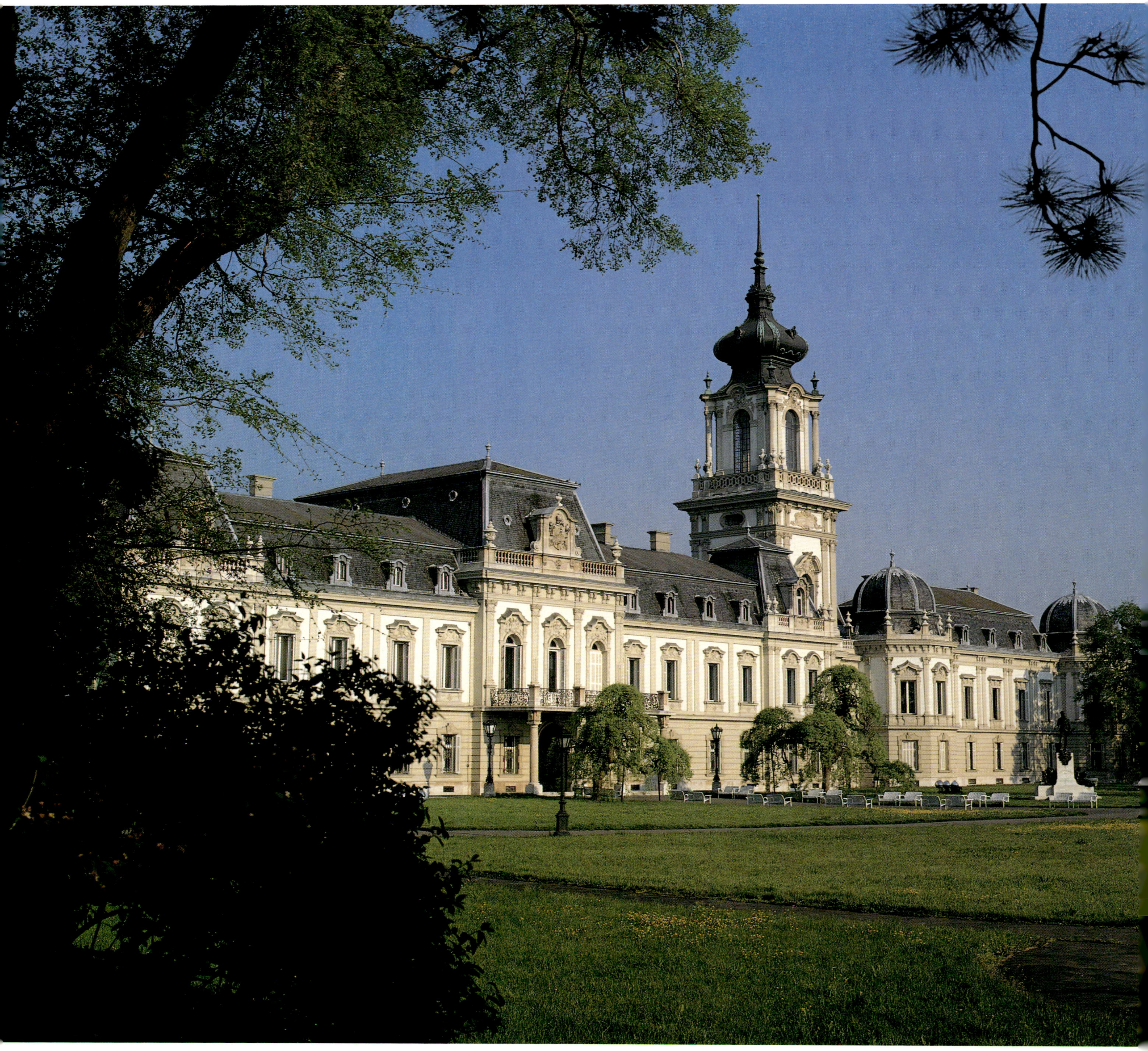

KESZTHELY

Der Plattensee (Balaton) ist das Erholungsgebiet und der ganze Stolz der Ungarn. Etwa 77 Kilometer lang und vier bis sieben Kilometer breit, sind seine Ufer übersät von Ferienhäusern und touristischen Anlagen. Auf den Hängen der nördlich gelegenen Hügel wächst der beste trockene Weißwein des Landes, und am südwestlichen Zipfel des Sees liegt Keszthely, ursprünglich eine römische Siedlung, heute größte Stadt der Gegend und der Ausgangspunkt für die Besichtigung der Umgebung. Die Stadt beherbergt das Georgikon, eine noch heute berühmte Akademie, und eines der größten, beeindruckendsten und prunkvollsten Schlösser Ungarns.

Der relativ spät in der Geschichte, erstmals gegen Ende des 17. Jahrhunderts genannte Besitz gehörte einer Familie Pethö. 1739 verkaufte diese das Anwesen an Kristóf Festetics, einen Mann, der im Ungarn des 18. Jahrhunderts einen raschen Aufstieg erlebte. Er war kroatischer Herkunft, und einer seiner ersten bekannten Vorfahren war Pétur Festetics, ein dalmatinischer Pirat des frühen 15. Jahrhunderts, der aus der Gegend von Dubrovnik stammte. Etwa ein Jahrhundert später wurde die Familie durch den Bischof von Agram (Zagreb) in den Ritterstand erhoben, doch ihr wahrer Aufstieg zu Reichtum begann mit einem gebildeten Mitglied der Familie, der Verwalter der Batthyánys, einer der großen Adelsfamilien, wurde, wo er viel Geld verdiente. Kristóf entschied sich daher für eine standesgemäße Residenz, und er begann 1745 mit den Umbauten. Das bestehende, befestigte Gebäude aus dem vergangenen Jahrhundert wurde vergrößert, verbessert und mit einer barocken Fassade versehen, wobei ein Extraraum für seine Bibliothek von über 2000 Bänden angebaut wurde. Er beschäftigte den österreichischen Baumeister Christoph Hofstädter als Berater, und die Arbeiten nahmen etwa zehn Jahre in Anspruch. Den Großteil der Möbel ließ er an Ort und Stelle anfertigen, die bedeutenderen Stücke kaufte er jedoch in Wien und in Preßburg (Bratislava). Die Krönung all seiner Bemühungen verwirklichte sein Sohn Pál, ein Ratgeber Kaiserin Maria Theresias, den sie zum Präsidenten der ungarischen Königlichen Kammer gemacht und 1766 in den Grafenstand erhoben hatte. Er nahm den Titel Festetics de Tolna an, nach der Grafschaft Tolna im Süden Ungarns, wo seine Familie über einen weiteren Besitz verfügte, damit sich seine eigene Familie von den beiden anderen Linien unterschied. Als er 1768 seinem Vater nachfolgte, baute Pál, der inzwischen das Familienvermögen durch die verschiedensten einträglichen Pfründe vergrößert hatte, das Schloß aus, verschönerte die Gärten und schaffte weitere erlesene Möbel und Bilder an.

Sein Sohn György war es, der den Ruhm der Festetics erst richtig begründete. Er begann eine Karriere als Offizier und wurde mit fünfunddreißig Jahren Oberst bei den Graeven-Husaren. 1790 überreichte er zusammen mit seinen Offizierskollegen der Krone eine Petition mit dem Anliegen, den ungarischen Regimentern einheimische Offiziere zu erlauben und den Gebrauch der ungarischen Sprache in der Armee zuzulassen. Die Regierung wies die Petition als ein Zeichen aristokratischer Unbotmäßigkeit zurück, und György wurde von einem Kriegsgericht verurteilt und verlor sein Offizierspatent. Da er sich keinerlei weitere Zugeständnisse vom Kaiser mehr erhoffte, beschloß Festetics, sein politisches Engagement nicht mehr

Hauptfassade von Schloß Keszthely.

UNGARN

fortzusetzen, und widmete sich von nun an seinen Besitzungen, die er einige Jahre zuvor geerbt hatte. Er begann, junge Schriftsteller und Denker, wie zum Beispiel János Nagyvathy und Samuel Tessedik, zu unterstützen, der eine ein hervorragender Ökonom, der andere ein evangelischer Pastor mit dem Ruf eines Agrarreformers.

György gründete schließlich das Georgikon in Keszthely, das erste rein landwirtschaftliche Institut Europas. Als ein echter Sohn der Aufklärung war es ihm ein Bedürfnis, sein Wissen anderen, vom Glück weniger Begünstigten, zu vermitteln. Nagyvathy, der bei der Erstellung der Lehrpläne des nach György benannten Kollegs mitwirkte, wurde dessen erster Leiter. Tessedik hatte diese Stelle abgelehnt, denn er war bereits mit dem Experimentellen Wirtschaftsinstitut in seiner eigenen Pfarrei Szarvas, das vor allem für die bäuerliche Jugend bestimmt war, völlig ausgelastet. Das Georgikon hingegen wurde besonders für verarmte Mitglieder des Landadels und des Mittelstandes gegründet, um sie als Verwalter adeliger Großgrundbesitzer auszubilden. Das Kolleg erwies sich schon bald als Erfolg und erlangte sehr schnell einen guten Ruf, weit über die Grenzen des Landes hinaus. Festetics war mit dieser Leistung aber noch nicht zufriedengestellt, weshalb er auch noch die Gründung eines Gymnasiums in Keszthely und einer Volksschule im nahe gelegenen Csurgó unterstützte.

Bis zu seinem Tode im Jahre 1819 blieb György ein wahrer Mäzen und unterstützte die unterschiedlichsten Unternehmungen. Die Bibliothek wurde zwischen 1799 und 1801 großzügig erweitert und in einem von Andreas Fischer eigens gebauten Trakt untergebracht. Wissenschaftler wurden eingeladen, um in der Bibliothek zu arbeiten, wobei er aber einige seiner leichtsinnigen Verwandten bewußt davon ausschloß. Nach den Napoleonischen Kriegen organisierte er das jährliche Helikon-Fest, das jeden Februar stattfand. Es war nach dem legendären Musensitz in den griechischen Bergen benannt und brachte die führenden Intellektuellen ganz Ungarns zusammen. So wurde Keszthely ein Treffpunkt für viele Schriftsteller und Dichter, denen der Graf auch Preise für besonders originelle Werke verlieh.

Ein englischer Reisender, Richard Bright, schreibt 1818 in seinem Buch »Travels from Vienna Through Hungary« über seinen Aufenthalt bei Festetics und erwähnt sowohl die Gastfreundschaft als auch dessen Gelehrsamkeit und Bildung: »Nirgends konnte man ausgesuchtere Höflichkeit als bei dem Grafen finden. Er hieß mich herzlich willkommen, und nachdem er einige Themen angeschnitten hatte, ließ er den Botanikprofessor und den Professor für Veterinärmedizin zu uns bitten, empfahl mich ihrer und des Präfekten Obhut und verließ uns für einige Zeit.« Bright lobte auch die »wunderbare Bibliothek von fast 15 000 Bänden«; er habe tief und erfolgreich aus dieser Quelle der Ablenkung und des Wissens geschöpft. Er beschrieb auch die Schule, die in drei Hauptzweige geteilt war, die von jeweils zwei Professoren geleitet wurden. Der Graf unterstützte jeweils zehn Studenten direkt, die dort drei Jahre lang studieren konnten; die anderen Studenten belegten ein- bis zweijährige Kurse für das von August bis November dauernde akademische Jahr.

Zum Georgikon gehörten sowohl ein Landgut als auch eine Reitschule sowie eine Mädchenschule mit den entsprechenden Fächern Schneiderei und Haushaltsführung. Bright bewunderte auch das gepflegte Gestüt, die auf einem anderen Gut – Keresztur – gehaltene Büffelherde sowie das Thermalbad in Héviz. Er unternahm von Keszthely aus zahlreiche Ausflüge: »Auf unserem Weg vom Gut zum See fuhren wir an einem römischen Lager vorbei; am See wartete ein Boot mit sechs Ruderern in venezianischen Kostümen, um uns an Bord des Schiffes zu bringen, das der Graf seine Fregatte nannte und das bei weitem das größte, wenn nicht überhaupt das einzige Schiff war, das dieses Süßwassermeer befuhr.«

In den folgenden 70 Jahren strahlte der Stern der Festetics nicht mehr so hell. Györgys Sohn László setzte zwar die kulturellen Aktivitäten seines Vaters zunächst weiter fort, aber er hatte eigentlich nicht viel dafür übrig. Bald schon gab er das Fest auf, und er förderte auch nicht mehr den öffentlichen Zutritt zur Schloßbibliothek, nicht einmal für die offiziellen Biographen seines Vaters. Seine große Passion galt dem Gestüt der Familie in Fenékpuszta, wo etliche Araberhengste und eine große Anzahl von Zuchtstuten untergebracht waren. Obwohl er in der Gegend sehr beliebt war, unterstützte er das Georgikon recht wenig, und ein anderer englischer

Pietra-dura-Porträt von Pál Festetics, spätes 18. Jahrhundert.

Büste der Maria Festetics (geb. Douglas-Hamilton) als Allegorie des Winters, aus einer Serie der vier Jahreszeiten von J. Kopf und L. McDonald, spätes 19. Jahrhundert.

Tassilo I. Festetics bei einer Pferdeauktion in Wien, Mitte des 19. Jahrhunderts.

KESZTHELY

Besucher, John Paget, notierte in seinem Buch »Ungarn und Siebenbürgen« (1839): »Obwohl das Georgikon nicht mehr so sehr in Blüte steht wie einst, lehren dort noch immer etliche Professoren und Praktiker auf Kosten des Grafen. Es gibt neben Ungarn nur wenige Länder, in denen mehr philantropische Anstrengungen unternommen wurden, um die Lage des Volkes zu verbessern. Leider waren diese Anstrengungen nie von Dauer, und meistens hörten sie mit dem Tod ihres ursprünglichen Begründers auf.«

Am Schloß wurde in dieser Zeit wenig gearbeitet, die Sammlungen blieben aber intakt. Auf Lászlo folgte 1846 sein Sohn Tassilo. Er war ein begeisterter Offizier, doch schien er wenig Interesse an Keszthely zu haben; er kam selten zu Besuch, denn er zog das Gesellschaftsleben von Wien oder Budapest vor. Für die Erhaltung des Schlosses stellte er nicht genügend Geld zur Verfügung, und als er 1883 starb, sah das Schloß vernachlässigt und verfallen aus. Es bedurfte eines neuen dynamischen Besitzers, um das Schloß und die Besitzungen mit frischem Schwung zu beleben. Glücklicherweise übernahm Tassilo II., der völlig anders als sein Onkel und Vorgänger war, das Erbe. Mit seinen dreiunddreißig Jahren war er fest entschlossen, seine Stellung als einer der bedeutendsten Grundbesitzer zu festigen und eine seiner Familie würdige Residenz zu schaffen. Er war mit Lady Mary Douglas-Hamilton verheiratet, der Nachfahrin einer schottischen Herzogsfamilie und der früheren Ehefrau des Prinzen Albert von Monaco. Die Arbeiten am Schloß wurden 1883 aufgenommen und dauerten vier Jahre. Das Schloß wurde bedeutend vergrößert und ein neuer Flügel, ein Turm und ein riesiger Portico angebaut, wodurch das Gebäude eine asymmetrische Form erhielt. Die Fassade war dadurch so lang geworden, daß die Maler ihre Bilder in der »Fischaugentechnik« malen mußten, um ihnen ein normales Format zu geben.

Viktor Rumpelmayer, ein Wiener Baumeister, erhielt den Auftrag für dieses Großprojekt, denn er war es gewohnt, die Häuser seiner Kunden in dem prunkvollen Geschmack des späten 19. Jahrhunderts umzugestalten. Als er mitten in der Arbeit starb, übernahm eine österreichische Firma den Auftrag. Das Resultat könnte man als eine Mischung aus Neobarock und Eklektizismus beschreiben. Es wurden viele neue Dinge für das Schloß gekauft; eine ganze Zugladung mit Möbeln kam aus

Folgende Seite: Gesamtansicht der Schloßbibliothek von Keszthely.

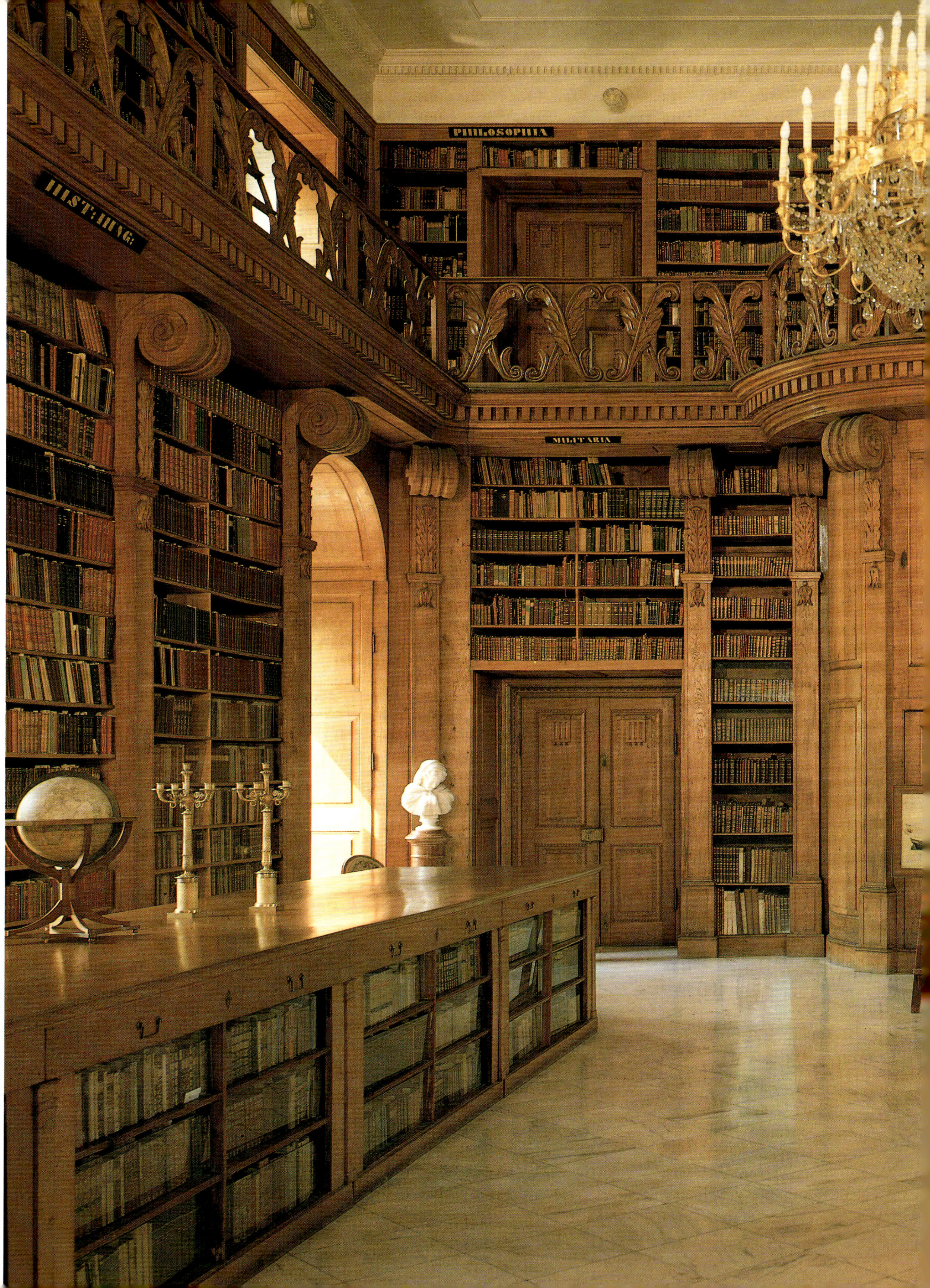
HIST: HUNG:
PHILOSOPHIA
MILITARIA

PAEDAGOGIA

HISTORIA

GEOGRAPHIA

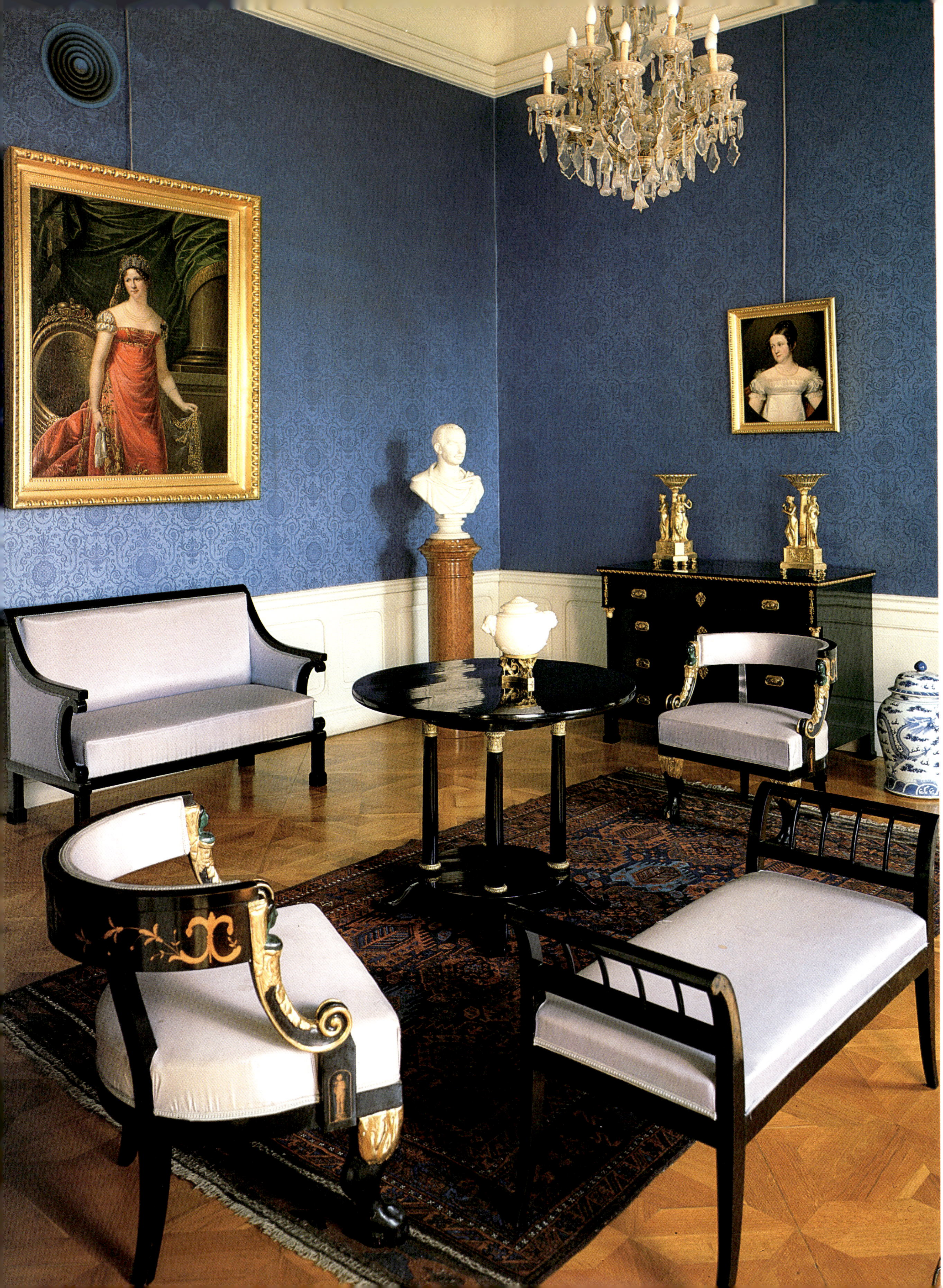

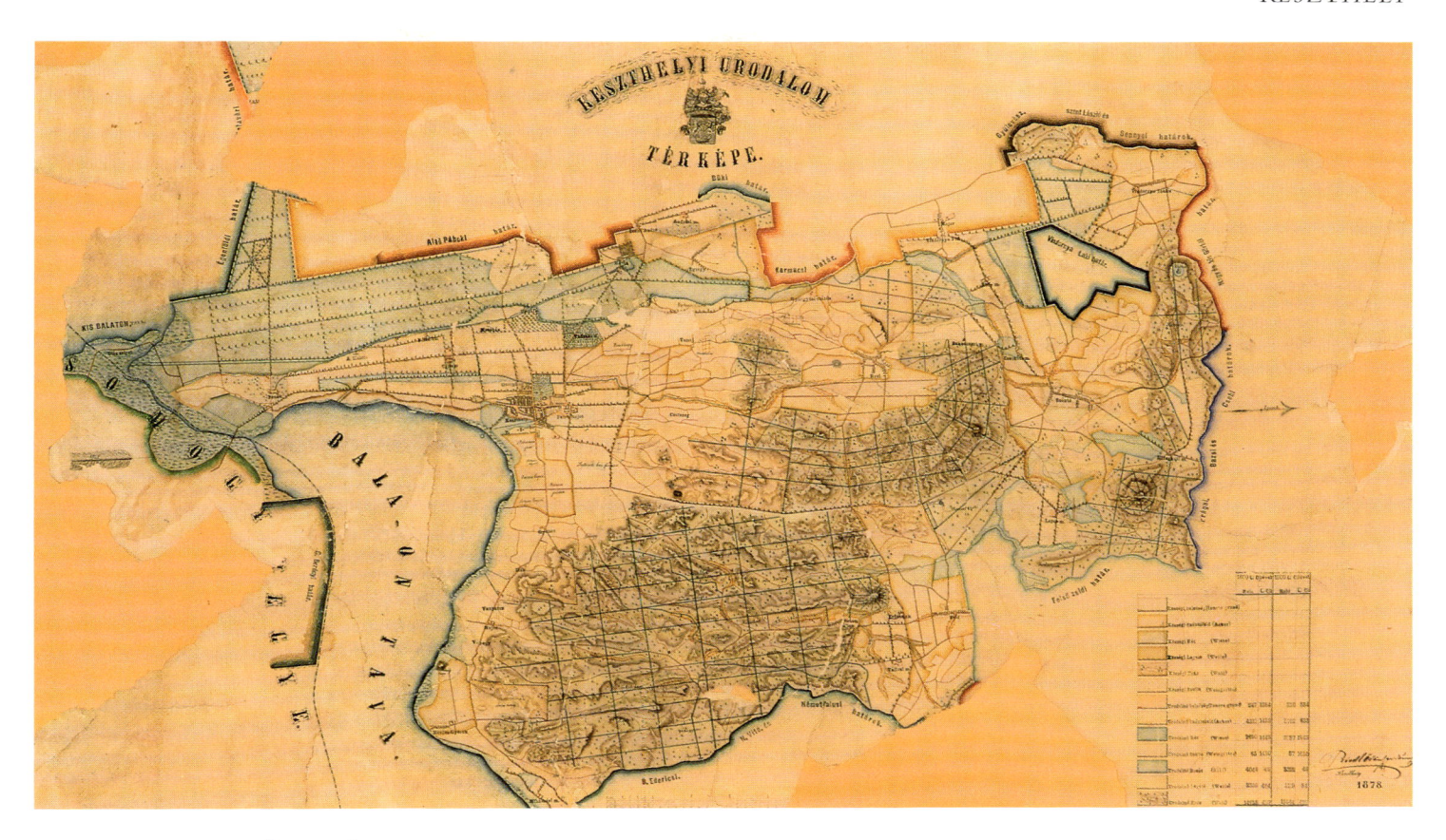

Der Blaue Salon des Schlosses Keszthely.

Karte des Keszthely-Anwesens aus dem Jahre 1878.

London, andere Möbel wurden bei der berühmten Wiener Firma Portois & Fix bestellt und ein prachtvoller Lüster bei Lobmeyer in Auftrag gegeben. Die Sammlungen wurden mit Stücken aus ganz Europa vervollständigt, besonders mit einigen schönen französischen Möbeln aus dem 18. Jahrhundert, die heute den Kern der Ausstellungsstücke im Museum für Angewandte Kunst in Budapest bilden. Am Nordende des Parks errichtete man große Ställe, und das Terrain insgesamt wurde von dem englischen Gartenarchitekten Milner gestaltet. Um die Kanäle und Brunnen zu speisen, pumpte man Wasser aus einer Entfernung von fünf Kilometer heran, und 35 Bauernhäuser sowie eine Kapelle mit Friedhof wurden abgetragen, um einen ungestörten Blick auf den Plattensee (Balaton) zu ermöglichen.

Im Herbst 1887 war alles annähernd fertiggestellt. Tassilo wollte Keszthely mit Pomp einweihen und lud daher den Prinzen von Wales zu einem Besuch des Schlosses für das kommende Jahr ein. Der königliche Besuch rief großes Interesse in der Öffentlichkeit hervor. Die Zeitschrift »Vasárnapi Ujság«, die sich vornehmlich mit der High-Society beschäftigte, berichtete: »Der Prinz von Wales war fünf Tage Gast des Grafen Tassilo Festetics in Keszthely. Er kam am 16. September aus Gödölő zur Hirsch- und Rebhuhnjagd, wofür das Schloß zum ersten Mal seit dem Beginn der Restaurierung im Jahre 1883 wieder geöffnet wurde. Die Arbeiten hierfür kosteten zwei Millionen Kronen, selbst die Ziegelsteine wurden auf dem Gut hergestellt. Es gab jeglichen modernen Komfort, einschließlich Gasbeleuchtung und einem Warmwassersystem. (...) Die schmiedeeisernen Gitter stammen aus Ungarn, und durch sie gelangt man in die englischen Gärten, die sich über 100 ›hólds (Joch)‹ erstrecken. (...) Die Steinquader, aus denen die Statuen gemeißelt wurden, wogen jeweils zwanzig Tonnen und wurden von einem fünfzehn Kilometer entfernten Steinbruch mit achtzehnspännigen Ochsenkarren herbeigeschafft. (...) Die Einrichtung des Schlosses besteht aus einer Mischung von luxuriösester Ausstattung und gemütlicher Einfachheit. Ein prachtvoller Treppenaufgang aus Holz führt in das Obergeschoß, wo die Wände mit Familienporträts bedeckt sind. Die Fußböden sind aus Mahagony oder anderen exotischen Hölzern gefertigt. Die zweistöckige Bibliothek und das Arbeitszimmer des Grafen enthalten 35 000 Bücher und zeigen das große Interesse des Besitzers an der Literatur.«

UNGARN

KESZTHELY

Springbrunnen vor dem Schloß von Keszthely.

Alte Ansicht des Schlosses Keszthely von Rudolf von Alt, 1887 (Fürst György Festetics).

Porträt des Fürsten Tassilo II. Festetics, von Gyula Benczúr, spätes 19. Jahrhundert.

Der zukünftige Edward VII. besuchte Keszthely mehrere Male. Angeblich soll einmal die Einladung rückgängig gemacht worden sein, weil der Prinz darauf bestand, seinen jüdischen Freund Baron Hirsch mitzubringen – ein offenkundiges Beispiel für Antisemitismus. Es kamen auch viele Mitglieder des europäischen Hochadels. Die Jagden in den Wäldern hinter dem Schloß und die Jagdhütte der Familie in Berzence waren berühmt und zogen sportbegeisterte Jäger an, wie zum Beispiel auch Erzherzog Franz Ferdinand. Der Kaiser verlieh der Familie 1913 den Prinzentitel – als offizielle Anerkennung ihres hohen gesellschaftlichen Ranges. Das Leben ging in diesem großen Stile weiter, und es gibt unzählige Geschichten über Tassilo. So soll er zum Beispiel den Befehl gegeben haben, die Blumen über Nacht in den Beeten auszuwechseln, damit ihre Farben dann in Beziehung zu den Hausgästen erstrahlen konnten. Es wird ihm sogar nachgesagt, er habe einen feinen, roten Streifen zu den blau-gelben Festetics-Farben auf der eigenen Fahne hinzufügen lassen, obwohl nur souveräne Länder Anspruch auf drei Farben hatten.

Der Erste Weltkrieg brachte einen Bruch mit sich. Die Familie überlebte in ihrem Wiener Palais in Sicherheit das Regime von Béla Kun, während eine Wache von britischen Matrosen rund um das Schloß postiert war, um es vor Revolutionären und Plünderern zu schützen. In den zwanziger Jahren hatte die Anzahl der königlichen Gäste drastisch abgenommen. Als der Reichsverweser Miklós Horthy eines Tages zu Besuch kam, wurde ihm der Zutritt durch das Hauptportal verwehrt, denn dieses Privileg war nur dem Monarchen vorbehalten und spiegelte das Motto der Festetics wider: »Deum time, Regem honora« (Fürchte Gott und ehre den König). Mit der Änderung der Grenzen nach dem Krieg lagen etliche Ländereien von Keszthely nun in Slowenien, dem neuen, unabhängigen Jugoslawien, und Tassilo klagte darüber, täglich 86 Menschen verköstigen zu müssen. Er war jedoch noch immer der zweitgrößte Landbesitzer Ungarns.

Das Schloß wurde nicht mehr im nennenswerten Ausmaß verändert, die Bibliothek vergrößerte sich noch und umfaßte 1939 etwa 52 000 Bände. 1891 hatte der Bibliothekar József Parkanyi bereits einen ausgezeichneten Katalog erstellt. In Keszthely wurde alles in perfekter Ordnung gehalten – Haus und Grund, Höfe und Gestüt sowie der Grundbesitz in der Stadt, der zum Großteil den Festetics gehörte. Wenngleich Tassilo nicht besonders am Georgikon interessiert war, so unterstützte er es doch weiterhin sehr großzügig. Sein Jahresablauf verlief nach einem genauen Schema: Er residierte von Oktober bis Januar in Keszthely, zog anschließend an die Riviera und nach Sankt Moritz, um im Frühjahr wieder zurückzukommen. Einen Teil des Sommers verbrachte er in Österreich oder in England, um mit Beginn der Jagdsaison nach Berzence zu gehen. Er war einer der letzten Magnaten, der im Besitz eines Privatzuges war, in dem er üblicherweise zu reisen pflegte, und er lehnte es ab, in der »Republik« in Hotels abzusteigen; wenn er nach Wien kam, schlief er in seinem eigenen Salonwagen auf den Geleisen des Südbahnhofs.

UNGARN

Festetics war damals bereits seit elf Jahren Witwer, aber er war ein rüstiger, etwas exzentrischer Achtzigjähriger, der bis 1933 lebte. Die Autos aus seinem Wagenpark durften nur jeden zweiten Tag benutzt werden, denn er glaubte, sie müßten wie Pferde zwischenzeitlich rasten. Sein Sohn György war sein Nachfolger. Er befand sich bereits im mittleren Alter und begann, den Besitz langsam auf die Erfordernisse der neuen Zeit umzustellen. Der in den letzten Jahren äußerst beschränkte Zutritt zur Bibliothek wurde erleichtert und ein weiterer Raum eröffnet, um neue Bücher unterzubringen. Das Leben in Keszthely in den dreißiger Jahren war wesentlich ruhiger ohne eine Schloßherrin, die das gesellschaftliche Treiben organisierte. Dennoch wurde das Haus immer noch im großen Stil geführt. Der Fürst heiratete 1938 schließlich Gräfin Mia Haugwitz, aber er starb 1941 kurz nach Ungarns Eintritt in den Zweiten Weltkrieg und hinterließ einen kleinen Sohn. Bis 1945 blieb das Schloß unbeschädigt, aber dann wurde es von deutschen und russischen Truppen geplündert. Glücklicherweise ließ ein kultivierter russischer Offizier die Türen zu der Bibliothek zumauern, so daß die Sammlung verschont blieb. 1948 wurde sie der Nationalen Széchényi-Bibliothek einverleibt und der Öffentlichkeit zugänglich gemacht.

Keszthely hatte Glück, denn bis heute ist es das besterhaltene Schloß Ungarns. Das Georgikon besteht noch immer, sowohl als Institut als auch als Landwirtschaftsmuseum, und es dehnt sich heute sogar auf drei verschiedene Universitäten aus. Nachdem die Schäden an dem über dreihundert Jahre alten Schloß festgestellt worden waren, ließ die Gemeinde 1969 eine weitgehende Restaurierung vornehmen, die fünf Jahre dauerte und viele Räume wieder in ihren ursprünglichen Glanz versetzte. Von den Sammlungen der Festetics sind nur noch wenige Stücke vorhanden, vor allem Bilder, großteils wurden sie durch Gegenstände anderer Herkunft, darunter einige sehr schöne Möbelstücke, ersetzt. Ein oder zwei Räume befinden sich noch genau in dem Zustand wie zu Beginn des Jahrhunderts. Der riesige Ball-

Der Prinz von Wales, der zukünftige Edward VII., während eines Besuchs bei den Fürsten Festetics in der Jagdhütte der Familie in Berzensce (Fürst György Festetics).

Fürst und Fürstin Festetics, aufgenommen in Keszthely von Margaret Bourke-White für die Zeitschrift Life, *1939.*

saal bietet einen idealen Rahmen für Konzerte oder Konferenzen, während im Haupttrakt eine umfangreiche Sammlung von afrikanischen Jagdtrophäen untergebracht ist, die von einem Cousin von Windischgrätz in der Nachkriegszeit geschossen wurden. 1988 besuchten über eine halbe Million Menschen das Museum im Schloß – ein Beweis für den Bekanntheitsgrad und die Beliebtheit dieses Anwesens.

Ein Buch, das nur die architektonischen Meisterwerke Ungarns beschreiben soll, dürfte nicht über Keszthely berichten. Seine Proportionen sind asymmetrisch, der Stil uneinheitlich und seine Größe erdrückend, um nicht zu sagen geradezu vulgär. Und doch tut dies alles seinem eigenartigen und bezwingenden Charme keinen Abbruch. Das Schloß steht als wunderbares Zeugnis einer vergangenen Zeit, als der Reichtum und das Selbstbewußtsein einer adeligen Familie nahezu über Nacht eines der großartigsten Schlösser in dem alten Habsburgerreich hervorbrachten.

POLEN

Einleitung

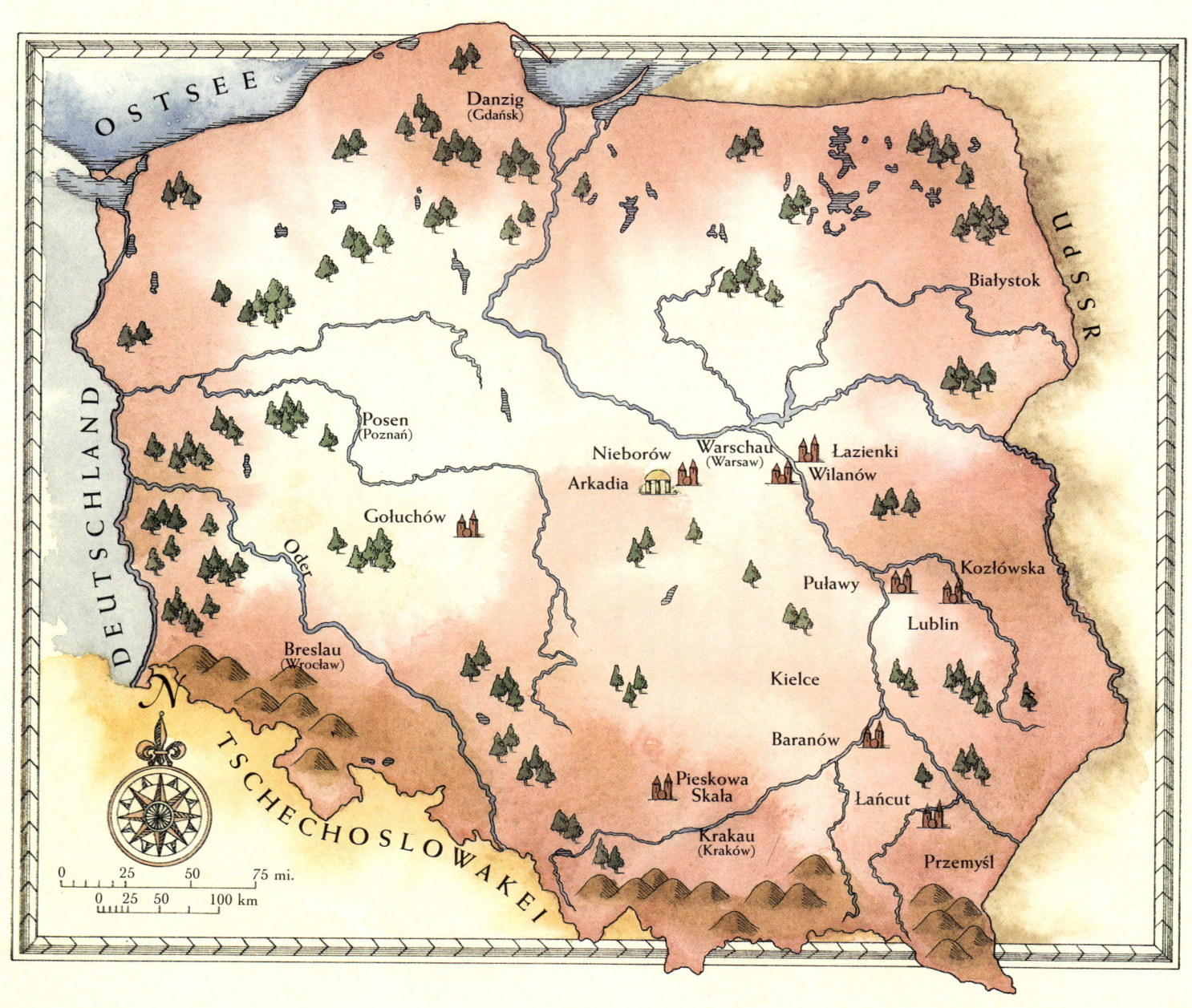

Zwischen Hammer und Amboß« lautet der Titel einer jüngst erschienenen Geschichte Polens, ein Titel, der wahrlich zutrifft, denn dieses Land wurde im letzten Jahrtausend zwischen dem deutschen Hammer und dem russischen Amboß nahezu zermalmt. Die Polen beherrschten einst das größte Land Europas, das aber keine natürlichen Grenzen besaß und länger als ein Jahrhundert von der Landkarte verschwunden war. Die Polen besitzen sowohl eine heroische als auch eine tragische Vergangenheit.

Die Szlachta, wie Polens Land- und Hochadel genannt wurde, verkörperte diese beiden Merkmale. Jahrhundertelang bildete sie die politische Nation Polens, ein in Europa einzigartiger Fall, und sie war sowohl für den Aufstieg des Landes als auch für seinen Zerfall, seine Teilung und die darauffolgende Fremdherrschaft verantwortlich. Aufgrund der zahlreichen Verwüstungen Polens ist der Zustand der Herrensitze und Schlösser der Szlachta sehr unterschiedlich; manche liegen gar nicht mehr auf polnischem Gebiet, obwohl sie ein beredtes Zeugnis eines bemerkenswerten Standes ablegen.

Den Beginn der polnischen Geschichte kann man, um ein mehr oder weniger willkürliches Datum zu nennen, in die Mitte des 10. Jahrhunderts legen. Davor befand sich das Land in einer isolierten Lage, denn es war von der Außenwelt durch einen Ring slawischer Stämme abgeschnitten – das Römische Reich erstreckte sich an keiner Stelle auch nur bis in die Nähe seiner Grenzen. Die Polen waren Bauern, die in autarken Dorfgemeinschaften mit gemeinsamer Sprache und Religion und gemeinsamen Gewohnheiten lebten. Im 10. Jahrhundert hatte die Dynastie der Piasten die Herrschaft über ein verhältnismäßig großes Gebiet erlangt und ein Steuersystem sowie eine kleine Armee aufgebaut. Als Otto I., Kaiser des Heiligen Römischen Reiches, 955 nach Osteuropa vorstieß, mußte Prinz Mieszko I. feststellen, daß eine Isolation seines Landes nicht mehr länger möglich war. Er erkannte die Vorteile, die die benachbarten Böhmen durch die Christianisierung erlangt hatten – vor allem, daß dem Kaiser der Vorwand genommen worden war, das Volk zu unterjochen, um es zu bekehren –, und beschloß daher, auch sein Volk zum Christentum bekehren zu lassen. Nach seiner eigenen Taufe und mit Zustimmung Ottos heiratete er eine christliche böhmische Prinzessin, und im Jahre 966 wurde das Herzogtum Polen Teil der christlichen Welt. Trotzdem setzte Mieszko mit großem Erfolg seine Politik der Unabhängigkeit fort; wiederholt führte er gegen die Deutschen Kriege, verleibte Schlesien und Pommern seinem Herrschaftsgebiet ein (wodurch er auch die baltische Küste kontrollierte) und schlug eine russische Invasion zurück. Etwa zur gleichen Zeit wurde Rußland durch Missionare der Ostkirche bekehrt; die daraus folgende Ausrichtung Rußlands nach Byzanz – im Gegensatz zu der Polens nach Rom – war die Wurzel vieler zukünftiger Auseinandersetzungen zwischen diesen beiden Nationen.

Auf Mieszko folgte 992 sein Sohn Boleslaw der Tapfere. Dieser war ein hervorragender Kriegs- und Staatsmann, der den Papst dazu überredete, Gnesen (Gniezno) zum Sitz eines Erzbischofs zu machen und drei weitere polnische Diözesen zu gründen, wodurch die Unabhängigkeit der polnischen Kirche betont wurde. Die Stimmung im Reich war sehr unterschiedlich, aber Boleslaw setzte seine militärischen Drohungen fort und ließ sich im Jahre 1025, kurz vor seinem Tode, zum König von Polen krönen. Bedauerlicherweise waren seine Errungenschaften nicht von langer Dauer. Seine zwei schwachen Nachfolger sowie regionale Parteien, die das Ergebnis der raschen Vergrößerung des Landes waren, führten zu einer Periode des Verfalls. Ein König verlor seinen Thron wegen Streitigkeiten mit dem Papst, und sein Nachfolger wurde vom Adel gezwungen, sein Königreich unter seinen fünf Söhnen in gleichberechtigte Herzogtümer aufzuteilen. Trotzdem entstand langsam ein nationales Bewußtsein, und auch die Wirtschaft des Landes fing an, sich zu entwickeln. Um das Jahr 1100 existierten schon achtzig befestigte Dörfer, und Städte wie die Hauptstadt Krakau (Kraków), wie Sandomir (Sandomierz), Breslau (Wroclaw) und Posen (Poznán) hatten schon einen dauerhaften Bestand. Die rivalisierenden Ansprüche zwischen den größeren Städten und den regionalen Adelsfamilien führten dennoch dazu, daß Polen weiterhin aufgesplittert blieb; trotz ihrer Entwicklung aus clanähnlichen Strukturen war die Gesellschaft nicht feudal im westlichen Sinne strukturiert.

Karte des heutigen Polen mit den Standorten der wichtigsten Schlösser und Herrensitze.

Am unteren Ende der wirtschaftlichen und sozialen Hierarchie Polens standen im 12. Jahrhundert die Bauern, die meistens frei und nicht an das Land gebunden waren. Die Blüte der Landwirtschaft im folgenden Jahrhundert zeigte, daß es den landbesitzenden Bauern sehr gut ging; die Bauern ohne Landbesitz, also die Landarbeiter, waren aber zunehmend in Form eines wirtschaftlichen Vasallentums an die Scholle gebunden. An der Spitze der sozialen Rangordnung stand der Adel, die Szlachta, die sowohl ihren Status als auch ihren Landbesitz weitervererben konnte und über ihr Land auch politisch herrschte, jedoch für den König den Militärdienst leisten und sich seiner Gerichtsbarkeit unterwerfen mußte. Durch die Siedler in den Städten war eine Mittelklasse entstanden, die zum großen Teil aus Ausländern bestand. Die Städte hatten sich als selbstständige Körperschaften von dem sie umgebenden Land auf Grund ihrer königlichen Stadtrechte, die deutschen und nicht polnischen Ursprungs waren, rechtlich getrennt. Diese Entwicklung schwächte die königliche Gewalt, die durch königliche Beamte, die Kastellane, ausgeübt wurde.

Die Mongolenüberfälle von 1241 verwüsteten Polen und erschwerten das Zustandekommen einer nationalen Einheit. Glücklicherweise waren diese Überfälle nur von kurzer Dauer, aber die Mongolen erschienen noch zweimal in diesem Jahrhundert und entvölkerten den Süden und Osten des Landes. Die Verletzbarkeit des Landes wurde dadurch offensichtlich, aber auch durch die wachsende Macht des Deutschen Ritterordens, der von Herzog Konrad von Masowien zur Unterwerfung der heidnischen Preußen ins Land gerufen worden war. Die rücksichtslose Kriegsführung und geschickte Diplomatie des Ordens ermöglichte es ihm, bis zum Jahre 1300 ganz Preußen und Pommern zu erobern. Zusammen mit der soeben entstandenen Markgrafschaft von Brandenburg im Westen bedrohten sie Polens Zugang zur Ostsee. Inzwischen strömten deutsche Siedler in das Land, um die durch die mongolischen Einfälle dezimierte Bevölkerung zu ersetzen; die dadurch hervorgerufenen antiteutonischen Einstellungen förderten den Drang nach einer

Szlachta aus verschiedenen Gegenden Polens in ihrer Nationaltracht, spätes 16. Jahrhundert (Sammlung Łańcut).

EINLEITUNG

Wiedervereinigung. Herzog Władysław schloß eine Allianz mit dem angevinischen Ungarn und begann mit päpstlicher Zustimmung die Wiedereroberung des Landes, aber es blieb seinem Sohn Kazimierz vorbehalten, diese Aufgabe zu vollenden. Im späten 14. Jahrhundert, als Westeuropa vom Hundertjährigen Krieg und dem »Schwarzen Tod« heimgesucht wurde, erlebten die Polen eine Zeit relativen Friedens und Wohlstands.

Zusammen mit dem Christentum verbreitete sich auch der romanische Stil in Polen. Die ersten, noch spärlichen Spuren der Romanik zeigten sich in kleinen Rundbauten, die nahe der größeren Burgen am Ende des 10. Jahrhunderts erbaut wurden; doch schon bald wurden zweischiffige, mit Türmen versehene Basiliken unter rheinischem Einfluß errichtet. Im 12. Jahrhundert wurden bereits religiöse Kunstgegenstände auf einem hohen Niveau hergestellt und auch Klöster errichtet. Zusammen mit den Domschulen waren sie die führenden Unterrichtsstätten im Lande. Im Gegensatz zur kirchlichen Architektur hatte der Mangel an Baumaterialien aus Stein für die säkularen Bauten zur Folge, daß Wohnhäuser fast ausschließlich aus Holz errichtet wurden; allerdings scheint Boleslaw der Kühne im Jahre 1000 schon über einen steinernen Palast verfügt zu haben. Festungen entstanden in großer Zahl, sowohl als Verwaltungszentren als auch als militärische Stützpunkte in den endlosen Auseinandersetzungen zwischen den Herzogtümern der Piasten.

In Wielkopolska oder Großpolen (die westliche Region um Gnesen, Gniezno, und Posen, Poznan) entstanden viele romanische Bauten, und diese wurden hier häufiger aus Stein gebaut als in Malopolska oder Kleinpolen (das südliche Gebiet um Krakau). Die Einführung der Ziegelbauweise im frühen 13. Jahrhundert führte zu einem enormen Anstieg der Bautätigkeit, besonders in dem von Krakau, Kielce und Sandomierz gebildeten Dreieck, dem Herzstück des Königreichs Polen im späten Mittelalter. Weiter nördlich in Pommern und entlang der Ostseeküste wurden Ziegel fast ausschließlich für den Bau von Kirchen und Burgen verwendet, während Stein nur für Tür- und Fensterrahmen sowie für dekorative Elemente Verwendung fand. Der gotische Stil verbreitete sich schon vor 1300, hauptsächlich durch die Zisterzienser, doch wurde er erst durch die ehrgeizige Bautätigkeit von Kazimierz dem Großen heimisch. Die Kathedralen von Gnesen (Gniezno) und Krakau (Kraków) sowie zahlreiche andere Kirchen und Burgen, die in diesen Jahren errichtet wurden, sind würdige Monumente seiner Regierungszeit, in der auch die Befestigung alter und die Gründung neuer Städte erfolgten. Hier spiegelte die Architektur den wachsenden Reichtum und die Eleganz ihrer Einwohner wider. Auf dem Wawel-Hügel in Krakau errichtete der König seine eigene Festung und ersetzte die obere Burg und die angrenzenden Befestigungsanlagen, die durch einen Graben und Erdwälle geschützt waren, durch eine Mauer aus gemeißeltem Stein mit einem Haupttor. Gebaut um einen großen Hof, blieb diese gotische Anlage bis zum großen Feuer von 1499 und die danach einsetzenden baulichen Änderungen bestehen.

Kasimierz wurde mit Recht »Der Große« genannt. Im Jahre 1333 hatte er ein schwaches, armes und rückständiges Reich übernommen, das erst kurz zuvor durch seinen Vater vereint worden war. Er reorganisierte das Steuer- und Münzsystem, schuf eine zentrale Kanzlei, systematisierte die bestehenden Gesetze und richtete in den Städten Zünfte ein. Günstige klimatische Bedingungen führten zu einer Blüte der Landwirtschaft, und auch die Industrie – vor allem der Bergbau, der neue Vorkommen entdeckt hatte – nahm einen spektakulären Aufschwung. Flüchtlinge aus Westeuropa führten zu einem Zuzug von Handwerkern und Kaufleuten, und umgekehrt hatte die Förderung des Auslandsstudiums durch die Kirche zur Folge, daß polnische Gelehrte und Dichter in ganz Europa bekannt wurden. Im Jahre 1364 wurde die Universität von Krakau gegründet – nach Prag die zweite in Mitteleuropa.

Eine gute, zentralistische Regierung und ein gerechtes Justizwesen wurden durch eine geschickte Diplomatie ergänzt, auf die der König mehr als auf militärische Aktionen vertraute. Er gab seine Ansprüche auf Schlesien und Pommern, die er an Böhmen und die deutschen Ritter verloren hatte, nicht auf und verleibte sich Masowien (das Gebiet um Plock und Warschau) in seinen Herrschaftsbereich ein, den er schon durch die Eroberung Padoliens und Wolhyniens im Südosten fast verdoppelt hatte. Hier war die Bevölkerung orthodox und nicht katholisch sowie russisch und nicht polnisch eingestellt. Kasimierz unterstützte zwar die Verbreitung des Katholizismus, aber er ließ auch die Religionsfreiheit zu. Das polnische Reich, das sich von der Ostsee bis zum Schwarzen Meer erstrecken sollte, wurde von ihm begründet. Gegen Ende seiner Herrschaft war der König dann Gastgeber eines Zusammentreffens europäischer Monarchen, bei dem ein neuer Kreuzzug diskutiert wurde.

Kasimierz hinterließ bei seinem Tod im Jahre 1370 keinen männlichen Erben; er vermachte den Thron seinem Neffen Ludwig von Ungarn. Als dieser zwölf Jahre später starb, wählten die »Herren von Krakau«, die in Wahrheit das Land regierten, die zehnjährige Tochter Ludwigs, Jadwiga, zur Königin. Obwohl diese schon Wilhelm von Habsburg versprochen worden war, wurde sie mit dem heidnischen, sechsundzwanzig Jahre älteren Großherzog von Litauen verheiratet. Jagiello trat zum Christentum über und erhielt den Namen Władysław; das Paar heiratete im Jahre 1386, und die beiden Königreiche wurden miteinander vereinigt. Die Geschicke Polens waren für die nächsten vier Jahrhunderte mit Litauen, seinem rückständigen, aber dreimal größeren östlichen Nachbarland, verbunden. Diese Verbindung war langfristig gesehen von zweifelhaftem Vorteil, aber auf kurze Sicht nützte sie der nationalen Sicherheit und brachte eine tatkräftige neue Dynastie, die Jagiellonen, auf den Thron. Von Bedeutung war, daß der Adel freiwillig einen ausländischen König gewählt hatte, eine Entwicklung, die für die kommenden Zeiten eine konstitutionelle Monarchie gewährleistete.

Jadwiga starb schon in jungen Jahren, und ihre Ehe blieb kinderlos; Władysław regierte aber bis 1434. Eine gemeinsame polnisch-litauische Armee besiegte den Deutschen Orden 1410 bei Grunwald. Dennoch unterließ der polnische König die völlige Vernichtung des Ordens, da dieser mächtige Freunde in Rom und beim Kaiser hatte, die sich der König nicht zu Feinden machen wollte. Außerdem wurde seine Regierung, die für religiöse Toleranz eintrat, 1415 beim Konzil von Konstanz als abtrünnig gebrandmarkt, und er wollte keinen gegen ihn geführten Kreuzzug provozieren. Hinzu kam, daß die Verbindung zwischen Litauen, einer Nation von heidnischen Balten und orthodoxen Slawen, und dem viel weiter entwickelten Polen nicht gerade stabil war. Trotzdem herrschte die Jagiellonische Dynastie, nachdem sie auch den Thron von Böhmen und Ungarn erlangt hatten, um 1500 über ein Drittel des europäischen Kontinents. Als der junge König Ludwig in der Schlacht von Mohács 1526 gegen die Türken fiel, gingen beide Länder auf die Habsburger über.

Unter den Jagiellonen erlebte Polen, unbeeinträchtigt von feindlichen Überfällen, sein Goldenes Zeitalter. Die politischen Institutionen erlangten ihre endgültige Form, und das Prinzip, auf der Basis eines Konsenses zwischen der Krone und der Landesversammlung zu regieren, war fest verankert. Jede Provinz hatte ihre eigene Landesversammlung, die aus Vertretern der Szlachta bestand, obwohl die Krone diese Versammlungen nicht allzu häufig einberief. Die Kastellane und die Palatine erhielten im 15. Jahrhundert einen Sitz im Großen Rat, doch es war der Geheime Rat, der von einem kleinen Kreis von Palatinen und Bischöfen beherrscht wurde, der die wahre Herrschaft ausübte und die Thronfolge festlegte. Es überrascht nicht, daß sich die Szlachta gegen die Konzentration der Macht in den Händen dieser Oligarchie wandte; als Kasimierz IV. um 1450 ihre Unterstützung benötigte, verlangten sie als Gegenleistung, daß die Aufstellung eines Heeres oder die Erhebung von Steuern für die Krone nicht ohne Zustimmung der achtzehn Landtage erfolgen dürfe. Damit wurde die Stimme der Szlachta in wichtigen Angelegenheiten aufgewertet. Die Nationalversammlung (Sejm), in der im 16. Jahrhundert sowohl Masowien als auch Großpolen und Kleinpolen vertreten war, gliederte sich in den Senat, der aus den Bischöfen und den Mächtigen des Landes bestand, und in die Kammer mit den Vertretern der Szlachta und der größeren Städte. Im 16. Jahrhundert waren die Befugnisse der Krone bereits so genau festgelegt, daß sie nicht mehr willkürlich handeln konnte. Jeder König, auch wenn er der einzige Sohn seines Vorgängers war, wurde vor seiner Wahl sehr genau vom Sejm überprüft.

Die neuerrichteten Landgerichte wurden ständig durch die Landtage, die Adelsgerichte und vor allem durch die kirchlichen Gerichte, deren Kompetenzen nicht klar abgegrenzt waren, herausgefordert. Die Gesetzgebung wurde vom Sejm ausgeübt, der zehn Prozent der Bevölkerung, die wahlberechtigt war, vertrat;

EINLEITUNG

er war damit repräsentativer strukturiert als jede andere vergleichbare Institution zu dieser Zeit.

Dieses Herrschaftssystem hatte allerdings eine Schwäche, da es ausschließlich den Interessen einer bestimmten Klasse diente. Der privilegierte Stand der Szlachta wurde durch das »Neminem-captivabimus-Statut«, einem Vorläufer des »Habeas corpus«, das den Schutz vor Verhaftung oder Bestrafung außer aufgrund eines ordentlichen Verfahrens garantierte, und das »Nihil-novi-Statut«, welches festlegte, daß die Krone ohne Zustimmung beider Kammern des Sejm nicht tätig werden konnte, unterstrichen. Aufgrund ihrer mörderischen Rivalitäten untereinander und ihrem fanatischen Zusammenhalt hatte die Szlachta mit dem feudalen Adelsstand Westeuropas wenig gemeinsam. Es gab keine persönlichen Wappen, sondern nur Familienwappen, die häufig von Familien verschiedenen Namens, aber gemeinsamen Ursprungs, verwendet wurden. Die größte Ähnlichkeit bestand vielleicht mit dem schottischen Clansystem. Pater Stanislaw Orzechowski schilderte den bemerkenswerten Status der Szlachta in der Mitte des 16. Jahrhunderts wie folgt: »Betrachten Sie die Stellung Polens in der Welt« – und mit Polen meinte er die Szlachta –: »stolz in seinen Freiheiten, glanzvoll in seinen Rechten, gekleidet mit der ruhmreichen Robe der Gleichberechtigung mit dem König. Dies ist der Grund, warum ein Pole den goldenen Ring seines Adels trägt, der den Höchsten und den Niedrigsten im Lande zu Gleichen macht.« Im 16. Jahrhundert entwickelte sich Polen zur Getreidekammer Europas, und während dieser Zeit wurde die

Pieskowa Skała, unweit von Krakau, aus der Ferne gesehen.

POLEN

Adlige in polnischer Tracht, frühes 17. Jahrhundert (Sammlung Gołuchów).

Szlachta reich. Der Frondienst wurde von zwölf auf zweiundfünfzig Tage pro Jahr erhöht, und es entstand eine Art wirtschaftliche Sklaverei, der sich nur die wenigsten entziehen konnten. Bis dahin waren die landwirtschaftlichen Besitzungen im Vergleich zu Westeuropa klein, aber nun wurden besonders die Magnaten Großgrundbesitzer – die Familie Tarnowski zum Beispiel verdoppelte ihren Landbesitz. Die Einkünfte aus dem Landbesitz allein genügten allerdings noch immer nicht den Ansprüchen vieler Mitglieder dieser Klasse, und sie suchten daher nach zusätzlichen Einkommensquellen aus lukrativen öffentlichen Ämtern und anderen Geschäftstätigkeiten. Viele Familien, wie zum Beispiel die Szafraniecs, ließen sich in der Nähe großer Städte nieder, wo ein Teil des neugewonnenen Reichtums zur Förderung der Künste ausgegeben wurde.

Der steigende Wohlstand im Polen des 15. Jahrhunderts führte zusammen mit dem Wachstum der Bevölkerung und der Einwanderung aus dem Westen zu einer verstärkten Bautätigkeit. Im Norden brachte der Deutsche Ritterorden flämische Baumeister ins Land, die massive Stadtmauern sowie kirchliche und öffentliche Gebäude errichteten, die noch immer vorhanden sind; in Mittelpolen, in Masowien und Wielkopolska herrschte ein modifizierter einheimischer Stil vor, den man auf die leicht abgewandelte deutsch-burgundische Gotik zurückführen kann. Kirchen, wie zum Beispiel die Marienkirche in Krakau, wurden ständig umgebaut. Die wundervollen Sterngewölbe und die beiden Kirchtürme stammen allerdings aus einer späteren Zeit. Im Vergleich zu Frankreich und Flandern war die Ornamentik einfach, aber in Ostpolen entstanden aus der Union mit Litauen beachtliche Fresken im russisch-byzantinischen Stil, wie zum Beispiel in der Kapelle im Schloß von Lublin.

Die weltliche Architektur hatte die gleiche Bedeutung erlangt wie die kirchliche. Zahllose Rathäuser und Bürgerhäuser wurden überall in Polen unter dem gleichen ausländischen Einfluß gebaut. Die Burgen wurden größer und kunstvoller, obwohl sie gegen Norden gewöhnlich noch immer mit Ziegelmauerwerk, ansonsten aber mit Bruchsteinmauerwerk, errichtet wurden. Der Mehrzahl der Burgen fehlte es jedoch an Annehmlichkeiten jeglicher Art, obwohl es Ausnahmen gab, wie zum

EINLEITUNG

Beispiel das wunderschöne Marienburg (Malbork), der vormalige Sitz des Großmeisters des Deutschen Ordens. Das vielleicht beste Beispiel der polnischen Spätgotik ist das Collegium Maius der Universität Krakau. Es wurde im Jahre 1494 aus älteren Bauteilen in viereckiger Form errichtet und ist ein gelungenes Beispiel von Eleganz und ausgeglichenen Proportionen. Es verkörpert allerdings einen Stil, der um die Jahrhundertwende durch die Renaissance verdrängt wurde. Die Gotik behauptete sich aber noch für einige Zeit und brachte im frühen 16. Jahrhundert in Pommern und Litauen sowie in abgelegeneren Gegenden des Landes eine Vielzahl hervorragender Monumente hervor.

Um 1500 war Polen – allerdings nicht Litauen, das zum Großteil von der Zivilisation noch unberührt war – ein integrierter Bestandteil Europas. Die Buchdruckerkunst war zum Beispiel noch vor London in Krakau heimisch geworden. Die Universität dieser Stadt war ein Brennpunkt für die Ausbreitung humanistischer Ideale der Renaissance und auch das Bildungszentrum für die polnische Oberschicht, die von ihren Reisen nach Italien neue kulturelle Anregungen mit nach Hause brachte. Ein italienischer Lehrer, der toskanische Gelehrte Filippo Buonaccorsi, unterrichtete die Kinder von Kazimierz IV., und seine politischen und philosophischen Schriften unter dem Pseudonym Callimachus übten einen großen Einfluß aus. Nikolaus Kopernikus war um 1490 Student der Astronomie an der Universität Krakau, und seine Forschungsarbeiten, die fünfzig Jahre später veröffentlicht wurden, erschütterten die Welt durch den Nachweis, daß nicht die Erde, sondern die Sonne der Mittelpunkt des Planetensystems ist.

Die litauischen Jagiellonen hatten die polnische Kultur erstaunlich gut absorbiert, obwohl Kazimierz IV. die Intelligenz seines Vaters nicht in gleicher Weise geerbt hatte. Polen war das größte Land in Europa, aber die unfähige Außenpolitik des Landes vereinte seine beiden Hauptfeinde, die aufsteigende Macht der Moskowiten und die der ottomanischen Türken zu einer äußerst bedrohlichen Allianz. Die ehrgeizigen Habsburger beobachteten die Lage zunächst nur und hielten sich zurück. Trotzdem gelang es dem jüngsten Sohn von Kazimierz, Zygmunt I., und seinem Enkel, Zygmunt II. August, während ihrer Regierungszeit von 1506 bis 1572 den Frieden in ihrem Reich aufrechtzuerhalten. Die Friedenszeit förderte alle Arten von kulturellen Aktivitäten, und den Polen wurde eine religiöse Freiheit gewährt, die es ihnen ermöglichte, den Ausschreitungen der Reformation und der Gegenreformation zu entgehen. Wenn auch die Religion in Polen immer eine wichtige Rolle spielte, so handelte es sich doch um ein sehr tolerantes Christentum. Angesichts der vielen verschiedenen Konfessionen im Lande war dies auch nicht überraschend. Die Vereinigung mit Litauen brachte viele orthodoxe Ruthenen ins Land, in allen großen Städten waren armenische Gemeinden vertreten, und Juden, die ihren eigenen Gesetzen unterstanden, allerdings ohne politische Rechte zu besitzen, hatten sich in beachtlicher Anzahl in Polen niedergelassen; sogar Moslems, Nachkommen der Tataren, waren loyale Bürger geworden. Der Großteil Litauens, das angeblich nach der Union in seiner Gesamtheit zum Christentum konvertiert war, wurde noch zwei Jahrhunderte später von den meisten als heidnisch betrachtet. Sogar die polnische katholische Kirche erfreute sich einer ungewöhnlich großen Unabhängigkeit, da ihre Bischöfe von der Krone und nicht von Rom ernannt wurden, obwohl sie der päpstlichen Approbation bedurften. Die entschiedene Ablehnung des Papstes, wie zum Beispiel im Fall des Jan Łaski, hatte aber keinerlei Folgen.

Die kirchliche Hierarchie übte großen Einfluß aus; zum Teil kamen die Bischöfe aus den Magnatenfamilien, zum Teil aber auch aus dem Volk. Die Kirche war der größte Grundbesitzer des Landes und besaß viel mehr Land als die Krone, in Masowien zum Beispiel fünfmal soviel. Dennoch war der polnische Klerus nicht korrupter, oftmals sogar toleranter, als sein Gegenstück in Westeuropa. Als die Reformation auf Polen übergriff, verursachte sie weniger Erschütterungen als anderswo. Die Lehre Luthers breitete sich schnell im Norden und Westen, vor allem unter der deutschen Bevölkerung in den Städten, aus. In einer erstaunlichen Kehrtwendung konvertierte der Großmeister Albrecht von Hohenzollern zum Protestantismus und säkularisierte den Deutschen Orden. Die Verbreitung des Calvinismus war von größter Bedeutung; mit seiner demokratischen Organisation und seiner Verachtung von Pomp und Förmlichkeit gewann er an Einfluß, besonders bei der Szlachta,

POLEN

die traditionelle Vorbehalte gegenüber der Macht der katholischen Kirche hatte. Auch extremere Sekten wurden toleriert, wie die Anabaptisten, die Menonniten und sogar die Arianer, die die Trinität und die Göttlichkeit Christi leugneten. Um 1550 bestand die Mehrheit der Abgeordneten im Sejm aus Protestanten wie auch um 1570 die Mitglieder des Senates. Viele Magnatenfamilien, wie die Leszczyńskis und die Radziwiłłs, waren zum Calvinismus konvertiert, und sogar einige Prälaten waren ihm gegenüber offen. Andrzej Zebrzydowski, der Bischof von Krakau, erklärte seiner Gemeinde, sie könne auch eine Ziege anbeten, solange sie ihre Kirchabgaben bezahlten. König Zygmunt I. machte deutlich, daß er auf religiöse Auseinandersetzungen keinen Wert legte, und viele der treuesten Katholiken in der Szlachta handelten gemeinsam mit den Calvinisten, wenn sie die Freiheit durch Verfolgungen gefährdet sahen. 1555 verlangte die Mehrheit der Abgeordneten im Sejm die Errichtung einer von Rom unabhängigen Kirche.

Der unentschlossene Zygmunt August befand sich in einem Dilemma: Nicht zu handeln war offensichtlich nicht möglich, aber er wollte auch nicht zuviel tun. Er leitete daher die Forderung des Sejm nach Rom weiter, wo der Papst dieselbe umgehend als Ketzerei verdammte. Die Protestanten, unter sich zerstritten und ohne starken Führer, hatten ihre Chance verpaßt. Die Reformation in Polen war in Wirklichkeit weniger eine geistige Bewegung als vielmehr Ausdruck der intellektuellen und politischen Emanzipation der oberen Klassen, die sich in einer Bewegung vereinten, die die Abschaffung der Steuerfreiheit der katholischen Kirche und der bischöflichen Gerichte verlangte.

Die Gegenreformation gewann langsam an Boden. Ihr Vorgehen war gemäßigt, und ihr führender Vertreter, Kardinal Stanisław Hozjusz, war ein ehrbarer Mann. Er brachte die Jesuiten nach Polen, deren hervorragendster Vertreter, Piotr Skarga, großen Einfluß als Beichtvater des Königs und als Kaplan des Sejm ausübte. Langsam nahmen die Konversionen zu. Mikołaj Radziwiłł schwor dem Protestantismus seines Vaters ab und wurde zum Vorbild vieler seiner Standesgenossen. Verfolgungen fanden im wesentlichen nicht statt, und wenn es gemischte Heiraten gab, erwiesen sie sich letztlich zum Vorteil der Katholiken, da die Kinder katholisch erzogen wurden. Die Religionsfreiheit wurde in der Verfassung von 1573 festgelegt und blieb ein Bestandteil der polnischen Politik, auch nachdem die Mehrheit der polnischen Protestanten wieder in den Schoß der katholischen Kirche zurückgekehrt war.

Die Reformation war nicht das einzige Problem der Polen im späten 16. Jahrhundert; auch das Ende der Dynastie war abzusehen. König Zygmunt August war eine schwache Persönlichkeit; er war der einzige Sohn Zygmunts I. und der unglücklichen Mailänderin Bona Sforza. Seine erste Gemahlin, Elisabeth von Habsburg, war nach zweijähriger Ehe verstorben, und seine große Liebe, die schöne Barbara Radziwiłł, kam vier Jahre nach ihrer gemeinsamen Flucht ums Leben; beide sind angeblich von seiner Mutter vergiftet worden. Er weigerte sich, seine dritte Frau, die epileptische Katharina von Habsburg, zu berühren, und blieb deshalb ohne Kinder. Einen Teil der Szlachta erfüllte dies mit Sorgen. Mit der Union von Lublin im Jahre 1569 hatte sich auch der polnische und litauische Sejm vereinigt. Obwohl die beiden Länder eigene Gesetze, Staatskassen und Armeen behielten, hatten sie einen gemeinsamen Monarchen und einen vereinigten Sejm, der sich in der kleinen masowischen Stadt Warschau (Warszawa), der zukünftigen Hauptstadt, versammelte. Der glühendste Wunsch des Großteils der Szlachta nach einer »königlichen Republik« war in Erfüllung gegangen. Das Amt des Königs stand allerdings nie in Frage. Doch unglücklicherweise war die Frage der Erbfolge beim Tod Zygmunt Augusts nicht geregelt.

Die Entwicklung der polnischen Architektur im 16. Jahrhundert war spektakulär und brachte einige der schönsten Renaissancemonumente in Europa hervor. Die Renaissance hatte Polen über zwei Wege erreicht: Einerseits über Ungarn, wo sie seit 1450 feststellbar ist und wohin es dynastische Verbindungen gab, und zwar über hervorragende toskanische Handwerker, die die italienische Bildhauer- und Baukunst nach Krakau brachten, von wo aus sie in die anderen Gegenden des jagiellonischen Reiches Eingang fand. Andererseits kam die Renaissance über Westeuropa nach Polen, und beide Richtungen trafen sich in Krakau.

EINLEITUNG

Detail der Befestigungsanlagen von Pieskowa Skała.

Bei seiner Thronbesteigung im Jahre 1506 beschloß Zygmunt I., den durch Feuer zerstörten Wawel wiederaufzubauen, und er beauftragte damit die sich erst kürzlich im Lande niedergelassene italienische Werkstatt seines Schützlings Francesco aus Florenz. Mit den Arbeiten wurde umgehend am Haus der Königin, wie die Westfassade des Wawel genannt wurde, begonnen, und über drei Jahrzehnte wurden die bearbeiteten Kalk- und Sandsteinblöcke den Burghügel hinauftransportiert. Der großartige, dreigeschossige innere Burghof mit Arkaden in den beiden ersten Geschossen entsprach den Regeln, wie sie von Vitruv festgelegt worden waren, obwohl der polnischen Sitte entsprechend die Prunkräume im obersten Stockwerk und nicht, wie in Italien, im *piano nobile* lagen. Das steile Dach, eine weitere lokale Eigenheit, wurde von einer Reihe von Säulen getragen, deren Höhe durch die Ringe, die die Säulenschäfte miteinander verbanden, gemildert wurde, während ihre Kapitelle direkt die Dachtraufe stützten.

Francesco starb 1516, ihm folgte sein Landsmann Bartolomeo Berrecci nach, der ebenfalls ein Bildhauer und Architekt war. Zwischen 1517 und 1533 arbeitete Berrecci mit seiner gesamten Werkstatt an der Grabkapelle für König Zygmunt, die in der Nähe des Hofes, angrenzend an das Südschiff der Kathedrale am Wawel, lag. Das Ergebnis, mit einer eher einfachen Außenfassade und einem reichhaltig geschmückten Innenraum, war ein kultiviertes Renaissancegebäude, das vielleicht als das beste Beispiel italienischer Baukunst dieser Zeit nördlich der Alpen anzusehen ist. Die Berrecci-Werkstatt führte auch andere Aufträge aus, wie das Oratorium und Presbyterium der Marienkirche in Krakau, das auch den großartigen spätgotischen Schnitzaltar von Veit Stoß beherbergt, sowie zwei großartige Grabmäler für Bischof Piotr Tomicki im Wawel und für Barbara Tarnowska im Dom von Tarnów.

Neben den italienischen Baumeistern trugen auch polnische, slowakische und deutsche Handwerker zur Entwicklung eines Übergangsstils von der Gotik zur Renaissance bei. In den frühen Jahren waren die Arbeiten einer einheimischen Werkstatt, die auch die Burg von Drzewica erbaut hatte, noch weiter verbreitet als die der Italiener. Ihr bedeutenster Vertreter war ein königlicher Baumeister,

POLEN

bekannt unter dem Namen Benedykt von Sandomierz, dem der Entwurf einiger Dutzend Portale und Fensterumrahmungen im Wawel übertragen worden war, da hierfür einfach nicht genügend italienische Handwerker vorhanden gewesen waren. Spätgotische Elemente mischten sich mit Renaissanceornamenten, ohne daß der Versuch unternommen wurde, sie harmonisch miteinander zu verbinden. Auch an anderen Stellen im Wawel finden sich beide Stilelemente.

Nach Berreccis Tod im Jahre 1537 wurde sein Platz von Giovanni Maria Padovano eingenommen. Inzwischen gab es aber auch andere konkurrierende Werkstätten, wie die des Bernardino de Gianotis und des Giovanni Cini. Diese beiden Baumeister errichteten den neuen Dom in Płock für den Neffen des Bischofs Tomicki und die Burg von Ogrodzieniec in Małopolska für die Bankierdynastie Boner. Letztere ist ein gutes Beispiel einer Renaissancefestung, ebenso wie auch Ostróg in Wolhynien, dem Sitz der Prinzen Ostrogski, wo gewaltige Strebepfeiler bis zum Fluß hinunterreichen. Um 1520 waren weitere italienische Handwerker aus dem Tessin und aus Como in das Land gekommen. Sie erfüllten bescheidenere Ansprüche und vertraten einen etwas modifizierten italienischen Stil, unbeeinflußt von der Gotik, aber unter Berücksichtigung einheimischer Traditionen. Um die Mitte des 16. Jahrhunderts hatte der Renaissancestil in Polen eine gewisse Eigenständigkeit erreicht – zumindest in der Baukunst und der Bildhauerei; die Malerei spielte eine weit weniger bedeutende Rolle (tatsächlich scheint vor 1540 kein italienischer Maler das Land besucht zu haben). Die räumliche Ausbreitung dieses Baustils wurde durch die städtischen Patrizier und die wohlhabenderen Mitglieder der Szlachta, die Landsitze erbauen ließen, gewährleistet. In den Städten gedieh der Renaissancebaustil durch die Modernisierung oder Neuerrichtung gotischer Gebäude und Rathäuser. In Tarnów oder Sandomierz wurden verhältnismäßig kleine städtische Gebäude in einfachen, fast kubischen Formen, mit Fassaden, die durch horizontale Brüstungen abgeschlossen waren, errichtet. Das schönste aller Rathäuser war das von Posen (Poznaú), das zwischen 1550 und 1560 von Giovanni Battista Quadro neu erbaut wurde und vollständig mit Sgraffiti bedeckt war. Seine Loggia und sein Treppenhaus haben Ähnlichkeit mit denen der Tuchhalle in Krakau, die um 1550 von Padovano errichtet wurde.

Kuppelturm von Krasiczyn mit Sgraffito-Arbeiten aus der Renaissance, Südostpolen.

EINLEITUNG

Die italienische Hoch- und Spätrenaissance bestimmte den allgemeinen Charakter der Architektur dieser Zeit. Abhandlungen, wie die des Sebastiano Serlio, waren ebenso einflußreich wie Kopien von Stichen der nordeuropäischen Manieristen. Krakau blieb weiterhin das künstlerische Zentrum, voll von Werkstätten, die sich mit dekorativer und figurativer Bildhauerei und Baukunst befaßten. Auch einige niederländische und deutsche Handwerker kamen ins Land, aber die meisten waren Polen. Die Italiener bildeten keinen geschlossenen Kreis mehr, sondern verschmolzen zunehmend mit ihrer neuen Heimat.

Trotz der allgemeinen Übermacht der italienischen Renaissance dominierte dieser Stil doch nicht vollständig die Entwicklung in Polen. Er gelangte nur in einzelnen Fällen nach Pommern und war fast überhaupt nicht in Danzig vertreten, wo weiterhin der gotische Stil blühte. Das Entstehen einheimischer Baumeisterschulen führte außerdem dazu, daß Krakau keinen einheitlichen Baustil entwickeln konnte – in West- und Ostpolen zum Beispiel bauten zahllose Handwerker in einem dekorativen, volksnahen Stil in der Art der norditalienischen Renaissance. Darüber hinaus erschwerte der Umstand, daß die meisten Gebäude nur um- und nicht neugebaut wurden, eine kontinuierliche Entwicklung.

Ein hervorstechendes Merkmal des nationalen Stils in der städtischen Architektur war das »polnische Dachgeschoß«; entworfen als ein dekorativer Mauerabschluß, der das Dach verdecken sollte, erhielt es spezifische bauliche und funktionelle Aufgaben und wurde dadurch immer imposanter. Üblicherweise umgab es das gesamte Gebäude, trennte die Terrassendächer voneinander und verhinderte das Ausbreiten von Bränden. Die sichtbaren Teile waren meist reichhaltig geschmückt, und zwar mit spätgotischen und venezianischen Verzierungen. Des öfteren wurden diese »Dachgeschosse« nach oben verlängert und erhielten ein unteres Geschoß, das durch Säulen oder blinde Arkaden abgeteilt wurde, sowie einen Dachfirst, der mit Kugeln, Voluten und Zinnen versehen war. Sie erschienen nachweislich erstmals in der Mitte des Jahrhunderts auf der Tuchhalle in Krakau, doch verbreitete sich diese Mode schnell über das ganze Land.

Das andere charakteristische Merkmal der polnischen Architektur dieser Zeit war die mit Arkaden versehene Loggia. Im Wawel befindet sich das berühmte Originalbeispiel hierfür, doch fand dieses Element auch bei vielen Herrensitzen Verwendung und verbreitete sich sowohl durch Neu- als auch durch Umbauten vor allem in der zweiten Hälfte des 16. Jahrhunderts. Unter den Neubauten war das königliche Jagdschloß für Zygmunt August, das von dem polnischen Baumeister Tomasz Grzymala in Niepolomice (1550 bis 1571) errichtet wurde, ein Markstein für einen Bau, der ausschließlich Wohn- und nicht mehr Verteidigungszwecken diente. Unter den besten Umbauten befinden sich die Vergrößerungen der Burgen in Wilna und Teczyn. Ein hervorragender neuer Baumeister, Santi Gucci, kam um 1550 von Florenz nach Krakau und arbeitete in der Gegend von Kielce, wo er die Schlösser von Pińczów und Janowiec umgestaltete.

Der Bau von Gräbern war wahrscheinlich die wichtigste dekorative Kunst dieser Zeit, und der größte einheimische Künstler auf diesem Gebiet war Jan Michałowicz, unter dessen großartigen Gruften sich auch die des Bischofs Zebrzydowski in Krakau befindet. Er vertrat eine antiklassische Stilrichtung, die architektonische Elemente als dekorative Motive behandelte. Michałowicz entwarf auch die Seitenkapellen für die Familien Padniewski und Zebrzydowski im Dom des Wawel, die als Beispiel dafür dienen können, wie untrennbar die Baukunst und die Bildhauerkunst im Polen der Renaissance miteinander verbunden waren.

Die Malerei wurde eher vernachlässigt. Im Mittelalter gab es einige Schulen von regionaler Bedeutung, die meisten wurden allerdings von Ausländern beherrscht; im 16. Jahrhundert gab es in Polen keine wirklich guten Maler, von dem Miniaturenmaler Stanisłav Samostrzelnik einmal abgesehen. Die Malerei wurde von der Krone nicht gefördert, Zygmunt August zeigte allerdings große Begeisterung für die Goldschmiedekunst und die Weberei. Seine Sammlung von Tapisserien galt als die beste in Europa. Nur wenige Magnaten und noch weniger Mitglieder der Szlachta waren echte Kunstsammler; ihr Geschmack konzentrierte sich vielmehr auf Gegenstände wie Waffen, Kleider und Schmuck sowie Sättel und Zaumzeug, die dann auch in der Öffentlichkeit gezeigt werden konnten.

POLEN

*Alte Ansicht des Schlosses Krasiczy von Napoleon Orda,
19. Jahrhundert (Sammlung Łańcut).*

Die gewaltigen Unterschiede zwischen den Reichen und den Armen nahmen im Polen des 16. Jahrhunderts weiter zu, vor allem die Klasse der Szlachta wurde immer reicher. Während dieses Jahrhunderts stieg der Preis für landwirtschaftliche Produkte um das Dreifache, und auf dem Höhepunkt dieser Entwicklung hatten einige Dutzend Familien von Großgrundbesitzern, deren Besitzungen meistens im Osten lagen, einen immensen Reichtum angesammelt. Die Ostrogskis besaßen hundert Städte und Schlösser sowie über 1200 Dörfer und verfügten über ein Einkommen, das das des Staates bei weitem überstieg. Solch ein Reichtum war nicht immer durch Erbschaften entstanden. Zamoyski zum Beispiel begann 1531 mit einem kleinen Besitz und herrschte nach dreißig Jahren über 18 000 Quadratkilometer Land.

Immer mehr Mitglieder der Szlachta, sowohl Katholiken als auch Protestanten, begannen zu dieser Zeit im Ausland, vor allem in Italien, zu studieren – an der Universität von Padua machten die Polen bis zu einem Viertel der Studentenschaft aus. Die Reisen wurden oft mit Studien verbunden, und viele kamen mit Gütern und kulturellen Anregungen aus den fremden Ländern wieder zurück. Die Renaissance, die Wiederentdeckung des alten Roms, die Analogien zu ihrer eigenen Nation erlaubte, hinterließ einen starken Eindruck auf die Polen. Ebenso war es später mit dem Mythos der Sarmaten, wonach die Szlachta als die einzigen direkten Abkömmlinge einer geheimnisvollen Kriegerkaste aus den Steppen rund um das Schwarze Meer galten – ein Ursprung, der sie deutlich vom Rest der einheimischen Bevölkerung abhob.

Mit einer derartigen Einstellung und einem solchen Reichtum ist es keineswegs verwunderlich, daß die Szlachta an den wahren Hebeln der Macht saß und Polen dominierte. Als das Land 1572 nach Zygmunt Augusts Tod ohne Herrscher dastand, rüstete sie zur weiteren Ausdehnung ihrer politischen Macht. 1573 verfaßte der Sejm zwei Dokumente: die »Pacta Conventa« und die »Acta Henriciana«, auf die alle Könige schwören mußten. Obwohl es sich nur um eine Wiederholung bereits bestehender Privilegien handelte, wurde die königliche Macht begrenzt und der Monarch zum obersten Beamten des Staates gemacht. Der ehrgeizige, junge Abgeordnete Zamoyski brachte einen Antrag im Sejm ein, nach dem allen Mitgliedern der Szlachta das gleiche Stimmrecht bei der Wahl des Königs eingeräumt und der König nur aus ihren Reihen oder aus einem ausländischen, regierenden Haus gewählt werden sollte. Daraufhin ging die Versammlung des Sejm bemerkenswert friedlich weiter, und Henri de Valois, jüngerer Bruder Karls IX. von Frankreich, wurde von einer überragenden Mehrheit gewählt. Widerstrebend schwor er, alle Artikel der »Acta Henriciana«, auch die über die religiöse Toleranz, zu beachten, obwohl er gerade begeistert an den Massakern der Hugenotten in der Bartholomäusnacht in Paris teilgenommen hatte. Er kam in Polen in der Mitte des Winters

EINLEITUNG

an, doch im Mai 1574 starb sein Bruder, und er wurde König von Frankreich. Innerhalb weniger Tage war er aus dem Wawel verschwunden und lehnte alle Bitten, zurückzukommen, ab; in der Absicht, beide Kronen zu behalten, schlug er allerdings seinen jüngeren Bruder als Vizekönig vor.

Der Thron wurde als unbesetzt erklärt, und nach einer heißumkämpften Wahl, in der die Habsburger als energische Bewerber auftraten, wurde Stefan Bathory, Herzog von Siebenbürgen, im Dezember 1575 gewählt. Innerhalb von vier Monaten bestieg er den Thron, wurde mit Zygmunt Augusts Schwester Anna Jagiełłonka vermählt und gekrönt. Er erwies sich als starker König und fähiger Soldat, wehrte die Bedrohungen des Kaisers und der Moskoviter ab, aber er regierte nur zehn Jahre und hinterließ bei seinem Tod wiederum einen leeren Thron. Nachdem die Habsburger ihren Anspruch nicht mit Gewalt durchsetzen konnten, wählte der Sejm Sigmund Wasa, den Sohn von König Johann III. von Schweden. Diese Wahl war jedoch nicht sehr glücklich. Als ein fanatischer Katholik und mit einer Habsburgerin als Frau unterzeichnete Zygmunt einen »ewigen« Frieden mit Wien, während seine jesuitische Kamarilla jeglichen anderen Einfluß abblockte und versuchte, Polen wieder zum Katholizismus zu bekehren. Nach dem Tod seines Vaters folgte er ihm auf den schwedischen Thron und machte sich dort bald so unbeliebt, daß er Stockholm verließ und von dem schwedischen Parlament formell abgesetzt wurde. Innerhalb der folgenden fünfundvierzig Jahre zog er als König von Polen das Land immer wieder in Kriege gegen Schweden hinein, was dem Sejm wenig gefiel. Die Unzufriedenheit spitzte sich zu, als er 1605 den Vorschlag machte, die Armee zu vergrößern, das Unterhaus des Sejm abzuschaffen und die Religionsfreiheit zurückzunehmen. Eine Gegenversammlung der Szlachta trat in Sandomierz unter der Führung von Janusz Radziwiłł und Mikołaj Zebrzydowski, Palatin von Krakau, zusammen und beschloß seine Absetzung vom Thron. Die königlichen Truppen blieben aber loyal und trieben die Rebellen rasch auseinander. Von nun an gab es nicht mehr die friedliche und stabile Gesellschaft in Polen wie in dem letzten Jahrhundert.

Die polnische Verfassung, die genauso ungeschrieben war wie die von England, zeigte bald deutliche Schwächen. Die gewählte Monarchie funktionierte nur dann, wenn der König – einziger Repräsentant der exekutiven Gewalt und verantwortlich für die Ernennung der Kastellane, Palatine und Bischöfe, die den Senat bildeten – in Übereinstimmung mit der politischen Nation agierte. Zygmunt III. tat genau das Gegenteil. Ebenso handelte der Sejm ausschließlich im Interesse der Szlachta. Während des 16. Jahrhunderts waren die meist unterrepäsentierten Städte von dem legislativen Prozeß ausgeschlossen und die Szlachta nicht zum Handel zugelassen. Das in Polen einzigartige Recht auf legale Rebellion wurde erst dann wirksam, wenn der König seinen Krönungseid, alle traditionellen Rechte und Privilegien einzuhalten, brach. Theoretisch war dies ein wirkungsvoller Schutz vor Tyrannei, konnte aber nur allzu leicht in eine Aufforderung zur Anarchie ausarten. Ebenso beinhaltete das »Liberum veto«, das Prinzip, daß kein Gesetz ohne Einstimmigkeit in Kraft treten kann, die Möglichkeit, die Regierung des Landes auf Jahre hinaus lahmzulegen.

Trotz der Unsicherheiten dieser Zeit blühte die Architektur weiterhin. Nach 1575 veränderte sich jedoch das kulturelle Umfeld. Im 17. Jahrhundert bestimmte der Renaissancestil und seine manieristischen Abarten nicht mehr die gesamte Kunst, denn das Barock war bereits im Vormarsch. Sowohl Stefan Bathory und seine Königin als auch die Magnaten bauten weiterhin Paläste und Schlösser sowie zahlreiche Grabkapellen in den Städten oder auf dem Lande. Polen war von nun an in zwei künstlerische Zonen geteilt, die eine rund um Danzig, die andere um Krakau, wobei deren Bedeutung mit dem Aufstieg von Konkurrenzstädten wie Lublin oder Lemberg (Lwów) abnahm. In diesen Städten, wo die Renaissance sich erst um die Mitte des Jahrhunderts durchgesetzt hatte, wurde dieser Stil durch manieristische Einflüsse aus den Niederlanden bereichert, ausgeführt von Baumeistern und Bildhauern wie Anton van Opbergen, Willem van der Blocke und dessen Sohn Abraham. Sie entwarfen sowohl prachtvolle Rathäuser als auch Verzierungen und Skulpturen. Van Opbergens Arsenal in Danzig (1602–1605) ist ein Meisterwerk, dessen Fassade reich verziert und in der Form der mit Giebeln versehenen Bürgerhäuser gehalten ist. Stadttore und Palais kennzeichneten ihre Arbeit, üblicherweise mit unregelmäßigen Erhebungen, Veranden, großen zweigeteilten Fenstern und Steineinfassungen, die sich von den tiefroten Ziegelmauern und Giebeln abhoben. Der niederländische Einfluß zeigte sich – zwar etwas abgewandelt – ebenfalls in Schlesien.

Der bedeutendste Baumeister Südpolens war Santi Gucci. In Ksiaz Wielki bei Kielce baute er eine Residenz für Bischof Piotr Myszkowski. Dieser *palazzo in fortezza* (ein unbefestigtes Schloß innerhalb einer Befestigungsmauer) weist einen kompakten Mittelbau und mit Bossenwerk verzierte Mauern auf und dazu als Gegengewicht auf beiden Seiten leichte Pavillons, die mit dem Hauptbau durch unterbrochene Arkaden verbunden sind. Erstmals wurde auf den traditionellen Innenhof zugunsten einer konkreten Innengestaltung verzichtet. Gucci baute für den König auch ein heute nicht mehr existierendes Herrenhaus in Łobzów bei Krakau. Er war vermutlich auch der Baumeister von Schloß Baranów für die Leszczyńskis. Da er auch als Bildhauer tätig war, entwarf er zahlreiche Grabmäler, die nach ihrer Fertigstellung häufig auf der Weichsel nach Masowien gebracht wurden, vor allem in die Gegend rund um Płock.

In Ostpolen konnte man ebenfalls eine explosionsartige Ausbreitung der Bautätigkeit feststellen. Die Werkstätten von Lublin waren voll von Handwerkern aus Como, die wunderschöne Kirchen, besonders in der Stadt und in Kazimierz Dolny, bauten; ihre dekorativen Rippengewölbe und Stuckarbeiten wurden im ganzen Lande gerühmt. Sie bauten auch wunderschöne, mit Arkaden versehene Stadthäuser, deren Fassaden mit Reliefs verziert sind, die in ihrer willkürlichen Anordnung den Charme der naiven Volkskunst ausstrahlen. Auch große Schlösser wurden gebaut, von denen das bedeutendste jenes in Krasiczyn bei Przemyśl war, das über einen Zeitraum von zwanzig Jahren für Marcin Krasicki erbaut wurde. 1597 plante Galeazzo Appiano ein Renaissancegebäude rund um einen quadratischen Innenhof, mit unregelmäßigen Galerien und Arkaden sowie einer winzigen Loggia im zweiten Stockwerk oberhalb des Treppenhauses. Das Dachgeschoß war besonders prunkvoll geschmückt, und die vier massiven Türme wurden »päpstlich«, »königlich«, »aristokratisch« und »göttlich« (letzterer enthielt die von einer Kuppel bedeckte Kapelle) genannt. Das Interessanteste daran waren aber Sgraffiti auf der Fassade, die Themen der Sarmaten und der Gegenreformation darstellten. Dies war eines der wenigen Beispiele für den Einfluß des Barock, wobei man aber daran erinnern muß, daß die barocke Umgestaltung des königlichen Schlosses von Warschau genau zu diesem Zeitpunkt stattfand.

Das bedeutendste Bauprojekt dieser Zeit war jedoch zweifellos Jan Zamoyskis Errichtung der Stadt Zamość, die vollständig im Stil der Renaissance erbaut wurde. Der berühmte venezianische Baumeister Bernardo Morando wurde 1579 engagiert, um eine ideale Stadt für mehrere tausend Menschen als Handwerks- und Handelsmetropole in der Nähe der wichtigen Handelsstraßen zu erbauen. Im darauffolgenden Jahr wurde mit den Arbeiten begonnen. Eine fünfeckige, mit Türmchen versehene Stadtmauer umschloß zwei Rechtecke, von denen das eine den Hauptplatz und die kleineren Marktplätze, das andere die Wohnviertel umfaßte. Die Längsachse zog sich von Zamoyskis Haus zu dem mittleren Ostturm über den Marktplatz und schnitt dort die Querachse, auf der zwei kleinere Plätze lagen. An einer zweiten Querachse standen die Universitätskirche und die Akademie. Eine Synagoge, eine Bibliothek, das Arsenal, die öffentlichen Bäder, die Kirchen der anderen Konfessionen und ein ausgeklügeltes Abwassernetz waren allesamt in den Originalplänen vorgesehen. Zu Beginn des 17. Jahrhunderts waren die wesentlichen öffentlichen Gebäude fertiggestellt, und Zamość blühte und gedieh, allerdings dauerten die Arbeiten noch bis etwa 1640 an. Einige andere Magnaten versuchten, diese Idee aufzugreifen, aber sie waren dabei nicht sehr erfolgreich. Die Stadt überlebte als ein einzigartiges Monument des Glaubens der polnischen Oberschicht, ein Utopia auf Erden zu schaffen.

Im Verlauf des 17. Jahrhunderts trat diese Vorstellung jedoch mehr und mehr in den Hintergrund. Die Unstetigkeiten der Regierung und die Intrigen der mächtigen Magnaten, von denen sich viele in die Nachfolgekämpfe Rußlands einmischten, führten Polen in einen regelrechten Krieg. Polnische Truppen besetzten Moskau, und Zygmunts Sohn Władisław wurde von den Bojaren zum Zaren gewählt.

EINLEITUNG

Hauptplatz der Stadt Zamość, Ostpolen.

Er regierte nur kurze Zeit, denn ein Gegenzar, Mikhail Romanov, wurde 1613 gewählt. Jedenfalls blieb die Lage äußerst verworren, mit sporadischen Kämpfen bis zum Jahre 1633, als Władysław formell auf alle Ansprüche auf den Moskauer Thron verzichtete. Danach erschien Polen als friedliches Land, während das restliche Europa in den Dreißigjährigen Krieg verstrickt war, doch der Schein trog. Die Spannungen innerhalb Polens zeigten sich vor allem in der großen, fruchtbaren Ukraine, wo die unterschiedlichsten Bevölkerungsgruppen unter der polnischen Herrschaft litten. Der päpstliche Irrtum, orthodoxe Konvertiten für die Kirche und die Anerkennung der Vorherrschaft Roms zu gewinnen, indem man ihnen die Beibehaltung des orthodoxen Ritus, der Institution der verheirateten Priester und der Kommunion in beiderlei Gestalt erlaubte, verärgerte die Masse der Bevölkerung. Nur wenig ruthenische Adelige, die sich der westlichen Kultur anschließen wollten, konvertierten direkt zum römischen Katholizismus.

Die Kosaken, Freibeutergemeinden am Dniepr, wurden ebenfalls von der Regierung vor den Kopf gestoßen. 1648 revoltierten sie, schlugen die königlichen Truppen und plünderten mit Hilfe ihrer tatarischen Verbündeten das Land. Zu diesem Zeitpunkt starb Władysław. Ihm folgte sein farbloser jüngerer Bruder, Jan Kazimierz, der unter dem Einfluß der Jesuiten und seiner zänkischen Frau, Marie Louise von Gonzague, stand. Die Russen fielen ein und kamen den Kosaken zu Hilfe, dann griffen die Schweden vom Baltikum her an, und Litauen sagte sich los. Um 1655 schien Polen auseinandergefallen zu sein, obwohl noch einige Städte ausharrten.

POLEN

Schließlich startete der König eine Gegenoffensive. Nach jahrelangen Kriegshändeln zog schließlich wieder Friede ein, die Ukraine wurde zwischen Polen und dem Zaren aufgeteilt. Aber Polen ging ausgeplündert und erschöpft aus dem Krieg hervor und befand sich jetzt in einer wesentlich schwächeren Position gegenüber Rußland und der Türkei.

Die Gesellschaft war weniger tolerant geworden. Die Ausbreitung der Gegenreformation hatte zur Folge, daß man im ausgehenden 17. Jahrhundert nur dann in den Reihen der Szlachta aufgenommen wurde, wenn man katholisch war. Obwohl es nach wie vor Religionsfreiheit gab, wurden Sekten wie die Arianer und die Quäker verboten, und die protestantische Bevölkerung nahm ab. Die Anzahl der Klöster wurde größer, und es wurden viele neue Bettelorden gegründet. Die dynamischen Jesuiten, die hier wie im restlichen Europa die Hauptbekehrer waren, gründeten überall im Lande Universitäten und erzwangen allmählich die Schließung von Institutionen wie die von der Familie Leszczyński gegründete Arianische Akademie in Leszno. Obwohl sie Bedeutendes für die Kunst leisteten, vor allem auf dem Gebiet der Malerei und der Architektur, trugen die Jesuiten doch zu einer gewissen Erstarrung des Geisteslebens bei, da sie jegliche Idee, die nicht in ihre Dogmatik paßte, ablehnten. In ihrer Darstellung schilderten sie Polen geschickt als den Verteidiger des Christentums gegen die Türken und die Tataren. Die religiöse Inbrunst, die sie verbreiteten, brachte besonders tapfere Soldaten hervor, vor allem unter den Husaren, dem berühmten Kavallerieregiment. In der polnischen Armee war die Kavallerie dreimal so zahlreich wie die Infanterie.

Die sozialen Gegensätze innerhalb der Szlachta verstärkten sich, als die Getreidepreise fielen, die Exporte sich verringerten und eine landwirtschaftliche Rezession einsetzte. In Wielkopolska gelang es einigen, ihre eher kleinen Besitze zu behalten, aber in anderen Gegenden mußten sie häufig ihren Besitz aufgeben und sich bei einem der großen Magnaten verdingen. Es entstand eine neue Oligarchie, als Magnaten wie die Potockis, die Lubomirskis und die Zamoyskis immer reicher und mächtiger wurden und die wichtigen Staatsämter monopolisierten. In Litauen, wo die Szlachta immer schon politisch unbedeutend war, war die Lage noch schlimmer. Die Neuverarmten zogen sich häufig auf sich selbst zurück, interessierten sich nicht mehr für das Geschehen in der Welt und glaubten an die Vorteile des Landlebens in der Einheit mit Gott und der Natur. Da ein großer Teil der Szlachta sich weniger für die nationale Politik als für unbedeutende lokale Ereignisse interessierte, verlor der Sejm jeglichen Zusammenhalt. Im Laufe des 17. Jahrhunderts begannen die Polen, sich in ihren Trachten und Frisuren ihren ewigen Gegnern, den Türken, anzugleichen; sie gingen sogar so weit, die islamische Kunst zu schätzen. In ihrer Freude am Extravaganten und am Prunkvollen, die sie aus ihrer legendären Herkunft aus Sarmatien schöpften, ähnelten sie den Ottomanen. Jedes überschüssige Geld wurde in bewegliche Güter wie Bilder, Tapisserien und Plastiken investiert, die in den Kriegszeiten besonders unter den Plünderungen gelitten hatten. Die Magnaten unterhielten kleinere Höfe, reisten im ganzen Land mit einem beachtlichen Gefolge herum und ignorierten die Verordnungen des Staates. Die exotische Mischung aus östlichen und westlichen Eigenschaften vertiefte immer stärker die Kluft zwischen Polen und der Welt Westeuropas.

Im 17. Jahrhundert wurde die wirtschaftliche Lage Polens immer schlechter. Durch seine auf Landwirtschaft und den Export von Rohstoffen ausgerichtete Wirtschaft war das Land von jedem Rückgang der Nachfrage im Ausland abhängig, während seine Importe ständig stiegen. Die Kriege um die Mitte des Jahrhunderts hatten der Bevölkerung viele Opfer abverlangt, und sie war zwischen 1600 und 1660 stark dezimiert worden. Größere Städte hatten bis zu zwei Drittel ihrer Einwohner verloren, und viel fruchtbares Land lag brach. Die Wasakönige kümmerten sich nur zeitweise um die wirtschaftliche Entwicklung des Landes. Eine minimale Besteuerung hatte zur Folge, daß gerade die produktivsten Gegenden nie richtig bemessen wurden, und das nationale Steueraufkommen erreichte kaum ein Zehntel des französischen. Wirtschaftliche Veränderungen waren jedoch nicht möglich, denn sie setzten politische Reformen voraus, die von der führenden Schicht abgelehnt wurden. Da es keine erbliche Dynastie gab, fehlte der Krone die wahre Machtgrundlage, um eine Änderung durchzusetzen.

Porträt des Stanisław Herakliusz Lubomirski, wahrscheinlich von Ádám Mányoki, spätes 17. Jahrhundert (Sammlung Łazienki).

EINLEITUNG

Trotz dieses betrüblichen Abgleitens in den Verfall, gelang es Polen schließlich doch wieder, zu einer Blüte zu kommen. Der kränkliche Jan Kazimierz dankte 1667, nach dem Tod seiner Frau, ab und zog sich nach Frankreich zurück. Als Nachfolger wurde ein schwacher Aristokrat gewählt, und die Türken starteten zwei große Invasionen, bei denen sie ganz Podolien und die Ukraine eroberten. In dieser Krisensituation trat eine entscheidende Persönlichkeit auf. Nachdem der Sejm genügend Geld für 50 000 Soldaten bewilligt hatte, wurden diese von ihrem Oberbefehlshaber Jan Sobieski 1673 in die Schlacht bei Chocim geführt, wo die türkischen Armeen vernichtend geschlagen werden konnten. Im darauffolgenden Jahr wurde Sobieski zum König gewählt, und Polen hatte wieder einen starken Herrscher. In der Öffentlichkeit gab er sich anständig und fromm, aber er war auch zynisch, habgierig und ehrgeizig. Als echter samartinischer Edelmann liebte er alles Orientalische, obwohl er sein ganzes Leben lang gegen die Ungläubigen kämpfte. Er war aber auch ein Mann von weltmännischem Geschmack, lebte in einem Palast im italienischen Stil und war mit einer Französin verheiratet. Sobieski hatte verstanden, mit einer erfolgreichen Außenpolitik das nationale Prestige wiederherzustellen. Obwohl es ihm nicht gelang, die preußische Expansionspolitik zu verhindern, errang er europäisches Ansehen durch seinen Einsatz bei der Türkenbelagerung von Wien und der Zerschlagung ihrer Armee im Jahre 1683. Aber die eifersüchtigen Magnaten bekämpften seine Stellung und vereitelten viele seiner Pläne. Krank und apathisch starb er 1696, und das polnische Staatsschiff wurde abermals steuerlos.

Es wurde wiederholt festgestellt, daß das künstlerische Leben eines Landes wenig mit dessen politischem Wohlbefinden zu tun hat; eine Feststellung, die für Polen sowohl im 17. Jahrhundert als auch später zutrifft. Das Goldene Zeitalter des Landes war jedenfalls vorbei, es wurde aber, wie Optimisten behaupteten, von einem Silbernen Zeitalter gefolgt. Es war die Zeit der Barockarchitektur, deren letzte Ausläufer erst zwei Jahrhunderte später endgültig verschwanden. Drei Strömungen waren zusammengekommen und hatten den polnischen Barock beein-

Statue von König Jan Sobieski, über die Türken triumphierend, spätes 17. Jahrhundert (Sammlung Wilanów).

271

flußt: die italienisierende Kunst der Gegenreformation, die von den Jesuiten und den Karmelitern eingeführt und sowohl vom Hof als auch von den Magnaten unterstützt wurde, der niederländische Humanismus, der das Interesse am Menschen und dessen Umgebung weckte und vornehmlich die städtische Bauweise beeinflußte, und schließlich die neuen, von den lokalen Handwerkerzünften entwickelten künstlerischen Formen und Motive.

Der erste Barockbau Polens war die Kirche von Nieśwież, die von den Radziwiłłs 1584 bei Giovanni Maria Bernardoni in Auftrag gegeben worden war und die zahlreiche Ähnlichkeiten mit Vignolas Gesù in Rom aufwies. Darauf folgten sehr schnell weitere Kirchen in Lublin, Lwów, Krakau und Warschau. Der verschwenderische Umgang mit dem Raum unterstrich das einfache Interieur unter der großen Kuppel mit einer stark ausgeleuchteten Apsis, die dem Schiff sowohl Licht zuführte als auch eine herrliche Akustik produzierte. Der Stil wurde vom Hof übernommen, als der nördliche Wohntrakt des Wawels 1595 abbrannte. Zygmunt III. ließ ihn im Barockstil wiederaufbauen und betraute damit den Hofbaumeister Giovanni Trevano aus Lugano. Auf Wunsch des Königs wurden sämtliche Portale, Fensterumrahmungen und Kamine aus braunem Marmor gebaut. Trevano vermied jegliches Ornament und verließ sich ausschließlich auf die Wirkung seiner reinen, kräftigen Architektur.

Als der König 1597 beschloß, die Hauptstadt von Krakau nach Warschau zu verlegen, wollte er eine neue Residenz an der Stelle einer kleinen mittelalterlichen Burg errichten. Über zwanzig Jahre brauchte der berühmte Hofbaumeister Matteo Castelli, um das königliche Schloß fertigzustellen. Es handelt sich um einen bemerkenswert schlichten Bau ohne jegliche Verzierungen, der nur leicht durch einige bescheidene Formen gegliedert war. Der unregelmäßige fünfflügelige Grundriß war rund um einen dominierenden Uhrturm gebaut, der mit seiner hochbarocken Turmspitze und seinen Ecktürmchen stark an die mittelalterliche Tradition Polens erinnerte. Nach und nach entwickelte sich dort ein glanzvolles höfisches Leben; in regelmäßigen Abständen kamen Wandertruppen mit englischen Schauspielern, um Stücke von Shakespeare und Marlowe aufzuführen. Um 1620 entwarf Castelli für Zygmunt in dem nahe gelegenen Ujaazdów einen ebenso großen Sommerpalast, der mit seinen achteckigen Türmchen an den Ecken wiederum auf gotische Vorbilder zurückgriff. Hier gab es jedoch einige Neuerungen, wie zum Beispiel die von dreistöckigen Arkaden gebildete Loggia mit Blick auf die Weichsel, oder aber das hohe, steile Dach ohne vorgebautes Obergeschoß.

Es dauerte nicht lange, bis die Magnaten den neuen, vorherrschenden Stil übernahmen. Für Stanislaw Lubomirski, Palatin von Krakau und Fürst des Heiligen Römischen Reiches, dessen Vater als Verantwortlicher für die Salzminen das Familienvermögen erworben hatte, baute Matteo Trapola ein Schloß in Łańcut, und von 1615 an gestaltete er dessen Schloß Nowy Wiśnicz in Małopolska um. Strategisch günstig auf einem Hügel gelegen, wurde es zu einem großen, dreigeschossigen Viereckbau erweitert, umgeben von einem fünfeckigen Schutzwall mit Basteien und ausgestattet mit einem prunkvoll ausgeschmückten Haupttor. Das Schloß hatte einen Hof für etwa zweihundert Personen und genügend Raum für zahlreiche Bedienstete und eine ständige Garnison. Der Hof wurde mit einer eleganten Loggia mit Arkaden versehen, die Kapelle mit einer verzierten Galerie umgestaltet. Manche der Bauten aus dieser Zeit waren weniger harmonisch; die Sommerresidenz des Bischofs von Krakau in Kielce wirkt merkwürdig schwerfällig mit ihren theatralisch an den Haupttrakt angefügten Doppeltürmen, und das riesige Schloß von Podhorce in Podolia, das um 1630 für die Koniecpolskis erbaut wurde, ähnelt eher einer Festung als einer Residenz. Aber die Gegenreformation brachte auch andere Bauten hervor, wie zum Beispiel den Wallfahrtsort in Kalwaria, westlich von Krakau, der nach 1600 von den Zebrzydowskis gebaut wurde. Dort war der gesamte Hügel mit Kapellen und anderen Monumenten bedeckt.

Um die Mitte des 17. Jahrhunderts gab es in der Architektur und in der Malerei einen relativ einheitlichen Barockstil, in dem sich die venezianische Schule, die riesige Bilder produzierte, mit den Nachfolgern der flämischen Porträtmaler verschmolzen hatte und der eine Flut von eher ikonographischen als künstlerischen Bildern im Stile Sarmatiens hervorbrachte. Als Warschau die künstlerische Ober-

EINLEITUNG

Nowy Wiśnicz, Südpolen, aus der Ferne gesehen.

hand erlangt hatte, verloren die lokalen Zentren durch die Standardisierung der Bauweise an Bedeutung. Elegante, lineare Konstruktionen mit konkaven Feldern und flachen Pilastern waren für die Bauten dieser Zeit charakteristisch. Das riesige Schloß von Krzyżtopór ist ein typisches Beispiel dafür. Erbaut für Krzysztof von Ossoliński, bestand es aus einer Reihe von Höfen auf ausladenden, sternförmigen Befestigungsanlagen rund um einen zentralen Ehrenhof. Schwarzer Dębnik-Marmor war sowohl für die Felder oberhalb der Fenster, auf denen lateinische Inschriften angebracht waren, als auch für das prachtvolle barocke Rebus über dem Hauptportal, welches ein Kruzifix und eine Axt, das Familienwappen, darstellte, benutzt worden. Es dauerte dreizehn Jahre lang, diese großartige Kulisse zu schaffen, bedauerlicherweise bestand sie aber nur kurze Zeit. Krzyżtopór wurde 1655 von den Schweden niedergebrannt und niemals wiederaufgebaut.

Glücklicherweise wurde die Barockarchitektur von einem bemerkenswert talentierten Mann, Tylman van Gameren, wiederbelebt. 1632 in Utrecht geboren, kam er mit vierunddreißig Jahren nach Polen, und zwar auf Nachfrage von Stanisław Herakliusz Lubomirski, einem jungen Mann mit einer intellektuellen Frau, der sich für einen Schriftsteller und Philosophen hielt. Tylman nahm die polnische Staatsbürgerschaft an und nannte sich Gamerski. Nach den Verwüstungen der Schweden um die Mitte des 17. Jahrhunderts mußte Warschau mehr oder weniger neu aufgebaut werden, und Tylman und sein Protektor diktierten zum großen Teil den künstlerischen Geschmack in der neu zu bauenden Hauptstadt. Er propagierte einfache Grundrisse, Schlichtheit und Zurückhaltung als Grundlagen der »harmonischen« Kunst und avancierte sehr bald zum begehrtesten Baumeister. Für Lubomirski entwarf er einen Gartenpavillon im Ujazdów-Park mit einem Badehaus, das eines Tages in den Łazienki-Palast umgestaltet werden sollte. Er schuf auch zwei weniger gelungene große Schlösser, Puławy und das größte von allen, Łubnice, das aber vollständig zerstört worden ist. An der Weichsel hat er vermutlich das reizende Otwock Stary für die Bielińskis gebaut, ein Schloß mit erlesenen roten Stuckreliefs, Urnen und Trophäen, mit Pedimenten über allen Fenstern und einem girlandenverzierten Bacchanal im mittleren Tympanon. Grabki Duże, ein besonders reizendes Haus, das unter seiner Leitung in Małopolska gebaut wurde, war für einen aus der Türkei zurückgekehrten Diplomaten entworfen und hatte vier untereinander durch eine Halle in einem Oktogon verbundene kleine Pavillons.

Auch der König, Jan Sobieski, fand Gefallen am Barockstil und ließ sich 1677 in Wilanów, nahe der Hauptstadt, einen Sommerpalast bauen. Immer mehr Adelspalä-

POLEN

ste entstanden in Warschau, die meisten stammten von Tylman. Die Palais Morsztyn und Ossoliński bestehen zwar nicht mehr, hingegen gibt es noch das kleine Ostrogski-Palais und den großartigen Kasiński-Palast, letzterer geschmückt mit mächtigen Pilastern. Nicht alle der fünfundsiebzig weltlichen und kirchlichen Gebäude, die Tylman zugeschrieben werden, entsprechen diesem Standard. Auch die Qualität der sogenannten Schule von Wilno und Krakau mit ihrer emotionalen und unruhigen Ästhetik, die vor allem auf die Gefühle der Betrachter wirkt, ist sehr unausgeglichen. Dennoch war es beruhigend, daß das umkämpfte Staatswesen trotz der Aufeinanderfolge politischer Katastrophen eine solche Fülle großartiger Bauten hervorgebracht hat.

1697 befand sich der Sejm in einem traurigen Zustand – ein Beispiel für den Verfall der Nation. Obwohl ein französischer Kandidat als Nachfolger Sobieskis, der ein Jahr zuvor gestorben war, gewählt wurde, hatte dessen Rivale, Friedrich August, Kurfürst von Sachsen, sich des Thrones bemächtigt und wurde als August der Zweite, genannt der Starke, gekrönt. Dieser Beiname bezog sich mehr auf seinen Körperbau und seine Manneskraft als auf seine Intelligenz. Er wollte Polen in eine absolute Monarchie umwandeln und verwickelte bereits nach kurzer Zeit seine Untertanen, in einem Bündnis mit Peter dem Großen, in einen Krieg mit Schweden. Als die Russen bei Narva vernichtend geschlagen wurden, wollte er Frieden schließen, aber die Schweden waren dafür nicht zu gewinnen. Sie marschierten zuerst in Sachsen ein, verlangten die Absetzung des Königs, arrangierten dann eine neue

Gartenansicht von Schloß Otwock Stary bei Warschau.

EINLEITUNG

»Wahl« durch eine gefügige Szlachta und proklamierten den Palatin von Posen, Stanislaus Leszczyński, 1704 zum König von Polen. Dessen Herrschaft war allerdings von kurzer Dauer, denn als die Schweden bei Poltava fünf Jahre später besiegt wurden, kehrte August der Starke wieder auf den Thron zurück. Seine Stellung war durch diese Vorgänge allerdings so geschwächt worden, daß er praktisch nur noch eine Marionette der Russen war. Als der König einmal mit dem Sejm nicht mehr zurechtkam, schickte der Zar 1717 einen Abgesandten mit 18 000 Soldaten nach Warschau, um wieder Ruhe herzustellen. Das aufstrebende Preußen zeigte eine ähnliche Mißachtung gegenüber Polen – der Kurfürst von Brandenburg nannte sich nunmehr »König von Preußen«, obwohl das Herzogtum eigentlich noch immer ein Vasall Polens war.

Als August im Jahre 1733 infolge einer Alkoholvergiftung starb, soll er zuvor noch die unsterblichen Worte gesagt haben: »Mein ganzes Leben war eine einzige, ununterbrochene Sünde. Möge Gott mir gnädig sein.« Die dreizehntausend Wahlmänner, die sich in Warschau versammelt hatten, stimmten alle für Leszczyński, aber Rußland, Österreich und Preußen hatten andere Absichten. Sie hatten beschlossen, daß der Sohn des Königs, ebenfalls August genannt, die Nachfolge antreten sollte, und regelten dies entsprechend mit Hilfe einer kleinen Versammlung willfähriger Szlachta. Diese Anmaßung blieb aber nicht ohne Folgen, denn Ludwig XV. von Frankreich war der Schwiegersohn von Leszczyński – der polnische Erbfolgekrieg begann. Zwei Jahre sporadischer Kämpfe führten zu nichts, und Leszczyński wurde mit dem Herzogtum Lothringen entschädigt. Die Regierungszeit Augusts III. währte dreißig Jahre, wovon er nur einen Bruchteil in Polen verbrachte. Da er die Privilegien der Szlachta unangetastet ließ, war er bei ihr nicht unbeliebt. Die verfassungsmäßigen Freiheiten der Polen, besonders das »Liberum veto«, mit dem alle Gesetze im Sejm blockiert werden konnten, wurden eifrig von den angrenzenden Staaten geschützt, da dies der sicherste Weg zur Fortsetzung der verworrenen Zustände in Polen war. Das Land wurde von einigen wenigen Magnatenfamilien regiert, denen halb Europa hofierte.

Der Abstand zwischen den Reichen und den Armen war in der Mitte des 18. Jahrhunderts weiter angewachsen, und der Krieg gegen Schweden hatte verheerende Schäden angerichtet. Die Preise für landwirtschaftliche Produkte und andere Güter fielen, während die Erträge im Gegensatz zu Westeuropa kaum anstiegen. Die Mehrzahl der Bauern und die niedere Szlachta mußten Einbußen in ihrem Lebensstandard hinnehmen, viele Familien der Szlachta hatten überhaupt keinen Landbesitz mehr. Ohne eine Ausbildung, hauptsächlich beschäftigt mit der Jagd, dem Militärdienst, dem Verkauf ihrer landwirtschaftlichen Erzeugnisse und mit Prozessen gegen ihre Nachbarn, hatten die Mitglieder der Szlachta nur mehr wenig Ähnlichkeit mit dem »kultivierten polnischen Edelmann« von vor zweihundert Jahren. Obwohl es in Polen die Leibeigenschaft im russischen Sinne nicht gab, waren die Bauern – von einer nicht unbedeutenden Anzahl, die eigenen Grund besaßen, einmal abgesehen – schon aus wirtschaftlichen Gründen an die Scholle gebunden. Außerdem kontrollierten die Grundbesitzer die Gerichte und konnten über Leben und Tod ihrer Pächter entscheiden. Bezeichnenderweise waren die Juden in dieser Zeit wirtschaftlicher Stagnation diejenigen, die am meisten verarmten.

Den Magnaten ging es jedoch eindeutig gut. In Ostpolen hatten sich seit dem 16. Jahrhundert die Landbesitze mit mehr als 7500 Hektar verdreifacht und machten jetzt mehr als die Hälfte der Gesamtfläche aus. In Litauen und in der Ukraine waren einige Besitzungen größer als viele deutsche Fürstentümer. Der Luxus wurde unübersehbar und war häufig von fragwürdigem Geschmack. Nieśwież, ein riesiges Ensemble von Gebäuden rund um einen sechseckigen Hof, der von einem Graben umgeben war, wurde seit etwa 1580 von den Radziwiłłs ständig vergrößert. Mit seinen zwölf großen Hallen, den sieben goldenen Kuppeln und dem Peristyl, ein mit goldenen Säulen umgebener Hof, erweckte es jedoch eher einen vulgären Eindruck. Nieśwież war keineswegs ein Einzelfall – in Schloß Żółkiew waren vier Türme mit vergoldetem Kupfer gedeckt, und Podhorce wurde im 18. Jahrhundert durch plumpe Umbauten, die die ursprüngliche Silhouette zerstörten, ruiniert. (Die wundervolle Architektur der terrassenförmig angelegten Gärten blieb davon allerdings unberührt.) Białystok, ein von Tylman van Gameren für die Branickis

POLEN

gebautes Schloß, wurde in den dreißiger Jahren des 18. Jahrhunderts von Sigismund Deybel zu einem unförmigen, riesigen Gebäude erweitert und veranlaßte Prinzessin Marthe Bibesco zu ihrem berühmten Ausspruch: »C'était Versailles sans la Révolution française, mais aussi Versailles sans génie.« (Es ist ein Versailles ohne die Französische Revolution, aber auch ein Versailles ohne Genie.) Tatsächlich wird überliefert, daß die Bibliothek nur 170 Bücher umfaßte, während in den Ställen 200 Pferde gehalten wurden und im Theater 400 Besucher Platz fanden.

Mögen die beiden Sachsenkönige auch Schwächen gehabt haben, beide waren sie begeisterte Kunstliebhaber. Schließlich waren sie es, die ihre Hauptstadt Dresden in ein Schmuckstück Europas verwandelten. Ihr einzig bedeutender Beitrag in Polen war der Bau eines neuen Traktes am königlichen Schloß in Warschau und die Neuausstattung seiner Einrichtung. Ihnen ist es jedoch zu verdanken, daß der italienische Einfluß in der Architektur Polens durch den Frankreichs und durch das Dresdner Rokoko ersetzt wurde. Die bedeutendsten Vertreter dieser Stilrichtung waren Józef und Jakub Fontana, Mitglieder einer polnisierten Baumeisterdynastie aus dem Schweizer Kanton Tessin, die sich vor etwa hundert Jahren in Polen niedergelassen hatte. Sie bauten eines der schönsten Schlösser Masowiens in Radzyń Podlaski, das 1750 für die Potockis umgebaut wurde. Drei Flügel umschlossen einen viereckigen Hof, und das zweigeschossige Haupthaus hatte einen leicht erhöhten Mitteltrakt. Beide Seitenflügel haben Portale, die von Türmen mit Obelisken überragt werden. Die Orangerie war ähnlich angelegt, mit neun großen Fenstern und ionischen Doppelsäulen zwischen Pilastern an jedem Ende. Radzyń Podlaski war in seiner Art sehr französisch; ein brillanter Entwurf, der bewies, daß die Polen noch immer äußerst schöpferisch waren.

Ungeachtet des politischen Chaos, zeigten sich doch einige Hoffnungsschimmer. 1747 wurde die Bibliothek der Brüder Załuski als erste Handbibliothek Europas, die innerhalb von fünfzig Jahren auf über eine halbe Million Bände anwuchs, dem Publikum zugänglich gemacht. Einige Mitglieder des Hochadels, unter Führung der »Familia«, wie die Verwandten und Anhänger der Familie Czartoryski

Gesamtansicht durch die Tore von Radzyń Podlaski, Ostpolen.

EINLEITUNG

genannt wurden, die aus fünf Kindern aus der Ehe des Prinzen Kazimierz Czartoryski mit der Erbin Izabela Morsztyn stammten, verlangten nach Reformen. Einer der Söhne, August, hatte einen Sohn, Adam Kazimierz, für den sich Hoffnungen auf den Thron ergaben, da die Familie von den Jagiellonen abstammte. Eine der Töchter heiratete einen Mann von bescheidener Herkunft aus der Szlachta, Stanisław Poniatowski, der ein hervorragender Offizier und Diplomat wurde. Beide hatten einen Sohn namens Stanisłaus, der bestens erzogen und weit gereist war. Er ließ sich in Sankt Petersburg nieder und wurde dort 1755 der neue Liebhaber der Großfürstin Katharina. Diese Beziehung sollte ihm Vorteile bringen. Ihre Thronbesteigung sieben Jahre später erfolgte kurz vor dem Tode Augusts III. Als der Sejm zur Wahl eines neuen Königs zusammentrat, ließ die Zarin ihn wissen, daß sie keinerlei Einwände gegen ihren ehemaligen Geliebten hätte, der ja ohnedies der beste Kandidat der »Familia« wäre. So wurde er 1764 gewählt und nahm den Namen Stanislaus II. August an.

Unmittelbar nach seiner Wahl wurden Reformen eingeleitet. Unter den Gesetzesvorlagen für den Konföderierten Sejm (diesen Namen erhielt er, weil er nun mit Mehrheitsbeschlüssen Gesetze beschließen konnte) befanden sich die Errichtung von Steuer- und Militärbehörden, ein nationaler Zolltarif und eine staatliche Akademie für die Ausbildung von Beamten. Mehrheitsbeschlüsse wurden nun auch für die Provinz-Sejms eingeführt. Als aber die Abschaffung des »Liberum veto« vorgeschlagen wurde, erfolgte eine explosive Reaktion von Rußland und Preußen. Sie bestanden nicht nur auf strikter Beachtung der überlieferten konstitutionellen Freiheiten Polens, was jede Aussicht auf Reformen zunichte machte, sondern sie verlangten auch die vollen bürgerlichen Rechte für ihre eigenen religiösen Minderheiten, nämlich für die Orthodoxen und die Lutheraner. Während der König und der Sejm sich diesem Druck beugten, waren andere dazu nicht bereit. Eine Organisation, die sich der »Bund von Bar« nannte und eine seltsame Mischung aus reaktionären Magnaten und liberalen Idealisten war, erklärte Stanislaus August für abgesetzt und begann einen Bürgerkrieg. Die Russen allerdings schlugen diesen rasch nieder und deportierten 5000 Rebellen nach Sibirien.

Diesen Aufstand nahm Friedrich der Große zum Vorwand, um Rußland und Österreich zusammen mit Preußen zur ersten Teilung Polens (1772) zu überreden. Die drei Mächte nahmen sich etwa 30 Prozent des Landes und 35 Prozent der Bevölkerung. Die öffentliche Empörung darüber veranlaßte sie, den Sejm zur Zustimmung zu zwingen, und das Land versank in verzweifelte Ohnmacht. Interessanterweise ergab sich daraus jedoch eine erstaunliche Erneuerung des politischen Lebens der Nation. In den darauffolgenden sechzehn Jahren wurde der verbliebene Rest der Polen von dem »Permanenten Rat«, der ersten modernen Regierung, die sie je hatten, regiert. Durch die Aufhebung des Jesuitenordens im Jahre 1771 erhielt der Staat mehr als fünfzig Kollegien, zwanzigtausend Schüler sowie bedeutende Besitzungen. Der Staat gründete daraufhin ein Komitee für nationale Erziehung zur Überwachung der Schulen und zur Überprüfung der Universitäten. Es wurden bedeutende rechtliche Änderungen ins Auge gefaßt, die letztlich aber nicht durchgeführt wurden.

Stanisłaus August mußte zwar zur Kenntnis nehmen, daß politische Reformen nicht möglich waren; bei der intellektuellen Wiedergeburt des Landes spielte er jedoch eine bedeutsame Rolle. Er gründete den *Monitor*, eine Wochenzeitschrift nach dem Vorbild des englischen *Spectator*, rief ein Nationaltheater ins Leben, förderte Schriftsteller und Dichter, brachte ausländische Komponisten wie Giovanni Paesiello und Domenico Cimarosa nach Warschau und erweckte auf diese Weise wieder eine musikalische Tradition, die es in Polen schon seit dem 14. Jahrhundert gegeben hatte, und unterstützte Kunst und Architektur auf die großzügigste Weise.

Sein Traum, die Errichtung einer Akademie der Wissenschaften und der schönen Künste sowie des Museums Polonicum, wurde jedoch nie verwirklicht. Dennoch gab er ein Vermögen für seine Anliegen aus, in der festen Überzeugung, daß sein kulturelles Vermächtnis zukünftige Generationen zur Vision einer aufgeklärten Nation inspirieren werde. Seine Bemühungen waren auch nicht umsonst. Um 1780 konnte man von einer polnischen Intelligenzschicht sprechen, und zahlreiche aufgeklärte Magnaten, wie zum Beispiel Stanisłaus Lubomirski, Ignacy Potocki und

POLEN

Andrzej Zamoyski, folgten dem Vorbild von Stanislaus August. Einige errichteten Fabriken, ließen Kanäle bauen, förderten die Industrialisierung und gründeten sogar Banken. Der Handel belebte sich langsam wieder, und die städtische Bevölkerung nahm zu, trotz der Aufhebung des Gesetzes, das der Szlachta jede geschäftliche Tätigkeit untersagte.

Aber die »Familia«, zu der jetzt auch der Potocki- und der Lubomirski-Clan gehörte, war gegen den König eingestellt. Ohne persönlichen Reichtum mußte er sich auf seinen natürlichen Charme, seine Intelligenz und auf die Vorteile seiner Stellung stützen. Obwohl kultiviert, weltmännisch und patriotisch, war er dennoch kein Held, und als er Hilfe bedurfte, wandte er sich wieder einmal an die Russen. Allerdings traf er sich mit Katharina im Jahre 1787 ohne Erfolg, denn sie lehnte seine Unterstützung in ihrem Krieg gegen die Türken verächtlich ab. Im folgenden Jahr trat der »Große Sejm« zusammen und nahm angesichts des geschwächten Stanisłaus August die Regierungsgeschäfte in die eigenen Hände. Es wurde eine Aufstockung der Armee beschlossen, die erstmals durch eine Grundsteuer – nämlich zehn Prozent für die Szlachta und zwanzig Prozent für die Kirche – finanziert werden sollte. Der Ständige Rat wurde abgeschafft und eine Kommission für den Entwurf einer schriftlichen Verfassung eingesetzt. Die Radikalen forderten mehr Reformen; inspiriert durch die Französische Revolution schlugen sie vor, den Sejm zur höchsten legislativen und exekutiven Körperschaft zu machen, der sowohl der König als auch seine Minister verantwortlich wären. Das Veto wurde abgeschafft und weitreichende wirtschaftliche Änderungen zur Diskussion gestellt.

Katharina zögerte keinen Augenblick. Beunruhigt durch diesen revolutionären Eifer, holte sie sich österreichische und preußische Unterstützung, und 1792 fiel eine große russische Armee in Polen ein. Widerstand war offensichtlich zwecklos, und Stanisłaus August ergab sich auf der Stelle. Dies nützte jedoch nichts, denn im Jahr darauf unterschrieben die Sieger die zweite Teilung Polens, bei der drei Fünftel des Landes annektiert wurden und ein lebensunfähiger Pufferstaat mit einer Bevölkerung von vier Millionen Menschen übrigblieb. Obwohl der Sejm unter Druck die Teilung ratifizieren mußte, war ein Aufstand unausbleiblich. 1794 brach er in Krakau aus, wo der heldenhafte Tadeusz Kościuszko die russischen Truppen besiegte. Warschau erhob sich ebenfalls, und die Besatzung mußte sich aus der Stadt zurückziehen. Doch die Erhebung führte letztlich zu dem Ergebnis, daß innerhalb von sechs Monaten jeder Widerstand gebrochen war, der König nach Sankt Petersburg verbracht wurde und Polen nach der dritten Teilung von 1795 von der Landkarte verschwunden war.

Die architektonische Entwicklung gegen Ende des 18. Jahrhunderts war beinahe ebenso dramatisch wie die politische. Um 1760 wurde der Klassizismus, hauptsächlich durch den französischen Einfluß, in das Land gebracht. Doch auch England trug zu dieser Entwicklung auf den Gebieten der Architektur, der angewandten Künste, der Malerei, der Bildhauerkunst und der Gartenarchitektur einiges bei. Zunächst existierte der Klassizismus noch neben dem auslaufenden Barock und Rokoko, später dann zusammen mit den romantisierenden Zügen der Neugotik. Für die Anhänger des Klassizismus war die griechische Kunst das ideale Spiegelbild der Philosophie der Aufklärung. Dieser Stil mußte bestimmten Regeln und Vorschriften folgen, er sollte eher linear als phantasievoll sein, einfach in den Formen und zurückhaltend in der Dekoration. Magnaten, wie die Czartoryskis oder die Branickis, hatten bereits Stoffe und Kunstgegenstände im neuen Stil aus Paris mitgebracht, und das Interesse an klassischer Architektur, wie sie auf den Stichen Piranesis dargestellt ist, nahm zu. Letztlich war es jedoch die aktive Förderung durch Stanisłaus August, wodurch sich der Klassizismus in Polen verbreitete.

Als August III. starb, war das Schloß von Warschau halb verfallen und sein Wiederaufbau eine der dringendsten Aufgaben. Unter der Oberaufsicht von Jakub Fontana wurde mit der Errichtung von Repräsentationsräumen mit einer beeindruckenden Fassade zur Altstadt hin begonnen, ebenso mit dem Bau eines Theaters, einer Bibliothek und einer Gemäldegalerie. Bei dem französischen Baumeister Victor Louis in Paris wurden Entwürfe in Auftrag gegeben, dann aber aus Kostengründen wieder fallengelassen. Da in Polen ein Mangel an Material und an Handwerkern herrschte, hieß es, daß es ebenso teuer wäre, einen Palast aus Ziegeln in Warschau

Porträt der Marie Walewska von François Gérard, frühes 19. Jahrhundert (Nationale Porträtsammlung Polens, Schloß Wilanów).

EINLEITUNG

Dekorationen im pompejanischen Stil in Mala Wieś, Mittelpolen.

zu bauen wie einen Palast aus Marmor in Rom. 1767 verzögerte ein großer Brand die Bauarbeiten, die allerdings sehr schnell wieder unter der Leitung des offiziellen Hofarchitekten Domenico Merlini, eines Schülers Fontanas, in Zusammenarbeit mit dem talentierten Innenarchitekten Jan Chrystian Kamsetzer aufgenommen wurden. Verbesserungen und Erweiterungen der ursprünglichen Pläne wurden bis zum Jahre 1786 durchgeführt; dann beschloß der König, seine stark reduzierten Finanzen und seine architektonischen Wünsche nunmehr ausschließlich auf seinen Besitz in Ujazdów, den er bei seiner Thronbesteigung von den Lubomirskis gekauft hatte, zu konzentrieren.

Stanisłaus August förderte auch die Malerei. Er ließ zahlreiche ausländische Künstler nach Warschau kommen: Marcello Bacciarelli, der im königlichen Schloß sein Atelier hatte, Canalettos Neffe, Bernardo Bellotto, der zwölf Jahre hindurch, bis zu seinem Tod im Jahre 1780, offizieller Hofmaler war und eine Reihe von Städteansichten und Architekturmalereien produzierte. Er wurde zum Vorbild von Zygmunt Vogel und später dann von Marcin Zaleski. Sowohl der König als auch die Magnaten beschäftigten Porträtmaler wie Giovanni Battista Lampi, Angelica Kauffmann und Marie-Louise-Elizabeth Vigée-Lebrun, und polnischen Malern wurden Studienaufenthalte im Ausland ermöglicht. Franciszek Smuglewicz wurde ein erfolgreicher Maler historischer Genrebilder; Aleksander Kuckarsi entwickelte sich zu einem eleganten Porträtmaler. Damit war der Grundstein zu einer soliden Romantischen Schule im nächsten Jahrhundert gelegt.

Die großen Veränderungen im wirtschaftlichen und kulturellen Leben Polens fanden um 1770 ihren Niederschlag in neuen architektonischen Konzepten. Ein von Efraim Szreger für den Bankier Piotr Ferguson Tepper entworfenes Haus sollte sowohl für geschäftliche Zwecke, aber auch als Wohnhaus mit mehreren Wohnungen dienen; es war dies das erste einer Reihe derartiger Gebäude. Sowohl Szreger als auch Szymon Bogumił Zug schufen Gebäude für verschiedenste Zwecke in dem ihnen eigenen klassizistischen Stil. Zug baute eine Reihe von Rathäusern, ein Hotel und sogar ein Brunnengebäude in Warschau. Stanisław Zawadzki spezialisierte sich auf Militärbauten, vor allem auf den Bau von Kasernen. Das typisch polnische Herrenhaus, das dem nationalen Geschmack dieser Zeit entsprach, war ein ein- oder zweigeschossiges Gebäude, harmonisch eingefügt in die es umgebende Land-

POLEN

schaft. Gute Beispiele hierfür sind Walewice und Mała Wieś, die beide mit rechtekkigen Grundrissen um 1780 von Hilary Szpilowski erbaut wurden; letzteres mit hervorragenden Stuckarbeiten und schönen Wandmalereien.

Der italienische Einfluß auf Bauherren und Baumeister war weiterhin bedeutend, besonders der Einfluß Palladios. Im Werk Chrystian Piotr Aigners kann man diesen Einfluß am besten erkennen, obwohl auch Merlinis Villa in Królikarnia und die von Zawadzki in Lubostroń der Villa Rotonda stark nachempfunden sind. Bei vielen polnischen Häusern ist das *corps de logis* mit den Seitenflügeln durch verschiedenartigste, halbkreisförmige, elliptische, rechtwinklige oder gerade Galerien verbunden. Während die Galerien Palladios aus offenen Säulenreihen bestehen, sind diese in Polen eher geschlossen und arkadenförmig gestaltet. Dieser Stil wurde so populär, daß zwischen 1775 und 1800 über vierzig derartige Gebäude errichtet wurden. Hinter ihrer monumentalen Erscheinung verbergen sich zweckmäßig angelegte Schlafräume, Wirtschaftsräume und Dienstzimmer. In den späteren Werken von Zug und Szreger kommen einige moderne Elemente zum Ausdruck, vor allem einander entgegengesetzte geometrische Formen und sparsamste Dekorationen.

Die architektonische Entwicklung Wielkopolskas im 18. Jahrhundert ist typisch für ganz Polen. Außer den Leszczyńskis und den Sułkowskis, den Günstlingen der sächsischen Könige, gab es keine Magnatenfamilien, deren Reichtum sich mit dem ihrer Standesgenossen messen konnte. Aber die Güter der Szlachta waren die am besten verwalteten in Polen, landwirtschaftlich intensiver genutzt und mit höheren Erträgen, besserer Schafzucht und auch mit Ansätzen zu einer industriellen Entwicklung. Während der Regierungszeit von Sobieski wurde viel gebaut, unter anderem Pompeo Ferraris Rydzyna, eine großartige aristokratische Residenz, die, eingefügt in das städtische Ensemble, für die Leszczyńskis errichtet wurde. Der einheimische Stil war in der Regel bei diesen Neubauten vorherrschend: Ein großer Raum auf der Hauptachse überspannte die gesamte Breite des Gebäudes, das mit einem einfachen Treppenhaus parallel zur Fassade ausgestattet war. Der deutliche Einfluß des österreichischen Barock zeigte sich in den prächtigen, hohen Gesimsen.

Der sich ändernde Geschmack um die Mitte des Jahrhunderts spiegelt sich in Rogalin wider. Ursprünglich um 1770 im Wiener Stil geplant, sollte sich dann doch eine strengere Architektur mit nur sechs einfachen ionischen Säulen vor der Hauptfassade durchsetzen. Die 1782 angefügten und zu den Seitenpavillons führenden gekrümmten, ungegliederten Flügel sind entschieden von der englischen Architektur beeinflußt, doch die Innenausstattung, die Kamsetzer sechs Jahre später ausführte, war überwiegend klassizistisch gehalten. Der letzte Schliff erfolgte durch die pittoreske, 1820 im romanischen Stil erbaute Kapelle, die von der Maison carrée in Nîmes inspiriert war. Der schlesische Architekt Karl Gothard Langhans führte als erster den englischen Stil in Wielkopolska ein. Sein gelungenstes Schloß ist Pawłowice, ausgestattet mit großen ionischen Säulen unter einem geraden, von Statuen gekrönten Architrav und einem flachen Mansardendach. 1789 erweiterte Kamsetzer den runden Salon, indem er zwei rechteckige Erker und vierundzwanzig freistehende korinthische Säulen hinzufügte, um einen ebenso prächtigen Raum zu schaffen wie im königlichen Schloß von Warschau. Andere Herrenhäuser waren eher im französischen Stil gehalten, wie zum Beispiel Lewków, dessen plastische Gliederungen in reizender Weise durch Malerei und Stuck hervorgehoben sind, oder aber das prächtigere Czerniejewo mit einer mächtigen Porticus und zwei übereinandergelegenen runden Sälen. Merlinis Racot war ein einfacher Bau, hingegen war Zawadzkis Śmiełów, beide etwa 1790 erbaut, wesentlich anspruchsvoller. Seine Hauptfassade wurde mit einem Säulengang aus ionischen Säulen und Pilastern sowie Trophäen verziert, während die Eingangstüren der Pavillons mit dorischen Säulen, triglyphischen Friesen und abgesetzten Dächern gestaltet sind.

Nach 1780, als die romantischen Ideale das Barock ablösten, kamen kleinere Landsitze in der Art von Herrenhäusern oder Maisons de plaisance in Mode; sie brachten den Wunsch nach einem etwas intimeren, auf die Familie konzentrierten Lebensstil zum Ausdruck. Zarte weiße Stuckverzierungen, gemischt mit blassen Marmorwänden, hoben sich vom pompejanischen Rot, der Lieblingsfarbe der Zeit, gut ab, während das Gold gänzlich verschwand. Zugs erster Auftrag von Izabela

Neoklassizistische Schloßkirche von Rogalin, Westpolen.

Rogalin vom Garten aus gesehen.

Lubomirska war Natolin in der Nähe von Warschau. Es wurde 1780 begonnen und ist unter dem Namen »Bażantarnia« (Fasanerie) bekannt. Der Eingang wurde von keiner Porticus verziert, und der ovale Salon war direkt dem Garten zugewandt. Der Hof lag zwischen zwei langen, vorspringenden Flügeln. In Natolin vereinigten sich französische und englische Merkmale; der ovale Säulengang, ein von Sir William Chambers häufig verwendetes Stilelement, wird ergänzt durch die Form und die Proportionen der Fenster aus Neufforges »Recueil élémentaire d'architecture«. Merlinis Jabłona, das für Michał Poniatowski, einen Bruder des Königs und Primas von Polen, angebaut wurde, war mit seinem runden Ballsaal, der von quadratischen Mauern umgeben war und sich zur Terrasse hin öffnete, sogar noch einfacher konstruiert. Das Haus wurde von einer Kuppel bedeckt, die in einem Belvedere verborgen war, und die so gebildete achteckige Säulentrommel wird von einem barocken Turm mit einem Globus überragt.

Der Klassizismus war vom Beginn an von Ideen der Landschaftsgestaltung begleitet, die von England kamen, aber teilweise auch aus China stammten. Diese Ideen kamen um 1770 durch die Schriften von Chambers und die Entwürfe Capability Browns für Katharina die Große nach Polen. Nach den Vorstellungen der Landschaftstheoretiker sollten die Parks die Natur mit all ihren Unregelmäßigkeiten nachahmen. Mit heiteren Landschaften, die die schöne Natur wiedergeben, mit melancholischen, die an die wilde Natur erinnern, und mit Überraschungen, die des Beschauers Aufmerksamkeit erregen sollten, wollte man Pittoreskes schaffen. Im Park sollten patriotische oder humanistische Inschriften angebracht werden, und der Park sollte idealerweise von einem Graben statt von einer Mauer umgeben sein. In diesem privaten Bereich sollte die Freiheit und nicht die Vernunft vorherrschen. 1774 wurde die erste polnische Abhandlung über Landschaftsgestaltung veröffentlicht. Der Verfasser war August Moszyński, der die königlichen Pläne beeinflussen wollte, doch er beschrieb die Gegend um Warschau, mit Ausnahme des

POLEN

Weichselufers, als für seine Pläne höchst ungeeignet, da die Landschaft zu flach und monoton war.

Viele Architekten, unter ihnen zum Beispiel Zug, übernahmen diese Theorien und setzten sie sehr bald in die Praxis um. Der erste polnische Landschaftspark wurde in Powązki von seiner Besitzerin Izabela Czartoryska entworfen, die dann später den berühmtesten dieser Parks in Puławy anlegte. Mit Hilfe des französischen Malers Jean-Pierre Norblin schuf sie ein realitätsfernes Paradies. Dieses wurde bald in Siedlce von Zawadzki kopiert, der von den Ogińskis mit der Umgestaltung des Schlosses und des Parks beauftragt wurde. Zur gleichen Zeit begann Zug mit der landschaftlichen Umgestaltung von Mokotów, das außerhalb Warschaus lag, für Izabela Lubomirska. 1778 nahm er den Park in Arkadia für Helena Radziwiłł in Angriff, der als sein Meisterwerk in die Geschichte eingehen sollte. Auch in Wolhynien und in der Ukraine wurden diese Parks modisch, wo ein Ire namens Dionizy McClaire viele Anlagen gestaltete, deren bekannteste diejenige der Potockis in Zofiówka war. Mit großem Geschick nützte man alle Gegebenheiten des Terrains und schuf überraschende Ausblicke und originelle Kombinationen von Vegetation und Architektur. Die dekorativen und architektonischen Motive waren äußerst vielfältig: Tempel, Ruinen, Triumphbögen, Aquädukte, Obelisken, Altäre, Urnen und Sarkophage. Aus der klassischen Welt nahm man die Amphitheater, von den Chinesen stammten Pagoden und Brücken, von den Türken Minarette. Neugotische Pavillons, Einsiedlerklausen, Scheinburgen und Grotten wechselten sich mit Orangerien und Volieren ab. Den rustikalen Anstrich lieferten Hirtenhütten, Mühlen und Kuhställe. Alle Arten von Monumenten wurden in die polnische Landschaftsarchitektur mit einbezogen und auf diese Weise ein Teil des patriotischen Kultes.

Patriotismus war im ausgehenden 18. Jahrhundert eine Tugend, der die Polen dringend bedurften. Es gab viele, die nicht die Absicht hatten, stillschweigend der Vernichtung ihrer Nation zuzusehen. 1797 wurde mit französischer Hilfe eine reguläre Armee unter dem Kommando von Jan Henryk Dąbrowski aufgestellt. Sie stand unter dem Motto: »Polen ist noch nicht verloren, solange wir leben.« Trotz seiner offenen Unterstützung verriet Frankreich immer wieder die Sache Polens, wenn es ihm bei den verschiedenen Friedensverträgen opportun erschien. Dennoch regte Napoleon die Phantasie dieses Volkes an, das durch die Umstände gezwungen wurde, den Zusammenbruch der eingeführten europäischen Ordnung zu ersehen. 1806 nahmen Bonapartes Truppen Posen ein, und Dąbrowski veröffentlichte einen Aufruf zum Widerstand. Ein triumphaler Einzug in Warschau war die Folge, und patriotische Polen spendeten Silber und Schmuck für die nationale Sache. Napoleon und Zar Alexander I. beschlossen in Tilsit die Errichtung eines Herzogtums Warschau, das aus ehemals von Preußen annektierten Gebietsteilen bestehen sollte. Bedeutende Polen waren Mitglieder seiner Regierung, darunter Józef Poniatowski, ein Neffe des letzten Königs, der zum Oberbefehlshaber des Heeres und Kriegsminister berufen wurde. Die Franzosen beuteten das Herzogtum hemmungslos aus, das in der Folge dann auch bankrott ging, aber sie verloren dennoch nicht die Zuneigung des Landes. 1812, unmittelbar vor Napoleons Einmarsch in Rußland, schlossen sich 98 000 Mann der Grande Armeé an und stellten damit das größte ausländische Kontingent; sie vollbrachten wahre Wunder an Tapferkeit während dieses Feldzuges, aber dreiviertel von ihnen kehrten nicht mehr zurück.

Die siegreichen Alliierten ließen Gnade walten. Auf dringende Bitte seines Freundes und Beraters, Adam Jerzy Czartoryski, schlug Zar Alexander I. die Errichtung eines polnischen Staates unter russischer Herrschaft vor. Als Resultat des Wiener Kongresses war ein Land von annähernd 204 000 Quadratkilometern, das sogenannte Kongreßpolen, entstanden. Obwohl Großfürst Constantine, der Bruder des Zaren, in Warschau als Oberbefehlshaber der Armee eingesetzt wurde, war Czartoryskis Verfassung die liberalste in Mitteleuropa. In diesem kulturellen Umfeld blühte das Bildungswesen: Die Universität von Wilno wurde zum Zentrum des akademischen Lebens, die Zamoyski- und die Czartoryski-Bibliothek wurden der Öffentlichkeit zugänglich gemacht und der intellektuelle Aufbruch des späten 18. Jahrhunderts setzte sich fort. Doch Alexander verlor bald das Interesse an seinen liberalen Experimenten. Der Sejm wurde 1820 aufgelöst, und während des

Marschall Fürst Józef Poniatowski, Porträt von Frantisek Paderewski, frühes 19. Jahrhundert (Nationale Porträtsammlung Polens, Schloß Wilanów).

EINLEITUNG

Parkansicht von Schloß Pawłowice, Westpolen.

nächsten Jahrzehnts wurden die nur auf dem Papier bestehenden Freiheiten Kongreßpolens immer mehr ausgehöhlt.

Alexanders Nachfolger, Nikolaus I., verabscheute alle Andersdenkenden und forderte von den Polen bedingungslose Unterwerfung, als sie in der Folge der Französischen Revolution 1830 einen Aufstand entfachten. Der Sejm beschloß seine Absetzung, und Czartoryski bildete eine unabhängige Regierung, die aber nicht von langer Dauer sein sollte. Die Unfähigkeit des polnischen Heeres, Czartoryskis fatale Unentschlossenheit und der Mangel an materieller Unterstützung durch die westlichen Mächte erleichterte der riesigen russischen Invasionsarmee die Arbeit. Warschau wurde erobert, und die Reste der Rebellen suchten auf österreichischem oder preußischem Territorium Zuflucht. Die Vergeltung war brutal: Die Verfassung wurde abgeschafft, viele Familien enteignet, Zehntausende von Offizieren nach Rußland deportiert und die Universitäten geschlossen. Selbst der Schein eines unabhängigen Polen verschwand wiederum für fast ein Jahrhundert.

Der polnischen Flexibilität ist es zuzuschreiben, daß die drei Teilungen des Landes die Entwicklung seiner Kunst und Architektur relativ wenig beeinträchtigten. Selbstverständlich machte sich die fehlende königliche Förderung der Künste bemerkbar, besonders in den von Österreich und Preußen annektierten Gebieten, wo man solcherart geförderte Künstler ablehnte. Aber Stanislaus Augusts Verdienst war es gewesen, viele Künstler anzuziehen, die entweder geborene oder aber naturalisierte Polen waren und die sich nun als Teil der städtischen Intelligenz am Kampf zur Erhaltung der nationalen Identität beteiligten. Klassizistische Malerei und Architektur standen bis 1830 in Blüte, obwohl bereits zehn Jahre zuvor die Neugotik in Erscheinung getreten war. Bis um 1815 wurde allerdings sehr wenig in den größeren Städten gebaut, mehr dagegen auf dem Lande, vor allem kleinere Herrenhäuser.

Nach der Errichtung Kongreßpolens erforderte die Umstellung der Wirtschaft auf industrielle Grundlagen eine neue Art der Planung wie auch der Architektur – mittelalterliche Stadtmauern mußten zum Beispiel niedergerissen werden, um breiten Verkehrsadern Platz zu schaffen. Durch das neu erworbene Kapital, das auch wieder staatliche Förderungen ermöglichte, nahm die polnische Architektur einen enormen Aufschwung.

POLEN

In Wielkopolska, das während aller drei Teilungen preußisch geblieben war, wurden die Schlösser in Lubostroń und in Pawłowice nach der dritten Teilung fertiggestellt. Während dieser Zeit wandten sich sogar einige Magnaten Berlin zu, um neue Ideen einzuholen. 1822 entwarf Karl Friedrich Schinkel das Jagdschlößchen der Radziwiłłs in Antonin. Um ein Mitteloktogon waren strahlenförmig vier dreigeschossige Flügel angeordnet; im Inneren gab es eine Mittelhalle über die gesamte Höhe des Hauses, die um einen riesigen Ofen angelegt und von Galerien umgeben war, über die man zu den kleineren Räumen gelangte. 1834 baute Tytus Działyński sein von einem Graben umgebenes Schloß in Kórnik in Anlehnung an Schinkels neugotische Pläne für die Radziwiłłs um, die völlig anders waren als seine üblichen klassizistischen Bauten. Langsam baute er Kórnik in eine gotische Burg mit Spitzbögen, Pechnasen und verschiedenen Türmchen um. Die Eingangshalle hatte ein Sterngewölbe, während eine andere Halle von einem dreidimensionalen Rippengewölbe mit prachtvollen Kapitellen bedeckt war. Auch andere Gebäude wurden weiterhin rein klassizistisch gebaut, zum Beispiel Białaczów in Małopolska, das 1800 im großen Stil von dem überaus produktiven Baumeister Jakub Kubicki begonnen wurde. Der Haupttrakt hat an seiner Südfassade eine große Porticus und an der Nordfassade einen vorspringenden, achteckigen Salon. Natolin wurde ebenfalls zu Beginn des 19. Jahrhunderts von Chrystian Piotr Aigner im Auftrag seiner Besitzer Aleksander und Anna Potocki umgebaut. Sie ließen dort auch einen großen englischen Park anlegen. Ebenso wurde Jabłonna, der Besitz von Anna Potocka, umgebaut. Später wurde dort ein Denkmal für den heldenhaften Józef Poniatowski errichtet, der ertrank, als er Napoleons Rückzug in der Schlacht bei Leipzig deckte. In Puławy bemühte sich Izabela Czartoryska, ihren Park in eine Gedenkstätte für den polnischen Patriotismus zu verwandeln.

Hauptfassade von Schloß Śmiełów, Westpolen.

EINLEITUNG

Nach der Errichtung Kongreßpolens nahmen ältere Baumeister, wie der über siebzigjährige Aigner oder der fast sechzigjährige Kubicki, ihre Arbeit wieder auf. Möglicherweise wurde das schöne neugotische Schloß in Opinogóra, das den Krasinskis gehörte, nach Plänen von Aigner gebaut; eine große Anzahl von Räumen mit Rippengewölben mündete in diesem Schloß in einem achteckigen Turm. Zu den älteren Architekten gesellten sich sehr bald zwei junge Italiener, Antonio Corazzi und Enrico Marconi. Ersterer sollte siebenundzwanzig Jahre in Polen verbringen, um hauptsächlich in den Städten und für die Krone zu arbeiten; Marconi war ein bedeutender Baumeister von Herrenhäusern. Er heiratete eine Schottin und hatte zwei Söhne, die nach seinem Tod im Jahre 1863 ebenfalls als Architekten tätig waren. Corazzi sind vier monumentale Bauten in Warschau zu verdanken, die er im klassizistischen Stil, versehen mit einem Hauch von Romantik, errichtete.

Der Maler Marcello Bacciarelli symbolisierte in dieser Zeit die Kontinuität; er war unter Stanislaus August zu einer Art Generaldirektor der schönen Künste geworden und überlebte seinen Dienstherrn um beinahe zwei Jahrzehnte. Er führte sein Atelier im königlichen Schloß bis zu seinem Tod im Jahre 1817 wie ein Privatunternehmen. Franciszeck Smuglewicz, ein Historienmaler, bildete zahlreiche Schüler aus, die häufig in ihren klassischen Sujets auf aktuelle Ereignisse anspielten und die Attribute eines tugendsamen Lebens, Bescheidenheit, Opfermut und Vaterlandsliebe, betonten.

Dies waren auch die Eigenschaften, die Polen im 19. Jahrhundert brauchte. Zar Nikolaus, der Russisch zur offiziellen Sprache erklärte, regierte Polen wie ein besiegtes Feindesland. Daher ist es nicht verwunderlich, daß es unter der Bevölkerung immer wieder zu Aufständen kam, nämlich 1846 und erneut 1848, »dem Jahr der Revolutionen«, als Preußen und Österreich die ersten Konzessionen machten, die sich aber dann doch als trügerisch erwiesen. Aufstände in Posen, Lwów (Lemberg) und Krakau wurden niedergeschlagen und die Rebellen zur Unterwerfung gezwungen. Wie um ihrer eigenen Frustration Luft zu machen, kämpften viele Polen in den Revolutionen des Auslandes: 3000 Mann schlossen sich unter General Józef Bem der ungarischen Armee Lajos Kossuths an, einige dienten sogar unter dem türkischen Banner. Nikolaus' Tod änderte wenig, denn sein Nachfolger, Alexander II., war nur scheinbar liberal und warnte eine Abordnung seiner polnischen Untertanen mit den Worten: »Pas de rêveries, Messieurs!« (Keine Träumereien, meine Herren!) Einige Reformen wurden trotzdem durchgeführt. Praktisch denkende Aristokraten wie Aleksander Wielopolski, der romantische Revolutionäre verachtete, überzeugten die Russen um 1860, einem gewissen Maß an administrativen Reformen zuzustimmen, die Errichtung beratender Organe zu genehmigen und die Restriktionen im Unterrichtswesen zu lockern. Sein Gegenspieler, Andrzej Zamoyski, trat für Landreformen und die Ablösung des Frondienstes gegen Geldrenten sowie die Umwandlung von Erbpacht in freies Eigentum ein. Doch die nationale Unzufriedenheit kam erneut zum Ausbruch. 1863 wurde ein Aufstand proklamiert. Die Bauern und die Szlachta verbündeten sich und widerstanden mit Hilfe des ebenfalls revoltierenden Litauen achtzehn Monate lang der größten Armee Europas. Aber der Kampf führte zu keinem Ergebnis – die Aufständischen wurden geschlagen, ihre Anführer gehängt und die alte Unterdrückung fortgesetzt.

Nur etwa 8000 Polen waren 1831 in den Westen geflüchtet; die Bedeutung ihrer Emigration, die die »große Emigration« genannt wird, stand jedoch in keinem Verhältnis zur Anzahl der Emigranten. Die meisten ließen sich in Paris nieder, wo die konservativen Emigranten unter der Führung von Adam Jerzy Czartoryski über internationale diplomatische Kanäle für die Unabhängigkeit Polens eintraten. Sie wurden durch den Ausbruch des Krimkrieges ermutigt, denn der Außenminister von Napoleon III. war Graf Alexandre Florian Walewski, ein unehelicher Sohn seines Onkels Napoleon I. und Marie Walewskas. Letztlich erkauften sich Frankreich und England jedoch die Neutralität Österreichs und Preußens, indem sie sich einer Stellungnahme enthielten. Es gab eine Fülle anderer Emigrantengruppen, die aber nur in der Notwendigkeit einer nationalen Erneuerung übereinstimmten. Obwohl ihre Unternehmungen immer wieder vereitelt wurden, war die Demokratische Gesellschaft, deren Ziel ein Massenaufstand war, noch die aktivste Oppositionsgruppe in dieser Zeit.

POLEN

EINLEITUNG

Gartenansicht von Schloß Natolin bei Warschau.

Ansicht von Jablonna in der Nähe von Warschau.

Um die Mitte des Jahrhunderts war noch nicht jede Hoffnung erloschen. Das unter dem Druck der Revolution gegebene Versprechen des Zaren, den Bauern das von ihnen bearbeitete Land als Eigentum zu überlassen, wurde eingelöst, so daß es etlichen Polen besser ging als ihren russischen Leidensgenossen. Allerdings führten die Angriffe St. Petersburgs gegen die katholische Kirche zu weitverbreiteten Ressentiments, denn mittlerweile waren der Katholizismus und der Patriotismus untrennbar miteinander verbunden. Selbst im stets reaktionären Kleinadel entwikkelten sich extremistische Tendenzen. Diese Auffassung wurde auch von den meisten Magnaten geteilt, obwohl einige unter ihnen eine beschränkte Zusammenarbeit mit der Besatzungsmacht zur Aufrechterhaltung der staatlichen Funktionen für erforderlich hielten. Der positivistische Glaube des 19. Jahrhunderts an Selbsthilfe und an den materiellen Fortschritt entschärfte den kompromißlosen Nationalismus und förderte die Vorstellung, daß mit einer gewissen Loyalität auch bestimmte Konzessionen errungen werden könnten. Ab 1870 brachte der russische Protektionismus einen wirtschaftlichen Aufschwung, und es kam zu einer späten industriellen Revolution in Polen. Der Landwirtschaft ging es weniger gut, denn die Bauernbefreiung von 1864 hatte zahlreiche Mitglieder der niederen Szlachta, die gezwungen worden waren, ihre Besitzungen zu verkaufen und in die Städte abzuwandern, ruiniert. Der Großgrundbesitz dagegen war davon kaum betroffen.

Parallel zu den Bestrebungen, die Polen zu russifizieren, liefen Otto von Bismarcks Bemühungen, sie in der preußischen Zone von Wielkopolska zu germanisieren. Diese Region war wahrscheinlich das bestverwaltete Gebiet; die Verwaltung war zwar streng, aber es gab keine offene Unterdrückung. Die Versuche, den Polen ihr Land abzukaufen und ihre Sprache zu verbieten, schlugen fehl, und die Industrie wurde langsam von den Polen übernommen. Die Landwirtschaft von Wielkopolska wurde konkurrenzfähiger und die Lebensbedingungen in den Dörfern durch Massenauswanderungen nach Amerika erträglicher. Die Österreicher, Katholiken wie die Polen, hätten eigentlich die mitfühlendsten Herren über das geteilte Polen sein können, aber ihre bürokratische Unbeweglichkeit erschwerte Kompromisse, solange sie ihre hoch besteuerte Provinz Galizien in erster Linie als Reservoir für Arbeitskräfte und als Rohstofflieferant für die Monarchie betrachteten. Galizien blieb tatsächlich sehr rückständig. Seine industrielle Entwicklung wurde von Böhmen gehemmt und die großen landwirtschaftlichen Güter immer noch auf traditionelle Weise bewirtschaftet. Wien gab sich jedoch durch mehrere militärische Mißerfolge etwas konzilianter; eine lokale Autonomie wurde gewährt, die Polen

POLEN

Parkfassade von Schloß Kórnik, Westpolen.

Kaiser Franz Joseph mit Graf und Gräfin Lancoroński beim Heeresmanöver in Galizien, 1903 (Stanisław Graf Lubomirski).

bekamen sowohl ihren eigenen Sejm als auch einen einheimischen Vizekönig und konnten Abgeordnete in den Reichsrat wählen. Zu ihrem unabhängigen Unterrichtswesen gehörten die beiden Universitäten von Lemberg (Lwów) und Krakau.

Zu Beginn des zwanzigsten Jahrhunderts wurde in der russischen Zone Polens klar, daß die schwankende Politik des Zaren zwischen einer teilweisen Autonomie und einer völligen Einverleibung gescheitert war. Die unüberbrückbaren Differenzen wurden noch durch das Desinteresse des neuen Zaren, den Status Polens zu verändern, verstärkt und führten zum Aufflackern revolutionärer Aktivitäten. Die Sozialisten (PPS) unter der Führung von Józef Piłsudski, konnten sich immer wieder dem Zugriff der Polizei entziehen und führten sehr geschickt terroristische Aktionen durch. Mit stillschweigender Billigung Österreichs benutzten sie Galizien als Basis für ihre Aktivitäten. Ihnen gegenüber standen Roman Dmowskis kleinbürgerliche, antisemitische Nationale Demokraten, die eher Deutschland als Rußland als den Hauptfeind betrachteten und sogar im zaristischen Duma bzw. Parlament vertreten waren. Die katholische Kirche identifizierte sich klugerweise mit keiner bestimmten Partei und symbolisierte auf diese Weise die Nation.

Polens Chance kam mit dem Ausbruch des Ersten Weltkrieges. Obwohl Piłsudskis polnische Legionen zusammen mit den Österreichern gegen die Russen kämpften, lehnte er es ab, als Pfand für irgendeine Seite zu dienen, zumal alle drei Mächte die Idee eines unabhängigen Polen in Betracht zogen. Langsam ließen sich die westlichen Alliierten ebenfalls von dieser Idee überzeugt. Nach dem deutschen Zusammenbruch und der russischen Revolution wurde Polen im Jahre 1918 wieder unabhängig.

Es ist nicht verwunderlich, daß die polnische Architektur unter einem so langen Verlust der staatlichen Eigenständigkeit gelitten hat. Nach der letzten Teilung wurde noch klassizistisch gebaut. In den dreißiger und vierziger Jahren des 19. Jahrhunderts entwarf Marconi weiterhin neue Landhäuser und verschönerte Parks wie den von Natolin, in dem er einen dorischen Tempel nach dem Vorbild von Paestum baute. Großartige Bildhauer, wie Paweł Maliński, Ludwik Kaufman und Jakub Tatarkiewicz (ein Schüler von Bertel Thorwaldsen), schufen weiterhin eine Fülle von Werken. Neue Architekten, wie J. Gay und Franciszek Maria Lanci, benutzten Eisenkonstruktionen als Träger von Gesimsen und als Treppen. Aber die Besatzungsmächte hatten kein Interesse, die polnische Kultur zu fördern, so daß die unter Stanislaus August ausgebildeten Handwerker ohne Nachfolger blieben.

EINLEITUNG

Einige der Magnaten, wie zum Beispiel die Radziwiłłs, unterhielten Beziehungen sowohl zum russischen als auch zum preußischen Hof und lebten hauptsächlich in St. Petersburg und in Berlin. Im späten neunzehnten Jahrhundert machten eine Reihe galizischer Aristokraten politische Karriere in Wien; Potockis, Gołuchowskis und Badenis wurden sogar Ministerpräsidenten. Sowohl die Magnaten als auch die Szlachta behielten ihre Besitzungen, wenn sie sie nicht durch Rebellion eingebüßt oder durch wirtschaftliches Mißgeschick verloren hatten; nach dem Aufstand von 1830/31 waren einige Magnaten allerdings enteignet worden. Für Neu- bzw. Umbauten im größeren Stil fehlte allerdings der Schwung, wobei es natürlich Ausnahmen gab wie zum Beispiel die kleineren Änderungen in Rogalin oder der größere Umbau in Gołuchów. Die Bautätigkeit, vor allem in den Städten, orientierte sich bewußt an der Vergangenheit, zum Teil suchte man nach Vorbildern in den entferntesten Dörfern der Tatraberge (von hier kam der sogenannte Zakopane-Stil). Etwas später finden sich allerdings auch einige Stilrichtungen – Krakau, nicht hingegen Warschau, weist einige Beispiele gelungener Jugendstilarchitektur auf. Das Königsschloß in Warschau aber, Symbol des nationalen Erbes, wurde von den Russen vernachlässigt, die darin Zivil- und Militärbehörden untergebracht und einen Teil der Sammlungen weggeschafft hatten.

Polens kulturelle Talente entfalteten sich statt dessen auf anderen Gebieten, in der Literatur, Musik oder Malerei. Die Diaspora brachte einige außergewöhnliche Künstler hervor, die den Rationalismus des 18. Jahrhunderts ablehnten, freie Ausdrucksmöglichkeiten suchten und sich nach dem früheren, idealisierten Polen sehnten. Adam Mickiewicz, ein Kosmopolit und brillanter Sprachwissenschaftler, Übersetzer und Humanist und ein Freund Puschkins, schrieb bedeutende Gedichte in Paris, deren Höhepunkt »Pan Tadeusz« (1834) war; Juliusz Słowacki war der Barde der nationalistischen Bewegung, er schrieb besonders schöne Lyrik; Zygmunt Krasińskis' Theaterstück »Ungöttliche Komödie« gilt als ein Meisterwerk. Im späteren 19. Jahrhundert waren eher die Romanciers, wie zum Beispiel Boleslaw Prus, die kulturellen Repräsentanten der Nation. In der Musik folgten auf das unsterbliche Genie Chopin Komponisten wie Henryk Wieniawski und Karol Szymanowski, die sich im Gegensatz zu Chopin nicht ins Exil begaben. Historienmaler, wie Jan Matejko, beschworen die Mythen einer heroischen Vergangenheit und halfen dadurch, die Trostlosigkeit der fremden Besatzung zu ertragen. Glücklicherweise hatten sich aber zu Beginn des 20. Jahrhunderts schon moderne Richtungen wie der Impressionismus, die Wiener Sezession und sogar der Symbolismus etabliert und stellten Polens Entschlossenheit, Teil der kulturellen Entwicklung Europas zu sein und nicht in einer Nostalgie zu verharren, unter Beweis.

1918 standen die Polen vor enormen Problemen. Piłsudski, ein Nachkomme der litauischen Szlachta, träumte von einer Wiederherstellung des Jagiellonischen Reiches mit Polen, Litauen und der Ukraine, während Dmowski die Grenzen vor den Teilungen einschließlich Oberschlesiens und Ostpreußens als Bollwerk gegen Deutschland forderte. Die Alliierten allerdings wollten einen relativ kleinen polnischen Staat mit einer in ethnischer Hinsicht polnischen Mehrheit. Dies geschah auch, und Polen erhielt eine winzige Küstenlinie an der Ostsee, das ethnisch deutsche Danzig (Gdansk) wurde ein Freistaat. Mit dem bolschewistischen Rußland konnte nur durch den Einsatz von Waffen eine Regelung erzielt werden. Die Invasion Piłsudskis wurde zurückgeschlagen, und im August 1920 standen die sowjetischen Armeen vor Warschau. In der sogenannten »18. Entscheidungsschlacht der Weltgeschichte« besiegte Piłsudski die Russen, und es kam im darauffolgenden Jahr schließlich zu einem Friedensschluß.

Das Vorbild der Verfassung des unabhängigen Polen war die der Dritten Französischen Republik; deren Mängel hatten aber zur Folge, daß die Regierungen durchschnittlich nur fünf Monate im Amt blieben. Schließlich übernahm Piłsudski durch einen Staatsstreich im Jahre 1926, nachdem er sich schon aus der Politik zurückgezogen hatte, wieder die Macht und regierte in der Manier eines Diktators bis zu seinem Tode neun Jahre später. Trotz seiner großen Verdienste zerstörte er die parlamentarische Demokratie, ohne hierfür einen Ersatz angeboten zu haben; seine Nachfolger hatten außerdem nicht seine politische Statur. Ihrer Außenpolitik gelang es nicht, eine Allianz der mitteleuropäischen Staaten herbeizuführen, und

POLEN

sie förderte die Aggression der Nazis gegen die Tschechoslowakei, ohne die Voraussicht, daß Polen selbst deren Opfer werden könnte.

In diesen Zwischenkriegsjahren war die polnische Architektur bedeutungslos. Der offizielle Baustil könnte als klassisch-funktional oder direkt als populistisch beschrieben werden – er hatte große Ähnlichkeit mit den zeitgenössischen faschistischen Bauwerken. Wenigstens wurde das königliche Schloß in Warschau, die offizielle Residenz des Präsidenten der Republik, ordentlich restauriert und alle Sammlungen wieder unter einem Dach vereint. Zu den innovativen Entwürfen aus den zwanziger Jahren gehören die Gartenstadt in Zolibórz, einem Vorort von Warschau, und einige hübsche Villen. Die Familien Brukalski und Syrkus erteilten Aufträge an Architekten mit neuen Ideen, wie zum Beispiel Romuald Gutt. Das Leben in den Herrenhäusern nahm seinen Verlauf, ohne von den politischen Veränderungen beeinflußt zu werden, aber neue Herrenhäuser wurden nicht mehr gebaut. Warschau, das wieder zur Hauptstadt geworden war, erlebte einen kulturellen und gesellschaftlichen Aufschwung und wurde zum Mittelpunkt für Intellektuelle und Aristokraten, sowohl für die aus Galizien, die sich früher in Krakau oder Lemberg (Lwów) trafen, als auch für die aus Wielkopolska, die Posen allerdings nie als kulturelles Zentrum betrachtet hatten.

Zu Beginn des Winters, nach Ende der Jagdsaison, bezog der Adel seine Stadtpalais. Obwohl sie besser eingerichtet waren als die Landsitze, entsprach ihre Ausstattung oft noch immer den Vorkriegsstandards. Viele Besitze waren verschuldet, oft weit über ihren tatsächlichen Wert. Die Zamoyskis mußten aus finanziellen Gründen ein Drittel ihrer Besitzungen verkaufen; es bedurfte dazu sogar eines eigenen Gesetzes, weil ein Majorat weder verkauft noch verpfändet werden durfte. Der Börsenkrach von 1929 hatte für die verschuldeten Grundbesitzer katastrophale Folgen, weil die Banken die Hypotheken einlösen wollten. Außerdem gab es Probleme mit der Landreform, mit der seit 1925 jährlich über 200 000 Hektar an die Bauern verteilt wurden. Die Proteste der Großgrundbesitzer wurden nicht beachtet, sie hatten im neuen Polen keinen politischen Einfluß mehr, obwohl die Zamoyskis, Sapiehas und Potockis noch immer wichtige politische und diplomatische Positionen innehatten und die Offiziersklasse sich noch aus der Szlachta rekrutierte.

Nur wenige Länder mußten im Zweiten Weltkrieg soviel erdulden wie die Polen. Gegen die deutsche Invasion im Jahre 1939, der bald darauf in einer unheiligen Allianz die der Russen folgte, hatte das wirtschaftlich und militärisch schwache Polen keine Chance. Innerhalb eines Monats war jeder Widerstand erloschen, und die Sieger teilten sich die Beute. Deutschland annektierte einen Teil Polens und herrschte über den Rest des Landes. In den besetzten Gebieten wurden die Polen in Massen als Zwangsarbeiter deportiert, die zahlenmäßig beachtliche jüdische Bevölkerung wurde systematisch ausgerottet. Eine polnische Exilregierung eta-

Graf Maurice Zamoyski mit seinen Schwestern vor Schloß Klemensów, um 1910 (Graf Jan Zamoyski).

Fürst Stanisław Lubomirski in polnischer Nationaltracht, zwanziger Jahre des 20. Jahrhunderts (Graf Stanisław Lubomirski).

EINLEITUNG

blierte sich in London. 1945 kämpften fast 250 000 Polen in der englischen Armee, und weitere 400 000 waren im Widerstand tätig, der umfangreiche Sabotageoperationen unternahm. Als die sowjetischen Streitkräfte die Deutschen zurückdrängten, erhob sich Warschau im August 1944 gegen seine Besetzer. Aber während die Russen am anderen Ufer der Weichsel (Vistula) standen, zerstörte die deutsche Wehrmacht die Stadt, die zwei Monate Widerstand geleistet hatte. Stalin besetzte dann das restlos verwüstete Land und setzte eine kommunistische Regierung mit ihm ergebenen Leuten, ohne Beachtung der Londoner Exilregierung, ein. In Jalta erhielt er die Zustimmung, die polnischen Grenzen neu zu ziehen; fast die Hälfte Vorkriegspolens mit den zwei historischen Zentren Wilno und Lemberg (Lwów) fiel an Rußland, dafür erhielt Polen halb Ostpreußen und alle Gebiete bis zur Oder-Neiße mit einer Bevölkerung von sieben Millionen Deutschen. Durch rücksichtslose Manipulation des politischen Systems kamen die Kommunisten 1947 durch »freie Wahlen« an die Macht, und es begann die Sowjetisierung Polens; Polen wurde zu einem Satellitenstaat der Sowjetunion.

In dieser Zeit der Verwüstungen ist ein bedeutender Teil des nationalen kulturellen Erbes zerstört worden. Warschau wurde ausgelöscht, das königliche Schloß auf ausdrücklichen Befehl Hitlers ausradiert; praktisch jede Stadt erlitt schwerste Schäden, mit Ausnahme von Krakau, das unversehrt überlebte. Die polnischen Schlösser und Landsitze erlitten ein ähnliches Schicksal; sie wurden zerbombt, ausgebrannt und geplündert. Fünfundvierzig Jahre danach sind jedoch die meisten wieder restauriert, wie zum Beispiel das königliche Schloß in Warschau, das liebevoll, Stein für Stein, wiederaufgebaut wurde und wie ein Phönix aus der Asche neu erstand. Das Schicksal der ehemaligen Eigner war weniger glücklich. Jeder Besitz über fünfzig Hektar, aber auch so mancher darunter, wurde nach dem Krieg mitsamt den Gebäuden und deren Ausstattung enteignet. Unter den damaligen Umständen waren auch die wenigsten Eigentümer in der Lage, die Legalität dieser Enteignung in Frage zu stellen. Obwohl die ehemaligen Besitzer im Nachkriegspolen als Mitglieder einer parasitären Klasse behandelt wurden, zogen es doch die meisten unter ihnen vor, in ihrer Heimat zu bleiben, vermutlich weil sie fühlten, daß ihre Wurzeln wichtiger waren als ihre Bequemlichkeit.

Die polnische Geschichte des vergangenen Jahrtausends kann sich in ihrer Tragik, Dramatik und ihren zeitweiligen Höhenflügen mit jeder anderen europäischen Nation messen. Ihre Triumphe und ihr allzu häufiges Versagen sind ein Spiegelbild der Leistungen, aber auch der Unzulänglichkeiten der Menschheit. Nur eine Handvoll der noch vorhandenen Baudenkmäler verdient es, unter den architektonischen Meisterwerken des Kontinents genannt zu werden. Aber es wäre vermessen, die Vorzüge der Schlösser und Herrensitze Polens außer acht zu lassen, denn sie sind integraler Bestandteil des kulturellen Erbes eines bemerkenswerten Volkes.

PIESKOWA SKAŁA

Es wäre falsch, die polnische Landschaft als flach und langweilig zu charakterisieren, denn sie bietet immer wieder reizvolle Überraschungen. So etwa das dichtbewaldete, felsige Ojców-Tal, das nur etwa acht Kilometer nordwestlich von Krakau, nahe der Hauptstraße zu dem großen Wallfahrtsort Tschenstochau (Czestochowa), liegt. Es weist so viele geologische Sehenswürdigkeiten auf, daß die etwas strapazierte Bezeichnung »pittoresk« in diesem Fall durchaus gerechtfertigt ist. Einst, im 18. und 19. Jahrhundert, war es ein beliebter Ort für Künstler, heute kommen unzählige Touristen. Hier steht eine der eindruckvollsten und besterhaltenen mittelalterlichen Burgen Polens: Pieskowa Skała.

In den frühen Chroniken findet sich wenig über diesen Bau, nur eine Urkunde von 1315 aus der Regierungszeit König Władysławs I., genannt »der Kurze« (der Herrscher, der das Land einte), erwähnt eine einfache, aus Holz errichtete Burg mit einer königlichen Garnison, welche die lebenswichtige Handelsstraße zwischen Krakau und Schlesien schützte. In seinem *Liber beneficiorum* aus dem 15. Jahrhundert berichtet der Historiker Jan Długosz, ein Geistlicher und Hauslehrer der königlichen Familie, Kazimierz der Große habe um die Mitte des 14. Jahrhunderts dort auf einem steilen Felsen, 40 Meter über dem Pradnik-Fluß, eine steinerne Burg errichtet. Doch ihre Bestimmung als königliche Festung war nur von kurzer Dauer, denn bereits 1377 wurde Pieskowa Skała dem Verwalter von Krakau, Piotr Szafraniec aus Łuczyce in Małopolska, übereignet, in dessen Familie sie über zwei Jahrhunderte lang verbleiben sollte. Wie viele Adelsfamilien zu dieser Zeit, erwarben die Szafraniecs ihren Reichtum dadurch, daß sie ihr Kapital und ihren Einfluß bei Hof dazu nutzten, in verschiedene Wirtschaftsunternehmungen, vor allem in den Bergbau, zu investieren. Obwohl sämtliche Schürfrechte der Krone gehörten, konnte man doch ein Vermögen mit dem Ausbau und der Ausbeutung der lukrativsten Lagerstätten, insbesondere bei den Goldbergwerken, verdienen. Dank ihrer finanziellen Begabung gelang es der Familie, ihr Vermögen zu erhalten; außerdem brachte sie eine Reihe bedeutender Höflinge und Gönner der Jagiellonen-Universität (der ehemaligen Universität von Krakau) hervor, darunter 1420 einen Rektor der Universität; später fanden sich unter den Szafraniecs Humanisten und protestantische Konvertiten.

Im 15. Jahrhundert bauten die Szafraniecs Pieskowa Skała (auf deutsch: Hunde-Felsen) zu einem stattlichen Schloß um. Die ursprüngliche Festung befand sich auf einem Felsen am Nordrand des Geländes, ist aber infolge der späteren Umbauten nicht mehr erkennbar. Sie bestand aus einer oberen und einer unteren Burg – allerdings mit geringem Höhenunterschied –, die durch ein Mauersystem miteinander verbunden und geschützt waren. Von der ursprünglich gotischen Architektur blieb aufgrund der Umbauten nicht mehr viel übrig; deutliche Spuren der Gotik finden sich aber noch im runden Turm mit einem Zugang, der aus dem Kalkstein des nördlichen Felsrandes gehauen ist, oder aber im inneren Oval des Eingangstores zum Hof mit noch erkennbaren Resten des früheren Torturms. Aus dieser Zeit stammen auch ein Kachelofen und ein gotisches Portal sowie etliche Mauerfragmente etwa bis zur Höhe des zweiten Stocks.

Pieskowa Skała vom Ojców-Tal aus gesehen, Südpolen, unweit von Krakau.

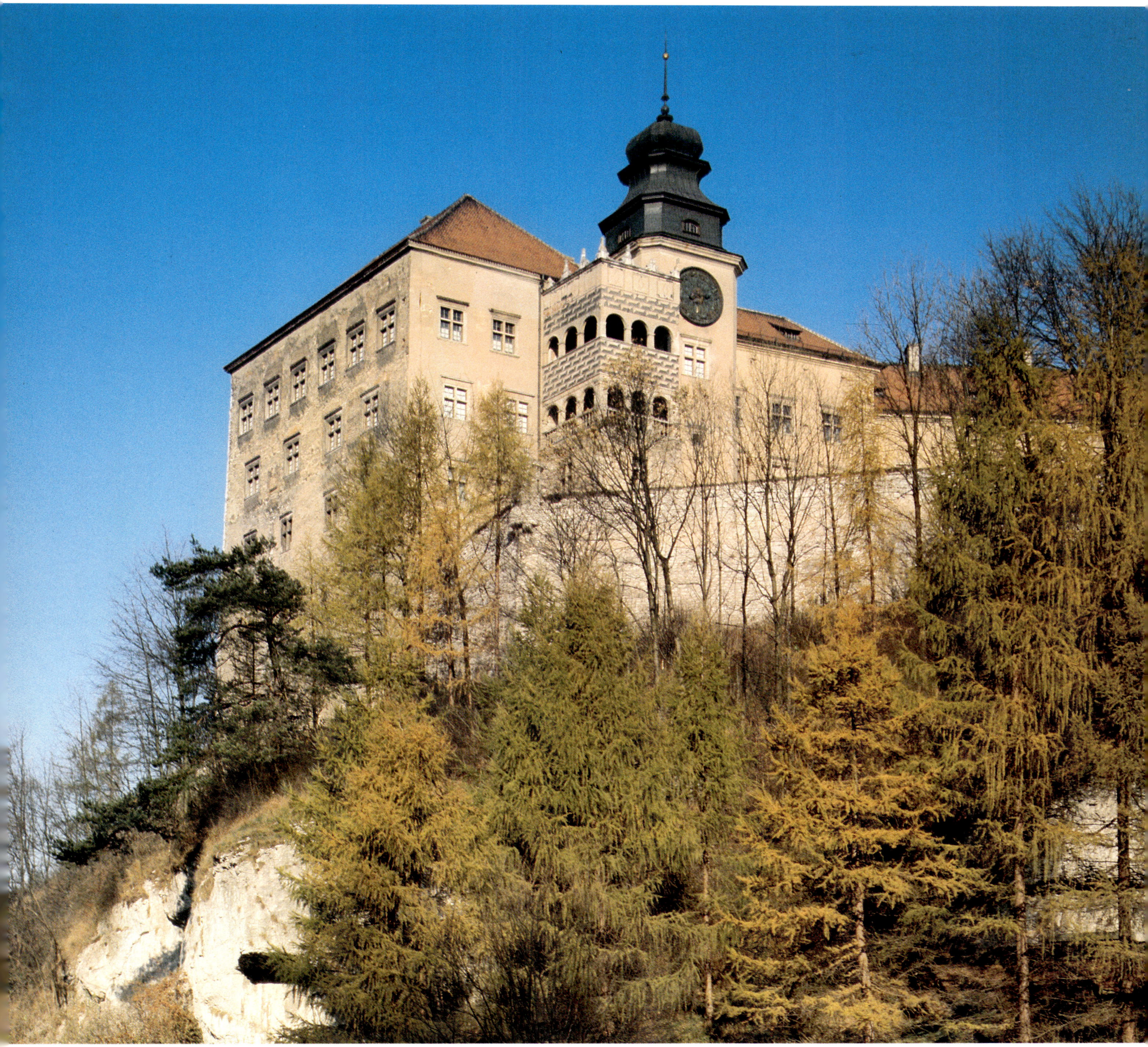

Alte Ansicht von Pieskowa Skala von Zygmunt Vogel, spätes 18. Jahrhundert: Unterhalb des Schlosses erkennt man den jäh aufragenden Felsen, der als »Keule des Herkules« bekannt ist (Universitätsbibliothek, Warschau).

Grabplatte von Stanislaw Szafraniec, jetzt im Innern des Hauses ausgestellt.

Porträt des Mikolaj Zebrzydowski, um 1600 (Katholisches Hospiz, Krakau).

Das Schloß mit seinen Renaissanceloggien.

Ein wesentlicherer Umbau erfolgte im 16. Jahrhundert. Die Szafraniecs waren immer noch eine reiche und bedeutende Familie: Einer von ihnen, Hieronim, war Starost von Chęciny und um 1530 einer der Generäle der Armee des Hetman Jan Amor Tarnowski, des Begründers der polnischen Militärstrategie; ein anderer, Stanislaus, war ein führender protestantischer Intellektueller und Humanist; er gründete ein Gebetshaus für die Arianer, eine extreme Sekte, auch bekannt als Sozinianer, welche die Dreifaltigkeit und die göttliche Wiederkehr Christi leugneten. Stanislaus' Grab befindet sich immer noch in der Schloßkapelle. Er war es, der den Umbau von Pieskowa Skała im Renaissancestil beschloß; dieser wurde, wie aus einer Inschrift über dem Hauptportal ersichtlich, 1578 abgeschlossen. Der grundlegende Charakter des Gebäudes wurde von einer Verteidigungsanlage in die Residenz eines Magnaten umgeändert. Der Haupttrakt der unteren Burg wurde um einen rechteckigen Hof mit zweistöckigen Arkaden neu errichtet, von welchen man zu hellen und großen Räumen gelangte. Der Torturm erhielt eine schlanke Loggia, die eine Rundsicht über die Landschaft gewährt. Die Dächer wurden mit Dachaufbauten verziert, Torbögen, Fenstereinfassungen, Kamine und Arkaden erhielten Skulpturenschmuck in Form menschlicher Masken. Die prachtvolle Architektur fand ihr Gegenstück in den Terrassen, Teichen und Gartenanlagen am Fuße des Schloßberges. Vergleiche mit dem Wawel im nahe gelegenen Krakau, welcher erst kürzlich von den Jagiellonen-Königen umgebaut und verschönert worden war, drängen sich geradezu auf.

Mit dem Tod Stanislaus' im frühen 17. Jahrhundert erlosch die Familie Szafraniec. Pieskowa Skała wurde von einer anderen alten Adelsdynastie aus Małopolska, den Zebrzydowskis, erworben. Andrzej, der gefürchtete Bischof von Krakau, war ein Mitglied dieser Familie. Ihr Oberhaupt, der Palatin Mikolaj, ein Waffengefährte Jan Zamoyskis, war wegen seiner Wohltätigkeit, insbesondere wegen seiner Zuwendungen an Hospize und Spitäler, bekannt. Zwischen 1605 und 1609 gründete er unweit von Krakau Polens ersten Kalvarienberg (Kalwaria), einen beliebten Wallfahrtsort. Dieser wurde von dem niederländischen Architekten Paul Baudarth im Freien mit vierzehn Kreuzwegstationen, jede mit einer verschiedenen Kapelle, angelegt. Mikolaj hatte eigens einen Sekretär ins Heilige Land geschickt, um alle Orte des Kreuzweges zu erkunden und die genaue Entfernung zwischen den einzelnen Stationen abzumessen.

Zebrzydowski engagierte sich indes nicht nur als Wohltäter. So betrieb er 1605 die Einberufung eines Gegen-Sejm in Sandomierz, der den Wasakönig Zygmunt III. absetzte, weil dessen jesuitische Ratgeber die traditionelle Religionsfreiheit abschaffen wollten. Mikolaj war kein Intellektueller, aber er verkörperte die antiabsolutistische und die antiklerikale Unzufriedenheit vieler Mitglieder der Szlachta. Ebenso wie die anderen Anführer der unblutigen, erfolglosen Revolte ging er straffrei aus und lebte friedlich bis zu seinem Tod im Jahre 1620. Auch sein Sohn Michal

PIESKOWA SKAŁA

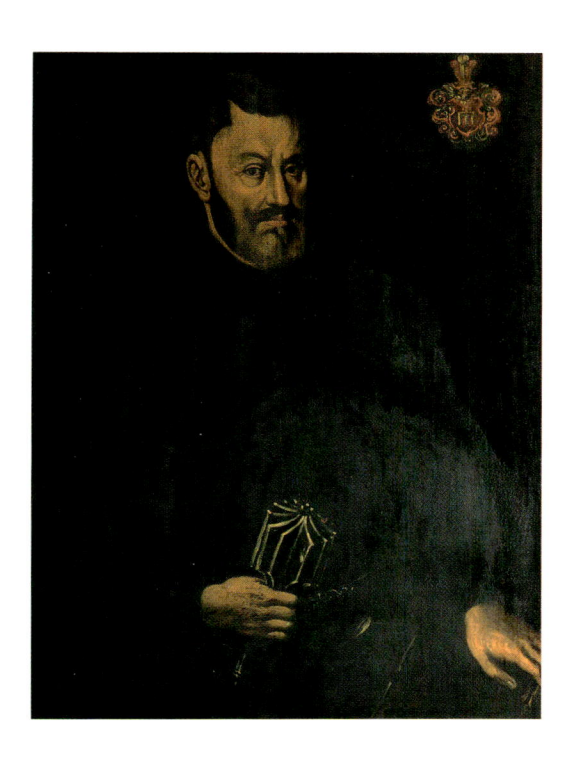

bekleidete hohe öffentliche Ämter und brachte es ebenfalls zum Palatin von Krakau. Er ließ Pieskowa Skała im damals beliebten italienischen Stil befestigen, stattete es mit hohen Basteien und einem neuen Haupteingang im Osten aus und umgab den großen, äußeren Vorhof mit einer Mauer. Die neu eingerichtete Schloßkapelle wurde seinem Namenspatron, dem heiligen Michael geweiht, die Arkaden rund um den Hof erneuert. Das alles bewahrte das Schloß nicht vor den Plünderungen der schwedischen Truppen bei ihrer Invasion von 1655. Während der letzten zwölf Jahre seines Lebens besaß Michal nur noch eine halbe Ruine, und nach seinem Tode wurde Pieskowa Skała wiederum verkauft.

Die neuen Eigentümer, die Wielopolskis, waren ebenfalls eine alte Familie aus der Gegend um Krakau. Ihr Ursprung läßt sich bis ins 11. Jahrhundert zurückverfolgen, und sie hatten enge verwandtschaftliche Beziehungen zu den sagenhaft reichen Ossolinskis. Jan Wielopolski war ein Vertrauter des Königs Jan Kazimierz, der ihn 1656 zum Kaiser mit der Bitte um Hilfe gegen die Schweden entsandte. Er wurde Starost und später Palatin von Krakau und erhielt schließlich von seinem dankbaren Herrscher den Titel eines Grafen von Pieskowa Skała. Jan ließ die beschädigten Gebäude im barocken Stil wiedererrichten, die offenen Galerien und Loggien zumauern und die Außenfassaden mit geometrischen Mustern bemalen. Das Innere wurde ganz nach dem Geschmack des 18. Jahrhunderts ausgestattet, d. h. mit niederländischem und türkischem Dekor sowie Chinoiserien. Diese Interieurs waren es, die zusammen mit Wielopolskis berühmten Sammlungen dem Schloß den Namen »Museum Polens« gaben. Jan war dreimal verheiratet, zuletzt

POLEN

mit der Französin Marie Anne d'Arquien de la Grange, der Schwägerin von König Jan Sobieski. Sie war die Tochter des Kommandanten eines Garderegiments am französischen Hof, der später Kardinal wurde, und kam 1675 nach der Wahl ihres Schwagers zum König auf Besuch nach Polen, wo sie bald darauf Wielopolski heiratete.

Die Familie florierte auch im 18. Jahrhundert, und fünf Generationen hindurch blieb die männliche Erbfolge erhalten. Die Wielopolskis gründeten Klöster, machten gute Partien und spielten in der Politik eine bedeutende Rolle, mehrmals als Palatine von Krakau. Um die Mitte des Jahrhunderts erbten sie das Fideikommiß von Pińczów und nahmen das Prädikat Myszkowski an. Pieskowa Skała veränderten sie allerdings kaum, obwohl es die Hauptresidenz der Familie blieb.

Nach den Napoleonischen Kriegen wurde Jan Wielopolski, der dritte Jan der Familie, zum Senator des von den Russen geschaffenen Kongreßpolen ernannt, und sein Grafentitel wurde vom Zaren offiziell anerkannt. Er war ein unermüdlicher Kämpfer für Recht und Justizreformen, bemühte sich um den wirtschaftlichen Wiederaufbau seines Landes und finanzierte mit seinem eigenen Kapital Eisenwerke. Auch sein Sohn Aleksander war eine bemerkenswerte Persönlichkeit: ein intelligenter, kultivierter Aristokrat mit einem unter seinesgleichen ganz unüblichen Sinn für Realismus. 1831 wurde er von der aufständischen Regierung nach London entsandt, um über die Bewilligung von Krediten zu verhandeln; dort mußte er sehr bald feststellen, welch enge Grenzen die Bereitschaft der Westmächte hatte, den Polen zu helfen, weshalb er beschloß, ein Arrangement mit den Russen zu suchen. Da er sich vor allem in Zahlen und Statistiken besonders gut auskannte, wurde Aleksander um 1850 in Warschau mit dem Finanzwesen beauftragt; er setzte sich für begrenzte

Porträt der Maria Anna Wielopolska (geb. d'Arquien de la Grange) von Claude Callot, spätes 17. Jahrhundert.

Arkaden im Innenhof.

PIESKOWA SKAŁA

POLEN

Gesamtansicht der Bibliothek.

Reformen in Verwaltung, Erziehungswesen und Landwirtschaft ein, um Ruhe und Ordnung aufrechtzuerhalten und nationalistische Umtriebe einzudämmen. Bedauerlicherweise wurde sein Plan einer selektiven Wehrpflicht in der russischen Armee zum auslösenden Moment für den Aufstand von 1863, denn dieses Vorhaben nahm die Landbesitzer und die wohlhabenden Bauern von der Wehrpflicht aus, so daß die Last hauptsächlich auf die unzufriedenen Städter und die Intellektuellen fiel. Das führte nur zu weiterer Unterdrückung, durch die seine ganzen Ideen kompromittiert wurden, und damit endete die politische Karriere eines erfolglosen, aber mutigen und patriotischen Mannes.

Es überrascht nicht, daß die so sehr in die Staatsgeschäfte in Warschau verwickelten Wielopolskis immer weniger Zeit in Pieskowa Skała verbrachten, das ja damals außerdem in dem von Österreich besetzten Teil Polens lag. 1842 beschloß man, den Besitz zu verkaufen, und dieser wurde von der Familie Mieroszewski erworben. Leider zerstörte acht Jahre später ein Feuer die Bibliothek und weitere Räumlichkeiten; die ältesten Gebäudeteile wurden ebenfalls stark beschädigt und mußten abgerissen werden. Sobiesław Mieroszewski begann sofort mit dem Wiederaufbau, der allerdings bei Ausbruch des Aufstandes im Jahre 1863 noch nicht beendet war. Am

PIESKOWA SKAŁA

14. März dieses Jahres beschossen und eroberten russische Truppen das brennende Schloß, obwohl eine Gruppe von Aufständischen es tapfer verteidigte. Am darauffolgenden Tag lieferten sich Russen und Polen einen erbitterten Kampf um das Dorf Skała im Ojców-Tal, wobei letztere schließlich als Sieger hervorgingen.

Unverzagt durch die Katastrophen des Krieges, begannen die Mieroszewskis zwischen 1864 und 1887 mit der Wiederherstellung von Pieskowa Skała. Obwohl das Geld fehlte, um das Innere des Schlosses in seinem alten Glanz zu erneuern, erhielten doch Teile wieder ein gotisches, oder besser gesagt, neugotisches Aussehen mit kleinen Türmen oder Türmchen hier und dort. Das streng hierarchische, im italienischen Stil gestaltete Erdgeschoß, das sich ursprünglich an der Stelle der ehemaligen Stallungen und der Wagenremisen etwas weiter unten an der südlichen Begrenzung des Vorhofs befunden hatte, wurde wiederhergestellt. Die Kosten sollten sich aber als zu hoch für die Familie erweisen, die nicht über so ausgedehnte Ländereien wie ihre Vorgänger, die Wielopolskis, verfügte, so daß der ganze Besitz 1902 zur Versteigerung gelangte.

Zunächst aber gab es keine Kaufinteressenten, und die Zukunft sah düster aus. Die Gefahr, Pieskowa Skała zu verlieren, führte jedoch zu einem Aufschrei in der Öffentlichkeit. Im 20. Jahrhundert galt es bereits als Nationaldenkmal, denn alle anderen mittelalterlichen Burgen waren schon Ruinen; außerdem fand es wegen seiner prachtvollen Lage und der hinreißenden Landschaft häufig in der Literatur und in Memoiren des 19. Jahrhunderts Erwähnung, zum Beispiel in Frederic Chopins Korrespondenz. Zu seiner Rettung bildete eine Gruppe von Geldgebern eine Aktiengesellschaft mit Sitz in Warschau unter dem Namen »Schloß Pieskowa Skała«. Sie brachten den erforderlichen Preis auf und wandelten den Komplex in ein Gästehaus um. Auf diese Weise überlebte es beide Weltkriege, allerdings in immer schlechterem Zustand, bis das polnische Denkmalamt im Jahre 1950 eine sorgfältige Restaurierung vornehmen ließ.

Heute ist Pieskowa Skała wieder eine eindrucksvolle Burg, teils mittelalterlich, teils im Stile der Renaissance. Unter der Wawel-Museumsverwaltung wurde eine Reihe von Exponaten erworben, welche in zwölf Räumen im zweiten und dritten Stockwerk ausgestellt sind. Dazu kommen noch eine Sammlung englischer Malerei sowie die Bibliotheksbestände aus dem Familiensitz der Sapiehas in Krasiczyn. Bei der letzten, 1963 beendeten Restaurierung wurden die zugemauerten Galerien und Loggien wieder offengelegt, die Räume erhielten ihre alten Balkendecken zurück, und die steinernen Tür- und Fenstereinfassungen wurden wieder eingefügt.

Trotz all seines Charmes fehlt es dem lange unbewohnten Schloß an der persönlichen Wärme eines Privathauses. Deshalb sollte man aber Pieskowa Skała nicht außer acht lassen. Streng und finster über dem Fluß aufragend, erhebt sich die Burg mit ihrer markanten Silhouette gegen den Himmel. Ihre herrliche Architektur ist das Ergebnis der Leistungen dreier großer polnischer Magnatenfamilien, die dort nacheinander lebten und sie zu einer nationalen Sehenswürdigkeit machten. In seinen vielen Schicksalsschlägen, in seinen Perioden von Glanz und Elend spiegelt Pieskowa Skała die Geschichte seines Landes wider.

Eckürmchen im unteren Garten.

ŁAŃCUT

Die Vorstellung, daß Polen das Tor zu Rußland, ja zu den weiten, leeren Steppen Zentralasiens ist, wird verständlicher, wenn man von Krakau auf der Landstraße ostwärts reist. Die Landschaft, obwohl leicht hügelig, wird karger, und die Städte mit ihren modernen Wohnblöcken werden immer trostloser. Es gibt allerdings unerwartete Überraschungen. Am Weg zur Grenzfestung Przemyśl und zu der historischen polnischen Stadt Lemberg (Lwów), heute zur Sowjetunion gehörend, liegt ein großes, staubiges Dorf, namens Łańcut. In seiner Mitte, umgeben von weiten Parkanlagen und durch diskrete Parkmauern weitgehend von der Welt abgeschirmt, liegt einer von Polens beeindruckendsten Herrensitzen, der eher einem Königsschloß als einem privaten Landsitz gleicht.

Seit über 650 Jahren besteht in Łańcut eine Siedlung, wie wir von dem unermüdlichen Chronisten und späteren Bischof von Lemberg (Lwów), Jan Długosz, wissen, der hier einen Besitz erwähnt, welchen König Kazimierz der Große 1333 seiner Cousine Elżbieta schenkte. Später ging er auf die Familie Otto Pileckis über, der eine Burg aus Holz auf einem Hügel baute, von der noch einige wenige Spuren zu sehen sind. Die Pileckis waren eine bedeutende Familie im Königreich: Otto war ein Palatin und enger Vertrauter des Königs, seine Gemahlin Jadwiga war die Taufpatin des heidnischen Fürsten von Litauen, Jagiello, als dieser 1386 zum Christentum bekehrt und im Wawel auf den Namen Wladyslaw getauft wurde. Der Fürst wurde ein guter Freund der Pileckis, besuchte sie oft in Łańcut und heiratete 1417, nachdem er jahrelang Witwer gewesen war, heimlich ihre Tochter Elżbieta, was auf Ablehnung seitens seiner Höflinge stieß. Obwohl die Burg Łańcut im Besitz der Pileckis blieb, wurde dort während der nächsten zwei Jahrhunderte wenig getan. 1580 ging sie in den Besitz von Stanisław Stadnicki, Starost von Zygwold, über, dessen aufbrausendes Temperament und ungewöhnliches Benehmen ihm den Namen »Teufel von Łańcut« einbrachte – übrigens heißt es, daß sein Geist noch immer im Hause spuke. Zwischen 1610 und 1620 ließen die drei Söhne Stadnickis an dieser Stelle eine neue Burg errichten. Ihre drei Flügel bildeten einen hufeisenförmigen, nach Süden gerichteten Hof; sie waren durch vorspringende, fünfeckige Türme verstärkt, die den Übergang von einer mittelalterlichen Festung zu einem auf äußeren Basteien beruhenden Verteidigungssystem zeigen. Die Stadnickis besaßen die Burg jedoch nicht lange, denn zwei der Brüder fielen, und 1629 verkaufte es der dritte an Stanisław Lubomirski.

Als Palatin von Krakau und Fürst des Heiligen Römischen Reichs hatte der neue Besitzer seine Vorzüge als Soldat und Staatsmann bereits unter Beweis gestellt. Seit 1615 arbeitete der Architekt Matteo Trapola bereits daran, aus dem Schloß Nowy Wiśnicz, einem seiner zahlreichen riesengroßen Besitze, eine würdige Residenz zu machen; ähnliches sollte jetzt auch in Łańcut geschehen. Bis zu seinem Tod im Jahre 1637 war Trapola hauptverantwortlich für die Vergrößerung und Renovierung von Łańcut. Lubomirski wollte es so stark wie möglich befestigt haben, entsprechend den von Adam Freytag, einem damals führenden Militärtheoretiker, in seinem Buch *Architectura Militaris* entwickelten Ideen. Fünf durch Blendmauern verbun-

Gartenfassade von Łańcut, Südostpolen.

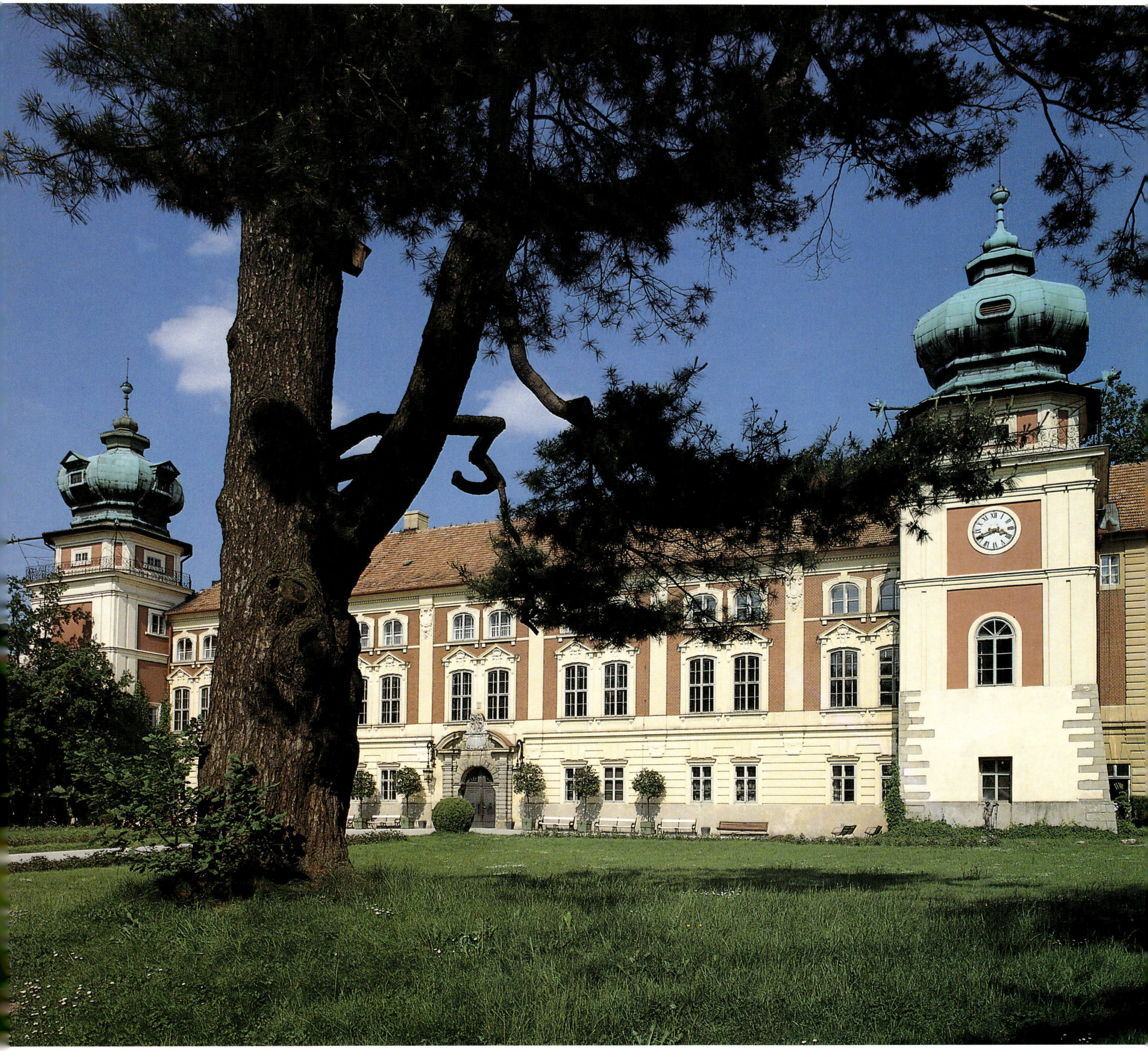

POLEN

Das Schloß in einer alten Ansicht von Thomas de Thomon, spätes 18. Jahrhundert.

Die Skulpturengalerie, die Wände wurden im späten 18. Jahrhundert von Vincenzo Brenna ausgemalt.

dene Basteien bildeten einen fünfeckigen Stern, die erhöhten Brustwehre waren mit Erdwällen versehen, auf denen achtzig Kanonen standen. Ein tiefer, trockener Burggraben, selbst nochmals von einem Schutzwall umgeben, umschloß den gesamten Komplex. Inmitten dieser Befestigungsanlagen erhielt die rechteckige Burg anstelle der früheren Nord-Süd- nunmehr eine Ost-West-Achse. Von jetzt an betrat man die Burg vom Westen her, d.h. von der Dorfseite, über eine Zugbrücke über den Graben und durch ein massives Tor; aus strategischen Erwägungen wurde das ebenfalls von Mauern umgebene Dorf mit der Burg verbunden.

Bei aller Nüchternheit des Äußeren – der Bau wies bis auf das barocke Portal keinerlei architektonische Gliederung auf –, waren die Innenräume prächtig, ja geradezu palastartig. Durch den Umbau der Wehrtürme zu Wohntürmen und die Ersetzung der Schießscharten durch Fenster wurden neue Wohnräume geschaffen. Ab 1633 arbeitete der königliche Stukkateur, Giovanni Battista Falconi, mit seinen Handwerkern in Łańcut. Die Kuppel des im ersten Stock des Nordwestturms gelegenen Saals der Tierkreiszeichen – so benannt nach seiner Deckenbemalung – ist sicher von ihm selbst ausgestaltet; überladene barocke Stuckverzierungen umgeben die gemalten Allegorien, die vier Jahreszeiten darstellend. Von Falconi stammen auch die Decke in der sogenannten Großen Antichambre sowie andere Räume, deren Ausstattung nicht mehr existiert. Die Arbeiten in Łańcut dauerten zwölf Jahre bis 1641, allerdings wurden vor kurzem polychrome Balken mit dem Datum 1642 entdeckt.

Stanisław starb 1649. Auf ihn folgte sein Sohn Jerzy Sebastian, der als Marschall der Krone die Hälfte aller bedeutenden Ämter des polnischen Staates bekleidete. Er stand König Jan Kazimierz als loyaler Gefolgsmann zur Seite, und in Łańcut war es auch, wo die Vertreter des polnischen Adels einen Pakt unterzeichneten, in dem sie sich zur Vertreibung der eingefallenen Schweden verpflichteten. Trotzdem eroberte deren Verbündeter György Rákóczi 1657 mit seiner Siebenbürgener Armee die Gegend und brannte die Dörfer nieder; das Schloß blieb glücklicherweise verschont. Jerzy war einer der fähigsten polnischen Generäle, aber er erlitt schwere Verluste, als die Schweden im Krieg seinen Besitz in Nowy Wiśnicz plünderten und 152 Wagen mit Beutegut abtransportierten. Als Vergeltung führte er einen verwegenen Einfall nach Siebenbürgen an und zwang Rákóczis Truppen zu einem überstürzten Rückzug. Łańcut befand sich verständlicherweise in keinem guten Zustand, als Stanisław Herakliusz Lubomirski es von seinem Vater übernahm, weshalb er beschloß, es von seinem Protegé, dem Architekten Tylman van Gameren, restaurieren zu lassen. Dies wurde 1688 nach einem Brand noch dringlicher, aber da die Baupläne verlorengingen, weiß man nicht mehr, welche Arbeiten von Tylman stammen. Sicherlich veränderte er die Türme entsprechend dem barocken Geschmack der Zeit, modernisierte die Befestigungsanlagen, versetzte diverse Fen-

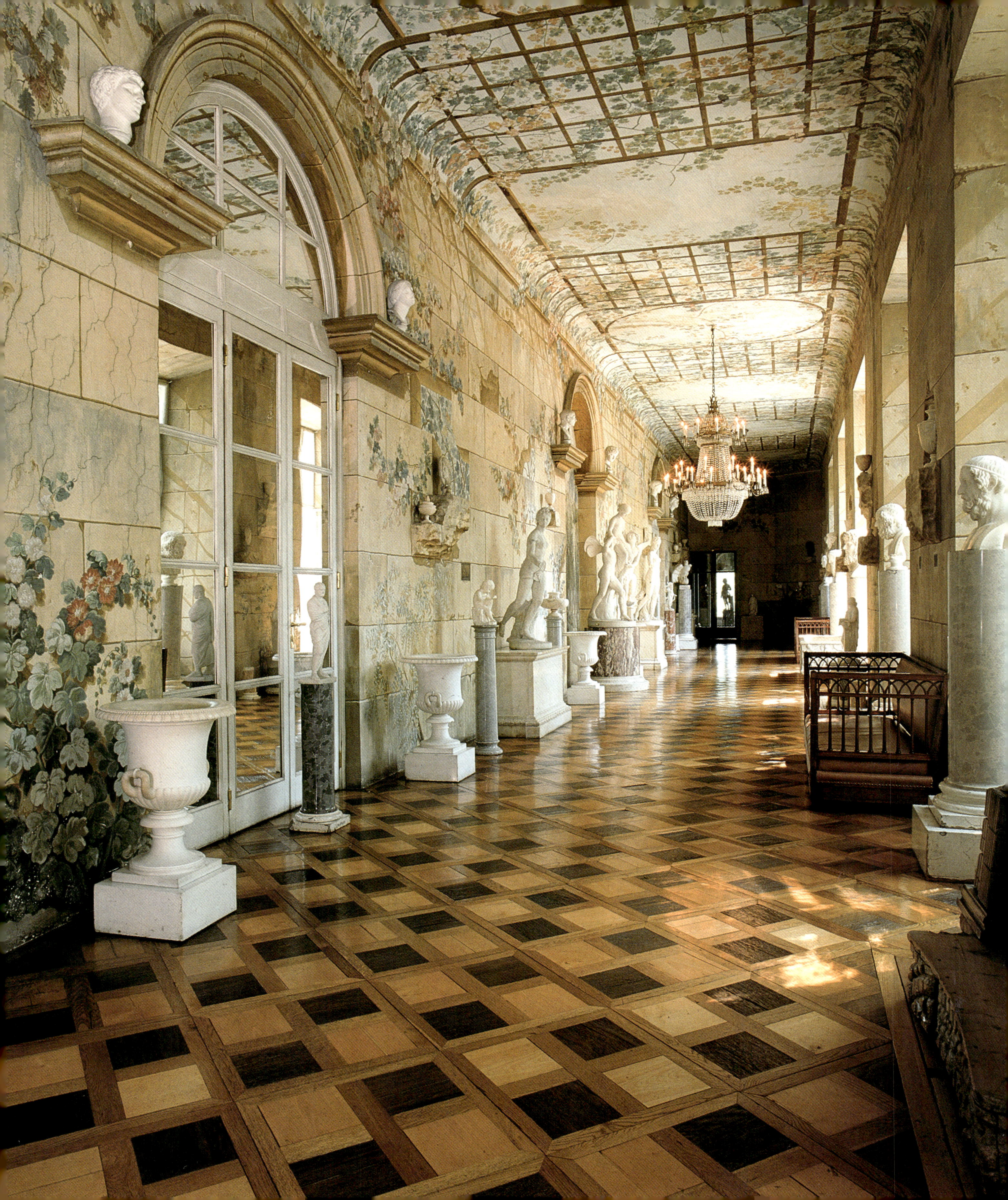

POLEN

ster, verbreitete das Treppenhaus und unterteilte die Großen Antichambre in eine Eingangshalle und einen zweiten, kleineren Raum.

Der letzte Lubomirski, der Łańcut besaß, wiederum ein Stanisław, erbte es als junger Mann im Jahre 1745. Acht Jahre später heiratete er Izabela Czartoryska, eine energische, äußerst gebildete und selbst unendlich reiche Person, die einst als mögliche Ehefrau für ihren Cousin, König Stanislaus August, in Betracht gezogen wurde. Unter ihrer Ägide wurde Łańcut von einer stark befestigten, finsteren Burg in ein richtiges Schloß verwandelt, eine würdige Residenz für den größten Magnaten. Die Umbauarbeiten begannen um 1770 und wurden auch nach Stanisławs Tod im Jahre 1783 mit kurzen Unterbrechungen fortgesetzt, bis Izabela selbst 1816 im Alter von achtzig Jahren starb.

An der Nord- und Westseite wurden alle Fenster durch neue ersetzt. Der Westflügel des Schlosses wurde an seiner Südseite verlängert und dadurch der sogenannte Große Speisesaal geschaffen, während der nördliche Turm einen Anbau erhielt, der die Bibliothek beherbergte. Die Festungsmauern wurden geschleift, und nach und nach entstand ein englischer Park mit klassizistischen Gebäuden. Anfangs wurde der Hausarchitekt Hieronim Jędrzejowski beschäftigt, später aber auch einige der bekanntesten Exponenten des polnischen Klassizismus.

Mit der Innenausstattung wurde nach 1780 begonnen. Vincenzo Brenna, ein florentinischer Maler, der später für Zar Paul in Pavlovsk tätig war, verfertigte eine Reihe von Malereien antiker Arabesken und Grotesken im sogenannten Chinesischen Zimmer im zweiten Stock und in einem Gästeappartement mit einem Salon und Schlafzimmer im Erdgeschoß. In den sogenannten Aussichtszimmern schuf er zwei ovale Wandgemälde mit Ansichten von Łańcut, und in der Skulpturengalerie

Die Säulenhalle mit der von Antonio Canova geschaffenen Statue, Izabela Lubomirskas Adoptivsohn Henryk als Cupido darstellend.

ŁAŃCUT

Das 1792 eingeweihte Hoftheater von Łańcut.

Löwenkopf-Brunnen im Garten.

malte er das Trompe-l'œil einer antiken, mit Wein überwachsenen Ruine. Auch andere Künstler waren tätig, zum Beispiel Franciszek Smuglewicz, der viele Türen bemalte. Die großartigen Rokokovertäfelungen im Spiegelkabinett mit ihren wundervoll gearbeiteten vergoldeten Rahmen stammen wahrscheinlich aus Süddeutschland.

Szymon Bogumił Zug, der für Izabela schon in Natolin und Wilanów tätig gewesen war, wurde nun auch für Łańcut herangezogen und ab 1796 von seinem Kollegen Jan Chrystian Kamsetzer unterstützt. Sie entwarfen zusammen das Schlafzimmer Izabelas und den angrenzenden Salon im Louis-XIV.-Stil, ebenso wie die Säulenhalle am Ende der Galerie, wo sich eine von Antonio Canova geschaffene Cupido-Statue in Gestalt des von der Prinzessin adoptierten Henryk Lubomirski befand, die von ionischen Säulen umrahmt war. Die bedeutendsten Arbeiten stammen jedoch von Chrystian Piotr Aigner, der nach 1790 zusammen mit seinem Stukkateur, Fryderyk Baumann, die Repräsentationsräume im Westflügel des Schlosses gestaltete: den großen Ballsaal, den großen Speisesaal, das Theater und die Kapelle. In den beiden erstgenannten Räumen wurden die Vertäfelungen sorgfältig auf die Architektur der Räume abgestimmt; auch die kleine Kapelle im südwestlichen Turm des Westflügels wurde mit ihrer kleinen Kuppel in vornehmer Weise ausgeschmückt, wie auch das hübsche Theater, das in seinen Logen und der Galerie neunzig Personen Platz bot.

Izabela gab gerne Feste in einem Stil, der dem Charakter des von ihr neu geschaffenen Barockschlosses entsprach. Die Musik und das Theater standen in Łańcut in hoher Blüte, da sie Marcello di Capua als Hofkomponisten und Peter Hänsel, einen Schüler Haydns, als Kapellmeister beschäftigte. Sie selbst spielte das Clavichord im kleinen Schloßorchester und gab viele Musikstücke in Auftrag, hauptsächlich Opern, die noch in den Archiven erhalten sind. 1792 wurde das Theater mit einer Aufführung von *Parodie*, fünf humoristischen Einaktern, verfaßt von ihrem Schwiegersohn Jan Potocki, eröffnet. Nach dem Tode ihres Mannes unternahm Izabela zahlreiche Reisen; von einer Einkaufsreise nach Rom im Jahre 1786 brachte sie die meisten Stücke ihrer Sammlung antiker Skulpturen nach Łańcut. Auch in Paris erwarb sie zahlreiche Bilder und Möbel; dort freundete sie sich auch mit Königin

305

POLEN

Marie Antoinette an. Sie verabscheute die Französische Revolution und die Napoleonische Zeit und lud die Bourbonen-Prinzen und zukünftigen Könige, Ludwig XVIII. und Karl X., sowie ihre Schwester, Königin Maria Carolina von Neapel, wie auch Madame Anne Louise Germaine de Staël nach Łańcut ein.

Trotz ihrer achtzehn weiteren Residenzen kam Prinzessin Izabela regelmäßig nach Łańcut, welches immer mit Personal – etwa zweihundert Bedienstete für innen und außen – ausgestattet blieb. Nach 1800 erfolgten neuerlich bauliche Verbesserungen. Aigner veränderte die Hauptfassade und errichtete zusammen mit Baumann eine Reihe von Gebäuden für die Gärten. An erster Stelle ist die wohlproportionierte, klassizistische, 1802 fertiggestellte Orangerie zu nennen, deren Dach durch eine Blendmauer und eine Portikus aus ionischen Säulen unter einem dreieckigen Giebel verdeckt wird. Etliche Jahre später wurde von Aigner ein klassizistisches Haus am Nordeingang des Parks, das ursprünglich von Kamsetzers Schüler Jan Griesmeyer stammte, in ein kleines romantisches, neugotisches Schlößchen – innen von Baumann mit Stuck ausgestattet – umgebaut; dorthin konnte sich die Familie vom offiziellen Leben im Schloß zurückziehen.

1810 bauten die beiden auf der nordwestlichen Bastei eine Gloriette in Form einer halbkreisförmigen korinthischen Kolonnade. Das Innere des Schlosses wurde weiter umgestaltet. Die Wände des Chinesischen Zimmers und des anschließenden Salons im pompejischen Stil wurden mit kleinen bunten, auf einem Leinengrund aufgeklebten Stoffstücken bedeckt, um den Eindruck einer orientalischen Wandverkleidung zu erwecken; auf diese Weise verschwanden Brennas Wandgemälde.

Nach Izabela Lubomirskas Tod im Jahre 1816 wurden ihre riesigen Güter unter ihren Erben aufgeteilt. Łańcut fiel an ihren Enkel, Alfred Potocki, dessen Mutter Julia schon vor mehr als zwanzig Jahren gestorben war. Sein Vater Jan, ein echter Privatgelehrter (Schriftsteller, Archäologe und Reisender), hatte das Haus nie mit seiner gefürchteten Besitzerin teilen wollen und es statt dessen vorgezogen, auf seinem eigenen Besitz Uladówka in Podolien zu wohnen. Dort hatte er 1815 in einem Anfall von Depressionen über die Behandlung der polnischen Anliegen beim Wiener Kongreß Selbstmord begangen. Alfred war ebenfalls ein großer Patriot, außerdem frankophil und hatte zusammen mit seinem Bruder unter Marschall Poniatowski an Napoleons Rußlandfeldzug von 1812 teilgenommen. Nach zweijähriger Gefangenschaft kehrte er zurück und heiratete seine Cousine Józefina Czartoryska. Im Vergleich zu seinem Vater war er aber kein glühender Nationalist, sondern zog es vor, mit der österreichischen Regierung auf gutem Fuß zu stehen, und lehnte die zahlreichen Aufstände Galiziens gegen Österreich ab. Er machte sich auch die österreichische Rechtslage zunutze und wandelte Łańcut 1821 in ein Fideikommiß um, was zur Folge hatte, daß es nur ungeteilt vererbt werden konnte – wobei allerdings bereits ein Teil von Izabelas Sammlungen an ihren Adoptivsohn Henryk Lubomirski, der im nahe gelegenen Przeworsk lebte, vererbt worden war.

Alfred nahm weitere bauliche Veränderungen an Łańcut vor; er schleifte die inneren Befestigungsmauern, begradigte das Terrain vor dem Schloß und ließ die Tore samt der Zugbrücke abreißen. Sie wurden durch ein neugotisches Portal und eine steinerne Brücke mit Geländer ersetzt. Mehrere kleine Gebäude im Park ließ er renovieren – eine Eremitage, eine orthodoxe Kirche und eine kleine Villa (die heute alle nicht mehr existieren); außerdem wurde zwischen 1828 und 1830 eine klassizistische Manege bzw. Reitschule nach Plänen von Ludwik Bogochwalski erbaut. Ein Landschaftsarchitekt namens Jan Zulauf gestaltete die Parkanlage, und man ließ Gewächshäuser zur Züchtung von Orangen und Pfirsichen errichten. Aigner und Baumann, die immer noch regelmäßig nach Łańcut kamen, waren an der teilweisen Gotisierung der Nord- und Ostfassade beteiligt. In den dreißiger Jahren wurden nach Entwürfen von Karol Chodziński angefertigte Parkettböden heimischer Anfertigung in den verschiedenen Zimmern verlegt.

Nach Alfreds Tod im Jahre 1862 folgte ihm sein Sohn nach. Im Gegensatz zu seinem Vater schlug Alfred II. eine aktive politische Karriere ein, hauptsächlich in Wien, wo er Landwirtschaftsminister, für kurze Zeit Ministerpräsident und außerdem ein enger Vertrauter Kaiser Franz Josephs wurde. Er war auch acht Jahre lang Statthalter von Galizien und gehörte zu den Mitbegründern der Akademie von Krakau. Seine Gemahlin Maria war die Tochter des Prinzen Roman Sanguszko, der

Der von Chrystian Piotr Aigner entworfene Ballsaal, um 1800.

1830 nach dem Aufstand der Polen gegen ihre russischen Herren zu Fuß in Ketten nach Sibirien gehen mußte und den Joseph Conrad in seiner gleichnamigen Kurzgeschichte verewigt hat. Sie brachte eine gewaltige Mitgift in die Ehe ein und vermehrte so das Vermögen der Potockis. Wegen seiner politischen Tätigkeit hatte ihr Gemahl jedoch wenig Zeit, nach Łańcut zu kommen, wo inzwischen nichts geschah, weder innen noch außen, und das unter der mangelhaften Instandhaltung litt.

Marias ältester Sohn Roman erbte 1889 Łańcut und war während der nächsten zweieinhalb Jahrzehnte für den dritten großen Umbau des Schlosses verantwortlich. Seine zweite Frau, Elżbieta Radziwiłł, genannt »Betka«, stand ihm dabei mit Rat und Tat zur Seite. Die beiden Architekten, Armand Bauqué und Alberto Pio sowie eine Reihe von Handwerkern aus Paris und Wien wurden engagiert. Sie vergrößerten den Bibliotheksteil am Ende des Westflügels und bauten den Großen Speisesaal so aus, daß er jetzt mehr als hundert Leuten Platz bot. In der Nähe des Speisesaals wurde ein kleiner Südflügel angebracht, so daß ein zweiter kleiner Hof entstand. Roman und Betka begannen auch mit der Modernisierung Łańcuts; sie ließen eine neue Wasserleitung legen, ein Abwassersystem, eine Zentralheizung, Strom und sogar Telefon installieren. Die schönsten Räume blieben erhalten, aber viele andere wurden in einem historisierenden Stil nach Art des 18. Jahrhunderts neugestaltet. In dem vernachlässigten, von den österreichischen Architekten Hermann Helmer und Ferdinand Fellner neugestalteten Theater fanden wieder Aufführungen statt, und die Bühnentechnik wurde verbessert.

Während dieser Jahre wurde auch das Gelände um das Schloß stark verändert, und der englische Park bekam sein heutiges Aussehen. Innerhalb des von dem trockengelegten Graben umschlossenen Areals wurde ein Pulvermagazin aus dem 17. Jahrhundert abgerissen, ein italienischer Park vor dem Ostflügel angelegt und ein Rosengarten südlich der Orangerie gepflanzt; das alles unter der Oberaufsicht eines Gärtners namens Maxwald, der vorher bei den Rothschilds angestellt gewesen war. Auch der englische Park wurde erneuert und eine Vielfalt von Blumen gepflanzt, insbesondere Orchideen, Nelken und Rosen. Bauqué baute einen großen Komplex von Stallungen und eine Wagenremise, denn Roman liebte Pferde und Wagen und sammelte die verschiedensten Equipagen, die den Kern der heutigen Sammlung in Łańcut bilden. Letzten Endes wurden wiederum sämtliche Fassaden des Schlosses neugestaltet, diesmal im französischen Neobarock, allerdings blieben die beiden typischen Zwiebeltürme rechts und links vom Haupteingang erhalten.

Zu Beginn des Ersten Weltkriegs befand sich Galizien im unmittelbaren Kampfgebiet, allerdings hatten sowohl der Zar als auch der Kaiser ihren Truppenbefehlshabern Order erteilt, Łańcut zu verschonen. In sechs Monaten zwischen 1914 und 1915 wechselten die russische und die österreichisch-deutsche Armee viermal als Besitzer von Łańcut. Die Potockis kamen im Sommer 1915 zurück und fanden tatsächlich ein unbeschädigtes Schloß vor, wobei allerdings die Landwirtschaft und die Wälder entsetzlich gelitten hatten. Roman, dessen Gesundheit bereits angeschlagen war, starb einige Wochen später, und ihm folgte sein ältester Sohn, wieder ein Alfred, nach. Das Ende des Kriegs brachte eine Reihe von Problemen mit sich. Die polnische Unabhängigkeit und die russische Revolution führten dazu, daß einige östliche Besitzungen der Potockis, z. B. Antoniny, wo Romans jüngerer Bruder gelebt hatte, an die Sowjetunion verlorengingen. Der gesamte Erbbesitz der Familie umfaßte etwa 19 000 Hektar, deren Erträge die enormen Erhaltungskosten von Łańcut nicht deckten. Tatsächlich waren die nicht vom Fideikommiß umfaßten Ländereien wesentlich größer und ertragreicher, doch der Krieg hatte sowohl einen Rückgang der Arbeitskräfte als auch des Familieneinkommens zur Folge.

Es war offensichtlich, daß nur industrielles Engagement und nicht mehr die Landwirtschaft den Lebensstil der Potocki finanzieren konnte; Alfred verkaufte in der Zwischenkriegszeit Land und investierte mit unterschiedlichem Erfolg in die verschiedensten Unternehmungen: Banken, Ölgesellschaften, Brennereien, Kohlenbergbau und Ziegelwerke. Trotz einer relativ gesunden Finanzlage konnte er nicht umhin, gelegentlich Fremdkapital aufzunehmen.

Ungeachtet dessen ging das Leben in Łańcut in seinem alten Glanz weiter: Ein Privatorchester gab nach wie vor Konzerte, Jagden wurden abgehalten, und es fan-

Porträt des Jan Potocki von Giovanni Battista Lampi, spätes 18. Jahrhundert.

POLEN

Pferdekopf-Fries an der Reitschule.

Kutschen in der Remise.

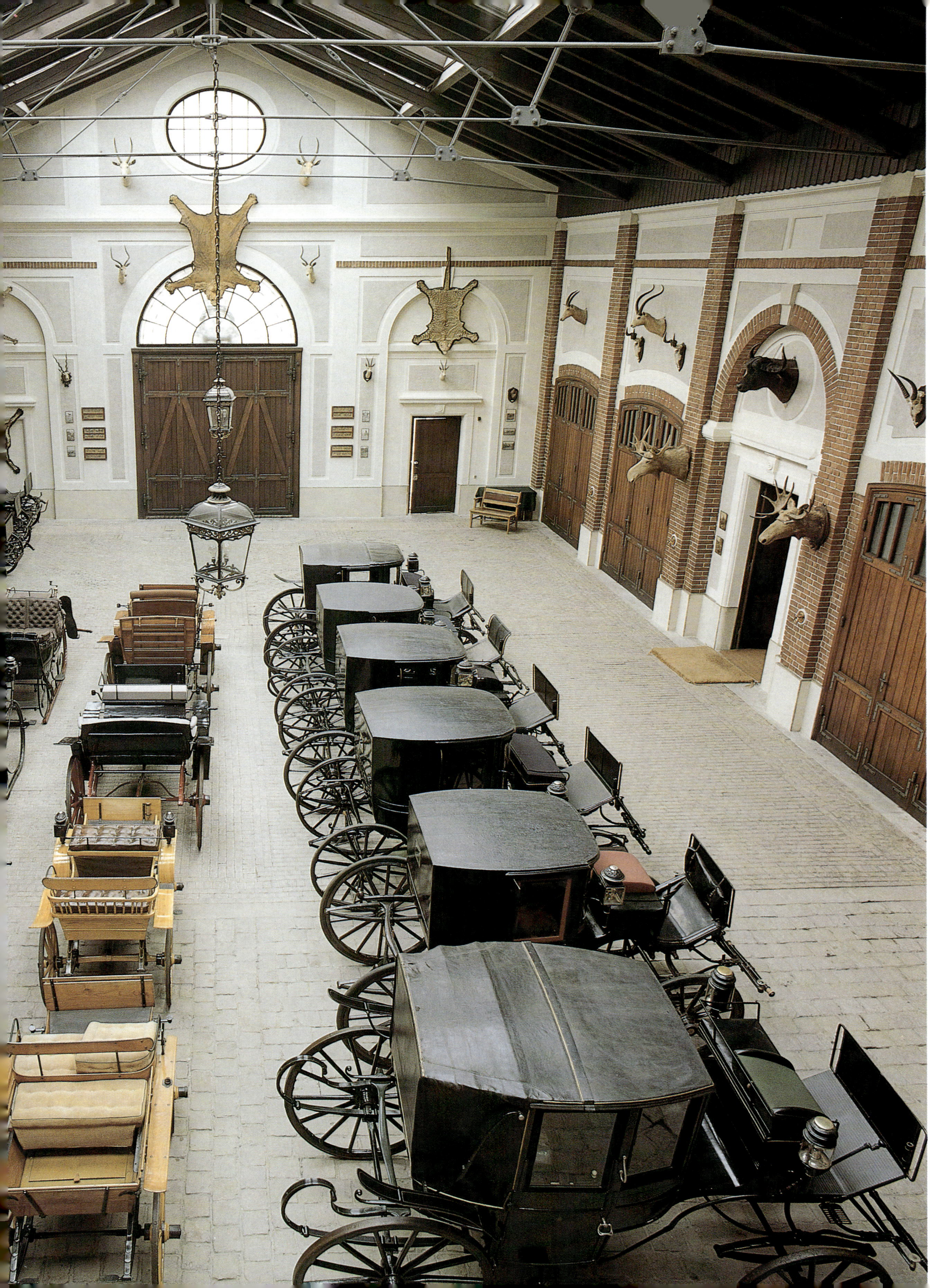

POLEN

den große Bälle statt, an denen Mitglieder der regierenden Häuser sowie Geburts- und Geldadel teilnahmen. Gäste empfing man hauptsächlich im August und im September, aber auch während der Winterjagden und zwischen dem Frühlingsende und dem Beginn des Sommers. Das zahlreiche Personal in Łańcut sorgte dafür, daß alles bestens funktionierte, einschließlich der einige Kilometer entfernten Jagdhütten, des Arabergestütes in Albigowa und der reinrassigen Jagdhundemeuten. Wie Alfred in seinen Memoiren notierte: »...Jahr für Jahr nahmen die Gäste zu... Ich dachte, meinem Lande einen Dienst zu erweisen, indem ich sie alle einlud und Łańcut als Treffpunkt für Diplomaten und bedeutende ausländische Besucher zur Verfügung stellte.« Ein Golfplatz wurde angelegt, türkische Bäder installiert, und mit etwas geringerem Aufwand wurden im Inneren des Schlosses auch einige kleine Änderungen vorgenommen. Die Sammlungen, insbesondere der Bestand an Gemälden, wurden in den 20er Jahren dieses Jahrhunderts durch ein wertvolles Legat von Alfreds Cousin Mikołaj Potocki stark vergrößert.

1925 wurde Łańcut zum Nationaldenkmal erklärt, und für 1939 waren größere Konservierungsarbeiten vorgesehen, die der Zweite Weltkrieg allerdings verhinderte. Bei Ausbruch des Krieges requirierte die polnische Armee sofort drei Fünftel des Pferdebestands. Aber innerhalb einer Woche kamen die deutschen Truppen, besetzten die Orangerie und den zweiten Stock des Schlosses – freilich ohne es zu beschädigen. Als sich Hitler und Stalin Polen teilten, blieb Łańcut im deutschen Teil, aber die Grenze – der San – war nicht weit entfernt. Alfred wurde mehrere Male von der Gestapo eingesperrt und verhört, allerdings nie für längere Zeit. Es scheint, daß er sich tatsächlich von den Untergrundaktivitäten fernhielt, obwohl er später behauptete, sie unterstützt zu haben. Zu Beginn des Jahres 1944 erkannte Alfred, daß ein russischer Sieg unausbleiblich war, und ließ daher vor seiner eigenen Abreise im Juli die schönsten Stücke des Schlosses in etwa 600 Kisten verpacken. Mit deutscher Hilfe wurden sie per Zug nach Wien geschickt. Nach den verschiedensten Schwierigkeiten erreichten sie seine Cousins in Liechtenstein, von wo er sie dann irgendwann in sein Exil nach Frankreich mitnahm. Nach dem Tode seiner

Im Turm gelegenes Badezimmer aus dem frühen 20. Jahrhundert.

Porträt der Betka Potocka (geb. Radziwiłł) von Czederowski, frühes 20. Jahrhundert.

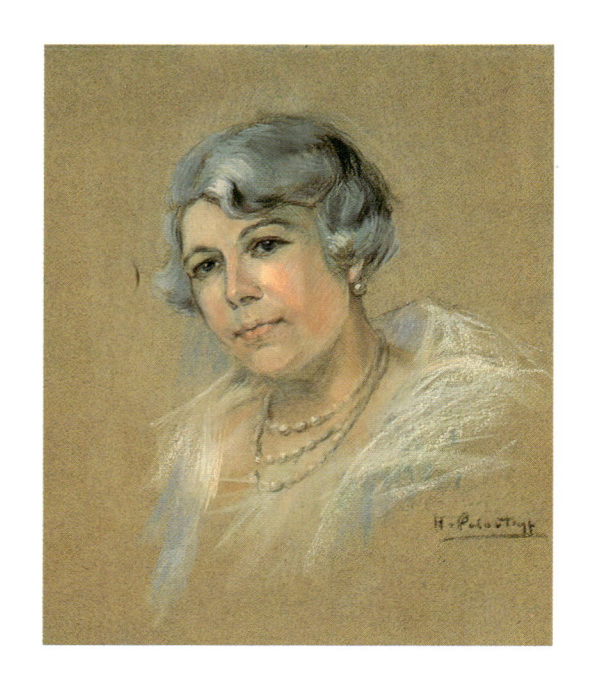

Potockische Jagdgesellschaft vor den Stallungen in Antoniny, heutige Ukraine, vor 1914.

Alfred Potocki, den Herzog und die Herzogin von Kent chauffierend, 1937.

achtzigjährigen Mutter heiratete Alfred eine Amerikanerin polnischer Abstammung, veröffentlichte seine Memoiren und starb 1958 kinderlos. Bedauerlicherweise kehrten seine Kunstschätze nicht mehr nach Polen zurück, denn die kommunistische Regierung lehnte es ab, mit einem Mann zu verhandeln, den sie als Verräter betrachtete.

Glücklicherweise besetzte die Sowjetarmee, als sie Łańcut im August 1944 erreichte, das Schloß nicht – es war Order ausgegeben worden, Łańcut zu verschonen. Im November desselben Jahres wurde das Schloß offiziell als Museum der Öffentlichkeit zugänglich gemacht; die Restaurierungs- und Erhaltungsarbeiten dauerten allerdings noch bis in die fünfziger Jahre an. Heute befinden sich die Gebäude in hervorragendem Zustand und erwecken einen etwas weniger leblosen Eindruck, als ihn für gewöhnlich die großen Schlösser in den Ländern hinter dem ehemaligen Eisernen Vorhang hervorrufen. Verhältnismäßig viele der 308 Räume des Schlosses sind für die Besucher zugänglich. Wenngleich Łańcut auch gut möbliert erscheint, sind doch nur mehr ein Viertel der Bilder und ein Drittel aller Plastiken der Vorkriegszeit vorhanden, die Tapisserien, Möbel, Silber- und Porzellansammlungen sind ebenfalls stark dezimiert.

Trotz des Verlusts des Großteils seiner Originalausstattung gehört Łańcut noch immer zu den prachtvollsten Privatresidenzen Polens – beziehungsweise ganz Europas. Während der letzten viereinhalb Jahrhunderte war sein Schicksal eng mit dem der zwei bedeutendsten Magnatenfamilien verbunden: den Lubomirskis und den Potockis. Es spiegelte ebenso ihren Glanz und ihren Reichtum wider, wie es unter ihrer Bedrängnis litt. Jeder Besucher wird zu schätzen wissen, welches Musterbeispiel an polnischer Kultur und Ästhetik es darstellt, denn Łańcut ist noch immer ein Schloß von märchenhafter Schönheit.

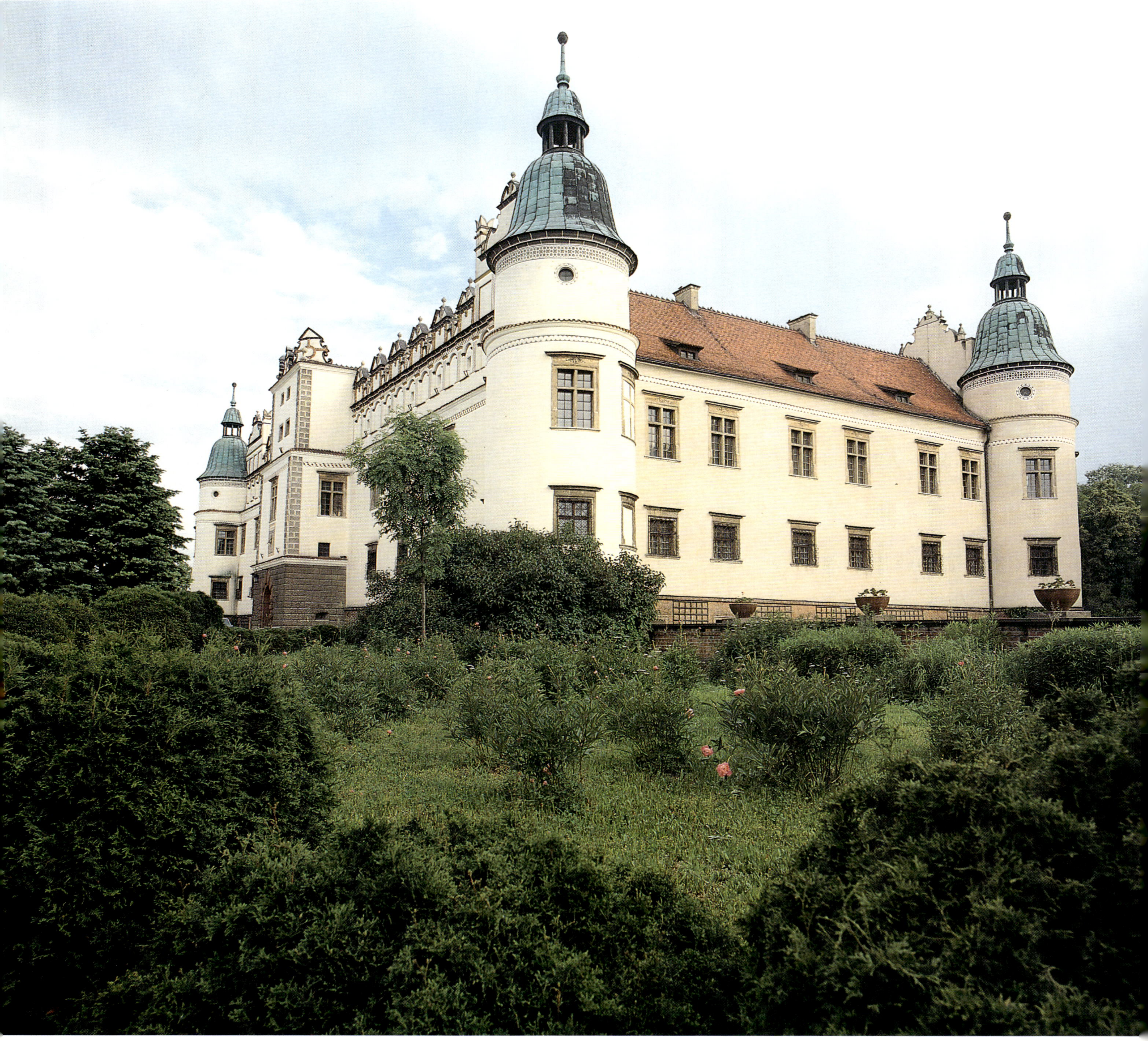

BARANÓW

Wenn ein Fluß die Seele eines Landes widerspiegeln kann, so sehen wir Polen wohl am deutlichsten in der Weichsel (Vistula), so wie sich die Tschechoslowakei in der Moldau (Vltava) und Ungarn in der Donau offenbart. Auf dem langen Weg von ihrer Quelle in der Tatra bis zu ihrer Mündung in der Ostsee in der Nähe von Danzig (Gdansk) durchfließt die Weichsel fast das ganze Land mit einigen seiner geschichtsträchtigsten Gegenden. Sie nimmt ihren Weg durch das Herz Małopolskas, stromaufwärts unweit von der alten Stadt Sandomierz fließt sie an Baranów vorbei, einem der schönsten aller polnischen Renaissanceschlösser.

Nach Anton Schneider, einem Historiker des 19. Jahrhunderts, stand im frühen 12. Jahrhundert in Baranów eine aus Holz erbaute Festung. Sie wurde von Bogusław Jaksyc, einem Gefolgsmann König Bolesławs des Schiefmäuligen, dem späteren Gouverneur von Pommern, errichtet, um diesen Abschnitt der Weichsel unter Kontrolle zu halten. In der Nähe befand sich eine wichtige Furt durch den Fluß zu dessen hochgelegenem linken Ufer, wo die Handelsstraße von Krakau nach Sandomierz vorbeiführte. Im 13. Jahrhundert war die Festung in den Besitz der Familie Gozdawa gelangt. Sie wurde gut instand gehalten und bot der einheimischen Bevölkerung einen gewissen Schutz gegen die zahlreichen Tatareneinfälle. Pawel, der letzte Gozdawa, empfing dort angeblich König Kasimir den Großen, bevor er ihn auf einen Feldzug in die Ukraine begleitete, wo er im Kampfe fiel.

Daraufhin schenkte der König Baranów einem besonders tapferen Ritter namens Pietrasz, der angeblich seinem königlichen Herrn im Krieg gegen die Ruthenen das Leben gerettet hatte. Von ihm stammt die Familie Baranowski ab, die ihren Namen von der Burg Baranów übernahm. Beide Namen kommen jedoch von »Baran«, was auf polnisch Widder bedeutet, denn hier befand sich eine wichtige Schafzuchtgegend. Hier gedieh auch das Handwerk der Tuchweber, deren Zunft bis in das 19. Jahrhundert bestehenblieb. Ab 1500 gewann der Getreidehandel an Bedeutung; entlang des Flußufers wurden Speicher errichtet, um das Korn aus dem Landesinneren für den Transport mit Frachtkähnen nach Danzig zu lagern, von wo es dann exportiert wurde. Zwischen der Weichsel und ihrem Nebenfluß Babulowka gelegen und umgeben von Teichen und regelmäßig überschwemmten sumpfigen Wiesen, war das uneinnehmbare Baranów bestens geeignet, die Umgebung zu überschauen und zu bewachen.

Im 16. Jahrhundert hatte die Burg abermals den Besitzer gewechselt, sogar zweimal, und war jetzt im Besitz der Górkas aus Wielkopolska. Diese vergrößerten und modernisierten die bestehende Festung, die noch immer nur für rein militärische Zwecke bestimmt war. 1569 verkaufte Stanisław Górka den Besitz an Rafał Leszczyński, den Starosten von Radziejów und Sproß einer aufstrebenden Adelsfamilie, der ebenfalls aus Wielkopolska stammte. Rafał war sowohl für sein Talent, zu Geld zu kommen, als auch für seine Unterstützung des Reformprogrammes der exekutionistischen Bewegung bekannt. Als Präsident des Sejm verlangte er sowohl nach einer Reorganisation der Armee als auch nach der Gleichberechtigung der Andersgläubigen; daran hatte er auch ein persönliches Interesse, da er Mitglied der Böhmi-

Eckansicht der Hauptfassade von Baranów, Südostpolen.

POLEN

schen Brüder in Polen – der Arianer – war, einer streng calvinistischen Sekte, für die er ein Kolleg und eine Kirche in Leszno und eine Kapelle auf seinem Grund in Goluchów erbauen ließ.

Obwohl er bis 1592 lebte, übergab Rafał kaum zehn Jahre nachdem er es erworben hatte, Baranów an seinen ältesten Sohn Andrzej. Dieser war ein berühmter Kriegsmann, der an allen Kriegen Polens um die Mitte des 16. Jahrhunderts teilnahm; er war aber auch ein weitgereister Förderer von Kunst und Wissenschaft, der mit Gelehrten aus ganz Europa korrespondierte. Da er sich der günstigen Lage Baranóws für Verteidigungszwecke sowie für Handel und Verkehr bewußt war, verlegte er seinen Hauptwohnsitz dorthin, und hier empfing er auch mehrere Male König Stefan Bathory als Gast. Aber die verwinkelte mittelalterliche Festung war nicht nach seinem Geschmack, und so beschloß er, sie umzubauen.

Den Auftrag dazu erhielt der damals wahrscheinlich bekannteste Baumeister Polens, nämlich Santi Gucci, ein gebürtiger Florentiner, damals etwa sechzig Jahre alt und zwei Drittel seines Lebens bereits in seiner Wahlheimat Polen ansässig, der einen charakteristischen, eigenwilligen Stil entwickelt hatte, welcher sich streng an dekorative Elemente wie ionische Voluten, konzentrische Verzierungen, Girlanden aus Akanthusblättern und flamboyante Vasen hielt. Seine Verbindung zum königlichen Hof war sehr eng, und eine bedeutende Bauhütte stand ihm zur Verfügung. Obwohl es nicht urkundlich erwiesen ist, daß Gucci der Hauptarchitekt in Baranów war, kann doch die stilistische Verwandtschaft eines Großteils der Arbeiten dort – die reichverzierten Portale der oberen Galerien zum Beispiel – mit seinen Grabdenkmälern im Dom des Wawel, mit den Fierlej-Familiengräbern in Janowiec und mit dem Schloß in Mirów festgestellt werden. Baranów war eine glückliche Symbiose von italienischer Theorie und polnischer Praxis.

Die Arbeiten in Baranów begannen 1591 und dauerten bis 1606 – in den letzten Jahren nach Guccis Tod unter Aufsicht seiner Schüler. Das Ergebnis war ein rechteckiger Bau, etwa 80 Meter lang und 40 Meter breit, der einen massiven Eindruck machte, aber durch die schlanken Türme an jeder seiner vier Ecken, deren Helme

Sonnenuhr über der Eingangspforte.

BARANÓW

Hauptfassade mit Eingangsportal.

Decke im Turmzimmer mit Stuckarbeiten von Giovanni Battista Falconi, frühes 17. Jahrhundert.

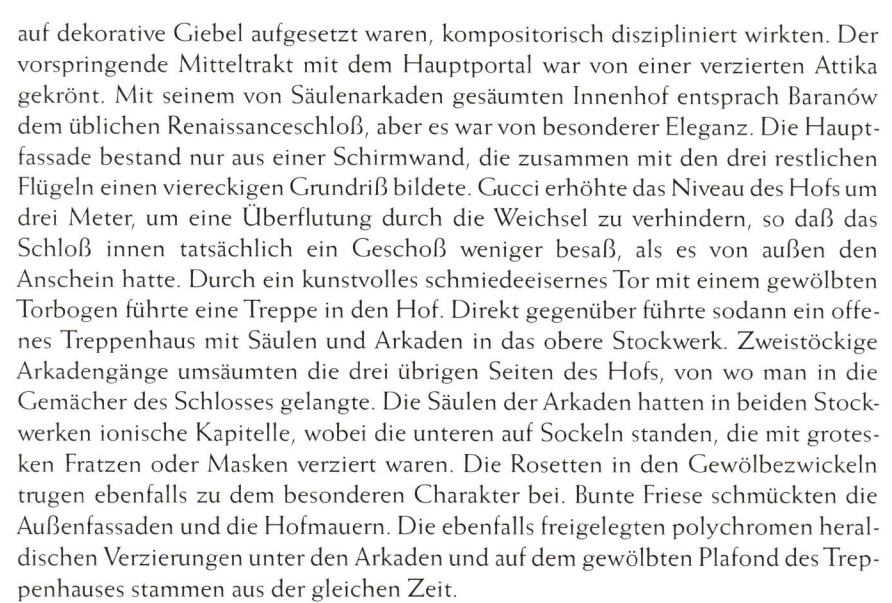

auf dekorative Giebel aufgesetzt waren, kompositorisch diszipliniert wirkten. Der vorspringende Mitteltrakt mit dem Hauptportal war von einer verzierten Attika gekrönt. Mit seinem von Säulenarkaden gesäumten Innenhof entsprach Baranów dem üblichen Renaissanceschloß, aber es war von besonderer Eleganz. Die Hauptfassade bestand nur aus einer Schirmwand, die zusammen mit den drei restlichen Flügeln einen viereckigen Grundriß bildete. Gucci erhöhte das Niveau des Hofs um drei Meter, um eine Überflutung durch die Weichsel zu verhindern, so daß das Schloß innen tatsächlich ein Geschoß weniger besaß, als es von außen den Anschein hatte. Durch ein kunstvolles schmiedeeisernes Tor mit einem gewölbten Torbogen führte eine Treppe in den Hof. Direkt gegenüber führte sodann ein offenes Treppenhaus mit Säulen und Arkaden in das obere Stockwerk. Zweistöckige Arkadengänge umsäumten die drei übrigen Seiten des Hofs, von wo man in die Gemächer des Schlosses gelangte. Die Säulen der Arkaden hatten in beiden Stockwerken ionische Kapitelle, wobei die unteren auf Sockeln standen, die mit grotesken Fratzen oder Masken verziert waren. Die Rosetten in den Gewölbezwickeln trugen ebenfalls zu dem besonderen Charakter bei. Bunte Friese schmückten die Außenfassaden und die Hofmauern. Die ebenfalls freigelegten polychromen heraldischen Verzierungen unter den Arkaden und auf dem gewölbten Plafond des Treppenhauses stammen aus der gleichen Zeit.

Das neue Schloß der Leszczyńskis mit seinen unzähligen Kunstwerken und einer bemerkenswerten Bibliothek wurde sehr bald ein kulturelles Zentrum. Unter dem Einfluß Andrzejs, eines eingefleischten Calvinisten, verloren die Katholiken die Pfarrkirche, und im Ort wurde eine Druckerei zur Verbreitung der Schriften bekannter protestantischer Theologen installiert. Bei Andrzejs Tod im Jahre 1606 waren die Umbauten des Schlosses gerade abgeschlossen. Sein Sohn Rafał, Palatin von Belz und ebenfalls ein aufgeklärter Staatsmann, folgte ihm nach und vergrößerte die Bibliothek. Während seiner dreißigjährigen Herrschaft über Baranów wurden zusätzliche Arbeiten an den Attiken der beiden Längsfassaden – an der Schirmwand und dem rückwärtigen Flügel – sowie an den äußeren Befestigungsmauern – typische Attribute eines *palazzo in fortezza* – durchgeführt. Heute sieht man

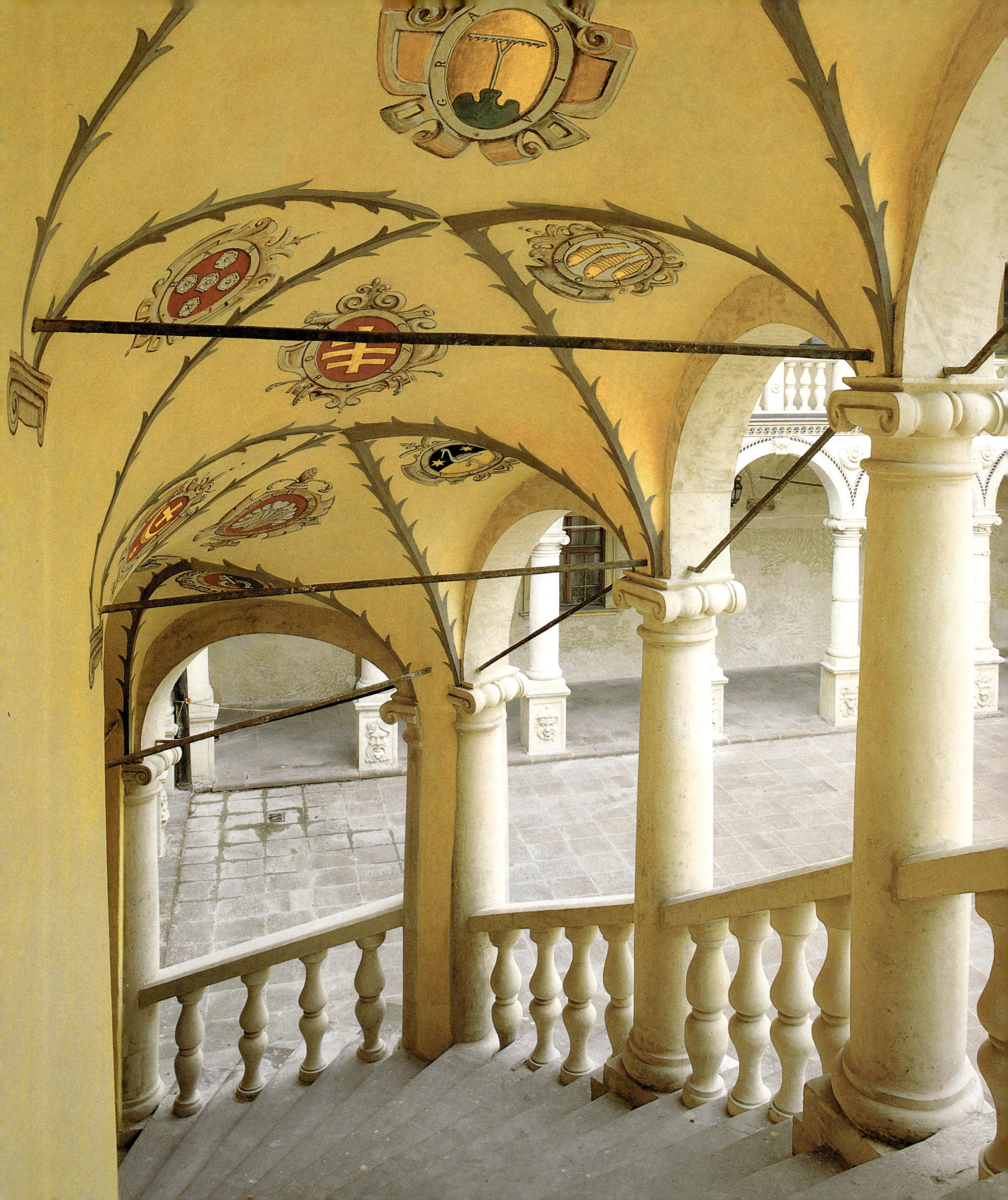

Innengewölbe des Treppenaufgangs im Hof.

Äußerer Treppenaufgang und Arkaden im Innenhof.

Reihe von Groteskenköpfen im Innenhof.

nur mehr die unterirdischen Fundamente dieser Befestigungsanlagen, denn alles andere wurde im 19. Jahrhundert abgerissen, um die Errichtung einer Schutzmauer am Weichselufer zu ermöglichen.

Rafał war ein reicher Großgrundbesitzer und hatte etliche andere Landsitze, aber die meiste Zeit verbrachte er in Baranów. Sein Lebensstil läßt sich daran ermessen, daß er beim Tode seiner Frau im Jahre 1635 über zweitausend Trauerkostüme für seine Dienerschaft anfertigen ließ, wobei das Küchenpersonal nicht inbegriffen war, da dieses ohnehin nie in Erscheinung trat. Dies sollte sich als eine weitsichtige Maßnahme erweisen, denn schon zwei Jahre später folgte Rafał seiner Frau in den Tod nach. Seine Nachfolger waren zuerst sein Sohn, wieder ein Andrzej, und dann sein Enkel Samuel. Dieser konnte allerdings die angehäufte Schuldenlast nicht mehr weiter finanzieren und mußte den Besitz seinem väterlichen Onkel, Bogusław, dem Kanzler des Königreichs, verkaufen. Nur mehr eine Generation von Leszczyńskis sollte in Baranów leben, denn Bogusławs Sohn Rafal III., königlicher Schatzmeister und Botschafter in Konstantinopel, der eine bedeutende Rolle bei dem Sieg über die Türken in Wien im Jahre 1683 spielte, verkaufte 1677 den Besitz. Die Leszczyńskis verschwanden jedoch nicht vollkommen – Rafałs Sohn Stanislaus wurde zweimal zum König von Polen gewählt, allerdings mit sehr kurzer Regierungszeit; er wurde zweimal abgesetzt und zog sich schließlich als Herzog von Lothringen nach Frankreich zurück, wo er Nancy zu einer der vollkommensten Städte des 18. Jahrhunderts in Europa umgestaltete. Seine Tochter Maria wurde die treue und geduldige Gemahlin des bekanntermaßen ausschweifenden Königs Ludwig XV. von Frankreich.

Baranów wurde nun von Prinz Dimitri Wiśniowiecki, Sproß eines großen ruthenischen Adelsgeschlechtes, erworben. Er lebte aber nur mehr sechs Jahre, und kurz nach seinem Tode heiratete seine Witwe Teofila den Prinzen Karol Józef Lubomirski, wodurch zwei bedeutende Vermögen vereint wurden. Zu dieser Zeit erstreckten sich die Besitzungen der Lubomirskis von Krakau fast bis Lemberg (Lwów), und Baranów wurde nur ein weiterer Familiensitz. Es standen jedoch substantielle Mittel zur Erhaltung und Erneuerung des Schlosses zur Verfügung. Für die Lubomirskis hatte Baranów den Nachteil, daß es dort keinen einzigen Raum gab, der groß genug gewesen wäre, Feste in wirklich großem Stile zu veranstalten. Also beschloß man, Abhilfe zu schaffen, und Tylman van Gameren wurde mit der Neu-

POLEN

Die von Tylman van Gameren im späten 17. Jahrhundert gebaute Gemäldegalerie.

Porträt der Königin Marie von Frankreich, der Tochter von Rafal Leszcyński, von Jean-Marc Nattier, Mitte des 18. Jahrhunderts.

Baranów in einer alten Ansicht von Napoleon Orda, 19. Jahrhundert (Sammlung La'ncut).

gestaltung des Inneren des Schlosses beauftragt. Er versah etliche Räume mit barokkem Stuck und schuf im Westflügel eine lange Bildergalerie mit zwei anschließenden Vorräumen, um eine entsprechende Zimmerflucht zu schaffen. Die reichverzierte Stuckdekoration ist heute noch so prächtig wie im späten 17. Jahrhundert, aber leider ist die Hauptattraktion – riesige Ölgemälde mit Landschaften in eigens geschnitzten Rahmen, die in der neuen Bildergalerie hingen – durch schlechte, moderne Kopien ersetzt worden.

Karel Józef Lubomirskis Sohn und später seine Enkelin erbten Baranów. Doch im Laufe der nächsten sechzig Jahre wechselte es weiterhin die Besitzer, entweder auf Grund von Verkäufen oder auch einige Male durch Heirat, bis es 1771 Józef Potocki kaufte. Seine Tochter Anna erhielt den Besitz als Mitgift, als sie Jan Krasicki heiratete, und deren Nachkommen sollten Baranów bis ins späte 19. Jahrhundert behalten; sie sammelten dort wertvolle Möbel, Kunstgegenstände sowie schöne Bilder und vergrößerten wiederum die Bestände der Bibliothek um zahlreiche kostbare Bücher und Manuskripte. In der Bibliothek wurden auch viele Erinnerungen an einen Cousin, den Bischof Ignacy Krasicki, ein echtes Kind der Aufklärung, aufbewahrt; er war Dichter, Verfasser von Theaterstücken, Essayist und Biograph.

Tragischerweise ging alles bei einem Brand im September 1849, der Baranów verwüstete, verloren. Nach dieser Katastrophe fehlte es den Krasickis sowohl an Geld als auch an Energie, das Schloß in seinem früheren Glanz wiederaufzubauen. Auch schienen sie jegliches Interesse an ihren wenigen übriggebliebenen Kunstschätzen verloren zu haben und nahmen keinerlei Reparaturen zur Beseitigung der Schäden vor. Schließlich wurde der Besitz versteigert und 1867 von Feliks Dolański erworben, der sofort die Restaurierungsarbeiten in Angriff nahm. Das sollte sich allerdings als eine Riesenaufgabe erweisen, und bevor sie noch beendet war, warf 1898 ein weiterer Brand die Arbeiten um etliche Jahre zurück. Aber die Dolańskis – Feliks und sein Sohn Stanisław Karol – blieben unverzagt und wurden von ihrem fähigen Architekten Tadeusz Stryjeński aus Krakau tatkräftig unterstützt. Einer der größten ebenerdigen Räume wurde zum Beispiel in eine Kapelle mit Jugendstil-Glasfenstern von Józef Mehoffer und einem Flügelaltar von Jacek Malczewski umgebaut.

BARANÓW

Während des Zweiten Weltkriegs mußten die Dolańskis leider wiederum die Zerstörung ihrer Anstrengungen erleben, als rund um das Schloß erbittert gekämpft wurde. Im Herbst 1944 überquerten die Russen in der Nähe von Baranów die Weichsel, wo sie einen Brückenkopf errichteten, der zahlreichen deutschen Angriffen standhielt, bis durch die große sowjetische Offensive im Januar 1945 die Kampfhandlungen nach Westen verlegt wurden. Das Schloß wurde durch die Bombenangriffe nicht vollständig vernichtet, es erlitt jedoch schwere Schäden, während sämtliche Einrichtungsgegenstände – soweit man sie nicht rechtzeitig ausgelagert hatte – zerstört oder gestohlen wurden. Die Dolańskis konnten Baranów trotzdem behalten, bis es 1945 bei der kommunistischen Machtübernahme enteignet wurde.

Trotz des desolaten Zustands des Schlosses begann das Kultusministerium 1956 mit einem umfassenden Restaurierungsprogramm, an dem sich zwei Jahre später auch das Ministerium für Chemische Industrie beteiligte. Die Entdeckung von bedeutenden Schwefelvorkommen in der Umgebung Baranóws hatte die Aussichten für das Schloß entscheidend verbessert, denn ein restauriertes Schloß konnte offensichtlich als Konferenzzentrum und Seminarhotel dienen. Die hervorragend ausgeführten Umbauarbeiten wurden von Professor Alfred Majewski überwacht, dessen Arbeitsgruppe auch den Wawel restauriert hatte. Aus Museen wurden Exponate ausgeliehen, so daß die Räumlichkeiten der beiden oberen Stockwerke wieder ihren Schloßcharakter erhielten, allerdings wurden sie etwas spärlich möbliert. Im Erdgeschoß wurde eine geographische und archäologische Ausstellung über die Schwefelindustrie eingerichtet.

Baranów ist heute das bekannteste und meistbesuchte Schloß Polens. In reinerer Form als nirgendwo sonst zeigt es die Renaissancearchitektur ohne mittelalterliche Spuren, denn außer einigen Rudimenten ist von der mittelalterlichen Burg nichts mehr zu erkennen. Abgesehen von seinem großen historischen Interessse ist Baranów eines der schönsten und beeindruckendsten Bauwerke Polens.

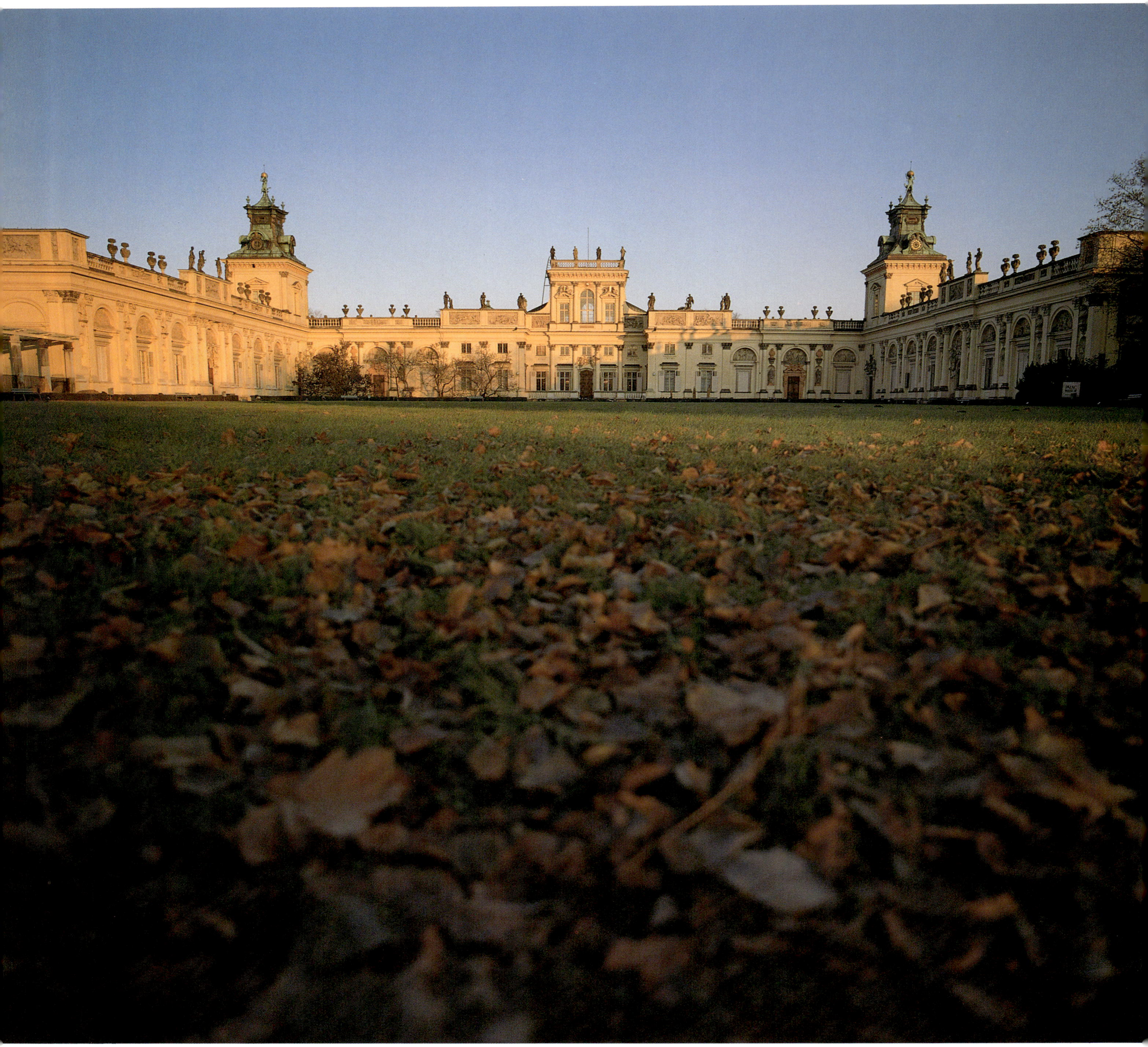

WILANÓW

Hauptfassade von Wilanów bei Warschau.

Monumentales Eingangsportal von einem der Seitenflügel.

Die meisten Hauptstädte Europas besitzen irgendwo am Stadtrand ein prachtvolles Lustschloß aus dem 17. oder 18. Jahrhundert: Versailles, Schönbrunn, Sanssouci, Nymphenburg und Caserta, um nur einige zu nennen. Warschau steht hier nicht nach, denn im Südosten der Stadt, jenseits der Vororte, liegt Wilanów. Dieses prachtvolle Barockschloß gehörte einer Reihe der bedeutendsten adligen – auch königlichen – Familien des Landes, und seine Geschichte vermittelt jedem Besucher einen faszinierenden Einblick in die Geschichte Polens.

Die ersten Fundamente des Schlosses in Wilanów wurden um die Mitte des 17. Jahrhunderts gelegt. Bogusław Leszczyński, der damalige Eigentümer, ließ einen rechteckigen Bau mit Erkertürmchen an jeder Ecke und zwei größere, mit dem Hauptgebäude durch Blendwände verbundenen achteckigen Türmen errichten. Die Bauarbeiten waren noch nicht sehr weit gediehen, als der Besitz 1677 an König Jan Sobieski überging. Seit seiner Thronbesteigung drei Jahre zuvor hatte der König, der das Landleben bevorzugte, nach einem Landsitz in der Nähe der Hauptstadt gesucht, da seine eigene Familienresidenz zu weit entfernt im Osten lag und er das königliche Schloß in Warschau als zu unbequem empfand. In Wilanów hatte er genau das gefunden, was er suchte.

Da seine Geldmittel beschränkt waren, gab Sobieski dem Hofbaumeister Augustyn Locci den Auftrag, die vorhandenen Fundamente zu verwenden und entsprechende Umbauten an ihnen vorzunehmen. Mit den Arbeiten wurde im Mai 1677 unverzüglich begonnen, und innerhalb von zwei Jahren war der erste Bauabschnitt beendet. An der Stelle von Leszczyńskis Gebäude stand nun ein bescheidenes, einstöckiges Herrenhaus mit einem hohen Walmdach und vier Erkern an den Ecken, jeder mit seinem eigenen kleinen Dach. Es gab weder Seitenflügel noch Türme, aber zwei einander gegenüberliegende Nebengebäude bildeten zusammen mit dem Hauptbau einen kleinen Hof. Ein einfacher Garten hinter dem Haus mit einigen Teichen verlieh der ganzen Anlage einen idyllischen, rustikalen Charakter.

Zwischen 1681 und 1682 begann ein zweiter Bauabschnitt, der Wilanów in eine wesentlich prächtigere Residenz verwandelte. Sowohl der Haupttrakt als auch die Erker wurden um ein halbes Stockwerk angehoben, und anstelle der von Leszczyński vorgesehenen Blendwände verbanden jetzt offene Arkadengänge den Bau mit den mächtigen, auf achteckigen Fundamenten errichteten Türmen. Die Galerien erhielten riesige Portale in der Form römischer Triumphbögen, und sämtliche Fassaden wurden mit Stucksculpturen versehen. Die Hauptfassade wurde durch monumentale Pilaster gegliedert, auf denen ein kunstvoll verzierter Giebel ruhte. Auf diesem war das Sonnengestirn dargestellt, umgeben von allegorischen, Trompete blasenden Gestalten des Ruhmes; ein Cherub hielt das Sobieski-Wappen empor, und das Ganze wurde von einer Minerva-Statue gekrönt. Die Türme waren mit Balustraden umgeben, auf denen aus Holland importierte Statuen der Musen standen.

Die letzte Phase des Baus begann 1684 und dauerte mit Unterbrechungen bis zum Tode Sobieskis im Jahre 1696. Während dieser Jahre wurde dem Mitteltrakt ein neues Stockwerk aufgesetzt. Der Skulpturenschmuck des abgetragenen Giebels

POLEN

wurde an der Fassade angebracht; die Vorderseite der Erker zum Hof erhielten einen Dachaufsatz mit Statuen antiker Göttinnen und mit Basreliefs, welche die Siege Sobieskis verherrlichten. All dies wie auch der Zierat in den Bögen der Arkaden stammten von dem Bildhauer Stefan Szwaner aus Danzig.

Das Gelände wurde von dem königlichen Ingenieur Adolf Boy in einem bisher in Polen noch nie gesehenen Stil gestaltet. Der große Hof vor dem Schloß – denn das war Wilanów in der Zwischenzeit geworden – wurde zweigeteilt. Den vorderen, aus der Wagenremise und den Wirtschaftsräumen gebildeten Teil betrat man durch ein gefälliges steinernes Tor mit kriegerischen Trophäen; der rückwärtige Teil hingegen war von den Hauptgebäuden umgeben und wurde vom vorderen Teil durch eine niedrige, kunstvoll gemeißelte Mauer getrennt. Hinter dem Schloß lag ein geometrisch angelegter italienischer Garten, der in zwei Ebenen zum See abfiel. Auf der oberen Ebene befanden sich Buchsbäume, steinerne Urnen und vergoldete Figuren der Mythologie aus der Danziger Glockengießerei, rote Marmorbrunnen und hölzerne Sommerpavillons mit grün-goldenen Dächern. Eine Doppeltreppe führte zur zweiten Ebene mit zwei rechteckigen Teichen hinab. Auf einer Seite des Parks lag hinter den Ställen und Speichern der Obstgarten mit Spalierbäumen. Die gesamte Parkanlage orientierte sich an einer Mittelachse, die vom Eingangsportal bis zum See verlief; durch einen sich anschließenden geraden Kanal wurde diese Symmetrieachse noch verlängert. Die einzigen Abweichungen von diesem geometrischen Muster bildeten ein Gemüsegarten und eine Scheune im Süden.

Das Innere Wilanóws war ebenfalls symmetrisch angelegt, wobei im Gegensatz zum italienischen Brauch die Empfangsräume ebenerdig und nicht im *piano nobile* lagen. Die gewölbte Eingangshalle, die sich über zwei Stockwerke erhob, führte in einen Salon und bildete eine Achse, welche die Gemächer des Königs von denen der Königin trennte. Ihre jeweiligen Suiten wurden direkt von der Eingangshalle her durch ein geräumiges Vorzimmer betreten, mit einem ebenso großen Schlafgemach und mehreren kleineren Räumlichkeiten dahinter. Im Mezzanin waren die Räume relativ niedrig, aber im Belvedere – entstanden durch ein auf den Mittelteil aufgesetztes Stockwerk – befand sich ein prachtvoller Speisesaal.

Für die Ausschmückung seines neuen Schlosses gründete Sobieski ein Atelier, welches sich später zur ersten Kunstakademie Polens entwickelte. Zu den französischen Malern Claude Callot und Abraham Paris stießen die polnischen Künstler Szymonowicz-Siemigonowski und Jan Reisner. Mit ihnen arbeitete auch eine Gruppe von Bildhauern und Stukkateuren und noch viele andere talentierte Kunsthandwerker. Der italo-französische Einfluß war vorherrschend: Die königlichen Schlafgemächer wurden zum Beispiel nach Pietro da Cortonas Entwürfen für den Palazzo Pitti ausgeführt, während Szymonowicz-Siemigonowskis Deckengemälde

Familienporträt mit König Jan Sobieski und Königin Marie-Casimire, um 1693.

WILANÓW

Alte Ansicht des Schlosses Wilanów von Bernardo Bellotto, 1776.

Mittelturm vom Garten aus gesehen.

sich an Carlo Maratta und an Nicholas Poussin orientierten. Die polychrome Verzierung der Deckenbalken war dagegen typisch polnisch. Auch niederländischer Geschmack manifestierte sich in der Wahl einiger Möbelstücke und Bilder. Vieles war zur Verherrlichung Sobieskis bestimmt, so zum Beispiel das riesige Reiterstandbild des über Türken hinwegreitenden Königs in der Halle oder die Porträts von ihm und seiner Familie in den verschiedensten Posen. Sein ernstes Bestreben, die Kunst Polens in die klassische europäische Kunst zu integrieren, muß jedoch anerkannt werden, und die von ihm in Auftrag gegebenen Arbeiten waren oft von hoher Qualität.

Um 1800 hatte sich das bescheidene Herrenhaus in ein Barockschloß italienischer Art verwandelt. Locci hatte sich sicherlich von Rom inspirieren lassen, aber er adaptierte auch sehr geschickt einige Motive an den polnischen Stil und an den Geschmack seines Auftraggebers. Wäre Sobieski nicht 1696 gestorben, hätte Wilanów vielleicht ein Rivale Versailles' werden können, denn die persönlichen und dynastischen Ambitionen des Königs kannten keine Grenzen, ebensowenig wie die seiner französischen Gemahlin Marie-Casimire. Schon wenige Tage nach seinem Tode wurden jedenfalls sämtliche Wertgegenstände in Warschau in Sicherheit gebracht und die kostbarsten Möbelstücke und Bilder in den Schatzkammern des Schlosses versperrt. Zwei seiner drei Söhne, Aleksander und Konstanty, erbten Wilanów. Aleksander fuhr mit dem Ausbau des Schlosses fort, bis er sich – in seinen Hoffnungen auf den Thron bitter enttäuscht – nach Rom zurückzog und Kapuzinermönch wurde. Der jetzige Alleineigentümer Konstanty zeigte für den Besitz wenig Interesse, und seine beengte finanzielle Lage schloß weitere Verbesserungen aus. Weitgehend ihres Inhaltes beraubt, verfielen die Gebäude. 1720 verkaufte Konstanty Schloß Wilanów an die Tochter Stanisław Herakliusz Lubomirskis, Elżbieta Sieniawska, deren Gemahl Palatin von Krakau war.

Für den Rest des 18. Jahrhunderts war Wilanów hintereinander im Besitz von drei reichen, mächtigen und willensstarken Frauen: Großmutter, Mutter und Tochter. Elżbieta, die erste Eigentümerin, besaß bereits mehrere andere Güter, unter anderem Puławy. Sie war eine Kunstkennerin mit ausgeprägtem Geschmack und kaufte regelmäßig deutsches Silber und Porzellan sowie feine Stoffe, Uhren und Lüster von den verschiedensten Kunsthändlern. Als sie Wilanów erwarb, begann sie sofort mit Erhaltungsarbeiten; zwischen 1723 und 1729 wurden zum Haupttrakt passende Seitenflügel anstelle der offenen Galerien errichtet, durch welche sich das Schloß beträchtlich vergrößerte. Nach dem Tode ihres Architekten Giovanni Spazzio im Jahre 1726 übernahm Sigismund Deybel die Bauarbeiten, die von Józef Fontana überwacht wurden. Die neu geschaffenen Fassaden wurden von ihnen mit Darstellungen von Schlachten, allegorischen Figuren und Szenen aus Ovids »Metamor-

POLEN

phosen« in Stuck versehen. Eine Orangerie wurde nach Spazzios Plänen gebaut und der Park nach Norden hin vergrößert. Im Inneren schuf der Maler Józef Rossi mehrere Fresken und stattete eine Reihe von Räumen mit riesengroßen Spiegeln und samtenen Tapisserien aus.

Elżbietas Tochter Zofia, die durch ihre Heirat im Jahre 1731 eine Prinzessin Czartoryska geworden war, erbte Wilanów, als ihre Mutter 1729 starb. Einem häufig geäußerten Wunsch August des Starken entsprechend, erklärte sie sich bereit, diesem das Schloß zu verpachten, allerdings unter der Bedingung, daß er nichts daran verändern dürfe. Dennoch ließ der König den Südflügel erweitern und einen großen, einstöckigen Speisesaal von Deybel anbauen. Er bezog das Schloß im

Das Schlafgemach von Königin Marie-Casimire.

Deckenmalereien im Schlafgemach von Königin Marie-Casimire, in denen sie als Aurora dargestellt wird, spätes 17. Jahrhundert.

Jahre 1731 und hielt dort während der Sommermonate mit entsprechendem Prunk hof. Sein Tod zwei Jahre später bedeutete das Ende aller weiteren »Verbesserungen«, die er noch vorgesehen haben mochte, und Zofia erneuerte den Pachtvertrag mit August III. nicht mehr. Statt dessen wurde Wilanów zwar instand gehalten, aber wenig verändert. Nur die Orangerie wurde um die Mitte des Jahrhunderts umgebaut und anstelle der alten Holzkirche eine spätbarocke Pfarrkirche errichtet.

Zofias Tochter Izabela Lubomirska übernahm Wilanów 1771. Während der vorangegangenen achtzehn Jahre war sie Schloßherrin von Łańcut gewesen und hatte ihre Durchsetzungsfähigkeit längst unter Beweis gestellt. Mit den ersten Umbauten beauftragte sie 1775 Szymon Bogumił Zug, der bald darauf auch eine Villa im nahe gelegenen Natolin für sie errichten sollte. Zunächst entwarf Zug ein Badehaus im klassizistischen Stil, das als Anbau an den von Deybel vergrößerten Südflügel gedacht war. Hier schuf sie ihren eigenen luxuriös ausgestatteten Wohnbereich, bestehend aus einem Vorraum, einem Salon, einem Schlafgemach und einem Baderaum. Im selben Stil wurden etwas weiter westlich auch eine neue Schloßküche und ein Pförtnerhaus errichtet. Im Inneren des Hauptgebäudes wurden die Wände der Eingangshalle mit Marmor versehen und von Fryderyk Baumann verziert. Izabela vergrößerte neuerlich die Gärten; 1784 legte Zug einen englisch-chinesischen Garten mit üppiger Vegetation, gewundenen Pfaden und Wasserfällen an. Eine Schar von Gärtnern wurde beschäftigt, wovon einige bereits bei der Gestaltung von Izabela Lubomirskas Garten in Mokotów in der Nähe von Warschau tätig gewesen waren; unter der Oberaufsicht der Brüder Krystian und Godfryd Symon wurde der Gemüsegarten in Rokokomanier mit Linden und Lauben aus zugeschnittenen Weißbuchen, mit Brunnen, Statuen und steinernen Bänken angelegt. Drei Lindenalleen führten sternförmig vom Hauptportal des Schlosses weg.

Als Izabela nach einem langen Aufenthalt in Frankreich 1789 nach Polen zurückkehrte, war sie entschlossen, sich so weit entfernt wie möglich vom drohenden Krieg oder der Revolution niederzulassen. Da Łańcut der sicherste Zufluchtsort zu sein schien, beschloß sie, ihre Sammlungen dort zu konzentrieren: Sie räumte Wilanów und ihre Residenzen in Warschau aus und ließ sämtliche Einrichtungen mit

POLEN

einem Kahn auf der Weichsel nach Łańcut transportieren. Ihre Vorahnungen der herannahenden Unruhen sollten sich als richtig erweisen. 1794 führte Tadeusz Kościuszko einen Aufstand gegen die ausländische Besetzung Polens an, wobei Wilanów seiner Kupferdächer beraubt und für militärische Zwecke requiriert wurde. Später wurden dort russische Truppen einquartiert, die sowohl das Schloß als auch die Gärten stark beschädigten. Da Izabela keine Lust mehr hatte, auf ihre verwüsteten Besitzungen zurückzukehren, übergab sie diese 1799 ihrer Tochter Aleksandra, der Frau von Stanisław Kostka Potocki, einer vielseitig gebildeten und begeisterten Sammlerin.

Die Potockis sollten nun beinahe hundert Jahre lang Wilanów besitzen und dem Anwesen seine endgültige Gestalt geben. Stanisłaus Kostkas großes Ziel war es, möglichst viele Erinnerungsstücke der Sobieskis zu sammeln; außerdem vergrößerte er die Sammlungen des Schlosses im Zuge seiner unzähligen Reisen nach Westeuropa – besonders mit chinesischen Kunstgegenständen und antiken Vasen (er war ein aktiver Archäologe und leitete selbst Ausgrabungen), aber auch mit Gemälden, die den Kern der Bildergalerie von Wilanów bilden sollten. Mit Unterstützung seines Bruders Ignacy richtete er auch eine prächtige Bibliothek ein, die er in Sobieskis ehemaligem Speisesaal im Belvedere unterbrachte. Da Potocki seine Schätze der Öffentlichkeit zugänglich machen wollte, errichtete er eines der ersten Museen Polens in einer neugotischen, eigens von Chrystian Piotr Aigner an den Nordflügel angebauten Galerie.

Stanisłaus Kostkas Energien erstreckten sich ebenso auf die Außenanlagen. Während die barocken Gartenanlagen auf der Ostseite unberührt blieben, verwandelte er die Rokokogärten und die Chinoiserien seiner Schwiegermutter in einen englischen Park. Verschiedene Lustbauten und Pavillons wurden im nördlichen Teil des Parks errichtet: ein chinesisches Sommerhaus, eine römische Brücke und ein altes Grab mit einem Pseudotriumphbogen. Potockis mannigfaltige Interessen galten unter anderem auch der bäuerlichen Architektur, und er wollte unbedingt die Lebensbedingungen der Bauern verbessern. Zu diesem Zwecke ließ er neue und hygienischere Bauernhäuser errichten, die die alten ungesunden, strohgedeckten Hütten rund um den Park langsam ersetzen sollten. Ebenso ließ er ein Krankenhaus und eine Dorfschule für seine Bediensteten erbauen.

Als Potocki 1821 starb, führten seine Witwe und später sein Sohn Aleksander getreu alle seine Pläne weiter aus. 1836 errichtete Aleksander ein neugotisches Mausoleum vor den Toren des Schlosses zum Andenken an seine Eltern. Er hatte damit den Bildhauer Jakub Tatarkiewicz und den Architekten Enrico Marconi betraut. Das Ergebnis war beeindruckend, wenngleich es auch nicht ganz zu seiner Umgebung paßte; andere Neubauten fielen dagegen weniger glücklich aus. Ab 1845 baute Franciszek Maria Lanci Aigners neugotische Galerie um; sie erhielt eine Neorenaissancefassade mit einem Rokokointerieur. Izabela Lubomirskas Badehaus wurde weitgehend verändert, und nach Lancis Plänen entstanden zusätzliche Nebengebäude sowie eine große Steinpergola im Garten. Marconi übernahm dann die Arbeiten von Lanci, vergrößerte das Krankenhaus, baute eine Kapelle und installierte ein häßliches Pumphäuschen unten am See, welches das Wasser für die Brunnen liefern sollte.

Aleksander Potocki lebte nur bis 1845, und Wilanów ging auf seinen Sohn August über. Dieser heiratete seine Cousine Aleksandra, ebenfalls eine Potocki, die bis 1892 in Wilanów lebte – die letzten 25 Jahre als Witwe. Aleksandra wurde zur kontrollierenden Instanz des Besitzes, sie vergrößerte die Kunstsammlungen und setzte den Ausbau des Schlosses fort. Dafür standen ihr Marconis Söhne Władysław und Leandro zur Verfügung, die das Unternehmen ihres Vates fortführten. In den siebziger Jahren wurde in der Südgalerie ein eigener Raum für die Antiquitäten der Familie geschaffen und ein weiterer im Nordturm für die etruskischen Ausgrabungen, während die große Bibliothek im Belvedere umgestaltet wurde. Auch die Pfarrkirche wurde wiederum verändert und erhielt eine hohe, neobarocke Kuppel.

Mit Aleksandras Tod im Jahre 1892 starb die direkte Linie der Familie aus, und so ging Wilanów an ihren Neffen Ksawery Branicki über. Seine Vorfahren hatten in der Ukraine im 15. Jahrhundert Bedeutung erlangt, einer von ihnen war ein führender katholischer Bischof gewesen, einige hatten sich als Hetmans, andere als hervorra-

Porträt des Stanislaw Kostka Potocki von Jacques-Louis David, spätes 18. Jahrhundert.

Innenansicht des Badehauses von Izabela Lubomirska.

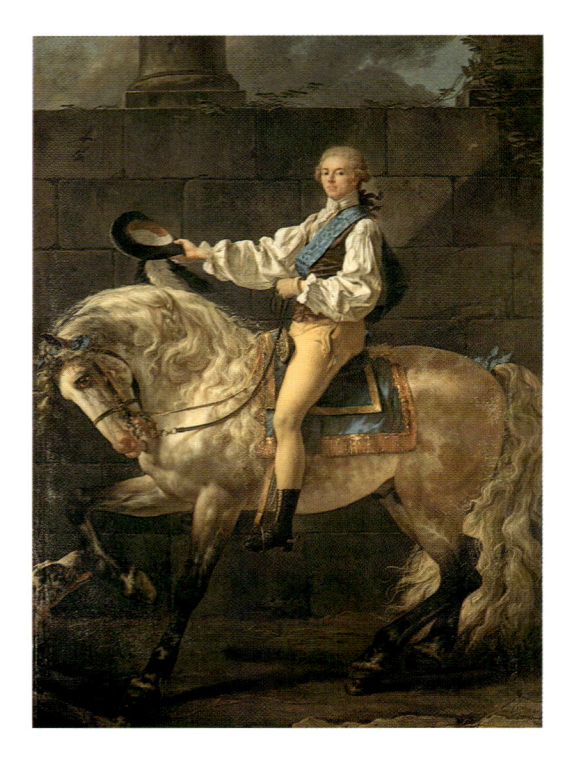

WILANÓW

gende Militärs ausgezeichnet. Ein Familienmitglied hatte die uneheliche Tochter Katharinas der Großen geheiratet und ein berühmtes Duell mit Casanova ausgefochten. Als er einen bekannten Räuber namens Ivan Gonda gefangennahm, erfüllte der nämliche Branicki den Wunsch des Gefangenen, vor seiner Hinrichtung sein Porträt malen zu lassen und es im Schlafzimmer des jeweiligen Branicki aufzuhängen. Nach dem Aufstand von 1831 nahm Ksawerys Großvater an der »großen Emigration« nach Frankreich teil, wo er das Château de Montrésor an der Loire kaufte; sein Vater war Maler, der in Pariser Salons regelmäßig ausstellte und dort als Kunstsammler lebte. Nachdem er Wilanów geerbt hatte, zog Ksawery nach Polen, wo er ein zurückgezogenes Leben führte, seine wunderbare Bibliothek vervollständigte und sich um seine Besitzungen kümmerte. Wie sein Vater und Großvater finanzierte auch er Expeditionen, in einem Fall nach Afrika und Asien, aber insbesondere in den Kaukasus; er war auch ein bekannter Ornithologe. Er richtete ein Museum der nationalen Geschichte in seinem Schloß in Warschau ein, hielt sich aber von der Politik fern, und obwohl er Hofbeamter des Zaren war, vermied er den Hof in Sankt Petersburg.

Władysław Marconi blieb weiterhin sein beratender Architekt in Wilanów, und ab 1893 begann er mit einer neuen, dreizehnjährigen Umbauphase, die sich in erster Linie auf die Nebengebäude des Schlosses konzentrierte, aber eher mäßige Resultate hervorbrachte. Zu Beginn des 20. Jahrhunderts begann die Bausubstanz zu verfallen, und etliche Ornamente gingen verloren. Nach dem Ersten Weltkrieg,

Die von August Graf Potocki Mitte des 19. Jahrhunderts eingerichtete Gemäldegalerie.

Der ehemalige Bankettsaal König Jan Sobieskis, der zu Beginn des 19. Jahrhunderts in eine Bibliothek umgewandelt wurde; Gemälde von Willibald Richter, Mitte des 19. Jahrhunderts.

Adam Graf Branicki in polnischer Nationaltracht auf einer Hochzeit, um 1930 (Anna Branicka-Wolska).

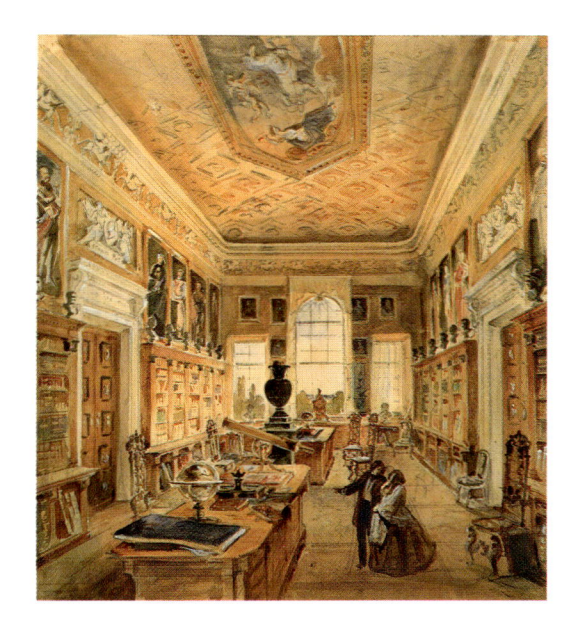

als Adam Branicki seinem Vater Ksawery nachfolgte, wurde wiederum ein Restaurierungsprogramm unternommen, doch die beschränkten Geldmittel und schlechten Arbeitskräfte konnten die anstehenden Probleme nicht lösen.

Als Amateurhistoriker war Adam auch ein begeisterter Anhänger der polnischen Nationalkultur und ein großer Förderer des Museums, das die Familie in Wilanów eingerichtet hatte. Die Potockis bewohnten nur den Südflügel des Schlosses und führten den Nordflügel und den Mitteltrakt als Museum, welches zusammen mit den Gärten der Öffentlichkeit zugänglich gemacht worden war. Ebenso wie sein Vater war Adam in erster Linie ein Privatmann, der ein traditionelles, ruhiges Familienleben führte. Seine Tochter Anna beschreibt in einem unabgeschickten Brief an ihre Schwester Beata ein Osterfest ihrer Kindheit in den dreißiger Jahren in Wilanów: »Am Gründonnerstag pflegte die Familie einen Ausflug in den Wald zu unternehmen, um Veilchen zu pflücken; man ging in die Gewächshäuser, um auch dort Blumen zu holen; in der Küche mußten die Speisen ausgewählt werden; am Karfreitag gab es weder Butter aufs Brot noch Zucker in den Kaffee; sie gingen bis zu siebenmal in die Kirche, um für ihre Erlösung zu beten, und mit dem Hispano Suiza besuchten sie die Kirchen in Warschau, um das Heilige Grab zu betrachten; am Ostersamstag wurden riesige, mit Speisen beladene Tische von einem Priester gesegnet – voll von Truthähnen, glasierten Hühnern, bunten Eiern und Torten, die mit der Aufschrift ›Halleluja‹ auf der Zuckerglasur versehen waren. Am Ostersonntag schließlich versammelte sich der gesamte Haushalt nach einer frühen Ostermesse zu einem üppigen Frühstück und zu mehreren Tagen fröhlicher Unterhaltungen mit den zahllosen Freunden und Nachbarn.« Diese glücklichen Zeiten nahmen durch den Zweiten Weltkrieg ein jähes Ende. Zur Zeit der deutschen Besetzung Polens wurden das Schloß beschlagnahmt, der Großteil der Einrichtung ausgelagert und die Gärten mit ihren zahlreichen Monumenten zerstört. Zuletzt wurden die Branickis 1943 aus Wilanów gänzlich vertrieben, und es bestand die Absicht, im Schloß einen Offiziersklub einzurichten, wozu es aber glücklicherweise nicht kam. Nach der sowjetischen Machtübernahme wurde die Lage keineswegs besser; Adam, der bereits dreimal in Gefangenschaft gewesen war, wurde 1945 mit seiner Familie nach Rußland deportiert und kehrte drei Jahre später so geschwächt von dort zurück, daß er mit kaum fünfundfünfzig Jahren starb. Seinen Töchtern wurde untersagt, auch nur in der Nähe ihres früheren Heims zu wohnen, sie durften nicht einmal das Schloß besichtigen. Heute scheint Wilanów diese traurigen Erinnerungen verbannt zu haben. Nach der Rückgabe der von den Deutschen geplünderten Einrichtung begann man 1955 unter den Kommunisten endlich mit einer sorgfältigen Restaurierung, die zwar neun Jahre lang dauerte, aber das Schloß und die Gärten wieder in ihren alten Glanz versetzte. Zusätzlich zu den Museen, die Wilanów vor dem Krieg beherbergte, wurde auch eine polnische Porträtgalerie in einem Teil des Schlosses untergebracht. Kluge Restaurierungsarbeiten haben fast alle Häßlichkeiten des 19. und 20. Jahrhunderts entfernt, während die besten Änderungen der Lubomirskis und der Potockis erhalten blieben. Sowohl von außen als auch von innen zeigt sich Wilanów wiederum als eine der schönsten Barockresidenzen eines der größten polnischen Könige.

NIEBORÓW & ARKADIA

Die Landschaft Masowiens in Mittelpolen ist ziemlich flach und etwas langweilig, die einzigen Unterbrechungen bilden dichte Waldgebiete. Trotzdem bietet die Gegend einige unerwartete und faszinierende Attraktionen, wie zum Beispiel Fryderyk Chopins bezauberndes Geburtshaus in Żelazowa Wola, westlich von Warschau. Dort, in der Nähe der hübschen Stadt Łowicz, liegt der kleine Ort Nieborów. Hier steht, deutlich sichtbar durch sein elegantes Gitter und an einer breiten Allee, ein beeindruckendes Schloß, die ehemalige Residenz einer der vornehmsten Familien Polens. Knapp zwei Kilometer davon entfernt befindet sich der Eingang zu seinem reizenden Pendant, dem Landschaftsgarten Arkadia.

Nieborów geht auf das Mittelalter zurück, als dort einige kleine bäuerliche Güter entstanden. Sie umfaßten sechs benachbarte Dörfer in der Nähe der alten Handelsstraße von Warschau nach Posen (Poznań), die seit der Zeit der Piasten-Könige benutzt wurde. Die Bauerngüter wurden schrittweise zu einem einzigen Besitz zusammengefaßt, welcher wie das Hauptdorf nach seinem Gründer Niebor genannt wurde.

Im frühen 16. Jahrhundert besaß eine Familie namens Nieborowski dieses Anwesen, und diese baute sich südlich der Straße ein zweistöckiges Herrenhaus aus Ziegeln mit gotischen Stilelementen. Nördlich des Hauses stand die Pfarrkirche, die bereits seit über zweihundert Jahren existierte. Es gibt keine Unterlagen mehr über dieses Gebäude, obwohl kürzlich durchgeführte Restaurierungsarbeiten gezeigt haben, daß sein großer, gewölbter Saal einen asymmetrischen Grundriß gehabt haben muß. Die Nieborowskis führten dort ein unauffälliges Leben; schließlich verkauften sie den Besitz um 1690.

Der Käufer war eine wesentlich bedeutendere Persönlichkeit, nämlich Kardinal Michał Stefan Radziejowski, Erzbischof von Gnesen und Primas von Polen, welcher in der Nähe von Łowicz lebte. Um 1695 beschloß er, sich dort ein prachtvolles Schloß aufzubauen, und beauftragte damit den königlichen Architekten Tylman van Gameren. Dessen Entwurf kontrastierte stark mit vielen eher flamboyanten Gebäuden, die er in Warschau gebaut hatte. Tylman plante einen viereckigen Grundriß, verwendete zwar die Mauern des vorhandenen Herrenhauses, aber er verlängerte sie an beiden Enden und schuf ein langes, niederes Gebäude mit zwölf Fensterachsen unter einem hohen Kupferdach. Zwei viereckige, leicht vorspringende, mit Kuppeln versehene Erkertürme mit Zimmern flankierten die Fassade auf beiden Seiten, wie dies in der polnischen Barockarchitektur oft der Fall war. Die vier Mittelachsen waren von einem Giebel auf vier einfachen Säulen überdacht. Im Inneren war die Halle auf die symmetrische Achse des neuen Schlosses ausgerichtet, und eine große Treppe führte zu den Empfangsräumen im Obergeschoß. Der Garten, der sich nach Süden erstreckte, war nach Art der französischen Gärten gestaltet, d.h. mit einem Kanal, flachen Blumenbeeten, phantasievoll geschnittenen Hecken und Büschen.

Noch ehe seine neue Schöpfung überhaupt fertig war, hatte der Kardinal offenbar bereits genug davon, denn er schenkte Nieborów 1697 seinem Protegé, Jerzy

Hauptfassade von Nieborów, Mittelpolen.

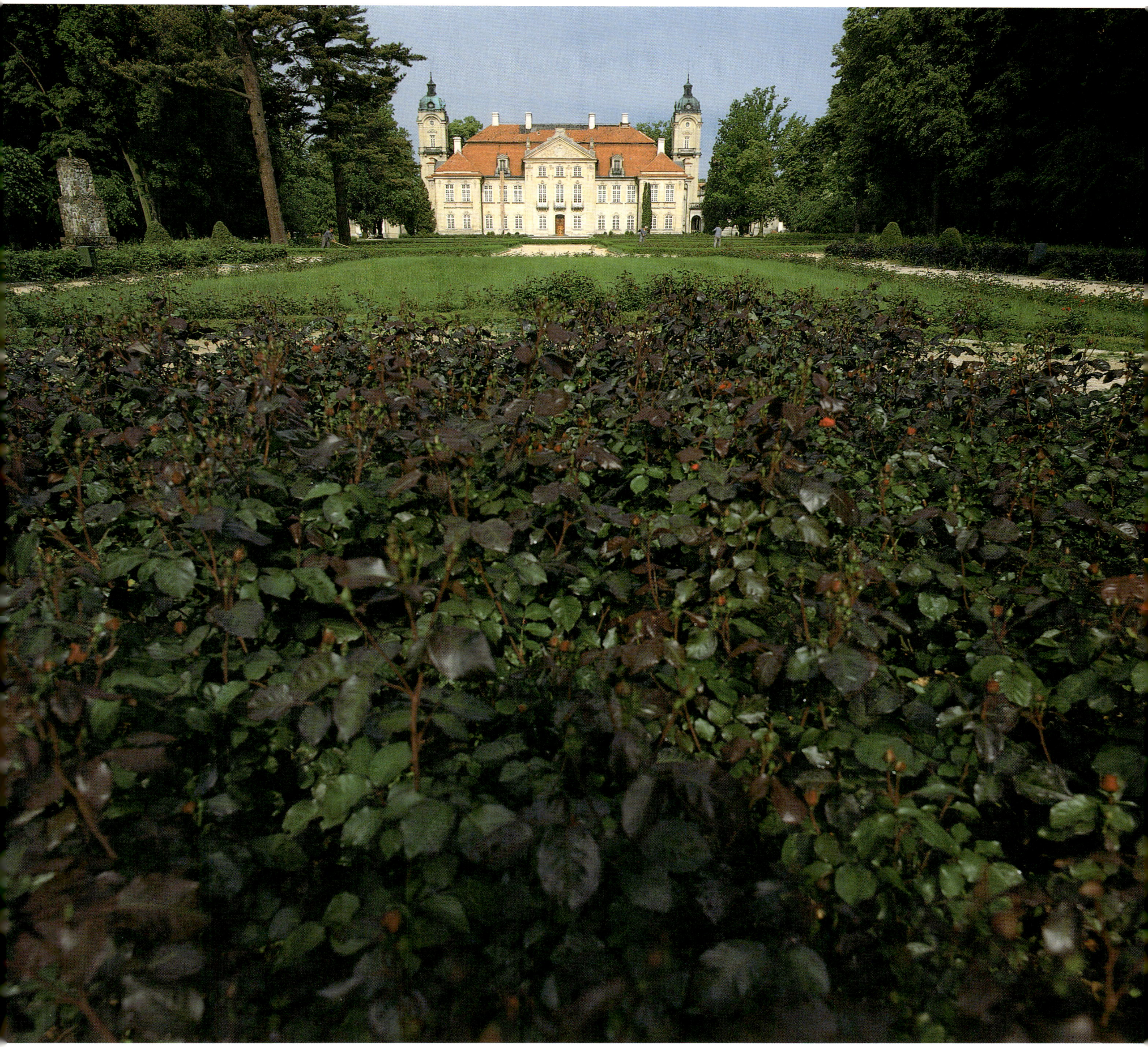

POLEN

Alte Ansicht Arkadias von Zygmunt Vogel, um 1800.

Bank aus dem 17. Jahrhundert im Garten von Nieborów mit der Inschrift »Non sedeas sed eas« (Sitze nicht, sondern gehe weiter).

Porträt der Helena Radziwill von Ernst Gebauer, um 1800.

Gartenfassade von Nieborów.

Towiański, dem Kastellan von Łęczyca. Dieser behielt es jedoch nicht lange – tatsächlich wechselte es in den nächsten siebzig Jahren noch zweimal den Besitzer. Schließlich wurde es 1766 von Michał Kazimierz Ogiński, dem Groß-Hetman von Litauen und Palatin von Wilno, erworben. Der neue Besitzer begann sofort mit einer umfassenden Neugestaltung der vernachlässigten Interieurs. Der Haupttreppenaufgang wurde erweitert, die Wände erhielten eine Verkleidung aus flämischen Kacheln, während der sogenannte Rote Salon und die sich anschließenden Schlafzimmer im Geschmack des Rokoko neu eingerichtet wurden. Es wurden auch viele wertvolle Möbel angeschafft und einige prachtvolle Kamine installiert. 1768 erhielt der Giebel über dem Haupteingang Stuckverzierungen und Kriegsembleme, in seiner Mitte wurde eine Kartusche mit dem Wappen Ogińskis und seiner Gemahlin, einer Czartoryski, angebracht. Gegenüber der Haupteinfahrt wurde auch ein Gasthaus aus Ziegeln errichtet, um die Annehmlichkeiten des Dorfes zu verbessern.

Trotz seiner zahlreichen Begabungen als Musiker, Dichter, Kunstmäzen und Unternehmer (er war einer der Förderer des Polesie-Kanals) war es Michał Kazimierz nicht vergönnt, seinen neuen Besitz lange zu genießen. 1770 verbündete er sich mit anderen oppositionellen Adligen, welche König Stanisłaus August für abgesetzt erklärten. Russische Truppen schlugen die Rebellion sehr schnell nieder, und Ogiński mußte – wie viele andere Magnaten auch – ins Exil nach Paris fliehen. Da er nicht mehr in Nieborów leben konnte, verkaufte er es 1774 für vierhunderttausend Goldzloty an seine Nichte Helena Przeździecka und deren Gemahl, Michał Hieronim Radziwiłł.

Nachdem die Radziwiłłs im 15. Jahrhundert in Litauen Bedeutung erlangt hatten, spielten sie eine wesentliche Rolle in der Geschichte Polens. Von den beiden Vettern Mikołaj dem Schwarzen und Mikołaj dem Weißen – so genannt wegen ihrer jeweiligen Bärte – abstammend, hatten sie immer wieder höchste Staatsämter bekleidet und gelegentlich mit der Idee eines eigenen litauischen Staates gespielt. Die Familie besaß die riesigen Latifundien von Nieśwież und Ołyka, beide waren ein Fideikommiß und berechtigten ihren Besitzer zur Führung des Herzogtitels. Die Radziwiłłs waren aber auch Fürsten des Heiligen Römischen Reiches und betrachteten sich als mehr oder weniger unabhängig und wesentlich besser als die bunte Folge der polnischen Könige. Der Stolz der Familie wurde jedoch von nüchternem wirtschaftlichen Denken gezügelt.

Michał Hieronim, damals dreißig Jahre alt und kurz vor seiner Ernennung zum Palatin von Wilno, war ein typischer Radziwiłł. Nicht gerade von politischen Skrupeln geplagt, war er einer jener Mitglieder des Sejm, die 1772 die erste Teilung Polens anerkannten, und als Mitglied der Konföderation von Targowica im Jahre 1792 forderte er die Russen auf, die eben erst eingeführten liberalen Reformen wieder abzuschaffen. Sein Hauptinteresse galt dem Geldverdienen, was ihm auch

NIEBORÓW & ARKADIA

fabelhaft gelang – dreizehn Jahre hindurch überstieg sein jährliches Einkommen fünf Millionen Zloty, wovon ein Großteil durch die Verwaltung der Besitzungen seines jungen Vetters Dominik Radziwiłł in Nieśwież und Ołyka erwirtschaftet wurde. Da das junge Familienoberhaupt 1813 im Kampf mit der Polnischen Legion fiel und keine Nachkommen hinterließ, konnte Michał Hieronim den Anspruch seiner eigenen Kinder auf die riesige Erbschaft geltend machen.

Seine Frau Helena war auf gesellschaftlicher Ebene ebenso ehrgeizig und stand in einem ständigen freundschaftlichen Wettstreit mit Izabela Czartoryska. Als ihre Rivalin sich der neuen Manie der Landschaftsgärtnerei widmete – zuerst in Powązky, später in Puławy –, wollte Helena nicht zurückstehen. So bestellten die Radziwiłłs 1778 Szymon Bogumił Zug nach Nieborów. Er erhielt den Auftrag, den barocken Garten zu vergrößern, eine Promenade mit sternförmigen Alleen zu schaffen, die den Blick auf den neuen Wildpark am anderen Ufer des L-förmigen Kanals freigaben, der zwischen terrassierten Böschungen durch drei Teiche verlief. Glashäuser dienten vor allem zur Unterbringung der großen Zahl der 1790 aus Dresden eingeführten Orangenbäume; ein Amphitheater wurde aus Erde aufgeschüttet. Zug erbaute auch eine Reihe von Gebäuden nahe dem Schloß, wie die Wagenremise, die Stallungen, eine Brauerei, Verwaltungsgebäude und einen Küchentrakt. Auf der anderen Seite der öffentlichen Straße wurde ein Gutshof mit einem großen, zentralen Getreidespeicher errichtet.

Helena ging es indes nicht allein darum, die Umgebung von Nieborów zu modernisieren und zu verschönern. Sie wollte ein idealisiertes ländliches Paradies schaffen, einen Ort, wo man der häufig deprimierenden Wirklichkeit im Polen der damaligen Zeit entfliehen konnte. Die Theorien Jean-Jacques Rousseaus und der Kult der klassischen und der mittelalterlichen Welt beeinflußten stark die Entwicklung Arkadias, eines romantischen englischen Parks, den sie nur etwa einen Kilometer von Nieborów entfernt anlegen ließ. Der Name Arkadia stammt von der idyl-

POLEN

lischen Landschaft im klassischen Griechenland und diente später zur Bezeichnung einer mythischen Insel, wo man das sorglose Glück einer imaginären Vergangenheit finden konnte. Helena schrieb darüber folgende Zeilen: »Man kann Arkadia ein antikes Denkmal zu Ehren des wunderschönen Griechenlands nennen. Hier findet man die Spuren mythologischer Inbrunst, die sich einst in der Kunst manifestierten. Die Seele ist überwältigt von dem starken Verlangen, ihre Empfindungen auszudrücken und die in einem zarten Herzen durch den mysteriösen Charme der heiligen Haine erweckten Gefühle mitzuteilen.«

Um Helenas Traum zu erfüllen, schuf Zug zuerst einmal einen künstlichen See, den sogenannten Großen Teich. Von dort führten Treppen zu einem 1783 fertiggestellten Dianatempel, einem wohlproportionierten Gebäude mit einer von vier Säulen getragenen Portikus und einer von sechs ionischen Pfeilern umgebenen Semirotunde auf seiner Rückseite. Auf dem Fries war ein Zitat von Petrarca zu lesen: »Dove pace trovai d'ogni mia guerra« (»Hier fand ich nach jedem meiner Kämpfe Frieden«), während auf der Rückseite ein Ausspruch des Horaz eingraviert war: »Ich entfliehe den anderen, um mich selbst zu finden.« Im Inneren des Tempels waren die Wände des Mittelraumes mit weißem, Marmor vortäuschendem glasierten Stuck verziert, der sich effektvoll von den gelben konrinthischen Säulen abhob. Die Decke war von dem französischen Maler Jean-Pierre Norblin mit einer dramatischen Darstellung Auroras, der Göttin der Morgendämmerung, im Wagen des Sonnengottes Apoll geschmückt. Daneben, im sogenannten Ertruskerzimmer, zeigten Temperamalereien verschiedene Werkzeuge und Lampen, und im Deckenfresko war eine reizend naive Szene mit Eros und Psyche dargestellt. Von einem Löwen

Der Äquadukt von Arkadia.

NIEBORÓW & ARKADIA

Die von Szymon Bogumil Zug entworfene Eremitage in Arkadia.

und einer Sphinx bewacht, gestattete die Terrasse einen Blick über den Großen Teich auf die sogenannte Insel der Gefühle, wo regelmäßig Blumen auf Altären, die der Liebe, der Freundschaft, der Dankbarkeit und der Erinnerung geweiht waren, niedergelegt wurden. Die Landschaft im Hintergrund bezeichnete man als Elysäische Gefilde.

An einem Ende des Großen Teiches errichtete Zug ein doppelstöckiges, vierbogiges römisches Aquädukt. In einem völlig anderen Stil schuf er das sogenannte Heiligtum des Hohen Priesters aus Ziegeln und einheimischem Eisenstein. Es enthielt Friese, Umrahmungen, Tafeln und heraldische Kartuschen aus dem Schloß des Erzbischofs in Łowicz und von Grabdenkmälern in der dortigen Kollegienkirche. Auf einer Seite erstreckte sich eine Terrasse mit Säulen über einem offenen Gewölbe. Zwischen 1795 und 1798 baute Zug das Haus des Markgrafen mit einem durch einen breiten Ziegel- und Steinbogen zugänglichen, viereckigen, zinnenbewehrten Turm. Zwei Zwitterköpfe und eine Löwenmaske zierten die Mauern, und einer der schmalen Eingänge war mit Rosetten geschmückt; alle diese Dekorationen stammten von dem berühmten Renaissancebildhauer Jan Michałowicz.

Gegen Ende des 19. Jahrhunderts wurden immer mehr klassizistische Elemente zugunsten eines eklektizistischen romantischen Stils in Arkadia eliminiert. Um 1880 baute Zug eines der ersten neugotischen Gebäude Polens, ein Haus in mittelalterlicher Art mit zwei Türmen nach einem Entwurf von Aleksander Orłowski. Daneben entstand die sogenannte Sibyllen-Grotte, deren Eingang riesige Steine und ein Ruinenaltar umrahmten. Helenas Geschmack wurde immer ausgefallener. Als nächstes engagierte sie einen jungen Architekten namens Henryk Ittar, der aus Marmor, Porphyr und Granit ein »Grab der Illusionen« schuf; dieses lag auf der »Pappelinsel« inmitten eines Flusses, der in »Fluß des Vergessens« umbenannt wurde und aus dem Großen Teich entsprang. Er entwarf auch eine Rennbahn für Wagenrennen und ein Amphitheater; obwohl beide Bauten zu ihrer Zeit sehr berühmt waren, ist nichts von ihnen übriggeblieben, außer drei Obelisken der Rennbahn.

Während all dieser Jahre wurde das Schloß Nieborów selbst keineswegs vernachlässigt. Um 1780 gestaltete Zug die Räume im zweiten Stockwerk des östlichen

POLEN

Gesamtansicht der Bibliothek.

Plan für die Rekonstruktion von Nieborów von Giacomo Quarenghi, um 1800 (Nationalmuseum, Warschau).

NIEBORÓW & ARKADIA

Teils im klassizistischen Stil um. Das Schloß erhielt viele erlesene – englische, französische und auch einheimische – Möbel und vor allem auch eine beeindruckende Sammlung von Bildern, sowohl Alter Meister als auch polnischer Porträts. Die Bibliothek bestand aus 12 000 Bänden und zwei besonders raren Globen aus Venedig, einem Land- und einem Himmelsglobus, beide von Vincenzo Coronelli. Da Helena das düstere Äußere des Gebäudes verschönern wollte, beauftragte sie damit den später wegen seiner Arbeiten in St. Petersburg berühmt gewordenen Giacomo Quarenghi, allerdings gelangten seine Pläne niemals zur Ausführung. Die Gärten wurden à l'anglaise umgestaltet, viele verschiedene Baumsorten angepflanzt und mehrere Alleen durch die Lindenwälder gelegt; Skulpturen aus Europa und Asien, Figuren und Reliefs, Säulen mit griechischen und arabischen Inschriften und Sarkophage waren überall in den Gärten verteilt, wie um die kosmopolitische und weltmännische Art der Schloßherren zu unterstreichen.

Die Radziwiłłs paßten sich sehr geschickt der Auflösung des polnischen Staates unter der Teilung an. Ihr ältester Sohn, Ludwik, wurde nach St. Petersburg gesandt und konnte dort ein Offizierspatent erwerben, während dessen Sohn Leon später zum Adjutanten des Zaren ernannt wurde. Helena gelang es, ihren zweiten Sohn Antoni mit Prinzessin Louise von Preußen, einer Nichte Friedrichs des Großen, zu verheiraten; aus dieser Verbindung, einer echten Liebesehe, sollte die zukünftige Hauptlinie der Familie entspringen. Louises Vater, König Friedrich Wilhelm II., gab zu verstehen, daß ein großzügiges Hochzeitsgeschenk äußerst willkommen wäre, so daß Antonis bekannt sparsamer Vater ihm ein wunderschönes Palais in Berlin und einen Besitz in dem von Preußen besetzten Teil Polens kaufte, wo dann später ein von Karl Friedrich Schinkel entworfenes und nach ihm benanntes ungewöhnliches Holzhaus gebaut werden sollte. Antoni war ein Musik- und Kunstmäzen und wurde ein Freund und Förderer Chopins. Seine Ernennung zum Vizekönig des Großherzogtums Posen (Poznań) im Jahre 1818, das die Preußen aus dem von ihnen annektierten polnischen Gebiet geschaffen hatten, zeigt, wie sehr er von der russischen Regierung geschätzt wurde, was zusätzlich noch in der Tatsache Ausdruck findet, daß ihm der Zar Nieśwież und Ołyka vermachte.

Empire-Stuhl im Arbeitszimmer von Nieborów.

POLEN

Der dritte Sohn der Radziwiłłs, Michał Gedeon, war hingegen völlig anders. Er war ein Liberaler, der in Kościuszkos Aufstand mitkämpfte; später begleitete er Helena nach Paris, wo er ein begeisterter Anhänger Napoleons wurde. Als die Franzosen das Herzogtum Warschau errichteten, übernahm er das Kommando eines der Infanterieregimenter und diente dann später äußerst erfolgreich als Brigadier im Krieg von 1812. Nach 1815 heiratete er und wurde zum Senator Kongreßpolens ernannt. Als die bemerkenswerte Helena 1821 zehn Jahre vor ihrem langlebigen Gemahl starb, erbte Michał Gedeon die Güter Nieborów und Szpanów. Aber zehn Jahre später mußte er ins Ausland fliehen, und seine Güter wurden konfisziert, weil er den Posten des Oberbefehlshabers der polnischen Truppen in dem fehlgeschlagenen Aufstand gegen Rußland übernommen hatte. Den Interventionen der Familie in St. Petersburg war es zu verdanken, daß die Besitzungen dem russisch gewordenen Cousin, Leon Radziwiłł, offeriert wurden, der sie großzügigerweise einige Jahre später Michał Gedeons noch minderjährigen Söhnen zurückgab. Nach einiger Zeit durfte ihr Vater dann zurückkehren und lebte in wesentlich bescheidenerem Stil in Nieborów, denn der Besitz hatte in den Kämpfen Schaden genommen und wurde von Gläubigern bedrängt. Seine tüchtige Frau Aleksandra konnte aber auf Grund ihrer großen Energien den Besitz erhalten, und 1850, nach dem Tod ihres Mannes, begann sie mit der Restaurierung des Schlosses und der Gärten; sie ließ den Weißen Salon im Geschmack des späteren Klassizismus umgestalten. Schwierigkeiten ent-

NIEBORÓW & ARKADIA

Groteskenkopf mit Blattwerk, gemalt von Szymon Mankowski.

Schlafgemach im Westturm.

In den Werkstätten von Nieborów hergestellter Ofen, um 1885.

standen, als ihr ältester Sohn Zygmunt nach ihrem Tod im Jahre 1864 den Besitz übernahm. Er war ein hoffnungsloser Verschwender und völlig desinteressiert am Zustand seines Erbes. Er ließ die gesamte Bibliothek nach Paris bringen, wo sie in einer Auktion versteigert wurde. Da er dauernd in Geldnöten war, verkaufte er auch einige Kunstwerke und bot sogar das heruntergekommene Arkadia zum Verkauf an. Schließlich beschloß er, sich in Frankreich niederzulassen, und erklärte sich 1879 bereit, Nieborów dem Sohn seines Bruders, Michał Piotr, zu verkaufen.

Glücklicherweise war der neue Besitzer – ein Philanthrop, der zahlreiche Waisenhäuser unterstützte und im öffentlichen Leben tätig war – ein wesentlich würdigerer Besitzer als sein liederlicher Onkel. Wieder wurde mit der Restaurierung begonnen, und 1886 wurde Leandro Marconi, der Sohn des berühmten Architekten Enrico, sowohl mit der inneren als auch der äußeren Umgestaltung des Schlosses betraut. Das Ergebnis war nicht völlig zufriedenstellend. Der Einbau dreier hoher, eng aneinanderliegender Fenster und ein Balkon über dem Hauptportal zerstörte die Proportionen des Gebäudes. Die gewölbte große Halle bekam schwere Eichenvertäfelungen im Pseudorenaissancestil und einen überladenen Kamin, während etliche Gesellschaftsräume im zweiten Stock des Westflügels in sehr überladenem Neorokoko ausgestattet wurden. Die mittelalterliche Pfarrkirche wurde demoliert und durch eine neugotische ersetzt, die bis heute steht. Aber Michał Piotr gründete in Nieborów und in Szpanów auch Tischlerwerkstätten, welche die dringend benötigten Möbel für das Schloß herstellten. Außerdem installierte er 1881 eine Keramikwerkstatt, die während der folgenden fünfundzwanzig Jahre eine große Anzahl von Kachelöfen, Tellern, Kerzenleuchtern, Krügen, Vasen, Lampen und Kacheln produzierte. Gegen Ende ihres Bestehens brachte sie unter der Leitung des hervorragenden Töpfers Stanisław Jagmin auch dekorative Kunstgegenstände im Jugendstil heraus.

Da Michał Piotr kinderlos war, beschloß er vor seinem Tod im Jahre 1906, Nieborów Janusz, dem Sohn seines Cousins und Urenkel Antonis, zu vermachen. Da er sich gerade mit Anna Lubomirska verlobt hatte, wollte Janusz sich einen bequemen Wohnsitz schaffen, aber er hielt Nieborów nicht groß genug für die Bedürfnisse seiner Zeit mit den vielen Bediensteten und den rauschenden Festen. Es gab bereits Pläne, Flügel an die Hauptfassade des Schlosses anzubauen, als der Erste Weltkrieg ausbrach. Als Józef Piłsudskis Polnische Legion 1915 in der Nähe Überfälle auf die Russen unternahm, wurde Arkadia mit mehreren Pavillons beschädigt. Zum Glück blieb Nieborów unversehrt, obwohl von beiden Seiten Plünderungen erfolgten. Seltsamerweise wurden sämtliche Kutschen des 18. Jahrhunderts während des Krieges requiriert und natürlich nie mehr zurückgegeben.

In dem wieder freien Nachkriegspolen war Janusz Radziwiłł einer der größten Grundbesitzer des Landes. Seine Besitzungen umfaßten Szpanów und Nieborów mit etwa 20 000 Hektar Land, dazu Olyka, ein riesiges, schönes Schloß im Osten Wolhyniens, dessen Hof größer war als der Markusplatz in Venedig und das mehr als 200 Räume hatte, sowie eine Landwirtschaft von immer noch etwa 60 000 Hektar. Sein ältester Sohn heiratete später seine entfernte Cousine Izabela aus der Linie, die das noch größere Gut Nieświez besaß. Alle diese Besitzungen lagen innerhalb der Grenzen des Nachkriegspolen von 1919. Obwohl ein so bedeutender Großgrundbesitzer, war Janusz ein aktiver Politiker und enger Vertrauter Piłsudskis, der es vorzog, den Großteil seiner Zeit in seinem Palais in Warschau oder zumindest in leicht erreichbarer Entfernung der Hauptstadt zu verbringen. Da Nieborów relativ nahe gelegen war, wurden die Pläne, es zu vergrößern, vorangetrieben. 1922 schuf der Architekt Romuald Gutt ein drittes Stockwerk, indem er das geräumige Dachgeschoß im Schlafzimmer umwandelte und das Dach mit Ziegeln statt mit Kupfer deckte und so den Einbau von Fenstern ermöglichte. Zwischen 1929 und 1930 wurde auch das Erdgeschoß erneuert. An einem Ende ließ Janusz einen Rauchsalon und ein Speisezimmer installieren, während er am anderen Ende seine Arbeitsräume unterbrachte. Die Möblierung des Schlosses wurde vervollständigt, größtenteils mit Kopien aus dem 18. Jahrhundert, und neue Bilder wurden angeschafft. Ebenso wie die übrigen Sammlungen der Radziwiłłs wurden sie der Forschung zugänglich gemacht. Auch die Auffahrt wurde geändert und ein größerer Rasen vor der Hauptfassade angelegt, die nun von zwei Barocklöwen bewacht wurde.

POLEN

Kaum zwei Wochen nach Ausbruch des Zweiten Weltkriegs, Mitte September 1939, wurde die Umgebung von Nieborów Schauplatz schwerster polnisch-deutscher Kämpfe, wobei die Gebäude wiederum verschont blieben. Janusz befand sich zu dieser Zeit gerade in Olyka, und nach dem Einmarsch der Russen wurde er mit seiner Familie nach Sowjetrußland deportiert. Dank der Interventionen auf allerhöchster Ebene wurde er im Dezember wieder freigelassen und kehrte nach Polen zurück, wo er sich in Wohltätigkeitsarbeit für sein Volk stürzte. Da Nieborów von großen Wäldern umgeben war und die Eisenbahnlinie nahe vorbeiführte, wurde es zu einem Zentrum des Widerstandes, an dem sich Janusz' ältester Sohn und seine Schwiegertochter beteiligten. Als Folge litt die Bevölkerung besonders unter deutschen Repressalien – tatsächlich wurden einige Gutsangestellte erschossen oder in Konzentrationslager geschickt. Später wurde im Schloß ein Stabsquartier der Wehrmacht installiert, und ein Komitee von Nazi-Kunsthistorikern konfiszierte neunzehn Kisten mit wertvollsten Kunstschätzen, die allerdings zu einem großen Teil nach dem Krieg wieder zurückgegeben wurden.

Obwohl er jegliche Kooperation mit den Nazis abgelehnt hatte, wurde Janusz 1945 neuerdings von den Sowjets inhaftiert und mit anderen Adligen – darunter etlichen Branickis, Krasinskis und Zamoyskis –, die sich zu ihm geflüchtet hatten, nach Rußland in Gefangenschaft gebracht. Kurz vor seiner Rückkehr drei Jahre später starb seine Frau im Gefängnis; er selbst lebte noch bis 1967 in einer winzigen Wohnung in Warschau. Inzwischen waren Nieborów und Arkadia im Februar 1945 zu Außenstellen des Nationalmuseums erklärt und der Öffentlichkeit zugänglich

Porträt des Herzogs Janusz Radziwill von Waclawa Radwana, 1920.

Familientreffen der Radziwills anläßlich des 80. Geburtstags von Mary Fürstin Radziwill, achtziger Jahre des 20. Jahrhunderts (Mary Fürstin Radziwill).

gemacht worden. Später wurde das Schloß ein Konferenzzentrum und ein Zufluchtsort für Intellektuelle. Durch größere Restaurierungsarbeiten zwischen 1966 und 1970 wurden die Interieurs des Schlosses wieder in guten Zustand versetzt; die Fassaden, die Gärten und der Park sind ebenfalls gut erhalten. In Arkadia wurde die Parkanlage mit dem großen Teich und den Flüssen wieder instand gesetzt, aber einige der Gebäude warten noch auf ihre dringende Restaurierung.

Der Charme Nieboróws und Arkadias liegt nicht nur in der schönen Architektur des Schlosses oder in der Tatsache, daß Arkadia wahrscheinlich die besterhaltene romantische Parklandschaft Polens ist, sondern auch in deren fast zweihundertjähriger Verbindung mit einer der größten polnischen Adelsfamilien und insbesondere mit einer außergewöhnlichen Frau, die zum großen Teil das schuf, was wir heute sehen. Helena Radziwiłłs Inschrift über dem Eingangstor lautet: »Oh, du süßes Land Arkadia, süßer für mich als jedes andere. Ich betrete dich mit meinen Füßen und heiße dich mit meinen Gedanken willkommen.«

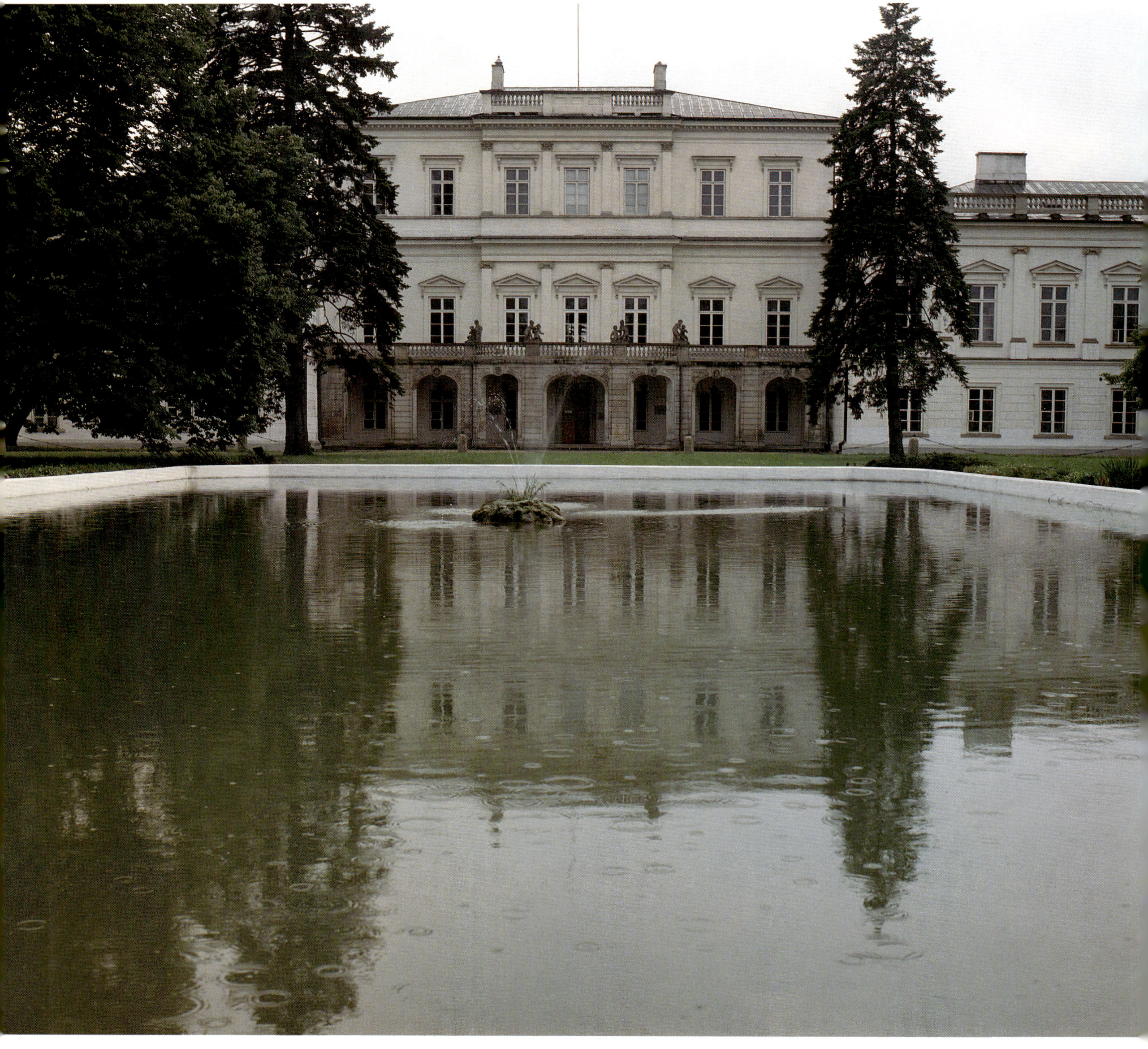

PUŁAWY & GOŁUCHÓW

Folgt man der Landstraße südöstlich von Warschau nach Lublin entlang der Weichsel, so gelangt man nach etwa hundert Kilometern in die kleine Stadt Puławy. Sie erfreut sich eines einmaligen historischen Rufs, der in keinem Verhältnis zu ihrer Größe oder zu dem massiven und eher unbedeutenden Schloß steht, das sich dort erhebt. Denn hier lebten die Czartoryskis, eines der großen Geschlechter Polens und die Schöpfer eines Nationalheiligtums in Puławy und eines wunderschönen englischen Parks. Etwa siebzig Jahre, nachdem die Familie aus Puławy geflohen war, machte eine Tochter aus derselben Adelsdynastie ein anderes Schloß, nämlich das weit im Westen von Wielkopolska gelegene Gołuchów zu einem Museum, und zwar mit dem gleichen Ziel, die polnische Kultur zu bewahren. Im 17. Jahrhundert war Puławy ein Fischerdorf an der Weichsel, welches Zofia Opalińska, die erste Gemahlin Stanisław Herakliusz Lubomirskis, als Mitgift in die Ehe gebracht hatte. Dort ließ Lubomirski von seinem Lieblingsarchitekten, Tylman van Gameren, 1671 ein barockes Herrenhaus bauen; es muß eine reizende Residenz gewesen sein, wie aus überlieferten Zeichnungen hervorgeht. 1702 ging der Besitz auf seine Tochter Elżbieta über, die Adam Sieniawski, den zukünftigen Großhetman der Krone, geheiratet hatte. Leider wurde dieser Landsitz von den schwedischen Truppen König Karls XII. bereits vier Jahre später niedergebrannt, und erst im Jahre 1722 begann Elżbieta Sieniawska mit seinem Wiederaufbau. Ihre Tochter Zofia, die Puławy 1731 vor ihrer Heirat mit Prinz August Czartoryski geerbt hatte, führte die Aufgabe ihrer Mutter fort. Mehr als fünfzig Jahre verbrachte das Paar fast jeden Sommer auf diesem Besitz und machte ihn in dieser Zeit zu einem der bedeutendsten Kunstdenkmäler Polens. Als 1736 der Großteil der Bauarbeiten beendet war, war das Herrenhaus zu einem eindrucksvollen Barockschloß geworden, dessen Flügel einen großen Ehrenhof mit einem Brunnen umschlossen. Die beiden bedeutenden Architekten, die an diesem Bau gearbeitet hatten, waren Giovanni Spazzio bzw. nach dessen Tod Sigismund Deybel. Das Endergebnis war allerdings nicht überzeugend, denn das allzu große Schloß wirkte schwerfällig und unelegant und besaß keinerlei Originalität. Die schönste Fassade, die dem Fluß zugewandt war, war mit dorischen Pfeilern über einem rustikalen Erdgeschoß geschmückt und gewährte Eintritt in eine von Rokokosäulen getragene elegante Eingangshalle. Italienische Stukkateure waren hier tätig, und der Franzose Juste-Aurèle Meissonier gestaltete die Innenausstattung des Goldenen Salons im zweiten Stockwerk. Die Ornamente dieses Rokokoraumes wurden um 1730 in Paris angefertigt und dann nach Polen gebracht. Das Deckengemälde stammt angeblich von François Boucher. Ein großer französischer Park mit geometrisch gestalteten Alleen wurde angelegt und von mehreren Generationen erfahrener Gärtner bepflanzt. In dem Park wurden die verschiedensten Pavillons errichtet. Um die Mitte des 18. Jahrhunderts war Puławy zu einem Zentrum künstlerischer Aktivitäten geworden. Der Maler Sebastian Zeisel und die Bildhauerfamilie Hoffman hatten sich dort mit ihren Werkstätten niedergelassen.

Ein richtungsweisendes Datum für die Entwicklung Puławys war das Jahr 1782, als Prinz August starb und ihm sein Sohn Adam Kazimierz Czartoryski nachfolgte. Er

Schloß Puławy, Ostpolen.

POLEN

Der Marynka-Palast in Puławy: Aquarellansicht von Zygmunt Vogel, spätes 18. Jahrhundert.

Porträt der Izabella Czartoryska von Kazimierz Wojniakowski, um 1796 (Czartoryski-Museum, Krakau).

Porträt des Adam Kazimierz Czartoryski in der Uniform eines Generals von Podolien, von Louis Mathieu, um 1790 (Czartoryski-Museum, Krakau).

war ein äußerst gebildeter Mann von etwa fünfzig Jahren, der weitreichende historische, literarische und klassische Interessen hatte; er verzichtete auf eine eigene Karriere im öffentlichen Leben und versuchte vor allem, zwischen der Familia, wie die Clique der Freunde und der Mitglieder der Familie Czartoryski genannt wurde, und anderen Gruppen adliger Politiker, die im Polen des 18. Jahrhunderts die Macht ausübten, zu vermitteln. Obwohl er damals politisch mit seinem Cousin, dem König, nicht einer Meinung war, unterstützte er sämtliche kulturellen Initiativen Stanisłaus Augusts. Außerdem hatte er das Glück, eine bemerkenswerte Frau zu haben, die nicht nur reich, sondern auch intelligent war, nämlich Izabela, die Tochter von Jerzy Flemming, dem Schatzmeister Litauens. Sie hatte, erst fünfzehnjährig, Adam Kazimierz, einen Cousin ihrer Mutter, geheiratet, und anfangs war ihre Ehe nicht glücklich. Sie reiste viel, genoß das frivole, weltmännische Leben des Ancien régime, interessierte sich aber immer für Kunst und vergab 1785 mehrere Aufträge für Puławy. Ihr Architekt, Christian Piotr Aigner, entwarf als erstes eine Orangerie in einem dorisch-griechischen Stil; bald darauf folgte das kleine klassizistische Marynka-Schlößchen für ihre Tochter.

Izabela verschrieb sich voll Enthusiasmus der nationalen Sache, ebenso wie ihr Ehemann, der das in seiner bekannt zurückhaltenden Weise tat, und nach der Niederschlagung des Aufstandes Kościuszkos traf die Czartoryskis die Rache der Russen in voller Härte. Ihre Güter wurden beschlagnahmt – dies wurde später allerdings wieder rückgängig gemacht –, und ihre beiden Söhne wurden nach St. Petersburg verbracht, um das Wohlverhalten der Familie zu gewährleisten. Puławy wurde von den Truppen Katharinas der Großen fast vollständig geplündert. Izabelas Reaktion war aufgrund ihres gefühlsbetonten, energischen Temperaments heftig: Von nun an sollte sie ihr Leben und ihre Energien ganz der nationalen Sache widmen, und in diesem Geiste begann sie 1796 Puławy zu renovieren. Ihre Absicht war nicht nur, daß Schloß wiederherzustellen, sondern daraus ein vaterländisches Museum zu machen. Dazu schrieb sie selbst: »Als Polen aufhörte zu existieren, kam mir die Idee, alles zu sammeln, was an Polen erinnerte, und dies der Nachwelt zu hinterlassen. Jemand, der seine Mutter oder sein Kind verliert, verehrt alle Gegenstände, die sie hinterlassen haben, und wenn diese Erinnerungsstücke auch Trauer hervorrufen, so vermittelt ihr Anblick doch zugleich Trost.«

Aigner wurde mit dem Bau einer Kopie des römischen Tempels der Sibylle in Tivoli oberhalb der Weichsel beauftragt. Die beiden Geschosse des Gebäudes bestanden jeweils aus einem runden Saal; das untere Stockwerk war so weit in den Hügel hineingebaut, daß es nur von der Flußseite her betreten werden konnte, während das Obergeschoß vom Schloß aus gesehen einer eingeschossigen, mit einer Kuppel überdachten Rotunde glich. Die mit Stuck versehenen weißen Wände der oberen Halle bildeten eine ebene, zylindrische Fläche unter einem Fries und einer

PUŁAWY & GOŁUCHÓW

Kassettendecke, umgeben von achtzehn Säulen mit den verschiedensten Kapitellen. Über den hohen Doppeltüren stand die Inschrift *Przeszłość-Przyszłości* (»Die Vergangenheit zur Zukunft«). Die untere Halle hatte ein von dicken Strebepfeilern getragenes Gewölbe, und neun Pfeiler bildeten ein Mittelschiff. Ursprünglich Tempel der Erinnerungen genannt, hieß das Gebäude bald Sibyllen-Tempel und vereinte in sich heidnische Architektur mit christlichen Elementen, wie etwa die ostwärts gerichtete Apsis. Nach seiner Fertigstellung wurde es mit einer Unzahl von militärischen Trophäen, Erinnerungsstücken und Relikten nationaler Helden – von König Bolesław dem Tapferen bis zum Astronomen Kopernikus – vollgestopft. Zwischen 1800 und 1803 errichtete Aigner dort eine Kirche nach dem Vorbild des Pantheons in Rom; im Innenraum befand sich eine Galerie auf ionischen Säulen. Aigners Auftraggeberin träumte inzwischen von einem weiteren Museumspavillon für Sehenswürdigkeiten, die sie von ihren Reisen ins Ausland mitgebracht hatte. Aigner schuf also das sogenannte gotische Haus, welches auf vorhandenen Fundamenten aus Ziegel- und Steinmauern ruhte. Diese Mauern wurden mit mehr als dreihundert Täfelchen und Inschriften versehen, während in den sechs Räumen verschiedenste Exponate ausgestellt waren, die das Rittertum, das Heldentum und den Freiheitskampf verherrlichten. Als nächstes wandelte Izabela den symmetrisch gegliederten französischen Garten in einen englischen Park um, der sich beiderseits der Weichsel erstreckte. Am Ufer wurden Grotten angelegt, malerisch gruppierte Baumgruppen gepflanzt und Aussichtsplätze zwischen dem Schloß und den Pavillons geschaffen. Izabelas bekanntes *Traktat über die Gartengestaltung* ist ein Beweis für ihre Liebe zu und ihr Wissen über dieses Thema. Obwohl ihr Gemahl verhältnismäßig wenig mit der außergewöhnlichen Renovierung Puławys zu tun hatte, richtete Adam Kazimierz 1794 die prachtvolle Bibliothek der Czartoryskis wieder ein und installierte auch eine Druckerpresse und eine Werkstatt für Lithographien auf dem Anwesen. Als sein Vater 1823 starb, erbte Adam Jerzy, der bereits reiferen Alters war, Puławy. Er war der Hauptbefürworter Kongreßpolens gewesen, aber seine immer größer werdende Entfremdung von Zar Alexander I. veranlaßte ihn, sich schrittweise aus der Politik zurückzuziehen und sich auf die Schriftstellerei und seine Familie – er hatte erst spät geheiratet – zu konzentrieren. Obwohl er viele Jahre zuvor bedeutende Gemälde für die Familiensammlung erworben hatte – darunter einen Raphael, einen Leonardo und einen Rembrandt –, hatte er nie die nötige Zeit gefunden, sich der Förderung der Künste zu widmen. Er begann nun, eine Sammlung wissenschaftlicher Werke für die Bibliothek anzulegen, und ließ sich auf seinem Besitz nieder, um ihn zu verwalten, obwohl seine achtzigjährige Mutter noch immer äußerst aktiv war.

1830 kam es zur Katastrophe. Nach dem Zusammenbruch des Aufstandes von 1830/31, in dem Adam Jerzy Chef der provisorischen Regierung war, griffen die vergeltungssüchtigen Russen abermals Puławy an. Die Familie hatte das Museum und die Bibliothek bereits geschlossen und deren Inhalt versteckt. Nun aber wurde eine totale Evakuierung angeordnet und von der unbezähmbaren Izabela überwacht; der Inhalt der Museen wurde aus Sicherheitsgründen in benachbarte Kirchen, Klöster sowie in die Schlösser der Zamoyskis in Klemensów und Kozłówka eingelagert. Russischen Truppen fiel ein Teil der Bibliothek in die Hände, während der Rest unter schärfstem Beschuß auf Booten die Weichsel hinuntergebracht wurde. Izabela und ihre Tochter flohen auf den Czartoryski-Besitz in Sieniawa in dem von Österreich besetzten Galizien und nahmen die wertvollsten Gegenstände aus dem Sibyllen-Tempel mit sich. Als zaristische Beamte erschienen, um den Besitz zu beschlagnahmen, fanden sie sowohl das Schloß als auch das Museum leer vor. Diesmal wurde das Dekret allerdings nicht rückgängig gemacht. Eine Schule – das Alexandrinische Institut für die Erziehung junger Mädchen – wurde in Puławy eingerichtet, ihr folgte ein landwirtschaftliches Institut. Das Schloß wurde sofort einigen Umbauten unterzogen, denen weitere im Jahre 1840 folgten, nachdem ein Brand es stark beschädigt hatte. Das Innere verfiel natürlich immer mehr, aber die Parklandschaft und die Pavillons des in »Neu Alexandria« umbenannten Anwesens blieben unberührt. Obwohl ihre Beziehung zu Puławy für immer zerstört worden war, bedeutete dies jedoch nicht das Ende der Czartoryskis und ihrer Sammlungen. Die Familie besaß noch große Güter in Galizien, dem von Österreich annektierten Teil

345

POLEN

Polens, und Adam Jerzy war nach Westeuropa geflohen. In Abwesenheit zum Tode verurteilt, ließ er sich in Paris nieder, wo er Chef der Exilregierung wurde; er galt als »ungekrönter König«, auch wenn die radikalen Emigranten seine Politik und Diplomatie als nutzlos betrachteten. 1843 gelang es ihm, das zerfallene Hôtel Lambert, ein großes Gebäude aus dem 17. Jahrhundert von Louis Le Vau auf der Ile Saint-Louis, zu erwerben, welches sein Hauptquartier wurde. Er finanzierte Zeitungen, eine polnische Bibliothek und die verschiedensten karitativen Einrichtungen für seine Landsleute, und jedes Jahr wurde für die Emigrantengemeinde ein Ball und ein Jahrmarkt in seinem zeltüberdachten Hof abgehalten. Auf der Fassade stand die optimistische Devise *Le Jour viendra* (Einst wird kommen der Tag).

Adam Jerzys Kinder, insbesondere sein jüngerer Sohn Władysław und seine Tochter Izabela, übernahmen ebenfalls eine führende Rolle in der polnischen Emigrantenkolonie; sie hatten aber auch die Sammelleidenschaft ihrer Großmutter geerbt. Der 1828 geborene, mit einer entfernten Verwandten des spanischen Königshauses verheiratete Władysław trat als Erbe der Familie an die Stelle seines älteren, aber kränklichen Bruders, als sein Vater 1861 einundneunzigjährig starb. Als Kunstkenner stellte er eine erlesene Gemäldesammlung von niederländischen und frühen italienischen Malern zusammen, von Kunstgegenständen, orientalischen Sammelobjekten, Silber, Glas, Porzellan, Textilien und Miniaturen, sowie eine Reihe von Objekten aus der Antike. 1865 wurde ein Teil dieser Kunstschätze auf einer großen Ausstellung in Frankreich gezeigt und von den Kritikern in höchsten Tönen gelobt. Er träumte jedoch immer davon, die Czartoryski-Sammlungen auf polnischem Boden zu vereinen. 1876 gelang es Władysław schließlich, ein Abkommen mit dem Gemeinderat von Krakau zu schließen, der ihm verschiedene Gebäude als Museum zur Verfügung stellte, vor allem das ehemalige Arsenal. Władysław nahm das Angebot an und beauftragte Maurice-Auguste Ouradou mit der Innengestaltung. Da aber die Bibliothek bereits einen Großteil des vorhandenen Platzes in Anspruch nahm, wurde es notwendig, noch ein altes Kloster für weitere Ausstellungsräume zu erwerben. Das Ergebnis war grandios. Viele der Kunstschätze aus Puławy, wie zum Beispiel die Schilde aus dem Tempel der Sibylle, waren nun wieder zusammen, während vor allem die prachtvolle Gemäldegalerie mit den Raphaels, Leonardos und Rembrandts allgemeine Begeisterung hervorriefen. Sogar Kaiser Franz Joseph kam, und die österreichische Regierung, die Galizien – wo ja der Sieniawa-Besitz der Czartoryskis lag – inzwischen weitgehende Autonomie gewährt hatte, gestattete ihnen dessen Umwandlung in ein Fideikommiß mit Bestimmungen über die Erhaltung des Museums und der Bibliothek. Die Krakauer Sammlungen blieben eine private Stiftung bis 1945, als sie unter staatliche Kontrolle kamen. Aber da sie tatsächlich nie verstaatlicht wurden, ist ihr rechtlicher Status ungeklärt geblieben.

Porträt des Adam Jerzy Czartoryski von Leon Kaplinski, 1860 (Sammlung Kórnik).

Ansicht von Sieniawa, Südostpolen, der dritten Residenz der Czartoryskis.

PUŁAWY & GOŁUCHÓW

Sibyllen-Tempel in Puławy.

Der Sibyllen-Tempel in einer Aquarellansicht von Zygmunt Vogel, spätes 18. Jahrhundert (Nationalmuseum, Warschau).

POLEN

Władysławs Schwester Izabela heiratete 1857 Jan Dzialyński, dessen Vater Tytus maßgeblich bei der Ausfuhr etlicher Kunstgegenstände der Familie mitwirkte. Eine beachtliche Anzahl davon gelangte so von Polen nach Frankreich. Tytus selbst war ebenfalls ein nicht unbedeutender Sammler, und sein Sohn Jan trat in des Vaters Fußstapfen und verwandelte das neugotische Schloß Kórnik, in der Nähe von Posen, in eine bedeutende Bibliothek und Museumssammlung. 1853 hatte Tytus das verfallene Schloß Gołuchów, ebenfalls in Wielkopolska nordöstlich von Kalisz gelegen, erworben und vermachte es vier Jahre später seinem Sohn als Hochzeitsgeschenk. Aber das junge Paar lebte dort anfänglich kaum und nach 1863, als Jan wegen seiner Beteiligung an dem Aufstand gegen die russische Herrschaft zum Tode verurteilt wurde, mußten sie ins Ausland fliehen.

Gołuchóws Geschichte war bereits einige Jahrhunderte alt; die ältesten Teile des Schlosses wurden um 1560 für Rafał Leszczyński gebaut, der einer der führenden Protestanten seiner Zeit war sowie Kanzler von Polen und Wortführer der exekutionistischen Bewegung. Er ließ eine viereckige, dreigeschossige, befestigte Anlage mit vier oktogonalen Ecktürmen errichten. Sein Sohn Wacław, ebenfalls Kanzler und Erbe der Burg, baute sie nach 1592 zu einer prächtigen Magnatenresidenz um. Ein eingeschossiger Wohntrakt mit einer Loggia und ein achteckiger Turm wurden südlich des Hofes errichtet und mit dem Haupttrakt durch zwei kurze Flügel verbunden. Aber der Stern der Leszczyńskis verblaßte im 17. Jahrhundert, und gegen dessen Ende verkauften sie den Besitz. Gołuchów stand mindestens hundertfünfzig Jahre lang leer, denn keiner der zahlreichen späteren Besitzer lebte jemals darin, so daß es um die Mitte des 19. Jahrhunderts beinahe völlig verfallen war. Als das Dekret über die Konfiskation der Besitzungen Jan Dzialyńskis widerrufen wurde, vermachte er das Schloß 1872 seiner Frau Izabela als Ausgleich für die vielen Schulden, die er bei ihr hatte. Ursprünglich mochte sie Gołuchów nicht, aber langsam begann sie es zu schätzen und nannte es ihr »Paradies auf Erden«. Den von ihr betriebenen Restaurierungen verdankt Gołuchów sein heutiges Aussehen. Da sie eine französische Erziehung genossen hatte, konsultierte sie zuerst den gefeierten Architekten Eugène Viollet-le-Duc, der ihr Ouradou, seinen Schwiegersohn und

Wladyslaw Fürst Czartoryski und sein Sohn Adam, um 1800 (Czartoryski-Museum, Krakau).

Goluchów in einer Aquarellansicht aus dem späten 19. Jahrhundert (Sammlung Kórnik).

Guluchów vom Park aus gesehen.

PUŁAWY & GOŁUCHÓW

POLEN

Schüler, empfahl. Dieser beschloß, das Renaissanceschloß nicht wiederherzustellen, sondern es im Stil des 16. Jahrhunderts nach dem Vorbild der Loireschlösser, wie er damals gerade en vogue war, umzugestalten – daher die steilen Dächer, die schmalen Kamine und die für die Zeit so typischen Reliefverzierungen. Die meisten Skulpturen in den Höfen sind französische oder italienische Originale, wobei allerdings andere Elemente wiederum nur Kopien sind; zum Beispiel ist das Treppenhaus eine Kopie aus dem Bargello in Florenz. Die Restaurierung von 1875 bis 1885 beließ einige Originalteile des Schlosses, so die Keller aus dem 16. Jahrhundert, drei der Türme und die Fundamente des Belvederes. Izabela tat dies alles ganz bewußt, sie wollte eine polnische königliche Residenz des 16. Jahrhunderts wiedererstehen lassen, und zwar nicht nur wegen der Verbindungen der Czartoryskis zum polnischen Throne. In einer Zeit der Zwangsgermanisierung hatte sie die Absicht, die preußische Herrschaft herauszufordern, indem sie eine Museumssammlung von internationaler Bedeutung über das kulturelle Erbe ihres Landes aufbaute. So wie ihre Großmutter in Puławy verlangte sie für Gołuchów, daß sowohl die Architektur als auch die Sammlungen diesem Anspruch gerecht werden müßten. Die Inschrift oberhalb des Haupteinganges gab verschlüsselt ihre Absichten wieder: *Vitu dei cadunt, surgunt, resurgunt aedesque regnaque* (»Durch den Willen Gottes entstehen Königreiche und Gebäude, fallen und erheben sich neuerlich.«) Das Leszczyński-Wappen und die königliche Krone finden sich überall im Haus. Die polnischen Säle und die Museumsräume sowie die spanischen und die italienischen Räume, ein Salon, ein Speisesaal und Prunkschlafzimmer bildeten ein prächtiges Ensemble, das Izabelas Schätze im Geiste des eklektischen Historizismus präsentierte.

Jan Działyński starb 1880. Obwohl er für die Anlage des wunderschönen englischen Parks in Gołuchów verantwortlich war, verbrachte er die letzten Jahre seines Lebens in Kórnik. Seine Witwe überlebte ihn um neunzehn Jahre und baute sich ein unansehnliches Haus im Park, um das Schloß nur mehr als Museum zu nutzen; kurz nach ihrem Tode wurde zu ihrem Andenken eine Kapelle errichtet. Ihr Neffe und dann ihr Großneffe, Władysław Czartoryskis jüngerer Sohn und Enkel, erbten

Kapelle im Park von Gołuchów.

Innenansicht der Bibliothek von Gołuchów.

Izabela Działyńska (geb. Czartoryska), spätes 19. Jahrhundert.

Hochzeit von Auguste Czartoryski und Prinzessin Marie Delores von Bourbon-Orléans in Sieniawa, 1937 (Fürst Adam Czartoryski).

nacheinander im Laufe der nächsten vierzig Jahre Gołuchów. Es wurde ohne Unterbrechung bis 1939 als Museum weitergeführt, als nach der deutschen Besetzung die Exponate beschlagnahmt wurden. Viele davon gingen verloren, wurden gestohlen oder exportiert, wobei allerdings die prächtige Sammlung antiker Vasen nach dem Zweiten Weltkrieg zurückerstattet wurde. Izabela hatte ein Fideikommiß begründet, so daß der Besitz nicht geteilt werden konnte und die Sammlungen der Öffentlichkeit zugänglich blieben; nun wurde der Besitz enteignet und dessen Verwaltung dem Nationalmuseum von Posen (Poznań) übertragen.

Sowohl Puławy als auch Gołuchów sind von größtem Interesse für jeden, der sich mit dem politischen und kulturellen Erbe Polens befassen will. Der äußere Charme der beiden Schlösser ist vielleicht eher bescheiden – das eine, obwohl ein hervorragendes Museum, ist zu sehr eine Nachahmung eines Loire-Schlosses, das andere steht bereits mehr als hundert Jahre den verschiedensten Institutionen zur Verfügung und hat daher seinen ursprünglichen Charme verloren. Aber die Schönheit von Puławys Park und Pavillons und die Vielfalt der Exponate Gołuchóws sind ein unzerstörbares Denkmal für eines der größten Geschlechter Polens.

ŁAZIENKI

Südlich vom Stadtzentrum Warschaus liegt der große, schöne Łazienki-Park, das polnische Pendant zum Hyde Park, Central Park oder Bois de Boulogne. Ursprünglich auf dem Lande angelegt, befindet sich der Park aufgrund der Ausdehnung Warschaus heute innerhalb des Stadtgebiets. Von den am Park entlangführenden Straßen aus ist außer dem mächtigen Palais Belvedere, der heutigen Residenz des Staatspräsidenten, nur wenig zu erkennen. Verborgen von dichten Baumgruppen befinden sich in dem Park jedoch einige schöne Pavillons und Baudenkmäler, deren bedeutendstes, der sogenannte Palast auf dem Wasser, ein Juwel europäischer Baukunst darstellt.

Die Geschichte Łazienkis begann im Mittelalter, als die Fürsten von Masowien, Herrscher über eines der kleinen Fürstentümer, in die Polen damals geteilt war, am Ufer der Weichsel, etwa drei Kilometer südlich von Warschau eine Burg errichten ließen, die sie Ujazdów nannten. Im 13. Jahrhundert wurde sie zweimal niedergebrannt – einmal bei einer litauischen Invasion, ein weiteres Mal in einem Bürgerkrieg. Im 16. Jahrhundert wurde unten am Fluß, nahe der ehemaligen mittelalterlichen Burg, ein Gebäude aus Holz für Königin Bonas Tochter, Anna Jagiellonka, erbaut. Hier fand 1578 die Hochzeit des Kanzlers Jan Zamoyski mit Krystyna Radziwiłł statt, bei der das erste polnische Drama, *Odprawa Posłów Greckich* (»Die Verabschiedung der griechischen Gesandten«), aufgeführt wurde. 1624 baute der Wasakönig Zygmunt III. an der Stelle der alten Burg ein viereckiges, zweigeschossiges Schloß aus Ziegeln mit Ecktürmen und einer mit Arkaden versehenen Loggia. Der Baumeister Matteo Castelli folgte dabei den Plänen Giovanni Trevanos.

Nachdem während der »Schwedischen Sintflut«, wie die schwedische Invasion Polens im 17. Jahrhundert genannt wurde, das hölzerne Gebäude zur Gänze und das Schloß teilweise zerstört worden waren, wurde der Besitz Ujazdów 1674 von Stanisław Herakliusz Lubomirski, Hofmarschall der Krone, Förderer der Künste, Schriftsteller und Philosoph, erworben. Kurz vor 1690 beauftragte er seinen Protegé, den flämischen Architekten Tylman van Gameren, ihm zwei Pavillons auf dem bewaldeten, sumpfigen Grund zu bauen, wo sich früher eine Menagerie befunden hatte. In eines der beiden kleinen, viereckigen, einstöckigen Gebäude mit Mansardendach, die sogenannte Eremitage, pflegte Lubomirski sich von den Mühen des öffentlichen Lebens zurückzuziehen. Der zweite Pavillon, das sogenannte Badehaus (Łaźnia), befand sich auf einem rechteckigen Inselchen, welches auf drei Seiten von einem Kanal und auf der vierten von einem symmetrischen Teich umgeben war. Dieser luxuriöse, geräumige Pavillon mit viereckigem Grundriß hatte an seiner Nordfassade einen zweistöckigen, auf einem erhobenen Fundament stehenden Säulenvorbau. Die strengen Linien des Gebäudes wurden durch drei Kuppeln aufgelockert, deren mittlere und auch größte eine Rotunde überdachte, in welche das Licht durch eine Laterne einfiel. Das Innere des Badehauses war mit sogenannten »Groteskenmalereien« reich geschmückt. In der Rotunde befand sich ein Brunnen, und die Wände waren mit Muscheln und Steinchen bedeckt, um den Eindruck einer Grotte zu erwecken. Von dort gelangte man in die Baderäume mit einem Wasserfall, zwei Badewannen aus Zinn und einer Reihe von Ruheräumen.

Gesamtansicht des Wasserpalais von Łazienki bei Warschau.

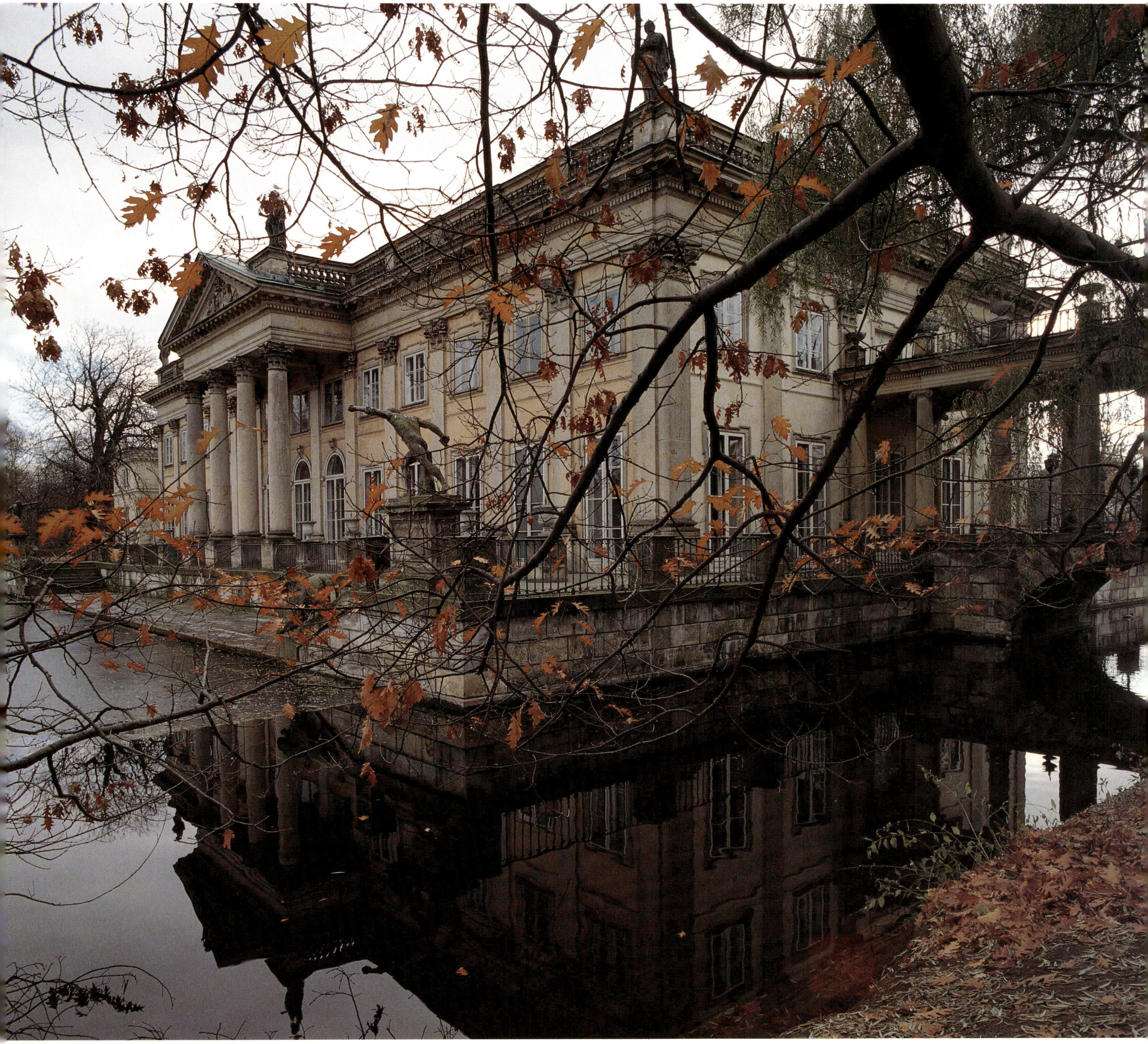

POLEN

Das Wasserpalais in einer alten Ansicht, von Zygmunt Vogel, spätes 18. Jahrhundert (Nationalmuseum, Warschau).

König Stanisław II. August, porträtiert von Marcello Bacciarelli, spätes 18. Jahrhundert.

  Nach Lubomirskis Tod pachtete König August II., der Starke, 1720 Ujazdów von den Erben des Hofmarschalls und baute einen breiten Kanal entlang der ehemaligen Achse des Castelli-Schlosses. Er plante eine großartige Wiederherstellung des Gebäudes und ließ von Matthias Daniel Pöppelmann, dem Baumeister des Zwingers in Dresden, Pläne entwerfen. Diese Pläne wurden jedoch nie verwirklicht, und während der nächsten vierzig Jahre geschah wenig. 1764 wurde Ujazdów von Stanisław August Poniatowski erworben, welcher noch im selben Jahr zu Polens letztem König gewählt werden sollte. Damit brach die große Zeit Ujazdóws an.
  Der Umbau wurde unverzüglich in Angriff genommen. Der König ließ eine etwa 4,5 Kilometer lange Allee zwischen der Stadt und dem Hauptportal von Ujazdów anlegen. Innerhalb des Parks wurde ein Raster von sternförmigen Alleen nach französischem Vorbild entfaltet. Unter Lubomirski war das weitgehend zerstörte Schloß teilweise von Tylman van Gameren restauriert worden. Er hatte einige barocke Interieurs geschaffen, aber ab 1766 begann König Stanisław August mit dem Bau eines weiteren Geschosses und der Neuausstattung im Inneren. Sein erster Hofarchitekt, Domenico Merlini, entwarf die Pläne, während die Künstler Bernardo Bellotto und Franciszek Smuglewicz den Großteil der Malereien ausführten. Eine neue Fassade und große Seitenpavillons wurden errichtet. Der König aber fand dieses architektonische Konglomerat zu unharmonisch. Hinzu kam, daß das Anwesen für den Hof zu klein war, so daß er ab 1775 hier nicht mehr residierte. Neun Jahre später wurde der Komplex von Stanisław Zawadzki zu einer riesigen, klassizistischen Kaserne umgebaut, und diese Funktion behielt er bis zu seinem Ende bei. Noch in diesem Jahrhundert diente der Bau als Militärspital, ehe er im Zweiten Weltkrieg zerstört wurde. Das wiederaufgebaute Schloß ist eine Kopie aus dem 17. Jahrhundert. Nachdem der König im Sommer 1775 das Schloß verlassen hatte, zog er in das teilweise renovierte Laźnia oder Badehaus, welches sehr bald wegen seiner Lage auf einer kleinen Insel unter dem Namen Palast auf dem Wasser bekannt wurde. Wegen neuerlichen Platzmangels ließ der König sein ebenerdiges Schlafgemach in einen Speisesaal umbauen und hielt dort seine Donnerstag-Diners ab, die wegen ihrer brillanten Konversation berühmt waren und an denen Dichter und Gelehrte teilnahmen. Sein Umzug in den ersten Stock machte den Anbau weiterer Privatgemächer notwendig. Auf beiden Seiten des Gebäudes wurden kleine galerieartige chinesische Brücken mit grüngoldenen Dächern gebaut, um das Inselchen, auf dem das kleine Schloß stand, mit dem Festland zu verbinden. Jedoch auch diesmal war das Resultat nicht zufriedenstellend, so daß Merlini 1784 in einem dritten Umbau die Südfassade durch eine zurückgesetzte, von vier Doppelpfeilern einge-

ŁAZIENKI

faßte Säulenhalle ersetzte. Vier Jahre später bekamen die restlichen drei Seiten ebenfalls klassizistische Fassaden; die Nordfassade erhielt außerdem dreizehn ebenso kolossale Nischen und eine giebelbekrönte Portikus. Weitere Veränderungen brachten 1792 zwei Seitenpavillons auf dem Festland, die mit dem Hauptgebäude durch Steinbrücken mit Säulengalerien verbunden waren. Letztlich wurden dann die verschiedenen Bauteile vereinheitlicht und die Säulenvorbauten mit einer flachen, skulpturenverzierten Attika versehen. Das Belvedere über dem Mittelteil gab dem Ensemble einen eleganten Anstrich und brachte die Verwandlung eines ursprünglichen Badepavillons in einen kleinen Palast zum Ausdruck. Entlang der Dächer wurden Statuen von André Le Brun aufgestellt. Sie stellten die vier Elemente, die damals vier bekannten Kontinente und die vier Jahreszeiten dar, während der Giebel über der nördlichen Portikus mit Darstellungen geschmückt wurden, die Ruhm und Frieden symbolisierten. Oberhalb des Einganges befand sich in einer barocken Kartusche folgende Inschrift: *Haec domus odit tristitias, amat pacem, fundat balne, commendat rura et optat probos* (»Dieses Haus haßt die Traurigkeit, liebt den Frieden, bietet Bäder, empfiehlt das Landleben und heißt den Tugendsamen willkommen«).

Im Inneren behielten drei Räume ihre barocke Gestaltung: die Vorhalle, der gekachelte Bacchusraum und die Baderäumlichkeiten, aus denen nur die Zinnbadewannen und der Wasserfall entfernt wurden. Im Gegensatz dazu war der rein klassizistische Ballsaal, von Jan Chrystian Kamsetzer mit einfachem rechteckigen Grundriß entworfen, mit in warmen Rot- und Brauntönen gemalten Grotesken auf Paneelen von Jerzy Bogumił Plersch ausgestattet. Im Zuge des Umbaues von 1788 wurden

Ballsaal von Jan Chrystian Kamsetzer im Wasserpalais.

POLEN

eine Bildergalerie und Merlinis Salomon-Saal angefügt. Obwohl dieser mit Marcello Bacciarellis riesigen biblischen und allegorischen Bildern eher überladen wirkt, besitzt er schöne Proportionen. Die Rotunde, welche als einziger Raum den Zweiten Weltkrieg völlig unbeschädigt überstanden hat, war während der letzten Umbauten entstanden, die Stanisław August am Schloß vornehmen ließ. Diesen Raum gestaltete er als eine Art Nationalheiligtum mit monumentalen Statuen der vier bedeutendsten Könige Polens in Nischen und Büsten römischer Kaiser über den Türen. Interessanterweise waren sämtliche Räume des Wasserpalastes verschieden hoch; der Speisesaal war zum Beispiel etwas über drei Meter hoch, während die Galerie vielleicht einen Meter höher und die Rotunde nochmals eineinhalb Meter höher waren. Die Wohnräume des zweiten Geschosses waren ursprünglich in etwas intimeren Dimensionen gehalten, und sie blieben auch so. Nur die Bildergalerie und das Studierzimmer im Erdgeschoß waren mit auf Leinwand gemalten Ölbildern ausgestattet. Die kostbare königliche Sammlung umfaßte etliche Niederländer, darunter sechs Rembrandts, sowie zeitgenössische französische Meister wie Pierre Fragonard und Hubert Robert. In London wurden noch weitere für den König angekauft, aber da er nach seiner Abdankung nicht in der Lage war, sie zu bezahlen, blieben sie in England und wurden zum Grundstock der Dulwich Picture Gallery in London. In den anderen Räumen des Schlosses enthielten Wandmalereien und Stuckarbeiten symbolische Darstellungen der Tugenden und menschlicher Schicksale und menschlicher Größe; sie bildeten so einen dekorativen Hintergrund zu der Fülle von Marmor, Bronze und Gold. Anfangs kamen sämtliche Möbel, Uhren und Porzellan aus Paris, aber nach und nach beauftragte Stanisław August polnische Handwerker mit der Anfertigung dieser Gegenstände. Da er seine Gäste nicht unterbringen konnte, ließ der König zunächst nahe dem Eingang zum Park eine Herberge bauen, die 1775 durch ein pyramidenförmiges Pförtnerhaus ersetzt und zu Beginn des nächsten Jahrhunderts abgerissen wurde. 1775 wurde auch eine viereckige Villa nach Merlinis Plänen – das sogenannte Weiße Haus – fertiggestellt. Vermutlich hatte der König es ursprünglich für sich selbst vorgesehen, aber er überließ es sehr bald seiner Mätresse, Elżbieta Grabowska, und später

Studierzimmer im zweiten Stockwerk des Wasserpalais.

Detail der Wandfresken im Weißen Haus.

Schlafgemach im Weißen Haus mit dem Bett von König Stanislaw August; die Gemälde an den Wänden stammen von Jerzy Bogumił Plersch und Jan Scisko, spätes 18. Jahrhundert.

ŁAZIENKI

wohnte auch seine Schwester dort. Es war ein völlig regelmäßiger Bau mit einer Attika und einem kleinen Belvedere auf dem Dach; seine Architektur entsprach ganz dem neoklassizistischen Stil, nur die Fensterrundungen im Erdgeschoß waren noch vom Rokoko beeinflußt. Im Gegensatz zu der regelmäßigen Fassade des Gebäudes waren die Räume alle von verschiedener Form. Plersch, der die meisten Innenräume gestaltete, malte den Speisesaal mit Grotesken aus, während der Salon große Fresken mit chinesischen Ansichten enthält, die zusammen mit dem angrenzenden Schlafzimmer die einzigen Überreste jener Chinoiserien darstellen, die vormals zur Zeit Stanisław Augusts so reichlich in Łazienki vorhanden waren. Die rund um eine Mitteltreppe angeordneten Räume stammen alle aus dieser Zeit und sind praktisch im Originalzustand erhalten.

1777 baute Stanisław August Lubomirskis Eremitage um, welche von einem Blitz getroffen worden war, und überließ sie seiner Vertrauten, der Wahrsagerin Madame Lhullier, als Wohnsitz. Zwischen 1775 und 1778 erbaute Merlini in seinem Auftrag ein neues Schloß namens Myślewice. Ursprünglich auf quadratischem Grundriß wie das Weiße Haus geplant, wurden noch vor seiner Fertigstellung zwei halbrunde Flügel angefügt, um ihm die Form eines Hufeisens zu geben. Obwohl als königliche Residenz vorgesehen, übergab es der König bald seinem Neffen, Józef Poniatowski, dem zukünftigen Feldmarschall und Helden der Napoleonischen Kriege, dessen Initialen über dem Hauptportal zu sehen sind. Außerdem wurde ein »Reservoir« in zylindrischer Form, nach dem Vorbild des Grabes der Caecilia Metella bei Rom, gebaut, ohne Öffnungen nach außen, aber mit winzigen Räumen, die auf einen kleinen Hof gingen.

Die vom König initiierten Umbauarbeiten in Łazienki, wie der gesamte Komplex nun hieß, dauerten bis nach 1780 an. 1780 wurde der sogenannte Trou-Madame-Pavillon im chinesischen Stil vollendet. Seine Bezeichnung verdankte er einem dem Billard ähnlichen Spiel, welches darin bestand, metallene Kugeln in numerierte Tore zu werfen. Zwei Jahre später wurde er zu einem kleinen Theater umgebaut. Schon um 1788 stand aber ein wesentlich größeres, zweihundert Zuschauer fassen-

POLEN

des Theater im Osttrakt von Merlinis Orangerie zur Verfügung; es hatte neun Balkonlogen, die durch weibliche Figuren mit Kandelabern in den Händen und jeweils einem Säulenpaar voneinander getrennt waren. Plersch schuf für das Theater ein rundes Deckenfresko. Stanisław Augusts Begeisterung für das Theater ließ ihn auch eine Bühne auf der kleinen Insel im Teich nahe des Wasserpalastes errichten. Am gegenüberliegenden Ufer wurde ein Amphitheater aus Erde mit einem Zeltdach erbaut, aber der König träumte von einer Stein- bzw. Ziegelkonstruktion, die sehr viel mehr Gästen Platz bieten sollte. Diese wurde 1790 von Kamsetzer nach dem Vorbild des Theaters in Herculaneum mit von den römischen Tempeln in Baalbek stammenden Kulissentoren erbaut. Auf der Brüstung des Amphitheaters befanden sich Statuen von Le Brun, sechzehn berühmte Dichter darstellend. Tausend Menschen konnten dort Balletts oder Pantomimen anschauen. Anschließend wurden die Gäste häufig in einem neuen von Kamsetzer erbauten Pavillon bewirtet, dem sogenannten Türkischen Haus; dieses wurde aber im 19. Jahrhundert abgerissen.

Auch im übrigen Park entfaltete sich eine rege Tätigkeit. Die beiden großen Teiche erhielten künstlich angelegte, unregelmäßige Ufer und weitere Wasserfälle; zusätzlich wurden die verschiedensten Arten von Bäumen gepflanzt. Brücken wurden errichtet und Statuen aufgestellt, unter anderem ein Reiterstandbild des Königs Jan Sobieski von Franciszek Pinck.

Stanisław August verbrachte viel Zeit in Łazienki und fühlte sich dort offensichtlich sehr wohl. Er veranstaltete im Park ein großes Fest mit verschiedenen Spielen, an dem etwa dreißigtausend Personen teilnahmen; eine seiner Lieblingsbeschäftigungen wurde es, auf den Kanälen des Parks zu rudern; er ließ auch dekorative Trep-

Das Weiße Haus vom Park aus gesehen.

ŁAZIENKI

Kopie des Grabmals der Cecilia Metella in den Parkanlagen.

Der Ägyptische Tempel von Jakub Kubicki.

pen, die zum Wasser führten, errichten. Doch nicht alle seine Pläne konnte er verwirklichen: Das kleine Mausoleum für seine Eltern, in dem auch er beigesetzt werden wollte, wurde nie vollendet, ebensowenig wie Kamsetzers Rekonstruktion eines Gebäudes aus der Barockzeit, das sogenannte Palais Belvedere, oder die riesige Kirche, die der göttlichen Vorsehung geweiht werden sollte und von Jakob Kubicki als Gedenkstätte für die Verfassung von 1791 vorgesehen war.

Stanisław zog sich immer mehr von den gravierenden Problemen, mit denen Polen konfrontiert war, zurück und konzentrierte all seine Energien auf seine private Traumwelt in Łazienki. Der Hof fand sich dort im Sommer sehr zahlreich ein, und das Volk fand immer Zutritt zu dem offenen Park. Als Stanisław 1795 zur Abdankung gezwungen wurde, sandte er bis zu seinem Tod im Jahre 1798 eine Unmenge von Vorschlägen für künftige Verbesserungen aus seinem russischen Exil nach Łazienki. Der Besitz ging auf seinen Erben und Neffen Józef Poniatowski über. Vier Jahre später fiel dieser in der Schlacht bei Leipzig im Jahre 1813, und Łazienki wurde Privatbesitz des Zaren von Rußland. In dessen Auftrag baute Kubicki 1818 das Palais Belvedere in einem nüchternen, neoklassizistischen Stil für den Sohn des Zaren, den Großfürsten Konstantin, um; kurz darauf entstanden noch romantische Pavillons in Form von Diana- und ägyptischen Tempeln und eine nicht mehr vorhandene neugotische Orangerie, während der alte Trou-Madame-Pavillon zu einem Pförtnerhaus umgebaut wurde. Entlang des Weichselufers wurde ein botanischer Garten angelegt, und anstelle der ausgedehnten Treibhäuser des Königs trat ein astronomisches Observatorium, an dessen Entwurf mehrere Architekten beteiligt waren.

1846 wurde eine orthodoxe Kirche im klassischen Stil mit einer niedrigen Kuppel an den Westpavillon des Wasserpalastes angebaut, ein Jahrhundert später aber wieder abgerissen. Zwei neue Orangerien entstanden, um die vielen Orangenbäume der Radziwiłłs aus Nieborów unterzubringen. Während das Schloß im Privatbesitz verblieb, wurde der hervorragend gepflegte Park zur größten öffentlichen Grünanlage Warschaus, die sich immer weiter nach Süden ausbreitete. Der Erste Weltkrieg führte nur zu geringen Schäden, die Einrichtung Łazienkis wurde damals

POLEN

Das Amphitheater vom See aus gesehen.

Das Wasserpalais bei Nacht in einer alten Ansicht von Zygmunt Vogel, spätes 18. Jahrhundert (Nationalmsueum, Warschau).

nach Rußland verbracht, aber nach Kriegsende wieder unbeschädigt zurückerstattet. Die neue polnische Regierung ließ nun alle zaristischen Änderungen entfernen und legte den Park Łazienki mit dem des Palais Belvedere zusammen (ursprünglich waren beide Parks ein einziger gewesen, aber im 19. Jahrhundert war er geteilt worden). 1926 wurde dort ein Denkmal für Fryderyk Chopin errichtet, um so die nationale Bedeutung dieses Parks zu symbolisieren.

Der Zweite Weltkrieg brachte schlimme Veränderungen. Łazienki entging zwar der Vernichtung, der die Stadt 1939 weitgehend anheimfiel, und der Großteil der Inneneinrichtung wurde aus Sicherheitsgründen in das Nationalmuseum von Warschau ausgelagert. Unter der deutschen Besatzung wurde es jedoch völlig für die Öffentlichkeit gesperrt; 1944, nach dem Warschauer Aufstand, brannten die Räume des Wasserpalastes aus, nachdem die Nazis sie mit Benzin übergossen hatten. Glücklicherweise hatten die deutschen Truppen nicht mehr genug Zeit, das Gebäude, wie geplant, in die Luft zu sprengen. Der Wiederaufbau nach dem Krieg dauerte zwölf Jahre, aber am Ende dieser Zeit waren die Interieurs des Wasserpalastes, des Weißen Hauses und des Alten Orangerietheaters sorgfältig in ihrem alten Glanz restauriert, mit eleganten alten und neuen Möbeln ausgestattet und der Öffentlichkeit wieder zugänglich gemacht worden.

Heute ist Łazienki, »Warschaus Salon«, wie es manchmal liebevoll genannt wird, ein restauriertes Beispiel für den Geschmack des 18. Jahrhunderts und ein Tribut an die Visionen und die Schaffenskraft eines einzelnen Mannes. Es ist schwer, irgendwo in der Welt ein hübscheres Ensemble als dieses mit seinem prachtvollen Park, seiner Vielfalt an Gebäuden und dem herrlichen Wasserpalast zu finden. »Eine glückliche Kombination aus gutem römischen und französischen Geschmack«, beschrieb 1788 ein Besucher, der Abbé Renard, das Alte Orangerietheater, eine Feststellung, die auf das gesamte Ensemble angewandt werden könnte, mit dem Zusatz »und aus polnischer Inspiration«.

POLEN

KOZŁÓWKA

Die Landschaft Ostpolens erstreckt sich mit ihren endlosen Ebenen flach und eintönig gegen die Grenzen zur Sowjetunion. Aber auch hier gibt es Sehenswertes – in der alten Stadt Lublin stehen zahlreiche schöne Monumente, und in ihrer Umgebung findet man einige schöne Schlösser und Herrensitze. Das reizvollste und interessanteste ist Kozłówka, das etwa dreißig Kilometer nördlich von Lublin in der Nähe der Kleinstadt Lubartów liegt.

Die Ursprünge der kleinen Siedlung in Kozłówka sind unbekannt, aber schon sehr bald nach 1700 wurde urkundlich erwähnt, daß der Besitz Jadwiga Niemyska, die noch weitere Güter besaß, gehörte. 1728 vererbte sie alles ihrer Nichte Tekla Pepłowska, die sieben Jahre später eine beachtliche Mitgift in ihre Ehe mit Michał Bieliński, dem Starost von Sztum, einbrachte. In diesem Jahr war Michałs abwechslungsreiche Ehe mit Maria Rutowska, einer Tochter Augusts des Starken und seiner türkischen Mätresse Fatima, zu Ende gegangen, so daß er einige Monate später Tekla zu seiner neuen Ehefrau nehmen konnte. Die Bielińskis waren eine Familie, die hoch in der Gunst der sächsischen Könige stand; eine seiner Schwestern, Marianna, war eine der vielen Mätressen Augusts des Starken. Michałs älterer Bruder Franciszek war Hofmarschall, ein aufgeklärter Förderer der Künste und Besitzer des prachtvollen Schlosses Otwock Stary. Als Franciszek 1757 kinderlos starb, erbte Michałs Sohn, wieder ein Franciszek, sämtliche Familienbesitzungen.

Um 1742 hatten die Bielińskis beschlossen, einen Familiensitz in Kozłówka zu bauen. Um die Mitte des 18. Jahrhunderts errichteten viele adlige Familien Schlösser in der Umgebung oder bauten sie zumindest um: die Czartoryskis in Puławy, die Lubomirskis in Opole, die Potockis in Radzyń Podlaski und die Sanguszkos in Lubartów. Kozłówka war ursprünglich als *maison de plaisance* im französischen Sinne für kurze Aufenthalte seiner Besitzer geplant – im Unterschied zu einem typisch polnischen Landsitz, der das Zentrum einer funktionierenden Landwirtschaft bildete. Architektonisch gesehen war der von den Bielińskis erbaute Herrensitz typisch für seine Zeit; er bestand aus einem einzigen zweistöckigen Trakt mit einem Mansardendach und lag an einer Achse zwischen Hof und Garten. Die Gesellschaftsräume und die Privatgemächer der Besitzer befanden sich im ersten Stock, während im Parterre die Verwaltungsräumlichkeiten, die Dienstbotenzimmer sowie die Zimmer der beiden Söhne untergebracht waren. In Kozłówka war das Erdgeschoß durch einen Korridor geteilt, der durch die gesamte Breite des Gebäudes hinter der großen Eingangshalle lief; an seinen beiden Seiten lagen die Räume, aber nicht in einer langen Suite wie in größeren Schlössern. Von einer Ecke im Obergeschoß gelangte man von Teklas Schlafzimmer in eine kleine Kapelle.

Der große Rasen vor dem Haus war von den Stallungen und dem Küchentrakt auf der einen und von den Wagenremisen auf der anderen Seite umrahmt; ein nicht ganz harmonischer Eindruck, da es kein wirkliches Pendant zum Küchentrakt gab. Auf der Rückseite verlief eine Allee direkt vom Haus zu einem ziemlich kleinen Park; dieser war auf traditionelle Weise angelegt: mit Blumenrabatten im Renaissancestil direkt beim Schloß und einem Blumen- und Gemüsegarten an seinem Süd-

Ansicht des Springbrunnens und der Gartenfassade von Kozłówka, Ostpolen, unweit von Lublin.

POLEN

rand. Es gab keine Terrassen, Brunnen oder Statuen, denn der Garten war ebenso bescheiden geplant wie das Innere des Hauses.

Bedauerlicherweise gibt es keine genauen Angaben über den von den Bielińskis beauftragten Architekten, aber man kann das Schloß mit großer Wahrscheinlichkeit Jakub Fontana zuschreiben. Aus Italien stammend, hatte sich seine Familie Mitte des 17. Jahrhunderts in Polen niedergelassen, und sein Vater Józef hatte hauptsächlich in und um Warschau gearbeitet, bis er 1741 starb. Damals war Jakub etwa dreißig Jahre alt, hatte in Italien und Paris studiert und übernahm den Betrieb seines Vaters. Der ältere Fontana hatte schon in Otwock Stary für die Bielińskis gearbeitet, und auch Kozłówka ähnelt stilistisch anderen Bauten der Fontanas. Der weniger bekannte Vetter dieser Fontanas, Pawel Antoni Fontana, kann eventuell auch beteiligt gewesen sein; er hatte schon für die Sanguszkos eine neue Pfarrkirche in der Nähe von Lubartów gebaut und arbeitete weiter in der Gegend von Lublin.

Der 1740 geborene junge Franciszek Bieliński erbte die Besitzungen seines Onkels und seines Vaters, heiratete Krystyna Sanguszko, seine Nachbarin, und führte ein aktives öffentliches Leben während Stanislaus Augusts Regierungszeit. Da er ein Politiker mit großem Interesse an Bildungsfragen war, wurde er vom König in den nationalen Bildungsausschuß berufen. Franciszek trat für die allgemeine Schulbildung ein, aber auch für die Gründung spezieller Kunstschulen, in denen die Unterrichtssprache Polnisch anstatt Latein sein sollte. Er war ein begeisterter Patriot, schloß sich Tadeusz Kościuszkos Aufstand an und stellte den gesamten Ertrag seiner Ländereien zur Verfügung, um das Elend der Bevölkerung zu lindern. Sein jüngerer Bruder Stanislaus hingegen war ein Rabauke und Säufer von üblem Ruf, ein Mann, der bereit war, das Präsidium des von Katharina der Großen 1793 zur Ratifizierung der Teilung Polens einberufenen Marionetten-Sejm zu übernehmen. Aus diesem Grunde waren die Familienbeziehungen zwangsläufig etwas gespannt. 1799 verkaufte der an der Zukunft seines Landes verzweifelnde Franciszek Kozłówka samt Einrichtung an Aleksander Zamoyski für 1,6 Millionen Zloty.

Zamoyski war das Familienoberhaupt einer vornehmen Dynastie, die im späten 16. Jahrhundert mit Jan, dem Erbauer von Zamość, Bedeutung erlangte. Aleksander,

Kozłówka durch die Eingangstore gesehen.

Stanislaw Kostka Zamoyski mit seiner Gemahlin Zofia (geb. Czartoryska) und Familie, von Józef Grassi, 1810.

Ansicht des Roten Salons, geschmückt mit Familienporträts.

der jugendliche Sohn des Kanzlers Andrzej Zamoyski, welcher sich unter Stanislaus August bemüht hatte, eine ganze Reihe von liberalen Reformen durchzusetzen, schien ebenfalls für eine brillante Karriere prädestiniert, starb aber leider ganz plötzlich im Jahre 1800. Da er kinderlos war, erbte seine Schwester Anna Sapieha Kozłówka, obwohl seine Witwe Anna Maria ein lebenslängliches Nutzungsrecht an dem Besitz zugesprochen bekam. Dies behielt sie sogar während zweier weiterer Ehen und auch nach ihrer Übersiedlung nach Wien, wo sie 1846 starb und die Einrichtung des Schlosses ihrem Mündel, Maria Soltan, hinterließ. Inzwischen hatte aber Anna Sapieha zehn Jahre zuvor den Besitz an ihren Cousin Jan Zamoyski verkauft. Diese unglückliche Situation führte dazu, daß das unmöblierte Haus unbewohnt blieb.

Jan, der neue Eigentümer, war der Sohn des Stanisław Kostka Zamoyski, welcher seinem Bruder als Familienoberhaupt gefolgt war und der mit seiner Frau Zofia, einer Tochter der bemerkenswerten Herrin von Puławy, Izabela Czartoryska, sieben Söhne hatte. Bei solchen Vorfahren ist es nicht verwunderlich, daß zwei von Jans sechs Brüdern hervorragende Patrioten wurden: Andrzej, ein bekannter Agronom und gemäßigter Politiker, und Władysław, der nach dem Aufstand von 1830 ins Exil nach Paris ging, wurden die unentbehrlichen Helfer ihres Onkels Adam Jerzy Czartoryski und hörten niemals auf, für die polnische Unabhängigkeit zu kämpfen. Jan war jedoch ein völlig anderer Charakter. Er hatte in Genf und in Berlin – dort u. a.

bei Hegel – studiert und war ein warmherziger, phantasievoller Mann. Doch fehlte es ihm völlig an praktischen Veranlagungen, und er wurde vom Leben immer aufs neue enttäuscht. Zunächst war er Attaché an den russischen Botschaften in Neapel und London, trat aber nach der Niederschlagung des polnischen Aufstandes 1831 aus dem diplomatischen Dienst aus. Im Grunde völlig apolitisch, zog Jan sich ins Privatleben zurück und heiratete 1843 Anna Mycielska. Dieser Ehe entsprangen zwei Söhne und eine Tochter. Jan kam nur ab und zu nach Kozłówka, wohin er einige Möbelstücke und Bilder aus Puławy und einige von seiner Frau geerbte Sachen brachte, um sie dort zu deponieren und das leere Haus zu beleben. Schließlich sperrte er um 1850 das Schloß überhaupt zu, zog endgültig nach Frankreich und ließ sich in Auteuil nieder. Während des Aufstandes von 1863 suchten Partisanen in Kozłówka Unterschlupf, aber glücklicherweise richteten sie keinen Schaden an.

1870 sollten sich Kozłówkas Geschicke total ändern. Wie aus dem Grundbuch hervorgeht, überschrieb Jan im September dieses Jahres seinen Besitz auf seinen Sohn Konstanty. Dieser war 1846 in Warschau geboren worden, verbrachte aber seine Jugendjahre in Frankreich. Seine Mutter war an Tuberkulose gestorben, als er dreizehn Jahre alt war, und sein Vater hatte ihn sehr streng erzogen. Kurz vor 1870 kehrte Konstanty nach Polen zurück, um die Verwaltung seiner Güter zu erlernen. 1870 heiratete er Aniela Potocka und bezog sodann sein neues Heim. Endlich hatte das Schloß wieder einen anwesenden Besitzer, einen, der bis zu seinem Tode dreiundfünfzig Jahre später dort leben sollte.

Ansicht des Arbeitszimmers, geschmückt mit Familienporträts.

KOZŁÓWKA

Es gab viel zu tun. Während des gesamten 19. Jahrhunderts waren keine Restaurierungsarbeiten vorgenommen worden, sondern nur notdürftige Maßnahmen zur Instandhaltung, so daß die Gebäude völlig heruntergekommen waren. Der Architekt, den Konstanty wegen aller vorgesehenen Veränderungen konsultierte, ist nicht bekannt, vermutlich war es aber Leandro Marconi, einer der beiden Söhne von Enrico, dem bekannten Exponenten des späten Neoklassizismus. Leandro baute jedenfalls Konstantys Stadtpalais in Warschau im Jahre 1878. Der Umbau von Kozłówka begann knapp danach und dauerte – mit Unterbrechungen – bis 1914. Er erfolgte hauptsächlich im Stile des französischen Barock mit einigen polnischen Anstrichen. Die Gebäude erhielten neue Fassaden und zwei mit Kuppeln versehene Türme, die Seitentrakte Arkaden und in Höhe des zweiten Stockwerkes Terrassen mit von Putti verzierten Balustraden.

Eine monumentale Portikus über die gesamte Höhe des Gebäudes wurde dem Vordertrakt angefügt und gab ihm so eine wesentlich schwerfälligere Erscheinungs-

Kaminsims im Roten Salon mit Boulle-Uhr und vier Meißner Porzellanfiguren.

Porträts der vier jungen Söhne Stanislaw Zamoyskis von Firmina Massot, 1819.

POLEN

form. Im Erdgeschoß bildete die Portikus eine überwölbte Vorhalle mit einer offenen Arkade, zu welcher eine Auffahrtsrampe führte. Der massive Giebel trug ein Schild mit dem Zamoyski-Wappen: ein Wappenbild aus drei Lanzen, sogenannten *jelita*. (Die Legende besagt, daß Florian der Graue, ein Ahne der Zamoyskis, von einem Deutschordensritter in der Schlacht von Plowce durch drei Lanzenstiche in den Bauch verletzt wurde. Auf die Frage des Königs, ob er große Schmerzen leide, soll er theatralisch geantwortet haben: »Es schmerzt weniger als die dem Vaterland zugefügten Wunden.«) Die Einfahrt wurde mit einem neuen schmiedeeisernen Tor mit dem Familienwappen zwischen zwei von Vasen geschmückten Steinpfeilern versehen. Eine Reihe von Wirtschaftsgebäuden lagen rechts und links von der Einfahrt.

Die Veränderungen im Inneren des Schlosses waren weniger sichtbar. Der rückwärtige Teil der ebenerdigen Halle wurde in drei Sektionen unterteilt, wovon die beiden äußeren in zwei weitere Schlafzimmer umgewandelt wurden. Die Wand des großen Treppenaufganges wurde mit weißem Marmor verkleidet und ein prachtvolles schmiedeeisernes Geländer, das aus Warschau stammte, angebracht. Die Gesellschaftsräume im zweiten Stock wurden alle im Geschmack des Neobarock oder Neorokoko beziehungsweise in einem eklektischen Stil mit üppigen Stuckverzierungen, marmornen Kaminen in den verschiedensten Farben und goldverzierten Mahagonitüren ausgestattet. Einheimische Zimmerleute verlegten erlesene Parkettböden aus heller und dunkler Eiche. Trotz der prunkvollen Ausstattung wirkten die Räume jedoch eher eintönig und protzig überladen in der Art des Fin de siècle.

Porträt der Anna Zamoyska (geb. Mycielska) von Claude-Marie Dubufy, Mitte des 19. Jahrhunderts.

Porträt des Jan Zamoyski von Claude-Marie Dubufy, Mitte des 19. Jahrhunderts.

KOZŁÓWKA

Als typisches Produkt seiner Klasse und seiner Zeit war Konstanty darauf bedacht, der kulturellen Rolle des Adels Nachdruck zu verleihen; daher sollten seine Sammlungen in Kozłówka dem Besucher Geschichtsbewußtsein und Vaterlandsliebe nahebringen. Nach und nach stieg die Zahl der Bilder auf insgesamt tausend, darunter viele Kopien, Familienporträts oder Szenen aus der polnischen Geschichte, aber auch einige Alte Meister und eine Menge prachtvoll geschnitzter Rahmen. Da das Schloß völlig unmöbliert war, brachten die Zamoyskis Möbel von überall her, häufig französischen Ursprungs, hauptsächlich aber Reproduktionen aus dem 19. Jahrhundert. Eine große Bibliothek mit Zehntausenden von Büchern in englischen Bücherkästen wurde angelegt, und in einem anderen Raum wurde eine große Ausstellung von chinesischem Porzellan aufgestellt. 1904 begann Konstanty mit dem Bau einer Kapelle in der Art der Kapelle von Versailles mit französischen Altarverzierungen und schönen Gipsarbeiten. Das Grabmal seiner Großmutter Zofia ist eine Kopie eines Grabmals in Santa Croce in Florenz. Es macht aber einen merkwürdig kalten Eindruck. Zu Beginn des Jahrhunderts genehmigte der Zar die Umwandlung Kozłówkas, welches inzwischen auf etwa 75 000 Hektar angewachsen war, in ein Fideikommiß, um es so vor einer zukünftigen Teilung zu bewahren. Der Besitz erlitt im Ersten Weltkrieg keine nennenswerten Schäden, obwohl einige Granaten das Dach trafen. Konstanty starb 1923 als vereinsamter Witwer; er hatte sich aber seinen Intellekt und seinen Humor erhalten und widmete sich bis zu seinem Ende wohltätigen Zwecken. Sein Vetter ersten Grades, Adam Zamoyski, folgte ihm nach. Adam war sowohl vor als auch nach der polnischen Unabhängigkeit im öffentlichen Leben tätig. Er hatte in St. Petersburg gelebt und war von Zar Nikolaus II. 1916 zum Adjutanten ernannt worden. Während der Revolution von 1917 war er mit der Familie des Zaren in Tsarskoë Seloe und riet ihnen nachdrücklich zur Flucht nach Finnland. Ungeachtet seiner russischen Verbindungen war er doch ein

Skulpturengruppe auf dem Dach.

POLEN

Ansicht des Billard-Salons.

Angehörige der Familien Zamoyski und Branicki auf der Terrasse von Kozłówka, um 1910.

guter Patriot; um 1920 hatte er eine Reihe von öffentlichen Ämtern inne und ließ den polnischen Gefallenen von 1812 ein Denkmal im Park von Kozłówka errichten. Sonst veränderte er nichts am Aussehen des Schlosses.

Adam starb 1940, und sein Sohn Aleksander folgte ihm nach. Als Kavallerieoffizier wurde er sofort von den Deutschen verhaftet und in ein Konzentrationslager verbracht. Seine Frau Jadwiga blieb in Kozłówka, welches ein Zufluchtsort für ihre Verwandten und andere Flüchtlinge wurde, darunter den späteren Kardinal Stefan Wyszyński; in den Kellern des Schlosses wurden Waffen für den Widerstand versteckt. Jadwiga übersiedelte 1944 nach Warschau und nahm leider viele ihrer besten Kunstschätze mit, wovon einige in den Depots des Nationalmuseums eingelagert wurden. Dort wurde alles völlig zerstört, als sich die Bevölkerung der Hauptstadt im Sommer gegen die deutsche Besatzung erhob. Kozłówka selbst blieb unversehrt, und das neue kommunistische Regime übernahm den Besitz und die restlichen Sammlungen im November 1944. Die Zamoyskis emigrierten nach Kanada, nachdem ihr Schloß zum Museum erklärt worden war; aber seine Einrichtung und die Bausubstanz verfielen in den nächsten zwanzig Jahren. Mit einiger Verspätung wurde endlich doch noch eine Restaurierung vorgenommen, nach der das Schloß 1976 in gutem Zustand der Öffentlichkeit aufs neue zugänglich gemacht wurde.

Kozłówka ist nicht das berühmteste von Polens großen Schlössern, es kann sich auch nicht besonderer historischer Bedeutung vieler seiner Besitzer rühmen. Außerdem liegt es weit im Osten, abseits der Hauptstraße nördlich von Lublin, und ist daher nicht leicht erreichbar. Es ist jedoch ein prachtvolles Denkmal für Konstanty Zamoyski, einem großen Sammler mit vielen Interessen und dem Angehörigen einer der vornehmsten Familien Polens. Kozłówka wird all diejenigen begeistern, die hübsche Dinge und üppigen Dekor lieben und gerne das Schloß eines Aristokraten betrachten wollen, so wie es in seinen Glanzzeiten vor dem Ersten Weltkrieg ausgesehen haben muß.

AUSGEWÄHLTE BIBLIOGRAPHIE

TSCHECHOSLOWAKEI

Baumstark, Reinhold: *Liechtenstein, the Princely Collections* (Ausstellungskatalog), New York 1985
ders.: *Joseph Wenzel von Liechtenstein* (Ausstellungskatalog), Vaduz/Liechtenstein 1990
Bradley, J. F. N.: *Czechoslovakia: A Short History*, Edinburgh 1971
Clary-Aldringen, Alfons Fürst von: *A European Past*, London 1978
Herzogenberg, Johanna Baronin von: *Prag*, München 1966
Hootz, R. und Poche, E.: *Kunstdenkmäler in der Tschechoslowakei*, Leipzig 1986
Jelinek, J. und Wagner, Jaroslav: *Tschechische Burgen und Schlösser*, Prag 1971
Knox, Brian: *The Architecture of Bohemia and Moravia*, London 1962
Kusak, Dalibor: *Lednice und Valtice*, Prag 1986
Leisching, Julius: *Kunstgeschichte Mährens*, Wien 1932
Mann, Golo: *Wallenstein*, Frankfurt/Main 1971
Metternich, Prinzessin Tatiana: *Tatiana*, London 1976
Nicolson, Nigel: *Great Houses of the Western World*, London 1968
Palacký, František: *Geschichte der Familie Šternberg*, Prag 1828
Palmer, Alan: *Metternich*, London 1972
Polysenský, J.: *Gesellschaft und Kultur des barocken Böhmens*, Wien 1956
Rokyta, Hugo: *Die Böhmischen Länder*, Salzburg 1970
Schacherl, Lilian: *Böhmen*, München 1966
dies.: *Mähren*, München 1966
Schwarzenberg, Karl Fürst von: *Geschichte des Hauses Schwarzenberg*, Neustadt 1963
Seton-Watson, R. J. W.: *A History of the Czechs and Slovaks*, London 1943
Silva-Tarrouca, Egbert Graf: *Denkwürdigkeiten des Hauses Šternberg*, Wien 1953
Stekl Hannes: *Österreichs Aristokratie im Vormärz*, Wien 1973
Šternberg, Cecilia Gräfin von: *The Journey*, London 1977
Tapié, V. L.: *L'Europe de Marie-Thérèse du Baroque aux Lumières*, Paris 1973
Wirth, Z. und Benda, J.: *Tschechische Schlösser und Herrensitze*, Prag 1955

UNGARN

Bright, Richard: *Travels from Vienna Through Lower Hungary*, Edinburgh 1818
Browning, H. Ellen: *A Girl's Wanderings in Hungary*, London 1896
Evans, R. J. W.: *The Making of the Habsburg Monarchy, 1550–1700*, London 1979
Feuer-Toth, Roza: *Renaissance-Architektur in Ungarn*, Budapest 1977
Gerö, László: *Ungarische Architektur*, Budapest 1954
Károlyi, Mihály Graf von: *Faith Without Illusion*, London 1956
Kiraly, Béla K.: *Hungary in the Late Eighteenth Century*, New York 1969
Kornis, Gyula: *Hungary and European Civilization*, Washington, D. C. 1947
Libal, Wolfgang: *Ungarn*, München 1985
Macartney, C. A.: *A Short History of Hungary*, Edinburgh 1962
Marczali, Henrik: *Hungary in the Eighteenth Century*, Cambridge/England 1910
Paget, John: *Hungary and Transylvania*, London 1839
Pantz, Hubert Baron von: *No Risk, No Fun*, New York 1975
Siegert, Hans und Peer, F.: *Das bleibt vom alten Österreich*, Wien 1978
Spencer, E.: *Travels in European Turkey*, London 1850
Stadtländer, Christina: *Joseph Haydn of Eisenstadt*, London 1968
Tábor, Gerevich: *Ungarische Schlösser*, Budapest 1939
Tissot, Victor: *La Hongrie Inconnue*, Paris 1880
Wenckheim, Béla Baron von: *Jagen in Ungarn*, Budapest 1857
Windischgrätz, Lajos Fürst von: *My Adventures and Misadventures*, Wien 1965
Zador, Anna: *Revival-Architektur in Ungarn*, Budapest 1977

POLEN

Branicka Wolska, Anna: *Unabgesandte Briefe*, Warschau 1990
Coxe, William: *Travels in Poland*, London 1792
de Ligne, Price Antoine: *Memoirs*, London 1899
Evans, R. J. W.: *The Making of the Habsburg Monarchy, 1550–1700*, London 1979
Fabre, J.: *Stanislas Auguste Poniatowski et l'Europe des Lumières*, Paris 1952
Fijałkowski, Wojciech: *Das Residenz-Museum in Wilanów*, Warschau 1986
Gleysztor, A. und Rottermund, A.: *Das Königsschloß in Warschau*, Warschau 1982
Jabloński, K. und Plwkowski, W.: *Nieborów und Arkadia*, Warschau 1988
Knox, Brian: *The Architecture of Poland*, London 1971
Konarski, G.: *La Noblesse Polonaise*, Paris 1958
Kozakiewicz, H. und S.: *Die Renaissance in Polen*, Warschau 1976
Lednicki, Wacław: *The Life and Culture of Poland*, New York 1944
Majewska-Maszkowska, B.: *Das Schloß Łańcut*, Warschau 1964
Morton, V. B.: *Sobieski, King of Poland*, Glasgow 1944
Ostrowska-Kebłowska, Zofia: *Palastarchitektur in Großpolen im späten 18. Jahrhundert*, Posen 1969
Perey, Lucien: *Histoire d'une grande dame*, Paris 1888
Potocki, Alfred Graf von: *Master of Łańcut*, London 1959
Radziwiłł, Michael Fürst von: *One of the Radziwiłłs*, London 1971
Reddaway, W. J.: *The Cambridge History of Poland*, 2 Bde., Cambridge/England 1951
Siegert, Hans und Peer, F.: *Das bleibt vom alten Österreich*, Wien 1978
Sitwell, Sacheverell: *Great Houses of Europe*, London 1961
Sołtyński, Roman: *Aspekte der polnischen Architektur*, Warschau 1958
Syrop, Konrad: *Poland: Between the Hammer and the Anvil*, London 1968
Zamoyski, Adam Graf von: *The Polish Way*, London 1987
Zygulski, Zdzisław: *Die Sammlung Czartoryski*, Warschau 1978

REGISTER

Abadi, Benedek 164
Aigner, Chrystian Piotr 280, 284, 285, 305, 306, 326, 344, 345
Akos, Benedikt 54
Akos-Bebek, Dominik 54
Alberti, Leon Battista 139
Albrecht von Habsburg, König 138
Albrecht von Hohenzollern 261
Alexander I., Zar 101, 282, 345
Alexander II., Zar 285
Alliprandi, Giovanni Battista 33, 98
Almássy, Antal 214
Almássy, János 217, 220
Andrássy, Dénes 60, 62
Andrássy, Emanuel 62, 63
Andrássy, György 60
Andrássy, Gyula 63, 156, 157
Andrássy, István 58, 59
Andrássy, Leopold 59, 60
Andrássy, Mátyás 58
Andrássy, Miklós 58
Andrássy, Peter 57, 58
Andrássy, Zsofia 58
Andreas II., König 172
Anna Jagiełłonka, Königin 267, 352
Appiano, Galeazzo 268
Apponyi, György 155
Arenberg, Pauline 89
Árpád, Fürst 137, 172
Arquien de la Grange, Marie Anne d' 296
Arras, Matthias von 18
August II. der Starke, König 188, 274, 275, 324, 325, 354, 363
August III., König 275, 277, 325
Avostalis de Sala, Jan 24

Bacciarelli, Marcello 279, 285, 356
Balassa, Bálint 174
Balbín, Bohuslav 30, 73
Barkóczy, Ferenc III. 241
Barkóczy, János 241
Báthory, Stefan 241
Báthory, Zsófia 178

Batoni, Pompeo 101
Batthyány, János 196
Batthyány, Lajos 226
Baudarth, Paul 294
Baumann, Fryderyk 305, 306, 325
Bauqué, Armand 307
Bayer, Paul Ignaz 33, 88
Beatrix, Königin 139
Bebek, Ferenc 56
Bebek, György 56
Bebek, István 56
Bebek, Jánoš 56
Beer, Franz 90, 158, 159, 236
Beethoven, Ludwig van 42, 159
Béla IV., König 54, 137
Bellotto, Bernardo 279, 354
Bem, József 285
Beneš, Eduard 48, 51, 52
Beranek, Bartholomäus 84
Berchtold, Friedrich 108
Berchtold, Leopold 108
Berchtold, Leopold II. 111, 113
Berchtold, Prosper Anton 107, 108
Berchtold, Sigismund 111
Berlioz, Hector 180
Bernardoni, Giovanni Maria 272
Berndl, Richard 62
Bernini, Gian Lorenzo 33
Berrecci, Bartolomeo 140, 263, 264
Bethlen, Gábor 141, 174, 175, 199
Beza, Theodor 111
Biberstein, Christoph von 73, 74
Biberstein, Rulko (Rudolf) von 73
Bibesco, Marthe 276
Bibiena, Giuseppe Galli 41
Bielińska, Marianna 363
Bieliński, Franciszek 363
Bieliński, Franciszek II. 363, 364
Bieliński, Michał 363
Bieliński, Stanislaus 364
Biró, Martin 145
Bismarck, Otto von 287
Blaas, Karl 226
Blocke, Abraham van der 267
Blocke, Willem van der 267
Blonde, Gabriel de 84
Bogochwalski, Ludwik 306

Bolesław I. der Tapfere, König 255, 345
Bolesław II. der Kühne, König 257
Bolesław III. der Schiefmäulige, König 313
Bon, Girolamo 202
Borromini, Francesco 33, 144
Boucher, François 343
Boy, Adolf 322
Brahe, Tycho 22
Branicka, Anna 329
Branicki, Adam 329
Branicki, Ksawery 326, 328
Brenna, Vincenzo 304, 306
Brentano, Carlo 69, 70
Bretzenheim, Ferdinand 184
Bretzenheim, Karl August 181, 184
Bright, Richard 208, 244
Brunelleschi, Filippo 139
Brunszwick, Franz 159
Brunszwick, Josephine 159
Buchlau, Protiva von 104
Budovec von Budov, Wenzel 27
Buonaccorsi, Filippo (Callimachus) 261

Callot, Claude 322
Callot, Jacques 116
Canevale, Isidor 40, 128
Canevale, Marcantonio 78
Canova, Antonio 153, 226, 305
Čapek, Karl 95
Capua, Marcello di 305
Caratti, Francesco 33
Carlone, Carlo Martino 143, 200
Carlone, Giovanni Battista 124
Carlone, Giovanni Giacomo 42
Casanova 328
Castelli, Matteo 272, 352
Černín, Jan Humprecht 33
Černín, Ottokar 48, 49
Černín, Vratislav 28
Černohorský von Boskovice, Jan Šembera 25, 122
Cesaroni, Aegidius 99
Chambers, William 281

Charlotte Amalie von Hessen 180
Chodziński, Karol 306
Chopin, Fryderyk 289, 299, 330, 337, 361
Chotek, Ada 120
Chotek, Aloisia 118
Chotek, Arnošt 120
Chotek, Emmerich 120
Chotek, Heinrich 119
Chotek, Johann Rudolf 41, 118, 119
Chotek, Karl 39, 120
Chotek, Rudolf 114, 118, 120
Chotek, Sophie 120
Chotek, Wenzel Anton 114, 118
Cimarosa, Domenico 277
Cini, Giovanni 264
Clam-Gallas, Clothilde 78, 81
Clam-Gallas, Christian Philipp 78
Clam-Gallas, Eduard 78
Clam-Gallas, Franz 79
Clam-Martinic, J. 48, 49
Colonna-Fels, Agnes Eleonora 106
Colloredo, Franz Gundakar 98
Colloredo, Hieronymus 98
Colloredo, Rudolf 98
Colloredo-Mansfeld, Franz Gundakar 101
Colloredo-Mansfeld, Josef Franz 101
Colloredo-Mansfeld, Josef II. 101, 102
Colloredo-Mansfeld, Rudolf Josef 101
Comenius, Johann Amos 178
Conrad, Joseph 307
Constantine, Großfürst 282, 359
Corazzi, Antonio 285
Coronelli, Vincenzo 337
Cortona, Pietro da 322
Cotte, Jules Robert de 40, 100
Czartoryska, Izabella 282, 284, 304, 333, 344, 345, 365
Czartoryska, Izabella II. 346, 348
Czartoryska, Józefina 306
Czartoryska, Zofia 324, 325

Czartoryski, Adam Jerzy 282, 283, 285, 345, 346, 365
Czartoryski, Adam Kazimierz 277, 343, 344, 345
Czartoryski, August 277, 343
Czartoryski, Władysław 346, 350

Dąbrowski, Jan Henryk 282
Deák, Ferenc 155
Delsenbach, Johann Adam 126
Desvignes, Peter Hubert 131
Deva, Mátyás Biró von 165
Deybel, Sigismund 276, 323, 324, 325, 343
Dientzenhofer, Christoph 33
Dientzenhofer, Kilian Ignaz 33, 40, 216
Dietrichstein, Franz 34
Digby, Jane 90
Dillon, Georgine 224
Dittersdorf, Carl von 41
Długosz, Jan 292, 300
Dmowski, Roman 288, 289
Dobó, Krisztina 174
Dobrovoský, Joseph 37, 40
Dolański, Feliks 318
Dolański, Stanisław Karol 318
Dorffmeister, Stefan 169
Douglas-Hamilton, Mary 245
Draskovich, Miklós 167
Drazize, Jan IV. 17
Dubček, Alexander 52
Dvořák, Anton 24, 44
Dzialyńska, Izabela 348, 350, 351
Dzialyński, Jan 348, 350
Dzialyński, Tytus 284, 348

Eckholm, Karl Jacoby 202
Edward VII. von England 251
Eggenberg, Johann Christian von 87
Eggenberg, Johann Ulrich von 85
Ehmann, Johann 152
Elisabeth, Kaiserin 157, 229
Elisabeth von Habsburg 262
Elisabeth von Thüringen 172

Engel, Franz 129, 130
Eötvös, József 155
Erményl, Ignác 159, 224
Erna, Andrea 124, 126
Esterházy, Anton 205, 207
Esterházy, Ferenc 199
Esterházy, Franziska 224
Esterházy, József 200
Esterházy, Károly 216
Esterházy, Lajos 200
Esterházy, Miklós 199, 200
Esterházy, Miklós II. 201, 202, 205
Esterházy, Miklós III. 207, 208
Esterházy, Miklós IV. 208
Esterházy, Nikolaus IV. 210
Esterházy, Pál 143, 200
Esterházy, Pál II. 208
Esterházy, Pál III. 211
Esterházy, Pál Anton 200, 201
Eugen von Savoyen 144, 188

Falconi, Giovanni Battista 302
Farkas, Lázlo 197
Fekete, György 22
Fekete, János 222
Fellner, Ferdinand 307
Fellner, Jakob 145, 149, 214
Fénélon, François 169
Ferdinand, Erzherzog 22
Ferdinand I., König und Kaiser 21, 22, 56, 74, 140, 141, 172
Ferdinand II., König und Kaiser 27, 28, 76, 77, 85, 98, 99, 200
Ferdinand III., König und Kaiser 28, 235
Ferrabosco di Lagno, Pietro 25
Ferraris, Maria 236
Festetics, György 243, 244
Festetics, György II. 252
Festetics, Kristóf 243
Festetics, László 244, 245
Festetics (de Tolna), Pál 243
Festetics, Pétur 243
Festetics, Tassilo 245
Festetics, Tassilo II. 245, 249, 251
Fey, Dominik 111
Fischer, Andreas 244

Fischer, Georg 119
Fischer, Johann Martin 129
Fischer von Erlach, Johann
 Bernhard 34, 35, 88, 125
Fischer von Erlach, Josef
 Emanuel 40, 88
Flemming, Jerzy 344
Fontana, Baldassare 107
Fontana, Carlo 33
Fontana, Jakub 276, 278, 364
Fontana, Józef 276, 323, 364
Fontana, Pawel Antoni 364
Fragonard, Pierre 356
Frangipani, Ferenc 166
Franz I., Kaiser 153, 181, 235
Franz Ferdinand, Erzherzog 46, 120, 251
Franz Joseph I., Kaiser 43, 44, 48, 90, 156, 157, 306, 346
Franz von Lothringen 215
Freytag, Adam 300
Friedrich I. Barbarossa 15
Friedrich der Große 277
Friedrich von der Pfalz, König 27
Friedrich Wilhelm II. von Preußen 337
Fuchs, Bohuslav 52

Gabri, Pietro 25
Galas, Franz Ferdinand 78
Gallas, Johanna Emerentia 78
Gallas, Matthias 78
Gallassy, Gyula 220
Gameren, Tylman van 273, 274, 275, 302, 317, 318, 330, 343, 352, 354
Gay, J. 288
Georg von Poděbrad, König 19, 67, 73
Gialdi, Giovanni 25
Gianotis, Bernardino de 264
Giuliani, Giovanni 125, 126
Gluck, Christoph Willibald 41
Gočar, Josef 46
Götzen, Johann Maximilian von 70
Gonda, Ivan 328
Górka, Stanisław 313

Gottlieb, Antal 161
Gottwald, Klement 52
Gozdawa, Pawel 313
Grabowska, Elżbieta 356
Greischner, Mátyás 166
Griesmeyer, Jan 306
Griessel, Heinrich 78
Grimm, Franz Anton 40
Grundemann, Johann Basilius 202
Gryspeck, Florian 24
Grzymala, Tomasz 265
Guarini, Guarino 33
Gucci, Santi 265, 268, 314, 315
Gustav Adolf von Schweden 77
Gutt, Romuald 290, 339

Haberditz, Wenzel 40
Hablawetz, Franziska 60
Hácha, Emil 51
Hadik, Alexandra 241
Hadik, András 237
Hadik, Balthasar 236, 237
Hadik, Béla 237, 241
Hadik, Béla János 241
Hadik, János 237
Hadik, János II. 237
Hadik, János III. 236, 241
Hadik, Karl Josef 237
Hadik, László 241
Hänsel, Peter 305
Hamilton, Johann Georg 88
Hanvay, Ferenc 213
Hardtmuth, Joseph 128, 129, 130
Harrach, Isabella 76
Haugwitz, Mia 252
Havel, Václav 53
Haydn, Joseph 200, 207, 208, 215, 305
Heckel, Wilhelm 78
Hefele, Melchior 202
Hegel, Georg Wilhelm Friedrich 366
Heidrich, Johann 130
Heinrich, Christoph Gerhard 74
Heinrich von Luxemburg 17
Helmer, Hermann 307
Henri de Valois, König 266

Hepfner, János 190
Heydrich, Reinhard 52
Hild, Jozsef 150, 161
Hildebrandt, Lucas von 35, 40, 89, 144, 188
Hirsch, Ferdinand 70
Hitler, Adolf 51, 171, 291
Hofrichter, József 152, 224
Hofstädter, Christoph 243
Hohenberg, Andreas 89
Holický, Adam 69
Holický, Aleš 66, 67
Holický, Anna Maria Amabilia 70
Holický, Jan 67
Holický, Peter 67, 68
Holický, Wenzel 68
Holický, Wenzel Georg 69, 70
Hollar, Václav 30
Horthy, Miklós 162, 163, 171, 211, 231, 251
Hozjusz, Stanisław 262
Hradec, Zacharias von 24
Hummel, Matthias 119
Hunyadi, Johann 139
Hus, Jan 18

Ittar, Henryk 335

Jacoby, Miklós 202
Jadwiga, Königin 258
Jagmin, Stanisław 339
Jaksyk, Bogusław 313
Jan Kazimierz Wasa, König 269, 295, 302
Jan Sobieski, König 271, 273, 274, 280, 296, 321, 322, 323, 358
Jedrzejowski, Hieronim 304
Jöndl, Josef 101
Johann von Luxemburg, König 17
Johann I. (Zápolya), König 140
Johann III. von Schweden 267
Joseph I., Kaiser 30, 180
Joseph II., Kaiser 37, 40, 147, 149, 207

Kafka, Franz 79
Kajali, Pál 186
Kalnay, Benedek 222
Kamsetzer, Jan Chrystian 279, 280, 305, 355, 358, 359
Kanizsai, Orsola 164
Kaňka, František Maximilián 34, 70, 114
Kapihorský, Šimon 30
Karl IV., König 17, 18, 66
Karl VI., Kaiser 30, 89, 126, 143
Karl IX. von Frankreich 266
Karl X. von Frankreich 306
Karl XII. von Schweden 343
Karl Robert von Anjou, König 137
Károlyi, Edouard (Ede) 224, 229
Károlyi, Erzsébet 222, 224
Károlyi, Erzebeth 224
Károlyi, István 224, 226, 229
Károlyi, István II. 231
Károlyi, József 222
Károlyi, Lászlo 229, 231
Károlyi, Mihály 161, 162
Károlyi, Nadine 111
Károlyi, Sándor 222
Károlyi, Sándor II. 224, 229, 231
Kassner, Rudolf 135
Katharina die Große, Zarin 277, 278, 328, 344, 364
Katharina von Habsburg 262
Kauffmann, Angelica 279
Kaufman, Ludwik 288
Kaunitz, W. A. 40
Kazimierz der Große, König 257, 258, 292, 300, 313
Kasimierz IV., König 258, 261
Kazinczy, Ferenc 195, 196
Kelly, Edward 22
Kinský, F. J. 37
Kinský, Octavian Josef 46
Klette, Károly 224
Klicpera, V. K. 39
Klieber, Josef 130
Kmyta, Peter 174
Koch sen., Heinrich 152, 224
Köcski, Sándor 164
Komenský, Jan Amos 30
Konrad von Masowien 256

Kopernikus, Nikolaus 261, 345
Kornhäusel, Josef 129, 130
Korniss, Clarisse 229
Kościuszko, Tadeusz 278, 326, 338, 344, 364
Kossuth, Lajos 155, 156, 184, 226, 285
Kotěra, Jan 46
Kozłowka, Anna Sapieha 365
Kracker, Johann Lukacs 216, 217
Krasicki, Ignacy 318
Krasicki, Jan 318
Krasicki, Marcin 268
Krasiński, Zygmunt 289
Kubicki, Jakub 284, 285, 359
Kuen, Franz Anton 116
Kun, Béla 48, 162, 251

Ladislaus von Habsburg, König 19
Lafitte, François Mansart Maison 144
Lamb, Edward 44
Lampi, Giovanni Battista 279
Lanci, Franciszek Maria 288, 326
Langhans, Karl Gothard 280
Laski, Jan 261
Le Brun, André 355, 358
Lederer, Josef 89
Leopold I., König und Kaiser 28, 30, 33, 70, 200
Leopold II., König und Kaiser 149, 153
Leszczyński, Andrzej 314, 315
Leszczyński, Andrzej II. 317
Leszczyński, Bogusław 317, 321
Leszczyński, Maria 317
Leszczyński, Rafał 313, 314, 348
Leszczyński, Rafał II. 315, 317
Leszczyński, Rafał III. 317
Leszczyński, Samuel 317
Leszczyński, Stanislaus 275, 317
Leszczyński, Wacław 348
Lieb, Antal 216, 217
Liechtenstein, Alois Josef I. von 128, 130
Liechtenstein, Alois Josef II. von 130, 131

Liechtenstein, Anton Florian von 126, 128
Liechtenstein, Franz Josef II. von 133
Liechtenstein, Gundakar von 122, 126
Liechtenstein, Hartmann II. von 122
Liechtenstein, Heinrich von 122
Liechtenstein, Johann I. von 122
Liechtenstein, Johann Adam Andreas von 124, 125, 126
Liechtenstein, Johannes I. von 128, 130
Liechtenstein, Johannes Josef I. von 129
Liechtenstein, Johannes Josef II. von 131
Liechtenstein, Josef Wenzel von 126, 128
Liechtenstein, Karl von 32, 35, 122, 124
Liechtenstein, Karl Eusebius von 124, 125
Liechtenstein, Leopoldine von 153
Liechtenstein, Maximilian von 122, 124
Lintzbauer, Josef 185
Lipót, András Conti 190
Liszt, Franz 42
Lithgow, William 137
Lobkowitz von Hassenstein, Bohuslav 33
Lobkowitz, Wenzel Eusebius von 28, 30, 33
Lobkowitz, Zdenek von 25
Locci, Agustyn 321, 323
Loos, Adolf 52
Louis, Victor 278
Lubomirska, Anna 339
Lubomirska, Elżbieta 343
Lubomirska, Izabela 280, 281, 282, 304, 305, 306, 325, 326
Lubomirski, Henryk 305, 306
Lubomirski, Jerzy Sebastian 302
Lubomirski, Karol Józef 317
Lubomirski, Stanisław 272, 277, 300, 302

Lubomirski, Stanisław II.   304
Lubomirski, Stanisław Herakliusz   273, 302, 323, 343, 352, 354
Lucchese, Filiberto   35
Ludwig der Große, König   138, 25
Ludwig III. von Bayern   169
Ludwig XV. von Frankreich   275, 317
Ludwig XVIII. von Frankreich   306

Mackensen, August von   231
Maggi, Giacomo de   87
Maio da Vomio, Baltasar   24, 84, 88
Majewski, Alfred   319
Malczewski, Jacek   318
Maliński, Paweł   288
Mansfeld, Bruno   99
Mansfeld, Franz Maximilian   99
Mansfeld, Heinrich Paul   100, 101
Mansfeld, Josephine   101
Mansfeld, Maria Isabella   98, 101
Mansfeld, Peter Ernst   99
Mányoki, Adám   188
Maratta, Carlo   323
Marconi, Enrico   285, 288, 326, 367
Marconi, Leandro   326, 339, 367
Marconi, Władysław   326, 328
Maria Caroline von Neapel   306
Maria Theresia, Kaiserin   30, 35, 37, 89, 143, 147, 205, 207, 215, 237, 243
Marie Antoinette von Frankreich   306
Marie Louise, Erzherzogin   89
Martinelli, Anton Erhard   200
Martinelli, Domenico   35, 125, 126, 196
Masaryk, Tomáš G.   44, 48, 50, 51
Matejko, Jan   289
Mathey, Jean Baptiste   33
Matthias Corvinus, König   19, 139, 141
Matthias, Erzherzog, später König   25, 27, 69, 76, 122

Maulpertsch, Franz Anton   35, 145
Maximilian, Erzherzog   237
Maximilian II., König und Kaiser   22, 141
Mayerhoffer, András   144, 188, 189
Mayerhoffer, János   189
McClaire, Dionizy   282
Mehoffer, Józef   318
Meissonier, Juste-Aurèle   343
Melana, Antonio   24
Merkel, Leo   89
Merlini, Domenico   279, 280, 281, 354, 356, 357, 358
Městecký, Jan   69
Metternich, Klemens   39, 41, 42, 101, 154, 155
Mica, Fratíšek Václav   41
Michałowicz, Jan   265, 335
Michna, Adam   30
Mickiewicz, Adam   289
Mieroszewski, Sobiesław   298
Mies van der Rohe, Ludwig   52
Mihályi, Antal   197
Mikhail Romanov, Zar   269
Milldorfer, Joseph Ignaz   202
Mocker, Josef   46
Mödlhammer, Johann Ferdinand   202
Molitor, Jan Peter   100
Morando, Bernardo   268
Moravec, František   101
Moreau, Charles de   150, 152, 153
Morsztyn, Izabela   277
Moszyński, August   281
Motte, Antal de la   215, 217
Mozart, Wolfgang Amadeus   42, 98
Mucha, Alphons   44, 101
Müller, Hans Rudolf   166
Mycielska, Anna   366
Mysliveček J.   42
Myszkowski, Piotr   268

Nádasdy, Ferenc   199
Nádasdy, Ferenc II.   166
Nádasdy, Ferenc III.   166, 167

Nádasdy, Krisztina   167
Nádasdy, Pál   166
Nádasdy, Scanderbeg   166
Nádasdy, Tamás   164, 167
Nagyvathy, János   244
Napoleon Bonaparte   89, 90, 104, 208, 282, 285, 338
Nebbien, Heinrich   59
Nepomuk, Johannes   22
Neumann, Balthasar   202
Niemyska, Jadwiga   363
Nikolaus I., Zar   156, 283, 285
Nikolaus II., Zar   369
Nobile, Peter von   41
Norblin, Jean-Pierre   282, 334
Nordmann, Benjamin   78
Nóvotný, Antonin   52

Ogiński, Michał Kazimierz   332
Oláh, Miklós   139
Opalińska, Zofia   343
Opbergen, Anton van   267
Orczy, Maria   229
Orlowski, Aleksander   335
Orzechowski, Stanislaw   259
Ospel, Anton Johann   126
Ossoliński, Krzysztof von   273
Ottokar I. Přemysl, König   15, 104, 114
Ottokar II. Přemysl, König   15, 65, 74, 82
Ouradou, Maurice-Auguste   346, 348

Padovano, Giovanni Maria   264
Paesiello, Giovanni   277
Paganini, Niccolò   42
Paget, John   60, 207, 208, 245
Palacký, František   39, 43, 44
Pálffy, János   161
Palladio, Andrea   144, 280
Pálóczi, Antal   172
Pálóczi, Georg   172
Paris, Abraham   322
Parkanyi, József   251
Parler, Heinrich   18
Parler, Peter   18

Péchy, Mihály 150
Pepłowska, Tekla 363
Perényi, Gábor 174
Perényi, Peter 172, 174
Pernstein, Johann von 21
Pernstein, Wenzel I. von 21
Pernstein, Wilhelm II. von 21
Pernstein, Wratislaw von 24
Pesnitzer, Ulrich 84
Peter der Große, Zar 274
Petrvald, Bernhard Diviš 106
Petrvald, Jan Detrich 106
Petrvald, Maria Theresia 108
Petrvald, Zikmund Karel 106, 107
Pich, Franz 236
Pichl, Alois 158
Pichler, Alois 152
Pichler, Josef 118
Pieroni, Giovanni 106
Pilecki, Otto 300
Pilgram, Anton 21
Piłsudksi, József 288, 289, 339
Pinck, Franciszek 358
Pio, Alberto 307
Platzer, Ignaz Franz 101
Plersch, Jerzy Bogumił 355, 357, 358
Poděbrad, Georg von 19
Pölt, Mátyás 202
Pöppelmann, Matthias Daniel 354
Pollack, Ágoston 158
Pollack, Mihály 150, 152, 153, 158, 184, 224
Poniatowski, József 282, 284, 306, 357, 359
Poniatowski, Michał 281
Poniatowski, Stanisław 277
Poniatowski, Stanisław August 354
Porta, Antonio della 33
Potocki, Aleksander 284, 326
Potocki, Alfred 206
Potocki, Alfred II. 306, 307
Potocki, Alfred III. 307, 310
Potocki, August 326
Potocki, Ignacy 277, 326
Potocki, Jan 305, 306
Potocki, József 318

Potocki, Mikołaj 310
Potocki, Roman 307
Potocki, Stanisław Kostka 326
Poussin, Nicholas 323
Povolny, János 213
Prasl, H. S. 108
Prokys, František 89
Prowse, William Jeffrey 13
Prus, Bolesław 289
Przeździecka, Helena 332
Puschkin 289

Quadro, Giovanni Battista 264
Quarenghi, Giacomo 337
Questenberg, Johann Anton von 35, 41

Ráday, Gedeon 186, 188, 189, 190, 191, 195, 196, 197
Ráday, Gedeon II. 196
Ráday, Klara 186
Ráday, Pál 186, 188
Radziejowski, Michał Stefan 330
Radziwiłł, Aleksandra 338
Radziwiłł, Antoni 337
Radziwiłł, Barbara 262
Radziwiłł, Dominik 333
Radziwiłł, Elżbieta (Betka) 307
Radziwiłł, Helena 282, 333, 334, 335, 337, 338, 341
Radziwiłł, Izabela 339
Radziwiłł, Janusz 267, 339, 340
Radziwiłł, Krystyna 352
Radziwiłł, Leon 337, 338
Radziwiłł, Louise 337
Radziwiłł, Ludwik 337
Radziwiłł, Michał Gedeon 338
Radziwiłł, Michał Hieronim 332, 333
Radziwiłł, Michał Piotr 339
Radziwiłł, Mikołaj 262
Radziwiłł, Mikołaj der Schwarze 332
Radziwiłł, Mikołaj der Weiße 332
Radziwiłł, Zygmunt 339
Rákóczi, Ferenc 58, 166, 178, 180
Rákóczi, Ferenc II. 143, 180, 186

Rákóczi, György 141, 174, 175, 178, 302
Rákóczi, Henrietta 178
Rákóczi, Zsigmund 178
Rákóczi, Zsuzsanna 174, 175, 178
Redern, Christoph von 75
Redern, Friedrich von 74
Redern, Melchior von 74, 75
Reisner, Jan 322
Ried, Benedikt 21
Rieger, Franz L. 44
Riegl, Anton 152
Rilke, Rainer Maria 120
Ringer, Josef 154
Robert, Hubert 356
Roggendorf, Franz Anton von 70
Rohan, Camille 44
Rokyzan, Jan von 19
Romano, Jean 184
Rosenberg, Katharina von 67
Rosenberg, Perchta von 82
Rosenberg, Peter Vok von 84, 85
Rosenberg, Ulrich von 82, 84
Rosenberg, Vítek von 82
Rosenberg, Wilhelm von 84, 85
Rosenberg, Závis von 82, 88
Rossi, József 324
Rotschild, Nathaniel 229
Rottmayer, Michael 35
Rousseau, Jean-Jacques 333
Rudolf II., König und Kaiser 22, 25, 27, 69, 85, 122, 141
Rudolf von Habsburg 15, 82
Rumpelmayer, Viktor 245
Rupprecht von Bayern 169, 171
Rutowska, Maria 363

Saar, Ferdinand von 40
Salm, Hugo Franz 40
Samostrzelnik, Stanisław 265
Sandomierz, Benedykt von 264
Sanguszko, Krystyna 364
Sanguszko, Roman 206
Santini-Aichel, Johann 32, 34, 116
Scamozzi, Vincenzo 25
Scheidler, Ferdinand Christoph von 114

Scheidler, Maria Theresia von 114
Schervitz, Matthias 196
Schiller, Friedrich von 77
Schinkel, Karl Friedrich 284, 337
Schlick, Katharina 74, 75
Schlossberger, Zsigmond 161
Schneider, Anton 313
Schöpf, Johann Nepomuk 196
Schott, Richard van der 119
Schuricht, Christian 119
Schwarzenberg, Adam Franz von 87, 88, 89
Schwarzenberg, Adolf von 93
Schwarzenberg, Caroline von 184
Schwarzenberg, Eleonore von 90
Schwarzenberg, Felix von 90
Schwarzenberg, Friedrich von 90
Schwarzenberg, Johann Adolf von 87
Schwarzenberg, Johann Adolf II. von 90, 93
Schwarzenberg, Josef I. Adam von 89
Schwarzenberg, Josef II. von 89
Schwarzenberg, Karl von 37
Schwarzenberg, Karl Philipp von 89, 90, 184
Scott, Walter 90
Semper, Gottfried 161, 224
Serlio, Sebastino 265
Servandoni, Giovanni Nicola 40, 100
Sforza, Bona 262
Sieniawska, Elżbieta 323
Sieniawska, Zofia 343
Sieniawska, Adam 343
Sigismund, König und Kaiser 18, 19, 66, 73, 82, 138, 164, 172, 222
Skarga, Piotr 262
Škréta, Karel 30
Słowacki, Juliusz 289
Smetana, Bedřich 44
Smuglewicz, Franciszeck 279, 285, 354
Sobieska, Marie-Casimire 323
Sobieski, Aleksander 323
Sobieski, Konstanty 323

Soltan, Maria 365
Spazzio di Lancio, Marco 75
Spazzio, Giovanni 323, 324, 343
Stadnicki, Stanisław 300
Staël, Anne Louise Germaine de 306
Stalin, Josef 291
Stamitz, J. V. 42
Stanislaus II. August, König 277, 278, 279, 283, 285, 304, 332, 344, 354, 356, 357, 358, 359, 364, 365
Stanislaus Leszczyński, König 275, 317
Stefan Bathory, König 267, 314
Štefánik, Milan 48
Steinhauser, Bertha 220
Steinhauser, István 220
Stelzig, Andreas 78
Stephan (István), König 137
Sternberg, Adam von 27
Sternberg, Adolf Vratislav 70
Sternberg, Aleš Holický 66
Sternberg, Georg 70
Sternberg, Perchta 66
Sternberg, Peter 66
Sternberg, Zdeněk 66, 70
Sternberg, Zdislav 65
Stifter, Adalbert 85
Stoß, Veit 263
Stryjeński, Tadeusz 318
Süleiman, Sultan 140
Sylvester, János 164
Symon, Godfryd 325
Symon, Krystian 325
Szafraniec, Hieronim 294
Szafraniec, Piotr 292
Szafraniec, Stanislaus 294
Széchényi, István 154
Széchényi, Maria 185
Szent-Kiraly, Dénes de 62
Szentpétery, Katalina 188
Szepessy, Sámuel 213, 214
Szikora, György 216, 217
Szily, Adam 169
Szombathy, János 184
Szpilowski, Hilary 280
Szreger, Efraim 279, 280
Szwaner, Stefan 322

Szymanowski, Karol 289
Szymonowicz-Siemigonowski, Jerzy 322

Tarnowska, Barbara 263
Tarnowski, Jan Amor 294
Tatarkiewicz, Jakob 288, 326
Teleki, Pál 162, 163
Tencala, Giovanni Giacomo 34, 124
Tencala, Giovanni Pietro 35, 196
Tencalla, Carpoforo 200
Tenerani, Pietro 226
Tepper, Piotr Ferguson 279
Tessedik, Samuel 244
Thököly, Imre 180
Thorwaldsen, Bertel 226, 288
Tinodi, Sebestyen 164
Tisza, István 161
Tisza, Kalman 159
Törley, József 161
Tomicki, Piotr 263
Towiański, Jerzy 330, 332
Trapola, Matteo 272, 300
Trčka von Lípa, Adam Erdmann 98
Trčka von Lípa, Burian 67
Trčka von Lípa, Johann Rudolf 98
Trčka von Lípa, Maria Magdalena 98
Trčka von Lípa, Wilhelm 96
Trevano, Giovanni 272, 352
Tyl, J. K. 39

Vécsey, Anna 214
Vedano, Alessandro de 174
Vigée-Lebrun, Marie-Louise-Elizabeth 279
Viollet-le-Duc, Eugène 157, 348
Vladislav Jindřich von Mähren 104
Vladislav II., König 82
Vogel, Zygmunt 279
Voltaire 222

379

Wagner, Otto 46
Waldstein (Wallenstein), Albrecht Eusebius 28, 32, 75, 76, 77, 78, 81, 98
Walewska, Marie 285
Walewski, Alexandre Florian 285
Wenckheim, Béla 229
Wenzel I., König 15, 122
Wenzel II., König 82, 88
Wenzel IV., König 18, 22
Wesselényi, Ferenc 166
Wetschel, Johann 89
Whyte-Melville, George 229
Wielopolski, Aleksander 285, 296, 298
Wielopolski, Jan 295
Wielopolski, Jan III. 296
Wiener, Gregor Josef 200, 215
Wieniawski, Henryk 289
Windischgrätz, Ludwig 184, 185
Windischgrätz, Ludwig II. 185
Wingelmüller, Georg 45, 130
Wiśniowiecki, Dimitri 317
Wiśniowiecki, Teofila 317
Wyszyński, Stefan 371
Władysław I. der Kurze, König 257, 292
Władysław II. Jagiello, König 258, 300
Władysław IV. Wasa, König 269
Wolesnicka, Alžběta Gedeonka Kotwodworska 104
Wolf, Gottfried 200

Ybl, Miklós 157, 158, 161, 224, 226

Zach, Josef 216, 217
Zaleski, Marcin 279
Zamoyska, Anna Maria 365
Zamoyska, Jadwiga 371
Zamoyska, Zofia 365, 369
Zamoyski, Adam 369, 371
Zamoyski, Aleksander 364, 365
Zamoyski, Aleksander II. 371
Zamoyski, Andrzej 278, 285, 365
Zamoyski, Andrzej II. 365
Zamoyski, Jan 266, 268, 352
Zamoyski, Jan II. 294, 364
Zamoyski, Jan III. 365, 366
Zamoyski, Konstanty 366, 367, 369, 371
Zamoyski, Stanisław Kostka 365
Zamoyski, Władysław 365
Zápolya, Jan 56, 172
Zápotocký, Antonin 52
Zástřižly, Jiři Zikmund Praksický 104
Zástřižly, Kunhuta von 106
Zástřižly, Zdensky von 104
Zawadzki, Stanisław 279, 280, 282, 354
Zebrzydowski, Andrzej 262, 294
Zebrzydowski, Michal 294, 295
Zebrzydowski, Mikołaj 267, 294
Zeisel, Sebastian 343
Žerotín (Zierotin), Jan 25
Žerotín (Zierotin), Karl 25, 69, 75
Zichy, Alexandra 236
Zichy, Ferenc 235, 236
Zichy, István 235
Zizka, Jan 18
Zrínyi, Ilona 178
Zrínyi, Miklos 200
Zrínyi, Péter 166, 178
Zug, Szygmon Bogumił 205, 279, 280, 282, 325, 333, 334, 335
Zulauf, Jan 306
Zymunt I., König 261, 262, 263
Zygmunt II. August, König 261, 262, 265, 266
Zygmunt III. Wasa, König 267, 272, 294, 352